Kollokationen im Zivilrecht Polens in den Jahren 1918-1945 mit besonderer Berücksichtigung der deutschsprachigen Zivilgesetzbücher

FORUM FÜR SPRACH- UND KULTURWISSENSCHAFT

Herausgegeben von Maria Katarzyna Lasatowicz und Daniela Pelka

BAND 2

Zu Qualitätssicherung und Peer Review der vorliegenden Publikation

Die Qualität der in dieser Reihe erscheinenden Arbeiten wird vor der Publikation durch einen Herausgeber der Reihe geprüft.

Notes on the quality assurance and peer review of this publication

Prior to publication, the quality of the work published in this series is reviewed by one of the editors of the series.

Inhaltsverzeichnis

Vorwort

> Wenn ein Linguist sich mit der Sprache des Rechts befaßt, so tut er dies gewöhnlich aus einem von zwei Gründen. Zum einen kann es sein, daß er die Juristen über die Sprache belehren will, ein Ansinnen, das die Juristen teils mit freundlichem Wohlwollen, teils mit einer gewissen Reserviertheit betrachten. Der Grund für diese etwas unterschiedliche Einschätzung liegt vor allem darin, daß es eines ist, viel von der Sprache und ihren Gesetzlichkeiten zu verstehen, und ein anderes, bestimmte Inhalte angemessen ausdrücken zu können. Dem Linguisten ist, jedenfalls wenn er sein Fach versteht, ersteres gegeben, dem Juristen geht es aber um letzteres. Zum andern befassen sich Linguisten mit der Sprache des Rechts, weil sie sich für die Besonderheiten dieser Sprachform interessieren – sie betrachten sie als eine Fachsprache, die wie andere Fachsprachen in lexikalischer und vielleicht auch in struktureller Hinsicht vom Standard abweicht. So ist dann interessant zu untersuchen, worin diese Besonderheiten liegen, vielleicht auch, wie sie sich im Verlauf von Sprachgeschichte und von Rechtsgeschichte allmählich ausgebildet haben. (Klein 2000: 116f.)

Die Entstehung der vorliegenden Arbeit rührt von dem zweiten in dem obigen Motto genannten Grund her. Das erste Interesse am Thema dieser Arbeit kam auf, als mir zufällig eine der Erstausgaben des Bürgerlichen Gesetzbuches beim Besuch eines Heimatmuseums in die Hände fiel und mir bewusst wurde, dass dieses Gesetzwerk jahrzehntelang Teil der Rechtsordnung war, welche auch in meiner schlesischen Heimat in Geltung war. Den Ansporn für die Beschäftigung damit gaben mir zusätzlich mehrere Personen: Als ich mich diesem Forschungsfeld im Rahmen von Konferenzbeiträgen näherte, begegnete ich immer wieder Forschern, die mir zuredeten, dass dieses Thema es wert sei, genauer untersucht zu werden. Vielen Personen, die zur Entstehung der vorliegenden Untersuchung beigetragen haben, möchte ich an dieser Stelle danken:

Der Direktorin des Instituts für Germanistik in Opole, Frau Professor Maria Katarzyna Lasatowicz, danke ich für die Unterstützung dieses Vorhabens.

Der Gemeinnützigen Hermann-Niermann-Stiftung in Zusammenarbeit mit der Studienbörse Germanistik für die Förderung meines Projekts im Rahmen eines Forschungsstipendiums an der Julius-Maximilians-Universität Würzburg, der Universität Oppeln/Opole für die Freistellung von didaktischen Verpflichtungen, sodass ich das Stipendium in Anspruch nehmen konnte.

Besonderer Dank gebührt Herrn Professor Norbert Richard Wolf, Professor Wolf Peter Klein und Professor Iva Kratochvílová für die aufschlussreichen Gespräche und/oder Rezension einzelner Kapitel.

Zu Dank bin ich auch Herrn Dr. Peter Stahl vom Institut für Deutsche Philologie an der Universität Würzburg verpflichtet, der mir tatkräftig bei der Parallelisierung des Korpus geholfen hat.

Danken möchte ich in diesem Zusammenhang insbesondere Herrn Klaus Maria Heinemann, dem Volljuristen in der Verwaltungstätigkeit und ehemaligen Stadtpräsidenten von Saarbrücken, für die Lektüre eines Großteils dieser Arbeit aus juristischer Perspektive.

Besonderer Dank gilt den Mitarbeitern der Sächsischen Akademie der Wissenschaften zu Lepzig für die freundliche Zurverfügungstellung Ihrer Bibliotheksbestände. Ebenso danke ich Dr. Dennis Scheller-Boltz, Dr. habil. Daniela Pelka und Margit Grundwürmer, die verschiedene Fassungen der Arbeit Korrektur gelesen haben.

Last but not least sei meiner Familie für ihre Unterstützung und ihren Zuspruch gedankt.

1. Einleitung

> The consequence of the lack of a coherent research activity in the field seems to be, on the one hand, that only certain aspects of LSP are covered, the terminological perspective being the dominant one, and on the other hand, that LSP phraseology is treated as a special case, as an exception from the rule, belonging at best, to the periphery of the discipline of phraseology. (Kjær 2007: 506)

Die vorliegende Arbeit platziert sich im Rahmen der Kollokationsforschung, sie widmet sich also einem Gegenstand, der lange Zeit zur Peripherie des Forschungsinteresses von Phraseologen gerechnet wurde (vgl. Burger 2004: 38):

> Kollokationen [wurden] – zumindest im deutschsprachigen Raum – lange Zeit als trivial und damit als linguistisch nicht beschreibungswürdig [...] angesehen [...]. Unter dem Einfluss der Korpuslinguistik und neuer Theorien zur Fixiertheit der Sprache [...] hat sich diese Wahrnehmung jedoch verändert. (Steyer 2013: 32)

Nach aktuellen Auffassungen bildet „die Suche nach Mehrwortverbindungen in einer Sprache und deren Ermittlung ‚eine zentrale Frage der Linguistik', ‚einen vordringlichen Untersuchungsgegenstand', ‚die eigentliche, allen anderen Aufgaben vorausgehende, Aufgabe der Sprachwissenschaft', [sie ist] ‚praktisch ihre Hauptaufgabe' [...] bei dieser Aufspürung berühren wir das Wesen der Sprache" (Chlebda 2010: 9; übers. v. F.K.).

Den Untersuchungsgegenstand der vorliegenden Schrift bilden rechtssprachliche Kollokationen in Zivilgesetzbüchern, welche in der Zweiten Polnischen Republik (1918-1945) in Geltung waren. Die entsprechenden Gesetzestexte werden in einem sprachkontrastiven Ansatz analysiert, samt ihren Übertragungen ins Polnische. Somit berührt das hier bearbeitete Forschungsfeld nicht nur die Kollokationsforschung, sondern auch Fragen der Fachsprachenforschung und Übersetzungswissenschaft. Auf den dabei bestehenden Forschungsbedarf verweist implizit Gréciano: „Sprachfertigteile der Fachsprache sind immer noch Neuland, wenig begangen" (Gréciano 1999).

Den Anstoß für die vorliegende Untersuchung gab die Tatsache, dass in dem angesprochenen Zeitraum, nachdem Polen nach über 100-jähriger Teilung seine Unabhängigkeit wiedererlangte, in dem neu gegründeten Staat ein rechtliches Mosaik herrschte. Man entschloss sich bis zur Kodifizierung einheitlicher polnischer Gesetzwerke den rechtlichen Status quo aufrechtzuerhalten und das Recht der Teilungsrechte vorübergehend als polnisches Territorialrecht in Geltung zu lassen. So waren im Bereich des materiellen Zivilrechts zunächst fünf unterschiedliche Rechtsordnungen in Kraft. Ein einheitliches polnisches

Zivilgesetzbuch konnte erst 1964 vom polnischen Parlament beschlossen werden. Vor diesem Hintergrund stellt sich natürlicherweise die Frage nach eventuellem Einfluss der angestammten Rechtsordnungen auf das heutige polnische Recht und im Rahmen der vorliegenden Arbeit auf die heutige polnische Rechtssprache. Płaza bemerkt in diesem Zusammenhang:

> Die jahrelange Geltung unterschiedlicher Zivilgesetzbücher ließ bei der Bevölkerung und den Juristen Gewohnheiten und Unterschiede bei der juristischen Denkweise, dem Terminologiegebrauch und den Rechtsbegriffen entstehen; es erwachte ein gewisser Territorialpatriotismus, der die Vereinheitlichungsarbeiten beeinträchtigte. (Płaza 2001: 40; übers. v. F.K.)

Nach Sójka-Zielińska ist dieser Umstand nur allzu gut erklärlich:

> Jedes dieser Gesetzbücher [BGB, ABGB und Code Napoléon – F.K.] stellte in gewisser Hinsicht eine Spitzenleistung der europäischen Zivilrechtslehre des 19. Jh. dar, kein Wunder, dass sie es vermochten, tief in das Gewebe des Rechtslebens der einzelnen Territorien hineinzuwachsen, den Stil des juristischen Denkens zu prägen, den Umgang mit fremden Begriffen und fremder Terminologie zu lehren, mit heimischer Rechtsprechung zu bewachsen. (Sójka-Zielińska 2000: 37; übers. v. F.K.)

Daraus resultierte, dass es im neugegründeten Polen nicht nur an einheitlichen Rechtssätzen, sondern auch an einer vereinheitlichten Rechtssprache mangelte. Angesichts der Entstehung zweier Abspaltungen der polnischen Rechtssprache – zum einen im ehemaligen Kongresspolen und zum anderen in Galizien – waren die polnischen Juristen nach dem Ende des Ersten Weltkrieges vor die Notwendigkeit gestellt, nicht nur das geltende Recht, sondern auch die polnische Rechtsterminologie zu vereinheitlichen (vgl. Płaza 2001: 27).

Die parallel zu den Kodifikationsarbeiten weiterhin angefertigten Übertragungen der geerbten Rechtsordnungen sollten zum Ersten der polnischen Bevölkerung das Verstehen dieser Rechtsnormen erleichtern, zum Zweiten an den aktuellen Sprachzustand angepasst werden und schließlich auch zur Festlegung und Vereinheitlichung der polnischen Rechtssprache beitragen. Besonders deutlich wird der letztere Beweggrund – zur Vereinheitlichung beizutragen sowie juristische Termini festzulegen, die dem vorübergehend geltenden deutschen BGB entsprechen würden – bei der amtlichen Übersetzung des BGB aus dem Jahre 1923 (vgl. ZGB 1923: VIII). Das Departement für Westgebiete beim Justizministerium versendete zu diesem Zweck folgendes Rundschreiben an die Präsidenten und Staatsanwälte der Berufungsgerichte in Poznań, Toruń und Katowice:

> Abschrift
> Justizministerium
> Departement für Westgebiete
> Tgb.-Nr. IV Nr. 3184/22

An die Präsidenten und Staatsanwälte der Berufungsgerichte in Poznań, Toruń und Katowice

Noch im laufenden Jahr wird das Ministerium eine polnische Ausgabe des BGB herausgeben. An der Anfertigung dieser Übersetzung beteiligten sich namhafte Juristen aus allen Bezirken der Republik Polen, ihre Rechtskenntnisse und Sorgfalt, die sie bei der Übertragung angewandt haben, sichert die volle Garantie für die Exaktheit des Translats, im rechtlichen wie im sprachlichen Sinne. Es ist ja gemeinhin bekannt, auf welche Schwierigkeiten die polnische, bislang leider nicht festgelegte, Rechtsterminologie stößt; wenn also das Ministerium sein Möglichstes tat, damit die Übersetzung einerseits aufs Genaueste den deutschen Text wiedergibt, andererseits aber auch dem Geist der polnischen Sprache angemessen ist, so kann man zweifelsfrei damit rechnen, dass die Justizbehörden von den Früchten dieser Arbeit, die sich auf Meinungen in den polnischen Rechtskreisen bekannter wissenschaftlicher Autoritäten stützen, vollen Gebrauch machen werden. Das Ministerium legt besonderen Nachdruck darauf, dass sich die Justizbehörden nach dem Erscheinen der Übersetzung ausschließlich der Terminologie bedienen werden, welche darin angegeben wird, damit die bislang leicht verständliche Willkürlichkeit in diesem Bereich ein für alle Mal endet.

Das Ministerium zweifelt nicht daran, dass dieser Appell Erfolg haben wird, und indem die Präsidenten und Staatsanwälte gebeten werden, das vorliegende Schreiben an ihnen unterstehende Behörden weiterzuleiten, wird gleichzeitig die Bitte geäußert, dass höhere Instanzen bei der Prüfung von Rechtsmitteln danach Ausschau halten, ob sich die niedrigeren Instanzen an die in der Übersetzung festgelegte Terminologie halten und bei Bemerkung von Mängeln in dieser Richtung keine Belehrungen und Hinweise scheuen.

Für den Minister

Leiter des Departements (ZGB 1923: XII-XIII; übers. v. F.K.)

Im Vorwort dieser Übersetzung wird auch ausdrücklich kundgetan, dass es eines der wünschenswertesten Ergebnisse dieser Arbeit wäre, wenn sie sich für den polnischen Rechtswortschatz als nutzbringend erwiese (vgl. ZGB1923: X).

1.1. Zielsetzung der Untersuchung

Nach Poczobut sei der „aktuelle Wert dieser Übersetzungen ins Polnische [...] gering, da [...] die für die damalige Zeit moderne Übertragungssprache heute in großem Maße veraltet ist" (Poczobut 1993: 350). Angesichts der Tatsache, dass die bereits angesprochenen unterschiedlichen Zivilgesetzbücher jahrzehntelang in Teilen des heutigen Staatsterritoriums Polens in Kraft und auch deren polnische Ausgaben jahrelang im Umlauf waren, dürfte jedoch angenommen werden, dass sie nicht einflusslos auf die polnische Rechtssprache blieben. Zurecht signalisiert Makowski diesbezüglich:

> Der Leser kann angewidert einen dürftig aus einer fremden Sprache übersetzten Roman ablehnen, er kann ein miserabel geschriebenes, schöngeistiges Werk eines gebürtigen Polen außer Acht lassen, er kann jedoch nicht über das geltende Gesetzesrecht hinweggehen, im Gegenteil, für gewöhnlich hält er es, und sollte er es auch für ein Muster korrekten Sprachgebrauchs halten, dem er zu folgen habe und an den in diesen Schriften festgelegten Wortschatz er sich halten sollte. (Makowski 1922: 76, übers. v. F.K.)

Vor diesem Hintergrund soll in der vorliegenden Arbeit an die Frage herangegangen werden, welches der großen Gesetzeswerke, die in der Zweiten Polnischen Republik (1918-1945) in Kraft waren, am prägendsten für die polnische Rechtssprache gewesen ist. Bei dieser Fragestellung wird es insbesondere darum gehen, zu untersuchen, inwiefern die analysierten Übersetzungen mit der heutigen polnischen Sprache übereinstimmen. Sójka-Zielińska formuliert in diesem Zusammenhang:

> Selbstverständlich waren die Kontakte unserer Zivilrechtler mit der französischen Lehre am regsten. Unter den Territorialrechten, welche in Polen nach der Teilungszeit in Geltung waren, stammte lediglich das französische Recht von keiner Teilungsmacht. Im Gegenteil: es wuchs in unser Rechtsleben in einer Symbiose mit dem einheimischen Recht hinein, ein französisch-polnisches Rechtssystem bildend. Code Napoléon wurde zum Faktor, der unsere nationale Eigenart aufrechterhielt [...] (Sójka-Zielińska 2000: 41; übers. v. F.K.)

Allerdings findet man insbesondere in zahlreichen Kommentaren, welche in juristischen Zeitschriften der Zwischenkriegszeit erschienen sind, den Hinweis darauf, dass es die deutsche Sprache sei, welche den entscheidenden Einfluss auf die Entwicklung der polnischen Rechtssprache genommen haben dürfte:

> Obwohl die Rechtssprache in Galizien eine missglückte Umarbeitung der deutschen Sprache ist, die Rechtsprache in Kongresspolen hingegen ein relativ reines Polnisch bildet – bestehen berechtigte Befürchtungen, dass die Sprache Galiziens die Oberhand gewinnen wird, da, wie aus der Lebenspraxis ersichtlich, in dieser Sprache unterschiedliche Gesetze, Verordnungen und Vorschriften im Gesetzblatt [...] redigiert und verkündet werden [...] (Makowski 1922: 77; übers. v. F.K.)

Die vorliegende Arbeit verfolgt somit mehrere Teilziele. Zunächst gilt es, einen angemessenen Kollokationsbegriff und einen geeigneten Methodenansatz zu erarbeiten. Aufgrund der Tatsache, dass „sich hinter der gleichen Terminologie zum Teil unterschiedliche Konzepte verbergen und umgekehrt nicht selten auf ein und dasselbe Kollokationskonzept mit unterschiedlicher Terminologie referiert wird", erscheint es nämlich notwendig, den Kollokationsbegriff praktisch für jede Untersuchung (neu) zu bestimmen (Ludewig 2005: 71).

Auf dieser Basis soll die Kollokativität ausgewählter morphologisch-syntaktischer Strukturtypen in den deutschsprachigen Gesetzestexten untersucht werden. Das Augenmerk soll auf die Kollokationen gerichtet werden, die nach Pieńkos (1999: 40f.) den sog. ‚unterstützenden Wortschatz' (*słownictwo wspierające*), d.h.

einen wesentlichen Bestandteil des fachsprachlichen Diskurses bilden. Im Gegensatz zu Fachtermini, die von der jeweiligen Wissenschaftsdisziplin aufgeworfen werden – für die Rechtssprache trifft dies wegen ihrer Systemgebundenheit nur bedingt zu –, könne sich der Redakteur oder Übersetzer bei der Ausarbeitung des Diskurses eines breiteren Sprachmaterials bedienen (vgl. Pieńkos 1999: 40f.). Zugleich gilt es aufgrund der Bezugnahme der Ausgangssprache und Zielsprache auf unterschiedliche Rechtssysteme, sich bei terminologischen Fragen an der Quellenkultur zu orientieren, während man sich bei der Bildung kollokativer Einheiten auf die Zielsprache ausrichten sollte (vgl. Jędrzejowska 2009: 89). Inwiefern diesem Grundsatz auch bei den hier analysierten Übertragungen Rechnung getragen wird, bleibt zu klären.

Die ermittelten deutschen Kollokationen sollen im Hinblick auf deren polnische Entsprechungen näher beleuchtet werden. Dabei ist insbesondere zu prüfen, ob die eingesetzten Entsprechungen usuellen Charakter haben oder lediglich okkasionell gebraucht wurden. Mit Bedacht wird bei den polnischen Entsprechungen die Usualität und nicht die Kollokativität der Verbindungen ins Visier genommen, da im zwischensprachlichen Vergleich Kollokationen in einer Sprache in einer anderen nicht immer ebenfalls kollokative Verbindungen entsprechen müssen. Um daher von einem eventuellen prägenden Einfluss der Übersetzungen auf die polnische Sprache sprechen zu dürfen, erscheint es nicht zweckgemäß, das Spektrum äquivalenter usueller Verbindungen dadurch einzuschränken, dass nicht-kollokative Kombinationen nur vor dem Hintergrund ihrer mangelnden Kollokativität außer Betracht bleiben.

1.2. Aufbau der Arbeit

Die vorliegende Arbeit ist in zehn Teile gegliedert. Nach der Einleitung werden im zweiten Kapitel theoretische Grundlagen der Kollokationsforschung mit richtungsweisenden Ansätzen in diesem Bereich geliefert. Dies erfolgt in der Absicht, bestehende Theorien und Herangehensweisen danach auszuloten, inwiefern sie Relevanz für die vorliegende Untersuchung beanspruchen könnten. Anschließend gilt es einen operationalisierbaren Kollokationsbegriff zu erarbeiten.

Im dritten Kapitel erfolgt eine Heranführung an das Untersuchungskorpus. Da die zu analysierenden Texte nicht im luftleeren Raum existieren, gebe ich zunächst einen Überblick über die rechtshistorischen Hintergründe. Dabei wird insbesondere auf die Unterschiede in der Rechtsentwicklung in den ehemaligen polnischen Staatsgebieten nach der Teilungszeit fokussiert. Eine besondere Aufmerksamkeit schenke ich dem Einfluss des deutschsprachigen Rechts im Polen der Zwischenkriegszeit, gehe daraufhin auf den Forschungsstand zum Einfluss des Deutschen auf die polnische Rechtssprache ein und beschreibe schließlich die der vorliegenden Arbeit zugrunde gelegten Teilkorpora.

Der im zweiten Kapitel erarbeitete Kollokationsbegriff macht es erforderlich, daran „mehrperspektivisch heranzugehen und einen integrierten Methodenansatz zu erarbeiten" (Kratochvílová 2011: 98). Daher wird im vierten Kapitel die bei der vorliegenden Untersuchung gewählte methodische Herangehensweise an das Phänomen der Kollokationen geschildert.

Anschließend werden Ergebnisse der empirischen Analysen präsentiert. Kapitel fünf widmet sich Kollokationen im Bürgerlichen Gesetzbuch. Zunächst werden darin exemplarisch andere Typen von Mehrwortverbindungen gezeigt, woraufhin die Kollokativität der ermittelten Kollokationskandidaten geprüft wird. Die als Kollokationen eingestuften Wortkombinationen werden gemeinsamen Kollokationsfeldern zugeordnet.

Den Ausgangspunkt des sechsten Kapitels bildet die Klärung des Äquivalenzbegriffs mit besonderer Berücksichtigung dieser Relation bei rechtsprachlichen Übersetzungen. Darauf folgend werden die Äquivalenzverhältnisse zwischen den deutschen Kollokationen im BGB und deren Entsprechungen in der analysierten polnischen Übersetzung näher beleuchtet. Anschließend wird die Usualität der äquivalenten Mehrwortverbindungen im Polnischen geprüft. Erörtert wird dabei die Frage, ob sich bei der Erhaltung bzw. Nicht-Erhaltung bestimmter Wortkombinationen im Polnischen irgendwelche Prinzipen ablesen lassen, d.h. ob eine Korrelation mit Faktoren wie Häufigkeit des Vorkommens oder Anzahl alternativer Ausdrucksmöglichkeiten in der Übertragung feststellbar ist. Um Rückschlüsse auf den möglichen Einfluss des Deutschen auf die usuellen polnischen Entsprechungen zu ziehen, wird das Vorkommen kompositionell gebildeter Kombinationen in Nachschlagewerken geprüft, die einen älteren Sprachzustand des Polnischen repräsentieren.

Die zwei weiteren Kapitel widmen sich auf ähnliche Weise den Kollokationen in dem zweiten Teilkorpus, dem österreichischen ABGB, und der Frage der Äquivalenz und Usualität von deren Entsprechungen im Polnischen.

Das vorletzte Kapitel behandelt die Usualität der ermittelten Mehrwortverbindungen im dritten Teilkorpus, dem französisch-polnischen Recht. Da für Teile dieses Korpus kein fremdsprachiger Paralleltext vorliegt, weil entsprechende Gesetze auf Polnisch beschlossen wurden, gehe ich in diesem Kapitel direkt von den ermittelten polnischen Kombinationen aus. Die Analyse der Usualität korrespondiert allerdings mit der Herangehensweise an die zwei vorigen Teilkorpora.

In dem letzten Kapitel werden die wesentlichen Ergebnisse zusammengeführt und es wird auf einige Forschungsdesiderata hingewiesen. Zu guter Letzt wird das Verzeichnis der verwendeten Literatur angeführt.

2. Theoretische Grundlagen

2.1. Richtungsweisende Ansätze in der Kollokationsforschung

> In der Phraseologie ist bei Methoden, im Gebiet der Theoriebildung, bei der Analyse von Texten ein Kenntnisstand erreicht worden, hinter den nicht durch mangelnde Recherchen zurückgefallen werden darf. Wenn wir heute auf den bestehenden Forschungsstand aufbauen und darüber hinauskommen wollen, so müssen wir einerseits über zufällig gefundene Sprachmaterialien hinausgehen und größere Korpora systematisch analysieren. Andererseits kann auch die allgemeine Theorie der Phraseologie in ihren Facetten nicht einfach als gegeben vorausgesetzt werden, sondern es müssen die verschiedenen theoretischen Schulen stärker aufeinander bezogen und ihre Ergebnisse weiterführend überprüft, zusammengeführt und in Frage gestellt werden. (Häcki Buhofer 2006: III-IV)

Da eine eigenständige fachsprachliche Kollokationstheorie bislang nicht vorliegt und um dem obigen, zum Motto gewählten Postulat von Häcki Buhofer Rechnung zu tragen, wird im Folgenden näher auf gemeinsprachlich orientierte Kollokationstheorien eingegangen, welche im Anschluss auf fachsprachenbezogene Untersuchungen übertragen werden (vgl. Cedillo 2004: 70). Der im Folgenden gebotene Forschungsüberblick über verschiedene Ansätze in der Kollokationsforschung erhebt allerdings keinen Anspruch auf Vollständigkeit; vielmehr werden einige wenige Ansätze herausgegriffen, die für die vorliegende Untersuchung Relevanz beanspruchen könnten.

2.1.1. Verwandte Konzepte

2.1.1.1. Bally: séries phraséologiques oder groupements usuels

Nach Bischof (2007: 25) stamme das erste theoretische Werk, das das Problem der Kollokationen aufgreift, auch wenn der Begriff *Kollokation* selbst darin nicht vorkommt, aus dem Jahre 1909. Es handle sich dabei um das Werk „Traité de stylistique française“[1] des Schweizers Charles Bally, der Burger (2004: 23) zufolge zweifellos „als einer der Begründer der linguistischen Disziplin Phraseologie gilt“. Hausmann (2007: 217 und 220-222), der auf die Beschäftigung mit Kollokationen in der lexikographischen Praxis bereits seit der Renaissance verweist, erkennt ebenfalls die Rolle Ballys, eines Kollegen und Lesers de Saussures, bei

1 Hausmann (2007: 225f.) spricht in diesem Zusammenhang von einer praktischen Stilistik für Ausländer, die für die Gymnasialstufe bestimmt war.

der Entstehung der Kollokationsforschung. Bally sei nämlich bei seiner Arbeit als Fremdsprachenlehrer darauf gestoßen, dass:

> [...] die *locutions phraséologiques* (= phraseologische Einheiten oder Phraseme) aus zwei deutlich unterschiedenen Typen bestehen, einerseits den Idiomen (er nennt sie *unités phraséologiques*) und andererseits den Kollokationen (die nennt er *séries phraséologiques* oder *groupements usuels* [...]) (Hausmann 2007: 225)[2]

Von den zeitgenössischen Theoretikern der Linguistik wurde sein Werk jedoch nicht rezipiert. Bally selbst hat diesen Ansatz in seinen späteren Arbeiten auch nicht fortgesetzt (vgl. Hausmann 2007: 225). Gelesen wurde Bally von einem späteren Stilistiker, Jules Marouzeau, den die Lektüre 1941 zu dem Schluss verleitete, die Sprache bestünde „fast mehr aus Formulierungen als aus Wörtern" (Hausmann 2007: 226). Daran knüpfte wiederum 1966 und 1970 Eugenio Coseriu in seinem Vortrag über *lexikalische Cliches* und *lexikalisierte Syntagmen* als Erscheinungen der Sprachnorm an. Diskutiert wurden Coserius Ausführungen ausschließlich von den seinem Vortrag beiwohnenden Briten (vgl. Hausmann 2007: 226).[3] Coserius *lexikalische Solidaritäten* werden im weiteren Teil des Kapitels innerhalb der verwandten Ansätze geschildert.

2.1.1.2. Porzig: wesenhafte Bedeutungsbeziehungen

Stärker verbreitet in der einschlägigen Literatur ist die Auffassung, dass die Anfänge der Kollokationsforschung in die 30er Jahre des 20. Jahrhunderts reichen: In vielen sprachwissenschaftlichen Arbeiten wird bei der Diskussion des Kollokationsbegriffs auf die Arbeiten von Porzig (1934) und Coseriu (1967) als verwandte Konzepte verwiesen (vgl. etwa Zimmermann 1981: 61, Bahns 1996: 3, Gładysz 2003: 14-16 und 22-24 und Kratochvílová 2011: 33-36). Der deutsche Sprachwissenschaftler Walter Porzig machte darauf aufmerksam, dass sich „in der sprache in großer zahl" „bedeutungsbeziehungen zwischen wörtern [finden], daß mit dem einen das andere implicite mitgesetzt ist [...]" (Porzig 1934: 70). Dafür prägte er den Begriff *wesenhafte Bedeutungsbeziehungen* und verstand darunter keine assoziative Verbindung, wonach bei einem Wort das andere mitgedacht wäre, sondern eine semantische Relation, „die im wesen der gemeinten bedeutungen selbst gründet" (Porzig 1934: 70) und keine etymologische Verwandtschaft erfordere (vgl. Porzig 1934: 71). Was das Wesen dieser Beziehung nach Porzig ausmacht, entspricht der Verbvalenz:[4] „im verbum

---

2 Ausführlich zu Ballys Kategorisierungen siehe Konecny (2010: 15-23).
3 Eine Bezugnahme auf Bally findet man auch bei Firth (1930-1955: 171).
4 Zur Porzigs Vorleistung zur Valenztheorie siehe Konecny (2010: 28).

[sind] das subject oder das objekt oder gewisse adverbiale ergänzungen schon mitgesetzt [...]. Sie sind mitgesetzt ohne rücksicht darauf, ob sie in dem betreffenden satz ausdrücklich stehen oder fehlen können“ (Porzig 1934: 74). Weiter führt er aber aus, dass solche wesenhaften Beziehungen auch von Adjektiven aus festzustellen sind: So beziehe sich etwa *blind* auf *das Sehen* und *blond* auf *die Haarfarbe* (vgl. Porzig 1934: 75f.). In der prädikativen Funktion der Verben und Adjektive sieht Porzig die „fähigkeit dieser beiden wortklassen, als kern eines elementaren bedeutungsfeldes aufzutreten“, die den Substantiven eher abzusprechen sei (Porzig 1934: 76). Seine Behauptung, „es gebe absolut notwendige und eindeutige beziehungen zwischen den wörtern“ (S. 76), etwa *einen Wagen fahren* scheint er zwar durch Gegenbeispiele wie: *jemandem übers Maul fahren*, *etwas ist in jemanden gefahren* zu relativieren, jedoch führt er das beim ersten Fall auf die eigentliche Verwendungssphäre zurück, bei den anderen Beispielen dagegen auf die übertragene, metaphorische Bedeutung (vgl. Porzig 1934: 77). Um keine Metaphern handle es sich Porzig zufolge dagegen bei Verbindungen wie *ein Urteil fällen*, die ebenso aus seiner Reihe wesenhaft zusammengehöriger Wörter herausfallen. In diesem Zusammenhang spricht er von festen Verbindungen und charakterisiert sie als solche, die „überhaupt nur in ihrem vollen wortlaut sinn [ergeben], sie können gar nicht oder nur in sehr engen grenzen variiert werden [und] [...] stehen also bedeutungsmäßig den composita sehr nahe [...]“ (Porzig 1934: 79). Gerade diese Gruppe scheint den prototypischen Kollokationen mit ihrer halbkompositionellen Bedeutung am ehesten zu entsprechen, ferner werden von Porzig einige Merkmale dieser Kombinationen genannt, die auch die heutige Kollokationsforschung anführt: morphosyntaktisch-lexikalische Eingeschränktheit sowie keine völlige semantische Transparenz (siehe Kap. 2.2.2.1. und 2.2.2.2.). Was die diachronische Betrachtung der wesenhaften Bedeutungsbeziehungen angeht, so stellt Porzig fest: „Offenbar hat man überall dem speziell bezeichnenden wort den vorzug gegeben, denn man sagt ja auch nicht mehr *der blitz fährt*, sondern *der blitz schlägt in einen baum*“ (Porzig 1934: 82). Ähnlich habe das spezifische Verb *fliegen* das anfangs in der Verbindung mit *im Flugzeug* verwendete *fahren* verdrängt (vgl. Porzig 1934: 83). Nach Gładysz (2003: 16) habe die diachrone Sprachbetrachtung keine Fortsetzung in späterer Kollokationsforschung gefunden.[5] Ansätze dafür findet man jedoch neuerdings bei Burger (2003: 128-137), der beim Vergleich des Gegenwartsdeutschen mit der

5 Lutzeier verweist zudem darauf, dass es in späteren Untersuchungen überhaupt keine ernsthafte Auseinandersetzung mit den wesenhaften Bedeutungsbeziehungen gab (vgl. Lutzeier 2007: 89).

Sprache des 18. Jahrhunderts zu ähnlichen Ergebnissen wie Porzig kam, eine „Entwicklung von den unspezifischen zu den spezifischen Verben" feststellend (Burger 2003: 137, vgl. auch Burger 2012: 12f.). Ebenso widmen sich weitere Forscher seit kurzem der diachronischen Perspektive bei der Untersuchung von Kollokationen (vgl. etwa Bischof 2007, Habermann 2010, Filatkina u.a. 2012)[6]. Auch die vorliegende Arbeit greift bei der Frage nach dem Einfluss des Deutschen auf die zwischenkriegszeitliche und heutige polnische Rechtssprache einen diachronen Aspekt auf, was nach Grucza (2012: 193) eine der Aufgaben der angewandten Fachsprachenlinguistik ist.

2.1.1.3. Coseriu: Lexikalische Solidaritäten

Über dreißig Jahre später knüpft Coseriu (1967: 293) an den Ansatz von Porzig an und bezeichnet ihn als den Ersten, der mit seinen wesenhaften Bedeutungsbeziehungen oder auch elementaren Bedeutungsfeldern auf die *lexikalischen Solidaritäten* hingewiesen hat.[7] Coseriu vertritt den Standpunkt, dass Porzig in seinen Bedeutungsbeziehungen zu Recht syntagmatische Implikationen zwischen Wörtern erkannte und die Bedeutungsbeziehungen, die eigentlichen Solidaritäten, von Metaphern und fixierten Ausdrücken absonderte (vgl. Coseriu 1967: 293). Allerdings habe Porzig keine klare Trennung zwischen den Solidaritäten und denjenigen Implikationen vorgenommen, die durch die Sachkenntnis gegeben sind, etwa *Schnee ist weiß*. Ferner vermisst Coseriu eine Absonderung der verschiedenen Solidaritätstypen und stellt es in Frage, ob wirklich alle von Porzig angeführten ‚wesenhaften Bedeutungsbeziehungen' demselben lexikalischen Phänomen angehören (vgl. Coseriu 1967: 294). Unter Zuhilfenahme der Begriffe:

- *Klasse* – „die Gesamtheit der Lexeme, die unabhängig von der Wortfeldstruktur durch einen gemeinsamen inhaltsunterscheidenden Zug zusammenhängen", etwa *Tier*, (S. 294)

---

6 Diachron angelegt sind ebenso Projekte, die unter Häcki Buhofer an der Universität Basel durchgeführt werden: *Deutsche Sprichwörter und Redewendungen im Sprachwandel. Online-Lexikon zur diachronen Phraseologie des Deutschen in neuhochdeutscher Zeit (OLdPhras)* in Verbindung mit einem *Wörterbuch der festen Wendungen und Wortverbindungen der deutschen Sprache* und das unter Filatkina an der Universität Trier geleitete Projekt *Historische Formelhafte Sprache und Traditionen des Formulierens*. In dem Trierer Projekt werden „neben den Idiomen auch Kollokationen, phraseologische Termini und weitere phraseologische Klassen untersucht" (Burger 2012: 7).

7 Siehe dazu auch Coseriu (1973: 102-104 und 1970: 55f. und 122f.).

- *Archilexem* – eine „Einheit, die dem ganzen Inhalt eines Wortfeldes entspricht“, etwa *Rind* (S. 294) und
- *Lexem* – „in der Sprache als einfaches Wort gegebene Einheit“, wie z.B. *Ochse, Kuh* (S. 294)

fasst Coseriu die „lexikalische Solidarität [...] als inhaltliche Bestimmung eines Wortes durch eine Klasse, ein Archilexem oder ein Lexem [...], und zwar in der Hinsicht, daß eine bestimmte Klasse, ein bestimmtes Archilexem oder ein bestimmtes Lexem auf der Ebene der minimalen Bedeutungsunterschiede zur inhaltlichen Definition des betreffenden Wortes gehört“ (Coseriu 1967: 296). Somit betrifft die Porzig'sche Bedeutungsbeziehung nach Coseriu nicht nur zwei Wörter, sondern es handle sich auch um eine klassematische und archilexematische Bestimmung (vgl. Coseriu 1967: 296). Darüber hinaus sei „die Solidarität eine orientierte Beziehung“ (Coseriu 1967: 296). So gehöre etwa *Baum* zum Inhalt von *fällen*, und nicht umgekehrt, ähnlich wie *Zahn* zum Inhalt von *beißen* gehöre (vgl. Coseriu 1967: 296). Verbindungen, wie *mit dem Hammer hämmern* oder *mit dem Bohrer bohren*, die Porzig ebenfalls zu wesenhaften Bedeutungsbeziehungen zählt, verweigert Coseriu den Status von Solidaritäten. Ihm zufolge handle es sich dabei um Derivationen und somit das Gegenteil der Solidaritäten (vgl. Coseriu 1967: 297). Solidaritäten seien nämlich „syntagmatische Erscheinungen, die [...] auf der Tatsache [beruhen], daß eine Einheit gleich welcher Ebene eines Paradigmas, in einem anderen Paradigma als unterscheidender Zug funktioniert“ (Coseriu 1967: 297). Sich auf das Kriterium der Determination der Einheiten eines Paradigmas durch die Lexeme anderer Paradigmata stützend, unterscheidet Coseriu folgende Solidaritätstypen:

- *Affinitäten* – das Unterscheidungsmerkmal in den determinierten Lexemen bildet hierbei die Klasse der determinierenden Lexeme. Zur Veranschaulichung liefert Coseriu etwa das Verhältnis zwischen *fressen* und *saufen* gegenüber *essen* und *trinken*, wobei das Klassem tierisch bzw. menschlich als unterscheidender Zug funktioniert. So erfordert *fressen* z.B. ein Subjekt aus der Klasse von Substantiven, die durch das Merkmal [+tierisch] konstituiert wird.
- *Selektionen* – hierbei fungiert das Archilexem der determinierenden Lexeme als Unterscheidungsmerkmal in den determinierten Lexemen. Als Beispiel führt Coseriu die Solidarität *Schiff* und *fahren* an, die auch dann beibehalten wird, wenn das Lexem *Schiff* durch ein anderes Lexem ersetzt wird, das zum gleichen Archilexem gehört.
- *Implikationen* – das Unterscheidungsmerkmal eines determinierten Lexems liefert hier ein ganzes determinierendes Lexem, so etwa das holländische *fietsen*, das lediglich *Rad fahren* bedeutet (vgl. Coseriu 1967: 297 und 299f.).

Wie Gładysz (2003: 24) festhält, fand Coserius Konzept kaum Widerhall in der späteren Kollokationsforschung. Er prägte zwar den Begriff der lexikalischen Solidarität, doch machte die „begriffliche Kompliziertheit seines Ansatzes [...] ihn für praktische konfrontative Forschungen fremdsprachendidaktischer oder lexikographischer Zielsetzung kaum verwertbar" (Gładysz 2003: 24).[8] Nach Cedillo (2004: 61) würden Coserius lexikalische Solidaritäten nur bestimmte Typen von Kollokationen abdecken, „jedoch nicht den Prototyp der idiosynkratischen Wortverbindungen [...], die sich nicht durch bestimmte Implikationen von semantischen Merkmalen bestimmen lassen."

2.1.1.4. Chomsky: Selektion und Selektionsbeschränkungen

Berührungspunkte zu dem Kollokationsansatz weist auch die Theorie der Selektionsrestriktionen auf, auch wenn dort ebenso nicht von Kollokationen, sondern Selektionsbeschränkungen die Rede ist. Überschneidungen betreffen die Tatsache, dass es bei beiden Konzepten

> [...] zum einen ganz allgemein um die Verbindung und Verbindbarkeit von Lexemen auf der syntagmatischen Ebene [geht], und zum anderen um die Beobachtung, daß die Verbindung bestimmter Lexeme miteinander völlig normal ist und häufig vorkommt oder aber ungewöhnlich bzw. ungrammatisch ist und selten vorkommt. (Bahns 1996: 4)

Der von Chomsky im Rahmen der generativen Transformationsgrammatik eingeführte Terminus *selectional restrictions* entsprang der Feststellung, dass die Kombinierbarkeit von Lexemen syntaktisch-semantischen Restriktionen unterliegt (Bischof 2007: 49). Angestrebt wurde folglich eine Kategorisierung lexikalischer Einheiten nach syntaktisch-semantischen Kriterien, um die Kompatibilität der Lexeme zu steuern und die Bildung von ungrammatischen Sätzen zu verhindern. Das Konzept zielte auf eine negative Evidenz, d.h. Ermittlung von syntagmatischen Verbindungen, die innerhalb einer Sprache nicht möglich sind (vgl. Lehr 1996: 52). Demnach ließe sich beispielsweise im Satz *Der Mensch denkt* das Wort *Mensch* nicht durch *Haus* ersetzen, da der grammatischen Korrektheit halber nur ein Lexem mit dem semantischen Merkmal [+menschlich] einsetzbar wäre.

Trotz der Überschneidungen muss jedoch ein wesentlicher Unterschied betont werden. Anders als bei Kollokationen, die normativ geregelt werden, sind die Selektionsregeln Bestandteile des Systems und sie greifen zu kurz, wenn es um Wörter geht, „deren Kombinationsfähigkeit mit anderen Wörtern sich mit

8 Siehe aber Konecny (2010a), die die Begrifflichkeiten Coserius praktisch anwendet.

Hilfe der Semantik – jedenfalls insoweit die Semantik in den Definitionen niedergelegt ist – nicht hinreichend präzisieren läßt“ (Hausmann 1984: 396; siehe auch Stein 1995: 115). Dazu ließen sich etwa folgende deutsche Kollokationen mit ihren polnischen Übersetzungen und ihren tatsächlichen Äquivalenten gegenüberstellen (vgl. Bahns 1996: 5 und Księżyk 2012: 391):

- *eine Genehmigung einholen* - ‚zasięgnąć (i. e. uzyskać) zezwolenie‘
- *das Gericht anrufen* – ‚zadzwonić (i. e. odwołać się) do sądu‘

2.1.2. Britischer Kontextualismus

2.1.2.1. Firth

Der britische Kontextualismus[9] wird als eine Sprachtheorie aufgefasst, „die als Reaktion gegen die statische und isolierte Betrachtung von Sprache seitens des amerikanischen [...] und des europäischen [...] Strukturalismus [...] entstanden ist“ (Cedillo 2004: 117) und wird demnach als dessen englische Variante angesehen (vgl. Bußmann 2008: 369). Als sein Begründer gilt John Rupert Firth, der 1951 im Rahmen seiner Sprachtheorie den Begriff der Kollokation als linguistischen Terminus in den sprachwissenschaftlichen Diskurs einführte.[10] Daher steht Firth in der einschlägigen Literatur auch im Allgemeinen als Begründer des Kollokationsbegriffs (vgl. Bahns 1996: 6 und Konecny 2010: 35; Anm. 12); auch wenn, wohl angemerkt, die Bezeichnung selbst bereits mindestens zwei Jahrzehnte früher verwendet wurde, etwa als der englische Linguist und Englischlektor Harold Edward Palmer 1933 in seinem *Second Interim Report on English Collocations* lange Listen adverbial-verbaler Kollokationen lieferte (vgl. Crystal 1966: 6 und Hausmann 2007: 227).[11]

Firth entwickelte im Rahmen seiner Theorie ein vielschichtiges Beschreibungsmodell der Sprache, in dem er die phonetisch-phonematische, die kontextuelle, die lexikalische und die grammatische Beschreibungsebene aussonderte (vgl. Bahns 1996: 6). Eine Besonderheit dieses Modells ist einerseits die Einbeziehung des situativen Kontextes, gemäß der „Auffassung, nach der die Bedeutung von Wörtern und Sätzen nicht lediglich mit sprachl[...] [ichen] Mitteln

---

9 Die Bezeichnung *Britischer Kontextualismus* oder *Kontextualismus* tritt fast ausschließlich in deutschsprachigen Publikationen auf, im angelsächsischen Raum begegnen dafür die Namen *London School*, *Firthian Linguistics* oder auch *Functionalism* (vgl. Lehr 1996: 7).

10 Veröffentlicht wurde sein Aufsatz jedoch erst 1957.

11 Gelegentlich begegnet in der Forschung ein Verweis auf noch frühere Verwendungen des Ausdrucks *Kollokation* (vgl. Konecny 2010: 34, Anm. 12).

zustande kommt, sondern entscheidend durch den außersprachl[...] [ichen] Kontext“ (Metzler 2010: 361) und andererseits die obligatorische Vernetzung der einzelnen Ebenen (vgl. Lehr 1996: 18). Explizit äußert sich Firth zu dem Einfluss des situativen Kontextes auf die Bedeutung folgendermaßen:

> The use of the word ‚meaning‘ is subject to the general rule that each word when used in a new context is a new word. (Firth 1951: 190)

Ähnlich drückt er seine Bedeutungsauffassung an einer anderen Stelle wie folgt aus:

> [...] meaning [...] as situational relations in a context of situation [...] (Firth 1930-1955: 170)

Bezogen auf die Ebenen der Grammatik und der Lexik begegnen bei Firth die ebenenspezifischen Phänomene der *Kolligation* (Grammatik) und *Kollokation* (Lexik). Während mit Kolligationen syntagmatische Relationen zwischen grammatischen Kategorien gemeint sind („collogations as the interrelation of grammatical categories in syntactical structure“ (Firth 1930-1955: 183)), handelt es sich bei Kollokationen um syntagmatische Verbindungen von Wörtern als solchen und nicht zwischen Kategorien („Collocations are actual words in a habitual company“ (Firth 1930-1955: 182; vgl. Bahns 1996: 6). Firth geht davon aus, „dass die Bedeutung von Wörtern zumindest partiell von der Bedeutung der Wörter abgeleitet werden kann, mit denen die analysierte Einheit kollokiert“ (Kratochvílová 2011: 38):

> Meaning by collocation is an abstraction at the syntagmatic level and is not directly concerned with the conceptual or idea approach to the meaning of words [...] (Firth 1951: 196)

In der Literatur wird mehrmals darauf hingewiesen, dass Firths Ausführungen zum Thema Kollokation einen eher programmatischen Charakter haben, eine genaue Erläuterung und Ausarbeitung dagegen fehle (vgl. Steiner 1983: 141 und 150, Bahns 1996: 7 und Lehr 1996: 21). Firth führt zwar eine Reihe von Begriffen ein, die von der späteren Kollokationsforschung übernommen werden, etwa: *collocation*, *collocability*, *collocate*, erläutert sie jedoch nicht hinreichend, vielmehr liefert er interpretationsbedürftige Vorschläge:

> I propose to bring forward as a technical term meaning by ‚collocation‘, and to apply the test of ‚collocability‘ [...] (Firth 1951: 194)

Ähnlich unternimmt Firth erstmals den Versuch, die Kollokationen nach ihrer Frequenz zu klassifizieren. Ohne jedoch das Unterscheidungskriterium zu präzisieren und nachvollziehbare Beispiele zu liefern, sondert er danach ‚übliche‘

(*general* bzw. *usual collocations*, etwa *silly, obstinate, stupid, awful ass, young lady*) und ‚okkasionelle Kollokationen' (*technical* bzw. *personal collocations*, etwa: *egregious ass*; *young woman*) aus (vgl. Firth 1951: 195). In seinem späteren Aufsatz *A Synopsis of Linguistic Theory* finden wir zwar einen Definitionsversuch, bei dem die gegenseitige Erwartbarkeit von Wörtern als Kriterium eingeführt wird (vgl. Konecny 2010: 37):

> The collocation of a word or ‚piece' is not to be regarded as mere juxtaposition, it is an order of *mutual expectancy*. The words are mutually expectant and mutually prehended [...] (Firth 1930-1955: 181)

Unklar bleibt jedoch, wie dieses Kriterium zu operationalisieren ist.

Die Vagheit der von Firth eingeführten Begrifflichkeiten und das weit gefasste Kollokationsverständnis werden u.a. als ein Grund für die Auffassungsspaltung in der späteren Kollokationsforschung gesehen. Diese beruht darauf, dass zweierlei Bestimmungen des Kollokationsbegriffs funktionieren: Zum einen werden Kollokationen als Wortverbindungen aller Art verstanden, zum anderen als spezifische Wortverbindungen. Das weite Verständnis der Kollokation führte somit dazu, dass kein ausdrücklicher Unterschied zwischen der Distribution und Kollokation gemacht werden kann (vgl. Gładysz 2003: 18 und Kratochvílová 2011: 38).

Kritisiert wurde an der Firth'schen Kollokationsauffassung ferner, dass es nicht möglich sei, eine Untersuchungsbasis für Kollokationsanalysen zu schaffen, die zum einen alle möglichen Sätze einer Einzelsprache und zum anderen alle tatsächlich geäußerten Sätze in einer Einzelsprache umfassen würde (vgl. Lehr 1996: 25f.). Für positiv wurde dagegen die Einführung der kontextbezogenen Sprachbetrachtung erachtet (vgl. Kratochvílová 2011: 38). Wie Steiner (1983: 137) betont, „ist [es] sein [Firths] Verdienst, die Grundzüge einer funktionalistischen Sprachwissenschaft entwickelt zu haben." Schließlich bleibt darauf hinzuweisen, dass die Welle kritischer Auseinandersetzung mit dem Firth'schen Konzept paradoxerweise zu seiner Weiterentwicklung führte (vgl. Gładysz 2003: 18).[12]

2.1.2.2. Die weitere Entwicklung des Firth'schen Kollokationskonzeptes

Nach Steiner (1983: 150) hatte „Firth [...] mit seiner linguistischen Theorie offene Fragen hinterlassen, seine Theorie hatte Mängel und Lücken." Daher nahmen sich seine Nachfolger, die sog. *Neo-Firthians*, der Aufgabe an, die Schwächen des Firth'schen Kollokationskonzeptes auszuarbeiten (vgl. Steiner 1983: 141).

12 Zur Kritik an der Firth'schen Theorie siehe Steiner (1983: 131-132).

2.1.2.2.1. Halliday

Michael Alexander Kirkwood Halliday ist nach Steiner (1983: 145) der wohl bekannteste und einflussreichste Vertreter der Gruppe der *Neo-Firthians*. Ähnlich wie Firth trennt auch Halliday zwischen der Ebene der Grammatik und Lexik, die Letztere als eigenständige, der Grammatik ebenbürtige Teildisziplin der Sprachwissenschaft herausstellend, welche andere Herangehensweisen als die Grammatik erfordere, auch wenn es zwischen grammatischer und lexikalischer Analyse oft Überschneidungen gebe (vgl. Halliday 1970: 148). Anders als Firth, der sich vorwiegend den syntagmatischen Relationen zuwandte, verweist Halliday darauf, dass sich syntagmatische Beziehungen (*chain relations*) vielfach auf paradigmatischer Ebene (*choice relations*) widerspiegeln (vgl. Halliday 1970: 152 und Konecny 2010: 39). Diese Beziehungen lassen sich wie folgt veranschaulichen:

Tabelle 1: Die grammatische und lexikalische Ebene bei Halliday (vgl. Halliday/McInstosh/Strevens 1964: 25; zit. nach Bahns 1996: 8).

	Grammar	**Lexis**
CHAIN RELATIONS	structure	collocation
CHOICE RELATIONS	system	set

In diesem Zusammenhang verwendet Halliday den Begriff des *lexical sets* (kurz: *set*) als Gruppe von lexikalischen Einheiten mit einem ähnlichen Kollokationsbereich (*range of collocation*) (vgl. Konecny 2010: 39):

> Collocational and lexical set are mutually defining as are structure and system: the set is the grouping of members with like privilege of occurrence in collocation. (Halliday 1970: 153)

Um ein lexical set zu bestimmen, müsse demnach zuvor das Kollokationsverhalten einzelner lexikalischer Einheiten analysiert werden. Dasjenige lexikalische Element, dessen Kollokationspartner im konkreten Einzelfall untersucht werden, bezeichnet Halliday als den *node* (dt. Knoten). Demzufolge gehörten etwa *bright*, *shine* und *light* zum gleichen lexical set, weil ihnen eine Anzahl höchstwahrscheinlicher Kollokationen gemeinsam ist: Sie kollokieren beispielsweise mit *moon* und *sun* (vgl. Halliday 1970: 158).

In seiner *Annäherung an eine Theorie der Lexis* (Steiner 1983: 157) nennt Halliday noch einige weitere Aspekte, die bei der Kollokationsanalyse bedacht werden müssten:

1. Ausgehend von den lexikalischen Einheiten *strong* und *powerful* als Elementen eines lexikalischen sets, die mit *argument* kollokieren, macht er darauf

aufmerksam, dass „the paradigmatic relation of *strong* to *powerful* is not a constant but depends on the syntagmatic relation into which each enters" (Halliday 1970: 150). Folglich könne es zwar *strong/powerful argument* heißen, aber nur *powerful car* und *strong tea* (vgl. Halliday 1970: 150).

2. Da lexikalische Einheiten von ihrem kollokationellen Umfeld bestimmt werden, müsse bei der lexikalischen Analyse die Frequenz einer lexikalischen Einheit in einem bestimmten kollokationellen Umfeld im Verhältnis zu ihrer Gesamtfrequenz berücksichtigt werden. Ist diese Frequenz in bestimmten Kontexten besonders hoch, dann sei es möglich, deren Umfeld vorauszusehen, etwa bei *spick* in der Okkurrenz *spick and span* (vgl. Halliday 1970: 156).
3. Gelegentlich könne dieselbe Kollokation in unterschiedlichen syntaktischen Konstruktionen vorkommen, für welche in der Regel auch dieselben Restriktionen gelten würden, etwa *a strong argument, he argued strongly, the strength of his argument* (vgl. Halliday 1970: 151 und Konecny: 2010: 41).
4. Bisweilen können sich Kollokationen über Satzgrenzen hinaus erstrecken, etwa *„I wasn't altogether convinced by his argument. He had some strong points but they could all be met"* (Halliday 1970: 151).

Halliday (1970: 158f.) stellt seine Herangehensweise zunächst als einen Annäherungsvorschlag an das Problem der Kollokationsanalyse dar, es sei noch keine ausgereifte Analysemethode. Vielmehr ist er bemüht, „eine methodische Verbindung zwischen den Beschreibungsebenen der Grammatik und Lexis herzustellen" (Steiner 1983:158). Bezüglich der Prinzipien und Methoden verweist er auf die Arbeiten Sinclairs (vgl. Halliday 1970: 158f.).

In seinen späteren Arbeiten beschäftigte sich Halliday vordergründiger mit der textuellen Dimension von Kollokationen und ihrer kohäsionsstiftenden Wirkung, einer Auffassung, mit der auch die heutige Kollokationsforschung oft konfrontiert wird (vgl. Konecny 2010: 42f. und Kratochvílová 2011: 40).

2.1.2.2.2. Sinclair

John McHardy Sinclair gilt und verstand sich auch selbst als der Tradition des Britischen Kontextualismus verpflichtet. Auch wenn Hallidays Arbeiten zur lexikalischen Analyse etwas besser fundiert sind als das bei Firth der Fall ist, so werden konkrete Analysemethoden erst von Sinclair entwickelt (vgl. Bahns 1996: 9). Für seine Untersuchungen legt Sinclair einige Grundbegriffe fest (vgl. Sinclair 1970: 415 und 417):

- *node* (dt. Knoten) als eine lexikalische Einheit, deren Kollokationen jeweils untersucht werden (ähnlich bei Halliday),

- *span* (dt. (Kollokations-)Spanne) als die Anzahl lexikalischer Einheiten auf beiden Seiten des nodes, denen Relevanz für den node beigemessen wird,
- *collocates* (dt. Kollokate) als Einheiten innerhalb des von der Kollokationsspanne gesetzten Umfelds,
- *cluster* (dt. Cluster) als die Menge der Kollokate einer lexikalischen Einheit.

Sinclair „beabsichtigt […] bei seinen Kollokationsuntersuchungen keine Analyse der *semantisch-begrifflichen*, sondern vielmehr der *‚formalen'* Unterschiede bzw. Gemeinsamkeiten von lexikalischen Einheiten […] [sprich: eine Untersuchung der – F.K.] Ähnlichkeit […] im Kollokationsverhalten" (Konecny 2010: 45). So interessiert ihn etwa nicht die semantische Ähnlichkeit zwischen den beispielhaft gewählten Wörtern *tome* und *paperback* bei der Dreierliste *tome*, *paperback* und *cruelty*. Entscheidend für ihn ist die rein formale Beziehung, die sich aus der Tatsache ergibt, dass *tome* und *paperback* eine Reihe von Kollokationen gemeinsam haben, die sie mit *cruelty* nicht teilen – sie kollokieren etwa mit *edition*, *bookshop*, *paper* und *print* (vgl. Sinclair 1970: 410f.). In diesem Zusammenhang definiert Sinclair die Kollokation als „the co-occurrence of two items in a text within a specified environment" (Jones/Sinclair 1974: 19; zit. nach Konecny 2010: 46). Somit gebe es praktisch keine unmöglichen Kollokationen, einige seien allerdings wahrscheinlicher als die anderen (vgl. Sinclair 1970: 411). Grundlegend für Sinclairs Kollokationsverständnis ist also das statistische Kriterium.

Bereits in seinem frühesten Aufsatz zu Kollokationsfragen unter dem Titel *Beginning the Study of Lexis* (1966) führt Sinclair einige demonstrative Analysen durch und signalisiert Problemfelder. Für schwierig erachtet er die Bestimmung der Kollokationsspanne, da sie nicht gegeben ist, sondern willkürlich festgelegt werden muss. Dabei sei sie für die Analyseergebnisse ausschlaggebend: „It is clear that distance ultimately sets the boundary of collocation […]" (vgl. Sinclair 1970: 414f.). Dem Grad der Nähe zweier kollokierender Einheiten misst Sinclair hingegen keine Bedeutung für die Stärke der Kollokation bei, es sei also unwichtig, ob zwei kollokierende Einheiten (natürlich innerhalb der Kollokationsspanne) in unmittelbarer Nähe oder etwa mit einem Wortabstand vorkommen (vgl. Sinclair 1970: 414 und Bahns 1996: 10). Nach der Festlegung der Kollokationsspanne könne die Gesamtheit aller Kollokate zu den jeweils untersuchten lexikalischen Einheiten ermittelt werden. Die Ergebnisse veranschaulicht Sinclair in sog. Total Environment Tables (vgl. Sinclair 1970: 416). In einer weiteren Etappe seien die Ergebnisse sog. *casual collocations* einerseits und sog. *significant collocations* andererseits zuzuordnen. Unter *casual collocations* versteht Sinclair zufällig gebildete Verbindungen, die untypisch und ungebräuchlich sind und als Ad-hoc-Bildungen formuliert werden. Dieser Typ der Kollokationen komme in Kollokationsuntersuchungen in großen Mengen vor und zeichne sich dadurch aus, dass es nicht möglich sei, im Umfeld der entsprechenden Kollokate den jeweiligen node zu bestimmen, bzw. auch umgekehrt (vgl. Sinclair 1970: 418 und Konecny 2010: 48). Bei *significant collocations* sei dagegen die Rede von typischen und gebräuchlichen Verbindungen, deren gemeinsames Vorkommen wahrscheinlicher ist. Der wesentliche Unterschied zwischen den zwei Kollokationstypen betrifft also die Häufigkeit der Wiederholung der Kollokate bei den jeweiligen Vorkommnissen einer lexikalischen Einheit (vgl. Sinclair 1970: 418). Von Belang erscheint, dass dabei die Gesamtfrequenz einer lexikalischen Einheit in einem Korpus und die Frequenz derselben Einheit als Kollokat zu einem node berücksichtigt werden müssen (vgl. Bahns 1996: 11). Wie Sinclair betont, steigt die Möglichkeit einer klaren Differenzierung zwischen den casual und significant collocations mit der Größe des Untersuchungskorpus:

> The more occurrences of an item that we study, the clearer the picture will be; each particular casual collocate will be unlikely to occur again, and though there will be more and more of them the significance of any one of them will steadily decrease. At the same time collocates typical of the item in question will impress their pattern is broadly speaking complete and the evidence of further occurrences does not materially alter the pattern. (Sinclair 1970: 418)

Gerade um statistische Aussagen treffen zu können, erscheint Sinclair der Computereinsatz von Anfang an als unabdingbar (vgl. Sinclair 1970: 428 und Sinclair 1987: 319). In seinen späteren Arbeiten, die dank der fortgeschrittenen Computertechnologie Analysen an größeren Korpora zuließen, erläutert Sinclair u.a. zwei grundsätzliche Prinzipien der Sprachbeschreibung im Bereich der Lexik: das *open-choice principle* und das *idiom principle*. Beide Prinzipien seien erforderlich, um hinreichend zu erklären, wie sprachliche Texte zustande kommen und welche Bedeutung aus ihnen hervorgeht. Beim open-choice principle wird der sprachliche Text als Ergebnis von zahlreichen Wahlmöglichkeiten gesehen, die dem Textproduzenten bei jeder Texteinheit (Wort, Phrase, Satz) zur Verfügung stehen. Eingeschränkt wird diese Auswahl lediglich dadurch, dass der Forderung nach grammatischer Korrektheit Rechnung getragen werden muss. Nach Sinclair dürfte dieses Prinzip der gewöhnliche Weg der Sprachbetrachtung und -beschreibung sein. Faktisch würden auch sämtliche Grammatiken auf dem open-choice principle aufbauen (vgl. Sinclair 1987: 319f.). Bei dem idiom principle geht Sinclair davon aus, dass die Wörter in einem Text nicht aufs Geratewohl erscheinen und das open-choice principle nicht allen wesentlichen Kombinationsrestriktionen gerecht wird. Das daher erforderliche idiom principle beruhe darauf, dass dem Sprachbenutzer vielfach halb-vorgefertigte Phrasen zur Auswahl stehen, die scheinbar zwar in Einzelelemente segmentierbar sind, in der Tat jedoch als eine einzige Einheit gewählt werden. Eine solche Phrase sei etwa *of course*, die als Ganzes Bedeutung trägt, da deren Bestandteile ihre

Einzelbedeutung eingebüßt haben, und die demnach wie Zusammensetzungen zu handhaben sei. In gewissem Grade könne das Vorkommen derartiger *Halbfertigprodukte der Sprache*, wie Hausmann die Kollokationen bezeichnet (Hausmann 1984: 398 und Hausmann 1985: 118), auf die Tatsache zurückgeführt werden, dass sich bestimmte ähnliche Situationen im menschlichen Leben wiederholen und es ein natürliches Streben nach Ökonomie gibt. So erklärt auch Wilss, „daß der Mensch im Umgang mit seiner Sprache möglichst arbeitssparend umgeht. [...] Der Mensch tendiert dazu, musterbasiertes (konfiguriertes) Sprachverhalten unter vergleichbaren Bedingungen repetitiv einzusetzen" (Wilss 1997: 78). Was die Wichtigkeit der beiden Prinzipien anbelangt, verweist Sinclair darauf, dass dem idiom principle in den meisten linguistischen Beschreibungen zu Unrecht eine gegenüber dem open-choice principle untergeordnete Position zuerkannt wurde (vgl. Sinclair 1987: 320f.). Hingegen sei das idiomatische Prinzip viel verbreiteter, als das bislang eingeräumt wurde: Viele Phrasen hätten einen nicht ermittelbaren Umfang, viele ließen lexikalische und syntaktische Variation zu, zahlreiche Wörter und Phrasen würden andere Wörter in starken Kollokationen an sich ziehen, ferner würden bestimmte Wörter und Phrasen oftmals in Verbindung mit bestimmten grammatischen Konstruktionen erscheinen. Er plädiert daher dafür, das idiom principle der Grammatik zumindest gleichzustellen, was die Erklärung der Textkonstitution anbelangt (vgl. Sinclair 1987: 321f.). Insgesamt hält er sogar das idiom principle für dominant: „much of a text shows a potential for being analysed as the result of open choices, but the other principle, the idiom principle, dominates" (Sinclair 1987: 324f.). Ein beredtes Beispiel für das idiom principle würden Kollokationen bilden (vgl. Sinclair 1987: 325 und Sinclair 1995: 115). Sinclairs Unterscheidung zwischen den zwei Prinzipien wirkt sich inspirativ auf die vorliegende Studie aus, bei der diese Trennung in Bezug auf die polnischen Übersetzungen der hier analysierten Gesetzestexte etwas ins Wanken gerät. Da die polnische Rechtsterminologie zum Zeitpunkt der Entstehung der Übersetzungen noch nicht festgelegt war, könnte man annehmen, dass die Übersetzer sich insbesondere bei der Ausarbeitung des fachsprachlichen Diskurses stärker an dem open-choice principle orientierten. Die Frage wiederum, ob die gewählten Verbindungen fest wurden und auch heute noch als Kollokationen gebräuchlich sind, betreffe bereits das idiom principle.

Wie aus den erfolgten Darstellungen resultiert, strebte der britische Kontextualismus eine Untersuchung des tatsächlichen Sprachgebrauchs an, daher wurden Sprachbeschreibungsmodelle, die auf dem Sprachwissen einzelner Forscher beruhten, generell zurückgewiesen (vgl. Lehr 1996: 9). In der Wahl dieses Forschungsziels als auch der empirisch-induktiven Methodik lag der wesentliche Unterschied der kontextuellen Kollokationsanalysen zu den Selektionsrestriktionen der Transformationsgrammatik, welche sich „mit der deduktiven Konstituierung korrekten Sprachgebrauchs aus einem vorgegebenen Sprachsystem befaßt“ (Lehr 1996: 9). Die Kontextualisten gingen vielmehr davon aus, dass ausgedachte Sprachbeispiele den tatsächlichen Sprachgebrauch niemals besser zeigen als reale Belege, ebenso wie man kaum Pflanzenkunde anhand von Kunstblumen studieren kann: „One does not study all of botany by making artificial flowers“ (Sinclair 1995: 6). Bei der Erforschung des tatsächlichen Sprachgebrauchs stellte die Schule des britischen Kontextualismus „die statistische Signifikanz in den Mittelpunkt“ (Steyer 2000: 103), dies im Einklang mit der „Überzeugung, dass Sprache mit Methoden, die denen der Naturwissenschaft nahekommen, untersucht werden kann und muss“.[13] Von dieser Überzeugung geleitet schuf Sinclair die größte Datenbank der englischen Sprache, das sog. COBUILD-Korpus, das ihm dann als Grundlage zur Erstellung eines großen Wörterbuchs der englischen Sprache diente. Gerade diese Aspekte werden als zweifellose Leistungen der Schule des britischen Kontextualismus angesehen:

> Das Verdienst des britischen Kontextualismus besteht [...] unbestritten darin, nach tatsächlichen Kollokationsvorkommen in ‚realen Texten‘ zu fragen und Methoden entwickelt zu haben, mit deren Hilfe über große Textmengen recherchiert werden kann. (Steyer 2000: 104)

Die korpusgestützten Analysen selbst gelten als bahnbrechende Pionierleistungen bei der Spracherforschung im 20. Jahrhundert:

> Die durch solche Datenbanken gewonnen Beschreibungen haben die Erforschung von Sprache revolutioniert, was sich besonders auf den Fremdsprachenunterricht auswirkt.[14]

Diese neue Beschreibungsperspektive wäre jedoch ohne Einsatz des Computers als Untersuchungsinstrument nicht denkbar und sie setzte sich nur langsam durch, wie Sinclair rückblickend konstatiert:

> Thirty years ago when this research started it was considered impossible to process texts of several million words in length. Twenty years ago it was considered marginally possible but lunatic. Ten years ago it was considered quite possible but still lunatic. Today it is very popular. (Sinclair 1995: 1)

Die jeweiligen Kontextualisten führten konkrete, teilweise differierende Bereiche an, in denen Kollokationsforschung betrieben werden könnte: Firth (1930-1955:

---

13 http://www.presse.uni-erlangen.de/infocenter/presse/pressemitteilungen/2007/nachrichten_2007/10_07/240sinclair.shtml; Stand 24.11.2012.

14 http://www.presse.uni-erlangen.de/infocenter/presse/pressemitteilungen/2007/nachrichten_2007/10_07/240sinclair.shtml; Stand 24.11.2012.

195f.) plädierte dafür, Untersuchungen auf kollokationeller Ebene im Rahmen der Stilistik und der deskriptiven Lexikographie durchzuführen. Halliday (1970: 158f.) brachte die Wichtigkeit lexikalischer und lexikogrammatischer Analysen zur Sprache, einen Einblick in die Natur der Sprache sollten ferner Studien zu verschiedenen Sprachregistern, zum literarischen Stil, zur Kindersprache und zur Sprache bei Aphasie liefern. Ebenfalls sollten viele Fehler beim Fremdsprachenerwerb vor dem Hintergrund der Kollokationsforschung erklärt werden können (vgl. Halliday 1970: 160). Auf lexikographisches Nutzen verwies auch Sinclair, dem zufolge markante Unterschiede zwischen Daten vorliegen, die von Menschen und denen, die computergestützt gesammelt werden (vgl. Sinclair 1995: 4). Daher könnten frequenzbasierte und korpusgestützte Analysen Erkenntnisse etwa dazu liefern, was die häufigsten Bedeutungen einzelner Wörterbucheinträge sind, die traditionellen Wörterbücher führten nämlich nicht immer die Bedeutungen absteigend nach dem Grad der Üblichkeit an (vgl. Sinclair 1987: 323).

Was bereits bei der Firth'schen Kollokationstheorie beanstandet wurde, lässt sich zum Teil auf die gesamte Schule des britischen Kontextualismus ausweiten. Es geht um die sehr weitgehende Definition des Begriffs Kollokation als „Oberbegriff für die sich wiederholenden Kookurrenzen (Idiome, Klischees, Phraseologismen, Komposita usw.)“ (Steyer 2000: 104). Diese führte dazu, dass „das entscheidende Problem der Statuszuordnung, also die Frage, welche Wortkombinationen Kollokationen sind und welche Differenzierungen sie aufweisen, [...] nicht beantwortet [wurde]“ (Steyer 2000: 104).

2.1.3. Hausmanns Kollokationsauffassung

Kritikmomente bezüglich des britischen Kontextualismus bringt insbesondere der deutsche Romanist Franz Josef Hausmann vor, auch wenn er dieser Schule ihre Leistung, die Kollokationsforschung in Gang gebracht zu haben, keineswegs aberkennt (vgl. Hausmann 1985: 124). Vielmehr übt Hausmann an dem kontextualistischen Verständnis des Kollokationsbegriffs Kritik:

> Bezeichnenderweise fehlt nun im britischen Kontextualismus ein terminologischer Unterschied zwischen Kombination und Kollokation. Der britische Kollokationsbegriff entspricht in etwa dem Terminus Kookkurrenz; er meint jegliches Miteinanderauftreten von Wörtern. (Hausmann 1985: 124)

Demzufolge würden die nach dieser Auffassung zusammengestellten Wörterbücher, etwa *A Dictionary of English Collocations* (1994), ganz im Gegensatz zu dem *Oxford Collocations Dictionary for Students of English* (2002), lediglich „das Miteinandervorkommen graphischer Einheiten in einem Corpus“ sammeln (Hausmann 2004: 320). Die Einträge erschienen dabei weder geordnet nach Basis und

Kollokator – die Begriffe werden an einer weiteren Stelle im vorliegenden Unterkapitel erklärt – noch sei etwa zwischen Kollokationen und Redewendungen unterschieden worden (vgl. Hausmann 2004: 320). Für falsch hält Hausmann die Differenzierung der signifikanten und okkasionellen Verbindungen lediglich in Anlehnung an den Wahrscheinlichkeitsgrad des Miteinandervorkommens der Wörter. Viele Kollokationen seien nämlich „nicht frequent, aber dennoch verfügbar“ (Hausmann 1985: 124).[15]

Der sehr weiten Kollokationsauffassung insbesondere in den Arbeiten Sinclairs stellt Hausmann eine Kollokationstheorie gegenüber „die auf einem weitaus engeren Verständnis von Kollokation basiert“ (Bahns 1996: 26). In seinen zahlreichen Arbeiten hat Hausmann zur Weiterentwicklung der Kollokationsforschung beigetragen, indem er „den Terminus von Firth fruchtbar weiterverarbeitet“ hat (Hausmann 2004: 321). Auf diesem Wege hat er eine Kollokationstheorie entwickelt, die vor allem für den Fremdsprachenerwerb und die textproduktionsorientierte Lexikographie von Bedeutung ist. Der basisorientierte Kollokationsbegriff, für den er plädiert, sei „der engere, der merkmalreichere, der elaboriertere, der genauere, der funktionalisiertere, der anwendungsbezogenere, folglich der unverzichtbarere“ (Hausmann 2004: 321).

In seinem Modell unterscheidet Hausmann (1984: 398-401) zwischen fixierten und nicht-fixierten Wortverbindungen. Zur ersten Gruppe, auch Pseudokombinationen genannt, „deren Bedeutung nicht als Summe der Einzelbedeutungen ermittelt werden kann“ (Hausmann 1984: 398), rechnet er Wortzusammensetzungen und feste Redewendungen. Die nicht-fixierten Wortverbindungen gliedert er in Ko-Kreationen, Kollokationen und Konter-Kreationen (vgl. Hausmann 1984: 398).

Unter Ko-Kreationen seien freie Kombinationen zu verstehen, bei denen lediglich bestimmte semantische Mindestregeln zu beachten seien. Es gäbe dabei wenig Kombinierbarkeitsbegrenzungen und daher könnten die Sprecher bei diesen Verbindungen die Wörter kreativ zusammenstellen (vgl. Hausmann 1984: 398). Diese unspezifischen, banalen Kombinationen, wie *ein Buch kaufen*, *Lineal nehmen*, *schönes Kleid* oder *schmutziges Hemd* ordnet Hausmann der parole-Ebene zu (vgl. Hausmann 1985: 118-120).

Als Kollokationen bezeichnet Hausmann „Halbfertigprodukte der Sprache, welche der Sprecher nicht kreativ zusammensetzt, sondern als Ganzes aus der Erinnerung holt“ (Hausmann 1984: 398f.). Hierbei seien die Wörter begrenzt kombinierbar, es bestünden differenzierte semantische Regeln, vorausgesetzt sei auch

15 Kritik des lediglich frequenzorientierten Ansatzes finden wir allerdings noch bei vielen anderen Autoren. Siehe dazu vgl. Bahns (1996: 26f.).

eine bestimmte Üblichkeit einer kollokativen Wortverbindung sowie das Verhältnis von Affinität, der „Neigung zweier Wörter, kombiniert aufzutreten" (Hausmann 1984: 398).[16] Als „typische, spezifische und charakteristische Zweierkombinationen von Wörtern", wie *heikles Thema, penetranter Geruch, Geld abheben* oder *Rechnung begleichen*, ordnet Hausmann (1985: 118) die Kollokationen der langue-Ebene zu.

Bei Konter-Kreationen handle es sich um konteraffine, besonders kreative, regeldurchbrechende Bildungen, die selten oder einmalig begegnen und ein Merkmal des literarischen Stils darstellen.[17]

Bezogen auf das Kriterium der Üblichkeit bringt Hausmann (1984: 399) das Wesen dieser drei Gruppen sehr treffend auf den Punkt: „die Kollokationen [seien] Kombinationen von auffallender Üblichkeit, die Ko-Kreationen solche von unauffälliger Üblichkeit und die Konter-Kreationen solche von auffälliger Unüblichkeit."

Die von Hausmann vorgenommene Typologie der Wortverbindungen ließe sich in Anlehnung an seine Abbildung (1984: 399), als auch seine weiteren Arbeiten folgendermaßen darstellen:

Abb. 1: Typologie der Wortverbindungen von Hausmann

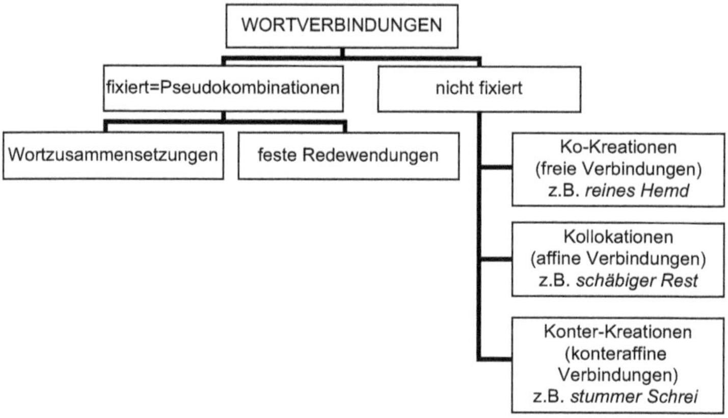

16 Affinität im Sinne Hausmanns und Coserius (1967: 299) haben somit nicht den gleichen Begriffsinhalt.

17 Eine Analogie zu den Konter-Kreationen ließe sich bei den *semantischen Abweichungen* von Agricola erkennen, die er als individuelle, okkasionelle und poetische Sememverbindungen des Typs *die blauen Pferde* oder *gestrickte Wärme* auffasst (vgl. Agricola 1972: 24). Auf Agricolas Konzept stützt sich wiederum Viehwegers Kollokationsverständnis, worauf im Bereich der germanistischen Kollokationsforschung hingewiesen wird.

Hausmann entwickelt das Firth'sche Kollokationskonzept weiter, indem er einen basisbezogenen Kollokationsbegriff prägt. Dieser beruht darauf, dass ihm zufolge Kollokationen aus zwei Elementen von unterschiedlicher Autonomität bestehen: aus der semantisch autonomen und damit ko-kreativen Basis und dem im Affinitätsverhältnis zu ihr stehenden Kollokator (vgl. Hausmann 1984: 401 und Hausmann 2004: 312). Die Basis determiniert also und der Kollokator wird determiniert (vgl. Hausmann 1985: 119). Während die Basis ohne Kotext „definiert, gelernt und übersetzt werden kann, [...] [wird der] Kollokator beim Formulieren in Abhängigkeit von der Basis gewählt [...] und [...] [kann] folglich nicht ohne die Basis definiert, gelernt und übersetzt werden" (Hausmann 2007: 218). Fällen, in denen der Kollokator doch ohne Kotext definiert werden kann, so etwa das Verb *bellen* in der Verbindung *Hunde bellen*, schreibt Hausmann Sondercharakter zu. In Anlehnung an Coseriu fasst er sie als lexikalische Solidaritäten auf (vgl. Hausmann 2007: 218). Dabei sei der Kollokator zwar ohne Kotext definierbar, „aber nicht ohne Nennung des Basiswortes in der Definition" (Hausmann 2007: 218). Die morpho-syntaktische Verteilung von Basis und Kollokator erfolge nach Hausmann folgendermaßen: „Die wichtigste Basiswortart ist das Substantiv, weil es die Substantive sind, welche die Dinge und die Phänomene dieser Welt ausdrücken, über die es etwas zu sagen gibt, Adjektive und Verben kommen als Basiswörter nur insoweit in Frage, als sie durch Adverbien weiter determiniert werden können" (Hausmann 1985: 119).[18] Zur Veranschaulichung der Verteilung von Basis B und Kollokator K im Sinne Hausmanns lassen sich etwa folgende Beispiele anführen (vgl. Kratochvílová 2006: 26)[19]:

1. ADJEKTIV - SUBSTANTIV: *bittere Tränen, schütteres Haar*
2. VERB - SUBSTANTIV (Objekt): *Schuld begleichen, Hass schüren*
3. VERB - SUBSTANTIV (Subjekt): *der Motor stirbt ab, Freude kommt auf*
4. ADVERB - VERB: *schroff ablehnen, schwer beeindrucken*[20]

18 Um das Problem der rigiden Festsetzung von Kollokationsbasis und Kollokator zu umgehen, trifft Lehr (1998: 270-272) eine wörterbuchbezogene Unterscheidung zwischen *Kollokant* und *Kollokat*, wobei Kollokant das in einem Wörterbuch eingetragene Lemma bildet, und Kollokate seine Kollokationsangaben sind.

19 Die Beispiele stammen aus Hausmann (1985), Gładysz (2003: 77), Lüger (2004: 49), Heid (2005: 103), Kratochvílová (2006: 26) und Konecny (2010: 187f.).

20 In seiner kontrastiv angelegten Untersuchung führt Gładysz (2003: 76) kollokative Verbindungen zwischen Verben und Adverbien lediglich für das Polnische an, etwa: *gorąco przywitać* oder *mylić się grubo*. Bei den oben in Anlehnung an Kratochvílová (2006: 26) angeführten Belegen haben wir es nämlich mit adverbial gebrauchten Adjektiven zu tun.

5. ADVERB - ADJEKTIV/PARTIZIP PERFEKT: *ganz ruhig, schwer verletzt*
6. SUBSTANTIV - SUBSTANTIV im Genitiv/SUBSTANTIV + (Präposition): *Einreichung des Antrags, Kampf auf Leben und Tod*
7. VERB PRÄPOSITIONALERGÄNZUNG: *zur Sprache kommen, unter Beweis stellen*

Von dieser prinzipiellen Basis-Kollokator-Verteilung nennt Hausmann in seinen späteren Arbeiten Ausnahmen. Mit ungewöhnlicher Kollokationssyntax hat man es etwa dann zu tun, wenn das substantivische Objekt „eine adverbiale Graduierungsbedeutung" hat (Hausmann 2004: 315):

SUBSTANTIV - VERB: *Bauklötze staunen* (im Sinne von: *sehr staunen*), *nur Bahnhof verstehen* (im Sinne von: ‚nichts verstehen').

Auch bei Verbindungen von Kopulaverben mit adjektivischen Prädikativen fungiere nicht das Verb, sondern das Adjektiv als Basis:

VERB - ADJEKTIV: *kaputt gehen, verrückt spielen.*

In Extremfällen könne sogar ein attributiv gebrauchtes Adjektiv als Basis einen substantivischen Leerkollokator determinieren:

SUBSTANTIV - ADJEKTIV: *treulose Tomate, beleidigte Leberwurst.*

Weitere Präzisierungsfälle beruhen darauf, dass Hausmann zwar einräumt, dass es sich bei Kollokationen grundsätzlich um binäre Einheiten handelt, er führt aber weiter aus: „Es können sich aber zwei Kollokationen zu einer Tripel-Struktur verbinden und als solche üblich sein" (Hausmann 2004: 316). Als Belege dafür nennt er etwa *massive/scharfe Kritik üben, zulässige Geschwindigkeit übertreffen, absolute Priorität haben* oder *reißenden Absatz finden*, wo sich eine Substantiv+Verb-Kollokation mit einer substantivisch-adjektivischen Kollokation verbindet. Anders gesagt: eine substantivische Basis hat hier zwei Kollokatoren und bildet eine komplexe Kollokation (vgl. Hausmann 2007: 218).[21] Um Pseudo-Dreierkombinationen handle es sich dagegen bei Verbindungen wie *den Schleier des Geheimnisses lüften, die beleidigte Leberwurst spielen*, in denen es tatsächlich nur eine Basis und nur einen aus mehreren Wörtern bestehenden, „diskontinuierlichen idiomatischen" Kollokator gibt. Ferner ließe sich, so Hausmann, auch ein

21 Nach Hollós (2010: 86) wird derartigen Kollokationen, wie etwa *stechend blaue Augen, etw. spielend leicht schaffen, jmdm. einen frechen Blick zuwerfen* aufgrund ihres Mehr-als-zwei-Wort-Charakters seitens der Kollokationsforschung keine gebührende Aufmerksamkeit geschenkt.

Teil der zusammengesetzten Wörter, etwa *Schiebedach*, *Briefkastenfirma* als Kollokationen interpretieren, was den Grund für die hohe Kollokationsfreudigkeit der Fachsprachen verdeutlichen möge (vgl. Hausmann 2004: 317). Die Frage, ob Komposita in Anlehnung an diese Auffassung in der vorliegenden Studie bei der Kollokationsanalyse mitberücksichtigt werden, wird noch bei der Festlegung des Kollokationsbegriffs für die vorliegende Arbeit zu entscheiden sein (s. Kap. 5.1.2.).

Rekapitulierend lässt sich festhalten, dass die Unterscheidung zwischen Basis und Kollokator von zentraler Bedeutung erscheint (vgl. Herbst/Götz-Votteler 2007: 211). Aus der Determiniertheit der Kollokatoren durch die Basen schlussfolgert Hausmann, dass die Kollokationsbasen äquivalenzfähig sind, die Kollokatoren dagegen nicht. Für den Kollokator wechseln die Äquivalenzen von Kollokation zur Kollokation (vgl. Hausmann 1984: 405), wie das etwa durch den adjektivischen Kollokator *schäbig* (a) oder den verbalen Kollokator *stellen* veranschaulicht werden kann (b):

a) *schäbige Kleidung – znoszone ubranie,*
schäbiges Verhalten – podłe zachowanie,
schäbige Bezahlung – marna zapłata

b) *eine Frage stellen – stawiać pytanie,*
einen Antrag stellen – składać wniosek,
den Täter stellen – zatrzymać sprawcę.

Diese Beobachtung lässt sich in mehrfacher Hinsicht anwendungsorientiert umsetzen. Auf den interlingualen Vergleich bezogen, erweist sich diese Erkenntnis für die Fremdsprachendidaktik, die Lexikographie und auch die Translationswissenschaft brauchbar.

Nach Steyer (2004: 92) kommt

> […] Hausmann […] das große Verdienst zu […], Kollokationen auch im deutschsprachigen Raum aus ihrem Schattendasein an der Peripherie der Phraseologie herausgeholt und ihre Relevanz als Entitäten zwischen Sprachsystem und Sprachgebrauch, vor allem für den Fremdsprachenerwerb, ins allgemeine Bewusstsein gerückt zu haben.[22]

In einem seiner späteren Aufsätze räumt Hausmann Kollokationen sogar eine zentrale, den Idiomen ebenbürtige Position in der Phraseologieforschung ein, entgegen der gängigen Auffassung, dass Kollokationen bestenfalls bei weitem Phraseologieverständnis als phraseologische Phänomene mitzuberücksichtigen seien:

---

22 Siehe dazu auch Steyer (1998: 99).

Im Zentrum der Phraseologie stehen Idiome (idiomatische Redewendungen, z.B. englisch *to kick the bucket*), Kollokationen (typische Wortkombinationen, z.B. englisch *to meet a deadline*) und Phraseoterme (terminologische Mehrwortbildungen, z.B. englisch *cardiac arrest*). Im 20. Jahrhundert wurde die Phraseologie meist unter Ausschluss der Kollokationen und Phraseoterme verstanden als Wissenschaft der Idiome. Diese enge Sehweise, in der vor allem die Kollokationen außerhalb jeglicher linguistischer Betrachtung blieben, entsprach nicht der lexikographischen Praxis seit der Renaissance [...] und wird derzeit zunehmend überwunden. (Hausmann 2007: 217)

Hausmann erkannte die Wichtigkeit der Kollokationen als „Halbfertigprodukte der Sprache" und wies darauf hin, dass diese in der Fremdsprachendidaktik unterschätzt worden sei (vgl. Hausmann 1984: 406). Während nämlich Nichtmuttersprachler Phraseologismen in der Fremdsprache einfach vermeiden können, kommen sie ohne Kollokationen bei der Textproduktion keinesfalls aus (vgl. Steyer 2000: 104). Zwar könnten sie sich anstatt typischer Kollokationen, etwa *Er hat seinen Zorn hinuntergeschluckt* freier Verbindungen bedienen, etwa *Er hat seinen Zorn vergessen*, dies treffe jedoch nicht den Sinn der Sache (vgl. Hausmann 1984: 400). In der Tat sei die „Kenntnis der Kollokationen [...] nicht etwa sprachlicher Luxus, so Hausmann, sondern elementar, da in den Kollokationen in besonderer Weise die unverwechselbare Eigenart einer Sprache niedergelegt sei" (Steyer 2000: 104). Vor diesem Hintergrund kritisiert Hausmann oftmals, dass viele Wörterbücher nicht lernerorientiert seien und keine Stütze bei der Textproduktion darstellten (vgl. z.B. Hausmann 2004: 310-312).

Hausmanns Plädoyer, Kollokationen aus dem Schattensein der Phraseologie ins Zentrum zu bringen, scheint heutzutage immer häufiger realisiert zu werden, berücksichtigt man die zahlreichen Arbeiten, die Kollokationen aus unterschiedlichen linguistischen Perspektiven betrachten. Verwirklichen scheint sich auch seine Prognose, wonach die Zukunft Korpora gehöre (vgl. Hausmann 2004: 322).

2.1.4. Disziplinäre Vielfalt in der Kollokationsforschung

Auch wenn es sich bei der Kollokationsforschung im Vergleich zu der bereits elaborierten Phraseologie um eine relativ junge Forschungsrichtung handelt, findet der Kollokationsansatz sowohl in der Theorie, als auch in der Praxis vielfältig Anwendung (vgl. Steyer 2000: 103):

Der Kollokationsbegriff ist [...] in den unterschiedlichen Bereichen der Linguistik von Bedeutung, vor allem in der Lexikologie, Phraseologie, Lexikografie, beim Spracherwerb, in der Übersetzungswissenschaft oder Computerlinguistik [...] (Storjohann 2011: 6)

Kollokationen finden zunehmend auch Beachtung in der Grammatikforschung. Sie werden dort unter dem Aspekt typischer syntaktischer Gebundenheit, also als Phänomen der grammatical collocation, der Kolligation oder Collostruction betrachtet. Die Text- oder Diskurslinguistik beschäftigt sich zudem mit Kollokationen als funktionale Indikatoren für diskursive Sprecherbewertungen, Argumentationen und Thematisierungen. Auch hier liegt ein breitgefächertes Kollokationsverständnis zugrunde [...] (Storjohann 2011: 6)

Im Folgenden soll ein Überblick über die Hauptziele der Verwertung von Kollokationstheorien in ausgewählten Bereichen der Linguistik geboten werden.

2.1.4.1. Fremdsprachendidaktischer Ansatz

Die Problematik der Kollokationen im Fremdsprachenunterricht beschreibt Hausmann (1993: 5; zit. nach Steyer (1998: 95)) unter Hinzuziehung von Metaphorik folgendermaßen:

> Die Kombinierbarkeit der Wörter, ihre Fähigkeit, miteinander Verbindungen (oder Fügungen) einzugehen, ist [...] begrenzter als es uns bewußt ist. [...] Beim muttersprachlichen Wortgebrauch ist es, als gingen wir in schwindelnder Höhe nachtwandlerisch über einen schmalen Grad, ohne Bewusstsein der Abgründe links und rechts. Der Weg erscheint uns leicht und ungefährlich; alles ist selbstverständlich. Ganz anders der Fremdsprachler, der unweigerlich und ständig in Absturzgefahr ist.

Wie aus dieser Beschreibung hervorgeht, reiche es nicht, „die lexikalischen und grammatischen Regeln einer Sprache zu beherrschen. Vielmehr ist die ‚idiomatische Kompetenz' des Sprechers ausschlaggebend für die kulturelle Angemessenheit seiner fremdsprachigen Äußerungen" (Steyer 1998: 95). Wer Kollokationsfehler begeht, werde folglich „unwillkürlich als Nichtmuttersprachler erkannt, auch wenn er eine noch so akzentfreie Aussprache hat und über eine hoch entwickelte morphosyntaktische Kompetenz verfügt" (Reder 2006: 9, vgl. auch Zabrocki 1975/1980: 275). Sprachliche Äußerungen mit kollokatorischen Verstößen würden darüber hinaus unnatürlich anmuten: „texts with wrong collocates or with compositional expressions where collocational alternatives would exist, are perceived as unnatural" (Heid 1994: 240; zit. nach Ludewig 2005: 11). Ferner würden sie die Erwartungskonformität der Mitglieder einer Sprachgemeinschaft verletzen, was dazu führe, dass ihre Aufmerksamkeit vom Inhalt der Aussagen abgelenkt und auf die Ausdrucksform gerichtet werde (vgl. Ludewig 2005: 178 und Nord 2008: 13). In diesem Sinne wird die Kollokationskompetenz aus fremdsprachendidaktischer Sicht „häufig als Gradmesser für die Beherrschung einer Fremdsprache angesehen" (Lüger 2001: 48).

Auf die mit Kollokationen verbundenen Lernschwierigkeiten wurde bereits mehrmals verwiesen (u.a. Hausmann 1984, Hartenstein 1996, Ludewig 2005, Reder 2006, Konecny 2010a: 79 und Wallner 2010: 197). In den angeführten

Publikationen gelten Kollokationen als besonders fehlerträchtiger Bereich insbesondere in Bezug auf die Textproduktion:

> Für den Fremdsprachenlerner liegt ein wichtiger Unterschied zwischen Redewendung und Kollokation darin, dass die Redewendung vorrangig ein Problem der Sprachrezeption aufwirft, die Kollokation hingegen ein Problem der Sprachproduktion. (Hausmann 2003: 84)

Da Fremdsprachenlerner normalerweise unbewusst dazu tendieren, Wortverbindungen wörtlich hinzuübertragen, laufen sie bei der Textproduktion in der Fremdsprache Gefahr, Interferenzfehler zu begehen und gegen die lexikalischen Kollokationsrestriktionen zu verstoßen (vgl. Konecny 2010a: 79). Auch wenn ein derartiger Transfer bisweilen erfolgreich sein könne, seien dadurch Abweichungen anderer Art, etwa Umgewichtungen in der Frequenzverteilung von Kollokationen möglich (vgl. Ludewig 2005: 168). Die Tatsache, dass Kollokationen „eine ‚zuverlässige' Fehlerquelle darstellen" (Reder 2006: 9), wird auch darauf zurückgeführt, dass zum einen die Nichtmuttersprachler Kollokationen häufig nicht als komplexe Einheiten erkennen und memorieren, und zum anderen darauf, dass vollkommen unvorhersehbar auftretende interlinguale Divergenzen bestehen (vgl. Wallner 2010: 197).

Die Schwierigkeiten bei der Erlernung von Kollokationen erscheinen aufgrund der Tatsache, dass ein Großteil der Aussagen kollokativ geregelt ist, eher quantitativer denn qualitativer Art (vgl. Ludewig 2005: 176 und Hausmann 2007: 229):

> Wieviele Kollokationen muß ein Fremdsprachler aktiv beherrschen? Wenn man sich klar macht, dass eine große Zahl banalster Alltagsaussagen kollokativ geregelt ist (Sagt man tun oder machen oder beides? [...]) und dass man nicht nur die kontrastiv abweichenden Kollokatoren lernen muss [...], sondern wegen der dadurch erfolgten Destabilisierung des Lerners auch die übereinstimmenden, dann wird klar, dass es sich um Zehntausende von Einheiten handelt. (Hausmann 2003: 85)

Vor diesem Hintergrund bezweifelt Hausmann (2007: 219f., Anm. 2) den pädagogischen Nutzen der semantischen Beschreibung von Kollokationen, ihre Lernbarkeit:

> Kollokationen sind als solche sinnvoll zusammenzustellen und zu memorisieren; die komplizierten semantischen Verhältnisse stellen sich, wenn sie beschrieben sind, als so verwickelt und umständlich heraus, dass sie sich einem Lernvorgang verschließen. [...] Der Muttersprachler lernt die kompliziertesten Dinge durch Hineinwachsen, durch Leben. Mit Beschreibung hat das nichts zu tun. Vieles Sprachliche kann man nur leben, aber nicht beschreiben, denn es ist das Leben, und das Leben kann man auch nur vollständig leben und nicht vollständig beschreiben. Insofern lernt auch der Fremdsprachler zwar manches auf der Basis von Beschreibung, vieles aber nur durch das Leben – oder nie. Wenn die Lernbarkeit der Sprachen von ihrer Beschreibbarkeit abhinge, wären wir arm dran.

Nach Ludewig (2005: 22) habe sich zwar in der Fachsprachendidaktik eine kollokatorische Wende vollzogen, die Wichtigkeit des Stellenwerts von Kollokationen im Fremdsprachenunterricht sei zwar erkannt worden, ohne dass dies jedoch eine Widerspiegelung in praktischer Umsetzung in Sprachlernprogrammen hätte.

Aufgrund der Tatsache, dass das Leben in der heutigen Wissensgesellschaft ein anderes Lern- und Lehrverhalten abverlange (vgl. Ludewig 2005: 16), entstehen allerdings mittlerweile multilinguale Konkordanz-Programme zur Unterstützung des fremdsprachlichen Lernens, etwa Multiconcord, WordSmith, MINI CONCORDANCER, MonoConc, ParaConc oder auch LogoTax, ein Korpusanalyse-Tool, mit dem „fortgeschrittene Lerner von Deutsch als Fremdsprache (DaF) darin [unterstützt werden], sich kontinuierlich ein persönliches, d.h. auf die individuellen Bedürfnisse abgestimmtes elektronisches Wörterbuch für V-N-Kollokationen aufzubauen, und effektiv auf dessen Einträge zuzugreifen" (Ludewig 2005: 22, siehe auch S. 50). Dadurch wird der Forderung nach autonomem, lebenslangem und arbeitsbegleitendem Lernen Rechnung getragen. Trotz des nicht zu leugnenden Nutzens derartiger Programme dürfte jedoch die erforderliche Einübung und Erfahrung damit, insgesamt also der Einarbeitungsaufwand, ein Hindernis bei ihrer Zurateziehung bilden (vgl. Ludewig 2005: 57).

2.1.4.2. Translatorischer Ansatz

Ausgangspunkt für den translatorischen Ansatz ist die Evidenz, dass beim Übersetzen fremdsprachiger Texte, abgesehen von streng terminologisch geprägten Übersetzungen standardisierter Dokumentationssprache, in der Regel größere Übersetzungseinheiten als Einzelwörter abgerufen und eingesetzt werden, die in den traditionellen Wörterbüchern häufig nicht lexikalisiert sind (vgl. Steyer 1998: 95 und 97 sowie Teubert 1998: 131). Dabei können insbesondere Kollokationen

> [...] zu einem Übersetzungsproblem werden, da sie nicht in so hohem Maße standardisiert sind wie feste Redewendungen, aber auch nicht beliebig austauschbar. Beispielsweise kommt ein Substantiv gehäuft in Verbindung mit einem bestimmten Verb vor; ein anderes Verb wäre rein grammatikalisch nicht falsch und vielleicht auch nicht sinnentstellend, aber eben nicht üblich, weniger gebräuchlich. (Steyer 1998: 97)

Die übersetzungsorientierte Kollokationsforschung versucht demzufolge anhand von Parallelkorpora und vergleichenden Korpora „zentrale Wortverbindungen in den jeweiligen Einzelsprachen in ihrer konkreten Sprachverwendung herauszufinden und sie mit entsprechenden Kollokationen der anderen Sprachen zu vergleichen" (Steyer/Teubert 1997: 348). Kollokationen und ihre relevanten Übersetzungsäquivalente „als auch häufig wiederkehrende Kontexte, in die die Kollokationen eingebettet sind" sollen systematisiert zum Gebrauch angeboten werden (vgl. Steyer/Teubert 1997: 348). Wichtig bei der Analyse sei jedoch, dass bereits usuell gewordene Standardverwendungen, Kollokationen, von einzeltextbezogenen bzw. individuellen Ad-hoc-Bildungen zu trennen sind (vgl. Steyer 1998: 106), was nach Hausmann allerdings allgemein Aufgabe der Kollokationsforschung sei: „Eine Theorie der Kollokation [...] muß [...] die Kollokation als charakteristische Zweierkombination abgrenzen gegen unspezifische, banale Zweierkombinationen [...]“ Hausmann (1985: 118).

Noch Ende der 90er Jahre behaupteten Steyer und Teubert (1997: 349), dass „die Beschreibung von Übersetzungsmechanismen außerhalb literarischer Texte ein Desiderat darstellt.“[23] In ihrer Pilotuntersuchung suchten sie durch Entwicklung einer deutsch-französischen Übersetzungsplattform Texte der öffentlichen Kommunikation anhand von Zeitungskorpora übersetzungsorientiert zu erschließen (vgl. Steyer/Teubert 1997: 348f.). Aus heutiger Perspektive treten einige weitere Schwerpunkte bei dem translatorischen Ansatz hinzu: die Problematik der selbstständigen Textaufbereitung und Kollokationsextraktion beim Übersetzen unter Zuhilfenahme des Internets (vgl. Dörr 2005), die Bereitstellung von kollokativen Übersetzungsäquivalenten auf der Grundlage vergleichbarer Korpora (Sharoff/Babych/Hartley 2006), Strategien zur adäquaten Umsetzung von Kollokationen beim Simultandolmetschen (vgl. Fastus 2009) oder auch fachsprachliche Übersetzungen (vgl. Cedillo 2004). Auf den letzten Schwerpunkt wird im Rahmen des fachsprachlichen Ansatzes näher eingegangen.

2.1.4.3. Kollokationen in der Fachsprachenforschung[24]

Ausgangspunkt für die Kollokationsanalyse auf fachsprachlicher Ebene ist die Überzeugung, dass Fachtexte Elemente zweierlei Art enthalten: „Fachsprache hat zwei Dimensionen, das Einzelwort, der Terminus, der meist im Zentrum der Terminographie steht, und die ebenfalls fachsprachliche Kontextualisierung des Terminus in seinen Kollokationen“ (Hausmann 2003: 83). Eine ähnliche Auffassung vertritt diesbezüglich Pieńkos. Ihm zufolge verbinde ein Fachtext zwei Komponenten: die Fachterminologie und den sog. ‚unterstützenden Wortschatz‘ (*słownictwo wspierające*, verwendet als konkurrierende Bezeichnung zu

23 Siehe dazu auch Cedillo (2004: 23).

24 Als bahnbrechend in der Fachsprachenforschung in Polen gilt die Arbeit des Oppelner Sprachwissenschaftlers Stanisław Gajda (1990) zu theoretischen Fragen der Terminologie. Aktuell wird Fachsprachenforschung im institutionellen Rahmen insbesondere an der Universität Warschau am Institut für Fachsprachen betrieben (vgl. Grucza 2012: 11).

Kollokationen), ohne den die Fachterminologie nicht funktionieren kann und der ein wesentliches Element des fachsprachlichen Diskurses bildet (vgl. Pieńkos 1999: 40, 41 und 43, siehe dazu auch Cedillo 2004: 24 und Höhmann 2010). Schneider (1998: 17) spricht in diesem Zusammenhang von der Opposition zwischen terminologischer und operativer Lexik. Zur letzteren zählt er die Kollokationen als jene sprachlichen Einheiten, in denen die Verhältnisse der objektiven Realität am sinnfälligsten sprachlich aggregiert seien.

Wie Hausmann (2003: 83) feststellt, bildeten die Kollokationen bei dieser Zweiteilung die oft vernachlässigte Dimension.[25] Noch 1992 spricht Kjær von einer zu bedauernden Forschungslücke im Bereich der fachsprachlichen Phraseologie (vgl. Kjær 1992: 47):

> Zwar enthalten einige Arbeiten der germanistischen und deutschsprachigen Phraseologieforschung der letzten 15 Jahre neben Beispielen gemeinsprachlicher Phraseologie auch Belege aus Fachtexten [...], und mit der Gruppe der Funktionsverbgefüge wird die (juristische) Fachsprache mit berücksichtigt, z.B. *Anklage erheben, ein Geständnis ablegen* [...]. Die Fachwendungen werden aber in keiner der Arbeiten eingehender erörtert. (Kjær 1992: 48)

Seit dieser Zeit entstehen zwar einige Arbeiten, die diesem Forschungsdesiderat entgegenwirken: Schwalm (1991: 163) sucht „Kriterien zur Beschreibung von Kollokationen in Gemein- und Fachsprache im Kontext der Übersetzung zu entwickeln“, Bergenholtz und Tarp (1994) untersuchen die Einbeziehung von Kollokationen in Fachwörterbüchern, u.a. auf das Problem der Differenzierung zwischen terminologischen und nicht-terminologischen Mehrwortverbindungen aufmerksam machend. Es wird die Existenz domänenspezifischer Kollokationen untersucht, etwa im Bereich der Wirtschaftssprache (Duhme 1991 und Cedillo 2004) oder der Wissenschaftssprache (Wallner 2010). Einen Beitrag zur Erforschung der Translationsschwierigkeiten bei rechtsprachlichen Kollokationen unter Berücksichtigung der präskriptiven Norm, der Rechtssystemgebundenheit sowie der Unterschiede im Bereich der einzelnen Rechtsgebiete liefert auch Płomińska (2014). Dennoch stellt Cedillo fest:

> Die übersetzungsorientierte Terminologieforschung hat sich zwar in Richtung der Phraseologie geöffnet und die Kollokationen zu ihrem Gegenstand gemacht, die terminologische Verarbeitung der Kollokationen steckt aber noch in den Kinderschuhen. (Cedillo 2004: 16)

---

25 Siehe auch den Beitrag von Petkova-Kessanlis (2010), die auf die mangelnde Bearbeitung fachsprachlicher Kollokationen im Bereich des linguistischen Diskurses aufmerksam macht.

Eine ähnliche Konstatierung findet man bei Gréciano (1999): „Sprachfertigteile der Fachsprache sind immer noch Neuland, wenig begangen…“ und bei Płomińska (2010: 149): „Zu solchen wenig erforschten fachsprachlichen Erscheinungen gehören, insbesondere in der Rechtssprache, Routineformeln und Kollokationen.“

Als ein Desiderat betrachtet Cedillo (2004: 16, 18, 24) das Fehlen von Untersuchungen zum Kollokationsgebrauch in Fachsprachen sowie von Äquivalenzkriterien für Kollokationen in ihrer Abhängigkeit von dem Situationskontext. In Anlehnung an die Theorie des britischen Kontextualismus entwickelt sie ein übersetzungsorientiertes Datenbankmodell für deutsch-spanische Kollokationen zum Thema Investmentfonds. Da Kollokationen stark textsortenspezifisch seien, werden sie terminologisch, im Zusammenhang mit deren Situationskontext verarbeitet, die domänenspezifische Existenz von Kollokationen wird untersucht.

Während für Schwalm (1991: 171) Kollokationen vorrangig Probleme bei der Übersetzung in die Nicht-Muttersprache bereiten und daher nach Hausmann (1988: 140) die Mikrostruktur des Hinübersetzunsgwörterbuches intensiver sein und mehr Kollokationen enthalten muss, können sich Schwierigkeiten im Bereich von Fachsprachen nach Cedillo (2004: 33f) und Bergenholtz/Tarp (1994: 408) sowohl bei der Hin-, als auch bei der Herübersetzung stellen, „da der Übersetzer die Kollokation erkennen muss und er dann die in seiner Muttersprache typische Kollokation – angenommen, dass es eine gibt – parat haben muss“ (Cedillo 2004: 34). Zudem könne man keine volle muttersprachliche Kompetenz in einer Fachsprache, insbesondere bei Nicht-Fachleuten, voraussetzen (vgl. Bergenholtz/Tarp 1994: 408).

Als ein Problem bei der fachsprachenbezogenen Kollokationsforschung kann sich ebenso die Stellung von terminologischen Wortverbindungen erweisen, da hier kein Konsens darüber besteht, ob diese ebenso einbezogen werden sollten (vgl. Duhme 1991: 62 und Worbs 1998: 100): „Je nach (engerer oder weiterer) phraseologischer Konzeption werden Mehrworttermini (MWT) zur Phraseologie gerechnet oder aus dem Untersuchungsbereich ausgeklammert“ (Worbs 1998: 102). Nach Płomińska (2010: 149) habe die Fachphraseologie „immer noch kein klares Konzept ihres Gegenstandes […]. Die Positionen reichen hier von **einer engen Auffassung der Fachphraseologie** – der Gegenstand wird reduziert auf fachspezifische Wendungen, deren Nukleus ein Terminus ist bis zu **einer weiten Auffassung**, in der der Gegenstand der Fachphraseologie auf Mehrwortlexeme, satzähnliche Konstruktionen und Routineformeln erweitert wird“ (ebd., S. 149f.; Herv. im Original). Während Wolfgang Fleischer als ein „entschiedener Vertreter der Ausklammerung von Mehrworttermini aus dem Untersuchungsbereich der Phraseologie" gilt (Worbs 1998: 103), plädiert Worbs dafür, unter Fachphraseologie nicht lediglich eine Disziplin zu verstehen, welche die Kollokabilität von Fachtermini zu untersuchen habe, sondern deren Gegenstand „von normierten – nichtidiomatischen und idiomatischen – Mehrworttermini über fachsprachlich gebundene Funktionsverbgefüge und kommunikative Formeln, Wortgruppen mit einer fachsprachlich-phraseologisch gebundenen Komponente bis zu terminologisierten gemeinsprachlichen Phraseologismen" reiche (Worbs 1998: 125). Der Gegenstand der Fachphraseologie sei nach Worbs weiter anzusetzen als das zunächst von Arntz und Picht mit Erforschung von Fachwendungen als Verbalverbindungen mit ausschließlich fachsprachlichen Komponenten vorgeschlagen wurde (vgl. Worbs 1998: 100f.).

2.1.4.4. Germanistische Kollokationsforschung

In der germanistischen Forschung bediente man sich bis Mitte der 70er Jahre anderer Termini in Bezug auf kollokative Verbindungen. Darunter seien in Anlehnung an Bergenholtz/Tarp (1994: 405) zu nennen: *wesenhafte Bedeutungsbeziehungen* (Porzig 1934), *semantisch-syntaktischer Hof* (Grebe 1966), *Umgebungsfeld* (Werlich 1969 sowie Dannhauser/Wickmann 1972) oder *Bezugsfeld* (Leisinger 1966).[26] Das Interesse lag dabei stärker auf potentiellen, denn auf tatsächlich vorkommenden Wortverbindungen. In der neueren Position, die von Hausmann und Viehweger vertreten wird, wird zwar auf das Kollokationskonzept zurückgegriffen, im Verhältnis zu dem britischen Kontextualismus wird es jedoch eingeengt (vgl. Bergenholtz/Tarp 1994: 405).

Viehweger entwickelt im Kontext des Kollokationsphänomens seine Theorie *semantischer Vereinbarkeitsrelationen*. Danach hänge die Kombination von Wortschatzelementen vom Weltwissen der Sprecher einerseits und „von den Regeln der syntaktischen Verbindbarkeit und semantischen Vereinbarkeit von Wortschatzelementen in einer konkreten Sprache" andererseits ab (Viehweger 1989: 888). Anknüpfend an Agricola, differenziert Viehweger zwischen normgerechten semenischen Vereinbarkeiten, okkasionellen Kombinationen von Sememen (bedingte Vereinbarkeiten, Fernvereinbarkeiten) sowie Sememkollokationen zur Erzielung bestimmter Wirkungen, etwa in der poetischen Sprache (vgl. Viehweger 1982: 29). Insbesondere der letzte Typus weist eine Ähnlichkeit zu den Hausmannschen Konter-Kreationen auf. Berührungspunkte zwischen Viehweger und Hausmann bestehen auch hinsichtlich der

26 Siehe dazu auch das Kapitel zur terminologischen Vielfalt des Kollokationsbegriffs.

Frage, welche Wortverbindungen Eingang in Wörterbücher finden sollten, nämlich „nur die charakteristischen Kombinationen, d.h. die Kollokationen [...], nicht aber banale Verbindungen, wie sie in *Kaffee kaufen, das Lineal nehmen* u.a. vorliegen" (Viehweger 1989: 890). Nach Viehweger bilde ähnlich wie bei Hausmann die Kookkurrenz zwar ein notwendiges, aber kein hinreichendes Kriterium zur Bestimmung von Kollokationen, darauf allein könne „noch kein tragfähiger Kollokationsbegriff aufgebaut werden" (Viehweger 1988: 108). Ebenso wie Hausmann bemängelt auch Viehweger (1989: 888) die Tatsache, dass Kollokationen keine befriedigende Bearbeitung in den Wörterbüchern erfahren haben.

Auf die Theorie Hausmanns, der nicht nur die deutsche Kollokationsforschung v.a. in Bezug auf den fremdsprachendidaktischen Ansatz als auch die Lexikographie besonders geprägt hat, wurde bereits eingegangen. Es sei an dieser Stelle nur darauf hingewiesen, dass sein lexikographisch-didaktisches Kollokationskonzept nicht nur für weitere linguistische Untersuchungen die theoretische Basis bildete (vgl. z.B. Irsula Peña 1994: 33, Bahns 1996: 28, Schneider 1998: 46 und 104, Schneider 2003, Konecny 2010: 89, Heid 2011 und Bergerová 2012), sondern auch mehreren Kollokationswörterbüchern zugrunde gelegt wurde, etwa dem *Oxford Collocations Dictionary for Students of English* von Crowther u.a. (2002), dem *Student's dictionary of collocations* von Benson u.a. (1990) oder dem *Langenscheidts Kontextwörterbuch Deutsch-Französisch* von Ilgenfritz u.a. (1989) (vgl. Hausmann 2004: 321 und Konecny 2010: 54). Neben Untersuchungen, die sich an dem basisorientierten Kollokationsbegriff orientieren, erscheinen jedoch auch germanistische Arbeiten, die sich in Anlehnung an den britischen Kontextualismus einer weiteren Auffassung des Begriffs Kollokation angenommen haben. Insbesondere im Rahmen der Computer- und Korpuslinguistik sowie im Rahmen der (computer- und korpusgestützten) Lexikographie entstehen frequenzbasierte, korpusgestützte, ggf. korpusgesteuerte und auf statistischer Wahrscheinlichkeit beruhende Untersuchungen, etwa von Bergenholtz/Tarp (1994), Lehr (1996), Steyer (1998, 2004, 2009) oder Quasthoff (2011).

Trotz all dieser Ansätze muss nach Gładysz (2003: 9) eine „hinreichende Beschreibung [des Phänomens Kollokation] [...] in der Germanistik noch als Desiderat bezeichnet werden [...]." Auch Wotjak und Heine (2005: 144) üben Kritik an der Tatsache, dass „klare Definitionen und Zuordnungskriterien für Beispiele, Strukturformeln, Kollokationen und idiomatische Wendungen fehlen. Auch bei den Kollokationen als besonders fehlerträchtigem Bereich für Nichtmuttersprachler [...] [sei] die Forschungslage nach wie vor unbefriedigend."

2.1.4.5. *Kollokationsforschung in Polen*

2.1.4.5.1. *Polonistische Kollokationsforschung*

In der polonistischen Sprachwissenschaft tritt der Kollokationsbegriff, zumindest was frühere Publikationen betrifft, kaum auf (vgl. Gładysz 2003: 9 und 25 sowie Pindel 2003: 49). Ältere linguistische Lexika, etwa Gołąb/Heinz/Polański (1970) führen den Terminus nicht an. In neueren begegnet er in Anlehnung an die Firth'sche Schule als Synonym zur Verbindbarkeit (vgl. Polański 1999: 303). Das rare Vorkommen des Kollokationsbegriffs heißt jedoch nicht, dass das Phänomen unerkannt und unerforscht blieb. Anfang des 20. Jh. macht Szober auf sog. *analytische Konstruktionen* aufmerksam als Verbindungen des Typs: *dawać posłuch* (*Gehör schenken*), *dawać rozkazy* (*Befehle erteilen*) (vgl. Szober 1933: 89).

In den 60er Jahren wird die Expansion analytischer Konstruktionen insbesondere von Buttler aufgegriffen (vgl. Białek 2009: 10). In einer ihrer späteren Arbeiten thematisiert sie die Verbindbarkeit von Wörtern, die mit der Tatsache einhergehe, dass sich bestimmte Wörter gegenseitig anziehen oder abstoßen (vgl. Buttler 1982: 182-210). Dabei unterscheidet sie die:

1) systembezogene, anders kategoriale Verbindbarkeit, die sich durch einen überindividuellen Charakter auszeichne und einem Wort als Vertreter einer bestimmten morphologischen oder semantischen Kategorie zustehe. Welche Wörter verbunden werden können, sei durch eine allgemeine Regel bedingt, wonach etwa mit dem Verb *bronować* (,eggen') das Substantiv *ziemię* (,Erde') oder ein Synonym davon auftreten könne – die Verbindungen weisen also einen Voraussagbarkeitscharakter auf. Die systembezogene Verbindbarkeit habe Ad-hoc-Charakter, die Sprachbenutzer verbinden die Wörter im Laufe der Äußerung abhängig von den kommunikativen Bedürfnissen des Senders.
2) normative, anders usuelle Verbindbarkeit, die individuell sei, da sie einem Wort als Einheit und nicht als Vertreter einer Klasse zustehe. Entscheidend hierbei sei die Tradition, der Usus, und die Akzeptabilität der Sprecher. Bei normativen Verbindungen fehle das Voraussagbarkeitsmoment, die ersetzbaren Elemente bilden keine zusammenhängende semantische Gruppe, etwa *rzęsiste łzy* (,reichliche, blutige Tränen'), *rzęsiste oświetlenie* (,üppige, helle Beleuchtung'), *rzęsiste oklaski* (,anhaltender Beifall'). Die Sprachbenutzer müssen folglich die zulässigen Verbindungen aus dem Gedächtnis abrufen können. Die normative Verbindbarkeit sei wenig stabil und unterliege einem ständigen Wandel, was Buttler mit der Verbindung *podjąć kroki* (,Schritte unternehmen') belegt, die in der Nachkriegszeit die bis dahin gängige Wendung *poczynić kroki* ersetzte. Mit dieser Art der Verbindbarkeit ist auch das in der vorliegenden Arbeit behandelte Phänomen der Kollokationen verbunden.

Die Grenze der lexikalischen Verbindbarkeit bilde nach Buttler (1982: 210-228) die phraseologische Verbindbarkeit. Bei Phraseologismen treten jegliche Verbindungsregeln, sowohl logischer, kategorialer als auch usueller Art außer Kraft. Die Zusammensetzung derartiger Verbindungen sei unveränderlich, sie würden von den Sprechern als formale und semantische Ganzheiten reproduziert.

Eine weitere Grundlage zur Ermittlung von Kollokationen im Polnischen liefert die Klassifizierung phraseologischer Einheiten nach Skorupka (1985: 6-8, auch in früheren Auflagen), der Vertreter eines weiten Phraseologiebegriffs war, sich an Vinogradovs Phraseologiekonzept anlehnte und die polnische Phraseologieforschung besonders stark beeinflusste (vgl. Łabno-Falęcka 1995: 157 und Nowakowska 2005: 12 und 20). Skorupka klassifizierte Phraseologismen zum einen nach dem formalen und zum anderen nach dem semantischen Kriterium. Dem formalen Kriterium lag der grammatische Charakter der Wortverbindungen zugrunde. Gemäß dem semantischen Kriterium, d.h. je nach dem Verbindungsgrad, rechnete er zum Gegenstand der Phraseologie:

1) ‚feste phraseologische Einheiten' (*związki frazeologiczne stałe*), die eine Art lexikalische Einheiten bilden und eine nichtkompositionelle, asummarische Bedeutung aufweisen: *gwiazda czyjaś zgasła* ‚jmds. Stern sinkt', *wyłatać grzbiet komu* ‚jmdm. das Fell gerben'
2) ‚verbindbare phraseologische Einheiten' (*związki frazeologiczne łączliwe*), die einen hohen Verbindungsgrad aufweisen, deren Bestandteile jedoch keine Lexikalisierung erfuhren: *dokonać przekładu* ‚eine Übersetzung anfertigen', *wyciągnąć wniosek* ‚eine Schlussfolgerung ziehen'
3) ‚lockere phraseologische Einheiten' (*związki frazeologiczne luźne*), die jedes Mal aufs Neue gebildet werden und bei denen die Bestandteile ihre wörtliche Bedeutung beibehalten: *droga przez pola* ‚ein Weg durch die Felder', *jeść mięso* ‚Fleisch essen'.

Kollokative Verbindungen werden nach dieser Auffassung zu den verbindbaren phraseologischen Einheiten gerechnet (vgl. Gładysz 2003: 26 und Pindel 2003: 50), wobei nach Białek eine Reihe von Kollokationen bei Skorupka zu festen Verbindungen eingegliedert wurde, was auf die fließenden Übergänge, sowie andere terminologische Festlegungen zurückzuführen sei (vgl. Białek 2009: 11).

Wie bereits durch die angeführten Arbeiten Szobers und Butters angeklungen ist, beschäftigt sich die polonistische Forschung insbesondere mit Analytismen. So analysiert Anusiewicz (1978) sog. Multiverbierungsprozesse, er differenziert Typen analytischer Konstruktionen und macht auf die Gründe für deren Verbreitung im Polnischen aufmerksam. *Analytische Konstruktionen* bzw. *periphrastische Prädikationen*, wie *gniew ogarnia kogoś* ‚jmdn. überkommt Wut' oder *trwoga chwyta kogoś* ‚jmdn. ergreift Furcht' stehen auch im Mittelpunkt der Untersuchung von Loewe (2000: 65, 67). Sie werden dort aber im Hinblick auf deren poetische, stilprägende Funktion unter Nutzung konzeptueller Metaphern analysiert, auch wenn teilweise auf den Kollokationsbegriff zurückgegriffen wird (vgl. Loewe 2000: 94).

Basierend auf dem Kriterium der Reproduzierbarkeit analysiert Nowakowska (2005) Wortverbindungen mit Neologismuscharakter, die nach dem Zweiten Weltkrieg entstanden sind. Dabei geht sie davon aus, dass Wortverbindungen entweder regulär sein können, d.h. kompositionelle Bedeutung aufweisen können, etwa: *żelazko bezprzewodowe* ‚kabelloses Bügeleisen' oder irregulär, deren Bedeutung sich nicht summarisch aus den Bestandteilen der Wortverbindung ergibt: *trup w szafie* ‚Leiche im Keller' (vgl. Nowakowska 2005: 24). Sie fasst den Begriff Wortverbindung somit hyperonymisch zu Idiomen und Phrasemen auf und untersucht solche Verbindungen, die mindestens drei Mal belegt wurden, ungeachtet dessen, ob sie Eingang in die langue gefunden haben oder nicht (vgl. Nowakowska 2005: 28f. und 114). Analytismen in der Wissenschaftssprache bilden den Forschungsgegenstand in Lewicki (1988), sog. analytische Lexik und die Mechanismen ihrer Bildung stehen wiederum im Zentrum des Interesses bei Jędrzejko (1998), analytische Konstruktionen aus diachroner Sicht untersucht Jędrzejko (1998a), zugleich auf die damit einhergehenden Probleme linguistischer Interpretation hinweisend. Żmigrodzki (2000) analysiert die syntaktischen Eigenschaften verbal-nominaler Konstruktionen.

Mit der Typologisierung phraseologischer Verbindungen beschäftigen sich Lewicki und Pajdzińska (2001). Chlebda (2001) gebraucht den Terminus *Phraseme* als Oberbegriff für sämtliche reproduzierbare Sprachelemente und plädiert dafür, bei der Typologisierung von Phrasemen nicht strukturelle und semantische, sondern intentional-funktionelle Kriterien heranzuziehen und in Anlehnung an Hallidays Funktionen der Sprache ideationale, interpersonale und textuelle Phraseme zu unterscheiden. Somit solle die Phrasematik außerhalb des streng linguistischen Bereichs treten und interdisziplinär werden – anzustreben sei eine Anknüpfung an Psycho- und Soziolinguistik, Literaturgeschichte und -theorie, Gattungstheorie, Kulturtheorie, Wissenssoziologie u. dgl. (vgl. Chlebda 2001: 337f. und 342).

Mittlerweile entstehen auch Arbeiten, in denen Kollokationen im Mittelpunkt stehen. Białek (2009) untersucht aus kontrastiver Sicht Kollokationen als Übersetzungseinheiten in Übersetzungen russischer Literatur, Presse und wissenschaftlicher Texte ins Polnische. Darüber hinaus entstehen auch Kollokationswörterbücher, etwa Vetulani (2011).

Parallel dazu erscheinen jedoch auch Arbeiten, in denen gezielt auf traditionsbelastete Termini verzichtet wird und zur Vermeidung von Missverständnissen nicht vorgeprägte Bezeichnungen eingeführt werden, etwa *Reprodukte*, verstanden als feste, regelmäßig wiederholbare (reproduzierbare) und aus Texten extrahierte Wörter oder Wortgruppen, die als Verbalisierungen bestimmter Inhaltskomplexe fungieren (vgl. Chlebda 2010: 8f. und Chlebda 2010a: 140) oder *Translate* als zielsprachliche Übersetzungsäquivalente für die jeweiligen Reprodukte. Während das Augenmerk bei den Reprodukten auf die Ermittlung von Mehrworteinheiten gelegt wird, steht bei den Translaten die Äquivalenzsuche im Mittelpunkt des Interesses (vgl. Chlebda 2011: 12). Letzteres konzipierte Chlebda (2011: 13) als eine Wegbereitung zu einem Lehrbuch für Translationslexikographie.

2.1.4.5.2. Kollokationsforschung in der polnischen Germanistik

In der polnischen Germanistik fokussiert die Kollokationsforschung vorwiegend kontrastive Untersuchungsgegenstände. Szulc (1971) verwendet im fremdsprachendidaktischen Kontext den Begriff ‚konventionelle Syntagmen' (*syntagmy konwencjonalne*), und zwar in Bezug auf solche syntagmatischen Verbindungen, welche die Sprachbenutzer im Gegensatz zu Idiomen unbewusst gebrauchen, etwa pl. *ubranie leży dobrze* (wörtlich: *‚die Kleidung liegt gut'), vs. *der Anzug sitzt gut* im Deutschen. Zur Ermittlung konventioneller Syntagmen diene ihm der sprachkontrastive Vergleich: Als konventionelle Syntagmen seien diejenigen Verbindungen zu klassifizieren, die im Hinblick auf die Konvention zwischensprachlich differieren. Die Konventionalisierung bestimmter Verbindungen stehe im engen Zusammenhang mit der außersprachlichen Wirklichkeit, was etwa das früher unübliche und erst nach Vornahme von Herztransplantationen eingeführte Syntagma *pobrać serce* (‚das Herz entnehmen') belege (vgl. Szulc 1971: 67f.). Nach Szulc ließe sich die Verbindung einzelner Elemente eines konventionellen Syntagmas nicht formal begründen, genauso könnte es auch im Deutschen heißen **der Anzug liegt gut*, was allerdings unkonventionell wäre (vgl. Szulc 1971: 81). In einem seiner späteren Aufsätze bezieht sich Szulc ebenso auf seine *konventionalisierten Syntagmen*, greift aber auch auf den Kollokationsbegriff zurück. Ihm zufolge handle es sich bei Kollokationen um lexikalische bzw. lexotaktische Restriktionen, sie seien „nicht inhärent im lexikalischen System enthalten […] [, sondern] vielmehr das Ergebnis sozialer Konvention. Vom Standpunkt des Sprachkodes aus gesehen, sind sie historisch entstandene, sozialbedingte lexikalische Fügungen, die lexotaktische Norm ausmachen" (Szulc 1985: 11). Ähnlich wie Szulc kommt auch bei Zabrocki der Begriff der *konventionellen Syntagmen* zum Tragen. Er verwendet ihn in Bezug auf seine Festlegung des Untersuchungsbereichs konfrontativer Studien und veranschaulicht an der deutsch-polnischen Opposition: *die Mücken stechen – komary gryzą* (‚die

Mücken beißen'). Ihm zufolge sei die Analyse konventioneller Syntagmen nur unter Heranziehung der konfrontativen Grammatik möglich. Im Bereich konventioneller Syntagmen kämen nämlich deutlich erkennbare muttersprachliche Interferenzen zum Vorschein und die Erlernung dieser Verbindungen bereite die größten Schwierigkeiten im Fremdsprachenunterricht, daher könnten sie als eine Art lexikalische Schibbolethe gelten. Des Umfangs wegen könne man sich konventionelle Syntagmen wahrscheinlich nie in ihrer Gesamtheit aneignen (vgl. Zabrocki 1970/1980: 264 und 270 sowie ders. 1975/1980: 275 und 286).

Weitere Ansätze zur Kollokationsanalyse finden wir bei Czochralski (2000), der deutsche und polnische Vergleichswendungen untersucht, darunter auch Wendungen mit konventionalisierten Vergleichsgrößen, die er als Vergleichskollokationen bezeichnet, etwa: wie *ein Blitz aus heiterem Himmel – jak grom z jasnego nieba* (wörtlich ‚wie ein Blitz aus hellem Himmel'), *essen wie ein Spatz – jeść jak ptaszek* (wörtlich ‚essen wie ein Vögelchen') (vgl. ebd. S. 153).

Żmudzkis (2000) Untersuchungsgegenstand ist translationswissenschaftlich orientiert und darauf ausgerichtet, disparate Attribuierungen in polnischen und deutschen adjektivisch-substantivischen Kollokationen, bzw. konventionalisierten Syntagmen (diese Termini werden hier synonymisch verwendet) zu typologisieren.

Auf die wesentliche Rolle, die Kollokationen im Übersetzungsprozess zukommt, geht auch Pindel (2003) in seinem Beitrag zu kollokativen Verbindungen als Fehlerquelle in deutsch-polnischen Translaten ein.

Ebenso konfrontativ angelegt ist der Beitrag von Koniuszaniec (1997) mit dem Titel *Kollokationen im Bereich der Tautonymie*. Darin werden in der Fachsprache der Technik attribuierte Nominalphrasen unilateral, ausgehend vom Deutschen untersucht, um potentielle faux-amis-Fallen zu sichten. Die analysierten Beispiele, Mehrworttermini des Typs *graphische Integration* (*całkowanie wykreślne*) oder *Berliner Rot* (*czerwień żelazowa sztuczna*), erlauben jedoch den Schluss, dass dieser Beitrag eher im Rahmen der Terminologieforschung zu positionieren wäre.

Fachsprachen bilden auch den Untersuchungsgegenstand zweier anderer polnischer Germanistinnen: Płomińska (2010) und Zenderowska-Korpus (2010). Während Płomińska auf die Problematik der Übersetzung von Routineformeln in juristischen Texten und die notwendige Kenntnis usueller Formulierungsweisen aufmerksam macht, stehen bei Zenderowska-Korpus Kollokationen aus den Fachsprachen des Rechts, der Technik und der Wirtschaft im Mittelpunkt der Ausführungen. Zenderowska-Korpus kommt in ihrem Beitrag zu dem Ergebnis, dass verbale Fachkollokationen in den Fachsprachen dominieren, während substantivische Kollokationen eine untergeordnete Rolle spielen würden. Dabei offenbart sich, dass ein Teil der dort aufgeführten substantivischen Kollokationen, etwa *juristische Person*, *natürliche Person* gemäß den Unterscheidungskriterien von Gładysz als keine Kollokationen, sondern als Termini bzw. Nominationseinheiten anzusehen wären (vgl. Gładysz 2003: 84). Anschließend werden von Zenderowska-Korpus einige fachsprachendidaktische Optimierungsvorschläge geliefert.

Die bislang umfangreichste konfrontative Untersuchung von Kollokationen des Sprachenpaars Deutsch-Polnisch lieferte mit seiner Dissertation Gładysz (2003). Der Analyse wurde ein Korpus von 1000 kollokativen Äquivalenzpaaren zu Grunde gelegt, die nach strukturellen und semantisch-lexikalischen Kriterien klassifiziert wurden. Anschließend wurden Äquivalenztypen ermittelt, denen Didaktisierungsvorschläge folgten.

Wie aus den obigen Darlegungen ersichtlich wird, weist die Kollokationsforschung mit ihren Wurzeln in mehreren Forschungsrichtungen

> [...] eine Vielzahl disparater Ansätze [...] [auf], die zumeist ziemlich beziehungslos nebeneinander existieren oder sich sogar in Abgrenzung voneinander definieren. Die Gründe für diese Vielfalt liegen auf der Hand: Fast jede linguistische Richtung [...] stößt irgendwann auf das Problem, dass es zwischen Wörtern neben rein grammatischen Verbindbarkeiten weitere strukturelle Beziehungen gibt, die es zu analysieren und zu beschreiben gilt. Jede Richtung hat dafür ein eigenes Modell entwickelt [...]: Wortübergreifende Phänomene werden als Phraseologismen oder als Kollokationen oder als Valenz oder syntaktische Kookurrenz [sic] oder als Funktionsverbgefüge oder als Regelsystem semantischer Vereinbarkeiten oder als kommunikative Formeln betrachtet. (Steyer 2000: 102)

Die unterschiedlichen Ansätze brachten auch diverse Terminologien hervor, woraufhin nachfolgend Bezug genommen wird.

2.2. Kollokationsbegriff

> Words are like people [...]
> We all feel comfortable when we are surrounded by friends and acquaintances, but anxious in unfamiliar situations when we are surrounded by strangers. We have friendships of different kinds – close, intense relationships which, even if relatively infrequent, are the most important in our lives – loved ones who live abroad, for example. But we also have relationships which are frequent but unimportant – the person who travels on the same train to and from work, five days a week. There is also the one-night-stand – a serendipitous one-off, creative encounter, but however sadly, not part of everyday life. The relationships between words closely resemble the relationships between people. (Hill u.a. 2000: 88; zit. nach Ludewig 2005: 67)

2.2.1. Zur terminologischen Vielfalt

Ebenso wie in vielen linguistischen Unterdisziplinen findet man auch im Bereich der Phraseologie eine Vielfalt zum Teil konkurrierender Begrifflichkeiten. In der Phraseologie scheint diese Vielfalt jedoch besonders stark zum Tragen zu kommen. Duhme führt diesen Umstand auf die Tatsache zurück, dass es sich bei den theoretischen Arbeiten zur Phraseologie früher häufig um Einzeluntersuchungen handelte, in denen eigenständige Theorien und somit auch eine eigenständige Terminologie in Abgrenzung zu früheren Arbeiten entwickelt wurden (vgl. Duhme 1991: 18). Er räumt jedoch ein, „daß sich in jüngster Vergangenheit ein Trend zu einer annähernden Vereinheitlichung der Terminologie herausgearbeitet hat" (Duhme 1991: 22). Eine besondere Rolle schreibt Kratochvílová (2011: 58) in diesem Zusammenhang den Aktivitäten der Europäischen Gesellschaft für Phraseologie sowie laufenden germanistischen Projekten zu. Das Ausmaß der terminologischen Vielfalt im Bereich der Phraseologie lässt sich anhand der von Duhme (1991: 19-21) in Anlehnung an Pilz angefertigten Liste von phraseologischen Termini samt den Begründern einzelner Begriffe veranschaulichen, die im Folgenden in chronologischer Ordnung aufgeführt und um neu eingeführte Termini ergänzt werden (zum Teil in Anlehnung an Kratochvílová (2011: 60f.)[27]:

Redeweisen (Wander 1867), *sprichwörtlich gewordene Ausdrücke* (Schulze 1871), *bildliche Redensarten* (Schmitz ²1882), *metaphorische Redensarten* (Schmitz ⁴1882), *phraseologische Verbindungen* (Schmitz ⁴1882), *stehende Redensarten* (Schmitz ⁴1882), *sprachliche Formeln* (Otto 1890), *landläufige Redensarten* (Schrader ⁶1901), *Gebrauchsmetaphern* (Seiler 1922), *metaphorische Redewendungen* (Seiler 1922), *sprachliche Wendungen* (Prause 1930), *bildhafte, schlagwortähnliche Redewendungen* (Munker 1931), *geprägte Ausdrücke* (Rahn 1931), *idiomatische Ausdrücke* (Thiele 1941), *volkstümliche Redensarten* (Borchard u.a.⁷1954), *idiomatische Wendungen* (Schmidt-Hidding 1955), *Wendungen aus der Redensart* (Wildhaber 1955), *feste Wortgruppen* (Weisgerber 1956/1957), *fest gefügte Wendungen* (Schmidt-Hidding 1956), *Idiome* (z.B. Schmidt-Hidding 1956), *stereotype Wendungen* (Schmidt-Hidding 1956), *traditionelle Wendungen* (Schmidt-Hidding 1956), *stehende Ausdrücke* (Heilmannseder 1957), *phraseologische Ausdrücke* (Riesel 1959), *Phraseologismen* (Radtke 1959), *redensartliche Ausdrücke* (Röhrich 1959), *redensartliche Wendungen* (Röhrich 1960), *sprachliche Ausdrücke* (Röhrich 1960), *formelhafte Wendungen* (Schmidt-Hidding 1961), *isolierte Verbindungen*

27 Zur terminologischen Vielfalt bei der Begriffsbestimmung des Untersuchugsegenstandes der Phraseologie siehe auch Majnusz-Stadnik (2014: 33-37).

(Bierwisch 1961), *komplexe Einheiten* (Daniels 1961), *feste Redensarten* (Schmidt-Hidding 1962), *feste Redewendungen* (Schmidt-Hidding 1962), *traditionell feste Wendungen* (Schmidt-Hidding 1962), *erstarrte Wortverbindungen* (Schmidt 1963), *fertig vorhandene geprägte Wortverbindungen* (Schmidt 1963), *festgewordene Wendungen* (Schmidt 1963), *formelhafte Verbindungen* (Daniels 1963), *phraseologische Fügungen* (Schmidt 1963), *phraseologische Wendungen* (Schmidt 1963), *phraseologische Wortverbindungen* (Schmidt 1963), *stehende Wortverbindungen* (Schmidt 1963), *Surrogatausdrücke* (Schmidt 1963), *syntaktische Umschreibungen* (von Polenz 1963), *feste phraseologische Wortverknüpfungen* (Mellbourn 1964), *feste Wortverbindungen* (Agricola [2]1965), *Fertigbauteile* (Faulseit 1965), *Formeln im Satz* (Mueller 1965), *standardisierte Formulierungen* (Roche 1965), *Sprachformeln* (Mueller 1965), *Sprachformeln innerhalb des Satzes* (Mueller 1965), *sprachliche Gebrauchsmuster* (Fauseit 1965), *zusammengehörige Wortgruppen* (Mueller 1965), *allgemeine Redensarten* (Duden-Grammatik [2]1966), *erstarrte Fügungen* (Duden-Grammatik [2]1966), *kurze Wortverbindungen* (Duden-Grammatik [2]1966), *stehende Wendungen* (Duden-Grammatik [2]1966), *autonome Syntagmen* (Martinet [2]1967), *feststehende Gebrauchsweisen* (de Saussure [2]1967), *Wortverbände* (Leisi [4]1967), *Wortverbindungen* (Duden-Grammatik [2]1966), *zusammengesetzte Redensarten* (de Saussure [2]1967), *einfache Wendungen* (Mackensen 1968), *erstarrte Formeln* (Mackensen 1968), *geformte Wortblöcke* (Mackensen 1968), *geprägte Scheidemünzen* (Mackensen 1968), *vorgeformte Sprachwendungen* (Mackensen 1968), *Wortzusammenstellungen* (Mackensen 1968), *vorgeformte Wortzusammenstellungen* (Mackensen 1968), *Zusammenstellungen* (Mackensen 1968), *feste Syntagmen* (Rothkegel 1973), *stehende Redewendungen* (Gipper [3]1973), *Phraseologismus, phraseologische Einheit* (Serebrennikow 1975), *feste, lose, freie Wortverbindungen* (Agricola 1977), *phraseologische Einheiten* (Pilz 1978), *Phraseologismus* (Burger/Buhofer/Sialm 1982), *Phraseologismus, feste Wendung, feste Wortverbindung/Wortgruppe* (Fleischer 1982), *Phrasem* (Eckert 1984), *Phraseologismus* (Piirainen/Gustafsson 1985), *Phraseologismus* (Kunkel 1986), *Phraseologismus, feste Wortverbindung* (Gläser 1986), *Phraseologismus, feste Wendung* (Burger 1987), *Phraseologismus, phraseologische Einheit* (Busuj 1987), *Phraseologismus* (Dobrovolskij 1988), *Phrasem* (Gréciano 1989), *Phraseolexem* (Fleischer 1997).

Die terminologische Vielfalt innerhalb der Phraseolexik wird durch die Einführung des hyperonymischen Begriffs *Phraseologismus*, so Kratochvílová (2011: 62), wesentlich vereinfacht. Neben dem Phraseologismus beansprucht auch der Terminus *Phrasem* den Charakter eines Oberbegriffs für das gesamte phraseologische Gebiet. Dieser hat einerseits den Vorteil, international zu sein, andererseits aber den Nachteil, durch das Suffix *-em* den Systemaspekt stark zu betonen (ähnlich wie etwa *Phonem* oder *Morphem*) (vgl. Chlebda 2001: 337 und Burger u.a. 2007: 3). In der einschlägigen Literatur wird durchaus dafür plädiert, „auf terminologische Idiosynkrasien zu verzichten, wenn es sich sprachlich und sachlich verantworten lässt" (Burger u.a. 2007: 1), dies sei aufgrund gewachsener terminologischer Traditionen allerdings nicht immer einfach. Folglich haben auch die Versuche, „konsistente terminologische und klassifikatorische Systeme aufzustellen", keine grundsätzliche Vereinheitlichung nach sich gezogen (Burger u.a. 2007: 1 und 5). Die begriffliche Vielfalt wird aber auch dadurch reduziert, dass sich nicht alle einmal eingeführten Termini durchsetzen.

Ähnliches könnte womöglich auch hinsichtlich des Begriffs Kollokation festgestellt bzw. prognostiziert werden. Immerhin lassen sich für Kollokationen als Untermenge der Phraseolexik, so Kratochvílová (2011: 62f.), folgende synonyme terminologische Bezeichnungen anführen:

Phraseologische Verbindungen (Vinogradov 1946, Amosova 1969, Šanskij 1969, Černyševa 1970, Agricola 1977 u.a.)
Lexikalische Ganzheiten (Černyševa 1970)
Wortgruppe (Wissemann 1961)
Wortgruppenlexem (Fix 1969)
Syntaktische Fügung, festes Syntagma (Rothkegel 1971)
Versatzstücke (Götz 1977)
Nominationsstereotype und Mehrworttermini (Amosova 1963, Fleischer 1997)
Kollokationen, Halbfertigprodukte, prototypische Verbindungen (Hausmann 1984, 1985, 1989, 1993, 1995, 1997, 1998, 1999, 2002, 2003)
Kollokationen (Roos 1975, Zimmermann 1981, Braußе 1986, Schwalm 1986, Irsula Peña 1994, Teubert 1999, Schröter 2001, Rothkegel 2002, u.a.)
Kookkurrenzen (z.B. Steyer 2000 u.a.)

Ergänzbar wäre die Liste in Anlehnung an Viehweger (1989: 889) um folgende Konzepte:

wesenhafte Bedeutungsbeziehungen bzw. *syntagmatische Felder* (Porzig 1934)
lexikalische Solidaritäten (Coseriu 1967)
Kompatibilität lexikalischer Einheiten (Püschel 1975)
syntaktische, semantische und lexikalische Vereinbarkeit (Apresjan 1974)
semische und sememische Vereinbarkeit (Viehweger 1977)
semantische Kongruenz, semantische bzw. phraseologische Valenz (Klappenbach 1965)
semantische Kongruenz, Verknüpfungspotenz, Kontextsensitivität, Sinnkopplung (Grebe 1967)
Selektionsbeschränkung (Chomsky, s. Kap. 2.1.1.4.) u.a.

Aus der polonistischen Forschung ließen sich ergänzend folgende Konzepte anführen (vgl. Białek 2009: 8-12, Chlebda 2010: 15, Anm. 1 und Pieńkos 1999: 42f.):

związki łączliwe (‚verbindbare Einheiten'), *peryfraza* (‚Periphrase'), *analityzm* (‚Analytismus'), *konstrukcja opisowa* (‚beschreibende Konstruktion'), *multiwerbizm* (‚Multiverbierung'), *frazeologiczny związek łączliwy* (‚verbindbare phraseologische Einheit'), *orzeczenie peryfrastyczne* (‚periphrastisches Prädikat'), *połączenie konwencjonalne* (‚konventionelle Verbindung'), *frazem* (‚Phrasem'), *wielowyrazowa jednostka języka* (‚Mehrwortverbindung'), *wielowyrazowiec odtwarzalny* (‚reproduzierbare Mehrwortverbindung'), *reprodukt* (‚Reprodukt') oder auch *słownictwo wspierające* (‚unterstützender Wortschatz').

Hausmann (2007: 223f.) führt eine Reihe von Termini auf, die von Lexikographen seit der Renaissance auf Lateinisch verwendet werden:

N + A: *Epitheta/Adiuncta Nominibus*
N + V: *Phrases/Locutiones/Formulae*
V + Adv: *Adiuncta* (*verbis*)
X et Y: *Coniuncta.*

Zum Teil kann man mit Duhme (1991: 22) darin übereinstimmen, wenn er meint, „daß sich in jüngster Vergangenheit ein Trend zu einer annähernden Vereinheitlichung der Terminologie herausgearbeitet hat, zumindest was die Suche nach dem Oberbegriff betrifft." So scheint Kollokation, die zunächst von der Phraseologie als Untersuchungsgegenstand abgelehnt wurde, neuerdings inflationär gebraucht zu werden. Nach Reder (2006: 17) hat der „Kollokationsbegriff [...] heute in der Fachliteratur Konjunktur". Hausmann (2007: 229) erklärt dies damit, dass „der Terminus Kollokation [...] geradezu globale Potenz in sich trägt, weil er leicht in viele Sprachen adaptierbar ist und der wie kaum ein anderer Fanal-Charakter hat für die phraseologische Wende in der Lexikologie [...]"

Die häufige Verwendung des Begriffs Kollokation, ist jedoch nicht damit gleichzusetzen, dass damit ein einheitliches Verständnis einhergehen würde. So spricht Hausmann vom Krieg um die terminologische Besetzung dieses Forschungsfeldes:

> Was jetzt beginnt, ist der Kampf um die terminologische Besetzung des Forschungsfeldes. Denn der Benennungsmöglichkeiten sind viele. Man kann von Fixierung (*figement*) sprechen, von Idiomatik, von Phraseologie, von *lexical priming* (Hoey 2005), von *Prägung* (Feilke 1996), von kombinatorischem Profil (Blumenthal 2006) usw. Besonders der Terminus *Kollokation* [...] ist starken Pressionen unterworfen. Viele möchten ihn statt des anderweitig bevorzugten Terminus Phrasem für die Besetzung des phraseologischen

> Oberbegriffs ‚polymonematische holistische Wortschatzeinheit' verwenden. Dagegen ist letztlich nichts einzuwenden. Derlei begriffliche Ausweitungen sind der Preis des Erfolgs. [...] Die Kollokationen im engeren Sinne, die Basis-Kollokator-Kollokationen, lassen sich allerdings besser verteidigen, wenn sie nicht missverstanden werden können als Begriff zur Abdeckung der gesamten Phraseologie. Das Besondere an ihnen ist, dass sie eben weniger holistisch sind als die Idiome und halb kompositionell, und dass sie deshalb eine Zwischenposition einnehmen zwischen Wort und Phrasem [...]. (Hausmann 2007: 229).[28]

Daher schlägt Hausmann vor, das weite, computerlinguistische Kollokationsverständnis mit einem anderen Terminus als Kollokation zu besetzen. Diesen Weg beschreitet etwa Steyer (2004), wenn sie Kookkurrenzen oder usuelle Wortverbindungen zum Analysegegenstand wählt.

Zur Uneinheitlichkeit der Begriffsbestimmung der Kollokationen tragen auch die Attribuierungen, die Kollokationen beigefügt werden, bei (vgl. Bahns 1996: 1):

- *restricted collocation* und *open collocation* bei Cowie (1981),
- *significant collocation* und *casual collocation* bei Sinclair (1970),
- *unrestricted collocation, semi-restricted collocation, familiar collocation* und *restricted collocation* bei Carter (1987),
- *grammatical collocation* und *lexical collocation* bei Benson (1985),
- *upward collocation* und *downward collocation* (Sinclair 1987).

Ähnlich wird der Kollokationsbegriff bei Viehweger (1988: 21; Herv.: F.K.) „bereits als ein komplexes Phänomen entwickelt und gezeigt, daß neben den semischen und sememischen Vereinbarkeitsbeziehungen auch syntaktische Verknüpfungsbeziehungen bzw. neben *semantischer* und *lexikalischer Kollokation* auch *syntaktische Kollokation* einschlägig sind." Häcki Buhofer (2011: 505f.) plädiert dafür, zwischen *gebräuchlichen* und *typischen Kollokationen* zu differenzieren.[29] Konecny (2010: 350) differenziert in ihrer Analyse zwischen *prototypischen* und *peripheren Kollokationen*. Bei Forkl (2010: 62f.) begegnen in Anlehnung an die französische Kollokationsforschung folgende modifizierende Adjektive:

---

28 Siehe dazu auch Hausmann (2003: 320f.).

29 In diesem Zusammenhang stellt Häcki Buhofer (2011: 508) „normative Gebräuchlichkeit, die die Falschheit von Alternativen impliziert [...] und häufige Ausdrucksweise im Sinne von typischer Üblichkeit gegeneinander." Anders als bei den *significant collocations* im Sinclair'schen Sinne, worunter typische und gebräuchliche Verbindungen verstanden wurden (siehe Kap. 2.2.2), verwendet Häcki Buhofer diese Begriffe nicht synonymisch.

opake Kollokationen (z.B. *blinder Passagier*), *transparente Kollokationen* (z.B. *eine Entscheidung fällt*) und *reguläre Kollokationen* (z.B. *eine Blume verblüht*). Im weiteren Teil seiner Dissertation liefert Forkl noch eine weitere Typologisierung (vgl. Forkl 2010: 74-78). Er unterscheidet nämlich *komplexe Kollokationen*, bei denen die Basis und/oder der Kollokator ein Mehrwortlexem ist (z.B. *eine platte Bemerkung machen*). Dazu werden zwei Unterkategorien ausgesondert:

a) *rekursive Kollokationen*, in die mindestens eine andere Kollokation eingebettet wird (z.B. *eine platte Bemerkung machen*),
b) *nicht-rekursive komplexe Kollokationen*, in die ein anderer Phraseologismustyp eingebettet wird (z.B. *sich kräftig ins Zeug legen*).

Die rekursiven Kollokationen werden wiederum nach strukturellen Unterschieden gegliedert in:

i. *überlagerte Kollokationen* mit paralleler Existenz mehrerer Kollokationen (z.B. *eine platte Bemerkung machen*),
ii. *verschachtelte Kollokationen* mit hierarchischer Existenz mehrerer Kollokationen (z.B. *eine Entscheidung zögerlich treffen*).

Busse sondert *feste Kollokationen* als Untergruppe von Kollokationen aus: „Unter Kollokationen verstehe ich im Folgenden alle regelmäßig auftretenden syntagmatischen Kombinationen von Lexemen; feste – und damit phraseologische – Kollokationen sind eine Teilmenge aus ihnen“ (Busse 2002: 410). Synonymisch zum Begriff der festen Kollokationen verwendet er die Bezeichnung *phraseologische Verbindungen*, zugleich auf die Schwierigkeit bei der Bestimmung deren Referenzbereichs aufmerksam machend (vgl. ebd).[30] Bei Burger (2012: 7) schließlich finden wir den Verweis auf *terminologische Kollokationen* in Bezug auf Mehrwortverbindungen mit mittelhochdeutscher Schachterminologie wie *mat tuon/sprechen/legen* usw., bei denen ein größeres Variantenreichtum festgestellt wird, als das im Gegenwartsdeutschen der Fall ist (vgl. Burger 2012: 7f.).

Wie Ludewig herausstellt, sind „die Vorstellungen zum Kollokationsbegriff anerkanntermaßen extrem heterogen [...] und eine von allen betroffenen Disziplinen [...] gleichermaßen akzeptierte Begriffsbestimmung [sei] nicht zu erwarten [...]“ (Ludewig 2005: 71). „Die Unübersichtlichkeit in der [...] Diskussion um den Kollokationsbegriff verschärf[...][e] sich dadurch, dass sich hinter der gleichen Terminologie zum Teil unterschiedliche Konzepte verbergen und

30 Für Bürki scheint es noch eine Steigerungsmöglichkeit des Festigkeitsgrades von Kollokationen zu geben. Er spricht nämlich auch von loseren Kollokationen (vgl. Bürki 2012: 267).

umgekehrt nicht selten auf ein und dasselbe Kollokationskonzept mit unterschiedlicher Terminologie referiert wird" (Ludewig 2005: 71, vgl. auch Viehweger 1988: 108 und Helbig 2006: 169). Vor diesem Hintergrund erweist es sich als unmöglich, die Kategorie Kollokation klar abzugrenzen. Wie Konecny (2010a: 91) betont, nähere man sich den Kollokationen am besten „durch die Beschreibung ihrer Charakteristika, die aber nicht als notwendige und hinreichende Merkmale anzusehen sind, sondern als solche einer nicht diskreten syntagmatischen Kategorie, die in vielen Fällen eine prototypische Organisation aufweist, d.h. aus zentraleren und peripherereren Vertretern besteht."

2.2.2. Merkmale der Kollokationen und Wege zur Kollokationsermittlung

> Alle noch so ‚objektiv' erscheinenden Klassifikationskriterien verlangen bei ihrer Anwendung auf das ‚Material' der Sprache Entscheidungen, die an bestimmten Stellen nicht eindeutig zugunsten des einen oder anderen Faktors getroffen werden können. (Fleischer 1982: 41)

Nach Gładysz (2003: 41) wird der Kollokationsbegriff in den meisten linguistischen Lexika und Wörterbüchern in zweierlei Weise verstanden: 1) als eine spezifische Wortverbindung und 2) als Beziehung zwischen Bestandteilen der Wortverbindung. Lehr zufolge bestehe zwar Einigkeit darüber, dass es sich bei Kollokationen um syntagmatische Wortverbindungen handelt, keine Eintracht herrsche hingegen bezüglich der Frage, welche sprachlichen Entitäten als Kollokationen aufzufassen sind und ebenso, ob unter syntagmatischer Wortverbindung lediglich textpositionale Nähe oder jedoch syntaktische Zusammengehörigkeit zu verstehen sei (vgl. Lehr 1998: 257).

Im Folgenden werden einige Merkmale der Kollokationen gesichtet, die kriteriell zur Charakterisierung und Identifizierung von Kollokationen erscheinen sowie zur Abgrenzung von anderen phraseologischen und freien Mehrwortausdrücken dienen können. Eingangs erscheint es erwähnenswert, dass einen wichtigen Ausgangspunkt für die Beschreibung der Charakteristika von Kollokationen die Phraseologie-Auffassung von Burger bildet. Kollokationen gehören demzufolge zum Untersuchungsgegenstand der Phraseologie im weiteren Sinne, indem sie anders als Phraseologismen im engeren Sinne dem Kriterium der Idiomatizität nicht gerecht werden (sie könnten höchstens Teil-Idiome bilden), sondern lediglich aus mehr als einem Wort bestehen und in genau dieser Kombination gebräuchlich sind (vgl. Burger [2]2003: 14). Kollokationen seien somit nur die Kriterien der Polylexikalität und Festigkeit, nicht aber Vollidiomatizität inhärent, was in Einzelfällen aufgrund der Tatsache, dass die genannten Kriterien graduell sind, jedoch nicht unproblematisch erscheint (vgl. Burger ^{2}2003: 51). Wie Lüger beobachtet, ist die Unterscheidung von Kollokationen gegenüber „frei gebildeten Wortverbindungen einerseits und den phraseologischen Einheiten andererseits [...] nicht immer leicht, ihre Abgrenzung mitunter fragwürdig", was den Kollokationen in der einschlägigen Literatur bisweilen auch die Attribuierung ‚leidig' brachte (Lüger 2004: 46 und Lutzeier 2007: 36).

2.2.2.1. Semantische Kriterien

Bei der Begriffsbestimmung von Kollokationen gebührt den semantischen Gesichtspunkten eine zentrale Rolle. Ausschlaggebend erscheint hier der Ansatz der *semantischen Transparenz* bzw. *Kompositionalität.*[31] Damit ist gemeint, dass sich die Bedeutung einer Wortverbindung summarisch aus der Bedeutung ihrer Konstituenten erschließen lässt (vgl. Cedillo 2004: 38)[32]. Während Idiome nicht-kompositionell, sprich hollistisch aufgefasst werden und freie Wortverbindungen als semantisch transparent gelten, nehmen Kollokationen in dieser Dreiergruppe eine Zwischenposition ein und deren Bedeutung wird zumeist als halbkompositionell betrachtet (vgl. Pindel 2003: 50, Cedillo 2004: 38 und 63, Hausmann 2007: 229 und Forkl 2010: 43).[33] Während dieser verbreiteten

31 Andere Begrifflichkeiten, die sich in der Phraseologie zur Bezeichnung der *Nichtkompositionalität* eingebürgert haben, sind nach Forkl (2010: 43): *semantische Singularität*, *Idiomatizität* (i.e.S.), *opake* bzw. *übertragene Bedeutung* sowie *metaphorischer Gebrauch*. Feilke spricht in diesem Zusammenhang von Kollokationen als „potentiellen idiomatischen Prägungen" (Feilke 2004: 53), wobei dies mit Verbindungskonventionen zwischen Wörtern, Gebrauchskonventionen, bzw. Formelhaftigkeit in Verbindung gebracht wird (vgl. Steyer 2004: 91).

32 Eine ähnliche Definition davon liefert Lehr (1998: 258): „[Die] Gesamtbedeutung [von Kollokationen] kann unter Berücksichtigung der syntaktischen Regeln aus den Bedeutungen der einzelnen Komponenten erschlossen werden". Allerdings verwendet sie diesbezüglich das Merkmal *Analysierbarkeit*. In Anlehnung an Lehr erachtet auch Homolová (2010: 97) Kollokationen für analysierbar.

33 Im Gegensatz dazu ist Pöll der Auffassung, dass „sowohl Basis als auch Kollokator übertragene Bedeutung haben können und die Kollokation als teil- oder vollidiomatisch erscheinen kann [...]" (Pöll 2002: 86). Ähnlich scheint auch Wilss davon auszugehen, dass Kollokationen auch vollidiomatisch sein können. In seinen Beispielen für Adjektiv / Substantiv-Kollokationen führt er nämlich neben halbkompositionellen Kollokationen wie: *heißer Herbst* oder *heiße Ware* auch vollidiomatische Beispiele an, wie etwa: *heißer Ofen* (‚PC-starkes Motorrad') oder *heißes Eisen* (‚unangenehmes Problem') (vgl. Wilss 1997: 71). Eine noch andere Auffassung vertritt Heid, der nur halbkompositionellen Wortverbindungen Kollokationsstatus einräumt: „Kollokationen

Meinung zufolge die Basis semantisch transparent ist und ihre Bedeutung beibehält, weist der Kollokator nämlich eine basisabhängige Bedeutung auf – der Kollokator legt seine Bedeutung erst in Verbindung mit der Basis fest. Nach Forkl (2010: 43) besteht jedoch bei Kollokationen „ein Kontinuum von semantisch fast unauffälligen bis zu ausgeprägt semantisch singulären Wortkombinationen." Kollokationen wiesen eine Spannbreite hinsichtlich ihrer semantischen Transparenz auf, die man zwischen Kompositionalität und Halbkompositionalität ansetzen dürfte (vgl. Forkl 2010: 44 und Kratochvílová 2011: 95). Während Kollokationen wie *eine Rechnung begleichen* oder *sich die Zähne putzen* kompositionell sind, sei die Wendung *etw. in Rechnung stellen* weniger transparent und bei *jmdm./einer Sache Einhalt gebieten* sei der idiomatische Charakter noch stärker ausgeprägt (vgl. Forkl 2010: 44). Daraus resultieren zwei zunächst konträre Kollokationsauffassungen:

1) Zum einen werden Kollokationen von einigen Autoren als „semantisch transparente Verbindungen von Lexemen [...] [aufgefasst], die in der Substituierbarkeit mindestens eines ihrer Bestandteile über das übliche Maß eingeschränkt und einer gewissen Willkür unterworfen sind" (Ludewig 2005: 79f.) – Ansatz der semantischen Transparenz.
2) Zum anderen herrscht „die Auffassung, dass bei Kollokationen ein Bestandteil in einem von seiner üblichen Bedeutung abweichendem Sinne gebraucht wird, wohingegen der andere seine ursprüngliche Bedeutung beibehält" (Ludewig 2005: 80) – Ansatz der semantischen Polarität.

---

sind nach unserem Verständnis phraseologische Kombinationen aus zwei Lexemen, die in einer Sprachgemeinschaft konventionalisiert und deren Elemente semantisch ungleichgewichtig sind: Eines wird in derselben Weise verwendet wie in kompositionellen Wortkombinationen (Basis), das andere (Kollokator) erhält seine spezifische Bedeutung nur innerhalb der Kollokation" (Heid 2011: 533). Ähnlich erkennt Scherfer die Besonderheit der Kollokationen darin, „daß einer der Kollokationspartner in seiner übertragenen Lesart gebraucht wird" (Scherfer 2001: 19). Auch bei Viehweger (1988: 108) finden wir den Standpunkt, wonach „die (primär) semantische Determination der Kombination von Wortschatzelementen" konstitutiv für den Kollokationsbegriff sei. Nach Rothkegel scheint es sich bei Kollokationen um nicht-kompositionelle Verbindungen zu handeln. Sie schreibt nämlich: „Je nachdem wie stark die semantische Kompositionalität bzw. Nicht-Kompositionalität von mehrwortigen Ausdrücken ist, spricht man von Kollokationen bzw. Idiomen. Beide bilden das Ende einer Skala von mehr oder weniger starker Fixiertheit mit etlichen Mischtypen dazwischen" (Rothkegel 2001: 216). Busse (2002: 411) plädiert dafür, zumindest bei festen Kollokationen idiomatischen Charakter vorauszusetzen. Zu unterschiedlichen Meinungen bezüglich der Frage der Kompositionalität von Kollokationen siehe auch Donalies (2005: 343).

Ludewig (2005: 80-86) beweist jedoch, dass sich diese Standpunkte verbinden und in Einklang bringen lassen. Ihr zufolge diene das Kriterium der eingeschränkten Substituierbarkeit der Kollokationsbestandteile vorrangig zur Abgrenzung von Kollokationen gegenüber freien Wortverbindungen, die semantische Transparenz grenze sie hingegen gegenüber Idiomen ab (vgl. Ludewig 2005: 89). Daraus kann man schlussfolgern, dass Kollokationen sowohl kompositionelle Wortverbindungen mit eingeschränkter Substituierbarkeit (Produktivität), als auch halbkompositionelle Mehrwortausdrücke bilden können. Diesen Standpunkt findet man auch bei Konecny (2010: 101), die Kollokationen für semantisch transparent erachtet und diese Eigenschaft derart ausdeutet, dass bei Kollokationen „mindestens eines der beiden Kollokationselemente in seiner ‚üblichen' Bedeutung verwendet [wird – die Basis] [...]. Der Kollokator hingegen [...] von seiner Grundbedeutung abweichen [kann]; in einem derartigen Fall ist seine Bedeutung im Zusammenhang mit der Basis aber immer noch erschließbar" (Konecny 2010: 101, vgl. auch Proost 2004: 294 und Häcki Buhofer 2011: 509). Problematisch dürfte hier jedoch die eingeschränkte Substituierbarkeit bei kompositionellen Kollokationen sein. Lehr führt in diesem Zusammenhang das Kriterium der *Asynthetisierbarkeit* ein. Kollokationen seien asynthetisierbar, d.h. sie „[weisen] zumindest eine Komponente auf [...], die nicht ohne Verletzung des Korrektheitskriteriums durch bestimmte andere Wörter, nämlich die, die entsprechend den grammatischen und semantischen Regeln als Substitute geeignet wären, ersetzt werden kann" (Lehr 1998: 259). Wie sich diese negative Evidenz jedoch operationalisieren lässt, bleibt zunächst unklar – zu Recht fragt Pöll in diesem Zusammenhang, „ab wann ist eine Verbindung eingeschränkt? Kann man den Grad der Eingeschränktheit messen?" (Pöll 2002: 87). Zuordnungsschwierigkeiten könnten sich ferner bei phraseologischen Wortgruppen mit sog. „aktionaler Reihenbildung" ergeben, d.h. solchen, die in unterschiedlichen Aktionsarten vorkommen (vgl. Burger ^{2}2003: 26).[34] Hierbei könnten sich nach Ludewig Probleme zweierlei Art ergeben:

1) Einige Wendungen, denen zunächst idiomatischer Charakter zugesprochen wurde, können kollokatorische Züge annehmen: So erscheint die Wendung *jdn. auf die Palme bringen* bei isolierter Betrachtung wegen der inkompositionellen Bedeutung als ein Idiom. Kennt man diese wendungsinterne Bedeutung und wird der Präpositionalphrase mit Palme die Bedeutung von ‚wütend' zugeschrieben, so könne man jedoch per Analogie auch den Sinn anderer aktionaler Reihenbildungen, wie: *auf die Palme gehen*, *auf der Palme*

34 Bei Konecny (2010: 100) findet man diesbezüglich auch den Begriff *Idiom-Paradigmata*.

sein rekonstruieren (vgl. Ludewig 2005: 89f.). Daher leitet Ludewig (2005: 91) folgenden Schluss ab: „Um zu entscheiden, inwieweit ein komplexer Ausdruck semantisch transparent ist, reicht es offensichtlich nicht immer aus, seine Semantik und die elementaren Bedeutungen seiner Bestandteile zu kennen; es kann auch erforderlich sein, den Ausdruck zusammen mit anderen analog aufgebauten Ausdrücken auf semantische Parallelen zu analysieren und Analogien in ihrer Bedeutungskonstitution aufzudecken. Damit hängt die Entscheidung darüber, ob eine Formulierung als Idiom oder als Kollokation einzustufen ist, auch von kollokatorischen Vorkenntnissen ab."

2) Einige Wendungen, denen zunächst Kollokationsstatus zugesprochen wurde, können aufgrund ihrer Produktivität freien Verbindungen gleichkommen: So ließe sich etwa die Wendung *zum Streit kommen* aufgrund der kontextuellen semantischen Spezifizität des Kollokators als Kollokation einstufen. Wegen der Tatsache, dass jedoch beliebig viele andere Formulierungen analog gebildet werden, etwa: *zur Aufführung/zum Krieg/zu Erfolgen kommen*, hält es Ludewig für denkbar, für *kommen* eine zusätzliche Bedeutungsvariante im Sinne von ‚entstehen' anzunehmen, woraufhin die genannten Wortverbindungen als freie Mehrwortverbindungen zu klassifizieren wären.[35] Aus den angeführten Beispielgruppen geht nach Ludewig hervor, dass die Kollokativitätsurteile im Zusammenhang mit den individuellen lexikalischen Vorkenntnissen der Betrachter stehen können (vgl. Ludewig 2005: 89 und 91f.). Auf das Abgrenzungsproblem angesichts der reihenbildenden Wirkung von Kollokationen verweist auch Busse, da ihm zufolge dabei „entschieden werden müsste, wie lange man noch von einem Phraseologismus sprechen soll, und ab wann von der freien Verwendung eines neugebildeten (idiomatisierten, lexikalisierten) Lexems ([...] in der [...] einschlägigen metaphorischen Bedeutung)" (Busse 2002: 411).

Im Zusammenhang mit dem Ansatz der semantischen Transparenz, wonach Kollokationen eine eingeschränkte Substituierbarkeit (Produktivität) aufweisen und einer gewissen Willkür unterliegen (vgl. Ludewig 2005: 79f.), werden Kollokationen die Merkmale der Idiosynkrasie und Arbitrarität zugeschrieben, was Ďurčo, Banášová und Hanzlíčková (2010: 7) für meistproblematisch erachten:

35 Im Gegensatz zu dem Standpunkt Ludewigs (2005: 89) handelt es sich bei diesen Gruppen jedoch um keine aktionalen Reihenbildungen, sondern um Fälle, in denen Kollokationsbasen zwar substituiert werden, ohne dass dabei jedoch synonymische Wendungen entstehen würden.

> Das größte Problem liegt jedoch darin, dass die kombinatorischen Wechselbeziehungen zwischen lexikalischen Zeichen als Lexikon- und Texteinheiten arbiträr, normbedingt und konventionell, also idiosynkratisch sind. Somit sind die Restriktionen in der Kombinierbarkeit der sprachlichen Zeichen lexikalischer und nicht semantischer Natur.

Wie aus dem obigen Zitat hervorgeht, werden die Begriffe Idiosynkrasie und Arbitrarität häufig bedeutungsähnlich verwendet (vgl. auch Konecny 2010: 158). Die Idiosynkrasie wird nach Cedillo (2004: 39) „mit der Eigenschaft ‚einzelsprachlich unterschiedlich' [...], mit der Unvorhersehbarkeit bei der Enkodierung [...], aber auch mit der Tatsache, dass ein Kollokator keine oder nur eine eingeschränkte Synonymie zulässt [...], in Verbindung gebracht." Ähnlich begreift Ludewig die Arbitrarität: Sie komme „insbesondere darin zum Ausdruck [...], dass man ihre Bestandteile [der Kollokationen – F.K.] nicht ohne weiteres durch bedeutungsähnliche, sprich quasi-synonyme Wörter substituieren kann, sie sind häufig auch insofern interlingual arbiträr" (Ludewig 2005: 117). De Saussure bezieht die Arbitrarität auf die Beliebigkeit des Verhältnisses von Lautbild und Vorstellung, ihm zufolge manifestiere sie sich darin, dass dasselbe nichtsprachliche Objekt von Sprache zu Sprache verschieden benannt wird, was jedoch nicht heißt, dass die Sprecher einer Sprache die absolut freie Wahl haben, vielmehr stehe die Arbitrarität im engen Zusammenhang mit der Konventionalität (vgl. Schützeichel 2004: 39). „Die im Ursprung arbiträre Wahl wird [...] durch die Sprachgemeinschaft im Konventionalisierungsprozess akzeptiert, wodurch die arbiträre bzw. konventionelle Zeichenhaftigkeit der Mehrwortverbindungen bestätigt scheint" (Kratochvílová 2011: 95).

Trotz der gemeinsamen Züge bei der Begriffsbestimmung von Arbitrarität und Idiosynkrasie verweist Konecny (2010: 167) darauf, dass die beiden Termini Unterschiedliches bezeichnen:

> Während es bei der Arbitrarität darum geht, dass die Beziehung zwischen Bezeichnetem und Bezeichnendem nicht naturgegeben, sondern konventionell festgelegt ist, geht es bei der Idiosynkrasie um die Tatsache, dass ein bestimmtes Wort oder Syntagma Merkmale in sich trägt, die nicht auf Grund allgemeiner Regeln vorhergesagt werden können. (Konecny 2010: 167)

Ein weiterer wesentlicher Unterschied zwischen den beiden Phänomenen besteht darin, dass sich die Arbitrarität auf die synchrone Sprachebene bezieht, während für die Idiosynkrasie auch die diachronische Dimension relevant ist (vgl. Konecny 2010: 167). Vor diesem Hintergrund ließe sich das Verhältnis zwischen Arbitrarität und Idiosynkrasie womöglich mutatis mutandis als eine Art Ursache-Wirkungs-Relation werten.

Ähnlich wie bei dem Kriterium der Kompositionalität findet man auch bezüglich der Idiosynkrasie mehr oder weniger explizite Standpunkte darüber, dass auch Idiosynkrasie keine Conditio sine qua non für Kollokationen bilde (vgl. Pöll 2002: 86, Scherfer 2002: 236 und Konecny 2010: 176). Dies in Verbindung mit der Tatsache, dass es sich bei der Kompositionalität um keine privative Opposition, sondern um ein Kontinuum handelt und ebenso die Idiosynkrasie „ein Phänomen mit graduellen Abstufungen" (Konecny 2010: 176) ist, führt dazu, dass weder die Kompositionalität noch die Idiosynkrasie hinreichende Kriterien zur Abgrenzung von Kollokationen gegenüber anderen Mehrwortverbindungen bilden. Notwendig erscheint folglich die Hinzuziehung anderer Unterscheidungsmerkmale.

2.2.2.2. Morphosyntaktische Kriterien

Aus syntaktischer Sicht wird bei der Festlegung von Kollokationen gefordert, dass deren Bestandteile nicht lediglich eine textpositionale Nähe aufweisen, sondern syntaktisch zusammengehören, d.h. in einer syntaktischen Beziehung zueinander stehen (vgl. Lehr 1998: 257 und Ludewig 2005: 92).

Als ein wesentlicher Unterschied zwischen Kollokationen und Idiomen wird die Tatsache angeführt, dass unter Kollokationen insbesondere zweigliedrige Einheiten verstanden werden (vgl. Scherfer 2002: 230 und Konecny 2010: 103). Zwar verweist Hausmann darauf, dass bei Kollokationen auch Tripel-Strukturen üblich sein können, es handle sich dabei jedoch um komplexe Kollokationen mit zwei Kollokatoren (vgl. Hausmann 2004: 316; Hausmann 2007: 218 sowie Kap. 2.3.). Im Gegensatz dazu stellen Idiome nicht grundsätzlich binäre Einheiten dar. Auch wenn zweigliedrige Idiome durchaus vorkommen, so weisen sie keine Basis-Kollokator-Struktur auf, wie das bei Kollokationen der Fall ist (vgl. Konecny 2010: 103).

Als ein weiteres Kriterium zur Abgrenzung von Kollokationen und anderen Mehrwortausdrücken wird der Stabilitätsgrad genannt. Damit ist zum einen die lexikalische Präferiertheit bzw. Eingeschränktheit gemeint, wie sie in Bezug auf die Konventionalität der Kollokationen erörtert wurde, und zum anderen die morphosyntaktische Fixiertheit. Hinsichtlich der morphosyntaktischen Festigkeit gelten Idiome in der Regel als stark morphosyntaktisch fixierte Einheiten, die kaum transformiert werden können, wohingegen Kollokationen weniger stark fixiert und modifizierbar seien (vgl. Konecny 2010: 113f.).[36] Dies steht im

36 Cedillo bezieht die Stabilität bei Kollokationen überhaupt nur auf die Tatsache, dass „sie in der Regel keine oder nur wenige synonyme Varianten" zulassen, wohingegen sie syntaktisch regulär seien und keine Besonderheiten aufwiesen (vgl. Cedillo 2004: 40). Eine andere Auffassung vertritt diesbezüglich Heid (2011: 539). Nach Heid weisen Kollokationen oftmals eine morphosyntaktische Prägung auf, weshalb bei der

Zusammenhang damit, dass Idiome starken morphosyntaktischen Restriktionen unterliegen und nicht produktiv gebildet werden, während der Grad der Produktivität bzw. Kreativität bei Kollokationen höher als bei Idiomen liegt, gleichzeitig aber nicht so hoch wie bei freien Wortverbindungen ist. Die Unschärfe dieses Kriteriums wird zudem dadurch problematischer, dass zum einen der Grad an Produktivität bei Kollokationen nicht konstant ist und zum anderen bei den meisten Idiomen von verschiedenen Festigkeitsgraden auszugehen ist (vgl. Konecny 2010: 116-118). In der einschlägigen Literatur findet man eine Reihe von morphosyntaktischen Umformungen, die zur Abgrenzung zwischen den einzelnen Typen von Mehrwortausdrücken herangezogen werden könnten (vgl. Lüger 2004: 53 und Konecny 2010: 130f.). Zu Operationen, die bei freien Wortverbindungen möglich sind, sich mit Phraseologismen jedoch nicht vornehmen lassen, da dies entweder zur Einbuße der idiomatischen Bedeutung oder zu inakzeptablen Formulierungen führen würde, zählt Burger ([2]2003: 22-25):

1) die prädikative Verwendung eines attributiven Adjektivs: *kalter Kaffee → Der Kaffee ist kalt.*
2) die Umwandlung eines attributiven Adjektivs in einen Relativsatz: *kalter Kaffee → der Kaffee, der kalt ist.*
3) Pluralisierung von Idiombestandteilen: *Das ist kalter Kaffee. → Das sind kalte Kaffees.*
4) ggf. Tempuswechsel: *Otto hat einen Narren an Emma gefressen. → * Otto fraß einen Narren an Emma.*

Gleichzeitig räumt Burger ([2]2003: 24) jedoch ein, dass diese Restriktionen bei Phraseologismen den Charakter „schwacher" Regelmäßigkeiten haben: „Nahezu alle Operationen, die man aufgrund der eigenen Sprachintuition für ‚nicht möglich' halten würde, lassen sich in realen Texten auffinden" (Burger [2]2003: 24).

Als ebenso schwierig erweist es sich, Kollokationen von anderen Mehrwortausdrücken mit Hilfe operationeller Tests abgrenzen zu wollen, und zwar vor dem Hintergrund dessen, dass Kollokationen, wie Ludewig (2005: 93-105) belegt, eine äußerst große Spannbreite von morphosyntaktischer Heterogenität aufweisen. Die eine Seite des Extrems bilden Kollokationen, die in ihrer Grundform gegen die üblichen morphosyntaktischen Regularitäten verstoßen, indem

korpusbasierten Akquisition von Kollokationskandidaten auch „morphosyntaktische, distributionelle und syntaktische Informationen" extrahiert werden sollten (vgl. Heid 2005: 98).

sie etwa eine abweichende Valenz aufweisen, so beispielsweise: *sich eine Blase laufen*; *an etw. Geschmack finden*, oder solche, in denen ein an sich erforderliches Artikelwort unterdrückt wird, etwa: *Farbe bekennen*; *in Frage stellen*. Das andere Extrem beruht auf dem Phänomen, dass sich eine Vielzahl von Kollokationen morphosyntaktisch regulär verhält und hinsichtlich der morphosyntaktischen Transformationen keinen zusätzlichen Einschränkungen unterliegt. Dies betrifft etwa Kollokationen wie *ein Urteil fällen* oder *einen Vortrag halten*, die folgenden üblichen Umformungen unterzogen werden können:[37]

a) Variabilität im Numerus: Sie hat schon viele *Vorträge* gehalten./Das zuständige Amtsgericht Öhringen wird dann die *Urteile* fällen.
b) Variabilität im Artikelgebrauch (definit und indefinit): *Den/diesen/unseren* Vortrag hält meine Kollegin./*Das Urteil* fällen die Schöffen./Ohne vorheriges Gebet fällen auch die Einzelrichter *ihre* Urteile.
c) Negierbarkeit des Substantivs: Sie hält diesmal *keinen* Vortrag./Im Gegensatz zu einem Richter könne er *kein* Urteil fällen.
d) optionale Attribuierung durch Adjektive: Ihr habt einen *interessanten* Vortrag gehalten./Unsere Kuscheljustiz scheint einfach nicht in der Lage zu sein, entsprechend *harte* Urteile zu fällen.
e) Komposition: Sie wird einen *Diavortrag* halten./*Kruzifix-Urteil* wird erst in einigen Monaten gefällt. (Quelle: http://derstandard.at/1277337879297/Kruzifix-Urteil-wird-erst-in-einigen-Monaten-gefaellt; Stand: 22.01.2013)
f) Erweiterbarkeit durch Präpositional- oder genitivische Nominalphrasen: Sie hält einen Vortrag *über computergestützte Lexikographie*./Das Kreisgericht Rheintal hat die Urteile *im Kokain-Prozess* gefällt.
g) Modifizierbarkeit durch einen Relativsatz: Der Vortrag, *den sie hielt*, war aufschlussreich./Dieses begründet das Urteil, *das jetzt gefällt wurde*, damit, dass der Kanton dem Kläger eine weitere Frist zur Rekursbegründung hätte gewähren sollen.
h) Anaphorischer Bezug per Personalpronomen: Ich habe *ihn* selbst gehört./Dieses Urteil hat der Europäische Gerichtshof gefällt und *damit* einer Klage der EU-Kommission gegen die Bundesrepublik Deutschland stattgegeben.

---

37 Die Umformungsproben, sowie die Beispielsätze zu der Kollokation *einen Vortrag halten* werden in Anlehnung an Ludewig (2005: 95f.) angeführt. Beispielsätze mit der Kollokation *ein Urteil fällen* entstammen der am Institut für deutsche Sprache in Mannheim konzipierten Textdatenbank Cosmas.

i) Erfragbarkeit: *Was* hat er gehalten, einen Vortrag?/* *Was* haben die Richter gefällt, ein Mordurteil?[38]
j) Variabilität des Verbs im Tempus, Numerus, Person und Modus: *Halte* doch mal wieder einen Vortrag in unserem Kolloquium!/[...] bei diesem Besuch *dürfte* das endgültige Urteil *gefällt werden*.
k) Negierbarkeit des Verbs: Eins steht fest, ich werde den Vortrag *nicht* halten./ Die ist heute noch gar nicht gegeben, also kann man das Urteil noch *nicht* fällen.
l) Nominalisierbarkeit: Das *Halten* von Vorträgen bereitet ihr keine Schwierigkeiten./Unsere Kapazität, Informationen zu verarbeiten unterliegt Einschränkungen, die sich auch auf *das Fällen von Urteilen* auswirken. (Quelle: http://www.uni-kassel.de/~jpbecker/Entscheiden1.pdf; Stand 22.01.2013)
m) adverbiale Modifizierung: Sie hat den Vortrag *erfolgreich* gehalten./[...] sein eigenes Urteil *unmanipuliert* fällen können [...]
n) Passivierung (Vorgangspassiv): Auf der Tagung *wurden* viele Kollokationsvorträge *gehalten*./Ansonsten *wird* aufgrund der Beweislage ein Urteil *gefällt*.
o) Bildung des Zustandspassiv: Endlich *ist* der Vortrag *gehalten*./Das Urteil *ist gefällt*, wenngleich noch nicht rechtskräftig.
p) Bildung des unpersönlichen Passivs: Es *wurden* viele Vorträge *gehalten*./Es *wurde* noch kein Urteil *gefällt*.

Zwischen diesen zwei Extremen bestehe nach Ludewig (2005: 96) eine weite Gruppe von Kollokationen, die transformationell defekt sind, d.h. „in unterschiedlichem Umfang und auf unterschiedliche Weise in ihren grammatischen Umformungsmöglichkeiten eingeschränkt sind.“[39] Problematisch ist dabei wiederum die Tatsache, dass die Transformationsmöglichkeiten oftmals auf subtilen Entscheidungen beruhen und von verschiedenen Faktoren abhängen. Angesichts dessen konstatiert Ludewig, dass morphosyntaktische Kriterien zur Abgrenzung von Kollokationen gegenüber freien Wortverbindungen einerseits und Idiomen andererseits nicht besonders gut geeignet seien. Auf dieser Basis können nämlich morphosyntaktisch auffällige Konstruktionen nicht eindeutig als Kollokationen oder Idiome kategorisiert werden, ferner unterliegen zuweilen auch freie Wortverbindungen morphosyntaktischen Restriktionen (etwa *Rad*

38 Für die Erfragbarkeitsprobe konnte kein Beleg nachgewiesen werden, so dass der Beispielsatz konstruiert wurde.
39 Zu Beispielen für morphosyntaktische Restriktionen bei Kollokationen siehe Ludewig (2005: 97f.).

fahren, das keine Pluralisierung zulässt), morphosyntaktisch sich regulär verhaltende Wortverbindungen (beispielsweise das oben angeführte *ein Urteil fällen*) sind wiederum nicht zwangsläufig als freie Wortverbindungen zu werten (vgl. Ludewig 2005: 102f.).

Nach Konecny können sich freie Wortverbindungen aufgrund der Tatsache, dass sie morphosyntaktisch weniger eingeschränkt sind, „stets [...] über einen Satz hinaus erstrecken“ (Konecny 2010: 130). Wiederum zeigt sich jedoch, dass diese Möglichkeit auch bei einigen Kollokationen gegeben ist, etwa:

> Hermann Gröhe, Chef der Jungen Gruppe im Bundestag, findet, daß ‚gut‘ noch das schwächste *Urteil* sei, das man über den Auftritt des Kanzlers *fällen* könne.[40]

Konecny (2010: 130) zufolge genügen besonders diejenigen Kollokationen einigen Umformungsproben nicht, „in denen der Kollokator polysem ist und im Vergleich zu seiner Grundbedeutung eine (mehr oder weniger starke) Bedeutungsmodifikation erfahren hat.“ Somit sei dieses Kriterium zur Eruierung von Kollokationen, in denen der Kollokator seine Grundbedeutung beibehielt, ungeeignet (vgl. Konecny 2010: 131f.). Gerade jedoch bei dieser Art von Kollokationen, die mit freien Wortverbindungen das Kriterium der Vollkompositionalität teilen, bedürfte es eines verlässlichen unterscheidenden Zuges. In dem Sinne ist Konecny (2010: 120) darin zuzustimmen, dass morphosyntaktische Umformungsproben nicht das alleinige Unterscheidungskriterium darstellen sollten (und wie aus dem Obigen hervorgeht, dies auch nicht können), sondern zur Überprüfung der nach anderen Kriterien bereits erfolgten Kategorisierung herangezogen werden sollten. Eine konträre Auffassung vertritt diesbezüglich Heid (2011: 539), dem zufolge die morphosyntaktische Prägung für die Interpretation von Kollokationen konstitutiv sei und etwa bei der Trennung zwischen wörtlicher und idiomatischer Verwendung von Mehrwortausdrücken ausschlaggebend ist, wofür er folgende Beispiele anführt:

a) *in Gang kommen* (‚in Bewegung geraten‘) vs. *in die Gänge kommen* (‚mit der Arbeit anfangen; loslegen‘),
b) *in die Hand nehmen* (‚übernehmen, lenken‘) vs. (*etw.*) *in die Hand/in die Hände nehmen* (‚anfassen‘).

Daraus ergeht jedoch, dass die morphologische Fixiertheit eher für eine Gruppe von Kollokationen und bei weitem nicht für alle kollokative Verbindungen konstitutiv sein muss.

40 Quelle: Archiv der geschriebenen Sprache des IDS. (Aufruf: 23.01.2013).

2.2.2.3. *Statistische Kriterien*

Eine weitere Gruppe von Kriterien, die bei der Ermittlung von Kollokationen eine Rolle spielen, beruht auf statistischen Indizien. Bei der Frage der Eignung des Frequenzkriteriums für die Eruierung von Kollokationen sind die Meinungen jedoch gespalten. Einerseits wird in der Literatur vielfach beteuert, dass das Frequenzkriterium dafür unzulänglich sei: Insbesondere argumentiert Hausmann (1985: 124-126), dass bei Frequenzuntersuchungen zuweilen freie Wortverbindungen aufgrund ihrer Vorkommenshäufigkeit fälschlicherweise als Kollokationen eingestuft werden, während gleichzeitig teilweise nur ein Mal belegten kollokativen Verbindungen kein Kollokationsstatus eingeräumt wird.[41] Schneider beteuert, es werde „mit dem Kriterium der Frequenz zu sorglos umgegangen. [...] Wichtige Fachtermini können ohne weiteres durch seine Maschen fallen [...]. Mit Sicherheit reduziert sich der mit rein quantitativen Kriterien arbeitende Fach-Lexikograph auf eine Art black box. Der von ihm bearbeitete Fachgegenstand bleibt im Halbdunkel" (Schneider 1998: 46). Ebenso werfen auch Ďurčo, Banášová und Hanzlíčková (2010: 6) die Frage auf, „inwieweit es möglich ist, lexikographisch verwertbare Kollokationen aus Korpora durch die Kookkurrenzermittlungen zu extrahieren, wenn die Frequenz allein bei der Identifizierung der Festigkeit von Wortokkurrenzen nicht ausschlaggebend sein kann." Andererseits stößt man jedoch auf Wissenschaftlermeinungen, die für den Einsatz statistischer Indizien sprechen. So macht etwa Konecny (i. Dr.) bezüglich der Frequenzanalyse bei fachsprachlichen Kollokationen zunächst eine ähnliche Beobachtung wie Hausmann, gleichzeitig verweist sie aber auf Fälle, in denen Frequenzerhebungen mit Erfolg durchgeführt werden können.[42] Konecny (i. Dr.) zufolge seien Frequenzuntersuchungen im Rahmen der engen Kollokationsauffassung in zweifacher Hinsicht relevant: zum einen bei diachronischen Fragestellungen und zum anderen bei „der vertikalen Ebene der Makrostruktur von Kollokationen".[43] Bezogen

41 Zwar nicht explizit bezüglich des Frequenzkriteriums, aber was die damit verbundene Kookkurrenz anbelangt, äußert auch Viehweger (1988: 108) Kritik: „es bedarf sicherlich keiner besonderen Begründung, daß auf dem Kookkurrenzkriterium allein noch kein tragfähiger Kollokationsbegriff aufgebaut werden kann, denn das gemeinsame Vorkommen zweier (oder auch mehrerer) Lexikonzeichen ist zwar ein notwendiges, jedoch noch kein hinreichendes Kriterium."

42 So veranschaulicht Konecny (i. Dr.) in ihrem Beitrag, dass das Kriterium der *token*-Frequenz bei der Analyse des Basisfeldes eines bestimmten Kollokators fruchtbar eingesetzt werden kann.

43 Zu der vertikalen und horizontalen Ebene in der Kollokationsstruktur siehe Irsula Peña (1994: 33-49).

auf den diachronen Aspekt, könne „angenommen werden, dass sich manche Kollokationen in diachroner Hinsicht ursprünglich durch die Konventionalisierung einer häufig vorkommenden freien Wortverbindung entwickelt haben" (Konecny i. Dr.). Auf synchroner Ebene wiederum könne die Anwendung des Frequenz-Kriteriums auf der vertikalen Ebene „u.U. aussagekräftige Ergebnisse liefern, und zwar dann, wenn zur Versprachlichung eines Sachverhalts mehrere denotativ synonyme Verbindungen zur Verfügung stehen, denn hier bedeute hohe Frequenz tendenziell zugleich auch ‚hohe Typikalität'" (Konecny i. Dr.).

Ebenso klingt bei Häcki Buhofer die Brauchbarkeit des Frequenzkriteriums an: „Die Prädisposition, dass für einen bestimmten Sachverhalt häufig die gleiche Wortverbindung aus mehreren möglichen Wortkombinationen ausgewählt wird, lässt sich in Textkorpora mittels der Kookkurrenzanalyse statistisch nachweisen" (Häcki Buhofer 2011: 522). Für eine frequenzorientierte Kollokationsselektion plädieren ferner Bergenholz und Tarp (1994: 406).

Trotz der Einwände, was die Brauchbarkeit des Frequenzkriteriums zur Identifikation von Kollokationen im engen Hausmannschen Sinne angeht, scheint es bislang keine anderen Kriterien zur Unterscheidung zwischen kompositionellen Kollokationen und freien Wortverbindungen zu geben. Zwar kann auch die Frage nach der Grundbedeutung der Kollokatoren zuweilen problematisch sein, in der Regel überwiegt jedoch die Meinung, dass die Grenzziehung zwischen Kollokationen und Idiomen leichter zu ziehen ist, als die gegenüber freien Wortverbindungen (vgl. Scherfer 2001: 8, Scherfer 2002: 231 und Ludewig 2005: 136): „Dies [die Abgrenzung gegenüber freien Verbindungen – F.K.] ist zweifelsohne die heikelste Unterscheidung" (Pöll 2002: 87).[44] Zwar wird in diesem Zusammenhang auf das mögliche Abgrenzungskriterium der lexikalischen Bevorzugung verwiesen (Konecny 2010: 135), gleichzeitig wird aber eingeräumt, dass die „Antwort auf die Frage, ob tatsächlich eine lexikalische Bevorzugung eines Lexems stattfindet, […] in vielen Fällen rein subjektiver Natur [ist], weshalb das entsprechende Abgrenzungskriterium insgesamt als ziemlich vage anzusehen ist" (Konecny 2010: 130). Angesichts der Tatsache, dass auch Gegner des Frequenzkriteriums bei Kollokationsermittlungen auf die auffallende Üblichkeit, sprich: Usualität der Kollokationen, als ein wesentliches Merkmal verweisen (vgl. Hausmann 1984: 399), dürfte es nahe liegen, dass diese Eigenschaft in einen Rahmen zu bringen sei und die Brauchbarkeit statistischer Indizien zur Bestimmung der auffallenden Üblichkeit womöglich noch einmal auf den Prüfstand gestellt wer-

44 Lutzeier spricht in Bezug auf die Grundbedeutung des Kollokators von der zentralen Lesart (vgl. Lutzeier 2007: 96).

den müsste.[45] Die Praxis zeigt, dass die Üblichkeit von Wortverbindungen oft eben „durch die Häufigkeit des Miteinandervorkommens der Teile bestimmt [wird], so beim DWDS" (Häcki Buhofer 2011: 509).[46] In einem anderen Beitrag stellt Häcki Buhofer sogar fest, es liege zwar in der Sprachwissenschaft keine einheitliche Definition des Kollokationsbegriffes vor. „Einig ist man sich [aber] darüber, dass als ‚Kollokationen' die in einem Satz überdurchschnittlich häufig zusammen auftretenden Lexeme bezeichnet werden" (Häcki Buhofer 2010: 66). Die Korrelation zwischen der Usualität und der Vorkommenshäufigkeit wird auch bei Bürki (2012: 269) explizit angesprochen: „Usualität setzt eine gewisse Vorkommensfrequenz voraus (und es kann plausibel angenommen werden, dass die Usualität mit Frequenz zu- und abnimmt)."

Wie Ludewig (2005: 107) herausstellt, lassen sich frequenzorientierte Untersuchungen, die gegenständlichen Kritikpunkte reflektierend, durch linguistische Verfeinerungsstrategien optimieren. So kann man etwa bei getaggten Korpora die Berücksichtigung von Funktionswörtern ausschließen, was gerade bei Kollokationen von Bedeutung ist, die nach Gładysz (2003: 50) und ähnlich auch in der vorliegenden Arbeit als Verbindungen zweier Autosemantika verstanden werden.[47] Darüber hinaus könne durch Lemmatisierung der Korpora verhindert werden, dass aufgrund der morphosyntakischen Variabilität nicht alle Verwendungsweisen bestimmter Wortgruppen berücksichtigt werden und infolge dessen vor allem weniger frequente kollokative Wortgruppen als Kollokationen unerkannt bleiben. Und schließlich dürften syntaktisch nicht zusammengehörige Wortverbindungen als insignifikant herausgefiltert werden, was allerdings nicht der Fall sein muss (vgl. Ludewig 2005: 107f.): Die Heranziehung des Frequenzkriteriums zur Kollokationsextraktion stößt nämlich auf das Problem, „dass

45 Auch Scherfer (2001: 3; Anm. 1) bemängelt die Tatsache, dass die Frage, wie „das Typische, Spezifische und Charakteristische" von Kollokationen festzustellen sei, in der Literatur offen bleibt.

46 DWDS=Digitales Wörterbuch der Deutschen Sprache. Siehe dazu: www.dwds.de

47 Ähnlich auch bei Lüger (2004: 48), der von Verbindungen aus mindestens zwei Autosemantika spricht, oder bei Bischof (2007: 84). Hierbei handelt es sich keineswegs um eine allgemein vertretene Auffassung. So führt etwa Häcki Buhofer (2011: 509) in der Bandbreite der Strukturtypen bei Kollokationen auch Verbindungen mit nur einem autosemantischen Wort an, etwa: *in Kürze, in diesem Augenblick*. Feilke zufolge treffe der Kollokationsbegriff auch auf synsemantische Verbindungen zu: „Wenn ich im Folgenden von Kollokationen spreche, sind damit nicht phraseologische polylexikale, auf der Ebene von Konstituenten und Konstituentenbeziehungen integrierte Ausdrücke gemeint, wobei Auto- und Synsemantika, zwei und mehr Glieder beteiligt sein können (z.B.: *von Anfang an, viel zu tun haben, zwar-aber*)" (Feilke 2004: 52).

die hohe Frequenz, mit der ein Wortpaar gemeinsam auftritt, durchaus auch ein Zufallsprodukt sein kann" (Ludewig 2005: 112). Wie Ďurčo, Banášová und Hanzlíčková (2010: 9) feststellen, sind „die Häufigkeit und Festigkeit einer Kollokation keine proportional abhängigen Werte". Pöll (2002: 84) spricht sogar ausdrücklich davon, dass die Angabe der Frequenz als Definiens von Kollokationen eine „nicht auszurottende [...] Irrmeinung" sei. Aus dem oben Dargelegten ließe sich der Schluss ableiten, dass das „Hauptanliegen statistischer Verfahren zur Kollokationsgewinnung [...] [, nämlich] die Abgrenzung von Kollokationen gegenüber freien Wortverbindungen" (Ludewig 2005: 114) anhand rein statistischer Verfahren kaum erreicht werden kann. In Folge dessen, da bislang kein Kriterium zur Diskriminierung von freien Wortverbindungen und kompositionellen Kollokationen ausfindig gemacht werden konnte, drängt sich die Frage auf, ob es nicht sinnvoll wäre, den Kollokationsbegriff auf halbkompositionelle Wortverbindungen einzuengen. Dagegen spricht jedoch, wie Ludewig (2005: 115) ausführt, dass „gerade die variabler verwendbaren und aus sprachrezeptiver Sicht stärker transparenten Kollokationen wie z.B. *sich die Zähne putzen*, *einen Vortrag halten* und *Pläne schmieden*, vermutlich den größeren Anteil der Kollokationen ausmachen und sowohl von Generativisten als auch von Fremdsprachenlernern häufig zu Unrecht ignoriert werden" (vgl. auch Kratochvílová 2011: 98).

Bemerkenswert erscheint ferner, dass man auch bei Gegnern des Frequenzkriteriums Relativierungen bezüglich seiner Tauglichkeit findet. So konstatiert beispielsweise Pöll:

> Frequenzuntersuchungen machen keinen Sinn, wenn die Kollokation die einzige übliche Versprachlichung des Sachverhaltes ist [...], können jedoch interessant sein, wenn mehrere äquivalente Kollokationen für denselben Sachverhalt zur Verfügung stehen [...]. (Pöll 2002: 84)

Wissenschaftler, die mit Erfolg frequenzbasierte Werkzeuge bei Kollokationsuntersuchungen einsetzen, verweisen darauf, dass sich zuweilen bei computergestützter Extraktion von Kollokationskandidaten qualitativ unterschiedliche Resultate ergeben, dies im Zusammenhang mit sprachtypologischen Unterschieden. Während für das Englische mit dem Analyseprogramm „Sketch Engine" Ergebnisse erzielt werden konnten, „die mit der lexikographischen Intuition über Kollokationen [...] relativ gut übereinstimmen" (Heid 2011: 542) und erfolgreiche Untersuchungen auch für das Japanische und Slowenische durchgeführt werden konnten, bereite die Extraktion aus deutschen Korpora mehr Schwierigkeiten (vgl. Heid 2011: 542).[48] Aufgrund des verbreiteten Kasus-Synkretismus

48 Siehe dazu auch Bürki (2012: 278).

im Deutschen, der unterschiedlichen Stellungstypen des Verbs und der relativ freien Wortstellung im Mittelfeld, müssten für das Deutsche „mehr Suchfenster bereitgestellt werden" und zur Erzielung überzeugenderer Kollokationsresultate wäre es erforderlich, dass die deutschen Texte nicht nur mit Lemma- und Wortartangaben, sondern „mit einer tiefen syntaktischen Analyse", d.h. mit morphosyntaktischen Angaben annotiert werden (vgl. Heid 2011: 542f.). Eine solche tiefe Kollokationsextraktion erhöhe nach Heid (2011: 545) „die Präzision der Extraktionsergebnisse." Doch auch Heid verweist auf Fälle, wo die automatische Kollokationseruierung an ihre Grenzen stößt, etwa bei der Untersuchung der pragmatischen Äquivalenz von Kollokationen, wo Detailanalysen der jeweiligen Kontexte erforderlich sind (vgl. Heid 2011: 553f.). Vor diesem Hintergrund erscheint es zwar lohnenswert auf eine computergestützte Analyse bei der Kollokationsermittlung zurückzugreifen: Häcki Buhofer (2011: 508) argumentiert beispielsweise, „dass systematische Korpusanalysen der Standardsprache auf der Basis von Kookkurrenzanalysen viel zusätzliches Material zu Tage fördern." Ähnlich veranschaulicht auch Stubbs eindrucksvoll, dass die starke Routiniertheit des Sprachgebrauchs durch die Korpus-Linguistik ersichtlich wurde und Korpusrecherchen die Extrahierung einer unverhältnismäßig größeren Kombinationsvielfalt ermöglichen, als dies durch Introspektion möglich wäre (vgl. Stubbs 1997: 153 und 159). Gleichzeitig muss man sich aber vor Augen halten, dass mit Hilfe statistischer Untersuchungen ermittelte Wortkombinationen noch keine Kollokationen, sondern lediglich Kookkurrenzen bilden. Als solche sind sie zunächst nur Kollokationskandidaten, d.h. kollokationsverdächtige Kombinationen bzw. potentielle Kollokationen (vgl Irsula Peña 1994: 32). Sie „bilden ein Reservoir für Kollokationen, sind aber nicht samt und sonders Kollokationen in einem lexikogrammatischen normativen oder stilistischen Sinn" (Häcki Buhofer 2011: 510).

In diesem Zusammenhang betonen viele Sprachwissenschaftler, dass Frequenzerhebungen lediglich eine Basis darstellen und einer menschlichen Bearbeitung durch die ‚ordnende Hand des Linguisten' bedürfen (vgl. Steyer/Teubert 1997: 343, Steyer 1998: 100, Feilke 2004: 53, Fiedoruszkow 2010: 61 und Wierzchoń 2010: 123). Auf dieser Untersuchungsstufe muss das sprachliche Selbstbewusstsein, bzw. das phrasematische Gehör zum Einsatz kommen (vgl. Chlebda 2010b: 31, 33, Anm. 37). Ähnlich stellt auch Lüger fest, dass „es wenig sinnvoll erscheint, Kollokationen allein nach statistischen Kriterien, etwa nach der Häufigkeit des Miteinander-Vorkommens zweier Lexeme, zu bestimmen" (Lüger 2004: 49). Insbesondere bei Untersuchungen an (sehr) großen Korpora erscheint die Anwendung statistischer Indizien in der Kollokationsanalyse als unabdingbar. Zugleich könnte damit jedoch auch die Motivation einhergehen, bei der problematischen Trennung zwischen freien und kollokativen Verbindungen die Zahlen sprechen zu lassen. Was sich dabei ergibt, kann sich allerdings zuweilen als Scheinevidenz erweisen, wenn man bedenkt, dass die Frage, wie frequent ein Mehrwortausdruck in einem Korpus sein muss, um als Kollokation klassifiziert zu werden, relativ willkürlich beantwortet wird.[49] Diese Grundfrage wird auch bei Hundt (2005: 23) gestellt:

> Ab welcher Frequenz einer Konstruktion in mündlichen oder geschriebenen Korpora der deutschen Sprache kann man davon ausgehen, dass die Frequenz dieser Konstruktion ein Beweis für ihre Sprachnormhaftigkeit ist? Genügen 5, 50, 500 oder erst 5000 Belege? Diese Frage ist sicherlich nicht letztgültig zu entscheiden. Hier befinden sich Sprachwissenschaftler in derselben Situation wie bei der Frage: Ab welcher Menge an linguistischen Variablenunterschieden kann man von verschiedenen Varietäten (innerhalb einer überdachenden Varietät wie z.B. der deutschen Standardsprache) sprechen?

Darüber hinaus treten nach Heid (2005: 109; Anm. 5) in der einschlägigen Literatur mehr als dreißig statistische Berechnungsformeln für Zweiwortokkurrenzen auf. Sowohl, was das Berechnungsverfahren anbelangt, als auch hinsichtlich der Signifikanzbewertung wiesen sie erhebliche Unterschiede auf. Als unabdingbar erweist sich daher auch die Heranziehung anderer in dem vorliegenden Kapitel genannter Kriterien.

2.3. Fazit

Wie aus den obigen Darlegungen hervorgeht, bilden Kollokationen ein zu komplexes Phänomen, als dass sie mit Hilfe nur einer Kriteriengruppe gegenüber anderen Mehrwortausdrücken überzeugend abgegrenzt und in ihrer Gesamtheit definiert werden könnten. Vielmehr erscheint es notwendig, wie Kratochvílová mit Recht vorschlägt, „dass bei der Erarbeitung einer operationalen Definition der Kollokationsstrukturen, also bei der Suche nach einer passenden Antwort auf die Frage, *was* [eine] Kollokation ist, trotz aller Schwierigkeit alle vorgeschlagenen Kriterien korrelativ in Betracht gezogen werden sollten. Dafür wäre ein integrierter Methodenansatz erforderlich. […] [Notwendig erscheint es], an Kollokation mehrperspektivisch heranzugehen und einen integrierten Methodenansatz zu erarbeiten […]" (Kratochvílová 2011: 97f.; Herv. im Original). Wie Ludweig herausstellt:

---

49 Siehe dazu beispielsweise Quasthoff / Schmidt (2010: 134), wo die Mindestzahl der Kookkurrenzen einmal auf 3, das andere Mal auf 15 festgelegt wird.

> Selbst wenn die Grenze zwischen Kollokationen und freien Wortverbindungen zweifellos unscharf ist, kann sie doch prinzipiell gezogen werden; denn es ist ein essentielles Moment linguistischer Kompetenz, zu wissen, wann die Elemente einer Wortverbindung frei mit anderen kombiniert werden können und wann diese Produktivität blockiert ist. (Ludewig 2005: 136)

In diesem Sinne werden Kollokationen in der vorliegenden Arbeit als ein komplexes Phänomen verstanden, bei deren Bestimmung ein Kriterienbündel heranzuziehen ist. Die Anwendung komplexer Kriterien resultiert daraus, dass Kollokationen mehrere Merkmale zugeschrieben werden, deren Nachweis zum Teil unterschiedlich operationalisiert wird.

Als wesentliche Charakteristika kollokativer Verbindungen seien genannt:

1) *Polylexikalität* – Kollokationen werden als „syntagmatische Wortverbindungen zweier, in seltenen Fällen dreier Autosemantika" verstanden (Gładysz 2003: 48), die allerdings komplexe Kollokationen bilden können und sich etwa zu sog. Tripel-Strukturen verbinden lassen;
2) *Stabilität* – anders als in Cedillo (2004: 69), die bei Kollokationen nur lexikalische Restriktionen voraussetzt,[50] wird in der gegenständlichen Arbeit die Auffassung vertreten, dass Kollokationen einerseits auf lexikalischer Ebene fixiert sind: Die Substituierbarkeit der Kollokationsbestandteile durch Synonyme ist kaum oder beschränkt möglich (vgl. Kratochvílová 2011: 88), andererseits können sie aber auch morphosyntaktischen Einschränkungen unterliegen, indem sie in bestimmten morphosyntaktischen Formen präferiert vorkommen. Als Beispiele dazu lassen sich etwa der artikellose Gebrauch bei *Protokoll schreiben* oder die Pluralverwendung bei *Ermittlungen führen* nennen (vgl. Heid 2005: 98 und 105). Ebenso im Unterschied zu Cedillo (2004: 69), welche die lexikalische Eingeschränktheit von Kollokationen in erster Linie darauf bezieht, dass der Kollokator eine restringierte Substituierbarkeit aufweist, wird das stark eingeschränkte paradigmatische Potential in der vorliegenden Arbeit bei sämtlichen Kollokationsbestandteilen ausgelotet.[51] In Anlehnung an Ludewig wird nämlich bei der Einstufung als Kollokation davon ausgegangen, dass die Kollokationskandidaten nicht isoliert betrachtet werden dürfen, sondern

50 Cedillo konstatiert, dass Kollokationen keine ‚innere' syntaktische Stabilität aufweisen, sondern lediglich eine ‚äußere' (vgl. Cedillo 2004: 40): „Die Stabilität ist bei den Kollokationen eine äußere, pragmatische und auf die Rekurrenz des Miteinandervorkommens in bestimmten kommunikativen Situationen oder Textsorten, für den Ausdruck rekurrenter Sachverhalte, reduziert" (Cedillo 2004: 41).

51 Von einem stark eingeschränkten paradigmatischen Potential als Charakteristikum der Kollokationen ist bei Lutzeier (2007: 34 und 98) die Rede.

darüber hinaus „zusammen mit anderen analog aufgebauten Ausdrücken auf semantische Parallelen zu analysieren und Analogien in ihrer Bedeutungskonstitution aufzudecken [sind]" (Ludewig 2005: 91). Eine hohe Produktivität könnte nämlich den Status freier Wortverbindungen indizieren:

> Je mehr also eine Wortverbindung auch durch andere sprachliche Formen ausgedrückt werden kann, desto weniger Selektionsbeschränkungen wäre sie unterworfen, desto freier würden also ihr Status und ihre Möglichkeit sein, auch mit anderen Kollokationspartnern zu kollokieren. (Steyer 1998: 101f.)

3) *Assoziativität* (vgl. Gładysz 2003: 49), bzw. *Evozierbarkeit* nach Häcki Buhofer (2011: 522), d.h. „eine einseitige, eventuell auch gegenseitige Evozierbarkeit [...], also [die Tatsache, – F.K.] dass ein Ausdruck seinen Kollokationspartner gewissermaßen zwangsläufig fordert, wie es bei [...] *Abhilfe schaffen* oder *Amok laufen* der Fall ist." Damit verbunden ist auch die gegenseitige Voraussagbarkeit bzw. Prädikabilität der Kollokationsbestandteile, die nach Worbs wiederum mit der Stabilität zusammenhängt:

> Ein hoher Grad an Voraussagbarkeit des gemeinsamen Vorkommens zweier Wörter bedeutet hohe Stabilität und bildet eine wesentliche Voraussetzung für Phraseologizität. Je weniger Kollokatoren ein Basiswort hat, desto höher die Wahrscheinlichkeit von Phraseologizität – dies gilt auch für den fachsprachlichen Bereich. (Worbs 1998: 112)

4) *Konventionalität* – Kollokationen stellen Erscheinungen der Sprachnorm dar, bei denen die Restriktionen in der Kombinierbarkeit der sprachlichen Zeichen das Ergebnis der Konventionalisierung sind (vgl. Kratochvílová 2011: 95).
5) *(Halb-)Kompositionalität* – in der vorliegenden Arbeit wird der Standpunkt vertreten, dass zumindest eine Komponente der Kollokation seine Grundbedeutung beibehält.
6) Kollokationen können einzelsprachlich unterschiedlich sein, damit verbunden ist ihre potentielle Unvorhersehbarkeit, Idiosynkrasie und Arbitrarität. Unter heuristischem Aspekt lassen sie sich daher häufig plausibel im zwischensprachlichen Vergleich ermitteln (vgl. Cedillo 2004: 66). Der interlinguale Kontrast kann jedoch insbesondere bei totaler Äquivalenz trügerisch sein. Ferner muss der Kollokation in einer Sprache nicht notwendig eine kollokative Verbindung in einer anderen Sprache entsprechen: „Was in einer Sprache eine Kollokation ist, kann in der anderen Sprache ein Idiom, ein einfaches Verb oder eine freie Kombination sein" (Bischof 2007: 21).

Wie in der obigen Merkmalsauflistung angeklungen sein dürfte, sind einige der darin aufgezählten Merkmale aufs Engste miteinander verbunden. So konstatiert Cedillo:

> Mit der Präferenz, Usualität und Sprachnorm hängt die Unkommutierbarkeit des Kollokators, im Sinn der Nicht-Ersetzbarkeit durch potentielle Synonyme zusammen. Damit wird ein neues Kriterium für Kollokationen ausgearbeitet, das mit dem idiosynkratischen Charakter der Kollokation zu tun hat, insofern es die Sprachnorm ist, welche die Substituierbarkeit der Kollokatoren einschränkt. (Cedillo 2004: 68)

So gesehen werden beim Einsatz der jeweiligen Kriteriengruppen häufig zugleich mehrere Merkmale auf den Prüfstand gestellt:

- semantische Kriterien prüfen die Kompositionalität, Idiosynkrasie und Arbitrarität,
- morphosyntaktische Kriterien – die Stabilität, Polylexikalität und Konventionalität,
- die Belegdichte bzw. statistische Kriterien indizieren Stabilität, Konventionalität und Assoziativität.

Das methodische Herangehen an die Kollokationsermittlung wird detailliert im Kapitel zur methodischen Herangehensweise geschildert (s. Kap. 4).

3. Heranführung an das Untersuchungskorpus

3.1. Rechtshistorische Hintergründe. Rechtsentwicklung in Polen vom 19. bis Anfang des 20. Jahrhunderts

> [...] dank der fortgesetzten Zirkulation der westlichen Modelle vom Anfang des 19. Jahrhunderts bis zum Zweiten Weltkrieg [stehen] alle Rechte Osteuropas den Rechten des kontinentalen Westens viel näher [...] als das *common law* solcher Mitglieder der Europäischen Union und Teilnehmer an der western legal tradition wie Großbritannien und Irland. (Giaro 2003: 138)

3.1.1. Das Recht im altpolnischen Staat

Bis zum Untergang des polnischen Staates 1795 war das alte Polen „ein typisches Land des Gewohnheitsrechts" (Pauli 1984: 1808, vgl. auch Dąbkowski 1910: 41f.). Dieses Recht hatte sich durch langjährige tatsächliche Übung, die von der Rechtsüberzeugung der Beteiligten getragen ist, herausgebildet und war dementsprechend nie vollständig verschriftlicht („gesetzt") worden.[52] Als Gewohnheitsrecht behielt das polnische Landrecht, dessen Teil das Privatrecht war, seinen einheimischen Charakter. Seine Entwicklung wurde auch durch die Rezeption des römischen Rechts in Europa nicht aufgehalten: Das kaiserliche Recht wurde im polnischen Landrecht weder ausdrücklich rezipiert (anders in den Stadtrechten), noch wesentlich infiltriert (vgl. Pauli 1981: 207f., Giaro 2003: 123 und Giaro 2006: 283).[53] Allerdings hat die Beschäftigung mit dem römischen Recht nach Küpper (2005: 274) zu einer Verfeinerung des polnischen Gewohnheitsrechts geführt, wie einige Fachtermini, z.B. die Unterscheidung von *Vorsatz* und *Fahrlässigkeit* sowie *öffentlichem* und *privatem Recht* beweisen, die dadurch Eingang in das polnische Recht gefunden haben. Das römische Recht wurde jedoch – anders als in Deutschland, wo es als subsidiäres Reichsrecht galt (vgl. Küpper 2005: 274) – in Polen zu keiner förmlichen Rechtsquelle.[54] Auch in Altpolen hatte sich neben oder

52 Zu den Versuchen der Rechtsaufzeichnung siehe Küpper (2005: 272f.).

53 Bei einer rechtskulturellen Einteilung Osteuropas in die Gebiete der byzantinischen und der römischen Prägung ordnet Giaro (2003: 124) Polen wie Ostmitteleuropa überhaupt dem römisch beeinflussten Gebiet zu. Ferner verweist er darauf, dass die Rezeption des Napoleonischen Gesetzbuches in Zentralpolen zuweilen als eine teilweise und indirekte Rezeption des römischen Rechts angesehen wird (vgl. Giaro 2003: 133).

54 Zur subsidiären Geltung und Rezeption des gemeinen Rechts (ius commune) in Deutschland, sowie zur Rechtsentwicklung des sog. usus modernus pandectarum siehe auch Olechowski (2010: 132-136) und Gmür (2011: 128f.).

ergänzend zum Gewohnheitsrecht gesetztes Recht entwickelt, das betraf aber zunächst nur die Rechtsausübung des Herrschers und später des Sejms in Ausübung der gesetzgebenden Gewalt, also Verfassungs- und Verwaltungsfragen des Staates und nur im geringeren Maße das Privat-, Straf- und Verfahrensrecht (vgl. Kren 1983: 144 und Pauli 1984: 1808). Außer dem einheimischen polnischen Landrecht waren im alten Polen auch andere Rechtssysteme in Geltung: so das Kirchen-, Stadt- und Dorfrecht sowie die Rechte einzelner gesellschaftlicher und nationaler Gruppen (vgl. Dąbkowski 1910: 43 und Pauli 1984: 1809). Da abgesehen von einigen Landesteilen wie Masowien, Litauen oder Königlich-Preußen, den mehrmaligen Kodifizierungsversuchen eines einheitlichen polnischen Rechts kein Erfolg beschieden war – u.a. lehnten die Magnaten die Kodifikationspläne durchweg ab (vgl. Kren 1983: 148-153) – und es auch zu keinen umfassenden Rechtsreformen gekommen ist, blieb das polnische Gewohnheits-Privatrecht bis gegen Ende des 18. Jahrhunderts in Geltung (vgl. Dąbkowski 1910: 45 und Pauli 1984: 1809).

3.1.2. Rechtsentwicklung nach dem Untergang des altpolnischen Staates

Durch den Niedergang des altpolnischen Staates 1795 wurde die Entwicklung „des nicht kodifizierten und gewohnheitsrechtlich entstehenden und wachsenden, vorwiegend polnischen Zivilrechts" unterbrochen (Radwański 1970: 121). Das heimische polnische Recht und die anderen dort herrschenden Rechtssysteme wurden außer Kraft gesetzt und durch das Recht der Annexionsstaaten Preußen, Österreich und Russland ersetzt (vgl. Pauli 1984: 1811).

3.1.2.1. Rechtsentwicklung in preußisch-deutschen Gebieten

Das an Preußen gefallene polnische Gebiet fand sich unter der Herrschaft der Rechtsordnung dieses Annexionsstaates: Zuerst war dort das Allgemeine Landrecht für die preußischen Staaten (ALR) von 1794 in Geltung, das sowohl das Zivil-, Strafrecht, als auch weite Teile des öffentlichen Rechts in einem Gesetzbuch regelte. Ab der Mitte des 19. Jh. erfuhr die preußische Gesetzgebung eine Modernisierung und es traten andere Gesetzestexte in Kraft: Gewerbeordnung, Wechselordnung, Allgemeines Handelsgesetzbuch, Berggesetz, Strafgesetzbuch, Reichsjustizgesetze und im Jahre 1900 das deutsche Bürgerliche Gesetzbuch, welche schrittweise das ALR ersetzten (vgl. Płaza 2001: 34 und Küpper 2005: 284).

3.1.2.2. Rechtsentwicklung in österreichischen Gebieten

Auf dem Gebiet Polens, das unter österreichische Herrschaft kam, galten die Vorschriften des im Jahre 1811 in Kraft getretenen Allgemeinen Bürgerlichen

Gesetzbuches (vgl. Radwański 1970: 121). Dabei wird häufig der Standpunkt vertreten, dass die Provinz Galizien den Habsburgern als rechtliches Experimentierfeld diente. Vor der Inkraftsetzung des neuen Zivil- sowie Strafrechts, wurden diese Gesetzbücher bzw. deren Vorläuferkodifikationen zunächst probeweise in Galizien eingeführt. 1797 wurde hier das Westgalizische Gesetzbuch als Vorläufer des Allgemeinen Bürgerlichen Gesetzbuches (ABGB) in Kraft gesetzt und 1796 wurde probeweise das Strafgesetzbuch in Galizien eingeführt, bevor es 1803 in Gesamtösterreich Geltung erlangte. Letzteres wurde später durch das StGB aus dem Jahre 1852 ersetzt (vgl. Płaza 2001: 34, Küpper 2005: 282 und Malec 2012: 237).[55]

3.1.2.3. Rechtsentwicklung in russischen Gebieten

Die östlichen Gebiete, die unter die russische Herrschaft gerieten, lebten zunächst, da Russland noch keine eigenen Kodifikationen hatte, nach wie vor unter dem altpolnischen und altlitauischen Recht (vgl. Küpper 2005: 280). Später entstanden in diesen Gebieten (mit Trennung in Zentralpolen und Ostpolen) zwei unterschiedliche Zivilrechtssysteme.

3.1.2.3.1. Zentralpolen

In dem 1807 infolge des Tilsiter Vertrags gegründeten Herzogtum Warschau wurde das Napoleonische Gesetzbuch eingeführt (vgl. Radwański 1970: 121). Rezipiert wurde dort auch das französische Handels- und Zivilprozessrecht sowie das Straf- und Strafprozessrecht (vgl. Pauli 1984: 1811 und Küpper 2005: 285). Zunächst stieß diese Inkraftsetzung zwar auf Widerstand, als jedoch nach dem Wiener Kongress das Herzogtum abgeschafft wurde und der Großteil davon unter dem Namen Königreich Polen, auch Kongresspolen[56] genannt, dem Russischen Kaiserreich zugeschlagen wurde, herrschte die Überzeugung vor, dass

> [...] das französische Recht, eingeführt in den Jahren der nationalen Unabhängigkeitsbewegung unter Auspizien Napoleons, gerade dieser Faktor sei, der die staatliche Besonderheit des Königreichs unterstreiche (Pauli 1982: 2015, vgl. auch Bardach/Leśnodorski/Pietrzak 2005: 418 und Witkowski/Wrzyszcz 2006: 270).

Das Napoleonische Gesetzbuch fand eifrige Verfechter, die u.a. den günstigen Einfluss des französischen Rechts auf die Entwicklung des Landes und die

55 Nach Malec (2011: 34) teilen österreichische Rechtshistoriker diese Auffassung nicht, vielmehr führen sie an, dass es für eine solche Absicht des Gesetzgebers keine Bestätigung in den Quellen gibt.

56 Der Name *Kongresspolen* geht darauf zurück, dass die „Garantie des eigenen polnischen Königreichs innerhalb des russischen Reichs in der Kongreßakte [des Wiener Kongresses – F.K.] enthalten war“ (Küpper 2005: 281).

Modernisierung der Gesellschaftsstruktur betonten, so dass die Außerkraftsetzung der Napoleonischen Gesetzgebung und die von den im Kongresspolen und in der Freien Stadt Krakau gebildeten Kodifikationsausschüssen geplante Ersetzung des französischen Rechts durch eigene Gesetzbücher verworfen wurde und man sich entschloss, nur eine Novellierung des Napoleonischen Gesetzbuches vorzunehmen, aber keine allgemeine Kodifikation des Zivilrechts durchzuführen (vgl. Pauli 1982: 2104-2106 und Kraft 2002: 41).

In den ersten fünfzehn Jahren des Bestehens des Königreichs Polen oblag die Legislative dem Sejm des Königreichs Polen, weshalb dort vom französisch-polnischen Recht die Rede sein kann. Trotz des Sonderstatus des Königreichs Polen versuchten die Zaren auch in Zentralpolen das eigene Recht durchzusetzen und die französische Rechtsordnung aufzuheben. Doch auch nach der Ersetzung des Königreichs Polen durch das Gouvernement des Weichsellandes wurde das russische Recht nicht vollständig eingeführt, und Zentralpolen konnte seine Prägung durch das französische Recht in wesentlichen Teilen – obgleich in russischer Sprache – aufrechterhalten (vgl. Küpper 2005: 287). Im Bereich des Privatrechts wurde nur die Änderung des Ehegesetzes vorgenommen. Im Gegensatz dazu unterlag das Strafrecht einem stärkeren russifizierenden Einfluss: 1847 wurde das polnische Strafrecht aus dem Jahre 1818 an das russische Recht angeglichen; völlig assimiliert an das russische Recht wurde es 1876, „als das russische Strafgesetzbuch von 1866 auf das Königreich Polen ausgedehnt wurde“ (Kraft 2002: 43). Infolgedessen schritt auch die spätere Ersetzung polnischer Richter durch russische im Bereich des Strafrechts schneller voran als beim Zivilrecht, „da die russischen Richter mit dem auf den *Code Napoléon* und auf polnische Kodifikationen zurückgehenden Zivilrecht nicht vertraut waren“ (Kraft 2002: 45). Ebenso blieben die Gemeindegerichte aufgrund des dort geltenden Gewohnheitsrechtes ein Wirkungsfeld polnischer Juristen (vgl. Kraft 2002: 46).

3.1.2.3.2. Ostpolen

In den übrigen östlichen Teilen des ehemaligen polnischen Staates, welche dem russischen Zarenreich unmittelbar einverleibt wurden, blieb der Rechtszustand aus der Zeit vor den Teilungen Polens am längsten erhalten. Das dort geltende II. und III. Litauische Statut sowie das umgewandelte Magdeburger Recht in den dortigen Städten wurde erst nach der Kodifizierung des russischen Rechts in Gestalt des *Svod Zakonov* mit einem Ukas aus dem Jahre 1840 durch die russische Gesetzgebung ersetzt (vgl. Radwański 1970: 121 und Pauli 1982: 2110).

Zur Veranschaulichung der Grenzverschiebungen in Polen des ausgehenden 18. Jahrhunderts und der infolge der Teilungen Polens entstandenen Rechtsgebiete sei auf die folgende Karte verwiesen.

Karte 1: Teilungen Polens

Quelle: www.polnisch-deutsch.de/Geschichte%20bis%201900.htm; Stand vom 24.07.2012, hier ergänzt um die schwarz markierten Grenzen der Zweiten Republik Polen (1918-1945).

Die Folge des Verlustes der Eigenstaatlichkeit und des Oktroyierens fremder Rechtssysteme durch die Annexionsmächte war das Fehlen einer allgemein polnischen Gesetzgebung. An ihrer Stelle gab es lediglich Gesetzgebungen der halb souveränen polnischen Staatsgebilde, die in der ersten Hälfte des 19. Jahrhunderts vorübergehend in Teilen des ehemaligen Polens bestanden, namentlich das Herzogtum Warschau (1807-1815), das Königreich Polen (1815-1830) und die Freie Stadt Krakau (1815-1846). Es handelte sich dabei jedoch eher um Einzelgesetze, die beschlossen wurden (vgl. Pauli 1982: 2102 und Bardach/Leśnodorski/Pietrzak 2005: 418f.). 1818 wurde in Kongresspolen das polnische „Recht des Eigentums an Liegenschaften, Privilegien und Hypotheken" eingeführt, ebenso 1818 verabschiedete der Sejm Kongresspolens das Strafende Gesetzbuch des Königreichs Polen (vgl. Geilke 1963: 108 und Witkowski/Wrzyszcz 2006: 271, 273). 1825 wurde das Familien- und Personenrecht – sprich das erste Buch des Napoleonischen Zivilgesetzbuches, sowie die Titel V und XVIII des dritten Buches des Code Civil Napoléon durch das erste Buch des Zivilgesetzbuches für das Königreich Polen ersetzt, 1836 wurde das Eherecht in Kraft gesetzt (vgl. Korkisch 1940: 128f., Geilke 1963: 108 und Giaro 2006: 311), welches nach Pauli (1982: 2120) „das einzige Ergebnis der Petersburger Kodifikationsarbeiten [war – F.K.], welches größere

Bedeutung erlangte."[57] Mit Ausnahme dieses Ehegesetzes blieb das polnische Zivilrecht in Zentralpolen, welches auf Code Napoléon zurückging, von der zunehmenden Russifizierungspolitik unangetastet (vgl. Kraft 2002: 42).

3.1.3. Rechtsentwicklung in der Zwischenkriegszeit

Das 1918 wiedererstandene Polen stand vor einer großen Herausforderung. Auf dem Gebiet des neuen unabhängigen polnischen Staates herrschten Gesetze, die fünf verschiedenen Zivilrechtssystemen angehörten (vgl. Freund 1932/1933: 530 und Radwański 1970: 122). In den südlichen Gebieten galt das österreichische Allgemeine Bürgerliche Gesetzbuch, im Westen das deutsche Bürgerliche Gesetzbuch (BGB), Napoleons Gesetzbuch im Zentralgebiet, das russische Recht in den östlichen Gebieten. Auf einem kleinen südlichen Gebiet, in einigen Dörfern in Zips und Arwa (Orava) war das ungarische Zivilrecht in Kraft, bis es 1922, mit Ausnahme des Eherechts, durch das österreichische ersetzt wurde (vgl. Parczewski 1925: 32, Korkisch 1939: 852f., Slapnicka 1973: 15, Pauli 1982: 2109, Poczobut 1999: 75, Witkowski/Wrzyszcz 2007: 266 und Malec 2011: 38).

Ein ähnliches Mosaik bestand auch auf anderen Rechtsgebieten. Wie Giaro (2006: 290) hervorhebt, umfasste der „Transfer rechtlicher Rechtsmodelle nach Osteuropa, der im langen 19. Jahrhundert stattgefunden hatte, [...] gleichwohl nicht nur das Privatrecht, sondern auch das Verfassungs-, Verwaltungs- und Strafrecht inklusive der entsprechenden Prozessordnungen", so dass es etwa im Strafrecht in der Zweiten Republik Polen eine Rechtszersplitterung in drei Systeme gab: russisches Strafrecht in zentralen und östlichen Teilen der Zweiten Republik Polen, deutsches Recht in deren westlichen Teilen und österreichisches Recht im Süden (vgl. Górnicki 2000: 69). Giaro (2006: 303) spricht in diesem Zusammenhang von „Polen als Tummelplatz diverser fremder Rechte". Dabei spielten ihm zufolge die westlichen Rechtsysteme eine wichtigere Rolle bei der Neuregelung des Rechts in Polen:

> Erst in der Zwischenkriegszeit wurde aber Polen angesichts der Pluralität seiner Rechtsordnungen zu einem regelrechten Schmelztiegel der okzidentalen Traditionen, da bei deren Vereinheitlichung weder der Svod Zakonov, der vor allem unter der Devise der »Liquidation des russischen Regimes« erwähnt wurde, noch das definitiv überholte altpolnische Recht eine Rolle spielte. (Giaro 2006: 319)

57 Nach dem fehlgeschlagenen Novemberaufstand wurde der polnische Sejm abgeschafft. An Stelle der Verfassung trat der Organische Statut, der die Rechte der Polen einschränkte. Einer Kommission in Petersburg kam die Aufgabe der Unifizierung des polnischen Rechts mit dem russischen zu (vgl. Kraft 2002: 42).

Das Mosaik der unterschiedlichen Rechtsgebiete veranschaulicht die nachstehende Karte.

Karte 2: Die Rechtsgebiete Polens

(Quelle: Slapnicka 1973: 82f.)

Österreichisches Rechtsgebiet:

Galizien,
Teschener Schlesien
(vom 1. Oktober 1938 bis 26. Oktober 1939 auch das Olsa-Gebiet [Zaolzie], die Bezirke Tschechisch-Teschen [Český Těšín] und Freistadt [Fryštát] und angrenzende Gebiete).

Deutsches Rechtsgebiet:
- Westpreußen,
- Posen,
- Ostoberschlesien.

Französisches Rechtsgebiet:
- „Kongreßpolen" (Wojewodschaften Warschau, Kielce, Lodz, Lublin, Teile der Wojewodschaft Białystok).

Russisches Rechtsgebiet:
- Ostpolen (Wolhynien, Polesien, Wilnagebiet usw.).

Ungarisches Rechtsgebiet:
- Ober-Zips (Spis, Spisz),
- Arwa (Orava, Orawa).

Nach der Wiedererlangung der Unabhängigkeit erschien die Aufrechterhaltung und Kontinuität der von den fremden Mächten geerbten Rechtsnormen zunächst als die beste Lösung. Grundsätzlich wurde die vorgefundene Gesetzgebung vorerst in Kraft belassen, es sei denn, sie verstieß gegen die Grundsätze des entstehenden neuen polnischen Staates – antipolnische und antidemokratische Vorschriften wurden demgemäß aufgehoben (vgl. Geilke 1963: 105, Płaza 2001: 33 und Witkowski/Wrzyszcz 2007: 266).

Da jedoch die Beibehaltung der Gesetzgebung als ein Überbleibsel der Fremdherrschaft angesehen wurde, war sie kaum mit der Schaffung eines voll unabhängigen polnischen Staates in Einklang zu bringen. Vielmehr sollte die Beibehaltung der bisherigen fremden Rechtsordnungen nur einen vorläufigen Charakter haben. Dem Fehlen eines einheitlichen Rechts sollte die bereits 1919 ins Leben gerufene Kodifikationskommission abhelfen (vgl. Radwański 1970: 122). Diese war ein polnisches Spezifikum, da man nach dem Ersten Weltkrieg sowohl im damaligen Jugoslawien, als auch in der damaligen Tschechoslowakei den Geltungsbereich des ABGB auf das ganze Staatsgebiet auszuweiten suchte (vgl. Dziadzio 2001: 501-503 und Górnicki 2005: 57f.). Auch in anderen nach dem Ersten Weltkrieg gegründeten ostmitteleuropäischen Staaten, wie Estland, Litauen und Lettland konnte die Gesetzgebung entweder auf neue Territorien ausgedehnt oder dem Recht der neu besetzten Gebiete angepasst werden (vgl. Grodziski 2000: 21 und Witkowski/Wrzyszcz 2007: 268f.). Die Konstellation Polens war in dieser Hinsicht schwieriger (vgl. Sójka-Zielińska 2000: 36). Wie Geilke (1963: 105) heraushob, war Polen „in der mißlichen Lage, kein ausdehnungsfähiges ‚eigenes' Recht zu besitzen." Zwar wurde die Möglichkeit, eines der Gesetzbücher der Teilungsmächte auf das Gebiet des gesamten Staates auszuweiten, zunächst als eines der alternativen Konzepte der Vereinheitlichung und Kodifizierung des Rechts erwogen, ihre Anhänger plädierten unter anderem dafür, das im ehemaligen Kongresspolen geltende französisch-polnische

Zivilrecht auf den ganzen Staat auszuweiten, doch löste das einen heftigen Widerspruch bei den Juristen aus, die an das deutsche Recht gewohnt waren (vgl. Parczewski 1925: 1, 67 und Górnicki 2000: 73). Letztendlich scheiterten diese Ideen, was als große Errungenschaft der damaligen Zeit gilt (vgl. Grodziski 2000: 25). Nach Kraft (2002: 84) „[besaß] keiner der einzelnen Landesteile [...] ein solches Übergewicht, daß sein Recht als gesamtstaatliche Ordnung allgemeine Akzeptanz gefunden hätte". Den Tätigkeitsberichten der Kodifikationskommission ist zu entnehmen, dass die Bewohner der jeweiligen Bezirke Polens die fremden Rechtsordnungen bei deren Einführung stark ablehnten. Im Laufe der Zeit haben sie sich jedoch an das aufgezwungene Recht gewöhnt:

> Den Kongresspolen ist das französische Recht lieb geworden, die Kleinpolen denken, dass das österreichische Gesetzbuch, insbesondere das in den Jahren 1914-1916 novellierte, ein vollkommenes Werk sei, der gleichen Meinung über das BGB sind die Bewohner der westlichen Gebiete, sogar unter den Polen, bei denen die russische Gesetzsammlung gilt, entfacht starker Widerstand bei dem Gedanken, dort das französische Gesetzbuch einzuführen. (KKRP 1930: 17-18; übers. von F.K.)

Sójka-Zielińska (2000: 37) spricht in diesem Zusammenhang von einer ‚Teilungspsychologie' (*psychologia zaborów*), die sie als einen besonderen Territorialpatriotismus betrachtet (vgl. auch Płaza 2001: 40). Angesichts dessen behaupten die Rechtshistoriker, dass sowohl die Eventualität der Ausweitung eines aus der Teilungszeit geerbten Rechtssysteme auf das ganze Staatsgebiet, als auch die Kompilation der verschiedenen geltenden Systeme am häufigsten aus Prestigegründen für den polnischen Staat abgelehnt wurde (vgl. Lityński 2000: 136f. und Lityński 2001: 8f.). Wollte man eines der Rechtssysteme rezipieren und auf das ganze Staatsgebiet ausweiten, so wäre damit ein Bezirk gegenüber anderen privilegiert (vgl. Górnicki 2000: 71, Płaza 2001: 35 und Witkowski/Wrzyszcz 2007: 267). Infolge dessen entschloss man sich das von der Teilungszeit geerbte rechtliche Mosaik nicht durch den sprichwörtlichen Federstrich des Gesetzgebers abzuschaffen (vgl. Dziadzio 2010: 1167), sondern zeitweise sämtliche bislang geltende Systeme aufrechtzuerhalten, allerdings nicht als fremdes Recht, sondern als polnisches Territorialrecht, und sie stufenweise durch vereinheitlichtes, kodifiziertes polnisches Recht zu ersetzen (vgl. Malec 2011: 38). Da die Anwendung und Abgrenzung dieser diversen Rechtsordnungen enorme Schwierigkeiten bereitete, wurde bereits 1926 das interterritoriale bzw. interprovinzielle Privatrecht verabschiedet, das Kollisionsnormen regelte und bis zur Vereinheitlichung des Zivilrechts in Polen dienen sollte (vgl. Poczobut 1999: 76).

Bei der ehrgeizigen Aufgabe, ein völlig neues, originelles, einheitliches polnisches Rechtssystem zu kodifizieren, beschränkte man sich nicht nur auf eine Untersuchung der geltenden Territorialrechte, sondern man griff bei den breit angelegten Vergleichsanalysen auch auf schweizerische, französische, spanische, serbische, skandinavische, rumänische und sogar japanische Gesetzgebungen zurück (vgl. Dziadzio 2001: 509 und Płaza 2001: 51).

Das Programm der stufenweisen Unifikation und der anschließenden Kodifikation einzelner Rechtsgebiete konnte allerdings nur zum Teil verwirklicht werden (vgl. Radwański 1970: 122). Ob die Unifikation in einem Rechtsgebiet erfolgreich war, darüber entschied nach Radwański zum einen der Druck kapitalistischer Kreise, die in bestimmten Rechtsbereichen ein besonderes Interesse an einer einheitlichen und klaren Regelung bekundeten und zum anderen das Fehlen von großen Unterschieden zwischen den Rechtsnormen in den jeweiligen polnischen Teilgebieten (vgl. Radwański 1970: 128). Zu Kodifikationswerken, die in der Zwischenkriegszeit abgeschlossen wurden, zählen: das Obligationenrecht (1933), das Handelsgesetzbuch (1934), Gesetz über die Bekämpfung des unlauteren Wettbewerbs (1926), das Wechsel- und Scheckrecht (1924), Gesetz über den Schutz von Erfindungen, Mustern und Warenzeichen (1924), Gesetz über das Urheberrecht (1926), internationales und interterritoriales Privatrecht (1926), das Strafverfahrensgesetzbuch (1929), das Strafgesetzbuch (1932) und das Zivilverfahrensrecht (1933). Die Arbeiten an dem materiellen Zivilrecht, bei dem die größten Unterschiede zwischen den unterschiedlichen Rechtsordnungen Polens gegeben waren, wurden durch den Ausbruch des Zweiten Weltkrieges unterbrochen, doch knüpfte man nach dem Kriegsende an die Vorleistungen der Kodifikationskommission an, dies aus ideologischen Gründen jedoch nicht direkt einräumend (vgl. Grodziski 1985: 299, Witkowski/Wrzyszcz 2007: 270 und Malec 2011: 38f.). In zwei Jahren nach dem Zweiten Weltkrieg vereinheitlichte man in Dekretform den bisher fehlenden Teil des polnischen Zivilrechts: das Personenrecht, Eherecht, Personenstandsrecht, Familienrecht, Vormundschaftsrecht, Ehegüterrecht, Erbrecht, Sachenrecht und die allgemeinen Vorschriften des Zivilrechts (vgl. Geilke 1963: 170 und Poczobut 1999: 77). Die vorbereiteten Entwürfe entsprachen jedoch nicht den Vorstellungen der damaligen Regierenden, „die eine verstärkte ‚ideologische Kodifizierung' unter Anlehnung an sowjetische Gesetzesnormen verlangten" (Geilke 1963: 171). Im Zuge der Reform des sozialistischen Staates durch die Ereignisse des „polnischen Oktober" 1956 wurde erneut eine Kodifikationskommission errichtet, die weitere Zivilrechtsentwürfe vorbereitet hat. 1964 wurde dann eine überarbeitete Fassung des Zivilgesetzbuches zusammen mit einem getrennt kodifizierten Familien- und Vormundschaftsbuch vom polnischen Parlament verabschiedet (vgl. Geilke 1963: 171 und Poczobut 1999: 77f.). Diese aus dem sowjetischen Muster rührende Trennung des Familien- und Vormundschaftsgesetzbuches vom Zivilgesetzbuch wurde bis heute aufrechterhalten (vgl. Lityński 2000: 151-153).

3.1.4. Fazit

Die im 19. Jahrhundert in Polen (und in anderen mittelosteuropäischen Gebieten) erfolgten Rechtstransfers betrachtet Giaro (2006: 309) als „Episoden eines ganz Osteuropa erfassenden okzidentalisierenden Systemwechsels". Infolge dessen wurde dort die kapitalistische Wirtschaft eingeführt, anstelle der kollektivistischen Lebens- und Produktionsweise traten die Kernfamilie und die Marktwirtschaft. Geschriebenes Recht ersetzte die territorial unterschiedlichen Gewohnheitsrechte (vgl. Giaro 2006: 315). Manche Rechtshistoriker betonen zudem,

> [...] dass trotz der Teilungen Polens dessen Territorien bis zum ersten Weltkrieg von den positiven Wandlungen des damaligen Europa nicht ausgeschlossen waren. Auf verschiedenen Wegen und zu unterschiedlichen Zeiten drangen fortschrittliche Ideen und konkrete, für die moderne Verwaltung charakteristische Lösungen in die polnischen Gebiete vor. In der Praxis funktionierten hier die wichtigsten rechtsstaatlichen Institutionen, die eine feste Grundlage für den Bau eines effizienten Staatsapparats im unabhängigen Polen nach 1918 bilden konnten. (Witkowski/Wrzyszcz 2006: 266)

Eine ähnliche Ansicht vertritt diesbezüglich Kraft (2002: 5):

> Die Teilungszeit bedeutete nicht nur Stagnation, sondern stellte durch die zum Teil fortschrittlichen Gesetzeswerke, die durch die Teilungsmächte eingeführt wurden, den Anschluß an gemeineuropäische Rechtsentwicklungen dar, der bis zur Frühen Neuzeit ohnehin bestanden hatte.

Während Poczobut (1999: 90) das polnische Zivilrecht, das zahlreiche und tiefe Umwandlungen erfahren hat, vor allem dadurch charakterisiert, dass es „eine bestimmte Kontinuität gewahrt hat", polemisiert Giaro mit dieser Auffassung, indem er behauptet:

> Selbstverständlich war die realsozialistische Modernisierungsdiktatur noch weniger daran interessiert, an altpolnische Traditionen des 18. Jahrhunderts anzuknüpfen. [...] Demzufolge gibt es aktuell kein urwüchsiges polnisches Privatrecht. Polnisch ist an dieser Mischung von westlichen Rechtsmodellen lediglich die Zusammenstellung der Zutaten. Bereits in den 70er Jahren des 20. Jahrhunderts wurde der aus dem Schuldrecht von 1933 (Art. 599-609) übernommene Vertrag der Leibrente (Art. 908-916 ZGB) als der einzige Vertrag im polnischen ZGB identifiziert, dem man tiefe Wurzeln in der polnischen Gesellschaft bescheinigen dürfe. (Giaro 2006: 327)

Ähnlich vertritt Kraft den Standpunkt, dass „die Rechtsordnungen der ehemaligen Teilungsmächte zur wichtigen Grundlage bei der Erarbeitung neuer polnischer Gesetzeswerke wurden, [...] [wohingegen] die Rezeption des polnischen Rechts der Vorteilungszeit von eher symbolischer Bedeutung [war]" (Kraft 2002: 108).

Witkowski und Wrzyszcz (2007: 270f.) teilen zwar die Auffassung von den unbestreitbaren Errungenschaften des polnischen Gesetzgebers in der

Zwischenkriegszeit, vielerorts wird auch unterstrichen, dass die Gesetzgebung der Zwischenkriegszeit eben keine „einfache Kompilation verschiedener Vorschriften […] [sei, sondern] der Versuch aus allen diesen Vorschriften eine neue Einheit zu schaffen" (Korkisch 1940: 138f.), zugleich betonen sie jedoch, dass dieses Recht dem europäischen Gedankengut entsprang „und […] mehr auf modernen Konzepten als auf altpolnischen Rechtstraditionen [beruhte]" (Witkowski/Wrzyszcz 2007: 271). Ihres Erachtens war das altpolnische Recht aus der Zeit vor den Teilungen Polens inhaltlich nämlich völlig überholt und nicht wiederherstellbar (vgl. Witkowski/Wrzyszcz 2007: 266). Teilweise postulierte man jedoch zumindest die Wiedereinführung der altpolnischen Terminologie (vgl. Płaza 2001: 35). Analog betrachtet es auch Freund, der die polnische Rechtsschöpfung für westeuropäisch erachtet. Das nach dem Ersten Weltkrieg beschlossene Recht habe nicht an die völkische Vergangenheit geknüpft und sei in dem Sinne traditionslos gewesen. Vielmehr habe es der territorialen Gebundenheit entbehrt und sei auch in der Hinsicht modern gewesen, dass es genauso gut in irgendeinem anderen europäischen Staat hätte verabschiedet werden können (vgl. Freund 1932/1933: 530f.).

Da Giaro (2006: 299f.) zufolge jeder Rechtstransfer und so auch die Rezeption der fremden Rechtsordnungen in den Gebieten des untergegangenen Polens im 19. Jahrhundert „Adaptationen [bewirkt – F.K.], und zwar sowohl des rezipierten als auch des einheimischen Rechts, das selbst in seinen nicht direkt betroffenen Sektoren zwangsläufig einer Umdeutung […] unterliegt", sei in dieser Arbeit der Einfluss der rezipierten Rechtssysteme im Bereich des Zivilrechts auf die polnische Rechtssprache zu untersuchen.

3.2. Einfluss des deutsch(sprachig)en Rechts in Polen in den Jahren 1919-1939

> […] das polnische Recht [enthält] auch heute viele Elemente des sozusagen gemeineuropäischen Rechts […] (Schnur 1985: 22)

Der besondere Charakter der deutsch-polnischen Rechtsbeziehungen resultiert aus der „Geschichte der Beziehungen zwischen dem deutschen und dem polnischen Recht, zwischen der deutschen und der polnischen Rechtswissenschaft" (Schnur 1985: 6). Durch die Aufteilungen Polens unter Preußen, Russland und der Habsburger Monarchie kam es 1795 zum Untergang des polnischen Gemeinwesens, woraufhin in den jeweiligen Teilungsgebieten „die Rechtsangleichung an ihr nationales Recht betrieben" wurde (Schnur 1985: 6).

Nach dem Ende des Ersten Weltkrieges übernahm das wiedererstandene Polen die Rechtsbestände seiner Territorien. Damit galten in den einzelnen Teilen Polens deutsche, österreichische, französische, russische und in einem kleinen Teil ungarische Rechtsvorschriften vorerst fort (vgl. Schnur 1985: 12f., Kraft 2002: 75-77, Malec 2011: 38). Die Anwendung der übernommenen Rechtssysteme stand im Zusammenhang damit, wie viele Juristen in den Dienst des polnischen Staates traten und wer mit der Ausbildung des Nachwuchses nun im polnischen Recht betraut werden konnte (vgl. Schnur 1985: 13f.). Im damaligen Westpolen konnte der neue Staat in dieser Hinsicht nicht auf viele Juristen zurückgreifen. Daher kamen einige Vertreter des juristischen Berufsstandes aus dem österreichischen Galizien nach Westpolen, die ebenso des Deutschen mächtig waren und sich leicht in das hier geltende ehemals deutsche Recht einarbeiten konnten. Auch an den Rechtsfakultäten in Warschau und Posen mussten Rechtslehrer herangezogen werden, die im österreichischen Galizien studiert hatten, darunter als einer der ersten Prof. Zygmunt Lisowski, der Übersetzer der 2. amtlichen Fassung des BGB ins Polnische aus dem Jahre 1933 (vgl. Schnur 1985: 14). Der neue polnische Staat war, so Schnur (1985: 15), „anfangs weithin auf Juristen angewiesen [...], die ihre Ausbildung entweder im österreichischen oder im deutschen Recht genossen hatten." Auch in der Kodifikationskommission war zunächst vor allem die Stellung der aus Galizien stammenden Juristen stark, weil es nur dort möglich war, Rechtswissenschaft an polnischen Universitäten zu studieren. Daher verfügten auch nur sie über eine polnische Rechtsterminologie und demzufolge waren viele Krakauer und Lemberger Universitätsprofessoren Mitglieder der Kodifikationskommission (vgl. Kraft 2002: 93). In dem wiederentstandenen Polen habe man nämlich noch nicht über Ausdrücke für viele moderne Rechtsfiguren verfügt, wie Schnur (1985: 15) ausführt:

> Zwar hatte man neuere Rechtsfiguren des Rechtes der Annektionsmächte [sic] ins Polnische übersetzt, doch waren das in der Regel individuelle, kaum koordinierte Vorgänge. Darauf konnten sich die Kodifikationen im neuen polnischen Staat nur wenig stützen. Die gewissermaßen amtliche Prägung von neuen Rechtsbegriffen in der polnischen Sprache war deshalb unumgänglich. Diese schwierige Aufgabe wurde gelöst, indem man sich vornehmlich an der deutschen Rechtssprache orientierte, sei es an der des deutschen, sei es an derjenigen des österreichischen Rechts bzw. des schweizerischen.

Zum ersten Präsidenten der Kodifikationskommission wurde der Krakauer Professor Franciszek Ksawery Fierich, allerdings vertraten die Mitglieder der Kommission sämtliche Teilrechtsordnungen (vgl. Płaza 2001: 37 und Malec 2012: 244).

3.2.1. Einfluss des deutsch(sprachig)en Rechts auf die gesamte polnische Gesetzgebung in den Jahren 1919-1939

Alsbald nach der Wiederentstehung des polnischen Staates wurde eine Vereinheitlichung des übernommenen Rechts in die Wege geleitet. Bis zum Ausbruch des Zweiten Weltkriegs konnte die insgesamt anstehende Arbeit jedoch nicht bewältigt werden. Auch wenn man sich bei der Wahl des Kodifikationsweges weder zur Rezeption noch zur Kompilation der „geerbten" Rechtssysteme, sondern zur Schaffung eines völlig neuen, originellen polnischen Rechtssystems entschlossen hat – den Mitgliedern der Kodifikationskommission war es bewusst, dass eine reine Kompilation auch der besten Rechtsordnungen zur Schaffung einer Gesetzgebung führen würde, die bereits beim Inkrafttreten veraltet wäre (vgl. Malec 2011: 41) – dennoch wird bei den Kodifizierungen einzelner Rechtsbereiche in der Literatur oft auf Hauptbeeinflussungsquellen verwiesen.

Nach Schnur (1985: 17) orientierte sich das neue Strafgesetzbuch aus dem Jahre 1932 am schweizerischen Strafrecht, auch wenn zunächst eine Ausdehnung des russischen Strafgesetzbuches erwogen wurde (vgl. KKRP 1929: 374). Die Zivilprozessordnung aus dem Jahre 1930 und die Exekutionsordnung von 1932 stütze sich auf die österreichische ZPO,[58] wohingegen das Anwaltsgesetz aus dem Jahre 1932, die Notariatsordnung von 1933, das Aktiengesetz aus dem Jahre 1928 sowie das Handelsrecht und das Konkursrecht von 1934 sich stärker an das deutsche Recht anlehnten. In dem Handelsgesetzbuch seien nach Pauli (1984: 1812) die „Einflüsse des deutschen Rechts [...] besonders [...] sichtbar". Korkisch, der den Einfluss deutscher Rechtsgedanken in fast allen zwischenkriegszeitlichen Gesetzen Polens „meist [...] auch in sehr ausgedehntem Maße" (Korkisch 1940: 139) sehen will, behauptet hinsichtlich des polnischen Handelsgesetzbuches:

> Das Vorbild des deutschen Handelsgesetzbuches tritt bei einer Überprüfung des polnischen Gesetzbuches deutlich in Erscheinung, so stark, daß es kaum möglich ist, in wesentlichen Punkten Abweichungen festzustellen. (Korkisch 1940: 140)

Ein deutscher Einfluss sei darüber hinaus im Militärstrafrecht zu finden. Das deutsche Gesetz von 1872 habe nämlich „als Vorbild des ersten polnischen Militärstrafgesetzbuches von 1920 gedient" (Pauli 1984: 1812). Bei der Vereinheitlichung des Obligationenrechts im Jahre 1933 habe man sich vorwiegend auf das schweizerische Vorbild gestützt (s. Radwański 1970: 123). Der Einfluss des österreichischen Rechts sei hingegen in der polnischen Gewerbeordnung von 1927 und insbesondere im Verwaltungsverfahrensrecht sowie in der Verwaltungsgerichtsbarkeit erkennbar (vgl. Schnur 1985: 17f. und Giaro

58 In Bezug auf den Einfluss der deutschen Wissenschaft auf die polnische Zivilprozessordnung nennt Sawczuk (1991: 289) die Tatsache, dass die ZPO auf der Grundlage der Bülow'schen Theorie des Prozessverhältnisses (herausgearbeitet in dem Werk „Die Lehre von den Prozeßeinreden und Prozeßvoraussetzungen") aufgebaut wurde, deren Anhänger der Präsident der Kodifikationskommission, Prof. Ksawery Fierich, war.

2003:138). Das 1928 in Polen in Kraft getretene Verwaltungsverfahrensgesetz wiese, so Slapnicka (1973: 36), ähnlich wie die in der gleichen Zeit verabschiedeten Gesetze in der damaligen Tschechoslowakei und Jugoslawien, „eine weitgehende, zum Teil wörtliche Übereinstimmung" mit dem österreichischen Verwaltungsverfahrensrecht auf. Das österreichische Recht habe in der Zwischenkriegszeit als Vorbild für die Organisation der Verwaltungsgerichtsbarkeit gedient, das polnische Gesetz über den Obersten Verwaltungsgerichtshof (*Wyższy Trybunał Administracyjny*) aus dem Jahre 1922 sei geradezu eine Übersetzung des redigierten österreichischen Gesetzes aus dem Jahre 1875 gewesen, auch der Staatsgerichtshof sei an österreichische Lösungen angelehnt worden. Darüber hinaus wird auf Beeinflussungen bei der Organisation der Geschworenengerichte sowie der Zivilprozessordnung durch das österreichische Recht hingewiesen (vgl. Dziadzio 2001: 509 und Malec 2011: 31). Auch wenn die Beeinflussungsquellen der oben genannten in der Zwischenkriegszeit erlassenen Gesetzestexte differieren, verweist Slapnicka (1973: 57) darauf, dass an vielen von ihnen Rechtsgelehrte mitgewirkt haben, die dem österreichischen Teil des ehemaligen Polens entstammten, sie aber dennoch häufig andere Rechtsvorbilder als die österreichischen forcierten. Kraft (2002: 94) bemerkt dazu:

> Die aus dem ehemaligen österreichischen Teilungsgebiet stammenden Kommissionmitglieder waren jedoch weit davon entfernt, aus den oben genannten Gründen [Kenntnis der polnischen Rechtsterminologie, praktische Erfahrung in der Rechtsumsetzung – F.K.] ihre juridischen Erfahrungen als die den polnischen Rechtstraditionen am nächsten stehenden anzusehen und sie zum Maß der zu kodifizierenden Gesetzbücher zu machen.

So habe zwar der namhafte Krakauer Professor Fryderyk Zoll in seinem Entwurf des polnischen Gesetzes über das internationale und interlokale Privatrecht an die 1912 im Wiener Justizministerium ausgearbeitete Gesetzesvorlage über das internationale Privatrecht anknüpfen können (vgl. Korkisch 1940: 134), darüber hinaus verfasste er jedoch den Entwurf eines polnischen Gesetzes zur Bekämpfung des unlauteren Wettbewerbs, das entsprechend dem oben Dargelegten, sich stärker an dem deutschen Recht orientierte. Ebenso richtete sich das neue polnische Strafrecht nicht nach dem österreichischen Recht, auch wenn „der Schöpfer des polnischen Strafgesetzbuches von 1932" (Slapnicka 1973: 57), Juljusz Makarewicz, Strafrechtsprofessor an der Universität Lemberg war. An der Verfassung des Obligationenrechts, das stärker dem schweizerischem Muster folgte, waren ebenfalls Krakauer und Lemberger Professoren maßgebend beteiligt: Władysław Leopold Jaworski, Ernst Till und Longchams de Bérier. Eine gleichermaßen bedeutende Rolle haben die Professoren der

Jagiellonen-Universität, Antoni Górski und Stanisław Wróblewski, bei der Kodifizierung des Handelsrechts gespielt, das stark an das deutsche Recht anknüpfte (vgl. Slapnicka 1973: 57f.). Hierbei muss zusätzlich darauf hingewiesen werden, dass die Kommissionsmitglieder nicht nur mit den ausländischen Rechtsordnungen in den jeweiligen Teilungsgebieten in Kontakt waren, sondern insbesondere was die Universitätsprofessoren anbelangt, langjährige Auslandsaufenthalte vorweisen konnten, bei denen sie sich mit den jeweiligen Rechtssystemen und -terminologien vertraut machen konnten (vgl. Kraft 2002: 96). Während der Kodifikationsarbeit nutzten sie ihre Auslandserfahrungen auch dazu, die Resonanz der internationalen Fachwelt auf die polnischen Entwürfe zu beobachten und darauf dann Rücksicht zu nehmen (vgl. Płaza 2001: 37, Kraft 2002: 98).

3.2.2. Einfluss des deutsch(sprachig)en Rechts auf das polnische Zivilrecht

Das polnische Privatrecht, welches man in der Zwischenkriegszeit zu kodifizieren begann, konnte aufgrund der Komplexität, des Umfangs und zahlreicher Unterschiede zwischen den einzelnen Systemen in der Zwischenkriegszeit nicht vollständig vereinheitlicht werden.

Zum zehnjährigen Bestehen der Kodifikationskommission erstattete Prof. Rappaport, der Generalsekretär der Kommission, einen Tätigkeitsbericht, indem er unter anderem die Vor- und Nachteile der einzelnen Teilrechtsordnungen gegeneinander stellte. Im Bereich des Zivilrechts charakterisierte er das deutsche Recht zwar als fremd und den polnischen Gewohnheiten widerstrebend, er hob jedoch gleichzeitig dessen Modernität und gesetzgeberische Technik heraus. Demgegenüber sei das österreichische Recht veraltet, es habe jedoch durch die Rechtsprechung eine Modernisierung erfahren. Das russische Zivilrecht sei im Verhältnis zu allen anderen Rechtsordnungen der Teilgebiete das rückständigste, entspreche jedoch am ehesten den dortigen Lebensverhältnissen. Das im ehemaligen Königreich Polen geltende französische Zivilrecht wurde zwar von den Polen als Bindeglied zum westlichen Europa geschätzt, doch habe es den Nachteil, dass es ein ganzes Jahrhundert lang nicht modernisiert wurde; der Grund dafür war die Befürchtung, dies könne als Vorwand zur Einführung des russischen Rechts dienen (vgl. KKRP 1929: 374).[59] So ausgewogen das Ergebnis dieses Vergleichs war, so stellt die nach dem Zweiten Weltkrieg abgeschlossene

59 Zu Gründen, die dazu führten, dass das Konzept der Rezeption einer der Teilrechtsordnungen verworfen wurde, siehe auch Freund (1932/1933: 536f.).

polnische Zivilgesetzgebung nach Pyziak-Szafnicka u.a. (2006: 41) ein Mosaik von Entscheidungen unterschiedlicher Provenienz dar, wobei die deutsche Wissenschaft als eine der wichtigeren Inspirationsquellen dabei gelten dürfte. Nach Malec (2011: 41) wurde das ABGB bei der Kodifikationsarbeit nie als einfaches Rezeptionsmuster behandelt, sondern vielmehr den anderen in den einzelnen Teilen Polens in der Zwischenkriegszeit geltenden Zivilrechtssystemen gleichgestellt. Ähnlich konstatieren auch Pyziak-Szafnicka u.a. (2006: 41), dass der Einfluss des deutschen Rechts nicht auf Direktübernahmen der Vorschriften des Bürgerlichen Gesetzbuches beruhte, vielmehr sei damit das Eindringen von deutschen Theorien und Konzepten gemeint. So handle es sich ihnen zufolge bei einer Reihe von Rechtsinstituten des polnischen Zivilgesetzbuches um Nachbildungen des BGB (vgl. Pyziak-Szafnicka u.a. 2006: 41).

Auf den ersten Blick falle die Übernahme der Gliederung nach dem Pandektensystem auf. Ein wesentlicher Unterschied im polnischen Recht diesbezüglich betrifft die Sonderbehandlung des Familien- und Vormundschaftsrechts in einem separaten Gesetzbuch in Anlehnung an das sowjetische Muster. Im Allgemeinen Teil sei die absolute Nichtigkeit von Rechtsgeschäften (*bezwzględna nieważność czynności prawnych*) vom deutschen Recht hergeleitet, ebenso beruhe das Funktionieren juristischer Personen auf der Organtheorie des deutschen Juristen Otto von Gierke (vgl. Pyziak-Szafnicka u.a. 2006: 42). An die deutsche Rechtslehre knüpfe auch das Institut der Vollmacht, sowohl bezüglich deren Erteilung, Erlöschens, als auch der Folgen ihrer Überschreitung. Für unumstritten und sehr tiefgreifend schätzen die Autoren den deutschen Einfluss auf die polnische Regelung der Rechtsgeschäfte ein, da die Auslegung der Termini Willenserklärung, Rechtsgeschäft und Rechtsverhältnis ein Verdienst der deutschen Doktrin sei (vgl. Dziadzio 2001: 510, Pyziak-Szafnicka u.a. 2006: 43). Speziell bei der Auslobung (*przyrzeczenie publiczne*) soll man sich jedoch nach der Novelle des ABGB von 1916 gerichtet haben (Malec 2011: 45 und Malec 2012: 250). In Anlehnung an das deutsche Vorbild werden die Rechtsgeschäfte klassifiziert und es wird zwischen Verpflichtungs- und Verfügungsgeschäften differenziert. Ähnlich sei im polnischen Recht nach deutschem Vorbild auch der Unterschied zwischen Abstraktions- und Kausalgeschäften gegeben. Spuren des deutschen Rechtseinflusses seien ferner auf dem Gebiet des Sachenrechts zu verfolgen. Daher rühre auch die Trennung zwischen dem Sachen- und Obligationenrecht sowie die Differenzierung zwischen der Sicherheitsleistung und Hypothek (vgl. Pyziak-Szafnicka u.a. 2006: 44). Dem deutschen Vorbild entspreche des Weiteren der polnische Katalog beschränkt dinglicher Rechte. Auf dem Gebiet des Schuldrechts gehe das Rechtsinstitut der ungerechtfertigten Bereicherung auf den deutschen Einfluss zurück (vgl. Pyziak-Szafnicka u.a. 2006: 44). Ebenso knüpfe die Regelung der Aufrechnung, der Schuldübernahme und Abtretung an das deutsche Recht (vgl. Pyziak-Szafnicka u.a. 2006: 46).[60] Analog zum deutschen Recht fand die Unterscheidung zwischen Vermögensschäden und immateriellen Schäden Eingang in das polnische Recht, wobei ähnlich wie im BGB der volle Schadensersatz nur bei Vermögensschäden zu leisten sei (vgl. Pyziak-Szafnicka u.a. 2006: 46). Auf deutlichen Einfluss des deutschen Rechts führen die Autoren das im polnischen ZGB vorhandene Konzept des sog. adäquaten Kausalzusammenhangs zurück (vgl. Pyziak-Szafnicka u.a. 2006: 48). Im Bereich des Erbrechts zeichnen sich zwischen dem deutschen und polnischen Zivilrecht zwar markante Unterschiede ab, doch gibt es auch in diesem Teilbereich des Rechts gewisse Affinitäten. Dazu wird die Anlehnung an den deutschen Erbschein gezählt, im Unterschied etwa zur österreichischen Erbantrittserklärung. Nach dem deutschen Vorbild sei das Institut des Pflichtteils eingeführt worden; Dziadzio (2001: 508) sieht darin jedoch einen Einfluss des österreichischen ABGB. Nach Malec (2011: 32) kam es zwar nicht häufig vor, dass das ABGB an erster Stelle als Vorbild bei den zwischenkriegszeitlichen Kodifikationsarbeiten genannt wurde, doch ließen sich in den Vereinheitlichungsentwürfen Ähnlichkeiten in Bezug auf den Pflichtteil erkennen. Darüber hinaus wurde dem deutschen Recht die Bestimmung der Pflichteilberechtigten sowie das Rechtsinstitut der Enterbung entnommen. Dem deutschen Modell entspringt die Regelung der Erbunwürdigkeit, des Voraus des Ehegatten und des Erbverzichts im polnischen ZGB (vgl. Pyziak-Szafnicka u.a. 2006: 49). Auch wenn das Familienrecht als derjenige Teil des Zivilrechts gilt, der am resistentesten gegenüber fremdem Einfluss ist, so wird auch in diesem Bereich auf die teilweise Nachbildung des deutschen Rechts verwiesen, etwa im ähnlichen Namenrecht im Unterschied zum französischen Recht, bei der Übernahme des Scheidungsmodells oder bei der Bestimmung der Zugewinngemeinschaft als gesetzlichen Güterstandes (Letzteres zumindest im Dekret von 1946). Was das Verhältnis zwischen Eltern und Kindern betrifft, so wurde diesem, ähnlich wie es das deutsche Recht tat, das Prinzip *mater semper certa est, pater incertus* (‚Die Mutter ist immer sicher, der Vater ungewiss') zugrundegelegt. Darüber hinaus wurde im polnischen Recht die allgemeine Regel aus dem deutschen übernommen, wonach Vater eines Kindes der Mann ist, der zum Zeitpunkt der Empfängnis der Mutter beiwohnte. Auch die

60 In Bezug auf die Schuldübernahme verweist Malec (2011: 45) neben dem BGB-Einfluss auf die österreichische Grundlage.

Vaterschaftanerkennung ist im polnischen ZBG ebenso wie im BGB von der Zustimmung der Mutter abhängig (vgl. Pyziak-Szafnicka u.a. 2006: 50f.).

Der Einfluss des deutschen Rechts im Bereich des Wechsel- und Scheckrechts sei besonders stark bereits bei den ersten polnischen Regelungen dieser Materie 1924 gewesen. Auch das bis heute geltende Wechsel- und Scheckrecht von 1936 knüpfte an die deutschen Gesetze an. Einige Rechtsinstitute wie der Verrechnungsscheck wurden direkt übernommen. Auch heute erkennen die polnischen Rechtswissenschaftler die deutsche Vertragstheorie und Rechtsscheintheorie an (vgl. Pyziak-Szafnicka u.a. 2006: 51f.).

Besonders stark wurde von dem deutschen Recht das in der Zwischenkriegszeit kodifizierte Handelsrecht geprägt. Auch wenn das aus dem Jahre 1934 stammende Handelsrecht außer Kraft gesetzt wurde und durch das Gesetzbuch der Handelsgesellschaften aus dem Jahre 2000 ersetzt wurde, zeichnet sich auch in der neuen Rechtsordnung ein Einfluss des deutschen Rechts weiterhin ab (vgl. Pyziak-Szafnicka u.a. 2006: 52). Das von der zwischenkriegszeitlichen Regelung aus dem deutschen Recht übernommene Institut des Käufers räumte neuerdings mit gewisser Begriffserweiterung dem Unternehmer den Platz. Auf das deutsche Recht geht das Institut der Personengesellschaft zurück. Historisch seien auch die offene Gesellschaft und die Kommanditgesellschaft ein Spiegelbild der deutschen Entsprechungen. Weitreichende Ähnlichkeiten bestünden ferner zwischen polnischen und deutschen Gesellschaften mit beschränkter Haftung. Die polnische Aktiengesellschaft führe zwar auf das deutsche Modell zurück, im Gesetzbuch der Handelsgesellschaften erfuhr sie allerdings eine Modifizierung, u.a. den Einfluss des amerikanischen Rechts berücksichtigend (vgl. Pyziak-Szafnicka u.a. 2006: 53). Des Weiteren rühre das Konzept des Handelsregisters aus dem deutschen Recht her, ebenso wie die Prokura, die allerdings heute im Zivilgesetzbuch geregelt wird. Zusammenfassend charakterisieren die Autoren den Einfluss des deutschen Rechts auf das Handelsrecht als gewaltig, räumen jedoch ein, dass trotz weiterer starker Beeinflussung, diese heutzutage bedeutend geschwächt wurde (vgl. Pyziak-Szafnicka u.a. 2006: 54).

Was den österreichischen Einfluss anbelangt, so stellt Malec ebenfalls gewisse Inspirationen des ABGB fest. Dies betrifft ähnliche „Grundlagen für den gesetzlich geregelten Rücktritt vom Vertrag“ (Malec 2012: 249), „im gewissen Maße die Bestimmungen über die Nichterfüllung der Verpflichtungen [...] [,] Bestimmungen über die von Tieren verursachten Schäden [...] [oder] die Bestimmungen über den Schuldnerwechsel, die Schuldübernahme und das Erlöschen der Schuldverhältnisse“ (Malec 2012: 250). Bei den letzteren Bestimmungen stellt Malec zwar deren österreichische Abstammung fest, räumt aber gleichzeitig ein, sie seien auch nach dem BGB gestaltet worden (vgl. Malec 2012: 250).

3.2.3. Fazit

Angesichts der oben dargelegten Beispiele für Beeinflussungen des polnischen Rechts durch das deutsch(sprachig)e Recht in der Zeit des Wirkens der Kodifikationskommission, erscheint die folgende Stellungnahme Maciągs plausibel:

> Als begründet erscheint also die Behauptung, daß die polnische Rechtswissenschaft und Gesetzgebung aus der Zeit zwischen den beiden Weltkriegen einem starken Einfluß des Rechts und der Rechtswissenschaft der deutschsprachigen Gebiete unterlag. (Maciąg 1993: 326)

Trotz oder gerade wegen der Anlehnung an ausländische Vorbilder, da Polen ja kein eigenes Recht fortentwickeln konnte, wurden die neuen, vereinheitlichten Gesetze international als beachtliche legislative Leistungen gewürdigt (vgl. Schnur 1985: 16):

> Im Ausland sah man in erster Linie das hohe rechtswissenschaftliche Niveau der Gesetzesprojekte, das der polnische Weg der Kodifikation hervorbrachte. Gerade die Berücksichtigung ausländischer Vorbilder und das Bemühen, die neuen polnischen Gesetzeswerke gleich an bestehende internationale Rechtsnormen anzupassen, wurde als vorbildlich angesehen und anderen Staaten als nachahmenswert empfohlen. (Kraft 2002: 112)

Betont werden muss jedoch, dass es sich bei den Einflussnahmen um keine Direktübernahmen der deutschsprachigen Vorschriften handelte, vielmehr wurde an deutsche Theorien und Konzepte angeknüpft. Auf diese Weise konnten trotz der Anlehnung an fremde Muster originelle polnische Rechtsordnungen verabschiedet werden, die in der juristischen Welt sehr anerkennend beurteilt wurden (vgl. Freund 1932/1933: 531).

3.3. Forschungsstand zum Einfluss des Deutschen auf die polnische Rechtssprache

3.3.1. Einfluss des Deutschen auf die polnische Rechtssprache im altpolnischen Staat

Forschungen zum deutschen Einfluss im Bereich des Rechts beziehen sich bereits auf die Zeit des Spätmittelalters und der Frühen Neuzeit (vgl. Lück 2008: 1), als in „Folge der Einwanderung deutscher Siedler nach Polen, der von jenen Siedlern vollzogenen Gründungen neuer Städte und Dörfer sowie der Verleihung des Magdeburger Rechts auch an städtische und ländliche Siedlungen, die schon früher nach polnischem Recht gegründet worden waren" (Zajda 2008: 289) die Übernahme von Lehnwörtern aus dem Deutschen erfolgte. Untersuchungen zur Verbreitung des Sachsenspiegels, des Magdeburger Stadtrechts und verwandter Rechtsquellen in Polen präsentiert Band 2 der Reihe *Ius saxonico-maideburgense in Oriente* unter dem Titel *Sächsisch-magdeburgisches Recht in Polen. Untersuchungen zur Geschichte des Rechts und seiner Sprache* (Bily/Carls/Gönczi 2012). Darin „wird eine sprachgeschichtliche Analyse ausgewählter Rechtstermini und Rechtssätze vorgenommen. Im direkten Vergleich zwischen der deutschsprachigen und der polnischen Quelle werden die Vorgänge der Rezeption auch auf sprachlicher Ebene beleuchtet" (Bily/Carls/Gönczi 2012: 12). Die kontrastive (frühneuhochdeutsch-altpolnische) Analyse der Sprüche der Magdeburger Schöffen (sog. Magdeburger Urteile) ergab, dass die „Rezeption des sächsisch-magdeburgischen Rechts in Mittel- und Osteuropa [...] Spuren im Sprachmaterial der [...] das Recht rezipierenden Sprachgemeinschaft hinterlassen [hat]" (Bily/Carls/Gönczi 2012: 313).

> Bei der Übernahme frühneuhochdeutscher (frnhd.) Rechtstermini ins Altpolnische sind in den verglichenen Textabschnitten der ‚Magdeburger Urteile' nach der Häufigkeit ihres Auftretens Übersetzungen (1.), Entlehnungen (2.) sowie auch Umschreibungen (3.) belegt, letztere mitunter zusätzlich und neben einem Terminus als Entsprechungen im Polnischen (Bily/Carls/Gönczi 2012: 275).

Deutsche Einflüsse in der altpolnischen juristischen Terminologie als Widerspiegelung der Rezeption des Magdeburger Rechts bilden auch das Untersuchungsobjekt von Zajda (2008: 289). In seinen Forschungsergebnissen stellt er „einen außergewöhnlichen Reichtum der altpolnischen heimischen juristischen Terminologie [...] [fest]. Diese Reichhaltigkeit der heimischen Rechtssprache [...] [erkläre] auch das – trotz der allgemeinen Verbreitung des Magdeburger Rechtes in den Städten – relativ seltene Vorkommen von Entlehnungen aus dem Deutschen" (Zajda 2008: 292). Zu Übernahmen aus dieser Zeit, die auch heute noch in Gebrauch sind, zählt Zajda die Bezeichnungen *burmistrz, sołtys, wójt, łotr, szkoda, gwałt, ratusz* oder *fant* (vgl. auch Maciąg 1993: 324). Auch wenn die deutschen Entlehnungen aus dieser Zeit „im Verhältnis zum überreichen heimischen Wortschatz relativ spärlich an der Zahl sind, [stellen sie, so Zajda – F.K.] einen wichtigen Bestandteil der altpolnischen Rechtsterminologie dar" (Zajda 2008: 304).

3.3.2. Einfluss des Deutschen auf die polnische Rechtssprache nach dem Untergang des altpolnischen Staates

Der fremde Einfluss auf die polnische Rechtssprache ist eng verbunden mit der unterschiedlichen Rolle des Polnischen im Bereich der Verwaltung, des Schulwesens bzw. der Wissenschaft und der Gerichtsbarkeit in den einzelnen Teilungsgebieten. Ebenso verschieden gestaltete sich die Beteiligung polnischer Juristen am Rechtsleben in den einzelnen ehemaligen polnischen Gebieten. Daher wird zunächst auf diese Differenzen eingegangen.

3.3.2.1. Die Rolle des Polnischen und die Beteiligung polnischer Juristen am Rechtsleben in den russischen Gebieten

Wie Mazur ausführt, lockerte sich nach

> [...] dem Tode der Zarin Katharina II. [...] die Diskriminierung der polnischen Sprache im russischen Besatzungsteil. Zar Alexander I. reformierte 1803 das Schulwesen nach dem Vorbild der Erziehungskommission und beauftragte den progressiv denkenden Prinzen Adam Czartoryski mit der Aufsicht. Die polnische Sprache und die unter der Leitung der Erziehungskommission verfaßten Lehrbücher wurden in den Schulen der unteren Ausbildungsstufe wieder zugelassen. Es wurde erlaubt, auch in Gymnasien und Hauptschulen Polnisch zu lernen. Die Akademie von Wilna, die im Jahre 1802 zur Universität erhoben wurde, übernahm als wichtiges Zentrum die Lehre und Pflege der polnischen Sprache. (Mazur 1993: 280f.).

In dem unter Napoleon entstandenen Herzogtum Warschau „wurde die polnische Sprache wieder generell in allen Schulen eingeführt. Eine wichtige Rolle bei ihrer Verbreitung und Pflege spielte auch die Krakauer Universität, die 1809 wieder polonisiert wurde“ (Mazur 1993: 281).[61]

Im Jahre 1811 wurde für kurze Zeit eine Hochschule für Rechts- und Verwaltungswissenschaften (Szkoła Prawa i Administracji) gegründet, die 1816 in die Fakultät für Rechtswissenschaften und Verwaltung der Universität Warschau umgewandelt wurde. Nach der Neuordnung durch den Wiener Kongress gelangte allerdings das Herzogtum Warschau, welches bis dahin zum französischen Reich gehörte, zum größten Teil unter russische Hegemonie. Als Königreich Polen (Kongresspolen) genoss es einen Sonderstatus. Seine Verfassung von 1815 garantierte dem Staat Autonomie, u.a. auch in Bezug auf das Polnische, das als Amtssprache galt (vgl. von Polenz 1999: 127, Küpper 2005: 285f., Witkowski/Wrzyszcz 2006: 264). Diesen Sonderstatus hatte Kongresspolen bis 1831 inne. Nach dem Scheitern des Novemberaufstandes 1830 hob ihn der Zar samt der Verfassung von 1815 auf (vgl. Küpper 2005: 286). Im gleichen Jahr wurden die Universitäten von Warschau und Wilna geschlossen (vgl. Giaro 2006: 317). 1862 willigten die russischen Behörden in die Gründung der Hauptschule (Szkoła Główna) ein, welche eine recht autonome polnische Einrichtung war, doch bereits seit der Wende 1869/1870, nach der Niederschlagung des Januaraufstandes, wurde an ihrer Stelle erneut die Universität in Warschau gegründet, diesmal allerdings als Kaiserliche Universität mit Russisch als Unterrichtssprache (vgl. http://www2.wpia.uw.edu.pl/160,Historia.html.; Stand: 6.10.2012 und Schnur

61 Krakau wurde nach dem Wiener Kongress zur Freien Stadt Krakau, nach dem Krakauer Aufstand wurde es Österreich einverleibt.

1985: 6-8). Diese galt „mehr oder weniger als russifizierende Hochschule" (Schnur 1985: 7f.). Im Rahmen der Repressivmaßnahmen, die nach dem 1863 gescheiterten Januaraufstand vorgenommen wurden, „setzte [...] die volle Russifizierung der Regierung, der Verwaltung und in hohem Maße auch des Rechts ein. Dies führte innerhalb von ungefähr zehn Jahren zur Auflösung der Reste polnischer Eigenständigkeit" (Witkowski/Wrzyszcz 2006: 250, vgl. auch Kraft 2002: 38). 1876 wurde das Polnische aus dem Gerichtswesen des Kongresspolens entfernt (vgl. Krzyżanowski 2011: 48). Wie Mazur rekapituliert, wurden:

> [...] [i]m ganzen Gebiet des ehemaligen polnischen Staates [...] die nach der dritten Teilung Polens übriggebliebenen und später erkämpften Bestimmungen zur Lehre und zum Gebrauch der polnischen Sprache zurückgenommen. Die härtesten Repressalien wurden in den bis dahin als liberal geltenden Gebieten des Königreichs Polen und in Litauen angewendet. Die polnische Sprache wurde in den Schulen entweder abgeschafft oder sehr stark zurückgedrängt [...] (Mazur 1993: 281).

3.3.2.2. Die Rolle des Polnischen und die Beteiligung polnischer Juristen am Rechtsleben in den österreichischen Gebieten

Nach Eberharter-Aksu (2012: 74) war das Deutsche auch in Galizien „lange Zeit die dominierende Gelehrtensprache und ein Zugang zu dieser Gelehrtenrepublik erforderte das Durchlaufen eines deutschsprachigen Bildungswesens. Die Revolution von 1848 brachte diese Situation [jedoch – F.K.] zum Kippen" (Eberharter-Aksu 2012: 74). Die in den 1860er Jahren erlassenen Sprachgesetze trugen zu einer Autonomie in Galizien bei (vgl. Eberharter-Aksu 2012: 67). Wie Eberharter-Aksu ausführt, bestimmte das 1876 verabschiedete

> [...] Landesgesetz betreffend der Unterrichtssprachen an den Volks- und Mittelschulen [...], dass derjenige das Recht habe, über die Unterrichtssprache zu bestimmen, welcher die Kosten für die Schule trägt [...] In dessen Folge wurde in West-Galizien die polnische und in Ost-Galizien die polnische und ruthenische Schulsprache festgelegt. (Eberharter-Aksu 2012: 74)

Weiter heißt es: „Die deutsche Sprache büßte nicht nur im Volksschulbereich, sondern auch im höheren Unterrichtswesen ihre Dominanz ein" (Eberharter-Aksu 2012: 75). So war etwa an der Universität Lemberg zunächst Latein die Unterrichtssprache, nach einer vorübergehenden Schließung und der Wiedereröffnung im Jahre 1817 wurden die Lehrveranstaltungen in deutscher Sprache abgehalten (vgl. Mazur 1993: 280). Diese Lage änderte sich zugunsten des Polnischen bedeutend, als nach der Einführung des österreichisch-ungarischen Dualismus 1867 Galizien weitreichende sprachliche Autonomie erhielt. Das Polnische wurde in Galizien Unterrichtssprache im Schulwesen und Vortrags- und

Prüfungssprache an den Universitäten Krakau und Lemberg. 1869 wurde es als Amts- und Gerichtssprache zugelassen (vgl. Slapnicka 1973: 52, Schnur 1985: 8f., Mazur 1993: 282, Uruszczak 2001: 87, Giaro 2006: 318, Krzyżanowski 2011: 21; Eberharter-Aksu 2012: 75). Bis 1870 wich die deutsche Sprache an der Jagiellonen-Universität vollständig der polnischen (vgl. Krzyżanowski 2011: 25).

Eberharter-Aksu zufolge legte eine weitere

> [...] Verordnung vom 5. Juni 1869 [...] Polnisch als Amtssprache der staatlichen Verwaltungsbehörden und Gerichte, im inneren Dienst wie auch im Verkehr mit den Behörden fest, mit entsprechender Berücksichtigung des Ruthenischen [...] Ausgenommen von der Polonisierung waren nur der Verkehr mit den Zentralstellen, die Militärbehörden sowie das Eisenbahnwesen. Hier ist Deutsch als Amtssprache beibehalten worden, aber es war im öffentlichen Dienst auf ein Mindestmaß beschränkt. (Eberharter-Aksu 2012: 75)

Deutlich besser als in anderen Teilungsgebieten fällt auch die Beteiligung polnischer Bürger am Rechtsleben aus. Seit 1870 haben an den juristischen Fakultäten der Universitäten Krakau und Lemberg überwiegend Polen das geltende Recht der Habsburger Monarchie studiert, so dass der Anteil von Polen, die in Galizien juristische Berufe ausübten, rasch gestiegen ist (vgl. Schnur 1985: 9). Die Zahl hoher Beamter polnischer Provenienz war auch in den Zentralbehörden in Wien, wie Ministerien oder den Obersten Gerichtshöfen, bemerkenswert (vgl. Schnur 1985: 10 und Witkowski/Wrzyszcz 2006: 256f.). Polen wurden auch zu Ressortministern ernannt (Eberharter-Aksu 2012: 72). Ebenso wirkten polnische Juristen zusammen mit Vertretern anderer Nationen an der Gesetzgebung und Rechtsprechung Österreichs mit; ferner wurden Kommentare, Lehrbücher und Monographien zum österreichischen Recht in polnischer Sprache veröffentlicht (vgl. Slapnicka 1973: 52-60 und ders. 1986: 470f. sowie Poczobut 1993: 357). Obwohl nach Glass in Galizien lediglich ein Fünftel der polnischen Gesamtbevölkerung lebte, wurde dort in den Jahren 1864-1910 knapp 60% der polnischen juristischen Publikationen herausgegeben, während es in dem russischen Teilungsgebiet ca. 37% waren und im preußischen Teilungsgebiet knapp 3% (vgl. Glass 1922: 252). Der Zugang von Polen zum Gerichtswesen sei durch die Einführung der Verordnungen über Justizvollzug in den Landessprachen aus den Jahren 1859 und 1860 erleichtert worden. Dadurch war Galizien der einzige Teil des ehemaligen Polens, in dem um die Wende des 19./20. Jh. im Gerichtswesen die polnische Sprache im Gebrauch war (vgl. Krzyżanowski 2011: 48).[62]

---

62 Glass zufolge wurde jedoch in der Zeit der deutschen Besatzung mit einer Verordnung aus dem Jahre 1915 in der Gerichtsbarkeit auch die polnische Sprache eingeführt (vgl. Glass 1916: 353).

Nach Eberharter-Aksu wurde im Kaiserreich Österreich auf das Polnische nicht nur mehr Rücksicht genommen, sie verweist darauf, dass Galizien als „polnisches Piemont" galt, worunter sich „die geläufige Vorstellung [verberge], dass die Habsburger im Vergleich zu den anderen beiden Teilungsmächten, Preußen und Russland, noch das kleinere Übel gewesen seien" (Eberharter-Aksu 2012: 67). Darüber hinaus argumentiert sie, „dass man kaum von einer bewussten Germanisierung Galiziens sprechen kann, dagegen ab 1867 eher von einer zunehmenden Polonisierung" (Eberharter-Aksu 2012: 67).

3.3.2.3. Die Rolle des Polnischen und die Beteiligung polnischer Juristen am Rechtsleben in den preußisch-deutschen Gebieten

Die ehemaligen polnischen Gebiete, die Preußen zugefallen waren, wurden sogleich in das preußische Staatswesen eingegliedert. Einen Sonderstatus hatte das 1815 in Preußisch-Polen eingerichtete Großherzogtum Posen, das als eine Art Fortsetzung der polnischen Staatlichkeit fungieren sollte und dem auf dem Wiener Kongress gewisse Autonomierechte wie Achtung der polnischen Sprache in öffentlichen Ämtern oder garantierter Zugang der Polen zu öffentlichen Ämtern zugesprochen wurden. Zunächst hatten zwar viele Polen führende Positionen inne, doch schon in den zwanziger Jahren des 19. Jh. suchte man diesen Status abzuschaffen und das Deutsche wurde 1832 die alleinige Amtssprache. Insbesondere nach den fehlgeschlagenen großpolnischen Aufständen wurde die Germanisierungspolitik forciert. Endgültig wurde der Status Posens 1870/71 mit der Gründung des Deutschen Kaiserreichs gelöst (vgl. Hattenhauer 1987: 74-78, von Polenz 1999: 127, Kraft 2002: 48f. und Küpper 2005: 283). Was das Hochschulwesen betrifft, so wollte man

> [...] weder selbst eine Universität in Posen gründen, noch eine eigenständige polnische Gründung genehmigen. Die erste deutsche Universität wurde dort im Jahre 1941 durch die Nationalsozialisten, an Stelle der seit 1919 bestehenden polnischen Hochschule als propagandistische Reichsuniversität errichtet. (Giaro 2006: 317)

Bezüglich des Zugangs zu juristischen Berufen in den preußischen Gebieten wurden 1868 Verordnungen in Kraft gesetzt, die Personen, die gewöhnlich das Polnische gebrauchten, den Zugang zu öffentlichen Ämtern versperrten (vgl. Krzyżanowski 2011: 52).

Sämtliche Gerichtstätigkeiten wurden auf Deutsch vollzogen, es wurden auch keine polnischen Schöffen angestellt, so dass im preußischen Gerichtswesen Personen polnischer Provenienz fehlten (vgl. Krzyżanowski 2011: 54). Von Polenz spricht in diesem Zusammenhang von „harter antipolnischer Sprachpolitik", deren Vorgeschichte

> […] in den frühen 1830er Jahren mit der Reduzierung des Polnischen auf den mündlichen äußeren Amtsverkehr gegenüber der Bevölkerung und der fast völligen Verdrängung einsprachiger Polen aus Beamtenstellen [beginnt – F.K.]. Die Germanisierung wirkte sich spätestens mit der Schulspracheninstruktion aus […]: Für polnischsprachige Kinder wurde der Deutschunterricht obligatorisch. […] Schon 1849 wurden polnische Amtsdolmetscher abgeschafft und für zweisprachige Dokumente Sondergebühren zusätzlich zu den Übersetzungskosten eingeführt. […] Hauptverhandlungen in Strafsachen wurden nur noch auf Deutsch geführt […] Im Geschäftssprachengesetz (1876) wurde das deutsche zur einzigen Geschäftssprache aller Behörden erklärt, schriftlich und mündlich, auch mit dem Publikum. Gerichtsprozesse konnten bei Angeklagten, die des Deutschen nicht mächtig waren, in deren Abwesenheit weitergeführt werden. Eingaben in Polnisch konnten als rechtlich nichtexistent behandelt werden." (von Polenz 1999: 128f., siehe dazu auch Hattenhauer 1987: 76-78)

Nach Mazur wurden Deutschkenntnisse sogar bei der Eheschließung vorausgesetzt (vgl. Mazur 1993: 282). Durch die Abschaffung des Polnischen aus dem öffentlichen Leben waren die Chancen der polnischen Bevölkerung auf den sozialen Aufstieg in der preußischen Teilprovinz stark beeinträchtigt (vgl. Grotek 2012: 88).

Zusammenfassend lässt sich der wesentliche Unterschied zwischen der Lage in Galizien und derjenigen in Kongresspolen sowie in den westlichen Teilen Polens, die Preußen einverleibt wurden, folgendermaßen formulieren: Während in Galizien polnische Juristen zur Entwicklung des österreichischen Rechts entscheidend beitragen konnten, blieb den Bürgern in Kongresspolen und im preußischen Teil der Weg zum Aufstieg nur über die Russifizierung oder Eindeutschung (vgl. Schnur 1985: 10 und Bardach/Leśnodorski/Pietrzak 2005: 421).[63] Kraft (2002: 56f.) schreibt dazu Folgendes:

> Während es im preußischen Teilungsgebiet niemals und im russischen Teilungsgebiet seit 1830 keine polnische Beteiligung mehr an juristischer Kodifizierungsarbeit gegeben hatte, verstärkte sich in Galizien gerade seit dem Ende des 19. Jahrhunderts der Einfluß polnischer Juristen auf die österreichische Gesetzgebung, so daß im unabhängigen Polen nach dem Ersten Weltkrieg gerade die galizischen Juristen ein besonders enges Verhältnis zum Rechtssystem ihres ehemaligen Teilungsgebiets hatten.

63 Ein Einfluss des altpolnischen Rechts ist z.B. darin zu sehen, dass in das ABGB ein typisch polnisches Rechtsinstitut Eingang gefunden hat: *dożywocie* (‚Advitalitätsrecht anders Fruchtnießung auf den Todesfall') (vgl. auch Płaza 2001: 144 und Malec 2011: 34). Der österreichische Gesetzgeber wollte nämlich den Besonderheiten der verschiedenen Landschaften und Nationen des Gesamtstaates Rechnung tragen (vgl. Slapnicka 1973: 47). Wie Künssberg feststellt, wurden „vereinzelt […] Rechtsinstitute aufgenommen, die ursprünglich im slawischen Recht beheimatet waren" (Künssberg 1930: 12).

Oft orientierten sie sich bei der Kodifizierung neuer Gesetzbücher für den polnischen Staat an Gesetzeswerken, an deren Entstehung sie in der Habsburgermonarchie beteiligt gewesen waren.

3.3.2.4 Einfluss des Deutschen auf die polnische Rechtssprache im Blick der Zeitgenossen

Nach den Teilungen Polens kam es Mazur (1993: 277 und 280) zufolge zu einer Stagnation bei der Entwicklung der polnischen Sprache, da die Teilungsmächte verstärkte Maßnahmen gegen die polnische Sprache und Kultur ergriffen haben. Infolge der Teilungen wurde die polnische Sprachtradition beeinträchtigt und das Polnische unterlag verstärkt fremdsprachigen Einflüssen. Wiederholt wird in der zeitgenössischen Literatur die Russifizierung und Germanisierung der polnischen Sprache thematisiert.

Die an der Qualität der polnischen Rechtssprache geäußerte Kritik (siehe dazu beispielsweise Makowski 1922: 84) korrespondiert mit der oben geschilderten unterschiedlichen Rolle des Polnischen als Amts- und Gerichtssprache in den einzelnen ehemaligen polnischen Gebieten bis zur Wiedererlangung der Unabhängigkeit. Aufgrund dieser Differenzen sowohl in Bezug auf die unterschiedliche Rechts- als auch Sprachentwicklung ging man zu Beginn der neuen Staatlichkeit Polens von der Herausbildung mindestens zweier polnischen Rechtssprachen aus: der Sprache der Juristen im ehemaligen Königreich Polen und der juristischen Sprache in Galizien. Rencki (1925: 301) sprach sogar von drei bis vier unterschiedlichen Rechtssprachen, bei denen sich jeweils unterschiedliche Sprachnormen herausgebildet haben. Auf heftige Kritik stieß insbesondere die Rechtssprache in Galizien, bei der auf zahlreiche Nachbildungen des Deutschen verwiesen wurde. Demgegenüber wurde die Varietät im ehemaligen Kongresspolen vielfach als die traditionsgebundene Variante aufgefasst, man stellte heraus, dass dies der einzige Teil Polens mit direkter Bindung an die polnische Rechtssprache aus der Zeit vor den Teilungen war, dort habe das selbstständige Rechtsleben im Bereich des Zivilrechts und die polnische Verwaltungssprache im Gerichtswesen am längsten, da bis 1876, d.h. bis zur Reorganisierung der Gerichtsbarkeit und Verdrängung des Polnischen, fortbestanden (vgl. Makowski 1922: 76f., Parczewski 1925: 52, Posner 1925: 214, Śląski 1925: 598 und Płaza 2001: 27). Sójka-Zielińska stellt in diesem Zusammenhang auch heute noch das besondere Verhältnis zu dem französisch-polnischen Recht heraus, indem sie darauf verweist, dass die polnischen Zivilrechtler die engsten Kontakte zu der französischen Lehre hatten, da das französische Recht die einzige Gesetzgebung war, die von keinem Annexionsstaat stammte (vgl. Sójka-Zielińska 2000: 41).

In den ehemaligen polnischen Gebieten, die Preußen und Österreich einverleibt wurden, sei hingegen mit den polnischen Gerichtstraditionen vollends gebrochen worden (vgl. Glass 1922: 252). Die polnische Rechts- und Gerichtssprache in Kleinpolen bildete sich erst in der zweiten Hälfte des 19. Jh. heraus, als das Polnische nach jahrzehntelanger Germanisierung Eingang in die Gerichtsbarkeit und Verwaltung gefunden hatte. Die Juristen in Galizien hätten damals ohne Rücksicht auf die Sprachentwicklung in dem ehemaligen Kongresspolen und das polnische Sprachgut, deutsche Gesetze und Vorschriften ins Polnische übertragen, wobei sie bestrebt gewesen wären, sämtliche Termini technici mit äußerster Präzision wörtlich in der polnischen Sprache wiederzugeben. Die Tatsache, dass man in Galizien nicht an die Tradition der polnischen Rechtssprache in Warschau angeknüpft habe und sich stark an das Deutsche anlehnte (vgl. Parczewski 1925: 58f.), löste insbesondere bei den Anhängern der Rechtssprache im ehemaligen Kongresspolen eine heftige Kritik aus.

Adam Antoni Kryński, Professor an der Warschauer und Lemberger Universität sowie Leiter der Kommission für die Behördensprache (Komisja Języka Urzędowego) bei der 1929 gegründeten Gesellschaft für die Korrektheit der polnischen Sprache (Towarzystwo Poprawności Języka Polskiego), führte in seinem Vortag *Über die heutige Behördensprache, insbesondere im Gerichtswesen* im Jahre 1925 aus:

> Es gibt dort [in den Übersetzungen deutscher Gesetzestexte ins Polnische – F.K.] von Gebrochenheit gebrandmarkte oder einfach unsinnige sprachliche Kuriositäten: sowohl auf der syntaktischen, als auch auf der semantischen, und insbesondere auf der stilistischen Ebene. Diese Übersetzungen erscheinen wie Schreibproben eines ausländischen Schülers, der mit schwachen Anfängerkenntnissen des Polnischen zwecks Übung und weiterem Spracherwerb begann, aus dem Deutschen zu übersetzen, und sich noch sehr unbeholfen, mit Hilfe eines Wörterbuchs, an die Arbeit gewöhnt. (Kryński 1931: 58f.; übers. von F.K.)

Unter den Zeitgenossen wurden allerdings auch Stimmen laut, welche die polnische Rechtssprache in Galizien würdigten:

> [...] die Rechtssprache in Galizien entwickelte sich ständig und sie kann der sich herausbildenden Gesetzgebung des modernen Staates sehr viele Begriffe und Bezeichnungen bieten, welche in den Wörterbüchern anderer Teilungsgebiete fehlen [...]. (Zatley 1992: 197; übers. von F.K.)

Zatley zufolge bemühte man sich in Galizien um eine Verbesserung und Wiederbelebung der Rechtssprache; die polnischen Übertragungen, derer man sich bediente, zeichneten sich wiederum nicht nur durch Wiedergabetreue, sondern auch durch sprachliche Korrektheit aus (vgl. Zatley 1922: 192).

Im Rahmen dieser Polemik findet man in der zeitgenössischen Literatur eine Reihe von Veröffentlichungen, in denen besonders kritisch der deutsche Einfluss auf die polnische Rechtssprache gesehen wird, was anhand polnischer Übertragungen deutscher Gesetzestexte belegt wird. Für das Großherzogtum Posen verzeichnet der Reichstagsabgeordnete Bentkowski eine Reihe sprachlicher Unzulänglichkeiten, die in polnischen Übertragungen aus dem Deutschen in den Jahren 1849-1856 beobachtet werden konnten. Nach Bentkowski sei deren Qualität so schlecht, dass es nicht möglich sei, aus den polnischen Texten den Sinn der Rechtssätze ohne Deutschkenntnisse zu erfassen (vgl. Bentkowski 1858: 4f. und 7f.):

> Wer kein Deutsch versteht, wird selten aus dieser polnischen Sprache klug. [...] Bestenfalls ist es ein Durcheinander von unerhörten syntaktischen Strukturen, Barbarismen, frisch erfundenen Wörtern, kurz gesagt: eine ganz neu geschaffene Sprache; hin und wieder treten da sinnlose Wortkombinationen auf, absolut lächerliche Unsinnigkeiten. (Bentkowski 1858: 7; übers. von F.K.)

In zahlreichen Fällen findet man in den Übertragungen auch Nachbildungen deutscher Mehrwortkombinationen, wie sie nach Bentkowski in der damaligen polnischen Sprache unüblich waren. Zur Veranschaulichung davon lassen sich etwa folgende Belege anführen:

Kritisierte Übertragung	Deutsche Entsprechung	Vorschlag Bentkowskis
sprawy uwłaśnione (Bentkowski 1858: 32)	*geeignete Sachen*	–
kupony staną się bezwartne (Bentkowski 1858: 32)	*werden werthlos*	*utracą wartość*
dotycząca komisya (Bentkowski 1858: 34)	*die betreffende Kommission*	*komisya właściwa*
wierzycielom przewłaszczone udziały (Bentkowski 1858: 34)	*übereignete Antheile*	*na własność przekazane*
rozkaz ten powinien być dostawionym (Bentkowski 1858: 36)	*...zugestellt...*	*wręczony*
przesadzenie w stan oskarżenia (Bentkowski 1858: 37)	*Versetzung in den Anklagezustand*	–
prowadzić nazwę (Bentkowski 1858: 37)	*den Namen führen*	*nosić nazwę*
odprowadzać sumę (Bentkowski 1858: 37)	*abzuführen*	*wnosić, wypłacać, składać, uiszczać*
Towarzystwo w działanie wstąpi (Bentkowski 1858: 37f.)	*tritt in Wirksamkeit*	*rozpocznie swoje czynności – działanie*

Kritisierte Übertragung	Deutsche Entsprechung	Vorschlag Bentkowskis
przytrzymywać do posłuszeństwa (Bentkowski 1858: 38)	*zu deren Befolgung anhalten*	-
sąd w złożeniu przepisanem (Bentkowski 1858: 40)	*Zusammensetzung*	*w składzie*
sąd powinien obmierzyć (Bentkowski 1858: 48)	*ermessen*	*rozpoznać – zważyć – uznać*
wierzyciel dosięgnie prawa (Bentkowski 1858: 48)	*erlangt das Recht*	*nabywa prawa*
w protokule przyjęte być muszą (Bentkowski 1858: 49)	*müssen in das Protokoll aufgenommen werden*	*w protokule zamieszczone być muszą*
jeżeli obwiniony sędziemu policyjnemu nie zostaje przedstawiony (Bentkowski 1858: 50)	*wird der Angeschuldigte dem Polizeirichter nicht vorgeführt*	*stawiony przed sędziego*
Kto dziecko … wysadza (Bentkowski 1858: 62)	*aussetzt*	-
w biegu roku 1856 (Bentkowski 1858: 101f.)	*im Laufe des J. 1856*	*w ciągu roku 1856*

Als sehr schlecht wird die Qualität der Übersetzungen aus dem Deutschen ins Polnische auch bei anderen Autoren gesehen (siehe dazu Różne wiadomości 1921: 367, Posner 1925: 214, Rencki 1925: 303 und Mazur 1993: 329f.). Deren scharfe Kritik richtet sich vorwiegend auf Übertragungen deutschsprachiger Gesetzestexte, welche in Galizien vorgenommen wurden. Dabei werden insbesondere Neubildungen, die unter Einfluss des Deutschen entstanden sind, sowie Nachbildungen syntaktischer Strukturen angeprangert (vgl. Makowski 1922: 76). Zu finden sind darin etwa folgende Beispiele für beanstandete Übertragungen deutscher Mehrwortkombinationen:

Kritisierte Übertragung	Vorgeschlagene Formulierung	Quelle
zastępować stronę (‚eine Partei vertreten')	*przedstawiać/ reprezentować stronę*	Różne wiadomości (1921: 367)
żądaniu należy dać miejsce wtedy (‚einer Forderung ist dann stattzugeben')	*żądanie należy uwzględnić wtedy*	(Makowski 1922: 85)
strony nie trafiają niekorzystne skutki (‚die Partei treffen keine negativen Folgen')	*strony nie dotykają negatywne skutki*	(Makowski 1922: 85)

zawieszono nad oskarżonym areszt (‚die Haft des Angeklagten wurde eingestellt' – durch die wörtliche Übertragung aus dem Deutschen *verhängen→zawiesić* wurde die Bedeutung dieser Verbindung verfälscht)	*osadzono oskarżonego w areszcie* (‚der Angeklagte wurde in Haft genommen')	(Makowski 1922: 300)
koszta narosłe (‚erwachsene Kosten')	*powstałe/zrządzone/ wywołane*	(Towarzystwo o.J.: 7)

Zwar wird in den zitierten Veröffentlichungen auf zahlreiche Fälle verwiesen, in denen deutsche Nachbildungen als dem Polnischen fremd angeprangert werden, allerdings kommen dabei vielfach auch Mehrwortkombinationen vor, die in dem Gegenwartspolnischen üblich sind, wie der unteren Tabelle entnommen werden kann.

Bemängelte Wortkombination, die bis heute usuell ist	**Vorschlag**	**Quelle**
Dziennik Ustaw (‚Gesetzblatt')	*Dziennik Praw* (‚Rechtsblatt')	Makowski (1922: 77)
wdrażać postępowanie (‚das Verfahren einleiten')	*wytaczać postępowanie* (‚das Verfahren einleiten')	Śląski (1925: 598)
uchwała sądowa (‚Gerichtsbeschluss')	*decyzja sądowa* (‚Gerichtsentscheid')	Śląski (1925: 599)
prokurator wkracza (‚der Staatsanwalt schreitet ein')	*prokurator wszczyna dochodzenie* (‚der Staatsanwalt leitet Ermittlungen ein')	Kryński (1931: 40f.)
udzielić pouczenia (‚eine Belehrung erteilen')	*udzielić wskazówek, zwrócić uwagę* (‚Hinweise erteilen, auf etw. aufmerksam machen')	Kryński (1931: 43)
stawiać pytania (‚eine Frage stellen')	*zadawać pytania, zadać pytanie, zadawanie pytań*	(Kryński 1920: 108; Skobel 1872: 1)
stawiać wniosek (‚den Antrag stellen')	*podawać wniosek, przedstawiać wniosek, występować z wnioskiem, wnieść coś, uczynić wniosek*	(Kryński 1920: 109; Skobel 1872: 2)
stawiać żądanie (‚eine Forderung stellen')	*wystąpić z żądaniem, przedstawić żądanie, wnieść/ objawić/wyrazić/wypowiedzieć żądanie, żądać*	(Kryński 1920: 109; Skobel 1872: 3)
stawiać warunki (‚Bedingungen stellen')	*podać/przedstawić warunki, położyć warunek, położyć co za warunek, zastrzec warunek, kłaść/podawać warunek*	(Kryński 1920: 109; Skobel 1872: 1)

Bemängelte Wortkombination, die bis heute usuell ist	**Vorschlag**	**Quelle**
postawić zarzut (‚einen Vorwurf stellen' bzw. heute ‚erheben')	*zrobić/uczynić komuś zarzut, zarzucić*	(Skobel 1872: 2)
wystawić świadectwo (‚ein Zeugnis ausstellen')	*wydać świadectwo*	(Skobel 1872: 6)
postawić rękojmię (‚eine Bürgschaft stellen')	*dać rękojmię*	(Skobel 1872: 2)
zaprzysiężenie świadków (‚Zeugenbeeidigung')	*odebrać przysięgę*	(Skobel 1872: 21)
udzielać pouczenia (‚eine Belehrung erteilen')	*zwracać uwagę*	(Różne wiadomości 1921: 367)
mieć wgląd w (‚Einsicht in etw. nehmen')	*wglądać w*	(Kryński 1920: 120)
przedłożyć wniosek/sprawozdanie (‚einen Antrag/einen Bericht vorlegen')	*przedstawić co, wystąpić z czym*	(Kryński 1920: 135)
najwyższy czas (‚die höchste Zeit')	*wielki czas*	(Kryński 1920: 147)
postawić kogo w stan oskarżenia (‚in den Anklagestand versetzen')	*zaskarżyć, oskarżyć kogo o co, pociągnąć do odpowiedzialności, zapozwać do sądu*	(Wróblewski 1926: 38)
przepis ma/znajduje zastosowanie (‚die Vorschrift findet Anwendung')	*stosuje się* (‚wird angewandt')	(Zasady 1939: 32, 39)
doprowadzić świadka do sądu (‚den Zeugen vorführen')	*sprowadzić* (‚herbeiholen')	(Zasady 1939: 30)
akta podlegają zniszczeniu (‚Akten unterliegen der Vernichtung')	*akta należy zniszczyć* (‚Akten sind zu vernichten')	(Zasady 1939: 34)
urząd przeprowadza zmiany (‚das Amt führt Änderungen durch')	*urząd dokonywa zmian* (‚das Amt vollzieht Änderungen')	(Zasady 1939: 35)
pokrywać potrzeby (‚Bedürfnisse decken')	*zaspakajać potrzeby* (‚Bedürfnisse befriedigen')	(Zasady 1939: 35)
przekroczyć obowiązek[64] (‚eine Pflicht übertreten')	*wykroczyć przeciw obowiązkowi* (‚gegen eine Pflicht verstoßen')	(Zasady 1939: 35)
prawo przysługuje (‚das Recht steht zu')	*prawo służy* (‚das Recht dient')	(Zasady 1939: 36)
stać w sprzeczności z czym (‚im Widerspruch mit etw. stehen')	*nie zgadzać się z czym* (‚mit etw. nicht übereinstimmen')	(Zasady 1939: 36) und (Towarzystwo o.J.: 11)

Bemängelte Wortkombination, die bis heute usuell ist	Vorschlag	Quelle
(iść w...) straty idą w tysiące (‚die Verluste gehen in die Tausende')	*dochodzą do tysięcy* (‚erreichen')	(Towarzystwo o.J.: 5)
zawisła sprawa (‚anhängige Sache')	*sprawa wszczęta, wytoczona* (‚eine eingeleitete Sache')	(Towarzystwo o.J.: 15)
zdjąć sprawę z porządku dziennego (‚die Sache von der Tagesordnung nehmen')	*wyłączyć/usunąć z porządku obrad* (‚die Sache von der Tagesordnung ausschließen')	(Towarzystwo o.J.: 15)

3.3.3. Fazit

Nachdem auf einige Untersuchungen zum Einfluss des Deutschen auf die polnische Rechtssprache verwiesen wurde, widmete sich das vorliegende Unterkapitel der Rolle des Polnischen im öffentlichen Leben sowie der jeweils anderen Beteiligung polnischer Juristen am Rechtsleben in den drei Teilungsgebieten. Die unterschiedliche Sprach- und Rechtsentwicklung in den ehemaligen polnischen Gebieten führte dazu, dass es nach dem Ersten Weltkrieg nicht nur keine einheitlichen Rechtsvorschriften, sondern auch keine einheitliche Rechtssprache gab. Insbesondere wurden damals die deutschen Einflüsse auf die polnische juristische Sprache heftig kritisiert. Dabei stellt sich heraus, dass einige der monierten Beispiele sich in der polnischen Sprache eingebürgert haben und heute durchaus usuell sind. Obwohl in den einschlägigen Publikationen aus der Zwischenkriegszeit die Sprache der Juristen in Kleinpolen samt den deutschen Einflüssen besonders pejorativ gewertet wurde, bestand gleichzeitig aber auch ein Bewusstsein dafür, dass gerade diese Varietät den wohl stärksten Einfluss auf die künftige polnische Rechtssprache ausüben dürfte:

> Obwohl die Rechtssprache in Galizien eine missratene Bearbeitung des Deutschen ist, die Sprache in Kongresspolen hingegen relativ rein polnisch ist, besteht die berechtigte Befürchtung, dass die galizische Sprache die Oberhand gewinnen wird, da [...] in dieser Sprache verschiedene Gesetze, Verordnungen und Vorschriften verfasst und im Gesetzblatt [...] verkündet werden; darüber hinaus gab es in Kongresspolen seit der Schließung der Warschauer Hauptschule [...] keine polnische Hochschule, somit gab es in den unterschiedlichen Rechtsbereichen keine Theoretiker und gelehrten Fachleute [...] Über wissenschaftliche Kräfte an den Universitäten in Krakau und Lemberg verfügte

64 Zwar führt das Nationalkorpus der polnischen Sprache das Verb *przekroczyć* nicht als Kookkurrenzpartner von *obowiązek* auf, hingegen taucht *obowiązek* als kookkurrierendes Genitivattribut des Verbalabstraktums *przekroczenie* auf. Suchanfrage am 5.11.2013.

> wiederum Galizien und diese Gelehrte, ausgebildet und erfahren in deutschem Recht, in deutschen Quellen und in deutscher Wissenschaft wurden derzeitig für die Arbeiten der Kodifikationskommission bestellt. Eben diese Gelehrte benutzen Fachbegriffe, die in Galizien nach deutschem Muster gebildet wurden, und was noch gar wichtiger ist, einige von ihnen denken und ordnen ihre Gedanken in einer Art, die der deutschen Sprache entspricht. (Makowski 1922: 77; übers. von F.K.)

Somit bleibt es in weiteren Teilen der Arbeit zu prüfen, ob Mehrwortverbindungen, die in den analysierten Übertragungen deutsch(sprachiger)er Gesetzestexte vorkommen, auch in dem rezenten Polnischen gebraucht werden und wie sich dieser Anteil im Vergleich zu den Belegen aus dem französisch-polnischen Zivilrecht, welches in Zentralpolen galt, verhält.

3.4. Zum Korpus

Das Analysekorpus der vorliegenden Arbeit setzt sich aus drei Hauptbestandteilen zusammen: dem österreichischen ABGB, samt polnischer Übersetzung, dem deutschen BGB, samt polnischer Übersetzung und dem französisch-polnischen Zivilgesetzbuch, das in Zentralpolen in Kraft war. Sowohl das ungarische Recht, das nur in kleinen Teilen der Zweiten Republik Polen bis 1922 galt, als auch das russische Recht, welches teilweise 1919 vom Code Napoléon ersetzt wurde (vgl. Korkisch 1939: 854 und Kraft 2002: 119), bleiben bei der Analyse unberücksichtigt.

3.4.1. Das österreichische ABGB

Das österreichische ABGB wurde mehrmals in die polnische Sprache übertragen. In der Habsburger Monarchie ging man davon aus, dass Gesetze kurz und klar sein müssen, man dürfe sie nicht in einer fremden oder gar nicht lebendigen Sprache schreiben. Kaiser Joseph II. zufolge sollten Gesetze in der Sprache verfasst werden, die in dem jeweiligen Land in Gebrauch ist (vgl. Brauneder 2011: 21). Bereits das Hofdekret von 1787 ordnete die Übersetzung von in Wien erlassenen Dekreten und Patenten in die jeweiligen Landessprachen an, wobei beide Fassungen gleichermaßen gültig seien (vgl. Slapnicka 1973: 64). Ebenso ordnete man bei der Einführung des Reichsgesetzblattes an, dass es in den Sprachen der Völker Österreichs erscheinen solle, wobei alle Fassungen gleich authentisch sein sollten (vgl. Slapnicka 1973: 65f.).[65] Zur Frage der amtlichen Übersetzungen in Österreich äußert sich allerdings Mertens:

65 Das gleichzeitige Erscheinen der verschiedenen Ausgaben des Reichstagsgesetzblattes stieß allerdings auf Schwierigkeiten terminologischer Art, so dass Verzögerungen die Folge waren

> Während anfangs beim ABGB allein die deutsche Fassung maßgeblich war, wurde durch Hofdekret vom 16. Oktober 1823 die italienische Fassung des ABGB (wie auch des österreichischen Strafgesetzbuches) für die italienischsprachigen Provinzen Österreichs als mit dem deutschen Urtext gleichrangig erklärt. Im Zuge der Ereignisse von 1848/1849 wurden dann durch kaiserliches Patent vom 4. März 1849 generell die Gesetzestexte in allen offiziellen Landessprachen für gleichermaßen authentisch erklärt. Dies wurde jedoch mit kaiserlichem Patent vom 27. Dezember 1852 wieder revidiert und erneut der deutsche Text als der alleinig maßgebliche bestimmt. (Mertens 2004: 264)

Korkisch (1939: 851, Anm. 1) schreibt diesbezüglich:

> Von den Rechtsnormen, die mit den einzelnen Rechtsgebieten übernommen wurden, ist nur bei den Gesetzen, die nur in Kongreßpolen erlassen wurden, der polnische Wortlaut der maßgebliche; für die im ehemals im deutschen Teilgebiet in Kraft gebliebenen Gesetze ist ebenso wie im früheren österreichischen Teilgebiet der deutsche Gesetzestext maßgebend und in Ostgebieten der russische.

Große Bedeutung wurde dementsprechend auch den Übersetzungen des ABGB beigemessen und man bemühte sich parallel zu der Kodifikation um entsprechende Übersetzungen in denjenigen Sprachen, die in den sog. Erbländern der Österreichischen Monarchie herrschten, wie es im vollständigen Titel des ABGB heißt (vgl. Brauneder 2011: 21). Im Kundmachungspatent vom 1. Juni 1811 zum ABGB wurde zwar der deutsche Text für den Urtext erklärt, es wurden jedoch zugleich Übersetzungen in den verschiedenen Landessprachen angekündigt (vgl. Slapnicka 1973: 64). Zunächst erschienen amtliche Übertragungen des österreichischen ABGB ins Polnische, dann ins Tschechische, Rumänische und nach 1850 ins Ungarische, Kroatische, Serbische, Ukrainische und sogar Englische und Hebräische (vgl. Brauneder 2011: 21 und Grodziski 2011: 27).[66] Die erste Übersetzung ins Polnische *Księga ustaw cywilnych wszystkim niemiecko-dziedzicznym krajom monarchii austriackiej powszechna* stammte aus dem Jahre 1811 und wurde von Michał Stojowski vorgenommen, der juristisch bis zum Mitglied der Hofkommission in Gesetzgebungssachen aufgestiegen ist, welcher die Vor-

---

und diese Bestimmung abgeändert wurde. Dies gab den Anstoß dazu, eine „Kommission zur Schaffung einer juridisch-politischen Terminologie der slawischen Sprachen“ einzuberufen (vgl. Slapnicka 1973: 66f.). Rückwirkend wurde 1853 ferner bestimmt, „daß auch bei allen schon früher verkündeten Rechtsnormen nur der deutsche Text authentisch ist“ (Slapnicka 1973: 68). Seit 1869 wurden offizielle Übersetzungen deutscher Gesetzestexte in allen landesüblichen Sprachen herausgegeben (vgl. Slapnicka 1973: 68).

66 Bei der ersten Reihe der Übersetzungen führt Slapnicka (1973: 64) noch die italienische Ausgabe an.

bereitung des ABGB oblag.[67] An seiner Übertragung wurde die sprachliche Korrektheit, Schönheit und Präzision gelobt und sie soll einen bedeutenden Beitrag zur Entwicklung der polnischen zivilistischen Rechtsterminologie geleistet haben (vgl. Malec 2011: 35). Stojowskis Fassung fand auch in juristischen Kreisen Anerkennung, weswegen die nächste Übertragung ins Polnische erst ein halbes Jahrhundert später herausgebracht wurde.[68] Dies erscheint umso bemerkenswerter, als die 1807 vollendete Übersetzung des Code Napoléon für schwach gehalten wurde, und ihr Autor sich damit rechtfertigte, dass die polnische Rechtsterminologie noch nicht herausgearbeitet worden sei (vgl. Grodziski 2011: 28).

Abb. 1: Erste Übersetzung des ABGB ins Polnische

KSIĘGA

USTAW CYWILNYCH

WSZYSTKIM

NIEMIECKO-DZIEDZICZNYM

KRAIOM

MONARCHYI AUSTRYACKIEY,

POWSZECHNA.

Część. I.

W WIEDNIU.

Z C.K. NADWORNEY I KRAIOWEY DRUKARNI.

1811.

1812 entstand ebenfalls für den Gebrauch polnischer Juristen eine lateinische Übersetzung des ABGB. Eine weitere bereits erwähnte Übersetzung des Gesetzbuches ins Polnische fertigte ca. 1858 (1869) der Richter Mayer bzw. Majer aus Krakau an. 1875 und 1894 entstanden zwei Auflagen des ABGB in polnischer Sprache, übersetzt und mit Kommentaren und Verweisen zum

67 Brauneder (2011: 21) zufolge sei die Übersetzung ins Polnische bereits 1810 abgeschlossen worden, d.h. noch vor dem Inkrafttreten des ABGB.

68 Während jedoch Malec (2011: 36) und Grodziski (2011: 28) die Mayer'sche bzw. Majer'sche Übersetzung – auch die Schreibung des Nachnamens des Autors differiert – auf das Jahr 1858 datieren, gibt Slapnicka (1973: 69) 1869 als Erscheinungsjahr an.

römischen, preußischen und französischen Recht von Maksymilian Zatorski und Franciszek Kasparek, zwei Zivilrechtsprofessoren an der Jagiellonen-Universität, versehen. Ihr Werk *Powszechna księga ustaw austriackich* wurde hoch anerkannt. Weitere Ausgaben stammten von Józef Czermak, Eugeniusz Wacyk und M. Szuchiewicz (*Księga powszechnej ustawy cywilnej wraz z tekstem niemieckim na nowo na język polski przełożona.* Lwów 1898), Józef Willaume (*Powszechna księga ustaw cywilnych wraz z dodatkowymi ustawami, rozporządzeniami i rozstrzygnięciami Najwyższego Trybunału Sądowego.* Lwów 1912), Zdzisław Suszkiewicz (*Powszechna księga ustaw cywilnych z roku 1811.* Złoczów 1913), Stanisław Wróblewski (*Powszechny austriacki kodeks cywilny z uzupełniającymi ustawami i rozporządzeniami, objaśniony orzeczeniami Sądu Najwyższego.* Teil 1-2. Kraków 1914-1918), Juliusz Basseches und Ignacy Korkis (*Kodeks cywilny z roku 1811 obowiązujący w Małopolsce i na Śląsku Cieszyńskim.* Lwów 1936, mit einem Vorwort von Maurycy Allerhand), Adolf Liebeskind (*Ustawy cywilne obowiązujące w Małopolsce i na Śląsku Cieszyńskim. Kodeks cywilny austriacki. Kodeks zobowiązań. Prawo ksiąg gruntowych. Ustawy związkowe.* Kraków 1937, mit einem Vorwort von Fryderyk Zoll) und zuletzt von Stanisław Wróblewski in Bearbeitung von Adam Radziszowski (*Kodeks cywilny austriacki z r. 1811 obowiązujący w Małopolsce i na Śląsku Cieszyńskim.* Lwów 1938). Darüber hinaus wurden Übersetzungen der weiteren Gesetzbuchnovellen angefertigt. Nach Slapnicka (1973: 68) ging das Erscheinen dieser zahlreichen amtlichen, aber auch privaten Übersetzungen mittelbar auf die durch das Wiener Justizministerium einberufene „Kommission zur Schaffung einer juridisch-politischen Terminologie der slawischen Sprachen" zurück (siehe Anm. 63). Sprachlich nicht immer gelungene oder terminologisch überholte Übersetzungen wurden auf diese Weise durch neue ersetzt (vgl. Slapnicka 1973: 68). Ferner entstanden vorwiegend an den Universitäten Krakau und Lemberg, welche zur Autonomie Galiziens gehörten, zahlreiche Arbeiten, Lehrbücher und Kommentare zum ABGB, welche in bedeutendem Maße die Entwicklung der polnischen Rechtsterminologie beeinflusst haben sollen (vgl. Malec 2011: 36f. und 43). Infolge der regen Übersetzungstätigkeit erschienen zudem zahlreiche juristische Wörterbücher, „die sorgfältig der österreichischen Rechtsterminologie Rechnung tragen und wesentlich dazu beigetragen haben, daß auch nach 1918, als der authentische Wortlaut der neuerlassenen Gesetze nicht mehr der deutsche war, die terminologische Einheit erhalten blieb" (Slapnicka 1973: 69f.).

Das Teilkorpus für die vorliegende Arbeit bildet die 1937 in Krakau veröffentlichte Ausgabe *Ustawy cywilne obowiązujące w Małopolsce i na Śląsku Cieszyńskim. Kodeks cywilny austriacki. Kodeks zobowiązań. Prawo ksiąg gruntowych. Ustawy związkowe*, wobei nur das österreichische ABGB (nach den drei Teilnovellen von 1914-1916) einer Analyse unterzogen wird.

3.4.2. Das deutsche BGB

Ebenso wie das ABGB wurde auch das deutsche BGB, das im westlichen Teil der Zweiten Polnischen Republik galt, mehrfach ins Polnische übersetzt. Zu nennen sind dabei folgende Übertragungen:

1. *Niemiecki kodeks cywilny wraz z ustawą zaprowadzającą*. Na język polski przełożył Tadeusz Zborowski. [*Das deutsche Bürgerliche Gesetzbuch mit dem Einführungsgesetz*. Ins Polnische übertragen von Tadeusz Zborowski – übers. v. F.K.] Poznań 1899. (ZGB 1899). Tadeusz Zborowski war Justiziar am Bezirksgericht in Inowrocław, er hatte auch das deutsche Handelsgesetzbuch aus dem Jahre 1897 ins Polnische übersetzt.[69] Wie er in dem Vorwort beteuert, griff er bei der Übersetzung des BGB bei terminologischen Schwierigkeiten auf bereits bestehende Übersetzungen von Gesetzestexten zurück, etwa des Preußischen Landrechts, des österreichischen ABGB sowie des Code Napoléon. Darüber hinaus schöpfte er aus zugänglichen polnischen Wörterbüchern und dem deutsch-polnischen Wörterbuch der Rechts- und Verwaltungsterminologie (*Niemiecko-polski słownik wyrazów prawniczych i administracyjnych*. Kraków 1874) (vgl. ZGB 1899: Vorwort).
2. *Niemiecki kodeks cywilny obowiązujący od 1. stycznia 1900 roku*. Na język polski przetłumaczył Waleryan Zieliński. [*Das deutsche Bürgerliche Gesetzbuch in Kraft seit dem 1. Januar 1900*. Ins Polnische übertragen von Waleryan Zieliński – übers. v. F.K.] Bytom 1900. (ZGB 1900). Sein Autor, Waleryan Zieliński, war Justizsekretär am Landgericht in Gnesen/Gniezno.
3. *Niemiecki kodeks cywilny wraz z ustawą wprowadczą. Część pierwsza i Część druga*. Spolszczyli Henryk Damm i Karol Gerschel. [*Das deutsche Bürgerliche Gesetzbuch mit dem Einführungsgesetz. Teil I und Teil II*. Verpolnischt von Henryk Damm und Karol Gerschel – übers. v. F.K.] Bydgoszcz 1922. (ZGB 1922). Bei diesem Übersetzungstext handelt es sich um das Werk zweier Richter: Henryk Damm war Richter am Bezirksgericht in Bydgoszcz, Karol Gerschel am Bezirksgericht in Toruń/Thorn. Die Autoren geben in

69 Vgl. Gazeta Losowań Papierów Publicznych Nr. 13 / Jg. XXX vom 28. März 1914, S. 101. Online unter: http://ebuw.uw.edu.pl/dlibra/plain-content?id=100582; (Stand 19.12.2013).

dem Vorwort dazu an, sie haben sich terminologisch an den Übersetzungen des ABGB sowie der Übertragung von Zborowski orientiert, da jedoch ein Teil der Rechtstermini in der polnischen Rechtssprache immer noch nicht festgelegt war, prägten sie auch eigene Bezeichnungen (ZGB 1922, T. II: 369).

4. *Kodeks cywilny obowiązujący na ziemiach zachodnich Rzeczypospolitej Polskiej* (przekład urzędowy). [*Das in westlichen Gebieten der Zweiten Polnischen Republik geltende Bürgerliche Gesetzbuch* (amtliche Übersetzung) – übers. v. F.K.] Warszawa/Poznań 1923. (ZGB 1923). Diese Übersetzung kam auf Initiative des Justizministeriums zustande. Im Auftrag des Justizministeriums wurde bereits vor der Übertragung des BGB eine Reihe weiterer deutscher Gesetzestexte übersetzt, etwa das Strafgesetz, die Strafverfahrensordnung oder die Zivilverfahrensordnung (vgl. ZGB 1923: III). Bei der vorliegenden Übersetzung wurde eine Kommission von 10 Juristen einberufen, deren Aufgabe es war, eine einheitliche rechtliche Terminologie festzulegen, welche einerseits dem Urtext entsprechen sollte, andererseits aber auch gegen die Regularitäten der polnischen Sprache nicht verstoßen sollte. Die auf diesem Wege vorgenommene Übersetzung wurde anschließend mehrmals revidiert (vgl. ZGB 1923: VIII). Auch in dieser Übertragung wurde auf Schwierigkeiten verwiesen, mit denen die Bildung origineller, heimischer Rechtsbezeichnungen behaftet war. Zugleich wurde jedoch der potentielle Nutzen für die sich herausbildende polnische Rechtssprache als eines der meist erwünschten Ergebnisse avisiert (vgl. ZGB 1923: X, siehe das einleitende Kapitel).

Abb. 2: Die amtliche Übersetzung des BGB aus dem Jahre 1923

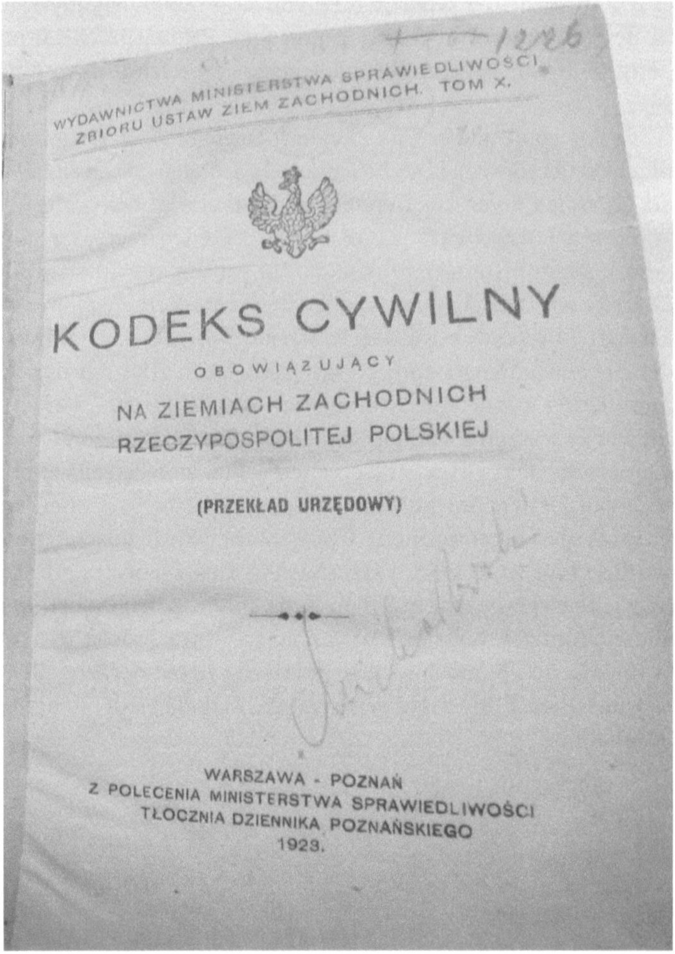

5. *Kodeks cywilny obowiązujący na ziemiach zachodnich Rzeczypospolitej Polskiej*. Wydanie II. Opracował Zygmunt Lisowski. [*Das in westlichen Gebieten der Zweiten Polnischen Republik geltende Bürgerliche Gesetzbuch*. II. Ausgabe. Bearbeitet von Zygmunt Lisowski – Übers. v. F.K.] Poznań 1933. (ZGB 1933). Der Autor dieser Übersetzung war Professor für römisches Recht. Die Grundlage seiner Übersetzung war die amtliche Übertragung aus dem Jahre 1923, die er jedoch nach Eigenangabe an einigen Stellen revidierte (ZGB 1933: VI). Unter anderem bezieht sich die Revision darauf, dass Lisowski den Urtext

nicht an polnische Realien anpasste, sondern Änderungsbedarf in Klammern signalisierte. In der amtlichen Übersetzung aus dem Jahre 1923 werden hingegen beispielsweise alle raumdeiktischen Elemente an die polnische Realität angepasst z.B.:

§. 2251. Wer sich während einer Seereise an Bord eines deutschen, nicht zur Kaiserlichen Marine gehörenden Fahrzeugs außerhalb eines inländischen Hafens befindet, kann ein Testament durch mündliche Erklärung vor drei Zeugen nach §. 2250 errichten.	§ 2251. Kto podczas podróży morskiej znajduje się poza portem krajowym na pokładzie statku polskiego, nie należącego do marynarki Rzeczypospolitej Polskiej, może sporządzić testament przez ustne oświadczenie wobec trzech świadków podług § 2250. (ZGB 1923)

6. *Ustawy cywilne obowiązujące na ziemiach zachodnich: kodeks cywilny niemiecki, kodeks zobowiązań, ustawy związkowe.* Zebrał Antoni Marjański. [*In westlichen Gebieten geltende Zivilgesetze: das Bürgerliche Gesetzbuch, Schuldrecht, Bundesgesetze.* Gesammelt von Antoni Marjański – Übers. v. F.K.] Kraków 1937. (ZGB 1937).

Bemerkenswert erscheint sowohl bei den Übertragungen des ABGB als auch des BGB, dass noch Ende der dreißiger Jahre entsprechende Übersetzungen erschienen, obwohl die Kodifikationskommission seit bereits fast zwanzig Jahren an der Vorbereitung einheitlicher Gesetzgebungsvorlagen im Bereich des Zivil- und Strafrechts arbeitete und dieser Aufgabe Priorität eingeräumt wurde. Eine Erklärung dafür liefert Płaza, wonach die Ausgaben der Gesetzestexte ehemaliger Teilungsgebiete (deren Übersetzungen) im Laufe der Rechtsvereinheitlichung und der Gesetzgebungstätigkeit allmählich veralteten, was die Herausgabe neuer Übersetzungen, welche die neue Terminologie berücksichtigen und die neuen Rechtssätze mit veröffentlichen würden, notwendig machte (vgl. Płaza 2001: 52).

Daneben wurden ebenfalls Gesetzeskommentare veröffentlicht, etwa Zoll, Fryderyk (1923): *Prawo Cywilne Dzielnic Polskich (w zarysie). Część III. Prawo cywilne b. dzielnicy pruskiej. Tom I. Wstęp. Część ogólna. Zobowiązania.* Warszawa; Kraków.

Als Teilkorpus für die vorliegende Arbeit wurde die amtliche Übersetzung des BGB aus dem Jahre 1923 gewählt, zumal die danach herausgegebenen Übertragungen damit weitgehend übereinstimmen.

3.4.3. Französisch-polnisches Zivilrecht

Das französisch-polnische Zivilrecht, welches in Zentralpolen galt, wurde nur in wenigen Bereichen geändert: 1825 wurde das erste Buch, sowie die Titel V und

XVIII des dritten Buches des Code Civil Napoléon durch das erste Buch des Zivilgesetzbuches für das Königreich Polen ersetzt. Daraufhin wurde das polnische Eherecht von 1825 durch ein der geistigen Jurisdiktion unterstellte russische Gesetz von 1836 ersetzt. Abgesehen davon

> [...] blieb das auf den *Code Napoléon* zurückgehende polnische Zivilrecht unangetastet. Somit kann man trotz der zunehmenden Russifizierungspolitik, die nach dem Januaraufstand in eine völlige verfassungs- und verwaltungsrechtliche Assimilation des Teilungsgebietes mit dem Zarenreich mündete, im Bereich des Privatrechts die Bewahrung polnischer Eigenständigkeit konstatieren. (Kraft 2002: 42)

Ähnlich wie das bei den deutschsprachigen Zivilgesetzbüchern der Fall war, wurde auch der französischsprachige Code Napoléon mehrfach ins Polnische übertragen. Mączyński schreibt in diesem Zusammenhang Folgendes:

> Bis zum Inkrafttreten von Code Napoléon im Herzogtum Warschau wurde eine authentische polnische Fassung dieses Gesetzwerkes nicht angefertigt. Daher wurde im Gesetz vom 10. Oktober 1809 festgelegt, dass ‚der französische Urtext bis zur Verlautbarung einer authentischen polnischen Fassung das Recht bilde', die Übersetzung wiederum, welche von der Warschauer Buchhandlung des Piaristenordens 1808 herausgegeben wurde, ‚werde vor Gerichten anerkannt, vorausgesetzt, sie widerspreche nicht dem Original'. Eine amtliche Übersetzung von Code Napoléon wurde nie herausgegeben. (KN 2008: 13; übers. v. F.K.)

Zu den nichtamtlichen Übersetzungen von Code Napoléon ins Polnische gehören u.a.:

1. *Kodex Napoleona z przypisami*. Bd. I-II. Warszawa: Drukarnia Xięży Piarów, 1808. (Nachdruck 2008 im Verlag Collegium Columbinum).
2. *Kodex Napoleona*. Warszawa: Drukarnia Wiktora Dąbrowskiego, 1810. (Übertragung von Xawier Michał Bohusz, Prälat der Wilnaer Kathedrale und Richter des Friedensgerichts der vierten Abteilung der Stadt und des Kreises Warschau).
3. *Kodex Napoleona*. Warszawa: Drukarnia Rządowa, 1813. (Eine polnisch-französische Ausgabe, Übersetzung von Pfr. Franciszek Ksawery Szaniawski).
4. *Prawo cywilne obowiązujące w Królestwie Polskiem*. Hrsg. v. Stanisław Zawadzki, Referent der Regierungskommission für das Justizwesen. Bd. I-III. Warszawa 1860-1863.
5. Übersetzung der Rechtsgesellschaft (Towarzystwo Prawnicze) in Warszawa aus dem Jahre 1914.
6. *Prawo cywilne obowiązujące w Królestwie Polskiem*. Warszawa 1916. Mitautor: Jan Fidler.
7. *Prawo cywilne obowiązujące na obszarze b. Kongresowego Królestwa Polskiego: z dodaniem ustaw uzupełniających i związkowych oraz orzecznictwa sądów*

kasacyjnych (red. J. J. Litauer). Warszawa: F. Hoesick, 1923 (Der Herausgeber Jan Jakób Litauer war Mitglied der Kodifikationskommission, seine Übersetzung galt als modern und wurde in der Zwischenkriegszeit allgemein verwendet (vgl. KN 2008: 14 und KN 1997: V)).

8. *Kodeksy cywilne obowiązujące na ziemiach centralnych Polski włącznie z kodeksem zobowiązań*. Warszawa 1936. Mitautor: Edward Muszalski.
9. *Prawo cywilne obowiązujące w województwach centralnych: kodeks cywilny Królestwa Polskiego, prawo o małżeństwie, kodeks cywilny Napoleona, kodeks zobowiązań, ustawy hipoteczne, ustawy związkowe*. Zebrał i opracował Zenon Łączyński. Warszawa: Księgarna Powszechna, 1937. (Nachdruck 1997; KN (1997))

Wie Mączyński beteuert, reichte keine der Übertragungen an den französischen Urtext heran (vgl. KN 2008: 13).

Als Teilkorpus für die vorliegende Arbeit wurde die aus dem Jahre 1937 stammende Gesetzessammlung gewählt, die von Zenon Łączyński herausgegeben wurde. Ihr Erscheinungsjahr fällt etwa in die gleiche Zeit wie die Veröffentlichung der zwei früher beschriebenen Teilkorpora. Wie Łączyński erklärt, stützte er sich bei seiner Übertragung auf die bisherigen Übersetzungen von Code Napoléon, dabei v.a. die Schreibweise modernisierend (vgl. KN 1997: V-VI). Eingang in das in der vorliegenden Arbeit analysierte Teilkorpus fanden diejenigen Gesetzestexte, die als solche aus der Teilungszeit Polens stammten und zum Zeitpunkt der Entstehung der analysierten Gesetzessammlung noch nicht durch Inkraftsetzung einheitlicher Rechtssätze aufgehoben wurden. Wie bereits erwähnt, wurde das Werk Łączyńskis 1997 neuaufgelegt. Einen Nachdruck dieser Übersetzung findet man auch in der 2008 vom Verlag LexisNexis herausgegebenen Sammlung mit dem Vorwort Andrzej Mączyńskis.

4. Methodische Herangehensweise

> Die Entwicklung der Korpustechnologie ermöglicht seit einiger Zeit, diese Erkenntnisse auf eine umfassende empirische Basis zu stellen. Den heuristischen Wert von Korpusdaten bestreitet heute wohl kaum noch jemand. In Textkorpora findet man geronnenes sprachliches Wissen. (Steyer 2004: 92)

Zur Verfolgung der in der Einleitung dargelegten Ziele wurden die im Kapitel 3.4. beschriebenen drei Teilkorpora zunächst mit Hilfe von OCR-Software digitalisiert. Aufgrund der Tatsache, dass bei der Kollokationsforschung dem Frequenzkriterium eine besondere Bedeutung beigemessen wird, erschien es nämlich nicht denkbar, die Vorkommenshäufigkeit der einzelnen Belege manuell ermitteln zu können. Darüber hinaus wurde der österreichische und deutsche Gesetzestext mit dem jeweiligen polnischen Übersetzungstext parallelisiert, sodass die polnischen Entsprechungen unter Nutzung konventioneller Suchanfragen mit Hilfe sog. regulärer Ausdrücke mit extrahiert werden konnten. „Da eine detaillierte Beschreibung von Kollokationen voraussetzt, daß Aspekte der Lexik und Aspekte der Grammatik gemeinsam betrachtet werden [...], man muß in der Lage sein, morphosyntaktische, distributionelle und syntaktische Informationen (Valenz) aus Texten zu extrahieren, damit man zu einer gegebenen Kollokation die relevanten Eigenschaften mit angeben kann" (Heid 2005: 98), daher wurden auch die konkreten Realisierungsformen der Kollokationskandidaten jeweils verzeichnet, um eventuelle Rückschlüsse auf deren morphosyntaktische Restringiertheit bzw. Präferiertheit ziehen zu können.

Bei der Analyse wurde korpusbasiert vorgegangen, d.h. „mit im Vorhinein aufgestellten Hypothesen und Fragen an das Korpus" (Steyer 2009: 119). Dabei geht es darum, „Korpusdaten zur nachträglichen Erklärung, Veranschaulichung und/oder Überprüfung einer Theorie zu verwenden" (Mindt 2010: 54). Zwar sehen die Anhänger der korpusgesteuerten Analyse darin, „Korpora mit ganz bestimmten Theorien und Prämissen zu befragen, [...] die Gefahr, in den Daten nur die Strukturen zu finden, die mit der Theorie kompatibel sind und blind gegenüber Evidenzen zu sein, die quer zu einer Theorie stehen" (Bubenhofer 2009: 101; vgl. auch Steyer 2004: 93), dem kann jedoch entgegengebracht werden, dass es nicht bei jedem Forschungsanliegen zweckmäßig erscheint, die Untersuchungsoptik so weit zu fassen, dass auch „Phänomene, die sich nicht automatisch auf die Ausgangshypothesen beziehen" (Steyer 2004: 93) ins Blickfeld geraten.

Ausgehend von dieser Prämisse beschränkte sich die Kollokativitätsprüfung der Mehrwortverbindungen auf klassische Zweiwortkombinationen

(Verb-Nomen) (vgl. Steyer 1998: 102). Sog. Fachwendungen[70] bzw. Fachphrasen dieser Art erwiesen sich in den untersuchten Korpora als die am frequentesten repräsentierten Strukturmuster (im Sinne Hausmanns), was mit der Beobachtung von Kratochvílová und Wolf kompatibel ist:[71]

> Eine fundamentale Einschränkung darf allerdings nicht übersehen werden: Eine Korpusanalyse kann immer nur das und nicht mehr und nicht weniger als [das] erbringen, was im Korpus enthalten ist. (Kratochvílová/Wolf 2010: 10)

Bei der Kookkurrenzanalyse wurde eine Spannweite von acht Wörtern aus den Untersuchungskorpora gewählt, d.h. vier Positionen links und vier Positionen rechts des Knotens, was nach Sinclair für optimal erachtet wird (vgl. Bischof 2007: 77 und Perkuhn/Keibel/Kupietz 2012: 114). Während bei adjektivisch-substantivischen Kollokationen die Spannweite (‚window span' bzw. Kollokationsfenster) auch niedriger gestellt sein kann, da v.a. bei attributiver Funktion die Adjektive häufig unmittelbar vorangestellt sind, so besteht insbesondere bei substantivisch-verbalen Kollokationen „Einigkeit [...] darin, dass die äußerste Grenze, um nach Kollokationen zu suchen, die Satzgrenze ist und dass es nicht ausreicht, direkt angrenzende Wörter zu untersuchen" (Bischof 2007: 77). Ein zu kleines Kollokationsfenster könnte nämlich relevante Kollokationspartner ausblenden (vgl. Ludewig 2005: 108). In diesem Zusammenhang stellt Schneider fest:

> Erheblich aufwendiger in intellektueller und zeitlicher Hinsicht gestaltet sich dagegen in vielen Fällen die Extraktion von verbalen Kollokationen des Typs N Subjekt + Verb und Verb + N Objekt. Hier müssen immer wieder umfassende und sogar satzübergreifende Textausschnitte des Korpus überblickt werden. (Schneider 2003: 59)

Aufgrund der Tatsache, dass textpositionale Nähe zum Teil nicht mit syntaktischem Zusammenhang einhergeht, erwiesen sich zu dessen Prüfung KWIC-Analysen (Key Word in Context) als unabdingbar. Ähnlich beobachtet auch Bubenhofer, dass insbesondere bei großer Spannweite „oft eine minimale Korpusrecherche nötig ist" (Bubenhofer 2009: 208).

Um der Berücksichtigung positionaler Varianz Rechnung zu tragen, wurde das Korpus nach der computergestützten Extraktion allerdings zusätzlich prüfend gelesen. Dabei als auch bei der Exzerpierung von polnischen Entsprechungen für die extrahierten deutschen Kollokationskandidaten wurden die ermittelten Frequenzangaben erneut revidiert. Es zeigte sich dann, dass die

---

70 Zum Begriff der Fachwendung unter Bezug auf die DIN-Norm 2342 (2011) siehe Arntz / Picht / Schmitz (2014: 35).

71 Eine ähnliche Beobachtung macht auch Kjær (2007: 509).

festgelegte Spannweite in einigen Fällen viel zu eng gestellt war, da Kollokationsteile durchaus von mehr als vier Wörtern getrennt sein können und auch über Satzgrenzen hinweg gehen können, z.B.:

> Der Verein ist für den Schaden verantwortlich, den der Vorstand, ein Mitglied des Vorstandes oder ein anderer verfassungsmäßig berufener Vertreter durch eine in Ausführung der ihm zustehenden Verrichtungen begangene, zum Schadensersatze verpflichtende Handlung einem Dritten zufügt. (§ 31 BGB)

> Vermiether muß sich jedoch den Werth der ersparten Aufwendungen sowie derjenigen Vortheile anrechnen lassen, welche er aus einer anderweitigen Verwerthung des Gebrauchs erlangt. (§ 552 BGB)

> Ist die Ehe nichtig, so wird, wenn dem einen Ehegatten die elterliche Gewalt über den anderen zusteht, diese mit der Eheschließung verwirkt. Die Verwirkung tritt nicht ein, wenn die Nichtigkeit der Ehe auf einem Formmangel beruht und die Ehe nicht in das Heirathsregister eingetragen worden ist. (§ 1771 BGB)

Es galt somit im zweiten Schritt, nach der automatischen Kookkurrenzanalyse, auch derartige diskontinuierliche Kollokationskandidaten aufzudecken.

Als eine weitere Schwierigkeit erwies sich die hohe morphosyntaktische Variabilität der Belege, die dazu führte, dass die absoluten[72] Auftretensfrequenzen der jeweiligen Wortverbindungen sich oft erst aus der Summe der einzelnen Realisierungsformen ergeben haben. Dennoch wurde das Korpus mit Bedacht nicht annotiert, und zwar aus mehreren Gründen. Zum einen könnten dadurch „wichtige Gebrauchsnuancen verloren gehen [...] die Gefahr dabei ist groß, die Rohdaten zu ignorieren und nur noch die Strukturen der (gemäß einer bestimmten Theorie) nachbearbeiteten Daten zu fokussieren" (Bubenhofer 2009: 126). Zum anderen profitiert nicht „jede Untersuchung [...] von der Existenz einer linguistischen Annotation, zumal diese nicht immer hundertprozentig korrekt ist und oft auch nicht tief genug geht" (Lemnitzer/Zinsmeister 2006: 171f.).

Die Sichtung des Korpus im Nachhinein stellte sich auch in der Hinsicht als wichtig heraus, dass bei der nur automatischen Extraktion aufgrund der hohen Vorkommensvariabilität bloß eine Teilmenge kollokatorischer Ausdrücke aufgedeckt werden könnte. Durch das prüfende Lesen nach der automatischen Vorgehensweise konnten hingegen, z.B. aufgrund der Tatsache, dass einige potentielle Basen im Korpus pronominalisiert erscheinen, verlässlichere Angaben erzielt werden, was insbesondere bei weniger frequenten Belegen eine Rolle spielt, beispielsweise:

72 Zur Unterscheidung zwischen absoluter und relativer Korpusfrequenz siehe Perkuhn / Keibel / Kupietz (2012: 79).

Das Erlöschen der Vollmacht bestimmt sich nach dem ihrer Ertheilung zu Grunde liegenden Rechtsverhältnisse. (§ 168 BGB)

Speziell, was das österreichische Teilkorpus anbelangt, stellte sich auch die teilweise variable Schreibweise als ein Faktor dar, der bei der Angabe von Auftretensfrequenzen mit zu berücksichtigen war, so erscheint darin beispielsweise *Wert* neben *Werth*, *Kurator* neben *Curator*. Darüber hinaus gilt für die hier untersuchte ABGB-Fassung:

Auffällig ist die Ungleichmäßigkeit in den Endungen der Partizipien. Sie ist vielleicht aus der Verschiedenheit der Vorlagen und der Mehrheit von Redaktoren zu verstehen. So steht z.B. § 734 getheilet, aber § 735 getheilt; § 62 verehelichet aber § 80 verehelicht; § 58 erkläret, aber § 80 erklärt. Im § 35 heißt es gewähret, begünstiget, dagegen unterliegt. Die Endung mit dem e entspricht mehr der Kanzleisprache als der Umgangssprache. (Künssberg 1930: 13f.)

Eine besondere Bedeutung wird bei der automatischen Kollokationsanalyse den Berechnungen von Assoziationsmaßen beigemessen, die anhand unterschiedlicher Tests vorgenommen werden. Eine entscheidende Rolle spielen die Assoziationsmaße „bei der automatischen Extraktion von Kollokationen aus umfangreicheren Korpora [...], wenn direkter Kontakt mit dem Quellentext nicht mehr möglich ist" (Kratochvílová 2011: 186). Durch die Assoziationsmaße soll die Kollokationsrelevanz der gewonnenen Belege anhand statistischer Signifikanz gewichtet werden. Als statistisch signifikant gilt ein Kollokationskandidat dann, „wenn seine Frequenz im Korpus höher ist als die Frequenz seiner Einzelkomponenten" (Kratochvílová 2011: 187).

Bei der vorliegenden Arbeit wurden zur Berechnung der Assoziationsmaße Mutual Information (MI) sowie Log-Likelihood eingesetzt, und zwar aus dem praktischen Grund, dass diese Verfahren von dem hier verwendeten Konkordanzprogramm angeboten und empfohlen wurden.

Das MI-Maß informiert darüber, inwiefern „das Vorkommen eines Wortes [*X*] das Ko-Vorkommen des anderen [*Y*] antizipiert. Die MI-Werte steigen, wenn die Relation zwischen *X* und *Y* fester, d.h. signifikanter ist" (Kratochvílová 2011: 188). Das MI-Maß wird folgendermaßen berechnet:

$$MI\,(X,\,Y) = log_2\,\frac{P(X,\,Y)}{P(X)\cdot P(Y)}$$

Die erzielten Ergebnisse lassen sich wie folgt interpretieren:

MI vergleicht die Wahrscheinlichkeit des gemeinsamen Auftretens der Wörter x und y (gemeinsame Wahrscheinlichkeit) mit den Wahrscheinlichkeiten des unabhängigen Auftretens der Wörter x und y (Zufallswahrscheinlichkeit). Wenn also eine tatsächliche

Beziehung zwischen x und y besteht, wird die gemeinsame Wahrscheinlichkeit P(x,y) wesentlich grösser sein als die Zufallswahrscheinlichkeit P(x) P(y), und damit wird MI(x,y)> 0. Wenn keine erkennbare Beziehung zwischen x und y besteht, ist I(x,y) um Null herum, und wenn x und y in komplementärer Distribution vorkommen, d. h. wenn das eine Wort im Kontext das andere ausschliesst, ergibt sich I(x,y)<0 [...]. (Luder 2011:116)

Das Assoziationsmaß Log-Likelihood wird in der einschlägigen Literatur für aussagekräftiger als MI erachtet, es wird durch hohe Güte und zwar unabhängig von den jeweiligen Frequenzwerten charakterisiert (vgl. Evert/Heid/Lezius 2000, Orliac 2008: 377 und Kratochvílová 2011: 194). Allerdings wird auch hierbei „eine Liste von potentiellen Kollokatoren für eine Basis [geliefert], welche aber auch viele Wörter enthält, die keine Kollokatoren sind (z.B. grammatikalische Wörter)" (Bischof 2007: 79).

Folgt man Heid, so können

[...] für die statistische Auswertung von Kookkurrenzdaten für Wortpaare nur diejenigen Vorkommen mit einiger Aussicht auf statistische Validität berücksichtigt werden [...], für die in einem gegebenen Corpus wenigstens fünf Instanzen gefunden worden sind. Je höher die untere Schranke liegt, desto weniger Wortkombinationen werden in einem gegebenen Corpus gefunden. Oder umgekehrt: je höher die untere Schranke liegt, desto umfangreicher muß das Corpus sein, aus welchem das Material extrahiert wird, damit ausreichende Mengen Beispiele gefunden werden. (Heid 2005: 111f.)

Hieraus leitet er „die Forderung nach der Benutzung relativ großer Textcorpora [ab]; Größenordnungen ab 100 Millionen erscheinen geeignet" (Heid 2005: 112). Da der vorliegenden Arbeit ein Korpus von ca. 410000 Wörtern (Tokens) zugrunde gelegt wurde – was nach Scherer (2006: 16) als Kleinkorpus gilt – wurde auch die untere Schranke niedriger, d.h. auf 2 gesetzt, einmal belegte Kombinationen wurden hingegen dann miterfasst, wenn der potentielle Kollokator darin eine kontextspezifische Umdeutung erfahren hat. Dieser Entscheidung lag „das unabdingbare Ziel jeder korpuslinguistischen Arbeit" – die Exhaustivität – zugrunde (Kratochvílová/Wolf 2010: 13).

Vor diesem Hintergrund galten in der vorliegenden Arbeit die oben kurz besprochenen Signifikanzmaße als eine wichtige Orientierungshilfe bei der ersten Feststellung, ob ein Kookkurrenzpaar kollokationsverdächtig ist. Nichtsdestotrotz ist jedoch diesbezüglich der Auffassung von Ruiz Yepes beizupflichten,

[...] dass alleine mathematische Methoden nicht hinreichend sind und stattdessen die Anwendung von ‚hybriden' Methoden vorzuziehen ist [...]. Damit sind Methoden gemeint, die eine Kombination aus einer Korpusberechnung (basierend auf Firths Definition von Kollokation) und linguistischen Kriterien in Form von Kollokationsmustern (basierend auf Hausmanns Definition von Kollokation) anwenden. (Ruiz Yepes 2013: 300f.)

Im Hinblick auf das oben Gesagte „lieferte das [automatische] Extrationsverfahren zwar wertvolles Rohmaterial für die anschließende manuelle Auswertung [aber] [...] noch keine eigentlichen Resultate" (Bürki 2012: 268). Ähnliche Beobachtungen stellte diesbezüglich Bubenhofer: „Der erste Blick auf die Tabellen ist ernüchternd [...] nur einige dieser Mehrworteinheiten scheinen für eine weitere Analyse interessant und es ist klar, dass diese Listen stark gefiltert werden können" (Bubenhofer 2009: 200).

In dieser Hinsicht, dass das Phänomen der Kollokationen im Gegensatz zu Kookkurrenzen, d.h. dem reinen Ko-Vorkommen „von lexikalischen Einheiten und bestimmten sprachlichen Mustern" (Sailer 2003: 217f.) nicht einzig aufgrund statistischer Daten erhoben werden kann, sondern einer linguistischen Interpretation bedarf, scheint in der Forschung weitgehend Konsens zu bestehen. Dies veranschaulicht etwa die folgende Auswahl von Standpunkten:

> Alle Akquisitionsverfahren dienen natürlich nur dazu, Kandidaten für die Beschreibung von Kollokationseigenschaften der Wörter zu identifizieren. Diese Kandidaten müssen vom Lexikographen durchgesehen werden. Alle diskutierten Verfahren sind also in dem Sinne semi-automatisch, daß auf automatischem Wege Kandidaten aus den Corpora extrahiert werden, die dann manuell sortiert, strukturiert und schließlich im Wörterbuch präsentiert werden. (Heid 2005: 110f.)

> Bloße Rekurrenz ist ein gänzlich unzureichendes Kriterium der Kollokationsanalyse. Entscheidend bleibt letztlich die intersubjektiv zu bestätigende idiomatische Kompetenz der Untersucher selbst, die die Belege zu bewerten haben, ein Punkt auf dem Franz Josef Hausmann mit Recht immer wieder insistiert hat. In methodischer Hinsicht ist rekurrente Kookkurenz [sic] von Wörtern deshalb vor allem ein heuristisch wertvolles Hilfsmittel für die Entdeckung potentieller idiomatischer Prägungen – z.B. von Kollokationen. (Feilke 2004: 53)

> Frequenz und Statistik stellen eine Basis dar, aber die menschliche Bearbeitung, die philologische Kompetenz muß in jeder Verarbeitungsstufe neu eingesetzt werden. Um eine wirklich praktikable Hilfe für die Produktion fremdsprachiger Texte zu erarbeiten, muß man natürlich über die Konstatierung des reinen Miteinandervorkommens von Wörtern hinausgehen. Aber erst wenn typische Vorkommen, Häufigkeiten und Kontexte aus Korpora isoliert sind, ist es möglich, über die Qualität einer Kollokation im Sinne Hausmanns zu urteilen. (Steyer 1998: 100f.)

> Even though the extraction tools [...] are most commonly called ‚collocation extraction tools', not all word pairs which receive high association figures and are thus extracted need to be collocations in (one of) the phraseological sense(s). [...] Thus manual selection of candidates is necessary, if the results of the application of association measures are to be used for lexicographical purposes. (Heid 2008: 351)

Wie aus den obigen Schilderungen hervorgeht, wurden die Kollokationskriterien bei der Einstufung der gewonnenen Korpusbelege als Kollokationen in der vorliegenden Arbeit in einer anderen Reihenfolge angewandt, als sie im Kapitel zum Kollokationsbegriff dargestellt wurden. In Anlehnung an statistische Kriterien wurden die rekurrenten Verbindungen zunächst auf der Basis einer Kookkurrenzanalyse als Kollokationskandidaten extrahiert. Erst anschließend wurden sie im Hinblick auf die morhosyntaktischen und semantischen Kriterien hin analysiert. Zu diesem Zweck wurden sie auch einer sprachkontrastiven Betrachtung unterzogen. Um den Kollokationsstatus der einzelnen Korpusbelege zu prüfen, wurden umfangreichere zugängliche Korpora konsultiert, insbesondere das Digitale Wörterbuch der deutschen Sprache. Beim Fehlen entsprechender Belege im DWDS wurde zusätzlich auf die Phrasensuche mit Hilfe der Suchmaschine Google zurückgegriffen. In solchen Fällen, bei denen bestimmte Wortgruppen „nicht in den großen Korpora zu finden sind [...] [und man] auf Google-Suchmaschine zurück[greift]“, kann nach (Wolf 2010: 23) von ‚zweckgebundenen (Teil-)Korpora‘ gesprochen werden. Lemnitzer und Zinsmeister sprechen in diesem Zusammenhang auch von „Hintergrund- oder *Kontrollkorpora* für Untersuchungen, die sich auf *Spezialkorpora* beziehen und Eigenschaften der durch dieses Spezialkorpus repräsentierten Varietät untersuchen. Die Besonderheiten der untersuchten Varietät werden [durch Vergleich mit dem Kotrollkorpus] sichtbar“ (Lemnitzer/Zinsmeister 2006: 106; Herv. im Original). Suchabfragen mit Google erscheinen in dieser Hinsicht am geeignetsten, da es die größte und populärste Suchmaschine weltweit ist, und daher kann damit „am besten und einfachsten ermittelt werden, was im heutigen synchronen Sprachzustand Usus ist bzw. dem allgemeinen Sprachgebrauch entspricht“ (Konecny 2010: 323).

Bei der Analyse wurden somit hybride Methoden angewandt: Den Ausgangspunkt bildete die quantitativ ausgerichtete computergestützte Kookkurrenzanalyse, anschließend wurden die Kollokationskandidaten eingehend untersucht. Zwar trifft es sicherlich zu, dass die „Kookkurrenz- und Kontextanalyse der Belege [...] eine Vielzahl von Informationen [bietet], die man durch Introspektion oder durch die Analyse einzelner Texte in keinem Fall gewinnen kann“ (Steyer 2002: 231). Dennoch darf sich eine Kollokationsanalyse nicht lediglich auf statistische Plausibilitäten beschränken, die eigentliche sprachwissenschaftliche Arbeit – die Klassifizierung der Mehrwortphänomene – muss erst danach folgen.

5. Kollokationen im Bürgerlichen Gesetzbuch

‚Kookkurrenz' ist das statistisch erhobene Potenzial, ‚Kollokation' ein interpretiertes Teilphänomen. (Steyer 2003: 99)

5.1. Typen von Mehrwortverbindungen

Abgesehen von freien und idiomatischen Wortverbindungen, auf deren Unterschiede zu Kollokationen bereits im Kapitel zum Kollokationsbegriff eingegangen wurde, treten in dem analysierten Korpus auch andere benachbarte Mehrwortverbindungen auf, die im Folgenden vorgestellt werden.

5.1.1. Kolligationen

Kolligationen, die auch als grammatische Kollokationen bezeichnet werden, stellen Verbindungen aus einem grammatisch dominierenden Element sowie einem synsemantischen Teil dar (vgl. Gładysz 2003: 73). Hierbei handelt es sich in dem untersuchten Korpus etwa um folgende Kombinationen, die analog zu den Kollokationen im interlingualen Vergleich teilweise ebenfalls keine wörtlichen Übersetzungen aufweisen, wie die unteren Fälle zeigen:

1) *mit sich bringen* mit den Äquivalenten: *obejmować, być połączone z, pociągać za sobą*;
2) *auf etw. klagen – skarżyć o, wnieść skargę o.*

Bei der Verbindung *auf etw. klagen* ist zwar der Kombinationsbereich des Verbs auf Anträge eingeschränkt, die im Rahmen einer Klage gestellt werden können – in dem untersuchten Korpus kommen folgende Kombinationen vor:

a) *auf Scheidung klagen – wniesienie skargi o rozwód, skarżyć o rozwód, skarga o rozwód, wnieść skargę o rozwód*;
b) *auf Aufhebung (der Gütergemeinschaft/der Verwaltung und Nutznießung) klagen – skarżyć o zniesienie wspólności majątkowej, skarżyć o uchylenie zarządu i pobierania użytków*;
c) *auf Unterlassung klagen – skarżyć o zaniechanie.*

– vom Inhalt her handelt es sich jedoch, wie die obigen Beispiele ansatzweise veranschaulichen, um semantisch unterschiedliche Substantive, die daher in Kombination mit dem Verb *klagen* als freie Verbindungen zu kategorisieren sind.

Als Kolligationen gelten auch jene grammatischen Verbindungen, die im Vergleich zum heutigen Sprachgebrauch Veränderungen in der Valenz erfahren haben:

3) *zu etw. mitwirken* – während das Duden-Universalwörterbuch bei dem Verb *mitwirken* die Rektion mit *bei* und *in* angibt (vgl. Duden 1996: 1027), regiert das Verb in dem analysierten Korpus die Präposition *zu*. Diese Möglichkeit wird auch im Grimmschen Wörterbuch verzeichnet: „zur aufklärung der Deutschen hast du mit Lessing und Moses mitgewirkt. Schiller hist.-krit. ausg. 11, 156".[73] Somit werden folgende, im Korpus vorkommende Verbindungen ebenfalls als frei aufgefasst:

   a) *zu (sonstigen) Maßregeln mitwirken – współdziałać przy przedsiębraniu środków; współdziałanie przy zarządzeniach;*
   b) *zu sonstigen Maßnahmen mitwirken – współdziałanie w innych zabiegach;*
   c) *zur Einziehung mitwirken – współdziałanie celem ściągnięcia;*
   d) *zur Aufnahme eines Verzeichnisses der Sachen mitwirken – współdziałanie celem sporządzenia spisu rzeczy.*

Als eine Kolligation ist analog auch die im BGB vorkommende Verbindung *es bei etw. bewenden* einzustufen, die im Gegenwartsdeutschen in der Form *es bei etw. bewenden lassen* gebräuchlich ist. Aus der scheinbar restringierten Verbindung dieses Verbs mit den Substantiven *Frist* und *Vorschrift(en)*, etwa:

4) *es bei etw. bewenden*
   a) *(so) bewendet es bei der (Verjährungs)Frist – wchodzi w zastosowanie czasokres przedawnienia, pozostaje w mocy czasokres, stosuje się czasokres;*
   b) *bewendet es bei den Vorschriften (der Vorschrift) – pozostaje się przy przepisach, pozostaje w mocy przepis;*

ist jedoch nicht darauf zu schließen, dass die Lesart des Verbs *bewenden* im Sinne von ‚verbleiben' durch die potentiellen Basen determiniert wird, vielmehr ist sie der Verbindung mit der Präposition *bei* inhärent.[74] Dies lässt sich durch Angaben des Grimmschen Wörterbuchs stützen, das die Verbindung *bei etw. bewenden* neben der heutigen erweiterten Variante verzeichnet: „es bewendet dabei, soll bewenden; in den höchsten sorgen, es möchte bei diesem einfall nicht bewenden (*verbleiben*)."[75] Im Gegensatz zu Wörterbüchern des Gegenwartsdeut-

---

73 Vgl. http://woerterbuchnetz.de/DWB/?sigle=DWB&mode=Vernetzung&lemid=GM06388; Stand: 25.02.2013.

74 Eine ähnliche Auffassung bezüglich der Verbindung *reagieren mit* vertritt Picht. Ihm zufolge müsse die Präposition *mit* darin „möglicherweise als Teil der Benennung des Verbbegriffs angesehen werden" (Picht 1988: 191).

75 URL: http://www.woerterbuchnetz.de/DWB?lemma=bewenden; Stand 25.02.2013. Erwähnenswert erscheint, dass Belege für die heute gebräuchliche Verbindung *es bei*

schen kommen im Grimmschen Wörterbuch noch andere Bedeutungsvarianten des Verbs *bewenden* vor. Die obigen Kombinationen *(so) bewendet es bei der (Verjährungs)Frist* und *bewendet es bei den Vorschriften* sind somit als frei einzustufen. Aufgrund der Tatsache, dass Kolligationen zwar feste Wortverbindungen darstellen, es sich jedoch dabei nicht um lexikalische Verbindungen aus mindestens zwei Autosemantika, sondern um Fälle von morphologisch-syntaktisch gesteuerter Verbindbarkeit von Ausdrücken handelt (vgl. Bußmann 2008: 345), werden sie aus dem Untersuchungsbereich ausgeklammert.

5.1.2. Komposita

Im Grenzbereich zu Kollokationen liegen auch Komposita. Die Frage, ob sie als Kollokationen interpretierbar sind, wird in der einschlägigen Literatur nicht eindeutig beantwortet. Hausmann (2004: 317) spricht sich für deren Mitberücksichtigung bei der Kollokationsanalyse aus, ebenso schreibt Forkl Komposita eine ähnliche Spannbreite bezüglich der semantischen Kompositionalität zu, weshalb sie ihm zufolge im selben phraseologischen Bereich wie die Kollokationen zu behandeln seien (vgl. Forkl 2010: 44). Auch Cedillo (2004: 47) plädiert für den Einbezug von Komposita und Mehrworttermini in die Kollokationsforschung (vgl. auch Gautier 1999: 88). Im Gegensatz dazu werden Komposita bei Irsula Peña (1994: 13) unter Bezugnahme auf das Kriterium der graphischen Diskontinuität aus dem Gegenstandsbereich der Phraseologie ausgeschlossen. Keinen Eingang finden sie auch bei der Kollokationsanalyse von Gładysz (2003: 83) und Konecny (2010: 143-145). Es lässt sich mit Gładysz festhalten, dass es unter „den lexikalisierten Komposita [...] einige [gibt], die den Kollokationen sehr nahe stehen" (Gładysz 2003: 83). So lassen sich etwa *Neuschnee* und *Sonnentag* auf die Kollokationen *neuer Schnee* und *sonniger Tag* zurückführen, ferner entsprechen ihnen ebenso im interlingualen Vergleich mit dem Polnischen kollokative Verbindungen: *świeży śnieg* und *słoneczny dzień* (vgl. Gładysz 2003: 83), dennoch trifft das bei weitem nicht auf alle Komposita zu. Von einer Abgrenzung gegenüber Kollokationen sind nach Konecny etwa exozentrische Komposita nicht betroffen, allerdings geht sie ähnlich wie Gładysz generell beim Vergleich zwischen Komposita und Kollokationen davon aus, dass erstere morphologische Zusammensetzungen sind, die letzteren hingegen syntaktische Wortverbindungen darstellen (vgl. Gładysz 2003: 83 und Konecny 2010: 138 und 142). Auch für Konecny erweist sich allerdings die Abgrenzung zwischen Kompositionen

---

etw. bewenden lassen dabei zahlreicher angeführt sind, als für die Verbindung *es bei etw. bewenden*.

und Kollokationen mitunter als schwierig und sie geht von einigen Grauzonen aus, „in denen eine eindeutige Klassifizierung nicht möglich zu sein scheint" (Konecny 2010: 151).

In der vorliegenden Arbeit wird dem Standpunkt von Kühtz gefolgt, der zwar darauf verweist, dass in fachphraseologischen Arbeiten „vielfach für eine Einbeziehung von Komposita mit fachlichem Bezug in die Phraseologie plädiert wird" (Kühtz 2007: 93), und begründet es u.a. damit, dass die oberflächenstrukturelle Grenzziehung anhand des Kriteriums der Polylexikalität insbesondere vor dem Hintergrund interlingualer Vergleiche unbefriedigend sei (vgl. Kühtz 2007: 94). In Anlehnung an Kühtz werden aber Komposita nur dann mitberücksichtigt, wenn sie im Korpus parallel und äquivalent zu Mehrwortverbindungen gebraucht werden, die dem Kriterium der graphischen Diskontinuität gerecht werden (vgl. Kühtz 2007: 114), etwa:

1. *die Eheschließung* parallel zu: *die Ehe wird geschlossen* oder
2. *die gerichtliche Geltendmachung des Rechts* parallel zu: *das Recht gerichtlich geltend machen.*

5.1.3. Funktionsverbgefüge

Ebenso unscharf bleibt die Grenze zwischen Kollokationen und Funktionsverbgefügen (FVG) als „Kombinationen eines weitgehend einer selbstständigen lexikalischen Bedeutung entleerten finiten Verbs mit einer Nominal- oder einer Präpositionalgruppe, welche dann die volle Prädikatsbedeutung trägt" (Busse 2002: 412). Mit den Kollokationen haben FVG gemeinsam, dass sie eine Bedeutungseinheit bilden und sich ebenfalls durch die Merkmale: syntagmatischer Charakter, Assoziativität und Konventionalität auszeichnen (vgl. Gładysz 2003: 84). Sie unterscheiden sich jedoch von kollokativen Verbindungen vorrangig dadurch, „dass Funktionsverben vor allem eine grammatische Funktion haben und ihre lexikalische Bedeutung weitgehend oder vollständig verlieren [...] [und lediglich] eine Aktionsart signalisieren" (Gładysz 2003: 84f.). Ähnlich argumentiert Wolf (1987: 222f.) explizit dafür, Aktionsarten als grammatische Kategorien aufzufassen. In Anlehnung an Lutzeier kann jedoch davon ausgegangen werden, dass eine Konstruktion sowohl FVG, als auch Kollokation sein kann und etwa das Syntagma *eine Entscheidung fällen* alle Anzeichen einer Kollokation aufweist: „die Form *fällt* [erhält] ihre Lesart in entscheidender Weise über die Nominalphrase *eine entscheidung* [sic]" (Lutzeier 2007: 97). Analog werden auch in anderen Arbeiten FVG in den Untersuchungsbereich der Phraseologie einbezogen (vgl. Kühtz 2007: 109). Fleischer (1997: 135) sieht in FVG „einen Spezialfall der

Phraseoschablonen", ihm zufolge liege jedoch ein FVG nur dann vor, wenn „das Nomen ein Nomen actionis ist, [folglich – F.K.] erscheint es nicht gerechtfertigt, in Fällen, wo kein entsprechendes Verb mehr vorhanden ist oder das Substantiv überhaupt nur in der betreffenden Konstruktion verwendet wird, von einem Funktionsverbgefüge zu sprechen." Veranschaulicht werden diese Fälle etwa durch Beispiele, wie *in/auf Rente gehen*, *Platz nehmen* oder *zur Welt bringen* (vgl. Fleischer 1997: 137).

Nach Fleischer sei auch dann nicht von FVG die Rede, wenn „die semantische Beziehung des Verbalsubstantivs zu dem zugrunde liegenden Verb verloren gegangen ist" (Fleischer 1997: 137). Die dafür angeführten Beispiele, etwa *in Verruf bringen/geraten/kommen/sein* oder *in Anspruch nehmen* kategorisiert Fleischer als Phraseolexeme, ebenso wie Fälle mit merklichem Bedeutungsunterschied der verwendeten Verben gegenüber der konstruktionsexternen Verwendung, etwa *Maßnahmen treffen*, *Anklage erheben*, *Gefahr laufen* oder *Folge leisten* (vgl. Fleischer 1997: 137).[76] Aufgrund der Tatsache, dass in dem analysierten Korpus Verbalabstrakta häufig terminologisiert sind, werden Verbindungen wie *Rechte zur Löschung bringen*, *im Amte sein*, *in Verwahrung bringen* oder *Entscheidung treffen* nicht a priori aus dem Untersuchungsinteresse der vorliegenden Arbeit ausgeblendet, ähnlich wie andere Kollokationskandidaten werden sie jedoch im Hinblick auf die Kollokationen zugrunde gelegten Kriterien analysiert.[77]

76 Als Phraseolexeme bezeichnet Fleischer „das Zentrum des phraseologischen Bestandes der deutschen Sprache", „gebildet von Wortverbindungen mit wenigstens einem Autosemantikon, die alle drei Merkmale aufweisen: Idiomatizität (vollständig oder teilweise); Stabilität [...]; Lexikalisierung" (Fleischer 1997: 68). Phraseoschablonen zählt er zu Wortverbindungen, die aufgrund der Tatsache, dass sie nicht all die genannten Merkmale erfüllen, in Richtung zur Peripherie hinrücken (vgl. Fleischer 1997: 69). Damit sind Konstruktionen gemeint, die „in einem Grenzbereich der Phraseologie und Syntax [liegen – F.K.] [...] Es handelt sich um syntaktische Strukturen [...], deren lexikalische Füllung variabel ist, die aber eine Art syntaktischer Idiomatizität aufweisen" (Fleischer 1997: 130f.).

77 Gładysz (2003: 84f.) grenzt aus seinen Kollokationsuntersuchungen derartige Verbindungen aus, bei denen die Verben völlig inhaltsleer sind, auch wenn er zugleich einräumt, dass die Grenze zu FVG, in denen das Funktionsverb eine bestimmte Bedeutung beibehält, indiskret ist. Irsula Peña (1994: 76) eliminiert FVG aus seiner Untersuchung, indem er folgendes Unterscheidungskriterium gegenüber Kollokationen anführt: „Wird ein Verbalabstraktum mit einem Verb kombiniert, das zu der Bedeutung des Geschehens gehört oder es in seinem Verlauf bestimmt, entsteht ein FVG; wird das Abstraktum mit anderen Verben kombiniert, die zusätzliche Informationen implizieren, handelt es sich um eine einfache SVK [Substantiv-Verb-Kollokation – F.K.]"

Es bleibt zu prüfen, ob es sich bei Verbindungen mit Verben, die für gewöhnlich als Funktionsverben auftreten, nicht auch um kollokative Kombinationen handelt, indem sie insbesondere auffallend typisch, lexikalisch präferiert oder produktiv eingeschränkt sind.

5.1.4. Mehrworttermini

Problematisch ist nach Fleischer auch das Verhältnis von Termini, die als Wortgruppen „durch ihre gemeinsame Funktion vereinigt" werden und Phraseologismen, woraufhin er terminologischen Wortverbindungen eine Sonderstellung einräumt, sie jedoch aus dem phraseologischen Beschäftigungsbereich ausgrenzt (vgl. Fleischer 1997: 71 und 74). Mehrere Forscher vertreten hingegen den Standpunkt, dass auch Mehrworttermini aufgrund von Berührungspunkten mit Phraseologismen v.a. in fachphraseologischen Analysen in den Untersuchungsbereich der Kollokationsforschung einzubeziehen seien (vgl. Kjær 1992, Worbs 1998, Busse 2002, Burger 2003, Cedillo 2004 und Kratochvílová 2011). In dem vorliegenden Korpus erscheint eine Ausgrenzung von terminologisierten Mehrwortverbindungen aus dem Untersuchungsbereich schwer möglich, da die hier vorkommenden Kollokationen „oft zugleich auch terminologisiert sind" (Gładysz 2003: 177).

Gładysz zufolge lässt sich zwar zwischen Nominationseinheiten und Kollokationen im zwischensprachlichen deutsch-polnischen Vergleich ein formaler Unterschied festlegen. Während im Polnischen bei Nominationseinheiten, die aus einem Substantiv und einem Adjektiv bestehen, das Adjektiv nachgestellt ist:

jajko sadzone (‚Spiegelei‘);
kawa brazylijska (‚brasilianischer Kaffee‘);

geht das Adjektiv bei Kollokationen im Polnischen dem Substantiv voran:

zgniłe jajko (‚faules Ei‘);
mocna kawa (‚starker Kaffee‘) (vgl. Gładysz 2003: 84).

In dem vorliegenden Korpus lässt sich dieser Unterschied allerdings nicht festmachen. Aufgrund der Tatsache, dass eine einheitliche polnische Rechtsterminologie

---

(Irsula Peña 1994: 76). Zudem führt er auch diverse operationelle Tests zur Abgrenzung von FVG gegenüber Substantiv-Verb-Kollokationen an (vgl. Irsula Peña 1994: 74). Dafür, FVG nicht als Teilmenge von Kollokationen, aufzufassen, spricht sich auch Helbig aus, eine Reihe von Unterschieden zwischen den beiden Kategorien aufzeigend (vgl. Helbig 2006: 171f.).

in der Zwischenkriegszeit noch nicht festgelegt war, wie das damalige Justizministerium bei der Veröffentlichung der amtlichen Übersetzung des deutschen BGB betonte (vgl. ZGB 1923: VIII), variiert in dem polnischen Paralleltext auch die Stellung von Adjektiven in terminologisierten Mehrwortverbindungen:

gesetzlicher Erbe – ustawowy spadkobierca vs. *spadkobierca ustawowy*;
bewegliche Sache(n) – rzeczy ruchome vs. *ruchoma rzecz*; auch: *ruchomości* (‚Mobilien'‘);
gesetzlicher Vertreter – ustawowy zastępca vs. *zastępca ustawowy*, *zastępca prawny* vs. *prawny zastępca.*

Diese Stellungsvariation trifft auch auf Verbindungen mit Partizipien zu:

eine aufschiebende Bedingung – warunek zawieszający, zawieszający warunek.

Da in der vorliegenden Arbeit lediglich Substantiv-Verb-Verbindungen als potentielle Kollokationen untersucht werden, gilt es v.a. eventuelle stabile terminologisierte Verbindungen aus Substantiven mit Partizipien aus dem Untersuchungsbereich auszuschließen. Dabei wird davon ausgegangen, dass Kollokationen gewisse Transformationen zulassen bzw. eine syntaktische Flexibilität aufweisen können (vgl. Gładysz 2003: 57 und Cedillo 2004: 85). Daher wird der Untersuchungsfokus auch auf substantivische Verbindungen ausgeweitet, die sich in verbale Verbindungen umwandeln lassen und als solche auch gebräuchlich sind, etwa:

die Verwirkung der elterlichen Gewalt parallel zu: *die elterliche Gewalt verwirken*;
die Besorgung des Geschäfts parallel zu: *ein Geschäft besorgen.*

Analog werden partizipial-substantivische Verbindungen ebenso nur dann von der Analyse erfasst, wenn sie parallel neben anderen Strukturtypen gebräuchlich sind, etwa:

die (eine) verwirkte Strafe/die Verwirkung der Strafe/die (Einzel)Strafe ist verwirkt;
ein an Kindesstatt angenommenes Kind/(die/eine) Annahme an Kindesstatt/an Kindesstatt annehmen.

Dieser Ausschluss impliziert keineswegs, dass man den oben genannten Verbindungen die Möglichkeit einer Terminologisierung absprechen wollte. Ähnlich wie Fleischer ist man sich der Tatsache wohl bewusst, dass Termini nicht immer eine nominale Struktur haben müssen: „Im Unterschied zu den Eigennamen sind allerdings die Termini generell wie auch in der besonderen Struktur der Wortgruppe nicht auf den Bereich des Substantivs beschränkt, sondern vor allem auch im Verbalbereich – wenn auch weit schwächer – vertreten“ (Fleischer

1997: 73). So gesehen gebührt Verbindungen wie *an Kindesstatt annehmen, das belastete Grundstück, in Beschlag nehmen* oder *eine Ehe für nichtig erklären* durchaus der Status von Termini. Vielmehr geht es bei der Ausgrenzung darum, den Untersuchungsgegenstand möglichst auf mehr oder weniger prototypische Kollokationen zu begrenzen.

Da sich die Grenzen der Zuständigkeit der Kollokationsforschung „am besten *ex negativo* aufzeigen" lassen (Albrecht 2013: 2), wobei die Grenzen zum Teil fließend sind und es auch einige Überlappungsbereiche gibt, wurde zunächst eine Definition ex negativo des Untersuchungsbereichs gegeben. Erst nachdem gesagt wurde, was nicht zum Untersuchungsbereich gehört, d.h. was Kollokationen nicht sind, wird eine intensionale Beschreibung des Analyseobjekts dargelegt (vgl. Albrecht 2013: 31f.).

5.1.5. Kollokationen im BGB

Auf dem Wege der im Kapitel zur Methodologie beschriebenen semiautomatischen Analyse wurden aus dem deutschen Bürgerlichen Gesetzbuch 1133 kollokationsverdächtige Verbindungen extrahiert. Den zahlenmäßig am stärksten vertretenen Strukturtyp bilden nominal-verbale Verbindungen, die im Folgenden auf ihren Kollokationsstatus geprüft werden. Dieser quantitative Befund korrespondiert mit dem Standpunkt Häcki Buhofers, wonach „Substantiv-Verb-Verbindungen mit normativ festgelegtem Verb: Anzeige erstatten (nicht: Anzeige stellen o.Ä.)" als prototypisch bei Kollokationen gelten (Häcki Buhofer 2011: 508). Ähnlich stellen Nomen-Verb-Kollokationen auch nach Cedillo „die wichtigste und umfangreichste Gruppe der Kollokationen dar" (Cedillo 2004: 47). Nicht zuletzt verweist auch Steyer (1998: 102) darauf, „[…] [m]an sollte sich […] zunächst in den zweisprachigen Listen auf klassische Zweiwortkombinationen (z.B. Adjektiv-Nomen oder Verb-Nomen) konzentrieren, um nicht in der Komplexität der Belege ‚unterzugehen'."

Vor diesem Hintergrund werden aus dem Untersuchungsfokus die 137 extrahierten adjektivisch-substantivischen Verbindungen ausgeblendet, wie *eine betagte Verbindlichkeit, körperliche Gebrechen, arglistige Täuschung* oder *höhere Gewalt.*

Ebenso ausgeklammert werden jene partizipial-nominale Verbindungen (in der Anzahl von 17), die in keinen anderen strukturellen Parallelformen verwendet werden, etwa *schwebende Geschäfte,*[78] *das eingebrachte Gut, eine auflösende Bedingung* oder *wiederkehrende Leistungen.*

---

78 Zwar kann auch davon die Rede sein, dass Rechtsgeschäfte schwebend (un)wirksam sind, sich im Schwebezustand befinden, derartige Kombinationen kommen jedoch

Unberücksichtigt bleiben ebenfalls Verbindungen zweier Substantive, die nicht in parallelen Substantiv-Verb-Verbindungen vorkommen (17), etwa *Erben der ersten Ordnung, (ein) Abkömmling(e) des Erblassers, Störung der Geistestätigkeit, die Einrede der Vorausklage* oder *Zeitpunkt des Todes.*

Aus dem Untersuchungsrahmen fallen darüber hinaus Verbindungen von Verben mit adverbial gebrauchten Adjektiven oder anderen Adverbialien heraus (50), etwa *rechtskräftig verurteilen, erheblich gefährdet sein/werden, persönlich haften, böslich verlassen, rechtshängig werden, Zug um Zug erfüllen, zur Unzeit kündigen* oder *aus freier Hand verkaufen.*

Des Weiteren bleiben Verbindungen unberücksichtigt, die keinen Strukturtypen von Kollokationen im Sinne Hausmanns entsprechen oder bei denen etwa ein zweites Autosemantikon fehlt (19), etwa *im Wege des Aufgebotsverfahrens/im Wege des Verwaltungsstreitverfahrens, unbeschadet des Anspruchs, für und gegen jmdn. wirken.*

Nach diesem Ausschlussverfahren verbleiben 893 kollokationsverdächtige Substantiv-Verb-Verbindungen. Dabei zeigt sich, dass das Kollokationspotential bzw. an dieser Stelle zunächst noch der Kombinationsbereich oder -radius[79] bei gemeinsprachlichen Verbindungen, sowie bei Kombinationen, die anderen Registern der Sprache als dem juristischen Bereich entstammen, in dem untersuchten Korpus gering ist. Dieser Befund ist jedoch nicht mit einem restringierten Kombinationsgrad dieser Verbindungen gleichzusetzen, d.h., dass in Verbindung mit den betroffenen Substantiven tatsächlich nur die in dem vorliegenden Korpus gebrauchten Elemente verbunden werden, vielmehr würde die Prüfung deren Kollokationsstatus Recherchen in anderen (Spezial-)Korpora erfordern. Die Feststellung des relativ[80] geringen Kombinationsbereichs gemeinsprachlicher und varietätenspezifischer Verbindungen ist in der Hinsicht nicht weiter überraschend, als in dem analysierten Korpus juristischen Termini eine besondere Rolle zukommt und wie Heid feststellt, kommen „Wörter, die in einem Fachtext wichtig sind, [...] dort öfter vor als in einem Text oder Textkorpus, das keine fachliche Bindung aufweist" (Heid 2011: 546).[81] In diesem Sinne

---

im Korpus nicht vor. Bei *schwebenden Geschäften* handelt es sich hingegen um einen juristischen Terminus.

79 Siehe dazu Hausmann (1985: 124) und Konecny (2010: 288).

80 Relativ, da im Vergleich zu anderen Korpora.

81 Ähnlich räumt auch Schneider ein, „daß die Gebrauchshäufigkeit eines Wortes im Text als Indikator für seine Signifikanz als Terminus dienen kann" (Schneider 1998: 47). Gleichzeitig verweist er jedoch darauf, dass in Häufigkeitswörterbüchern die „oberen Ränge [...] nur mit einem Wort besetzt [sind]. Je weiter man hinabsteigt, desto größer

werden aus dem Analysematerial auch gemeinsprachliche Verbindungen exkludiert, dies ohne Rücksicht auf ihre Halbkompositionalität und auch die Tatsache, dass die darin gebrauchten potentiellen Kollokatoren teilweise ebenso in Verbindung mit terminologischen Basen vorkommen (zum Teil jedoch andere Bedeutung aufweisend), etwa[82]

die Gewohnheit ablegen, die Reise antreten, Abhilfe schaffen, in Frage stellen, einen Zweck verfolgen oder *im Einklang stehen.*

Des Weiteren sollen Verbindungen aus anderen Sprachregistern aus dem Untersuchungsfokus ausgeblendet werden, sollten sie auch halbkompositionell sein, etwa

Ausbruch einer Krankheit, ausgezogene Bienenschwärme, Lotterieloose vertreiben oder *Ablösung von Teilen eines Gebäudes.*

Auf diesem Wege werden weitere 158 Belege ausgeschlossen und das Belegmaterial umfasst 735 Kollokationskandidaten.

5.1.5.1. (Halb)Kompositionalität der Kollokationskandidaten

Bei der Analyse der extrahierten substantivisch-verbalen Kollokationskandidaten wird zwischen halbkompositionellen und kompositionellen Verbindungen differiert. Als halbkompositionelle Verbindungen werden diejenigen Kombinationen herausgegriffen, die in dem polnischen Paralleltext nicht Wort für Wort übersetzt wurden. Allerdings kann hierbei nicht automatisch auf den Kollokationsstatus geschlossen werden, wie sich durch Umkehrschluss aus der Feststellung Häcki Buhofers ergibt: „Wenn sie [eine Übersetzung in eine andere bekannte Sprache – F.K.] nicht Wort für Wort erfolgen kann, ist die Wahrscheinlichkeit, dass eine Kollokation vorliegt, relativ hoch" (Häcki Buhofer 2011: 509). Nichtsdestotrotz wird vielfach der Nutzen einer sprachkontrastiven Betrachtung bei der Ermittlung von Kollokationen betont. Wie Ludewig (2005: 119) zu Recht bemerkt, weisen „kontrastive Kollokationskriterien [...] eine gewisse Nähe zu semantischen Kollokationskriterien auf, lassen sich aber allem Anschein nach

---

wird die Zahl der Wörter, die ein und denselben Rang einnehmen, also mit der gleichen Häufigkeit im Text auftreten" (Schneider 1998: 47).

82 Um bei nicht eindeutigen Fällen zu prüfen, ob es sich um Rechtstermini handelt, wurden zusätzlich folgende Rechtslexika, bzw. -wörterbücher konsultiert: http://www.rechtslexikon.net/ und http://drw-www.adw.uni-heidelberg.de/drw/. Als nicht eindeutige Fälle erwiesen sich insbesondere sog. sekundäre Rechtsbegriffe mit „doppelter Zugehörigkeit", die neben dem juristischen Bereich auch in der Allgemeinsprache verwendet werden (vgl. Schmidt-König 2005: 6f.).

besser operationalisieren. Sowohl der kontrastive als auch der semantische Ansatz ignorieren bewusst die Häufigkeit, mit der ein komplexer Ausdruck verwendet wird. Stattdessen spielt beide Male Kompositionalität bzw. Transparenz eine entscheidende Rolle". Analog erklärt Lüger (2004: 49), dass sich das „Allgegenwärtige solcher Auswahlpräferenzen [...] [, wie sie bei kollokativen Verbindungen vorliegen, – F.K.] im Sprachvergleich am ehesten plausibel machen [lässt.]" Dabei muss jedoch berücksichtigt werden, dass die kontrastiven Analyseergebnisse abhängig von der Vergleichssprache sein können (vgl. Schneider 1998: 123 und Ludewig 2005: 123). Diesen Standpunkten schließt man sich in der vorliegenden Arbeit an und es werden somit auch nur einmal belegte Verbindungen analysiert, wenn der potentielle Kollokator eine kontextspezifische Umdeutung erfahren hat. Eine solche semantische Spezifität wird in erster Linie bei nicht kompositioneller Übersetzung angenommen.

Darüber hinaus werden jedoch auch jene Verbindungen als halbkompositionell aufgefasst, die zwar hin- und rückübersetzt zu derselben Kombination führen, bei denen allerdings der potentielle Kollokator eine kontextspezifische Lesart aufweist und eine kontextlose Bedeutung schwer festlegbar ist, sprich: wenn eine kontextlose Übersetzung kaum möglich ist. In der Literatur ist dann davon die Rede, dass der Kollokator nicht in seiner Grundbedeutung bzw. Hauptlesart verwendet wird. Folge man der Auffassung Lehmanns, so handle es sich bei der „*Grundbedeutung eines mehrdeutigen Ausdrucks [...] [um] diejenige Bedeutung, aus der sich die anderen Bedeutungen (diachron) herleiten lassen,* wobei diese letzteren auf verschiedene Weisen zustandegekommene Varianten der Grundbedeutung sind. Die Grundbedeutung ist typischerweise konkreter als die anderen Varianten."[83] Wie Lehmann selbst einräumt, ist die Identifizierung einer so verstandenen Grundbedeutung jedoch mit methodischen Problemen behaftet: „Hinter der Einklammerung des Wörtchens *diachron* in der Definition von *Grundbedeutung* verbirgt sich das *[...]* methodische Problem, nach welchen Kriterien man die Grundbedeutung eines mehrdeutigen Wortes identifiziert."[84] Vor diesem Hintergrund folgt man in der vorliegenden Arbeit der Auffassung Scherfers, wonach Kollokationspartner, die „in einer übertragenen Bedeutung gebraucht werden" polysem seien (vgl. Scherfer 2001: 11f.). Immer dann, wenn potentielle Kollokatoren im Rahmen eines Kontextes eine bestimmte Bedeutung

---

83 http://www.christianlehmann.eu/ling/lg_system/sem/index.html?http://www.christianlehmann.eu/ling/lg_system/sem/grundbedeutung_gesamtbedeutung.php; Stand 27.02.2013.

84 Vgl. ebd.; Herv. im Original.

tragen und ohne die potentielle Basis nicht übertragbar sind, werden sie folglich als halbkompositionell betrachtet.

Nicht mitberücksichtigt bei den semikompositionellen Kombinationen werden hingegen solche Verbindungen, bei deren Übersetzung mehrere Varianten vorkommen, darunter auch wörtliche. Bei der Frage nach der Kompositionalität stützt man sich an dieser Stelle zunächst auf die Äquivalente im polnischen Paralleltext, ohne die Einzelentsprechungen nach ihrer Angemessenheit zu durchleuchten.

Innerhalb der zu analysierenden 735 Substantiv-Verb-Verbindungen erscheinen in dem polnischen Text 254 Belege nicht wörtlich übersetzt. Eine kontextspezifische Bedeutung tragen 204 Belege, wohingegen eine wörtliche Übertragung 277 Mal feststellbar ist. Daraus ergibt sich, dass aus sprachkontrastiver Sicht fast Zweidrittel der Belege halbkompositioneller Art sind.

Nachdem nun auf die Frage der semantischen Transparenz innerhalb der extrahierten Verbindungen eingegangen wurde, soll im Folgenden die Substituierbarkeit bzw. Produktivität der potentiellen Kollokationsbestandteile analysiert werden. Dazu wird zunächst das Kollokations- bzw. Kombinationspotential der möglichen Basen untersucht, woraufhin der Kollokations- bzw. Kombinationsgrad der möglichen Kollokatoren näher beleuchtet wird.

5.1.5.2. Kollokations- bzw. Kombinationspotential der potentiellen Basen

Unter dem Kollokationspotential versteht man in der einschlägigen Literatur „die Zusammenfassung mehrerer Kollokatoren mit gleicher Basis“ (Gładysz 2003: 68).[85] „Der Umfang des Kollokationspotentials hat Einfluss auf den Grad der Assoziativität [...]. Je größer der Umfang, desto geringer ist der Grad der Assoziativität der Basis mit einzelnen Kollokatoren“ (Gładysz 2003: 69). Damit hängt auch die Kohäsion zwischen den Kollokationselementen zusammen (vgl. Konecny 2010: 288). Da an dieser Stelle der Kollokationsstatus der zu untersuchenden Belege noch nicht vorausgesetzt werden kann, wird in Anlehnung an Konecny (2010: 288) zunächst noch nicht vom Kollokationspotential, sondern adäquater vom Kombinationsbereich bzw. -potential gesprochen.

Bei der Untersuchung des Kombinationspotentials der extrahierten Substantive fällt auf, dass es im Rahmen des Korpus kaum bzw. nur beschränkte Substitutionsmöglichkeiten innerhalb der potentiellen Verbkollokatoren gibt.

---

85 Andere Bezeichnungen dafür sind nach Irsula Peña (1994: 151): „Kollokationsumfang, Kollokationsbereich, Kollokationsradius [...], Kombinationsradius, (englisch collocational range)“.

Wie aus den unteren Gegenüberstellungen zu ersehen ist, weisen die zu analysierenden Belege, wenn überhaupt, dann meistens nur eine Kommutationsmöglichkeit auf:

eine (die) Ehe eingehen – die Ehe wird geschlossen
die Ehe ist (wird) geschieden – die Ehe ist/wird aufgelöst
die Form beobachten – die Form wahren
eine Frist ist auf (einen Monat) gestellt – eine Frist bestimmen
die Frist einhalten – die Frist wahren
ein Geschäft betreiben – ein Geschäft führen
die Bestellung einer Hypothek – die Einräumung einer Hypothek
die Aufnahme des Inventars – die Errichtung des Inventars
die Kosten tragen – die Kosten fallen zur Last
die Kosten ersetzen – die Kosten erstatten
Hebung des Mangels – Beseitigung des Mangels
ein Recht geltend machen – ein Recht verfolgen
Schaden zufügen – Schaden anrichten
Sorgfalt anwenden – Sorgfalt beobachten
den Vertrag schließen – den Vertrag eingehen
die Verpflichtung erlassen – die Verpflichtung aufheben
von der Verpflichtung entbinden – von der Verpflichtung befreien.

Zwei oder mehrere Ersatzmöglichkeiten stellen in dem Korpus eher die Ausnahme dar:

einen Vorteil bringen, jmdm. einen Vorteil gewähren und *für etw. Vorteil bieten.*

Somit dürfte auf dieser Grundlage von eingeschränkter Substituierbarkeit die Rede sein und der Verdacht, dass man es bei den extrahierten Kombinationen mit kollokativen Verbindungen zu tun hat, erhärtet sich. Die niedrige Variabilität in dem zu untersuchenden Korpus dürfte allerdings als ein Merkmal von Gesetzestexten überhaupt angesehen werden. Diese Beobachtung macht Lombardi, wenn sie auf der Basis einer textsortenvergleichenden Analyse zu dem relevanten kontrastiven Ergebnis kommt, dass innerhalb eines rechtswissenschaftlichen Korpus eine größere Variation der Wortverbindungen zum Tragen kommt, als das bei einem gesetzlichen Korpus der Fall ist (vgl. Lombardi 2007: 131 und 133). Dieser Befund ist auch in Zusammenhang mit der relativen Festigkeit im Sinne Kjærs zu bringen: „Die Festigkeit von Wortverbindungen […] gilt relativ zu Typen von durch Gesetz oder fachliche Konvention bestimmten Anwendungssituationen" (Kjær 1992: 51, vgl. auch Kjær 1994: 323).

Allein auf der Basis der festgestellten mangelnden Variabilität der extrahierten Wortverbindungen in dem untersuchten Korpus lässt sich jedoch noch nicht auf ihre Kollokativität schließen. Wie Irsula Peña (1994: 33), Busse (2002: 411) und Ludewig (2005: 89 und 91f.) betonen, kann eine Kollokation nicht isoliert von anderen analog aufgebauten Ausdrücken analysiert werden. Nach Irsula Peña bildet jede Kollokationsbasis samt ihren Kollokatoren eine komplexere Struktur, bei der zwischen einer Mikro- und einer Makrostruktur zu differenzieren sei. Bei der Mikrostruktur handelt es sich um die jeweilige Basis in Verbindung mit dem aktuellen Kollokator, während die Makrostruktur „sowohl die Beziehungen der Basis zu allen anderen potentiellen Kollokatoren als auch die Beziehungen der Kollokatoren zueinander, wohlgemerkt in dieser Konstellation, reflektiert" (Irsula Peña 1994: 33). Im übertragen Sinne fasst Irsula Peña die Makrostruktur als „die ‚Vita' einer Basis, die aus der Gesamtheit der Scenen (externe Relationen) besteht, an denen die Basis als Objektabbild der Realität partizipiert" (Irsula Peña 1994: 33). Anders ausgedrückt, handelt es sich bei der Mikro- und Makrostruktur um eine syntagmatisch-paradigmatisch organisierte Struktur, die Irsula Peña als horizontal-vertikal organisierte Struktur bezeichnet (vgl. Irsula Peña 1994: 33). Von Belang erscheint auch die Tatsache, dass bei der Untersuchung der Bindungsstärke zwischen den Bestandteilen der Kollokationskandidaten nur die Substituierbarkeit innerhalb eines bestimmten syntaktisch-morphologischen Strukturtyps analysiert wird:

> Kann ein Lexem innerhalb eines syntaktisch-morphologischen Musters nur mit wenigen anderen Lexemen verbunden werden, hat es einen ‚kleinen' bzw. ‚engen' Kombinationsbereich; kann es hingegen mit einer Vielzahl anderer Lexeme kombiniert werden, ist sein Kombinationsbereich als ‚groß' bzw. ‚weit' anzusehen. (Konecny 2010: 295)

Da sich mit Hilfe dieses Konzepts die Substitutionsmöglichkeiten der potentiellen Kollokatoren insbesondere bei kombinationsfreudigen Substantiven anschaulich analysieren und präsentieren lassen, wird es in der vorliegenden Arbeit übernommen. Dabei muss allerdings besondere Rücksicht darauf genommen werden, dass die in demselben Paradigma zusammenzuführenden Ausdrücke teilweise „nur bedingt, d.h. nicht in sämtlichen möglichen Kontexten gegeneinander austauschbar" sind (Konecny 2010: 84f.), wie auch überhaupt schwerlich von einer vollen Synonymie die Rede sein kann: „Eine ‚echte' Synonymie in dem Sinne, daß eine Übereinstimmung von Denotation, Konnotation und Verwendung anzunehmen ist, betrachten wir als sprachpraktisch inexistent" (Schneider 1998: 86). Eine ähnliche Auffassung vertritt Thurmair:

> Ob es totale Synonymie, d.h. die absolute Bedeutungsgleichheit und damit Austauschbarkeit in allen Kontexten, überhaupt gibt, ist seit langem umstritten [...]. Unbestritten aber ist die Existenz von partieller Synonymie, verstanden als starke Ähnlichkeit von

> Bedeutungen und daraus folgend die Vertauschbarkeit in zumindest einigen Kontexten (– nicht in allen, da für die Synonymie meist unterschiedliche Kollokationsbedingungen herrschen, die umgekehrt auch für die Wahl eines Synonyms verantwortlich sind). (Thurmair 1995: 247f.)

So kann eine Substitution innerhalb des Paradigmas varietätenspezifische Unterschiede offenbar werden lassen. Damit sind etwa diatopische Varianten gemeint:

a) *Zustupf leisten* (Schweiz) vs. *Zuschuss geben* (Deutschland),
b) *Erhebungen aufnehmen* (Südtirol) vs. *Ermittlungen aufnehmen* (Deutschland),
c) *tiefer Preis* (Schweiz) vs. *niedriger Preis* (Deutschland),
d) *hängiges Verfahren* (Schweiz) vs. *anhängiges Verfahren* (Deutschland),
e) *fixer Professor* (Südtirol) vs. *fest angestellter Professor* (Deutschland).[86]

Auch können bestimmte Substitutionsmöglichkeiten diaphasisch oder diastratisch nicht gleichwertig sein:[87]

a) *leiblicher Vater* (juristisch) vs. *biologischer Vater* (nichtjuristisch) (vgl. Iluk 2012: 99 und Iluk 2014:113),
b) *das Gesetz durchsetzen* (unmarkiert) vs. *das Gesetz durchpeitschen/durchboxen* (umgangssprachlich/abwertend),
c) *den Antrag ablehnen* (unmarkiert) vs. *den Antrag kippen* (umgangssprachlich).

Darüber hinaus unterscheidet Schneider eine diatechnisch bedingte Synonymie, bei der bestimmte Termini „aus unterschiedlichen Perspektiven zweier (oder mehr) Unterfachgebieten auf die ‚gleiche' Sache referieren, sich aber in der Form unterscheiden" (Schneider 1998: 89), etwa

a) *planmäßige Abschreibung* (Handelsrecht) vs. *Absetzung für Abnutzung* (Steuerrecht),
b) *steuerfreie Rücklagen* (Handelsrecht) vs. *gewinnmindernde Rücklagen* (Steuerrecht).

Stolze (2013: 106) verweist in diesem Zusammenhang auf das „Problem des **kognitiven Hintergrunds bei Begriffswörtern** [...] [. So bezeichnet] z.B. *marriage*: Hochzeit [...] das umgangssprachliche Ereignis, welches etwas gehobener auch als *Heirat* bezeichnet wird, *Eheschließung* bezeichnet den standesamtlichen Verwaltungsvorgang, *Trauung* meint den kirchlichen Segnungsakt, *Vermählung* signalisiert aristokratische Einstellung, *Verehelichung* ist aus der älteren Amtssprache."[88]

---

86 Beispiele nach Heid (2011: 534 und 549).

87 Zu Unterschieden dieser Art siehe auch Coseriu (1970: 32f.).

88 Herv. im Original.

Kjær zufolge sei zudem „bei der Beschreibung fester Wortverbindungen der Rechtssprache anders zu verfahren [...] als bei der Beschreibung von Wortverbindungen anderer Sprachbereiche [...], weil die Normierung bestimmter Ausdrucksweisen in der Rechtssprache nicht nur von zufälligen (fachlichen) Konventionen abhängt, sondern z.T. auch gesetzlich vorgegeben ist" (Kjær 1992: 61f.). In juristischen Fachtexten lassen sich „variierende Normierungsgrade verschiedener Wortverbindungen" festlegen (Kjær 1992: 51), deren Spannbreite bei der Formulierungswahl von natürlich bis notwendig reicht. Eine notwendige Auswahl der Formulierung liegt dann vor, wenn das Gesetz eine Formulierungsnorm festlegt und an die Wahl der vorgeschriebenen Formulierung auch die Gültigkeit der Rechtshandlung geknüpft wird – so erfordert etwa die wirksame Zustellung einer Prozessschrift den Vermerk „Vereinfachte Zustellung" (vgl. Kjær 1992: 52). Meistens werde jedoch „der Produzent juristischer Texte eher indirekt gezwungen, den vom Rechtssystem für den auszudrückenden Vorgang oder Sachverhalt eingeführten Wortlaut zu wählen, weil eine andere Formulierung Zweifel an der beabsichtigten Rechtshandlung entstehen läßt" (Kjær 1992: 52). Von Belang erscheint auch die Beobachtung Kjærs, dass sich bei einigen Wortverbindungen der Rechtssprache eine relative Festigkeit feststellen lasse, die darauf beruht, dass diese nur in bestimmten Fachkontexten stabil sind, außerhalb davon dagegen auflösbar sind. So hält etwa die Wortverbindung „Erledigung der Hauptsache" ohne Einbeziehung der Verwendungskontexte der Kommutationsprobe stand, indem *Erledigung* etwa durch *Beendigung*, *Abschluss* oder *Klärung* substituierbar ist, in Relation zu den Verwendungskontexten zeigt sich jedoch, dass diese Verbindung präskriptiv normiert ist und ein indirekter Zwang zur Reproduktion dieser Wortwahl besteht: „das Gericht könnte eine anders lautende Erklärung als gültige Erledigungserklärung verwerfen" (Kjær 1992: 57, vgl. auch Kjær 1992: 54-57). Vor diesem Hintergrund plädiert Kjær für die Einbeziehung der jeweiligen fachlichen und fachsprachlichen Verwendungskontexte in die Analyse rechtsprachlicher Wortverbindungen (vgl. Kjær 1992: 62).

Im Folgenden werden die Makrostrukturen der im extrahierten Belegmaterial vorkommenden potentiellen Basen analysiert. Da es nicht möglich und nicht zweckmäßig erscheint die Analyse sämtlicher 286 aus dem BGB-Korpus exzerpierten Substantive in dem vorliegenden Kapitel im Detail zu beschreiben, beschränkt man sich auf die Analyse der zehn „kombinationsfreudigsten" Substantive, woraufhin die Analyse von zehn Belegen aus dem anderen Ende des Extrems dargestellt wird. Herangezogen werden bei dem zweiten Schritt zehn weitere Verbindungen, die mit zwei bzw. drei potentiellen Kollokatoren kombiniert werden. Auf die Darstellung von Makrostrukturen „monokollokabiler" Substantive, die in dem Belegmaterial ca. die Hälfte ausmachen (145), wird an dieser Stelle verzichtet, da bei ihnen keine ausgebaute horizontale Ebene vorliegt. Bei der Prüfung des Kollokationsstatus der jeweiligen Verbindungen werden umfangreichere zugängliche Korpora konsultiert, insbesondere das Digitale Wörterbuch der deutschen Sprache, um die oben gemachte Feststellung zu verifizieren, dass extrahierte Mehrwortverbindungen nur eine eingeschränkte Substituierbarkeit aufweisen. Fehlen entsprechende Belege im DWDS, wird zusätzlich auf die Phrasensuche mit Hilfe der Suchmaschine Google zurückgegriffen.[89]

Ziel ist es somit nicht, das Belegmaterial durch zusätzliche Kollokationen zu bereichern, ebenso wird die horizontale Ebene nicht erweitert, vielmehr soll durch Ergänzung der vertikalen Ebene die Präferiertheit der extrahierten Wendungen geprüft werden. Da an den Kollokationsbegriff der vorliegenden Arbeit auch die Merkmale der Usualität und Typikalität angesetzt wurden, ist auch von Frequenzangaben nicht abzusehen. Die Vorkommenshäufigeit soll dazu verhelfen, Rückschlüsse auf die Typikalität der extrahierten Verbindungen zu ziehen. In den unten analysierten Makrostrukturen werden die Frequenzangaben den aus dem vorliegenden Korpus extrahierten Belegen nachgestellt. Alternative Ausdrucksmöglichkeiten sowie Frequenzangaben aus dem DWDS werden kursiv gesetzt. Wird keine Angabe bezüglich des Strukturtyps gemacht, so handelt es sich um eine Verbindung mit einem Verb in der Funktion eines direkten Objektes, bei anderen Strukturtypen wird dann entsprechend hinzugefügt Sg (Substantiv im Genetiv), Sn (Substantiv im Nominativ) usw. Die Häufigkeitsangaben im DWDS entsprechen der Frequenz innerhalb des jeweiligen Strukturtyps, etwa „Recht ist Akkusativobjekt von". Dem oben erwähnten Postulat Kjærs entsprechend, fachliche Verwendungskontexte in die Kollokationsanalyse einzubeziehen, wird der Vorkommenshäufigkeit der extrahierten Verbindungen in dem untersuchten Korpus eine besondere Rolle eingeräumt. Da die durchschnittliche Frequenz der zu untersuchenden Belege 6,41 beträgt, dürften Verbindungen, die mindestens sieben Mal auftreten, als überdurchschnittlich frequent und somit typisch für das Korpus gelten. Deren Anteil beträgt im analysierten Korpus 202 Kombinationen. Ob man alle diese Verbindungen aufgrund der frequenzmäßigen Typikalität im Korpus a priori für kollokativ werten kann, erscheint jedoch fraglich, daher werden sie auch bei der folgenden Analyse mit untersucht. Es bleibt noch an dieser Stelle den womöglich erhobenen Einwand abzuschwächen, sprachliche Belege aus dem Jahre 1900 mit der heutigen Sprache in Verbindung zu bringen. Dem kann entgegengesetzt werden, dass das BGB trotz zahlreicher

89 Zur Eignung der Google-Suche bei Kollokationsanalysen siehe Konecny (2010: 322-328).

Novellierungen bis heute in Kraft geblieben ist und die extrahierten Belege größtenteils auch in der heutigen Fassung des Zivilrechts präsent sind: „Die wesentlichen Materien des Bürgerlichen Rechts sind – trotz aller Änderungen – immer noch im BGB von 1900 enthalten“ (BGB 2012: XI).

1. Recht

Tabelle 1a: Makrostruktur des Substantivs Recht *[Suchanfrage im DWDS am 19.03.2013]*

VERTIKALE EBENE	beeinträchtigen (7/60)	zustehen + S_n (21/703)	herleiten (5/50)	verfügen über (1/137)	verlustig werden +S_g (6/0)	aberkennen (2/41)	erwerben (5/943)	zur Löschung bringen (1/0)
	einschränken (309)	gehören +S_n (18/420)	*ableiten (250)*	*besitzen (846)*		*absprechen (696)*	erlangen (5/63)	löschen (4/0)
	beschneiden (234)	*zukommen* + S_n *(52)*				*entziehen (119)*	eintreten in (2/43)	vereiteln (2/0)
	beschränken (103)	*gebühren* + S_n *(23)*					*erhalten (1909)*	ausschließen (18/26)
	antasten (31)						*bekommen (800)*	*abschaffen (53)*
	aushöhlen (32)							
	begrenzen (25)							
	HORIZONTALE EBENE							

Tabelle 1b: Makrostruktur des Substantivs Recht *[Suchanfrage im DWDS am 19.03.2013]*

VERTIKALE EBENE	geltend machen (6/34)	gewähren + S_n (2/37)	einräumen (4/895)	anmaßen sich (2/69)	verletzen (7/556)	übertragen (8/162)	begründen (3/113)
	verfolgen (2/15)	*geben* + S_n *(407)*	*zugestehen (670)*	*beanspruchen (405)*	*verstoßen gegen (1475)*	*abtreten (161)*	bestellen (14/0)
		gewährleisten + S_n *(48)*	*zusprechen (262)*	*usurpieren (10)*	*brechen (134)*		*schaffen (183)*
		bringen + S_n *(55)*	*zuerkennen (93)*				
			erteilen (36)				
	HORIZONTALE EBENE						

Tabelle 1c: Makrostruktur des Substantivs Recht *(Fortsetzung) [Suchanfrage im DWDS am 19.03.2013]*

VERTIKALE EBENE	missbrauchen (4/*61*)	verschaffen (2/*126*)	wahren (1/*311*)	ausüben (51/*301*)	verzichten auf (5/*461*)	übergehen $+S_n$ (2/*43*)	endigen $+ S_n$ (2/*0 enden 31*)
	ausnutzen (14)	*beschaffen (0)*	*schützen (411)*	*anwenden (147)*	*aufgeben (124)*	*zukommen* $+S_n$ *(52)*	erlöschen $+ S_n$ (40/*89*)
		besorgen (0)	*verteidigen (693)*			*gelangen* $+S_n$ *(7)*	*aufhören* $+ S_n$ *(18)*
							auslaufen $+ S_n$ *(15)*
	HORIZONTALE EBENE						

Das Substantiv *Recht* bildet in dem untersuchten Korpus die kombinationsfreudigste potentielle Basis – es geht 31 verbale Verbindungen ein. Wie der obigen Tabelle zu entnehmen ist, lassen sich diese Kombinationen 22 Szenen zuordnen (horizontale Ebene). Zur Versprachlichung bestimmter Sachverhalte werden somit bereits im BGB mehrere unterschiedliche Verben gebraucht. Bei der Recherche im DWDS wird offenbar, dass alternative Ausdrucksmöglichkeiten gegenüber den im BGB-Korpus vorkommenden zum Teil schwer zu finden sind, weshalb die innerhalb einer Szene aufgeführten Verben zum Teil nur bedingt gegeneinander substituierbar sind, auch liegen bei den vertikal aufgelisteten Alternativen teilweise keine echten Synonyme, sondern lediglich bedeutungsähnliche Ausdrucksmöglichkeiten vor.

Innerhalb der einzelnen Paradigmata zeigt sich, dass die potentiellen Kollokatoren unterschiedlich verfügbar sind. Wollte man sich jedoch bei der Prüfung des Kollokationsstatus nur auf die frequenzmäßige Typikalität beschränken, dürften dabei einige Kombinationen, die aufgrund ihrer Halbkompositionalität eigentlich typischere Vertreter der Kategorie Kollokationen bilden, aber seltener vorkommen, als Kollokationen ausgeschlossen werden. Beispielsweise könnte die Kombination *sich das Recht anmaßen*, die weit weniger frequent als *beanspruchen* vorkommt, fälschlicherweise als nicht kollokativ eingestuft werden,[90] obwohl es sich dabei um eine restringierte Verbindung mit einem sehr niedrigen Kombinationsradius handelt.[91] Ebenso würde die halbkompositionelle

90 Wohlbemerkt enthält *anmaßen* jedoch das zusätzliche Sem [+ohne Berechtigung].

91 Das DWDS liefert in Verbindung mit anmaßen lediglich folgende Substantive in Akkusativobjektfunktion: *Befugnisse, Definitionsmacht, Entscheidung, Kompetenzen, Recht, Rolle, Urteil* und *Zuständigkeit*. Stand: 20.03.2013.

Kombination *ein Recht erwerben* im Hinblick auf die viel häufigere Verbindung *ein Recht erhalten* als Kollokation ausscheiden. Vor diesem Hintergrund erscheint es angebracht, bei der Prüfung des Kollokationsstatus zwischen halbkompositionellen und kompositionellen Kombinationen zu differenzieren und dem Frequenzkriterium bei halbkompositionellen Verbindungen eine geringere Bedeutung beizumessen, als das im Falle der kompositionellen Kombinationen der Fall ist.

Innerhalb der kompositionellen Verbindungen mit *zustehen, vereiteln, gehören, erlangen, erlöschen, endigen, ausschließen, übergehen, übertragen, missbrauchen* und *verfügen* fällt auf, dass man *vereiteln, erlangen, endigen, verfügen* und *gehören* als Kollokationen ausschließen könnte. *Erlangen* und *verfügen* sind weit weniger usuell als die entsprechenden Substitutionsmöglichkeiten, *endigen* wird in Verbindung mit *Recht* im DWDS überhaupt nicht verzeichnet, auffindbar ist lediglich *enden* als Entsprechung dieser veralteten Verbform. Auch die Verbindung *das Recht vereiteln* tritt im DWDS nicht auf, auffindbar sind andere, allerdings nur bedeutungsnahe Ausdrücke. *Das Recht gehört* ist – zumindest im DWDS – weniger typisch als die bedeutungsähnliche Kommutationsmöglichkeit *das Recht steht zu*, im BGB kommen die Verbindungen vergleichsweise oft vor, da aber der Kombinationsbereich des Substantivs *Recht* – und auch der des Verbs *gehören* – in dem betreffenden morphologisch-syntaktischen Strukturtyp, wie der Suchabfrage im DWDS entnehmbar, sehr weit ist, lässt sich diese Kombination als frei werten, zumal sie in dem untersuchten Korpus auch nicht normativ festgelegt ist.

Bei einigen weiteren kompositionellen Verbindungen dürfte dagegen aufgrund ihrer Typikalität von Kollokationen gesprochen werden: *ein Recht steht zu* ist die gebräuchlichste Kombination innerhalb des Paradigmas. *Erlöschen* weist im DWDS eine etwas höhere Vorkommenshäufigkeit als *enden* auf, während die anderen Substitutionsmöglichkeiten im DWDS weniger frequent erscheinen. Bereits in dem analysierten Gesetzbuch kommt es auffallend frequent vor, als typisch erscheint es auch im DWDS. Aus diesem Grunde dürfte es als präferiert und somit kollokativ gelten. *Übergehen* zeigt sich gegenüber den nur bedeutungsähnlichen Alternativen nicht auffallend typischer, in dem Strukturtyp Verb+Substantiv(Subjekt) zählt es jedoch zu den typischsten Verbindungen mit *Recht*, weshalb es für kollokativ angesehen werden kann. *Übertragen* tritt zwar etwa genauso frequent wie die einzige alternative Ausdrucksmöglichkeit *abtreten* auf, angesichts der eingeschränkten Substituierbarkeit und der Tatsache, dass es im betreffenden Strukturtyp zu den typischsten Verbindungen zählt, lässt sich aber auch hier auf eine Kollokation schließen. Im Falle von *ausschließen* handelt es sich bei den angeführten alternativen Ausdrucksmöglichkeiten lediglich um bedeutungsnahe Alternativen, die darüber hinaus im DWDS häufig gar nicht verzeichnet sind. Auch eventuelle periphrastische Substitutionsmöglichkeiten wie *das Recht kann nicht geltend gemacht werden*, *das Recht steht nicht zu* erweisen sich im Vergleich zu der analysierten Kombination *das Recht ausschließen* als weniger gebräuchlich. Anders als bei den Kombinationen mit *zustehen* oder *übertragen* zählt jedoch die Verbindung *das Recht ausschließen* nicht zu den typischsten innerhalb des Strukturtyps Verb+Substantiv in Akkusativobjektfunktion und somit erscheint die Tatsache, dass eine Verbindung innerhalb einer Szene die typischste darstellt oder Alternativen zum Ausdruck eines Sachverhalts nicht vorliegen, nicht hinreichend zur Bestimmung als Kollokation. Die eingeschränkte Substituierbarkeit und scheinbare Präferiertheit dürfte nämlich auch darin begründet sein, dass ein Sachverhalt, den eine potentielle Basis mit versprachlicht, in deren Makrostruktur eine unbedeutende Rolle spielt. Vor diesem Hintergrund ist es nicht möglich, sich nur auf die im Korpus vorkommenden Sachverhalte zu beschränken, sondern diese – insbesondere bei kompositionellen Verbindungen – vor dem Hintergrund der Gesamtheit der externen Relationen zu analysieren, an denen eine potentielle Basis partizipiert. So stellt sich heraus, dass innerhalb des betreffenden Strukturtyps mehrere Kombinationen viel typischer sind, um nur einige Beispiele zu nennen:[92]

das Recht durchsetzen – 648 Belege im DWDS,
das Recht einklagen – 315 Belege,
das Recht erwerben – 943 Belege,
das Recht verwirken – 246 Belege,
das Recht verletzen – 556 Belege,
das Recht ausüben – 301 Belege.

Das Recht ausschließen (26 Belege im DWDS) weist dagegen frequenzmäßig einen ähnlichen Typikalitätsgrad wie etwa: *das Recht befürworten* (31 Belege im DWDS), *das Recht fördern* (23 Belege) oder *das Recht kritisieren* (29 Belege im DWDS), weshalb auch hinsichtlich der im BGB verwendeten Kombination von einer freien Verbindung auszugehen ist. Sie ist zwar im BGB überdurchschnittlich frequent und folglich typisch. Dies darf jedoch m.E. nicht zu einem Rückschluss auf eine allgemeine Typikalität in der Gebrauchsnorm führen. Aus dem gleichen Grund ist auch die Verbindung *das Recht missbrauchen* als Kollokation auszuschließen, da sie ebenfalls keine auffallend typische Kombination im DWDS darstellt und auch im BGB nur vereinzelt vorkommt.

92 Suchanfrage am 25.04.2013.

Keine homogene Gruppe bilden auch die halbkompositionellen Kombinationen, da sie sich ebenso im Grad der Disponibilität unterscheiden (auf *anmaßen* und *erwerben* wird an dieser Stelle nicht zum zweiten Mal eingegangen). *Ausüben*, *verzichten* und *einräumen* weisen gegenüber den Substitutionsmöglichkeiten einen höheren Typikalitätsgrad auf und erscheinen auch im DWDS als typisch, was sie als kollokativ erscheinen lässt. Alle drei Verbindungen kommen darüber hinaus mehrmals im BGB vor, wobei *ein Recht ausüben* besonders frequent vorkommt. *Geltend machen* und *verfolgen* kommen auch im DWDS alternativlos vor, ähnlich wie im BGB erscheint *geltend machen* aber auch im DWDS häufiger. Bei den Kombinationen mit *verletzen*, *wahren*, *herleiten* und *begründen* lässt sich mindestens eine frequentere Ausdrucksmöglichkeit anführen, insgesamt sind jedoch alle diese Fälle beschränkt substituierbar. Was den Typikalitätsgrad dieser Verbindungen im DWDS angeht, gehören *das Recht wahren* und *verletzen* zu den typischsten Verbindungen im Kombinationsbereich von *Recht* innerhalb des betreffenden Strukturtyps, was sie als kollokativ ansehen lässt. Bei *Rechte herleiten* weist wiederum der Kollokator einen sehr engen Kombinationsbereich auf und, wie Konecny (2010: 626) feststellt, „[w]eist ein Verb […] einen kleinen Kombinationsbereich auf […], ist es offenbar stets Bestandteil einer Kollokation, d.h. kommt in der Regel nicht innerhalb von freien Wortverbindungen vor." Die Verbindungen mit *begründen* und *verfolgen* zählen im DWDS nicht zu den typischsten Kombinationen, so dass sie nicht allen Kollokationskriterien entsprechen, aber vor dem Hintergrund ihrer Halbkompositionalität und der begrenzten Substituierbarkeit des Verbs sind sie zunächst, vor der Prüfung des Kombinationsgrades der potentiellen Kollokatoren, als Kollokationen nicht auszuschließen. Bei den anderen nicht wörtlich übersetzten Verbindungen tritt die Kollokativität ebenso unterschiedlich stark hervor. Mit Ausnahme von *verschaffen* weisen *beeinträchtigen*, *eintreten* und *aberkennen* mehrere gebräuchlichere Substitutionsmöglichkeiten auf, auch im DWDS zählen sie nicht zu den typischsten Kombinationen, so dass sie lediglich aufgrund der Halbkompositionalität nicht als Kollokationen ausgeschlossen werden können. Für die Kombination *jmdm. das Recht verschaffen* sind zwar vom System her einige (quasi)synonyme Substitutionsmöglichkeiten möglich, sie sind jedoch ungebräuchlich. Da es auch im DWDS eine der typischsten Verbindungen mit *Recht* innerhalb des betreffenden Strukturtyps bildet, dürfte man hier von einer Kollokation ausgehen. Bei der Kombination *das Recht gewährt* zeigt sich, dass sie nicht nur im Vergleich zu den Ersatzmöglichkeiten weniger gebräuchlich ist, auch erweist sich die polnische Übersetzung als inadäquat: *prawo przynosi* (wörtlich: ‚das Recht bringt'). Aufgrund des hohen Kombinationsgrades des Verbs mit anderen Substantiven, in Verbindung mit der Nichtpräferiertheit, als auch der Tatsache, dass es innerhalb des Kombinationsbereichs mit *Recht* nicht zu typischsten Kombinationen gehört, kann man diese Kombination für nicht kollokativ werten.

Die Verbindungen mit *bestellen*, *verlustig werden*, *zur Löschung bringen* und *löschen* sind im DWDS überhaupt nicht nachgewiesen. In Bezug auf *löschen* und *zur Löschung bringen* lässt sich erkennen, dass damit lediglich eine andere Aktionsart gegenüber *erlöschen* ausgedrückt wird, mangels ihrer Usualität werden sie aber nicht als kollokative Verbindungen eingestuft. Bei *bestellen* fällt auf, dass hier eine Bedeutungsvariante aktiviert wird, die in dem vorliegenden Korpus auch in Verbindung mit anderen Substantiven zum Tragen kommt. Nicht in all diesen Verbindungen wird jedoch damit die gleiche Bedeutung ausgedrückt. Während im Zusammenhang mit Personenbezeichnungen die Bedeutung aktiviert wird: ‚jdn. einsetzen, ernennen', bringt *bestellen* im Zusammenhang mit Rechten oder bestimmten Vertragstypen zum Ausdruck, dass damit eine Belastung erfolgt. Was die Basis *Recht* angeht, so verbindet es sich in dem vorliegenden Korpus mit spezifischen Rechten und zwar *Pfand-* und *Erbbaurechten* und ist in diesem Zusammenhang auch nicht durch *begründen* substituierbar. Die Phrasensuche bei Google lässt darauf schließen, dass es sich dabei um usuelle Verbindungen handelt: zwar ergibt *Erbbaurecht bestellen* 286 Treffer, allerdings liefert *Bestellung des Erbbaurechts* dahingegen 197.000 Treffer. *Pfandrecht bestellen* kommt darin 1.510 Mal vor, *Bestellung des Pfandrechts* jedoch 81.200 Mal.[93] Vor dem Hintergrund der semantischen Spezifizität und der mangelnden Substituierbarkeit lassen sich diese Verbindungen trotz ihrer Nicht-Nachweislichkeit im DWDS als Kollokationen werten.

Die im DWDS ebenso fehlende halbkompositionelle Verbindung mit *verlustig werden* ist auch in anderen Wörterbüchern nicht nachweislich. Im Duden (1996: 1654) sind lediglich die Wendungen *einer Sache verlustig gehen* und *jmdn. einer Sache für verlustig erklären* verzeichnet, wobei als Beispiel für die zweite Verbindung „er wurde der bürgerlichen Ehrenrechte für v[erlustig] erklärt", mit angeführt wird. Diese Kombination kommt drei Mal variantiv auch in dem vorliegenden Korpus vor: *der bürgerlichen Ehrenrechte für verlustig erklärt sein*, so dass man höchstens bei dieser Variante trotz der niedrigen Verfügbarkeit dennoch von einer Kollokation sprechen dürfte.

93 Suchanfrage im Google am 25.04.2013.

2. Anspruch

Tabelle 2a: Makrostruktur des Substantivs Anspruch *[Suchanfrage im DWDS am 11.03.2013]*

VERTIKALE EBENE	abtreten (6/88)	anmelden (2/1808)	aufrechnen (3/8)	ausschließen (18/49)	beeinträchtigen (1/12)	erlöschen + S_n (10/214)
	übertragen (9/25)	*ankündigen (20)*	*einlösen (372)*	*verneinen (59)*	*beschränken (24)*	*enden* + S_n *(38)*
	abgeben (9)	*artikulieren (18)*	*befriedigen (329)*		*beschneiden (12)*	
		signalisieren (53)	*begleichen (12)*		*einschränken (43)*	
		melden (40)			*kürzen (32)*	
	HORIZONTALE EBENE					

Tabelle 2b: Makrostruktur des Substantivs Anspruch *(Fortsetzung) [Suchanfrage im DWDS am 11.03.2013]*

VERTIKALE EBENE	geltend machen (26/98)[94]	sichern (6/208)	stunden (1/0)	vereiteln (1/0)	verwirklichen (3/82)	verjähren + S_n (36/448)	verlustig + S_g werden (1/0)	zustehen + S_n (17/220)
	verfolgen (1/77)	*garantieren (37)*		*verunmöglichen (0)*	vollstrecken (1/0)	*verfallen* + S_n *(50)*	*verlieren* + S_a *(754)*	*zukommen* + S_n *(21)*
	nehmen + in (8/28850)	*schützen (3)*		*verhindern (12)*	*realisieren (25)*		*einbüßen* + S_a *(17)*	
					erfüllen (1360)		*verwirken* + S_a *(135)*	
					durchsetzen (707)			
	HORIZONTALE EBENE							

Das Substantiv *Anspruch*[95] weist nach *Recht* mit seinen 18 verbalen Verbindungen das zweitgrößte Kombinationspotential auf. Innerhalb der kompositionell gebrauchten Verbindungen mit dem Substantiv *Anspruch*: *anmelden, ausschließen, erlöschen, sichern, übertragen, verjähren, vereiteln, vollstrecken* und *verwirklichen*, fällt auf, dass zur Versprachlichung der entsprechenden Sachverhalte auf der vertikalen Ebene die Kombinationen mit *anmelden, erlöschen, sichern, ver-*

94 Die Standardkookkurrenzanalyse in Cosmas ergab 170 Kookkurrenzen von *geltend machen* in Verbindung mit diversen Ansprüchen; Stand 9.03.2013.

95 Zur Kritik des Terminus *Anspruch* siehe Gierke (1899: 40-42).

jähren und *zustehen*, frequenzmäßig deutlich präferiert werden, was sie trotz der Kompositionalität als Kollokationen werten lässt, zumal sie auch im DWDS als typische Verbindungen innerhalb der betreffenden Strukturtypen erscheinen. Insbesondere *anmelden* und *verjähren* fallen durch hohe Vorkommenshäufigkeit auf, wobei diese bei *verjähren* auch im BGB ins Auge fällt. Bei *ausschließen* konnte lediglich eine nur bedeutungsnahe alternative Verbindung in dieser Szene ermittelt werden, ähnlich wie die Verbindung *ein Recht ausschließen* gehört allerdings auch *Anspruch ausschließen* nicht zu den typischsten Kombinationen im weiten Kombinationsbereich von *Anspruch*, weshalb auch diese Kombination trotz der eingeschränkten Substituierbarkeit und der relativ hohen Vorkommenshäufigkeit im BGB nicht als kollokativ eingestuft wird. Bei der Verbindung *Anspruch verwirklichen* kommt keine Präferiertheit gegenüber den Substitutionsmöglichkeiten zum Vorschein, im Vergleich zu den Alternativen mit *erfüllen* und *durchsetzen* erscheint sie sogar weit weniger typisch. Folglich lässt sich diese Kombination nicht als kollokativ einstufen, ähnlich zu der ebenfalls im BGB vorkommenden Verbindung mit *vollstrecken*, die im DWDS überhaupt nicht auftritt. Keine Kollokation bildet auch die im DWDS nicht nachweisliche und im BGB nur ein Mal vorkommende Verbindung *den Anspruch vereiteln*.

Bei den halbkompositionellen Verbindungen wird ersichtlich, dass *stunden* und *verlustig werden* in Verbindung mit *Anspruch* im DWDS überhaupt nicht vorkommen. Im Duden (1996: 1654) werden lediglich die Wendungen: *einer Sache verlustig gehen* und *jmdn. einer Sache für verlustig erklären* verzeichnet (vgl. das Kombinationspotential von *Recht*), ohne das *Anspruch* als eventuelle typische Verbindung mit angeführt wird. Vereinzelte Belege für *verlustig werden* im Sinne von *verlieren* findet man dagegen im Grimmschen Wörterbuch:

> [...] der eine heimligkeit verräth und seines freundes dadurch verlustig wird.
> [...] wenn du es anders befindest, als ich sage, so will ich meiner freyheit und meiner eltern bey dir verlustig werden.
> [...] deren (*der sibyllinischen bücher*) sie leider durch übelangewandte knickerei zum theil verlustig geworden sind.[96]

Wie es sich herausstellt, ist die Kombination *verlustig werden* im Gegenwartsdeutschen nicht gebräuchlich. Im DWDS findet man lediglich vier Belege und zwar in Verbindung mit *Familie, hässliche und mangelhafte Teile* (2 Belege) sowie *Staatsangehörigkeit*. Die Belege stammen aus dem Jahre 1904, 1964, 1972 und 1979. Man dürfte also annehmen, dass es sich dabei um eine veraltete und allem Anschein nach frei verwendete Kombination handelt. Aus der obigen Makrostruktur geht auch hervor,

96 Quelle: http://www.woerterbuchnetz.de/DWB?lemma=verlustig; Stand: 11.03.2013.

dass andere Verbindungen zur Versprachlichung dieses Sachverhalts weit üblicher sind als die in dem untersuchten Korpus nur ein Mal nachweisliche Verbindung *des Anspruchs verlustig werden*, auch wenn es sich dabei um keine Kombinationen mit dem Genitivobjekt handelt.[97] Bei *stunden* liegt zwar im polnischen Parallelkorpus eine nichtkompositionelle Übertragung vor: *udzielić zwłoki* bzw. *odłożyć na później* (‚Aufschub gewähren' bzw. ‚auf später verlegen'), es zeigt sich jedoch, dass ebenfalls eine wörtliche Übertragung mit Hilfe von *odroczyć* möglich wäre. Somit wäre die Verbindung *den Anspruch stunden* eigentlich als kompositionell zu werten und angesichts ihrer mangelnden Typikalität für nicht kollokativ zu erachten.

Bei *Anspruch beeinträchtigen* lässt sich von keiner präferierten Kombination sprechen, vielmehr treten hier mehrere alternative und aus polnischer Sicht z.T. ebenfalls halbkompositionelle Verbindungen auf, die im DWDS häufiger erscheinen. Da es sich jedoch um eine halbkompositionelle Verbindung handelt, ist sie zunächst trotz der niedrigeren Typikalität als Kollokation nicht auszuschließen. Es wird noch darauf gründlich bei der Analyse des Kombinationsbereichs potentieller Kollokatoren einzugehen sein. Aus den gleichen Gründen ist ebenfalls die Kombination *den Anspruch aufrechnen* erstmals als Kollokation nicht auszuschließen, wobei für die Einstufung dieser Verbindung als Kollokation zusätzlich der niedrige Kombinationsbereich des Kollokators *aufrechnen* spricht. Auch die Verbindungen *den Anspruch abtreten* sowie *übertragen* zählen nicht zu den typischsten innerhalb des betreffenden Strukturtyps im DWDS. Die Verbindungen sind gegeneinander substituierbar, wobei die halbkompositionelle Variante heute – anders als im BGB – gebräuchlicher ist. Wegen der eingeschränkten Substituierbarkeit als auch der Halbkompositionalität von *abtreten* lässt sich der Kollokationsstatus auch diesen Kombinationen vorerst nicht verweigern. Zu prüfen bleibt noch der Kombinationsradius der jeweils möglichen Kollokatoren. Für die halbkompositionellen Verbindungen *den Anspruch geltend machen/verfolgen* und *jmdn. in Anspruch nehmen* findet man im DWDS keine angemessenen Substitutionsmöglichkeiten. Während jedoch *den Anspruch geltend machen* und *jmdn. in Anspruch nehmen* auch im DWDS zu den typischsten Verbindungen zählen, lässt sich das von der Kombination mit *verfolgen* nicht sagen. Dieser niedrigere Typikalitätsgrad ist auch im BGB-Korpus feststellbar, wo den *Anspruch geltend machen* gegenüber *verfolgen* deutlich präferiert wird. Somit dürfte insbesondere bei der letzteren Kombination die Untersuchung des Kombinationsbereiches des Verbs *verfolgen* ausschlaggebend für die Einstufung als Kollokation werden.

---

97 Man findet allerdings die Verbindung *des Anspruchs verlustig werden* auch in der heutigen Fassung des BGB (vgl. § 616 BGB).

3. Antrag

Die Makrostruktur der potentiellen Basis *Antrag* fällt in dem zu untersuchenden Korpus folgendermaßen aus:

Tabelle 3: Makrostruktur des Substantivs Antrag *[Suchanfrage im DWDS am 11.03.2013]*

VERTIKALE EBENE	machen (3/0) *Angebot machen (5848)*	ablehnen (4/3806)	stellen (23/11322)	stattgeben + S_d (1/607)	zurücknehmen (3/103)	annehmen (7/398) *Angebot annehmen (4069)*	erlöschen + S_n (2/0) *Angebot erlischt (14)*
	abgeben (214)	abweisen (2/471)	*abgeben (201)*	*absegnen (17)*	*zurückziehen (1019)*	*eingehen auf (13)*	*enden* + S_n *(31)*
	bieten (569)	*kippen (8)*	*einbringen (1972)*	*billigen (147)*		*entgegen-nehmen (52)*	*auslaufen* + S_n *(32)*
	offerieren (131)	*verwerfen (158)*	*einreichen (1011)*	*zustimmen* + S_d *(1351)*		*wahrnehmen (409)*	
	unterbreiten (2112)	*abschmettern (116)*	*unterbreiten (32)*			*aufgreifen (89)*	
	HORIZONTALE EBENE						

Wie aus der obigen Tabelle zu ersehen ist, fehlen im DWDS-Korpus die Verbindungen *einen Antrag machen* und *der Antrag erlischt*. Dies dürfte darauf zurückzuführen sein, dass diese Verbindungen als auch *den Antrag annehmen* im BGB in Zusammenhang mit der Vornahme von Rechtsgeschäften verwendet werden und *Antrag* da im Sinne von *Angebot* gebraucht wird (vgl. Bien 2012: 20). Ersetzt man diese Kombination durch *Angebot*, so lassen sich alle Kombinationen auch im DWDS nachweisen, bei allen oben angeführten Szenen bestehen auch alternative Ausdrucksmöglichkeiten. Bei den kompositionellen Verbindungen mit *annehmen* und *erlöschen* fällt auf, dass die Verbindung *ein Angebot annehmen* trotz konkurrierender Verbindungen deutlich präferiert wird, so dass hier von einer Kollokation die Rede sein kann, während *das Angebot erlischt* zwar nicht über so vielfältige Austauschmöglichkeiten verfügt, jedoch innerhalb dieser frequenzmäßig nicht auffällt, was in diesem Falle auf keine kollokative Verbindung schließen lässt. Konsequenterweise, da die Verbindungen *ein Angebot machen/annehmen* und *das Angebot erlischt* in dieser Form im BGB-Korpus nicht vorkommen, werden sie nicht zu den daraus extrahierten und letztendlich als Kollokationen zu wertenden Verbindungen gezählt.

Bei den verbleibenden halbkompositionellen Verbindungen heben sich die Kombinationen *ein Angebot machen, den Antrag stellen/ablehnen* und *abweisen* durch ihre Usualität deutlich von den anderen alternativen Ausdrucksmöglichkeiten ab, so dass sie als Kollokationen einzustufen sind – analog zu den anderen Verbindungen mit *Angebot* wird jedoch auch *Angebot machen* nicht zu den zivilrechtlichen Kollokationen im BGB gerechnet, da es nicht in dieser Lautung vorkommt. *Dem Antrag stattgeben* lässt sich zwar durch eine frequentere Variante mit *zustimmen* ersetzen (*billigen* und *absegnen* sind frequenzmäßig weniger typisch und repräsentieren auch einen anderen morphosyntaktischen Strukturtyp, wobei sich *absegnen* zudem diaphasisch davon abhebt), insofern ließe sich jedoch noch von keiner hohen Substituierbarkeit sprechen und da diese Kombination auch im DWDS innerhalb des betreffenden Strukturtyps auffallend typisch ist, dürfte man auch hier von einer kollokativen Verbindung sprechen. *Antrag zurücknehmen* ist zwar frequenzmäßig weit weniger typisch als die anderen Varianten, doch wegen der Halbkompositionalität, der eher begrenzten Palette von Ersatzmöglichkeiten als auch der Typikalität im DWDS, ließe sich auch hierbei von einer Kollokation sprechen.

4. Verpflichtung

Tabelle 4: Makrostruktur des Substantivs Verpflichtung *[Suchanfrage im DWDS am 20.03.2013]*

VERTIKALE EBENE	eintreten $+S_n$ (6/6)	eingehen (5/523)	befreien von $+S_d$ (2/160)	aufheben (2/20)	bestreiten (2/20)	bestehen $+S_n$ (5/584)	erfüllen (9/1924)	obliegen $+S_n$ (21/17)	erstrecken sich $+S_n$ (4/0)	auferlegen (1/110)	verletzen (4/158)
	erfolgen $+S_n$ (2/10)	begründen (3/79)	entbinden von $+ S_d$ (3/163)	erlassen (4/1)	*begleichen (28)*	*existieren (15)*	*nachkommen $+S_d$ (38)*	*auferlegt werden/sein $+S_n$ (38)*	*umfassen $+S_n$ (13)*	*auflegen (38)*	*verstoßen gegen (123)*
	beginnen $+S_n$ (12)	*aufnehmen (27)*	*entlassen aus $+ S_d$ (112)*		*aufkommen + für (15)*		einlösen (21)	*jdn. treffen $+S_n$ (43)*			*missachten (33)*
	erwachsen $+S_n$ (60)		*freigestellt werden von $+ S_d$ (58)*		*bezahlen (16)*		*einhalten (643)*				
	entstehen $+S_n$ (90)				*erbringen (5)*						
	HORIZONTALE EBENE										

Wie aus der obigen Tabelle ersichtlich ist, geht *Verpflichtung* in dem analysierten Korpus fünfzehn verbale Verbindungen ein. Zur Veranschaulichung von vier Sachverhalten werden bereits im BGB alternative Ausdrucksmöglichkeiten verwendet. Was die kompositionellen Verbindungen mit *auferlegen, befreien, bestehen, entbinden, erfolgen, erfüllen, erstrecken sich* und *obliegen* anbelangt, so erscheinen nach der Suchabfrage im DWDS die Kombinationen mit *befreien, entbinden, bestehen, auferlegen* und *erfüllen* gegenüber den angeführten Ersatzmöglichkeiten typischer, was dazu verleiten würde, sie als kollokativ einzustufen. Bei genauer Betrachtung zeigt sich jedoch, dass die Kombinationen mit *befreien von, entbinden von, erlassen* und *aufheben* trotz der Tatsache, dass sie zwei unterschiedliche morphologisch-syntaktische Strukturtypen repräsentieren, in der Tat den gleichen Sachverhalt versprachlichen. Diese ungewöhnliche Variabilität bereits im Gesetzestext, verbunden mit der Tatsache, dass keine der Alternativen frequenzmäßig präferiert wird und somit normativ nicht festgelegt ist, lässt eher darauf schließen, hierbei von freien Verbindungen sprechen zu dürfen. Stützen lässt sich dieser Schluss dadurch, dass *aufheben* und *erlassen* auch im DWDS keine typischen Verbindungen mit *Verpflichtung* bilden und der Kombinationsbereich aller dieser vier Verben weit ist.

Im Falle von *Verpflichtungen auferlegen* wird die Verbindung mit *Verpflichtung* bereits durch das Verb impliziert – Duden (1996: 153) definiert *auferlegen* als „aufbürden, zur Pflicht machen, als Verpflichtung auftragen" – folglich ist auch der Kombinationsbereich von *auferlegen* klein und die Kombination *Verpflichtungen auferlegen* kann für kollokativ erachtet werden, zumal sie auch im DWDS als typisch erscheint und kaum Kommutationsmöglichkeiten aufweist. Im Gegensatz dazu erweist sich die Verbindung die *Verpflichtung besteht* trotz der recht hohen Vorkommenshäufigkeit bei genauer Analyse nicht als Kollokation. Sowohl das Substantiv *Verpflichtung*, als auch der potentielle Kollokator *bestehen* weisen nämlich einen sehr großen Kombinationsbereich innerhalb des Strukturtyps Verb+Substantiv (Subjekt) auf, so dass hier vor dem Hintergrund der Kompositionalität dieser Verbindung von einer freien Verwendung gesprochen werden kann.

Erfolgen, erstrecken sich und *obliegen* heben sich – zumindest im DWDS – was die Typikalität anbelangt, gegenüber ihren Substitutionsmöglichkeiten nicht ab. Daraus automatisch auf die Nichtkollokativität dieser Verbindungen zu schließen, ist jedoch nicht legitim. Während *erfolgen* und *sich erstrecken* auch im BGB verhältnismäßig selten auftreten und der Kombinationsbereich dieser Verben recht weit ist, so dass sie als keine Kollokationen aufgefasst werden können, scheint *Verpflichtung* durch *obliegen* ähnlich wie durch *auferlegen* impliziert zu sein, wie sich aus dem Begriffsinhalt des Verbs ergibt: „jmdm. als Pflicht, Aufgabe zufallen“ (Duden 1996: 1092). Anders als bei *auferlegen* ist jedoch *obliegen* substituierbar, folglich dürfte von keiner Implikation die Rede sein, denn wie Konecny feststellt: „Für Implikationen scheint es aber gerade typisch zu sein, dass es für den jeweiligen Kollokator in der Regel kein ‚Konkurrenzwort‘ im Sprachsystem gibt“ (Konecny 2010: 320). Zwar ist die Kombination *Verpflichtungen obliegen* im BGB überdurchschnittlich frequent, was allerdings nicht notgedrungen mit Kollokativität gleichsetzbar ist. Gegen ihre Einstufung als Kollokation spricht, dass hierbei von keiner Präferiertheit gesprochen werden kann – die Alternative *treffen* ist im DWDS geläufiger als *obliegen* in Verbindung mit *Verpflichtung*. Zudem verbindet sich *obliegen* mit unterschiedlichsten Substantiven, unter denen *Verpflichtung* gar nicht angeführt wird, daher lässt sie sich als eine freie Verbindung werten.

Innerhalb der halbkompositionellen Verbindungen mit *bestreiten*, *verletzen*, *erlassen*, *eintreten*, *aufheben*, *eingehen* und *begründen*, erweisen sich insbesondere *eingehen* und *verletzen* als typisch, da sie innerhalb der jeweiligen Paradigmen auch nur beschränkte Substitutionsmöglichkeiten aufweisen und auch im BGB innerhalb der entsprechenden Strukturtypen typisch sind, gebührt ihnen Kollokationsstatus. *Aufheben* und *erlassen* wurden bereits im Zusammenhang mit den kompositionellen Verbindungen mit *befreien/entbinden* als Kollokatoren ausgeschlossen. *Begründen* ist zwar weniger üblich als *eingehen*, aufgrund der beschränkten Kommutierbarkeit und der Halbkompositionalität wird es jedoch vorläufig nicht als Kollokation ausgeschlossen. Die übrigen Verbindungen mit *bestreiten* und *eintreten* lassen sich mehrfach substituieren und weisen eine niedrigere Vorkommenshäufigkeit auf als die Alternativen, sodass man bei ihnen lediglich aufgrund der Halbkompositionalität vorerst nicht von freien Verbindungen sprechen kann. Auf diese frequenzmäßig weniger typischen Kombinationen wird jedoch noch bei der Prüfung des Kombinationsbereichs der entsprechenden Kollokatoren eingegangen.

5. Leistung

Tabelle 5: Makrostruktur des Substantivs Leistung *[Suchanfrage im DWDS am 20.03.2013]*

VERTIKALE EBENE	bewirken (14/17)	erheben (1/0)	stunden (1/0)	erfolgen +S_n (4/60)	verpflichtet sein zu + S_d (7/88)	ablehnen (5/22)	fordern (14/235)	obliegen +S_n (7/0)	bestreiten (2/13)	veranschlagen (1/0)
	erbringen (2109)	*einfordern (45)*		*einsetzen (12)*	*zwingen zu* + S_d *(40)*	verweigern (6/148)	verlangen (14/248)	fallen zur Last +S_n (1/0)	*bezahlen (220)*	*einschätzen (128)*
	vollbringen (609)			*beginnen (22)*			*abringen (7)*	*belasten* +S_n *(19)*	*aufkommen für (51)*	*messen (173)*
							beanspruchen (92)			
							abverlangen (48)			
	HORIZONTALE EBENE									

Die potentielle Basis *Leistung* tritt in 13 verbalen Kombinationen auf, dabei überwiegend den Strukturtyp Verb+Substantiv (Objekt) repräsentierend. Innerhalb der kompositionellen Verbindungen mit *erfolgen*, *fordern*, *obliegen*, *verlangen*, *verpflichtet sein* und *verweigern* erweisen sich *fordern*, *verlangen*, *verpflichtet sein*, *erfolgen* und *verweigern* gegenüber ihren Substitutionsmöglichkeiten im DWDS als typischer. Bei genauerer Betrachtung zeigt sich jedoch, dass diese Verbindungen im Kombinationsbereich des Substantivs *Leistung* innerhalb der entsprechenden Strukturtypen ihrer Typikalität wegen nicht herausstechen. Auch die Kombinationsbereiche der jeweiligen Verben sind groß und Verbindungen mit *Leistung* heben sich frequenzmäßig von anderen möglichen Kombinationen nicht ab. In dem untersuchten Korpus fallen innerhalb der aufgezählten Kombinationen insbesondere *fordern* und *verlangen* durch ihre überdurchschnittliche Frequenz auf, beide sind gegeneinander substituierbar und kommen im BGB genauso oft vor. Unter Berücksichtigung der angesprochenen weiten Kombinationsbereiche lassen sich diese Verbindungen m.E. zwar als typisch für das untersuchte Korpus ansehen, jedoch nicht als kollokativ.

Die Leistung obliegt tritt im DWDS überhaupt nicht auf, so dass man sie als Kollokation ausschließen kann, zumal der Kombinationsradius von *obliegen* im DWDS weit ist.

Innerhalb der halbkompositionellen Verbindungen fällt auf, dass *erheben*, *stunden*, *zur Last fallen* und *veranschlagen* im DWDS in Verbindung mit *Leistung* überhaupt nicht vorkommen. Auch das BGB verzeichnet sie nur ein Mal. Auf die eigentliche Kompositionalität von *stunden* wurde bereits hingewiesen und sie wurde bereits im Zusammenhang mit der Makrostruktur von *Anspruch* als Kollokation ausgeschlossen, analog ist auch *Leistung stunden* als freie Kombination zu werten. Bei *erheben* im Sinne von ‚als Zahlung einfordern' dürfte bereits von einer freien Verwendung dieser Bedeutungsvariante die Rede sein, ebenso wie bei *veranschlagen*. Auch die Verbindung *zur Last fallen* ist mit *Leistung* nicht typisch. Vielmehr fällt auf, dass sie in dem hier vorliegenden Sinne von ‚jmdm. zusätzliche Arbeit, Mühe od. Kosten bereiten u. dadurch lästig sein' (Duden 1996: 929) in Kombination mit unterschiedlichsten Substantiven vorkommt, wie die Belege im DWDS veranschaulichen:[98]

> Organisierte Hilfe vermittle aber den Eindruck, dass **Schwerstkranke** der Gesellschaft **zur Last fielen**. (Die Zeit, 10.07.2009; Herv. v. F.K.)
>
> **Rechtsextreme Fans** können den Vereinen auch finanziell **zur Last fallen**. (Die Zeit, 12.02.2007, Nr. 48; Herv. v. F.K.)
>
> Was können wir tun, damit sich **Menschen** nicht aus Unkenntnis, Disziplinlosigkeit oder Desinteresse finanziell ruinieren und damit der Allgemeinheit **zur Last fallen**? (Die Zeit, 07.07.2005, Nr. 28; Herv. v. F.K.)
>
> **Die Folgen der neuen technischen Entwicklung** dürften nicht allein den Arbeitnehmern **zur Last fallen**. (Die Zeit, 07.02.1986, Nr. 7; Herv. v. F.K.)
>
> **Altlasten aus kommunistischen Zeiten**, die jetzt uns **zur Last fallen**? (Die Zeit, 29.04.2004, Nr. 19; Herv. v. F.K.)
>
> Außerdem erfahren die schockierten Fröschweiler Bürger nun, daß ‚dem feindlichen Lande grundsätzlich **die Ernährung der Armee zur Last fällt**'. (Die Zeit, 04.08.1995, Nr. 32; Herv. v. F.K.)
>
> Bei längerfristigen Anlagen in Schuldtiteln mit festem Zins würde also ihnen **das Risiko der Zinsänderung und das Kursrisiko zur Last fallen** [...] (Die Zeit, 29.08.1975, Nr. 36; Herv. v. F.K.)

Vor diesem Hintergrund lassen sich auch die Verbindungen *Aufwendungen/ Zahlungen/ Verbindlichkeiten fallen zur Last* als kollokativ ausschließen.

Im Gegensatz dazu dürfte die Kombination *Kosten fallen zur Last* als Kollokation angesehen werden. Diese Kombination kommt nämlich im BGB

98 Stand vom 21.03.2013.

überdurchschnittlich frequent vor und ist außerhalb davon besonders im Zusammenhang mit Urteilsverkündungen in der Formel „Die Kosten des Verfahrens fallen xy zur Last“ typisch.

Die übrigen halbkompositionellen Kombinationen mit *bewirken*, *ablehnen* und *bestreiten* sind zwar auch im DWDS vertreten, sie erweisen sich aber als weniger typisch als ihre Substitutionsmöglichkeiten und erscheinen auch innerhalb der jeweiligen Strukturtypen im Kombinationsbereich des Substantivs nicht typisch. Folglich kann man ihnen den Kollokationsstatus lediglich aufgrund ihrer Halbkompositionalität zunächst nicht verweigern. Insbesondere bei *bewirken* fällt jedoch die frequenzmäßig überdurchschnittliche Typikalität im BGB auf. Bei genauerer Prüfung der entsprechenden Belege im DWDS stellt sich heraus, dass man diese Kombination vorwiegend in älteren Belegen findet, wie die unteren Zitate belegen:[99]

> Schulden zwei Personen einander Leistungen, die ihrem Gegenstand nach gleichartig sind – was insbesondere bei Geldforderungen zutrifft –, so kann jeder Teil seine Forderung gegen die Forderung des anderen Teils aufrechnen, sobald er die ihm gebührende Leistung fordern und die ihm obliegende **Leistung bewirken** kann. (Zimmermann, Theo, Der praktische Rechtsberater, Gütersloh: Bertelsmann 1957, S. 191; Herv. v. F.K.)

> Marktbeherrschende Unternehmen sind verpflichtet, ihre Lieferungen und **Leistungen**, auch wenn sie nicht direkt unter den Begriff der ‚Wettbewerbsbeschränkung‘ fallen, im Rahmen des allgemeinen Geschäftsverkehrs und ihres Leistungsvermögens zu den üblichen Bedingungen ohne ungerechtfertigte Benachteiligung an jeden zu **bewirken**, soweit nicht wichtige Gründe dies unzumutbar erscheinen lassen. (o.A., Wirtschaft [02.02.50], in: Archiv der Gegenwart 20 (1950), S. 2246; Herv. v. F.K.)

> Die Kriegsklausel ist vielmehr gemäss § 242 Bürgerlichen Gesetzbuches (wonach der Schuldner verpflichtet ist, die **Leistung** so zu **bewirken**, wie Treu und Glauben mit Rücksicht auf die Verkehrssitte es erfordern) so auszulegen, […] (o.A., Die Kriegsklausel im Lieferungsvertrag, in: Berliner Tageblatt (Abend-Ausgabe) 01.03.1916, S. 7; Herv. v. F.K.)

> Dem steht doch zu sehr der völlig unbeachtete § 242 des Bürgerlichen Gesetzbuchs entgegen, nach dem der Schuldner, im vorliegenden Falle also die Verlagsbuchhandlung, verpflichtet ist, die **Leistung** so zu **bewirken**, wie Treu und Glauben mit Rücksicht auf die Verkehrssitte es erfordern. (Fleischer, M., Fristsetzung bei Sukzessivlieferungsverträgen nach § 326 des Bürgerlichen Gesetzbuches, in: Berliner Tageblatt (Morgen-Ausgabe) 02.03.1911, S. 13; Herv. v. F.K.)

Vor diesem Hintergrund dürfte es sich um eine veraltete Kollokation handeln, bei der gegenwärtig der Kollokator *erbringen* weit typischer ist.

99 Suchanfrage im DWDS vom 20.04.2013.

6. Schaden

Tabelle 6: Makrostruktur des Substantivs Schaden *[Suchanfrage im DWDS am 21.03.2013]*

VERTIKALE EBENE	ersetzen (105/567)	geltend machen (4/15)	abwenden (2/202)	zufügen (5/1645)	anrichten (1/3700)	eintreten (2/62)	erleiden (4/948)	verant-wortlich sein für (4/12)
	ausgleichen (173)		*verhindern (200)*	*antun (16)*	*verursachen (2046)*	entstehen (35/1090)	*davontragen (496)*	*verantworten (18)*
	(wieder) gutmachen (169)		*abwehren (13)*		*herbeiführen (22)*			*verschulden (16)*
	abdecken (86)		*vermeiden (238)*					
	erstatten (32)		*vorbeugen + S_d (34)*					
	zurück-zahlen (13)							
	HORIZONTALE EBENE							

Das Substantiv *Schaden* geht in dem analysierten Korpus neun unterschiedliche verbale Verbindungen ein, die mit Ausnahme von *entstehen* und *eintreten* unterschiedliche Sachverhalte versprachlichen. Aus der obigen Makrostruktur ist zu ersehen, dass die Mehrheit der Kollokationskandidaten (*den Schaden ersetzen, Schaden zufügen, anrichten, erleiden* und *der Schaden entsteht*) gegenüber den alternativen Ausdrucksmöglichkeiten innerhalb der jeweiligen Paradigmen einen deutlich höheren Typikalitätsgrad aufweist. Auch innerhalb der betreffenden Strukturtypen im Kombinationsbereich des Substantivs *Schaden* erweisen sich die genannten Verbindungen als typisch, sodass sie als Kollokationen eingestuft werden können. Zweifel bezüglich des Kollokationsstatus kommen allerdings bei der Kombination *der Schaden entsteht* auf. Zwar weist sie im untersuchten Korpus eine überdurchschnittliche Vorkommenshäufigkeit auf, mit Berücksichtigung des äußerst weiten Kombinationsbereichs des potentiellen Kollokators ist es dennoch berechtigt von einer freien Verwendung zu sprechen.

Die Verbindung *den Schaden geltend machen* lässt sich mangels Substitutionsmöglichkeiten, wegen ihrer Halbkompositionalität und aufgrund des engen Kombinationsbereichs des Kollokators ebenso als kollokativ werten. Bei der kompositionellen Kombination *für den Schaden verantwortlich sein* kann man hingegen von keiner Präferenz gegenüber den Ersatzmöglichkeiten ausgehen, so dass sie als frei angesehen wird. Unterschiede zeichnen sich auch bei den übrigen zwei halbkompositionellen Verbindungen ab. Während *abwenden* gegenüber den Alternativen *abwehren* und *vorbeugen* präferierter erscheint und einen vergleichbar hohen Typikalitätsgrad aufweist wie die frequentesten Kombinationen mit *verhindern* und *vermeiden*, sodass man in diesem Falle ebenfalls von einer Kollokation sprechen dürfte, zumal diese Kombination auch im DWDS zu den typischsten im Kombinationsbereich von *Schaden* gehört, so erscheint *eintreten* in dieser Kombination weit weniger usuell als *entstehen*, folglich kann ihr der Kollokationsstatus vorläufig lediglich aufgrund der Halbkompositionalität nicht verweigert werden.

7. Besitz

Tabelle 7: Makrostruktur des Substantivs Besitz *[Suchanfrage im DWDS am 12.03.2013]*

VERTIKALE EBENE	erlangen (10/*15*)	nehmen in+S_a (4/1672)	entziehen (6/*0*)	ergreifen (5/*542*)	befinden sich in +S_d (2/*2236*)	einräumen (2/*19*)
	erwerben (72)	gelangen in+S_a (1/*1106*)	*enteignen (17)*	sich verschaffen (1/*1*)	sein in +S_d (9/-)	*erlauben (32)*
		kommen in+S_a (27)	*beschlagnahmen (21)*	*übernehmen (48)*	haben in +S_d (3/14)	*gestatten (21)*
			konfiszieren (11)			*garantieren (13)*
			wegnehmen (1)			
	HORIZONTALE EBENE					

Innerhalb der Verbindungen mit dem Substantiv *Besitz* erscheinen *befinden sich*, *sein*, *haben*, *erlangen* und *nehmen* im polnischen Paralleltext kompositionell übersetzt. Bei *erlangen* handelt es sich – zumindest im DWDS und bei Google[100] – um keine auffallend typische Verbindung, sodass sie nicht für kollokativ erachtet wird. Die kompositionellen Verbindungen *sich im Besitz befinden*, *im Besitz sein* und *im Besitz haben* weisen im DWDS eine unterschiedliche Vorkommenshäufigkeit auf. Während *sich befinden* am frequentesten von allen potentiellen Kollokatoren ist, *haben* nur vereinzelt belegt ist, werden für *im Besitz sein* keine Belege geliefert, auch wenn bei der Begriffserklärung von *Besitz* die Verbindungen *im Besitz von etw. sein*, *etw. in*

100 Die Phrasensuche *Besitz erlangen* ergab am 25.04.2013 2.160 Treffer, was für Google-Verhältnisse keine auffallend hohe Vorkommenshäufigkeit darstellt.

Besitz haben im Sinne von *etw. besitzen* aufgeführt werden und entsprechend auch mit Beispielen versehen werden.[101] Die Phrasensuche bei Google lässt die Frequenzverhältnisse etwas anders erscheinen: *sind im Besitz* ergibt 7.220 Treffer, *im Besitz haben* – 217.000 Treffer, *sich im Besitz befinden* – 216.000.[102] Trotz der hohen Vorkommenshäufigkeit dieser drei Verbindungen im World Wide Web sprechen mehrere Gründe gegen ihre Kategorisierung als Kollokationen: Erstens ist es ihre Kompositionalität, zweitens die hohe Produktivität der jeweiligen Verben in zahlreichen anderen Verbindungen und schließlich die Tatsache, dass es sich dabei jeweils um Streckformen handelt, die sich wie bereits die DWDS-Angabe andeutet, durch das einfache Verb *besitzen* substituieren lassen, bei denen die Verben semantisch entleert sind. Dass es sich um freie Verbindungen handelt, dafür spricht auch die Variabilität im BGB. Somit lässt sich schlussfolgern, dass es sich bei diesen Kombinationen zwar um frequente, usuelle, jedoch nicht halbkompositionelle und nicht kollokative Verbindungen handelt.

Auch die Verbindung *sich den Besitz verschaffen* – denn in dieser Form und nicht etwa *jmdm. Besitz verschaffen* begegnet es im BGB – erweist sich als nicht typisch, es sei zusätzlich angemerkt, dass die polnische Übersetzung in dem Paralleltext die wörtliche Entsprechung einer anderen in der obigen Tabelle verzeichneten Kombination ist: *przyjść do posiadania* (‚in Besitz kommen'). Da diese Verbindung mit der häufiger im BGB vorkommenden Kombination *Besitz ergreifen* substituierbar ist und auch die Phrasensuche *sich Besitz verschaffen* im Google nicht auf ihre Typikalität schließen lässt – die Trefferzahl beträgt zwar 7.100, tatsächlich werden aber nur 88 Seiten mit diversen zweisprachigen Wörterbüchern eingeblendet, weshalb von einer freien Verbindung die Rede sein kann.[103] Die im Polnischen halbkompositionell wiedergegebene Verbindung *den Besitz einräumen* tritt zwar auch im DWDS auf, jedoch nicht im Sinne von *gewähren*, wie das im BGB der Fall ist, sondern in der Bedeutung ‚zugeben', wie die unteren Beispiele veranschaulichen:

> Nordkorea **räumt** nach US-Angaben **den Besitz von Atomwaffen ein**. (Berliner Zeitung, 31.12.2003; Herv. v. F.K.)

> Die irakische Regierung hat **den Besitz weiterer leerer Sprengköpfe für Chemiewaffen eingeräumt**. (Berliner Zeitung, 20.01.2003; Herv. v. F.K.)

---

101 Vgl. http://www.dwds.de/?qu=Besitz&submit_button=Suche&view=1, Stand vom 12.03.2013.

102 Frequenzanalyse mit Hilfe der Google Suchmaschine; Stand vom 12.03.2013.

103 Suchanfrage am 25.04.2013.

Es erweist sich folglich nicht als berechtigt, die Verbindung *Besitz einräumen* im Sinne ihres Auftretens im BGB als frequent zu postulieren. Denn an ihrer Stelle treten auch andere Kombinationen auf, wie die obige Makrostruktur veranschaulicht.

Auch *den Besitz entziehen* fällt kaum durch Kollokativität auf. Die Kombination wird im DWDS gar nicht verzeichnet, es treten darin zwar einige alternative Verbindungen auf, allerdings sind sie mit der analysierten Kombination nicht ganz bedeutungsgleich, da sie mit Ausnahme von *wegnehmen* das zusätzliche Sem [+von Staats wegen] enthalten. *Den Besitz entziehen* ist hingegen im Zusammenhang mit der verbotenen Eigenmacht von Belang, die vorliegt „wenn jemand einem anderen ohne dessen Einverständnis eine Sache wegnimmt oder ihn in seinem Besitz daran stört."[104] Da *entziehen* im Gegensatz zu *wegnehmen* auch mit einigen anderen Substantiven im BGB vorkommt, lässt es sich als charakteristisch für die Gesetzessprache auffassen; da der Kombinationsbereich des Verbs im DWDS sehr weit ist und *Besitz* darin nicht mit aufgeführt wird, scheidet es als Kollokation aus. Auf eine Typikalität dieser Verbindung lässt auch die Suchanfrage im Google nicht schließen – für die Phrase *Besitz entziehen* werden lediglich 2.420 Treffer geliefert.[105]

Die Kombinationen *den Besitz ergreifen, in Besitz nehmen* und *in den Besitz gelangen* wurden zwar in der obigen Makrostruktur aufgrund der Repräsentation zweier morphologisch-syntaktischer Strukturtypen zwei unterschiedlichen Szenen zugeordnet, es zeigt sich allerdings, dass insbesondere *den Besitz ergreifen* und *in Besitz nehmen* den gleichen Sachverhalt versprachlichen: ‚sich den Besitz zu eigen machen, sich des Besitzes bemächtigen'. Bei allen drei Kombinationen zeigt sich zudem eine Analogie zu den Verbindungen *im Besitz haben/sein.* Auch hierbei handelt es sich um Kombinationen, bei denen die Verben semantisch entleert sind und lediglich die Aktionsart signalisieren. Da sie zudem bereits im BGB variabel verwendet werden – und somit normativ nicht festgelegt sind – und die Verben auch in Verbindungen mit anderen Substantiven zum Ausdruck der Aktionsart hochproduktiv sind, werden sie nicht als kollokativ eingestuft.

104 http://www.rechtslexikon.net/d/verbotene-eigenmacht/verbotene-eigenmacht.htm; Stand: 25.04.2013.

105 Suchanfrage am 25.04.2013.

8. Forderung

Tabelle 8: Makrostruktur des Substantivs Forderung *[Suchanfrage im DWDS am 15.03.2013]*

VERTIKALE EBENE	abtreten (13/63)	aufrechnen (5/10)	berichtigen (4/0)	ausstehen $+S_n$ (2/12)	fällig sein (9/0)	erlöschen (1/12)	erwerben (7/41)	verzinslich sein (8/0)	zustehen (9/18)	einziehen (9/23)
	übertragen (16/12)	*verrechnen (14)*	*begleichen (114)*	*nicht eingetroffen sein* $+ S_n$ *(0)*		*enden (9)*	*aufkaufen (30)*		*es gibt (94)*	*eintreiben (128)*
	übergeben (21)	*berücksichtigen (115)*	*bezahlen (35)*				*ankaufen (18)*			*einkassieren (0)*
			befriedigen (83)							*erheben (0)*
			abgegolten sein/ werden $+S_n$ *(23)*							*beitreiben (0)*
			abgedeckt werden $+S_n$ *(15)*							*zwangsvollstrecken (0)*
	HORIZONTALE EBENE									

Das Kombinationspotential des Substantivs *Forderung* ist in dem untersuchten Korpus hoch, kompositionell werden allerdings in dem polnischen Paralleltext lediglich die Kombinationen die *Forderung ist (un)verzinslich, die Forderung erlischt, die Forderung übertragen* und *die Forderung steht zu* übersetzt. Die erste der genannten Verbindungen kommt im DWDS überhaupt nicht vor, elf Mal werden zwar *verzinsliche Forderungen* verzeichnet, bedenkt man jedoch den Kombinationsradius dieses Adjektivs – im DWDS werden 38 unterschiedliche damit kookkurrierende Substantive aufgelistet und die Verbindung mit *Forderung* gehört nicht zu den typischsten – im Zusammenhang mit der Kompositionalität, so dürfte man bei der Kombination *die Forderung ist verzinslich* von einer freien Verbindung ausgehen.

Auch bei der Kombination *die Forderung steht zu* handelt es sich im DWDS frequenzmäßig um keine auffallende Verbindung. Obwohl es kaum alternative Ausdrucksmöglichkeiten gibt, und auch *es gibt eine Forderung* gegenüber der analysierten Kombination nur bedeutungsähnlich ist, dürfte man angesichts der Kompositionalität dieser Verbindung, der Untypikalität im Rahmen des Strukturtyps und analog wie im vorigen Beispiel vor dem Hintergrund des hohen Kombinationsgrades des Verbs *zustehen* – 272 Substantive im DWDS – ebenfalls von einer freien Wortverbindung sprechen. *Die Forderung erlischt* ist ebenfalls frequenzmäßig nicht auffallend typisch und auch nicht weit usueller als *enden*. Da es zudem in dieser Bedeutungsvariante im DWDS mit knapp 50 unterschiedlichen Substantiven in Verbindung tritt, lässt sich auch hier bereits von einer freien Verwendung sprechen.

Die Kombination *die Forderung berichtigen* ist im DWDS nicht belegt, ebenso wie die polyseme Lesart dieses Verbs – ‚bezahlen', die in dem vorliegenden Korpus auch mit anderen potentiellen Basen aktiviert wird. Die Phrasensuche *Forderung berichtigen* mittels Google ergibt 1.440 Treffer, was keinen Schluss auf auffallende Typikalität erlaubt.[106] Dabei zeigt sich ferner, dass davon nur 40 Seiten gezeigt werden, auf denen teilweise *berichtigen* im Sinne von ‚richtig stellen' gebraucht wird:

> Vor Gerichtstermin Höhe der **Forderung berichtigen**?[107]

Diese Bedeutung ist auch dem einzigen Beleg zu entnehmen, den meine Cosmas-Recherche lieferte:

> Die Koblenzer Richter waren anderer Auffassung. Die Kommune könne sich nicht mit Erfolg auf Vertrauensschutz berufen, da der Landkreis bei der ersten, 1996 ergangenen Forderung, keinen Verwaltungsakt im Rechtssinne erlassen habe. Aber selbst wenn man dies anders bewerten würde, habe die Kreisverwaltung ihre **Forderung berichtigen** dürfen. Denn es lasse sich in dem ursprünglichen Forderungsschreiben keine Erklärung finden, dass die festsetzende Behörde tatsächlich nur den konkret aufgeführten Betrag und nicht mehr fordern wolle. **(RHZ02/FEB.18553 Rhein-Zeitung, 26.02.2002; Vertrauensschutz zählt nicht**: Aufruf am 15.03.2013; Herv. im Original)

Zum Teil fehlt es bei den Belegen auf den Internetseiten an syntaktischer Zusammengehörigkeit zwischen *Forderung* und *berichtigen*:

> Das erstinstanzliche Gericht, das mit der Sache befasst war, kann den europäischen Vollstreckungstitel für eine unbestrittene **Forderung berichtigen** oder widerrufen (Art 619 Abs4 der Zivilprozessordnung).[108]

---

106 Suchanfrage am 15.03.2013.

107 Quelle: http://www.123recht.net/Vor-Gerichtstermin-Hoehe-der-Forderung-berichtigen-__f186941.html; Stand: 15.03.2013.

108 http://books.google.pl/books?id=ySLfIKo_MUcC&pg=PA206&lpg=PA206&dq=%22Forderung+berichtigen%22&source=bl&ots=D4hFVIQcy9&sig=EfWQ75sjK9WSoQaIIqzAW8vR4Hc&hl=pl&sa=X&ei=cBpDUfnVNo3HsgbY64GoBg&ved=

> Gläubiger haben Gelegenheit zur Stellungnahme und können gegebenenfalls den Stand Ihrer **Forderung berichtigen** und nachweisen.[109]

Vor diesem Hintergrund ließe sich zwar bei *Forderung berichtigen* von einer halbkompositionellen, aber anscheinend nicht mehr usuellen Kombination sprechen. Da jedoch diese Verbindung auch in der heutigen Fassung des BGB vorkommt (vgl. § 395, 756, 1247, 1288 II BGB), erscheint sie weiterhin als disponibel. Ob man aufgrund dessen automatisch von einer Kollokation sprechen kann, ist allerdings fraglich: Hierfür müsste der Kombinationsradius des potentiellen Kollokators untersucht werden. Dabei fällt auf, dass dieser zwar im DWDS eng ist, allerdings wird die hier aktivierte Bedeutungsvariante dort nicht mehr angeführt. Zu der Annahme, dass es sich bei dem vorliegenden Gebrauch von *berichtigen* um eine veraltete Bedeutungsvariante des Verbs handelt, verleitet die Konsultierung des Grimmschen Wörterbuchs, welches noch die polyseme Bedeutungsvariante ‚bezahlen' von *berichtigen* anführt: „eine sache, schuld, rechnung berichtigen, *ordnen, bezahlen;*"[110] Um den Kollokationsstatus von *Forderung berichtigen* zu prüfen, wäre somit eine Recherche in historischen Korpora erforderlich, um auf diese Weise den Kombinationsbereich des Verbs zu bestimmen und je nach dessen Größe Rückschlüsse auf die Kollokativität der extrahierten Verbindung zu ziehen bzw. um vom freien Gebrauch des Verbs in dieser polysemen Bedeutungsvariante auszugehen.

Auch die übrigen Verbindungen unterscheiden sich hinsichtlich ihres Typikalitätsgrades. Die im BGB-Korpus frequenzmäßig typischsten Kombinationen mit *abtreten* und *übertragen* zählen auch im DWDS zu den typischsten Kombinationen innerhalb des betreffenden Strukturtyps. Sie weisen zudem kaum Substitutionsmöglichkeiten auf, auch wenn *abtreten* neuerdings – anders als im BGB – etwas gebräuchlicher ist und stärker mit der juristischen Sprache konnotiert wird. Somit dürften beide Verbindungen für kollokativ gewertet werden.

Die Verbindung *die Forderung ist/wird fällig* erweist sich im DWDS im Unterschied zu BGB als nicht typisch. Sie tritt darin in dieser Form nicht auf, nachweislich sind im DWDS nur einige Transformationen dieser Kombination: *fällige Forderungen* (56 Mal) und *Fälligkeit der Forderung* (19 Mal). Eine daraus folgende Einstufung als Kollokation der Verbindung ist jedoch spätestens dann in Zweifel zu ziehen, wenn man die hohe Produktivität des Adjektivs in Verbindung mit anderen Substantiven mit reflektiert.

0CGcQ6AEwCQ#v=onepage&q=%22Forderung%20berichtigen%22&f=false; Stand: 15.03.2013.

109 https://www.ra-franzke.de/webEdition/we_cmd.php?we_cmd%5B0%5D=show&we_cmd%5B1%5D=290&we_cmd%5B4%5D=4; Stand: 15.03.2013

110 http://www.woerterbuchnetz.de/DWB?lemma=berichtigen; Stand: 15.03.2013.

Der obigen Makrostruktur lässt sich entnehmen, dass *eine Forderung aufrechnen* nur begrenzt substituierbar ist. Zwar zählt sie nicht zu den typischsten Kombinationen im betreffenden Strukturtyp des Kombinationsbereichs von *Forderung*; aufgrund der eingeschränkten Ersetzbarkeit des Kollokators im Zusammenhang damit, dass der Kombinationsradius des Kollokators eng ist, kann man sie jedoch als kollokativ auffassen.

Bei *Forderungen einziehen* gibt es zwar vom Sprachsystem her mehrere Substitutionsmöglichkeiten, die meisten von ihnen sind jedoch den DWDS-Angaben zufolge nicht gebräuchlich, nur *eintreiben* erweist sich als typischer. Aufgrund der eingeschränkten Ersetzbarkeit sowie der überdurchschnittlichen Vorkommenshäufigkeit der Kombination im BGB ist auch hier von einer Kollokation auszugehen, was durch den engen Kombinationsradius des Kollokators bekräftigt wird.

Bei den übrigen halbkompositionellen Verbindungen tritt die Kollokativität nicht so stark zum Vorschein. Bei der Kombination *eine Forderung steht aus* sind mögliche alternative Ausdrucksmöglichkeiten im DWDS nicht verzeichnet. Zwar kommt die Verbindung darin ebenfalls nicht besonders häufig vor, weit frequenter ist jedoch die Umformung *ausstehende Forderung* (233 Mal). Bedenkt man jedoch den sehr hohen Kombinationsradius von *ausstehend* in Funktion eines Partizipialattributs, als auch die niedrige Vorkommenshäufigkeit im BGB, so lässt sich diese Verbindung vorerst lediglich der Halbkompositionalität wegen nicht als kollokativ ausschließen.

Die halbkompositionelle Verbindung *eine Forderung erwerben* hebt sich zwar frequenzmäßig von den Ersatzmöglichkeiten ab, innerhalb des betreffenden Strukturtyps im DWDS zählt sie jedoch nicht zu den typischsten Kombinationen, weswegen ihr Status bis zur Analyse des Kombinationsbereichs der möglichen Kollokatoren in der Schwebe bleibt.

9. Eigentum

Tabelle 9: Makrostruktur des Substantivs Eigentum *[Suchanfrage im DWDS am 14.03.2013]*

VERTIKALE EBENE	beeinträchtigen (1/0)	verschaffen (2/27)	erwerben (21/351)	übergehen + S_n (12/52)	übertragen (12/58)	verletzen (2/12)
	antasten (11)	*beschaffen (0)*	erlangen (5/21)	zufallen + S_n (1/6)	*überlassen (29)*	*schädigen (10)*
		besorgen (0)	*bekommen (40)*		*übergeben (22)*	*beschädigen (28)*
			erhalten (66)		*übereignen (0)*	
	HORIZONTALE EBENE					

Bei den Verbindungen mit dem Substantiv *Eigentum* tritt das Nomen im BGB überwiegend in Objektfunktion auf, nur in Kombinationen mit *übergehen* und *zufallen* fungiert es als Subjekt. Mit Ausnahme von *erlangen*, *übertragen*, *zufallen* und *übergehen* werden sämtliche aus dem BGB extrahierte Verbindungen im polnischen Paralleltext halbkompositionell übertragen. Wie aus der obigen Makrostruktur zu ersehen ist, erweisen sich jedoch nicht alle Kombinationen als Kollokationen. Als solche lässt sich die kompositionelle Verbindung *das Eigentum erlangen* ausschließen, die frequenzmäßig gegenüber anderen alternativen Ausdrucksmöglichkeiten auf der vertikalen Ebene die niedrigste Usualität aufweist und auch im BGB nicht überdurchschnittlich frequent vorkommt. Als Kollokation lässt sich dagegen die alternativ im BGB-Korpus vorkommende Verbindung *das Eigentum erwerben* einstufen, da sie innerhalb des Paradigmas die höchste Typikalität zeigt und auch im Rahmen des Strukturtyps Verb+Substantiv (Objekt) im DWDS als typisch angesehen werden kann. Die Kombination *jmdm. das Eigentum verschaffen* scheint hingegen nicht besonders typisch zu sein. Eventuelle vom System her mögliche Alternativen werden allerdings den DWDS-Angaben zufolge gar nicht verwendet. Dies dürfte daher rühren, dass der damit versprachlichte Sachverhalt von keiner besonderen Bedeutung ist. Die festgestellte Untypikalität der Kombination wird durch die Google-Phrasensuche etwas revidiert: Die Trefferzahl für *das Eigentum verschaffen* liegt dort bei 37.000,[111] angezeigt werden vorwiegend Seiten zu juristischer Problematik. Zusätzlich ist bei der Kombination jedoch zu berücksichtigen, dass sie zwar im Polnischen nicht wörtlich übersetzt wird, jedoch realiter in Verbindung mit *Eigentum* keine semantische Umdeutung erfahren hat, weshalb sie eigentlich als kompositionell gelten kann. Der sehr weite Kombinationsbereich des Verbs *verschaffen* erlaubt keine Einordnung als Kollokation. Lediglich wegen der Halbkompositionalität lässt sich die Verbindung *das Eigentum beeinträchtigen* nicht als Kollokation ausschließen: Im DWDS wird sie nicht verzeichnet, sie lässt sich substituieren und auch die Recherche im World Wide Web revidiert ihre Untypikalität nicht. Unterschiede, was die Typikalität anbelangt, weisen auch die vier übrigen Verbindungen auf: *das Eigentum übergeht/fällt zu* sowie *das Eigentum übertragen/verletzen*. Während *übertragen* und *übergehen* auch im DWDS zu den typischsten Verbindungen innerhalb der jeweiligen Strukturtypen zählen und auch im BGB auffallend frequent vorkommen, weshalb sie für kollokativ gewertet werden können, erweisen sich die Kombinationen mit *verletzen* und *zufallen* weder in dem untersuchten Korpus, noch im DWDS als typisch, wes-

111 Suchanfrage am 14.03.2013.

halb sie als Kollokationskandidaten lediglich dem Kriterium der Halbkompositionalität gerecht werden.

10. Frist

Tabelle 10: Makrostruktur des Substantivs Frist *[Suchanfrage im DWDS am 15.03.2013]*

VERTIKALE EBENE	stellen (1/*58*)	beginnen + S_n (10/*289*)	einhalten (17/*355*)	laufen + S_n (13/*247*)	verstreichen + S_n (10/*410*)
	bestimmen (28/*25*)	*ansetzen* + S_n *(6)*	wahren (1/*44*)	*dauern* + S_n *(20)*	endigen + S_n (5/*enden 498*)
	festlegen (49)	*tritt in Lauf* + S_n *(1)*	*beachten (41)*	*bestehen* + S_n *(26)*	*ablaufen* + S_n *(1804)*
	setzen (1790)	*anlaufen* + S_n *(16)*			*auslaufen* + S_n *(465)*
	festsetzen (31)				
	vorgeben (20)				
	vorschreiben (25)				
	HORIZONTALE EBENE				

Das Kombinationspotential des Substantivs *Frist* ist in dem untersuchten Korpus relativ hoch. Kompositionell gebildet sind die Verbindungen *eine Frist bestimmen, die Frist beginnt, die Frist läuft* und *die Frist endigt*. Wie der obigen Makrostruktur entnommen werden kann, lassen sich nicht alle diese Kombinationen als Kollokationen klassifizieren. Innerhalb des ausgebauten Paradigmas ist *bestimmen* weit weniger typisch als die Substitutionsmöglichkeiten, auch wenn diese Kombination im BGB überdurchschnittlich frequent vorkommt. Da jedoch weder *bestimmen* im DWDS zu den typischen Verbindungen mit *Frist* zählt und auch umgekehrt *bestimmen* nicht auffallend häufig eine Verbindung mit *Frist* eingeht, wird sie für nicht kollokativ erachtet. Es sei zusätzlich erwähnt, dass in der heutigen BGB-Fassung an einigen Stellen auch bereits von *Fristsetzung* die Rede ist (vgl. § 250 und § 251) und diese Kombination ist es, die innerhalb des obigen Paradigmas auffallend frequent erscheint. *Die Frist endigt* ist mit dieser veralteten Verbform im DWDS überhaupt nicht verzeichnet. Angesichts ihrer Kompositionalität und der frequenten Substitutionsmöglichkeiten wird auch hier von keiner kollokativen Verbindung ausgegangen. *Die Frist beginnt* und *die Frist läuft* weisen dagegen im Vergleich zu den Alternativen einen deutlich höheren Usualitätsgrad auf, auch diese Verbindungen zählen jedoch weder zu den typischsten innerhalb des Kombinationsbereichs von *Frist*, noch von *laufen* und *beginnen*, daher dürfte man auch hierbei von freien Verbindungen sprechen. Im Gegensatz zu den kompositionellen Verbindungen erweisen sich die meisten hier angeführten halbkompositionellen Kombinationen mit *Frist* auch im DWDS als typisch. Die Kombinationen mit *einhalten* und *verstreichen*, die bereits im BGB auffallend frequent vorkommen, zählen auch im DWDS zu den typischsten Verbindungen und auch umgekehrt im Rahmen des Kombinationsradius der Verben *einhalten* und *verstreichen* fallen diese Kombinationen durch ihren Typikalitätsgrad auf. Die Kombinationen mit *stellen* und *wahren* erweisen sich hingegen weder was den Kombinationsbereich von *Frist*, noch den von *wahren* und *stellen* angeht als besonders typisch. Wie der obigen Makrostruktur entnommen werden kann, stellt bereits das BGB je eine viel gebräuchlichere Variante zum Ausdruck dieses Sachverhalts zur Verfügung, das Gleiche ist in Bezug auf das DWDS zu beobachten, weshalb diesen Verbindungen eigentlich nur vor dem Hintergrund ihrer Halbkompositionalität Kollokationsstatus gewährt werden könnte.

Nach den kombinationsfreudigsten Substantiven werden nun diejenigen potentiellen Basen analysiert, die lediglich zwei bzw. drei verbale Kombinationen eingehen.

11. Beistand

Tabelle 11: Makrostruktur des Substantivs Beistand *[Suchanfrage im DWDS am 12.03.2013]*

VERTIKALE EBENE	bestellen (5/0)	zuziehen (1/0)
		hinzuziehen (1)
	HORIZONTALE EBENE	

Die mögliche Basis *Beistand* tritt in dem analysierten Korpus zweifach in Objektfunktion auf. Beide Kombinationen werden im Polnischen nicht wörtlich übertragen. Das DWDS-Korpus liefert keine Belege für *Beistand* als Akkusativobjekt mit den Verben *bestellen* und *zuziehen*. Lediglich bei der Begriffserklärung von *Beistand* heißt es in Bezug auf den juristischen Bereich: ‚jmd., der zur Unterstützung rechtsunkundiger Personen gerichtlich zugelassen ist'. Weiter findet man zumindest die Verbindung mit *bestellen*:

jd. als Beistand/Beistände wählen
dem Jugendlichen einen Beistand/Beistände bestellen
der alleinstehenden Mutter wurde ein Beistand/Beistände beigegeben[112]

---

112 Quelle: http://www.dwds.de/?qu=Beistand&submit_button=Suche&view=1; Stand: 12.03.2013.

Da Kombinationen mit *Beistand* im DWDS nicht den oben genannten Rechtshelfer betreffen, sondern allgemein Unterstützung bzw. Hilfe, wie etwa die folgenden Beispiele zeigen, werden sie als keine Substitutionsmöglichkeiten angesehen und somit nicht aufgeführt:

> „Aber sie heißt nicht, dass in außergewöhnlichen Umständen ein Land einem anderen Land keinen **Beistand gewähren** darf", hob Trichet hervor. (Die Zeit, 20.06.2010, Nr. 25; Herv. v. F.K.)
>
> Sie **gewährt** niemandem militärischen **Beistand** und erwartet ihn von niemandem. (Die Zeit, 24.07.2008, Nr. 25; Herv. v. F.K.)

Vor diesem Hintergrund lassen sich die halbkompositionellen Verbindungen *den Beistand bestellen/zuziehen* zwar nicht als frequent einstufen, sie sind aber im Sinne Hausmanns disponibel. Diese Verfügbarkeit bestätigt die Phrasensuche mithilfe der Google-Suchmaschine. Darin ergibt *einen Beistand bestel*len 4.880 Treffer, *einen Beistand zuziehen* 1.440 Treffer, um diesbezüglich von Kollokationen sprechen zu können, ist jedoch eine Prüfung des Kombinationsradius des potentiellen Verbkollokators vonnöten.[113]

12. Beschwerde

Tabelle 12: Makrostruktur des Substantivs Beschwerde *[Suchanfrage im DWDS am 12.03.2013]*

VERTIKALE EBENE	stattfinden +S_n (2/*0*)	einlegen (1/*1301*)
	zustehen +S_n *(19)*	*einreichen (430)*
	vorgebracht werden +S_n *(14)*	*erheben (114)*
	zugelassen werden/sein +S_n *(25)*	*vorbringen (93)*
	HORIZONTALE EBENE	

Das Substantiv *Beschwerde* geht in dem untersuchten Korpus zwei verbale Verbindungen ein, die in der polnischen Übersetzung nicht wörtlich übertragen werden. Die Verbindung *(gegen etw.) findet die (sofortige) Beschwerde statt* wird im polnischen Parallelkorpus als *przysługuje zażalenie* bzw. *służy zażalenie* (‚die Beschwerde steht zu') übertragen, was eigentlich eine wörtliche Entsprechung einer der oben genannten Substitutionsmöglichkeiten ist. Im DWDS wird die Verbindung *die Beschwerde findet statt* als solche nicht verzeichnet. Fündig wird man bei der Verbindung mit *finden*, wo allerdings lediglich zwei Belege mit *stattfinden* aufgeführt werden:

113 Suchanfrage am 13.03.2013.

Soweit dieses Gesetz nicht ein anderes bestimmt, **findet** gegen die Entscheidungen im Konkursverfahren **die sofortige Beschwerde**, gegen Entscheidungen des Beschwerdegerichts die sofortige weitere Beschwerde **statt**. (o.A., Konkursordnung, in: Schönfelder: Deutsche Gesetze: Sammlung des Zivil-, Straf- und Verfahrensrechts (Ergänzungslieferung), München: Beck 1997, S. –; Herv. v. F.K.)

Gegen die Anordnung des persönlichen Erscheinens und gegen die Festsetzung des Ordnungsgeldes **findet die sofortige Beschwerde** nach den Vorschriften der Zivilprozeßordnung an das für den Sitz der Einigungsstelle zuständige Landgericht (Kammer für Handelssachen oder, falls es an einer solchen fehlt, Zivilkammer) **statt**. (o.A., Gesetz gegen den unlauteren Wettbewerb (UWG), in: Schönfelder: Deutsche Gesetze: Sammlung des Zivil-, Straf- und Verfahrensrechts (Ergänzungslieferung), München: Beck 1997, S. –; Herv. v. F.K.)

Eine höhere Anzahl von Belegen mit der Kombination *Beschwerde findet statt* liefert das DWDS, wenn *Beschwerde* in Verbindung mit dem Attribut *sofortige* eingeblendet wird. Dabei zeigt sich, dass man im Sinne Kjærs bei dieser Wortgruppe eine relative Festigkeit feststellen kann. Bei sämtlichen Quellen, in denen sie vorkommt, handelt es sich um Gesetzestexte, vereinzelt sind es Gesetzeskommentare:

Gegen die Entscheidung des Amtsgerichts **findet die sofortige Beschwerde statt**. (o.A., Gesetz über das gerichtliche Verfahren bei Freiheitsentziehungen, in: Sartorius 1: Verfassungs- und Verwaltungsgesetze der Bundesrepublik Deutschland, München: Beck 1998, S. -; Herv. v. F.K.)

Gegen eine Verfügung, durch die der Standesbeamte zur Vornahme einer Amtshandlung angehalten oder durch die eine Berichtigung eines Personenstandsbuchs angeordnet wird, **findet die sofortige Beschwerde statt**; die Verfügung wird erst mit der Rechtskraft wirksam. (o.A., Personenstandsgesetz, in: Sartorius 1: Verfassungs- und Verwaltungsgesetze der Bundesrepublik Deutschland, München: Beck 1998, S. -; Herv. v. F.K.)

Gegen das Zwischenurteil **findet sofortige Beschwerde statt**. (o.A., Zivilprozeßordnung (ZPO), in: Schönfelder: Deutsche Gesetze: Sammlung des Zivil-, Straf- und Verfahrensrechts, München: Beck 1997, S. -; Herv. v. F.K.)

Insgesamt werden 28 Belege mit der Kombination *findet sofortige (weitere) Beschwerde statt* aufgelistet. Zudem kommen zwölf weitere Belege ohne das Attribut *sofortige* im DWDS vor:

Gegen die Verfügungen des Gerichts erster Instanz **findet das Rechtsmittel der Beschwerde statt**. (o.A., Gesetz über die Angelegenheiten der freiwilligen Gerichtsbarkeit1 (FGG), in: Schönfelder: Deutsche Gesetze: Sammlung des Zivil-, Straf- und Verfahrensrechts (Ergänzungslieferung), München: Beck 1997, S. 170; Herv. v. F.K.)

Gegen den Beschluß, durch den die Tätigkeit des Gerichts auf Grund dieses Gesetzes von der Zahlung eines Kostenvorschusses oder von einer Vorauszahlung abhängig gemacht wird, und wegen der Höhe des Vorschusses oder der Vorauszahlung **findet die Beschwerde statt**, auch wenn der Wert des Beschwerdegegenstandes einhundert Deutsche Mark nicht übersteigt. (o.A., Gerichtskostengesetz (GKG), in: Schönfelder: Deutsche Gesetze: Sammlung des Zivil-, Straf- und Verfahrensrechts (Ergänzungslieferung), München: Beck 1997, S. 170; Herv. v. F.K.)

In anderen Verwendungskontexten, etwa der Pressesprache hält man sich nicht an den Gesetzeswortlaut, sondern es kommen entweder die oben angeführten semantisch spezifischeren Verben zum Einsatz oder auch Kombinationen wie *die Beschwerde ist möglich/zulässig*, wobei Letzteres auch in Gesetzestexten vorkommt:

Gegen die Entscheidung ist die sofortige Beschwerde zulässig. (o.A., Aktiengesetz, in: Schönfelder: Deutsche Gesetze: Sammlung des Zivil-, Straf- und Verfahrensrechts (Ergänzungslieferung), München: Beck 1997, S. -)

Obwohl in der heutigen BGB-Fassung die Verbindung *die Beschwerde findet statt* nicht mehr vorkommt, da die entsprechenden Paragraphen weggefallen sind (vgl. § 60 II und § 73 II BGB), lässt sie sich aufgrund der Typikalität gerade in rechtssprachlichen Verwendungskontexten als Kollokation einstufen.[114] Man könnte hier im Sinne Engbergs von einer „Stabilität durch Intertextualität" sprechen (Engberg 2008: 338). Ähnlich erweist sich auch die *Beschwerde einlegen* aufgrund der höchsten Typikalität innerhalb der aufgelisteten Ausdruckmöglichkeiten als auch hinsichtlich ihrer Halbkompositionalität und der gegenseitigen Evozierbarkeit der Basis und des Kollokators als eine Kollokation.

13. Ermittlungen

Tabelle 13: Makrostruktur des Substantivs Ermittlungen *[Suchanfrage im DWDS am 18.03.2013]*

VERTIKALE EBENE	veranstalten (2/0)	ergeben + S_n (2/2028)
	einleiten (1090)	*erbringen (74)*
	anordnen (59)	*klären (47)*
	aufnehmen (2486)	*nahe legen (9)*
	durchführen (56)	*zeigen (120)*
	HORIZONTALE EBENE	

Ermittlungen gehen in dem analysierten Korpus zwei Verbindungen ein: zum einen die halbkompositionelle Verbindung mit *veranstalten* (in Objektfunktion) und zum anderen die kompositionelle Kombination mit *ergeben* (als Nominalsubjekt).

114 Kjær (1992: 50) klassifiziert diese Verbindung als Routineformel.

Wie die obige Tabelle zeigt, kann gerade bei der nichtkompositionellen Verbindung schwerlich von einer Kollokation gesprochen werden. Das DWDS liefert für *Ermittlungen veranstalten* keine Treffer, viel frequenter sind hingegen innerhalb dieses Paradigmas andere Ausdrucksmöglichkeiten. Die Phrasensuche im Google ergibt zwar für *Ermittlungen veranstalten* 1.020 Treffer, dabei wird jedoch vorwiegend der folgende Paragraph aus dem BGB zitiert:[115]

> Das Nachlassgericht kann von Amtswegen über die Richtigkeit eines erteilten Erbscheins **Ermittlungen veranstalten.** (§ 2361 III BGB; Herv. v. F.K.)

Teilweise besteht zwischen *Ermittlungen* und *veranstalten* in den eingeblendeten Belegen keine syntaktische Zusammengehörigkeit:

> Sie wollte um 17 Uhr eine Pressekonferenz zum Stand der **Ermittlungen veranstalten.**[116]

Da man bei *Ermittlungen veranstalten* eigentlich keine semantische Spezifizität des potentiellen Kollokators erkennen kann – das Verb wird hier gewöhnlich in der Bedeutung ‚durchführen, ins Werk setzen' gebraucht – erweist sich die halbkompositionelle Übersetzung im polnischen Text trügerisch. Wie sich zeigt, stellen die im polnischen Paralleltext vorkommenden Äquivalente für *Ermittlungen veranstalten wdrożyć* und *zarządzić* direkte Übersetzungen der möglichen Alternativen: *wdrożyć dochodzenia* (‚Ermittlungen einleiten') und *zarządzić dochodzenia* (‚Ermittlungen anordnen') dar.

Bei *Ermittlungen ergeben* kann man dagegen trotz ihrer Kompositionalität aufgrund des deutlich höheren Typikalitätsgrades gegenüber den Substitutionsmöglichkeiten, als auch angesichts der Tatsache, dass diese Kombination im Rahmen des Strukturtyps Verb+Substantiv in Subjektfunktion auch zu den typischsten Verbindungen im DWDS gehört, von einer kollokativen Verbindung sprechen. Zu analysieren bleibt jedoch noch der Kombinationsradius des Verbs *ergeben*.

14. Fahrlässigkeit

Tabelle 14: Makrostruktur des Substantivs Fahrlässigkeit *[Suchanfrage im DWDS am 21.03.2013]*

VERTIKALE EBENE	zur Last fallen +S_n (3/*8*)	vertreten (6/*1*)
		haften für (19)
	HORIZONTALE EBENE	

115 Suchanfrage am 18.03.2013.

116 Quelle: http://www.kleinezeitung.at/nachrichten/chronik/3189298/knapp-katastrophe-vorbei.story; Herv. v. F.K.; Stand: 18.03.2013.

Das Substantiv *Fahrlässigkeit* kommt in dem untersuchten Korpus in zwei verbalen Verbindungen vor, die einen ähnlichen Sachverhalt versprachlichen. Bei der Kombination *jmdm. fällt Fahrlässigkeit zur Last* zeigt sich, dass in diesem Kontext nicht die bei der Makrostruktur von *Leistung* zitierte, dem Duden (1996: 929) entnommene Bedeutung „jmdm. zusätzliche Arbeit, Mühe od. Kosten bereiten u. dadurch lästig sein" aktiviert wird. Vielmehr wird offenbar, dass sich die Lesart dieser Verbindung bei Handlungen, derer man sich schuldig machen kann, der Bedeutung von ‚jdm. etw. zu Last legen' nähert, die nach Duden (1996: 929) „jmdn. beschuldigen, für etw. verantwortlich machen" bedeutet. In dem vorliegenden Korpus erkennt man die Bedeutung ‚für etw. verantwortlich sein, an etw. schuld sein' bei den Kombinationen *jmdm. fällt Fahrlässigkeit zur Last* und *ein Verschulden fällt jmdm. zur Last*. Im DWDS-Korpus findet man vereinzelte Belege für beide Verbindungen:

> Bei der Beförderung von Personen sowie von auf gegebenem Gepäck ist der Luftfrachtführer zum Schadensersatz nur dann verpflichtet, wenn ihm nachweislich **Fahrlässigkeit zur Last fällt**. (Die Zeit, 05.09.1980, Nr. 37; Herv. v. F.K.)

> „Focus" **falle** daher „insoweit wenigstens **grobe Fahrlässigkeit zur Last**". (Berliner Zeitung, 25.07.1998; Herv. v. F.K.)

> Für die in den Fällen des Absatzes 3 geleistete Erstattung einer Zahlung sind den Gesellschaftern die Geschäftsführer, welchen in betreff der geleisteten Zahlung **ein Verschulden zur Last fällt**, solidarisch zum Ersatz verpflichtet. (o.A., Gesetz betreffend die Gesellschaften mit beschränkter Haftung, in: Schönfelder: Deutsche Gesetze: Sammlung des Zivil-, Straf- und Verfahrensrechts (Ergänzungslieferung), München: Beck 1997, S. -; Herv. v. F.K.)

> Mehrere Testamentsvollstrecker, denen **ein Verschulden zur Last fällt**, haften als Gesamtschuldner (§ 2219 BGB). (Zimmermann, Theo, Der praktische Rechtsberater, Gütersloh: Bertelsmann 1957, S. 316; Herv. v. F.K.)

Insbesondere in älteren Belegen kommt diese Bedeutung mehrere Male zum Tragen:

> Unter Berufung auf die Rechtsprechung des Bundesgerichtshofes soll in Zukunft nach einer Scheidung ein Unterhaltsanspruch ganz oder teilweise entfallen, wenn dem Berechtigten ein offensichtlich schwerwiegendes, eindeutig bei ihm liegendes **Fehlverhalten... zur Last fällt**. (Die Zeit, 18.10.1985, Nr. 43; Herv. v. F.K.)

> Daher bleibt die Frage offen, wie stark bis zuletzt zu dem Niedergange außer dem Kriege auch **der verheerende Brand von 1636** beigetragen hat, der freilich dem sträflichen Leichtsinn eines schwedischen Soldaten **zur Last fällt**. (Jahresberichte für deutsche Geschichte/Hrsg. v. Albert Brackmann u. Fritz Hartung. - Leipzig: Koehler. - 6. Jahrgang 1930. - 1932. - XIV, 610 S., S. 391; Herv. v. F.K.)

[…] er betont auch hier, daß **das Scheitern der Einigungsversuche** in Marburg 1529 den Schweizern **zur Last fällt** trotz ihrer an sich vorhandenen größeren Weitherzigkeit und Unionsstimmung. (Jahresberichte für deutsche Geschichte/Hrsg. v. Albert Brackmann u. Fritz Hartung. - Leipzig: Koehler. - 1. Jahrgang 1925. - 1927. - XIV, 752 S., S. 408; Herv. v. F.K.)

[…] daß dem angegriffenen Bundesrat Ador **weder schuldhaftes Verhalten noch eine neutralitätswidrige Handlung zur Last falle**. (Vossische Zeitung (Abend-Ausgabe), 08.03.1918; Herv. v. F.K.)

Daß für **die tatsächlich unvermeidlichen Verwechslungen der Nummern**, die dem System **zur Last fallen** […] (Berliner Tageblatt (Morgen-Ausgabe), 05.03.1915; Herv. v. F.K.)

Aufgrund der Restringiertheit dieser Bedeutungsvariante *von zur Last fallen* im Zusammenhang mit der Tatsache, dass diese Lesart in Verbindung mit Substantiven aktiviert wird, die Handlungen bzw. Umstände zum Ausdruck bringen, die jemand zu verantworten hat, dürfte man bei den Kombinationen: *jmdm. fällt Fahrlässigkeit zur Last* und *ein Verschulden fällt jmdm. zur Last* trotz der sehr beschränkten Verfügbarkeit von kollokativen Verbindungen sprechen.

Eine semantische Spezifizität zeichnet auch das Verb *vertreten* in Verbindung mit *Fahrlässigkeit* aus. Es zeigt sich, dass diese semantische Umdeutung zusätzlich mit morphosyntaktischer Präferenz einhergeht, da dabei stets die Form *Fahrlässigkeit zu vertreten haben* zum Einsatz kommt. Im DWDS ist diese Gebrauchsform für die besprochene Bedeutungsvariante von *vertreten* nicht reserviert. Insgesamt kommt dort diese Lesart nur vereinzelt zum Tragen, wie die folgenden Belege veranschaulichen:

Speziell hat er die Waren sachgemäß aufzubewahren. Für seine Haftung kommt die Vorschrift des § 276 des Bürgerlichen Gesetzbuchs in Betracht, des Inhalts, daß der Schuldner **Vorsatz und Fahrlässigkeit zu vertreten hat**. Ist er ein Kaufmann, so hat er nach § 347 des Handelsgesetzbuches für die Sorgfalt einzustehen, die ein ordentlicher Kaufmann anzuwenden pflegt. (Berliner Tageblatt (Morgen-Ausgabe), 02.03.1911; Herv. v. F.K.)

Unversöhnt sinken die Generationen ins Grab, welche die ungeheuerlichsten **Verbrechen** an den Juden **zu vertreten haben**, als wenn man mit Schuld fertig werden könnte, indem man sie abstreitet. (Die Zeit, 10.03.1967, Nr. 10)

In dem vorliegenden Korpus wird diese Bedeutungsvariante von *vertreten* auch in Verbindung mit zwei anderen Substantiven aktiviert: *Vorsatz zu vertreten haben* und *einen Mangel zu vertreten haben*. Angesichts der Halbkompositionalität und der morphosyntaktischen Präferiertheit erscheint es legitim, auch diesen Verbindungen trotz der im DWDS fehlenden Typikalität den Kollokationsstatus zuzuerkennen.

15. Auflage

Tabelle 15: Makrostruktur des Substantivs Auflage *[Suchanfrage im DWDS am 12.03.2013]*

VERTIKALE EBENE	vollziehen (15/*291*)	anordnen (1/*14*)
	erfüllen (1544)	*erteilen (247)*
	befolgen (31)	*erlassen (80)*
	beachten (48)	*festlegen (19)*
	umsetzen (32)	*verhängen (41)*
	einhalten (116)	
	HORIZONTALE EBENE	

Die mögliche Basis *Auflage* geht in dem vorliegenden Korpus zwei Verbindungen des morphologisch-syntaktischen Typs Verb+Substantiv (Objekt) ein. Bei der Verbindung mit *vollziehen* handelt es sich im polnischen Paralleltext um eine kompositionelle Übersetzung, *anordnen* wurde nicht wörtlich, mit Hilfe eines semantisch wenig spezifischen Verbs *poczynić* (‚tun') übertragen, wobei geeigneter die ebenso nicht wörtliche Entsprechung *nałożyć* (‚auferlegen') wäre. Möglich erscheint aber auch eine kompositionelle Übertragung. Wie der obigen Tabelle entnommen werden kann, bestätigt die Konsultierung des DWDS-Korpus den angenommenen Kollokationsstatus in keinem der obigen Fälle.

Sowohl bei der Verbindung *die Auflage vollziehen*, als auch *die Auflage anordnen* sind die Verben durch typischere Elemente substituierbar. Bei *anordnen* ist die Substitution durch frequentere Verben mehrfach gegeben, bei *vollziehen* ist das nur durch das viel häufigere *erfüllen* möglich. Bedenkt man jedoch die Tatsache, wie produktiv das Verb *vollziehen* in Verbindung mit Substantiven in Objektfunktion ist, als auch die Tatsache, dass bei der umgekehrten Suche – nach Kookkurrenzpartnern von *vollziehen* und nicht *Auflage* – das Substantiv *Auflage* nicht mit aufgeführt wird und ebenso die Phrasensuche im Google lediglich vier Treffer ergibt,[117] so erscheint es nachvollziehbar, die Verbindung *eine Auflage vollziehen* ebenso als nicht kollokativ anzusehen.

117 Suchanfrage am 13.03.2013.

16. Bürgschaft

Tabelle 16: Makrostruktur des Substantivs Bürgschaft *[Suchanfrage im DWDS am 13.03.2013]*

VERTIKALE EBENE	bestellen (1/*0*)
	eingehen (2/*13*)
	übernehmen (7/*488*)
	geben (152)
	gewähren (106)
	leisten (41)
	HORIZONTALE EBENE

In dem analysierten Korpus geht die mögliche Basis *Bürgschaft* drei halbkompositionelle Verbindungen des Strukturtyps Verb+Substantiv (Objekt) ein. Auch wenn im Polnischen die Entsprechungen für diese Übersetzungseinheiten nur zum Teil zusammenfallen:

bestellte Bürgschaft(en) – ustanowione poręczenia; dane poręczenie; (‚bestellte Bürgschaft; wörtlich: ‚gegebene Bürgschaft‘);

die Eingehung der Bürgschaft – danie poręczenia; (‚Erteilung der Bürgschaft‘, wörtlich: ‚Geben‘);

die Uebernahme der Bürgschaft/die Bürgschaft übernehmen – przyjęcie poręczenia/przyjąć poręczenie; poręczyć (‚Annahme der Bürgschaft/die Bürgschaft annehmen; bürgen‘);

kann man all diese Verbindungen auf der horizontalen Ebene in eine Spalte einordnen, davon ausgehend, dass sie mehr oder weniger den gleichen Sachverhalt ‚bürgen, sich durch eine Bürgschaft vertraglich binden‘ versprachlichen, wohlbemerkt beziehen sich jedoch nicht all die aufgeführten Verben auf beide Vertragsparteien, also den Bürgen und den Gläubiger gleichermaßen. Wie der obigen Tabelle zu entnehmen ist, erweisen sich innerhalb der im BGB-Korpus vorkommenden Verbindungen die *Bürgschaft bestellen/eingehen/übernehmen* gerade die halbkompositionellen Kombinationen mit *bestellen* und *eingehen* als keine typischen Verbindungen: Sie treten im DWDS entweder gar nicht auf oder sind weniger typisch als andere konkurrierende Ausdrucksmöglichkeiten. Die Phrasensuche im Google lässt allerdings auch *die Bürgschaft eingehen* als usuell erscheinen (9.300 Treffer im Verhältnis zu der etwa vierfach frequenteren Verbindung mit *übernehmen*).[118] Dennoch werden beide Verbindungen *die Bürg-*

118 Suchanfrage am 13.03.2013.

schaft eingehen und *bestellen* als Kollokationen nicht ausgeschlossen, auch wenn es bei *bestellen* nur aufgrund ihrer Halbkompositionalität und der Disponibilität im BGB erfolgt. Dagegen weist die kompositionelle Verbindung mit *übernehmen*, die bereits im BGB am häufigsten vorkommt, den höchsten Typikalitätsgrad auf, sie zählt auch im DWDS zu typischsten Vertretern des Strukturtyps Verb+Substantiv (Objekt) und erscheint auch im Kombinationsbereich von *übernehmen* im DWDS als eine der typischsten Kombinationen. Folglich gilt sie als Kollokation.

17. Erbe

Tabelle 17: Makrostruktur des Substantivs Erbe *(Mask.) [Suchanfrage im DWDS am 14.03.2013]*

VERTIKALE EBENE	einsetzen (27/*15*)	erzeugen (1/*0*)
	berufen als (8/*0*)	*zeugen (1)*
	bestimmen (7)	
	HORIZONTALE EBENE	

Die mögliche Basis *Erbe* (Maskulin) geht in dem Belegmaterial zwei nichtkompositionelle Verbindungen des Strukturtyps Verb+Substantiv (Objekt) ein. *Einen Erben einsetzen* erweist sich auch im DWDS als die häufigste Alternative innerhalb der beschränkten Substitutionsmöglichkeiten, obwohl anhand der frequenzmäßigen Ergebnisse im DWDS von keinem hohen Typikalitätsgrad die Rede sein kann. Dies rührt womöglich zum einen daher, dass diese Kombination bereits im BGB morphosyntaktisch variiert: Das Substantiv tritt darin etwa zur Hälfte entweder als reines Objekt auf oder Bestandteil einer Konjunktionalphrase: *als Erben einsetzen*. Zum anderen funktioniert bereits im BGB alternativ dazu die kompositionelle Möglichkeit *als Erben berufen*, da es sich jedoch um eine Verbindung mit einer Konjunktionalgruppe handelt, wurde sie aus der Analyse als anderer, der Hausmann'schen Typologie nicht entsprechender Strukturtyp, ausgeklammert. Wie aus der obigen Tabelle ersehen werden kann, tritt die Verbindung *als Erben berufen* im DWDS überhaupt nicht auf. Vor dem Hintergrund der Halbkompositionalität und der lexikalischen Präferenz in der Hinsicht, dass kaum Substitutionsmöglichkeiten vorliegen, dürfte bei *einen Erben einsetzen* folglich von einer Kollokation ausgegangen werden, zumal sie auch im BGB überdurchschnittlich frequent ist. Die Recherche im DWDS ergibt allerdings, dass neben den zwei im BGB vorkommenden Varianten dieser Verbindung neuerdings auch noch eine dritte geläufig ist: *zum Erben einsetzen*, wobei im DWDS die Verbindung mit *Erben* als Bestandteil einer Konjunktionalphrase den höchsten Typikalitätsgrad aufweist, während am schwächsten belegt die Kombination mit *Erben* in der Funktion eines direkten Objekts ist.

Einen Erben erzeugen erweist sich hingegen trotz der Halbkompositionalität nicht als Kollokation. Es zeigt sich, dass diese Verbindung heute nicht usuell ist, im Grimmschen Wörterbuch wird noch bei *erzeugen* die Bedeutung ‚zeugen/gebären' als Variante angegeben.[119] In der heutigen BGB-Fassung ist bereits nicht von *erzeugen*, sondern von *zeugen* die Rede, wie das folgende Zitat belegt:

> Insbesondere kann einem Nach**erben**, der noch nicht **gezeugt** ist oder dessen Persönlichkeit erst durch ein künftiges Ereignis bestimmt wird, für die Zeit bis zum Eintritt der Nacherbfolge ein Pfleger bestellt werden. (§ 1913, S. 2 BGB; Herv. v. F.K.)

In einem Exkurs sei darauf verwiesen, dass in Bezug auf das Verb *zeugen* davon auszugehen ist, dass es zur semantischen Eigenschaft dieses Verbs gehört, dass es ausschließlich mit Akkusativobjekten mit dem semantischen Klassem [+human] verbunden werden kann. Nach Nagórko gehören solche semantischen Eigenschaften der Verben, die nur bestimmte semantische Klassen zulassen, „zu der eigentlichen Verbsemantik und nicht nur zum Fügungspotential der Verben" (Nagórko 2007: 200). In diesem Sinne könnte hier auch der Begriff der lexikalischen Solidaritäten von Coseriu zum Tragen kommen. Zur Veranschaulichung der semantischen Restringiertheit des Verbs *zeugen* in der besprochenen Bedeutungsvariante seien einige seiner Kookkurrenzen im DWDS angeführt: *Baby*, *Erben*, *Jungen*, *Kinder*, *Menschen*, *Mädchen*, *Nachkommen*, *Nachwuchs*, *Sohn*, *Thronfolger*, *Tochter*, wobei eigentlich sämtliche Substantive der Klasse ‚Menschen' in dieser Verbindung möglich wären.[120] Zwar stellen lexikalische Solidaritäten ein verwandtes, allerdings kein kompatibles Konzept zu Kollokationen dar. Nach Konecny (2010: 316-321) ist nur ein Teil der lexikalischen Solidaritäten im Sinne Coserius als Kollokationen zu betrachten. Während sie die Affinitäten für keine Kollokationen erachtet, kommt sie zu dem Schluss, „dass die Relation der Selektion im Zusammenhang mit Kollokationen nur teilweise bzw. nur in bestimmten Fällen eine Rolle spielt, während es sich bei der Relation der Implikation – sofern eine mehrseitige Solidarität vorliegt – stets um ein kollokationsstiftendes Moment handelt" (Konecny 2010: 318). Da die analysierte Verbindung dem Typ der Affinität zuzuordnen wäre, ist sie als Kollokation auszuschließen. Ebenso wird die aus dem vorliegenden Korpus

119 Quelle: http://www.woerterbuchnetz.de/GWB?lemma=erzeugen; Stand vom: 14.03.2013.

120 Quelle: http://www.dwds.de/?qu=zeugen&submit_button=Suche&view=1; Stand vom: 14.03.2013. Unlogischerweise wird in dieser Auflistung bei der Verbindung *Erben zeugen* eine andere Frequenz angegeben, nämlich elf.

extrahierte und heute nicht gebräuchliche Verbindung *einen Erben erzeugen* nicht als kollokativ eingestuft. Als keine Kollokationen werden konsequenterweise auch die Kombinationen: *Abkömmlinge erzeugen, den Bedachten erzeugen* und *den Dritten erzeugen* gewertet. Auch in diesen Verbindungen tritt in der heutigen BGB-Fassung das Verb *zeugen* auf (vgl. § 844, 2070, 2162, 2178 BGB).

18. Form

Tabelle 18: Makrostruktur des Substantivs Form *[Suchanfrage im DWDS am 15.03.2013]*

VERTIKALE EBENE	beobachten (5/26)	vorschreiben (9/49)
	wahren (1/251)	*bestimmen (228)*
	beachten (13)	*festlegen (44)*
	einhalten (12)	*aufzwingen (34)*
	respektieren (11)	*vorgeben (32)*
	HORIZONTALE EBENE	

Verbale Verbindungen des Substantivs *Form* repräsentieren in dem untersuchten Belegmaterial den Strukturtyp Verb+Substantiv (Objekt). Kompositionell verbindet sich *Form* mit *vorschreiben*, bei den zwei anderen Kombinationsmöglichkeiten (*beobachten* und *wahren*), die in dasselbe Paradigma einzugliedern sind, handelt es sich im polnischen Parallelkorpus um nichtwörtliche Übersetzungen. Anhand der obigen Makrostruktur ist zu erkennen, dass die kompositionelle Kombination *die Form vorschreiben* sich von anderen alternativen Ausdrucksmöglichkeiten, was den Typikalitätsgrad anbelangt, nicht abhebt, was sie als eine freie Verbindung werten lässt.

Als Kollokation erweist sich wiederum die Kombination *die Form wahren*, die neben ihrer Halbkompositionalität innerhalb des Paradigmas nach DWDS die gebräuchlichste Ausdrucksmöglichkeit darstellt und darin auch im Rahmen der typischsten Verbindungen in dem betreffenden Strukturtyp gehört. Zwar tritt die im BGB damit konkurrierende Verbindung mit *beobachten* im DWDS ebenso auf, aus den angeführten Belegen ist jedoch zu ersehen, dass dabei nicht die Bedeutung von ‚beachten', sondern von ‚betrachten' zum Tragen kommt, etwa:

> Auch in hierarchisierten Organisationssystemen kann man funktional äquivalente, wenngleich ganz andersartige **Formen beobachten**. (Luhmann, Niklas, Soziale Systeme, Frankfurt a.M.: Suhrkamp 1984, S. 462; Herv. v. F.K.)

> In einer Anzahl von Staaten **beobachten** wir eine neue gewaltsame **Form** des politischen Widerstands, die Guerillaaktion, den Guerillakampf und -krieg. (Die Zeit, 15.12.1972, Nr. 50; Herv. v. F.K.)

Somit genügt die Verbindung *die Form beobachten* zwar dem Kriterium der Halbkompositionalität, aber nicht (mehr) dem der Usualität. Da diese Kombination jedoch noch in der heutigen BGB-Fassung verfügbar ist (vgl. § 782, 793 II BGB), ist sie trotz der sonstigen Ungebräuchlichkeit zunächst als Kollokation nicht auszuschließen, zu prüfen bleibt allerdings der Kombinationsbereich des potentiellen Kollokators.

19. Anzeige

Tabelle 19: Makrostruktur des Substantivs Anzeige *[Suchanfrage im DWDS am 11.03.2013]*

VERTIKALE EBENE	machen (12/*161*)	unthunlich sein + S_n (3/*0*)	zurücknehmen (2/*53*)
	erstatten (3847)		*zurückziehen (180)*
	erheben (17)		
	einreichen (47)		
	HORIZONTALE EBENE		

Ähnlich den oben analysierten Substantiven ist der Kombinationsradius der möglichen Basis *Anzeige* in dem BGB-Korpus recht eng. Im DWDS-Korpus ergibt die Suchabfrage für *Anzeige machen* 161 Belege. Dabei wird jedoch offenbar, dass das Substantiv dort teilweise nicht im Sinne von ‚Meldung an eine Behörde', sondern in der Bedeutung ‚Inserat' bzw. ‚Bekanntgabe' verwendet wird, wie etwa die folgenden Zitate veranschaulichen:

> Verlust in der Größenordnung von zweihundert bis dreihunderttausend Mark: Er muß **Anzeigen machen**, er muß vor der Eröffnung des Ladens Personal einstellen, er muß einen Monat vorher schon Miete bezahlen. (Die Zeit, 03.05.1985, Nr. 19; Herv. v. F.K.)

> Der Hamburger Zigarettenkonzern beanstandet, daß noch leichtere Marken als Austrias Milde Sorte nicht genannt wurden. Jürgen Franz von der Werbeagentur DWA, die die **Anzeige gemacht** hat, vertritt hingegen die Meinung, der Aufdruck der Schadstoffwerte gewinnt durch eine vergleichende Gegenüberstellung wesentlich an Aussagekraft [...]. (Die Zeit, 27.02.1976, Nr. 10; Herv. v. F.K.)

Zum Teil besteht zwischen *Anzeige* und *machen* keine syntaktische Zusammengehörigkeit:

> Die poetisch eleganten Zeichnungen, seine originellen Entwürfe für **Anzeigen machen** aus ihm in wenigen Jahren den führenden Werbegrafiker Manhattans. (Die Zeit, 07.04.2004, Nr. 16; Herv. v. F.K.)

> In ganzseitigen **Anzeigen macht** das Umweltministerium auf die Folgen des permanenten Krachs aufmerksam [...]. (Die Zeit, 18.09.1987, Nr. 39; Herv. v. F.K.)

Die analysierte Bedeutung von *Anzeige machen* im Sinne der ‚Meldung an eine Behörde' kommt darin allerdings ebenfalls zum Tragen. Während bei den mehr zeitgenössischen Belegen dem Substantiv meistens ein Artikelwort vorausgeht, wie die folgenden Belege zeigen:

> Der kleine Herr W. ist der Geschädigte, er hat **die Anzeige gemacht**, er ist als Zeuge geladen, er hat seinen Auftritt gut vorbereitet. (Berliner Zeitung, 20.07.2002; Herv. v. F.K.)

> Lasst mich bitte nicht einliefern, und bitte zeige mich nicht an. Der Mann: Sali Yvi, mein Schatz, mit dem Wissen, das ich jetzt habe, werde ich sicher keine **Anzeige machen**. Ich will dir die Möglichkeit geben, dich weiterzuentwickeln. (Die Zeit, 22.07.2004, Nr. 31; Herv. v. F.K.)[121]

erscheint *Anzeige* in älteren Belegen etwa zur Hälfte artikellos:

> Als der Gastwirt keine Linderung seiner Gicht verspürte, **machte er Anzeige** bei der Polizei, die den Schwindler zu einem Geständnis brachte. (Naumburger Kreisblatt für Stadt und Kreis Naumburg, 26.03.1911; Herv. v. F.K.)

> [...] der Abschlußagent muß von jedem einzelnen Abschluß unverzüglich **Anzeige machen**. (Eltzbacher, Paul, Deutsches Handelsrecht, Berlin: Simon 1924, S. 106; Herv. v. F.K.)

In dem analysierten BGB-Korpus haben wir konsequent mit einem artikellosen Gebrauch von *Anzeige* in der Verbindung *Anzeige machen* zu tun.[122] Diese morphosyntaktische Auffälligkeit, dass gegen die üblichen morphosyntaktischen Regularitäten verstoßen wird, indem ein an sich erforderliches Artikelwort unterdrückt wird, könnte ein Indiz dafür sein, dass es sich früher bei dieser Verbindung um eine Kollokation gehandelt haben könnte. Artikellos erscheint auch die heutige kollokative Verbindung *Anzeige erstatten*, bei der, wie der obigen Tabelle zu entnehmen ist, mit dem Substantiv *Anzeige* das Verb *erstatten* normativ festgelegt ist (vgl. Häcki Buhofer 2011: 508), – *erheben* und *einreichen* treten im Vergleich dazu kaum auf – während im BGB-Korpus relativ frequent das weniger spezifische Verb *machen* in Verbindung mit *Anzeige* kookkurrierte. Auf eine solche Entwicklung von „semantisch wenig spezifischen Verben wie *setzen*, *machen* und *tun*" (Burger 2012: 12) in Richtung spezifischer Verben macht Burger beim

121 In dem Artikel *Das Gift der Liebe* handelt es sich um einen Tötungsversuch durch Vergiftung.

122 Die Verbindung *Anzeige machen* kommt auch in der heutigen BGB-Fassung vor (vgl. § 650, 665, 692, 789, 965, 966, 1042, 1218 BGB.). Im § 1909 II BGB wurde *Anzeige machen* gegen *anzeigen* geändert.

Vergleich von Zeitungstexten aus dem Ende des 18. Jh. mit der gegenwärtigen Sprache aufmerksam, indem er feststellt:

> Auffallend ist, dass die heutigen Kollokationen häufig semantisch spezifischere Verben aufweisen. In der gegenwärtigen Sprachsituation kann man eine deutliche Unsicherheit in diesen Bereichen registrieren. Statt eines kleinen Sets von sehr allgemeinen Verben, die in Kollokationen mit Substantiven eintreten, muss ein heutiger Schreiber/Sprecher jeweils das spezifischere (das ‚treffende') Wort oder eines aus einer Reihe spezifischer Wörter finden. (Burger 2012: 13)

Die Verbindung *die Anzeige ist untunlich* erscheint im polnischen Paralleltext nicht kompositionell übersetzt. Streng genommen ließe sich hier jedoch eine wörtliche Übertragung vornehmen *doniesienie jest niewykonalne*, wobei stilistisch besser *niemożliwe* (‚unmöglich') wäre. In diesem Sinne ist zwar die Verbindung *(un)tunlich sein* in den BGB-Korpus typisch, auch DWDS verzeichnet sie 62 Mal. Aus der Perspektive des Gegenwartsdeutschen hat man es jedoch weder bei der Verbindung *die Anzeige ist untunlich*, noch bei *die Anhörung/die Androhung ist untunlich*, die ebenfalls im BGB-Korpus vorkommen, mit Kollokationen zu tun. Auch diese Verbindungen können jedoch als Bestätigung der obigen Beobachtung Burgers (2012: 13) dienen, da sie auf den Strukturtyp Verb+Substantiv (Subjekt) zurückgeführt: *die Anzeige tun* (als Variante zu *machen*), *die Anhörung tun* und *die Androhung tun*, Kombinationen mit semantisch wenig spezifischen Verben darstellen.

Bei der halbkompositionellen Kombination *die Anzeige zurücknehmen* sprechen mehrere Gründe für ihre Einstufung als Kollokation: zum einen die eingeschränkte Substituierbarkeit und zum anderen die gegenseitige Evozierbarkeit der Basis und des Kollokators.

20. Auftrag

Tabelle 20: Makrostruktur des Substantivs Auftrag *[Suchanfrage im DWDS am 12.03.2013]*

VERTIKALE EBENE	ablehnen (1/211)	ausführen (6/674)	erlöschen + S_n (5/14)
	verweigern (18)	*abwickeln (161)*	*auslaufen* + S_n *(24)*
		erfüllen (1610)	*enden* + S_n *(37)*
		erledigen (308)	
		verwirklichen (17)	
	HORIZONTALE EBENE		

In dem BGB-Korpus kommt *Auftrag* zwei Mal im Strukturtyp Verb+Substantiv (Objekt) und ein Mal als Nominalsubjekt vor. Die zwei ersten Kombinationen von links erscheinen im polnischen Text nicht kompositionell, die letzte wird Wort für Wort übersetzt. Wie aus der obigen Tabelle ersichtlich, zeichnet sich die kompositionelle Verbindung frequenzmäßig nicht durch auffallende Typikalität gegenüber anderen alternativen Ausdrucksmöglichkeiten auf der vertikalen Ebene ab, weshalb der Kombination *der Auftrag erlischt* der Kollokationsstatus nicht gebührt. Die halbkompositionelle Verbindung *den Auftrag ausführen* ist zwar weniger frequent als die kompositionelle Kombination mit *erfüllen*, hebt sich aber frequenzmäßig gegenüber anderen alternativen Ausdrucksmöglichkeiten ab und zählt auch im Kombinationsbereich von *Auftrag* im DWDS zu den typischsten Kombinationen innerhalb des Strukturtyps, so dass man sie als kollokativ werten kann. Ähnlich wie bei Burger (2012: 15) wird nämlich in der vorliegenden Arbeit davon ausgegangen, dass es zur Versprachlichung eines Sachverhalts nicht unbedingt nur eine kollokative Verbindung geben darf:

> Im allgemeinen wird der Wegfall von Varianten als ein Indiz für zunehmende ‚Verfestigung' eines Ausdrucks gesehen. Wir haben aber gesehen […], dass die Entwicklung der Phraseologie nicht linear vonstatten geht bzw. zu gehen braucht, und es fragt sich dann, ob die Zunahme von Varianten beispielsweise bei Kollokationen mit einer Abnahme von Phraseologizität gleichzusetzen ist. Ich bezweifle es. (Burger 2012: 15)

Ebenso ist es unmöglich eine pauschale Grenze zu setzen, in dem Sinne, dass man etwa ab zwei Ersatzmöglichkeiten nicht mehr von Kollokationen sprechen würde. Zu Recht weist Cedillo darauf hin, dass es verschiedene Restriktionsgrade gibt:

> Wir haben Kollokationen, die gar keine Kommutation zulassen, […] und andere, die eine begrenzte Kommutation zulassen, weil mehrere Varianten gleichzeitig usuell in demselben Bereich verwendet werden […]. Dass mehrere Varianten nebeneinander üblich sind, stellt keine Seltenheit dar, sondern ist eher die Regel […]. (Cedillo 2004: 94)[123]

Ebenso als eine Kollokation erscheint die Verbindung *den Auftrag ablehnen*, die gebräuchlicher als die mögliche Alternative mit *verweigern* ist und auch von *Auftrag* evoziert wird.

123 Ähnlich heißt es auch bei Schneider: „Wir halten jedenfalls das Phänomen der ‚Synonymie' in jeder Form der Sprache, ob mehr oder weniger fachlich, für völlig natürlich […]. Sie ist das Ergebnis der sprachlichen Energeia in dem Sinne, daß sich hier der textuell determinierte ‚Sprachusus' bzw. die ‚Gebrauchsnorm' […] Ausdrucksvarianten offenhalten muß" (Schneider 1998: 87). Daher seien die jeweiligen Textzusammenhänge deutlich zu machen (vgl. ebd.).

5.1.5.3. *Zwischenergebnis*

Bei den analysierten Makrostrukturen fällt auf, dass die im BGB vorkommenden Kombinationen häufig wenige Substitutionsmöglichkeiten aufweisen, teilweise sind es nur bedeutungsnahe Alternativen, die paradigmatisch zu den im BGB vorkommenden Wortverbindungen aufgeführt werden können, wohingegen die extrahierten Mehrwortausdrücke mehrmals eine etwas spezialisierte Bedeutung angenommen haben. In vielen Fällen erweisen sich die extrahierten Kombinationen aber auch als untypisch oder es handelt sich um Verbindungen mit wenig spezifischen Verben, an deren Stelle im Gegenwartsdeutschen spezifischere Prädikate gebräuchlich sind. Diese festgestellte Untypikalität rührt zum einem daher, dass es sich bei den extrahierten Verbindungen mehrmals um freie Kombinationen handelt, zum anderen aber daher, dass darunter veraltete Kombinationen auftreten, die jedoch aus diesem Grund keineswegs pauschal als Kollokationen auszuschließen sind. Anhand der Analyse des Kombinationsgrades der potentiellen Basen unter Einbeziehung des Kriteriums der Halbkompositionalität der extrahierten Wortverbindungen lassen sich zunächst diejenigen Kandidaten als Kollokationen ausschließen, die veraltet sind und im heutigen Sprachgebrauch nicht usuell sind. Dies betrifft etwa kompositionelle Verbindungen mit dem Verb *endigen*, die gegenwärtig mit *enden* kookkurrieren. In dem vorliegenden Korpus geht *endigen* 15 Verbindungen des syntaktisch-morphologischen Typs Verb+Substantiv (Subjekt) ein, und zwar mit den Substantiven *Amt*, *elterliche Gewalt*, *fortgesetzte Gütergemeinschaft*, *Frist*, *Gesellschaft*, *Gütergemeinschaft*, *Mietverhältnis*, *Dienstverhältnis*, *Nießbrauch*, *Pacht*, *Pflegschaft*, *Recht*, *Verwaltung*, *Vormundschaft* und *Wirkung*. Alle diese Verbindungen lassen sich aufgrund der Ungebräuchlichkeit, aufgrund ihrer Kompositionalität sowie des hohen Kombinationsradius des Verbs als frei und nicht kollokativ einstufen.[124]

Als Kollokationen werden auch jene halbkompositionellen Verbindungen ausgeschlossen, die noch nicht mal im BGB disponibel sind, da sie dem Gegenwartsdeutschen angepasst wurden, etwa: *Bedachte/Dritte/Abkömmlinge/Erben erzeugen*, worauf bereits bei der Analyse der Makrostruktur des Substantivs *Erbe* hingewiesen wurde oder auch die Kombination *Hebung des Mangels*, die in der heutigen Fassung des BGB durch *Behebung* ersetzt wurde (vgl. § 29 BGB). Am Rande sei nur erwähnt, dass diese im Gegenwartsdeutschen ungebräuchliche Bedeutungsvariante von *heben* noch im Grimmschen Wörterbuch präsent ist:

---

124 Im DWDS lässt sich der hohe Kombinationsradius von *endigen* allerdings nur in Anlehnung an *enden* feststellen, da für *endigen* in Verbindung mit einem Subjekt keine statistischen Werte vorhanden sind. (Stand vom 27.04.2013).

> [...] heben geht endlich aus dem begriffe des weghebens in den des beseitigens, entfernens über: will man nun sagen, trösten hiesze, die schmerzen der seelen vertreiben, oder lindern, die aus dem leiden des leibes bei einem siechen menschen entspringen: so fragt sichs nur, wie man diese verringern oder heben kann, wenn man jene nicht vermindert oder wegschafft? Gellert 5, 31; einen widerspruch heben. Kant 4, 85; es ist geschehen! gehoben das furchtbare hindernis! Schiller kab. u. liebe 4, 8; (Mittler) war der mann alle sorgen zu heben und alle augenblicklichen hindernisse bei seite zu bringen. Göthe 17, 299; das hindernis ist gehoben. 20, 188;[125]

Als ungebräuchlich lassen sich auch die Verbindungen mit *elterlicher Gewalt* aus heutiger Sicht als Kollokationen ausschließen, wie *Ausübung der elterlichen Gewalt*, die *elterliche Gewalt ruht*, *unter elterlicher Gewalt stehen*, *die elterliche Gewalt verwirken* und *die elterliche Gewalt endigt*. In der gegenwärtigen BGB-Fassung besteht nämlich anstelle der *elterlichen Gewalt* das Rechtsinstitut der *elterlichen Sorge*:

> Um die Wechselwirkung zwischen Rechten und Pflichten zu unterstreichen (§ 1618 a BGB: Eltern und Kinder sind einander Beistand und Rücksicht schuldig), ist der frühere Begriff der *elterlichen Gewalt* durch den der e.[lterlichen] S.[orge] ersetzt worden. (Weber 2007: 337)

Usuell sind somit die entsprechenden Verbindungen mit dem heutigen Institut.

Analog werden auch die Verbindungen *den Familienrat einberufen* und *den Familienrat einsetzen* als Kollokationen ausgeschlossen, da ein Vergleich mit der heutigen BGB-Fassung zeigt, dass auch dieses Rechtsinstitut abgeschafft wurde – die entsprechenden Paragraphen, insbesondere §1849, §1858ff., sind weggefallen.

Bei anderen als veraltet eingestuften Verbindungen kommt es angesichts des heutigen geringen Gebrauchs darauf an, ob es sich um substituierbare, halbkompositionelle, vom Gesetzgeber normativ festgelegte Verbindungen handelt, sowie auf die Größe des Kombinationsbereichs der jeweiligen Bestandteile dieser potentiellen Kollokationen an.

Bereits anhand der Analyse des Kombinationsbereichs potentieller Basen lassen sich ferner diejenigen kompositionellen Wortverbindungen als nicht kollokativ werten, die gegenüber den alternativen Ausdrucksmöglichkeiten einen niedrigeren Typikalitätsgrad aufweisen, mehrfach substituierbar sind, als solche nicht gebräuchlich sind, nicht zu den typischsten Kombinationen innerhalb der betreffenden Strukturtypen gehören und auch vom Gesetzgeber nicht normativ festgelegt sind, etwa: *eine Frist bestimmen*, *die Verpflichtung erfolgt*, *den*

125 Quelle: http://www.woerterbuchnetz.de/DWB?lemma=heben; Stand: 16.04.2013.

Besitz erlangen oder *die Verpflichtung erstreckt sich.* Als untypisch wurden vor diesem Hintergrund 132 kompositionelle Verbindungen nicht als Kollokationen eingestuft.

Bei der Analyse des Kombinationspotentials der extrahierten potentiellen Basen wurde an mehreren Stellen betont, dass die Einstufung als Kollokation nicht ohne eine Prüfung des Kombinationsradius potentieller Kollokatoren vorgenommen werden kann. Nichtsdestotrotz kann man nach der Prüfung des Kombinationspotentials der extrahierten Substantive feststellen, dass 67 der ermittelten Wortverbindungen sowohl dem Kriterium der Halbkompositionalität als auch dem der Typikalität gerecht werden, indem sie gegenüber den Substitutionsmöglichkeiten eine höhere Frequenz aufweisen. Ferner zählen sie auch im DWDS im Rahmen der entsprechenden Strukturtypen zu den typischsten Kombinationen, die die analysierten Substantive eingehen. Bei diesen Verbindungen ließe sich womöglich bereits jetzt von typischen Vertretern der Kategorie Kollokation sprechen, auch sie werden jedoch noch hinsichtlich des Kombinationsbereichs der jeweiligen Kollokatoren untersucht. Zu dieser Gruppe gehören Verbindungen wie *den Anspruch abtreten, in Anspruch nehmen, einen Antrag stellen, die Ehe scheiden* oder *Beschwerde einlegen.* Bemerkenswert ist, dass zu dieser Gruppe sowohl Verbindungen zählen, die im BGB eine außerordentlich hohe Vorkommenshäufigkeit aufweisen, wie: *einen Vertrag schließen* (46 Mal), *eine Klage erheben* (31 Mal), *eine Willenserklärung abgeben* (16 Mal), als auch solche, die in dem untersuchten Korpus unikal vorkommen: *Schaden anrichten, den Streit austragen, die Klage wird abgewiesen* oder *das Verfahren wird eingestellt.* Ebenso als Kollokationen dürften diejenigen halbkompositionellen Verbindungen eingestuft werden, die zwar nicht die höchste Vorkommenshäufigkeit aufweisen, allerdings innerhalb der jeweiligen Paradigmen zu usuellen Kombinationen gezählt werden können, und für frequenzmäßig typischste Kombinationen eine nur eingeschränkte Substitutionsmöglichkeit bilden, etwa *Anlegung von Mündelgeld, den (Familien-)Namen führen, die Frist ist verstrichen, das Testament errichten, dem Antrag stattgeben, Forderungen einziehen* oder *der Mangel (der Form) wird geheilt.* Die vorigen halbkompositionellen und zugleich gebräuchlichsten Verbindungen mitgerechnet, umfasst die Gruppe semikompositioneller usueller Kollokationen 97 Verbindungen. Miterfasst werden darin auch Verbindungen, die veraltete und im heutigen Sprachgebrauch ungeläufige Kollokatoren beinhalten, welche jedoch auch in der heutigen BGB-Fassung disponibel sind und bei denen davon auszugehen ist, dass sie zumindest im Gegenwartsdeutschen einen sehr engen Kombinationsbereich aufweisen: *das Vermögen wird ausgeantwortet, die Strafe verwirken* oder *Entsetzung des Täters.* Bei der Ausantwortung handelt es sich um einen älteren erbrechtlichen Fachterminus im Sinne der Herausgabe der Erbschaft,[126] *verwirken* aktiviert wiederum in Verbindung mit *Strafe* eine Bedeutung, die in Wörterbüchern des Gegenwartsdeutschen nicht mehr angeführt wird, auch wenn die Verbindung *Strafe verwirken* bzw. *verwirkte Strafe* im DWDS vereinzelt vorkommt. Das Grimmsche Wörterbuch notiert allerdings neben der heutigen Verwendung von *verwirken*:

> **II.** *in neuerer zeit sind zwei bedeutungen lebendig.*
> **1)** etwas verwirken, *durch eigene schuld des rechts auf einen besitz oder einen anspruch verlustig gehen.*

auch eine zweite Bedeutung:

> **2)** etwas verwirken, *sich ein übel durch eigene handlung zuziehen, verdienen;*

Weiter wird auf die Verbindung mit dem Substantiv *Strafe* verwiesen:

> [...] *besonders* eine strafe verwirken: dem oder denselben will ein rath sein verwürckte puss und straff begeben und nachlassen *Nürnberger polizeiordnungen* 47 *B.;* wer in meinem gantzen königreich eine straffe verwirckt hat und fliehet in den tempel, der sol da sicher sein mit leib und mit gut 1. Macc. 10, 43; die furcht vor der verwirkten strafe Ranke 4, 32; dass ich eine busse verwürket S. v. Birken ostländ. lorbeerhäyn (1657) 68; wie auch feur, rat, strick und galgen, schadet im selbs nicht, sondern dieben und schelcken, die es verwirckt haben Luther 34, 2, 464 *W.;* dasz beklagter den staupenschlag verwircket Chr. Weise erznarren 200 *ndr.;*[127]

Auch bei der *Entsetzung des Täters* handelt es sich um eine veraltete Bedeutungsvariante, die Duden (1996: 439) zufolge für ‚absetzen, aus einer gehobenen Stellung entfernen' steht. Zwar ist diese Verbindung im DWDS nicht nachweislich, die Phrasensuche im Google am 19.03.2013 ergab jedoch dafür 22.300 Treffer, wohingegen *Absetzung des Täters* lediglich zwei Mal und *Entfernung des Täters* 682 Mal angeführt wurde. Da es sich bei dieser Verbindung um eine festgeprägte Bedeutung handelt – die Entfernung des Täters aus seiner Besitzposition, die er durch verbotene Eigenmacht erlangte, um sich dadurch selbst des Besitzes wieder zu bemächtigen (vgl. § 859 III BGB) – erscheint es legitim diese Verbindung vor dem Hintergrund ihrer Halbkompositionalität, der eingeschränkten Substituierbarkeit, sowie der Präferiertheit – zumindest im Google – als kollokativ zu werten.

Als Kollokationen lassen sich darüber hinaus jene kompositionelle Verbindungen klassifizieren, bei denen vom System her zwar mehrere Substitu-

---

126 Vgl. http://www.enzyklo.de/Begriff/Ausantwortung und http://drw-www.adw.uni-heidelberg.de/drw/; Stand: 18.03.2013.

127 http://www.woerterbuchnetz.de/DWB?lemma=verwirken; Stand: 19.03.2013.

tionsmöglichkeiten bereitgestellt werden, eine Variante dagegen normativ festgelegt ist und als lexikalisch bevorzugt gelten kann. Hierbei kommt neben der Vorkommenshäufigkeit im DWDS dem Frequenzkriterium in dem analysierten Korpus eine besondere Rolle zu. Als typisch und somit kollokativ lassen sich etwa folgende der insgesamt 15 Verbindungen zählen: *die Gläubiger befriedigen* (im BGB-Korpus 32 Mal verzeichnet), *die Haftung beschränken* (im BGB-Korpus 21 Mal verzeichnet), *die Bürgschaft übernehmen* (7) oder *das Recht erlischt* (40). Wie bereits mehrmals angedeutet wurde, ist es bei der Prüfung der Kollokativität vonnöten, nicht nur „die Beziehungen der Basis zu allen anderen potentiellen Kollokatoren […] [, sondern] auch die Beziehungen der Kollokatoren zueinander“ zu berücksichtigen (Irsula Peña 1994: 33). Dementsprechend wird nun auf den Kombinationsgrad der potentiellen Kollokatoren eingegangen.

5.1.5.4. Kollokations- bzw. Kombinationsbereich der Kollokatoren

Innerhalb der zu analysierenden Belege kommen 258 potentielle Verbkollokatoren vor, 42,2% davon (109) treten nur in Verbindung mit einem Substantiv auf. Der durchschnittliche Kombinationsbereich beträgt somit knapp drei Substantive. Verben, die im BGB fünf und mehr Verbindungen mit Substantiven eingehen, stellen lediglich 15,1% dar (39 Fälle). Lediglich neun Belege (3,5%) weisen einen Kombinationsradius von zehn und mehr Substantiven auf, wie der folgenden Übersicht, in der die potentiellen Kollokatoren absteigend nach ihrem Kombinationsgrad angeführt werden, zu entnehmen ist.

ausschließen (18); erlöschen (18); eintreten (17); aufheben (15); endigen (15); bestellen (13); erfolgen (12); erlassen (11); erteilen (10); beeinträchtigen (9); eingehen (9); schuldig machen (9); treffen (9); ablehnen (8); bestreiten (8); führen (8); leisten (8); erlangen (7); fallen zur Last (7); verletzen (7); zuziehen (7); anfechten (6); anordnen (6); begründen (6); bestimmen (6); verlangen (6); abwenden (5); anzeigen (5); auferlegen (5); aufnehmen (5); ausüben (5); betreiben (5); erheben (5); sein (5); stunden (5); tragen (5); übernehmen (5); wegfallen (5); zustehen (5); annehmen (4); ausstellen (4); berichtigen (4); berufen (4); eintragen (4); entrichten (4); entziehen (4); erfüllen (4); erhalten (4); errichten (4); ersetzen (4); erwerben (4); erzeugen (4); geltend machen (4); haben (4); machen (4); nehmen (4); übergehen (4); übertragen (4); verpflichtet sein (4); verschaffen (4); vertreten (4); verüben (4); verweigern (4); zufallen (4); zustellen (4); zurücknehmen (4); zurückweisen (4); anfallen (3); anhalten (3); aufkommen (3); auflösen (3); ausantworten (3); ausschlagen (3); bewirken (3); beziehen (3); bringen (3); dulden (3); einräumen (3); erkennen (3); erklären (3); gefährden (3); gewähren (3); herbeiführen (3); hinterlegen (3); obliegen (3); stellen (3); tunlich sein (3); treten (3); unterliegen (3); vereiteln (3); verstoßen (3); vorbehalten (3); vorlegen (3); wahren (3); widerrufen (3); abtreten (2); abweisen (2); antreten (2); aufrechnen (2); auslegen (2); aussprechen (2); befolgen (2); befreien (2); beobachten (2); bestehen (2); bindend sein/werden (2), einleiten (2); einrücken (2); einsehen (2); einsetzen (2); einziehen (2); entgehen (2); entscheiden (2); entstehen (2); ergeben (2); ergehen (2); erleiden (2); ernennen (2); eröffnen (2); erstatten (2); erstrecken (2); fordern (2); geraten (2); herleiten (2); herstellen (2); legen (2); ruhen (2); schließen (2); sichern (2); stattfinden (2); stehen (2); verfolgen (2); verfügen (2); verlieren (2); verlustig sein/werden/erklären für (2); verschweigen (2); versehen (2); verstreichen (2); verwirken (2); verzichten (2); vollenden (2); vollstreckbar sein (2); vollziehen (2); vornehmen (2); vorschreiben (2); wirken (2); zugehen (2); zurücktreten (2); zuwenden (2); aberkennen (1); abgeben (1); ablösen (1); abnehmen (1); abschließen (1); absetzen (1); anerkennen (1); anhängig sein/werden (1); anlegen (1); anmaßen (1); anmelden (1); anrichten (1); anrufen (1); anwenden (1); aufwenden (1); ausführen (1); aussetzen (1); ausstehen (1); austragen (1); bedenken (1); bedroht sein (1); beendigen (1); befinden sich (1); befriedigen (1); begehen (1); beginnen (1); beglaubigen (1); belasten (1); bemessen (1); benennen (1); beschränken (1); beschränkt sein (1); beseitigen (1); besorgen (1); betreffen (1); bieten (1); bleiben (1); einberufen (1); einhalten (1); einholen (1); einlegen (1); einreichen (1); einschränken (1); einstehen (1); einstellen (1); entbinden (1); entgegensetzen (1); entsetzen (1); entsprechen (1); ergänzen (1); ergreifen (1); für nichtig erklären (1); erledigen (1); erlegen (1); ersitzen (1); erwirken (1); fallen (1); fällig sein (1); finden Anwendung (1); fortsetzen (1); gebrauchen (1); gehören (1); gelangen (1); gelten (1); genehmigen (1); gereichen (1); glaubhaft machen (1); gültig sein (1); heben (1); heilen (1); hemmen (1); herausgeben (1); hinterlassen (1); kommen (1); laufen (1); löschen (1); missbrauchen (1); pflegen (1); richten (1); scheiden (1); setzen (1); stattgeben (1); teilen (1); tilgen (1); überlassen (1); übermitteln (1); unterwerfen (1); veranschlagen (1); veranstalten (1); verantwortlich sein (1); verbinden (1); verdecken (1); vereinbaren (1); verhängen (1); verjähren (1); verleihen (1); vermachen (1); vermieten (1); vernehmen (1); verpachten (1); verwalten (1); verwirklichen (1); verzinslich sein (1); vorschießen (1); ziehen (1); zu Stande kommen (1); zufügen (1); zur Löschung bringen (1); zurückgeben (1).

Abhängig vom kompositionellen oder halbkompositionellen Charakter einer Verbindung dürfte der Untersuchung des Kombinationsbereichs potentieller Kollokatoren eine etwas differenzierte Rolle zukommen. Während eine kompositionelle Kombination, die den Kriterien der Assoziativität, Konventionalität und der damit verbundenen Präferiertheit gegenüber eingeschränkten Substitutionsmöglichkeiten genügt, für kollokativ erachtet werden dürfte, kommt es insbesondere bei halbkompositionellen Verbindungen, die lexikalisch und morphosyntaktisch nicht vorgezogen werden, darauf an, ob die semantische Spezifität des potentiellen Kollokators reihenbildend wirkt und daher bereits „von der freien Verwendung eines neugebildeten (idiomatisierten, lexikalisierten) Lexems ([...] in der [...] einschlägigen metaphorischen Bedeutung" (Busse 2002: 411) gesprochen werden sollte. Damit dürfte man insbesondere bei polysemen Bedeutungsvarianten der zu analysierenden Verbkollokatoren zu tun haben. Darüber hinaus dürfte die Analyse des Kombinationsbereichs der möglichen

Verbkollokatoren auch dann aufschlussreich werden, wenn dieser sehr eng ist, dadurch wären bei Substantiv-Verb-Verbindungen nach Konecny (2010: 626) nämlich stets Kollokationen indiziert.

Ähnlich wie bei der Prüfung des Kombinationspotentials der extrahierten Substantive wird nun ebenso nicht die Analyse sämtlicher 258 aus dem BGB-Korpus exzerpierten potentiellen Verbkollokatoren im Detail beschrieben. Analog sollen zehn „kombinationsfreudigste“ Verben herausgegriffen werden, woraufhin fünf Verben behandelt werden, die im Korpus einen mittleren Kombinationsbereich aufweisen und zuletzt fünf Verben, die mit zwei bzw. drei potentiellen Basen kombiniert werden. Dabei wird das Augenmerk insbesondere auf diejenigen Verbindungen gerichtet, die in der polnischen Übersetzung nicht wörtlich übertragen wurden.

An dieser Stelle sollen potentielle Kollokatoren, die mehrmals in der gleichen Bedeutung vorkommen und somit auch in dem polnischen Paralleltext stets das gleiche Äquivalent aufweisen oder in der gleichen Weise übersetzt werden könnten, analysiert werden, um eventuell aufgrund ihrer hohen Produktivität auf deren freien Gebrauch schließen zu können.

1. ausschließen

Der potentielle Kollokator *ausschließen* kommt mit folgenden 17 potentiellen Basen in dem Strukturtyp Verb+Substantiv (Akkusativobjekt) vor: *Abnahme, Abtretung, Anfechtung, Anspruch, Aufrechnung, Ausübung, Befugnis, Geltendmachung, Haftung, Kündigung, Recht, Rücktritt, Sicherheitsleistung, Verjährung, Wandelung, Widerruf, Zurückweisung* und ein Mal mit *Erbfolge* als Präpositionalobjekt. Mit Ausnahme der Verbindung *die Verjährung ausschließen*, wo es im polnischen Paralleltext ‚wyłączyć przedawnienie‘ heißt, werden sämtliche andere Konstruktionen wörtlich mit ‚wykluczyć‘ übersetzt. Diese Feststellung ist jedoch aus der Perspektive des Gegenwartsdeutschen nicht aussagekräftig, da heutzutage auch bei vielen anderen dieser Termini der potentielle Kollokator ebenfalls halbkompositionell übersetzt wird, etwa *wyłączyć prawo* ‚das Recht ausschließen‘ oder *wyłączyć odpowiedzialność* ‚die Haftung ausschließen‘. Aufgrund der hohen Produktivität des Verbs *ausschließen* in seiner kontextuell spezifischen Bedeutung ‚ausnehmen, nicht mit einbeziehen‘ (Duden 1996: 189) und unter Berücksichtigung des hohen Kombinationsgrades des Verbs im DWDS, kommen diese Verbindungen allerdings freien Wortverbindungen gleich (vgl. Ludewig 2005: 89 und 91f.). Lediglich bei der Kombination *die Haftung wird ausgeschlossen* wäre aufgrund ihrer Terminologisierung von einer Kollokation zu sprechen. Daraus abgeleitete Komposition wird nämlich bereits als Fachterminus definiert:

„Haftungsausschluß […] meint den gesetzlichen oder rechtsgeschäftlichen Ausschluß einer Haftung (i.d.R. auf Schadensersatz).“[128]

Die zweite Ausnahme bildet hier die Verbindung *von der Erbfolge ausschließen*, hierbei wird nämlich die Lesart ‚nicht teilhaben lassen‘ (Duden 1996: 189) aktiviert. Da diese Kombination auch im BGB als einzige innerhalb der angeführten Belege überdurchschnittlich frequent vorkommt (12 Mal) erweist sie sich als korpustypisch, sie zählt auch im DWDS zu typischsten Verbindungen mit *ausschließen*, auch wenn der Kombinationsradius des Verbs darin weit ist. Wegen ihrer Typikalität, aber auch der Tatsache, dass diese Verbindung eine Monosemierung aufweist und das Rechtsinstitut der Enterbung bezeichnet, wird sie als eine Kollokation eingestuft.[129]

2. erlöschen

Erlöschen verbindet sich in dem zugrunde gelegten Korpus mit 18 potentiellen Basen, mit denen es im Strukturtyp Verb+Substantiv (Subjekt) vorkommt: *Amt*, *Antrag*, *Anspruch*, *Anweisung*, *Auftrag*, *Befugnis*, *Dienstbarkeit*, *Forderung*, *Haftung*, *Hypothek*, *Recht*, *Rechtsverhältnisse*, *Schuldverhältnis*, *Stiftung*, *Verbindlichkeit*, *Verzicht*, *Vollmacht* und *Wirkung*. Alle diese Kombinationen werden kompositionell ins Polnische übertragen durch das Verb ‚wygasać‘ – stets kommt somit dieselbe Bedeutungsvariante ‚seine Gültigkeit verlieren‘ zum Tragen, weshalb auch in diesen Fällen in dem vorliegenden Korpus von freier Verwendung die Rede sein kann. Diesen Befund stützt auch die hohe Kombinierbarkeit des Verbs im DWDS. Lediglich aufgrund der Tatsache, dass die Kombinationen mit *Recht* (40 Mal) und *Anspruch* (10 Mal) im BGB überdurchschnittlich oft vorkommen, ferner auch im DWDS zu den typischsten Kombinationen mit *erlöschen* gehören, wobei *erlöschen* umgekehrt auch beide Substantive evoziert, und nicht zuletzt deswegen, weil die rechtssprachliche Verwendung dieses Verbs diese Substantive impliziert:

> Von E.[rlöschen] von Rechten oder Rechtsverhältnissen spricht man, wenn diese aus irgend einem Grunde ihr Ende finden, z.B. durch Erfüllung (§§ 362 ff. BGB), Aufrechnung (§§ 387 ff. BGB), Kündigung, Anfechtung, Konfusion oder Aufhebungsvertrag.[130]

dürften die Verbindungen *Rechte/Ansprüche erlöschen* für kollokativ erachtet werden.

---

128 http://www.rechtslexikon.net/d/haftungsausschluss/haftungsausschluss.htm; Stand: 4.05.2013.

129 Vgl. http://www.erbrecht-heute.de/Ausschluss-von der Erbfolge.html, Stand: 4.05. 2013.

130 http://www.rechtslexikon.net/d/erl%C3%B6schen/erl%C3%B6schen.htm; Stand: 20.04.2013.

3. eintreten

Das Verb *eintreten* tritt in 17 substantivischen Verbindungen auf, und zwar in Kombination mit *Bedingung, Erbfall, Fälligkeit, Geschäftsunfähigkeit, Gütergemeinschaft, Gütertrennung, Nacherbfolge, Pflicht, Rechte, Rechtsänderung, Rechtshängigkeit, Schaden, Verkaufsberechtigung, Verpflichtung, Verzug, Volljährigkeit* und *Wirkung*. Mit Ausnahme der Verbindung mit dem Substantiv *Rechte*, die dem Strukturtyp Verb+Präpositionalergänzung zuzuordnen ist (*in die Rechte eintreten*), handelt es sich dabei stets um den Strukturtyp Verb+Substantiv (Subjekt). Im interlingualen Vergleich mit dem polnischen Paralleltext erscheinen all diese Kombination nicht kompositionell übersetzt. Zusätzlich geht mit der Übertragung eine hohe Variabilität der Äquivalente einher.

Bei eingehender Analyse kommt man jedoch zu dem Ergebnis, dass daraus nicht der Schluss abzuleiten ist, man hätte bei dem Verb mit unterschiedlichen Bedeutungen zu tun, die in den jeweiligen Varianten realisiert werden, vielmehr geht es darum, dass freier mit den Übersetzungseinheiten umgegangen wird und teilweise spezifischere Verben eingesetzt werden:

Eintritt des Schadens – powstanie szkody (‚Entstehung des Schadens'),
Eintritt der Rechtshängigkeit – chwila, w której sprawa w sądzie zawisła (‚der Zeitpunkt, in dem die Sache im Gericht anhängig wird'),
die Verpflichtung tritt nicht ein – obowiązek nie obciąża (‚die Verpflichtung obliegt nicht'),
Eintritt des Erbfalls – otwarcie się spadku (wörtlich: ‚Eröffnung der Erbschaft'), wobei der Terminus *Erbfall* an sich als *otwarcie się spadku* übertragen wird.

Die Kombination *in die Rechte eintreten* ausgenommen, kommt bei den Kombinationen mit dem Verb *eintreten* in dem analysierten Belegmaterial stets die polyseme Bedeutung ‚erfolgen/sich ereignen/geschehen' zur Geltung. Auf Grund der Tatsache, dass diese Semantik auch in nicht terminologischen Verbindungen häufig aktiviert wird, wie die DWDS-Angaben veranschaulichen, etwa in Kombination mit *Bedürftigkeit, Ereignis, Fall, Folgen, Termin* oder *Voraussetzungen*, dürfte in diesen Fällen von freien Verbindungen gesprochen werden, zumal sie zumeist mehrfach durch frequenzmäßig typischere Alternativen kommutierbar sind. Die Kombination *in die Rechte eintreten* wird hingegen als Kollokation eingestuft, da der Kombinationsradius des Verbs im Sinne von ‚übernehmen' in diesem Strukturtyp eng ist, die Verbindung an sich wiederum usuell ist.

Auf Verbindungen mit der veralteten Verbform *endigen*, die bereits als Kollokationen ausgeschlossen wurden, wird an dieser Stelle nicht mehr eingegangen, zumal es sich auch um kompositionelle Kombinationen handelt.

4. bestellen

Das Verb *bestellen* tritt in Verbindung mit 13 Substantiven im Rahmen des Strukturtyps Verb+Substantiv (Objekt): *Beistand, Bürgschaft, Grundschuld, Hypothek, Liquidatoren, Mitglieder des Vorstandes, Nießbrauch, Pfleger, Recht, Vertreter, Verwahrer, Vormund* und *Vorstand*, wobei bezüglich einiger Kombinationen eine Variabilität mit dem Strukturtyp Verb+Präpositionalergänzung zu beobachten ist, etwa *zu Liquidatoren bestellen, zum Vormunde bestellt werden*, ohne, dass damit jedoch ein Bedeutungsunterschied einhergehen würde. In sämtlichen Fällen erfolgt die Übersetzung nicht kompositionell und das polnische Äquivalent lautet: ‚ustanowić'. Innerhalb dieser potentiellen Basen fällt jedoch auf, dass sie keine homogene Gruppe bilden, sondern in zwei Untergruppen gegliedert werden können. Die zahlreichere Gruppe umfasst Substantive, die Personenbezeichnungen, Träger von bestimmten Funktionen, bilden: *Beistand, Liquidatoren, Mitglieder des Vorstandes, Pfleger, Vertreter, Verwahrer, Vormund* und *Vorstand*. Bei diesen Verbindungen fällt auf, dass im Zusammenhang damit eine polyseme Lesart des Verbs *bestellen* aktiviert wird – nach Duden (1996: 246) ‚für einen bestimmten Zweck einsetzen, [für eine bestimmte Tätigkeit] ernennen, bestimmen'. Die hohe Produktivität dieser Bedeutungsvariante sowie die Tatsache, dass diese Bedeutung im BGB auch in Verbindung mit Nicht-Termini aktualisiert wird, etwa bei *einen Anderen zu einer Verrichtung bestellen* (‚ustanowić drugiego do jakiej roboty') spricht dafür, diese Verbindungen als freie Kombinationen zu werten.

Die zweite Gruppe von Substantiven, mit denen das Verb *bestellen* im BGB eine Verbindung eingeht, bilden Bezeichnungen spezieller Vertragstypen oder Rechte: *Bürgschaft* und *Recht* (genauer allerdings *Pfand-* und *Erbbaurechte*, sowie *Nießbrauch, Grundschuld* und *Hypothek*). Wie bereits bei der Analyse des Kombinationspotentials der Basis *Recht* festgestellt wurde, bringt *bestellen* in diesem Zusammenhang zum Ausdruck, dass damit eine Belastung erfolgt. Aufgrund dieser semantischen Spezifizität, der Nichtsubstituierbarkeit durch das sonst bei *Rechten* übliche *begründen*, sowie aufgrund des beschränkten Kombinationsradius des Verbs in dieser Bedeutung werden die genannten Kombinationen als Kollokationen eingestuft.

5. erfolgen

Erfolgen als möglicher Kollokator geht in dem zu untersuchenden Korpus 12 rechtssprachliche Verbindungen des Typs Verb+Substantiv (Subjekt) ein, mit den Substantiven *Anfechtung, Aufhebung, Auseinandersetzung, Belastung, Erklärung, Kündigung, Leistung, Verfügung, Verpflichtung, Widerruf, Zustellung* und *Zustimmung*. Fünf dieser Kombinationen werden kompositionell übersetzt, bei sieben erfolgt die Übersetzung nicht wörtlich. Der naheliegende Schluss, es handle sich bei den nicht kompositionellen Übersetzungen um andere Lesarten des Verbs *erfolgen*, bestätigt sich jedoch nicht, da sich zeigt, dass bei allen diesen Fällen das wörtliche Äquivalent ‚następować' einsetzbar wäre, nur haben die Übersetzer ein spezifischeres Verb gebraucht, etwa:

die Erklärung erfolgt – złożyć oświadczenie (‚die Erklärung abgeben')
die Zustimmung erfolgt – wyrazić zgodę (‚die Zustimmung geben').

Angesichts der Tatsache, dass in diesem Falle eine hohe Produktivität kompositioneller Verbindungen vorliegt, wobei *erfolgen* auch bei den aus der Analyse ausgeschlossenen gemeinsprachlichen Verbindungen vorkommt (*die Bestimmung erfolgt, die Eintragung erfolgt*) und auch im DWDS einen hohen Kombinationsradius aufweist, kommen diese Kombinationen freien Verbindungen gleich. Da es sich bei allen hier angeführten Substantiven um (Rechts-)Handlungen handelt und das Verb stets zum Ausdruck bringt, dass etwas geschieht bzw. vor sich geht, erscheint die Funktion dieses Verbs „zur Umschreibung eines Verbalbegriffes" bestätigt.[131]

6. erlassen

Erlassen geht in dem zu analysierenden Korpus Verbindungen mit folgenden Substantiven ein: *Aufforderung, Aufgebot, Haftung, Schuld, Urteil, Verbot, Verfügung, Verordnung, Verpflichtung, Versicherung* und *Vorschriften*. Stets handelt es sich dabei um den syntaktisch-morphologischen Typ Verb+Substantiv (Objekt). Dabei werden zwei Bedeutungsvarianten dieses Verbs aktualisiert: ‚wydać' und ‚zwolnić', wie sie auch bei Duden (1996: 452) angeführt werden: „amtlich bekannt machen, verkünden" und „jmdn. von einer Verpflichtung entbinden, von einer Strafe freistellen".

Die erste Variante wird realisiert in Verbindungen mit *Aufforderung, Aufgebot, Urteil, Verbot, Verfügung, Verordnung* und *Vorschriften*, die zweite mit den Substantiven *Haftung, Schuld, Verpflichtung* und *Versicherung*. In beiden Fällen dürfte von einer freien Verwendung dieser polysemen Bedeutungsvariante des Verbs *erlassen* gesprochen werden. In Verbindung mit der ersten Lesart des Verbs kommen im DWDS neben den genannten Nomen beispielsweise auch folgende Substantive vor: *Amnestie, Anordnung, Aufruf, Ausnahme, Bebauungsplan, Bestimmungen, Beschränkungen, Dekret, Fatwa, Gebührenordnung, Gesetze, Haftbefehl, Moratorium, Rechtsverordnung, Richtlinien* oder *Strafbefehl* und viele

131 http://www.dwds.de/?qu=erfolgen&submit_button=Suche&view=1; Stand: 29.04.2013

andere.[132] Im Sinne von ‚entbinden/freistellen' tritt dort das Verb *erlassen* im DWDS auch etwa in Verbindung mit *Ablösesumme, Beiträge, Betrag, Gebühren, Geldbuße, Geldstrafe, Kosten, Miete, Millionen, Rückzahlung, Schulden, Zinsen* oder *Zahlung* auf, so dass ebenfalls eine freie Verwendung vorliegt. Innerhalb der im BGB in Verbindung mit *erlassen* vorkommenden Substantive tritt lediglich *Urteil* überdurchschnittlich häufig damit auf (25 Mal). Im Vergleich mit den Substitutionsmöglichkeiten mit *verkünden* oder *aussprechen* weist es zwar im DWDS einen deutlich niedrigeren Usualitätsgrad auf, wegen der überdurchschnittlichen Vorkommenshäufigkeit im BGB wird es allerdings als kollokativ eingestuft.

7. erteilen

Erteilen erscheint in dem BGB-Korpus in dem Typ Verb+Substantiv (Objekt) in Kookkurrenz mit *Belege, (Hypotheken-)Brief, Einwilligung, Erbschein, Ermächtigung, Genehmigung, Name, Vollmacht* (*Vertretungsmacht*), *Zuschlag* und *Zeugnis*. In sechs Fällen erfolgt die Übersetzung kompositionell mit Hilfe von *udzielać*: *die/seine Einwilligung erteilen* (‚udzielić zezwolenia'), *die Genehmigung erteilen* (‚udzielić zatwierdzenia'), *eine Ermächtigung erteilen* (‚udzielić upoważnienia'), *die Vollmacht erteilen* (‚udzielić pełnomocnictwa'), *der Zuschlag wird erteilt* (‚udzielić przybicia') und *Belege erteilen* (‚udzielenie dowodów'). Da diese Bedeutung auch in den ausgeschlossenen gemeinsprachlichen Verbindungen vorkommt (*Auskunft erteilen*) und ferner mit anderen Substantiven hochproduktiv ist, wie dem DWDS entnommen werden kann, etwa *eine Absage erteilen, die Lizenz erteilen, Ratschläge erteilen, den Segen erteilen, die Erlaubnis erteilen, ein/das Mandat erteilen* oder *Weisungen erteilen*, ist in diesem Zusammenhang von freier Verwendung zu sprechen.

Bei genauerer Betrachtung erweist sich, dass im Falle der Substantive *Vollmacht, Genehmigung* und *Ermächtigung* parallel im Korpus auch die Einzellexeme *bevollmächtigen, genehmigen* und *ermächtigen* vorkommen, wie das etwa im folgenden Paragraph ersichtlich wird (die beiden letzten Verben erscheinen auch weit frequenter als die Mehrwortentsprechungen):

> §. 1001. Der Besitzer kann den Anspruch auf den Ersatz der Verwendungen nur geltend machen, wenn der Eigenthümer die Sache wiedererlangt oder die Verwendungen **genehmigt**. Bis zur **Genehmigung** der Verwendungen kann sich der Eigenthümer von dem Anspruche dadurch befreien, daß er die wiedererlangte Sache zurückgiebt. Die

132 Vgl. http://www.dwds.de/?qu=erlassen&submit_button=Suche&view=1; Stand 6.03.2013.

Genehmigung gilt als ertheilt, wenn der Eigenthümer die ihm von dem Besitzer unter Vorbehalt des Anspruchs angebotene Sache annimmt. (§ 1001 BGB; Herv. v. F.K.)

Angesichts des hohen Kombinationsradius von *erteilen*, aufgrund der Substituierbarkeit durch Einwortlexeme und auch aufgrund der Austauschbarkeit des Verbs durch andere Prädikate, etwa *geben*, werden die Verbindungen *Vollmacht*, *Genehmigung* und *Ermächtigung erteilen* für frei erachtet. Lediglich die Kombination *die Genehmigung erteilen*, welche im BGB überdurchschnittlich frequent vorkommt (10 Mal) und auch im DWDS zu den typischsten Verbindungen mit *erteilen* zählt (nach *Absage*, *Auftrag* und *Auskünften*), dürfte höchstens der Typikalität halber als Kollokation eingestuft werden können.[133]

Im Hinblick auf mehrere Kriterien ist hingegen die Verbindung *den Zuschlag erteilen* für kollokativ zu werten. Hierbei führt die Substitution durch das einfache Verb *zuschlagen* zu einer anderen Bedeutung. Zwar kann das Verb auch „durch [Hammer]schläge [mit Nägeln o.Ä.] fest zumachen, verschließen" bedeuten (Duden 1996: 1805), doch bringt die Mehrwortverbindung eine Rechtshandlung zum Ausdruck, die darauf beruht, dass bei einer Versteigerung durch Hammerschlag ein Gebot als Höchstangebot angenommen wird und der Vertrag erst dadurch zustande kommt (vgl. § 156 BGB). Außer der Bedeutungsverschiebung ist die Verbindung auch beschränkt substituierbar und gehört zu den typischsten Verbindungen mit *Zuschlag*. Bei *Belege erteilen* handelt es sich wiederum um eine untypische freie Kombination: Im BGB kommt sie lediglich zwei Mal vor, im DWDS ist sie nicht nachweislich und auch die Phrasensuche im Google liefert lediglich zehn zum Teil syntaktisch nicht zusammengehörige Treffer.[134]

In Verbindung mit *(Hypotheken-)Brief*, *Erbschein* und *Zeugnis* wird das Verb *erteilen* zwar im Polnischen durch *wydać* (‚ausstellen') wiedergegeben, es zeigt sich aber, dass im Deutschen damit keine semantische Spezifität einhergeht und das Verb weiterhin in der einschlägigen Semantik ‚jmdm. etw. geben, zuteilwerden lassen'[135] verwendet wird. Ähnliches betrifft die Kombination *seinen Namen erteilen*. Diese wird im Polnischen zwar mit *nadać nazwisko* (‚den Namen verleihen') übersetzt, ohne dass damit realiter eine andere Lesart aktiviert worden wäre. Aufgrund der eigentlichen Kompositionalität dieser Verbindungen, im Zusammenhang mit deren Untypikalität im DWDS und dem hohen Kom-

---

133 Suchanfrage am 30.04.2013. Danach kommt *Genehmigung erteilen* im DWDS 1550 Mal vor, *Absage erteilen* 5810 Mal, *Auftrag erteilen* 2267 Mal und *Auskünfte erteilen* 1003 Mal.

134 Suchanfrage am 30.04.2013.

135 http://www.dwds.de/?qu=erteilen&submit_button=Suche&view=1; Stand: 30.04. 2013.

binationsbereich des Verbs *erteilen* werden auch diese Kombinationen als frei eingestuft.

8. beeinträchtigen

Beeinträchtigen geht in seinem syntaktisch-morphologischen Typ Verb+ Substantiv (Objekt) – zumindest im interlingualen Vergleich mit dem Polnischen – stets halbkompositionelle Verbindungen ein, die im Zusammenhang mit den möglichen Basen: *Anspruch, Dienstbarkeit, Eigentum, Mitbenutzung, Nießbrauch, Recht* und *Wirkung* im polnischen Translat mit *uszczuplić* (‚vermindern, kürzen') übersetzt werden. Mit Ausnahme von *Wirkung* lässt sich diese Produktivität im BGB dadurch eingrenzen, dass all die anderen Substantive unter dem Oberbegriff *Recht* subsumierbar wären, der auch frequenzmäßig am häufigsten in Verbindung mit *beeinträchtigen* erscheint, auch wenn von einer auffallenden frequenzmäßigen Typikalität kaum die Rede sein kann: Im BGB taucht *ein Recht beeinträchtigen* sieben Mal auf und auch im DWDS ist es keine auffallend typische Kombination. Da der Kombinationsbereich des Verbs *beeinträchtigen* an sich sehr weit ist und im BGB keine andere Bedeutungsvariante als die einschlägigen „a) auf jmdn., etw. eine behindernde, hemmende, negative Wirkung ausüben: [...] b) verschlechtern, [in seinem Wert] mindern" (Duden 1996: 217) aktiviert wird, lassen sich diese Verbindungen dennoch als frei werten.

Nur einmal erhält das Verb *beeinträchtigen* im Polnischen die Entsprechung *nadwyrężać* (‚strapazieren'). Als Äquivalent von *die ehelichen Interessen beeinträchtigen* erscheint die Kombination *nadwyrężać interesy małżeńskie*. Auch hierbei ist daraus nicht zu schließen, dass damit auch im Deutschen eine andere Lesart verbunden ist – vielmehr dürfte das ein Indiz dafür sein, dass es sich dabei im Polnischen womöglich um eine kollokative Verbindung handelt.

9. eingehen

Der mögliche Kollokator *eingehen* tritt im BGB in dem Typ Substantiv+Verb (Objekt) auf und wird in dem extrahierten Datenmaterial stets nichtkompositionell übertragen. Zwar dominiert dabei das Äquivalent *zawarcie* (‚Schließung'), und zwar in den Verbindungen: *Eingehung eines Vertrags, Eingehung von Verhältnissen, eine (die) Ehe eingehen, das Dienstverhältnis ist eingegangen* und *Eingehung eines Arbeitsverhältnisses*, doch begegnen auch die Äquivalente *danie* (‚Geben') bei der *Eingehung der Bürgschaft, przyjęcie/zaciągnięcie* (‚Übernahme') bei *eine Verbindlichkeit eingehen* und *Eingehung der Verpflichtung* sowie *nawiązywać* (‚aufnehmen') im Falle von *Geschäfte eingehen*. Nur aus der Perspektive des Deutschen betrachtet, kommen bei dem exemplifizierten Gebrauch von *eingehen* keine weiteren semantischen Umdeutungen zum Tragen, das Verb wird hier stets in der einschlägigen polysemen Bedeutung ‚sich [vertraglich] an etw. binden, […] auf sich nehmen' (Duden 1996: 399) verwendet, wobei unter Ausschluss der eckigen Klammer der Kombinationsradius des Verbs noch weiter wird, weshalb auch in diesen Fällen von freier Verwendung des Verbs gesprochen werden dürfte. Als Kollokation dürfte in diesem Zusammenhang aufgrund der frequenzmäßigen Typikalität sowohl im BGB als auch im DWDS die Kombination *eine Ehe eingehen* (22 Belege im BGB) kategorisiert werden. Was das Kombinationspotential von *Ehe* anbelangt, so handelt es sich bei *eine Ehe eingehen* um die frequenteste Kombination innerhalb des betreffenden Strukturtyps im DWDS, darüber hinaus zählt das Substantiv auch zu den acht häufigsten Verbindungen mit *eingehen*. Für kollokativ dürften gegebenenfalls noch die Kombinationen *eine Verbindlichkeit eingehen* und *Eingehung der Verpflichtung* erachtet werden, da die erste Verbindung im Korpus auffallend frequent vorkommt und deren Kollokator beschränkt substituierbar ist. Die zweite ist wiederum im DWDS in dieser Form frequenzmäßig am typischsten.

10. treffen

Der potentielle Kollokator *treffen* tritt in dem vorliegenden Korpus in zwei Strukturtypen auf. Um den Typ Verb+Substantiv (Objekt) handelt es sich bei den Substantiven: *Anordnungen, Entscheidung, Maßregeln, Vereinbarung* und *Verfügung*. Der Strukturtyp Verb+Substantiv (Subjekt) wird im Zusammenhang mit: *Abgaben, Beweislast* und *Haftung* realisiert. Bei sämtlichen dieser Verbindungen handelt es sich um nichtkompositionelle Kombinationen.

Bei dem ersten Strukturtyp wird nach Duden (1996: 1554) die Lesart ‚ausführen, realisieren' verwendet. Diese kommt auch in den als gemeinsprachlich eingestuften Verbindungen wie: *die Bestimmung treffen, die Wahl treffen, anderweit Fürsorge treffen, die getroffenen Anstalten* und *eine Vorkehrung treffen* zum Vorschein. Obwohl das Verb *treffen* in dieser Bedeutungsvariante reihenbildend wirkt und man aus dieser hohen Produktivität auf einen freien Gebrauch dieses Verbs schließen dürfte, weist es hier einen merklichen Bedeutungsunterschied gegenüber der konstruktionsexternen Verwendung auf (vgl. Fleischer 1997: 137). Mit Ausnahme von *Entscheidung* handelt es sich im Falle von *Maßregeln, Anordnungen, Vereinbarung* und *Verfügung* um überdurchschnittlich frequente Verbindungen im BGB, die auch im DWDS einen (sehr) hohen Usualitätsgrad aufweisen, weshalb sie für kollokativ erachtet werden.

Der zweite Strukturtyp, Verb+Substantiv (Subjekt), tritt zwar bei den gemeinsprachlichen Kombinationen innerhalb des Korpus nicht auf. Auch hier lässt sich aber nur eine darin aktualisierte Bedeutung ablesen und zwar ‚spadać na kogoś' im Sinne von ‚lasten auf jdn.':

jdn. trifft die Beweislast – ciężar dowodu spada na,
die Abgaben und Lasten treffen jdn. – na kogoś spadają daniny jako też ciężary.

In zwei Fällen kommen zwar davon abweichende Übersetzungen vor, wie es sich herausstellt, handelt es sich jedoch dabei um freiere Übertragungen, bei denen ebenfalls das in den obigen Belegen verwendete Äquivalent einsetzbar wäre:

die persönliche Haftung trifft jdn. – odpowiadać osobiście (‚persönlich haften'),
die Verantwortlichkeit trifft jdn. – odpowiedzialność ciąży na, ponosić odpowiedzialność (‚die Verantwortlichkeit fällt jmdm. zur Last, lastet auf jmdm.; die Verantwortung tragen').

Die Annahme, dass es sich auch bei dieser Bedeutungsvariante um keine restringierte, sondern freie Verwendung dieses Verbs mit dieser semantischen Spezifität handeln könnte, wird durch die Konsultierung umfangreicherer Korpora bestätigt. Die Suchanfrage im DWDS ergibt, dass sich das Verb *treffen* in der hier realisierten Bedeutung mit mehreren Substantiven verbindet:[136]

1. *Schuld*:
   Schuld trifft vor allem die Ministerpräsidenten, meint Jan-Martin Wiarda. (Die Zeit, 11.06.2010, Nr. 24; Herv. v. F.K)

Dazu lassen sich auch semantisch verwandte Substantive zählen:

a) *Alleinschuld, Mitschuld*:
   Der Radfahrer musste ein Drittel des entstandenen Schadens übernehmen, weil ihn eine erhebliche **Mitschuld trifft**. (Berliner Zeitung, 12.04.2005; Herv. v. F.K)
b) *Verschulden, Mitverschulden*:
   Diesen Anspruch hat er aber nur, wenn den Mieter **ein Verschulden** an der Verspätung **trifft**. (Berliner Zeitung, 15.10.2005; Herv. v. F.K)
   Geschieht dies nicht, haftet der Notar und den Unterzeichner **trifft** auch kein **Mitverschulden**. (Der Tagesspiegel, 27.11.2004; Herv. v. F.K)

2. *Pflicht*:
   Gibt es mehrere Mieter für die Wohnung, **trifft diese Pflicht** alle, auch den, der die Wohnung schon vorher endgültig aufgegeben hat. (Berliner Zeitung, 08.10.2005; Herv. v. F.K)

---

136 Suchanfrage am 01.05.2013.

Auch hierzu sind semantisch verwandte Substantive zu zählen:

a) *Ersatzpflicht*:
Den Vermieter **trifft** auch **eine Ersatzpflicht**, wenn er mit der Beseitigung des Mangels in Verzug ist. (Berliner Zeitung, 06.04.2002; Herv. v. F.K)

b) *Mitwirkungspflicht*:
Hierbei **trifft** ihn aber **eine Mitwirkungspflicht**: (Der Tagesspiegel, 14.03.2002; Herv. v. F.K)

c) *Verpflichtung*:
Die Verpflichtung trifft alle Branchen, denn die zu untersuchenden Chemikalien werden in der Herstellung einer großen Bandbreite von Massenprodukten verwendet. (Die Zeit, 16.06.2008, Nr. 25; Herv. v. F.K)

d) *Beweislast*:
Ihn **trifft** auch grundsätzlich **die Beweislast** dafür, dass er die Grundrechte und Gesetze kennt, achten will und künftig achten wird. (Die Zeit, 20.04.2006, Nr. 17; Herv. v. F.K)

3. *Verantwortung*:
Wenn überhaupt, dann **trifft die Verantwortung** für den Schlamassel Hubers Vorgänger, Kurt Faltlhauser. (Die Zeit, 03.04.2008, Nr. 15; Herv. v. F.K)

a) auch als *Mitverantwortung*:
Inwieweit **trifft** die Medien **eine Mitverantwortung** für die gewalttätigen Ausschreitungen beim Gipfel, bei denen ein 23-jähriger Demonstrant am Freitagabend ums Leben gekommen war? (Der Tagesspiegel, 22.07.2001; Herv. v. F.K)

b) und *Haftung*:
Bei einem Unfall mit einem Auto, das vorsichtig aus einem Grundstück fährt, **trifft** den Radfahrer dann nach gängiger Rechtsprechung **die volle Haftung**. (Berliner Zeitung, 02.04.2002; Herv. v. F.K)

4. *Vorwurf*, etwa:
Der Vorwurf trifft die Tankstellen-Ketten von Shell, Aral, Jet, Total und Esso, die rund 70 Prozent des Marktes kontrollieren, nicht zum ersten Mal. Daher reagieren sie beinahe genervt. (Die Zeit, 14.03.2010, Nr. 11; Herv. v. F.K)

Ähnliche substantivische Kookkurrenzpartner mit *treffen* in der untersuchten Bedeutungsvariante liefert auch die Recherche im Archiv der geschriebenen Sprache am IDS: *Schuld*, *Verschulden*, *Mitschuld*, *Mitverschulden*, *Vorwurf*, *Teilschuld*, *Hauptschuld*, *Beweislast*, *Obliegenheit*. Zwar wird diese Bedeutung von *treffen* in den einschlägigen Wörterbüchern – zumindest im DWDS und Duden (1996: 1554) – noch nicht als polyseme Bedeutungsvariante angeführt, erkennbar ist jedoch bereits eine reihenbildende Wirkung, auch wenn es sich bei diesen

Lexemen um Substantive handelt, die gemeinsame semantische Züge aufweisen. Angesichts dessen, dass die im BGB vorkommenden Verbindungen mehrfach substituierbar sind und das Verb Anzeichen einer freien Verwendung offenbart, dürfte man auch hierbei bereits von freien Kombinationen ausgehen. Innerhalb der Substitutionsmöglichkeiten wird *treffen* auch nicht lexikalisch präferiert, wie etwa Verbindungen mit *Beweislast* zeigen: *die Beweislast trifft* kommt im DWDS 34 Mal vor, *die Beweislast obliegt* 15 Mal, *die Beweislast trägt* 37 Mal und *die Beweislast liegt bei jmdm.* 339 Mal. Da keine der analysierten Verbindungen auch im BGB auffallend frequent vorkommt, lassen sich diese Kombinationen auch für das vorliegende Korpus nicht als typisch klassifizieren.

Nach den zehn kombinationsfreudigsten Verben im BGB sollen nun fünf potentielle Kollokatoren analysiert werden, die einen mittleren Kombinationsradius aufweisen (die mit sechs bis acht Substantiven Verbindungen eingehen) und zuletzt fünf Verben, die mit zwei bis vier Substantiven kookkurrieren.

11. ablehnen

Der Strukturtyp Verb+Substantiv (Objekt) kommt auch in Verbindung mit dem Verb *ablehnen* zum Einsatz und zwar im Zusammenhang mit den Substantiven *Amt, Antrag, Auftrag, Beseitigung des Mangels, Haftung, Leistung, Schenkung* und *Übernahme der Vormundschaft.* In allen diesen Fällen erfolgt die Übersetzung kontextuell oder nicht wörtlich. In dem polnischen Paralleltext kommen dafür folgende Äquivalente vor:

1. *oddalić wniosek/odrzucić ofertę* (‚zurückweisen/ablehnen') – als Übersetzung von *Antrag ablehnen,*
2. *odrzucić* – bei *Schenkung,*
3. *nie przyjąć/odmówić* (‚nicht annehmen/verweigern') – im Zusammenhang mit *Leistung,*
4. *nie przyjąć* – bei *Auftrag, Beseitigung des Mangels* und *Haftung,*
5. *uchylić się* (‚sich entziehen/verweigern') – bei *Amt* und *Übernahme der Vormundschaft.*

Dabei wird ersichtlich, dass bei einigen dieser Fälle die Übersetzungen nicht zuverlässig sind, da im Zusammenhang mit *Beseitigung des Mangels* und *Haftung* nicht von der *Nichtannahme* zu sprechen sei, sondern vielmehr die letzte (‚uchylić się od odpowiedzialności') oder dritte (‚odmówić usunięcia wady') der hier genannten Bedeutungsvarianten zum Einsatz kommt. Des Amtes wiederum entzieht man sich nicht (‚uchylenie się od urzędu'), sondern man tritt es nicht an (‚nieobjęcie urzędu'). Trotz der nicht wörtlichen Übersetzung bei Verbindungen mit dem Verb *ablehnen* zeigt sich aus der Perspektive des Deutschen, dass hierbei stets die in Wörterbüchern nachweislichen polysemen Bedeutungsvarianten dieses Verbs aktiviert werden. Im Folgenden werden sie nach Duden (1996: 62) angeführt:

„1. (Angebotenes) nicht annehmen:" Hierzu gehören die Verbindungen mit: *Amt* und *Schenkung* im BGB;
„2. einer Forderung o.Ä. nicht stattgeben:" im BGB wird diese Lesart im Zusammenhang mit *Antrag* aktiviert;
„3. nicht gelten lassen, nicht gutheißen; missbilligen:" keine Belege im BGB;
„4. als nicht in Betracht kommend zurückweisen:" im BGB kommt diese Lesart in Kombination mit *Haftung* zum Tragen;
„5. sich weigern, etw. zu tun; verweigern:" diese Bedeutungsvariante kommt in Verbindung mit *Auftrag, Beseitigung des Mangels, Leistung* und *Übernahme der Vormundschaft vor.*

Vor diesem Hintergrund dürften Kombinationen, bei denen eine nachweislich polyseme Bedeutungsvariante eines Verbs aktiviert wird, wie freie Verbindungen behandelt und lediglich dann als Kollokationen eingestuft werden, wenn sie als präferiert gelten können. Als solche dürfte bei diesen Kombinationen lediglich *den Antrag ablehnen* gelten, bei der von gegenseitiger Assoziativität gesprochen werden kann und bei der der Kollokator *ablehnen* gegenüber möglichen Alternativen deutlich vorgezogen wird (vgl. dazu das Kombinationspotential von *Antrag*).

12. bestreiten

Ebenfalls in einer polysemen Lesart wird der mögliche Kollokator *bestreiten* verwendet, wobei hier nur eine einzige Bedeutungsvariante zum Einsatz kommt. In Verbindung mit folgenden Substantiven in Objektfunktion: *Ausgaben, Auslagen, ehelicher Aufwand, Kosten, Lasten, Leistungen, Unterhalt* und *Verpflichtungen* erscheint es im polnischen Paralleltext stets mit *pokrywać* (‚decken‘) wiedergegeben. Variabel dazu begegnet zum Teil *opędzać*, etwa: *pokrycie wydatków pożycia małżeńskiego* neben *opędzanie wydatków małżeńskiego pożycia* (‚Bestreitung des ehelichen Aufwandes‘), wobei das Verb *opędzać* im Gegenwartspolnischen umgangssprachlich markiert ist und kontextuell die Bedeutung ‚decken‘ trägt. Somit dürfte auch in diesem Zusammenhang bereits von einer freien Verwendung des Verbs *bestreiten* in seiner spezifischen Lesart gesprochen werden. Im Sinne von ‚bezahlen, finanzieren‘ (vgl. Duden 1996: 247) wird das Verb auch mit zahlreichen anderen Substantiven gebraucht, etwa mit *Zahlungen, Unkosten* oder *Aufwendungen*. Angesichts der reihenbildenden freien Verwendung dieser Bedeutungsvariante dürfte ähnlich wie bei *ablehnen* allenfalls aufgrund von lexikalischer Präferiertheit bestimmter Verbindungen von Kollokationen gesprochen werden. Als solche käme höchstens *den Unterhalt bestreiten* in Betracht. Die Verbindung kommt als einzige im BGB überdurchschnittlich, aber nicht auffallend frequent vor (7 Mal), lässt sich aber im DWDS durch das viel frequentere *zahlen* substituieren.

13. erlangen

Der mögliche Kollokator *erlangen* erscheint in dem polnischen Paralleltext stets wörtlich übersetzt mit Hilfe des Äquivalents *uzyskać*. Die hohe Produktivität dieses Verbs in dem Typ Verb+Subjekt (Objekt) mit den Substantiven *Besitz, Eigentum, Ersatz, Recht, rechtliche Stellung, Rechtsfähigkeit* und *Vorteil* sowie in den einschlägigen Korpora, etwa DWDS, wo zusätzlich folgende Akkusativobjekte in Verbindung mit dem Verb aufgeführt werden: *Bedeutung, Bekanntheit, Berühmtheit, Geltung, Gesetzeskraft, Gewissheit, Kenntnis, Kontrolle, Popularität, Rechtskraft, Staatsbürgerschaft, Status, Unabhängigkeit* oder *Weltruhm*, verleitet zu dem Schluss, dass man es hierbei mit freiem Gebrauch zu tun hat.[137] Dieser wird dadurch bekräftigt, dass im DWDS keine der extrahierten Verbindungen auffallend typisch ist, sie lassen sich auch mehrfach substituieren. Im BGB tritt lediglich *Besitz erlangen* überdurchschnittlich häufig vor, diese Verbindung wurde allerdings bereits bei der Analyse des Kombinationspotentials des Substantivs *Besitz* als Kollokation ausgeschlossen.

14. bestimmen

Das Verb *bestimmen* geht in dem untersuchten Korpus mögliche kollokative Verbindungen zweierlei Typen ein: Verb+Substantiv (Objekt) und Verb+Präpositionalergänzung. Der erste Strukturtyp kommt lediglich zwei Mal in kompositionellen Verbindungen vor und zwar mit *Frist* und *Anfallberechtigten*. Aufgrund mehrfacher Substituierbarkeit sowie der Untypikalität dieser Kombinationen werden sie als frei eingestuft. Der zweite Typ tritt im BGB vier Mal auf, wobei der potentielle Kollokator hier stets in einer speziellen Lesart verwendet wird, nämlich ‚nakłonić/skłonić' (‚veranlassen'). Dies korrespondiert mit der im Duden (1996: 246) fixierten Bedeutungsvariante: ‚zu etw. veranlassen, drängen, bewegen'. Die Präpositionalergänzungen *Eingehung der Ehe, Verfügung, Abgabe der Willenserklärung* und *Gestattung der außerehelichen Beiwohnung* werden in diesen Kombinationen lediglich ein bzw. zwei Mal in dem vorliegenden Korpus verwendet, so dass sie weder im BGB typisch sind, noch kommen sie im DWDS

---

137 Vgl. http://www.dwds.de/?qu=erlangen&submit_button=Suche&view=1; Stand 8.03.2013.

vor. Die Recherchen in umfangreicheren zugänglichen Korpora zeugen von keiner Restringiertheit dieser Verbindungen: Zwar dominiert bei der Verwendung des Verbs *bestimmen zu etw.* heute häufiger die Bedeutung ‚für/zu etw. vorsehen', wohingegen ‚zu etw. veranlassen' seltener erscheint, doch sind ebenfalls Belege mit dieser Bedeutungsvariante auffindbar. Im DWDS sind es etwa Kombinationen mit den Substantiven[138]

1. *Entscheidungen*:
   Dieselbe Aufrichtigkeit **bestimmte** ihn zweifellos auch **zu der Entscheidung**, der Kompos. (Gauthier, André, Carraud, in: Die Musik in Geschichte und Gegenwart Band 2, Kassel: Bärenreiter 1952, S. 12060; Herv. v. F.K.)
2. *Handeln*:
   Mehr oder weniger wird er durch andere Kinder **zum Handeln bestimmt**. (Werner, Reiner, Das verhaltensgestörte Kind, Berlin: Dt. Verl. d. Wiss. 1967, S. 85; Herv. v. F.K.)
3. *Aufnahme oder Fortsetzung der Prostitution*:
   [...] um sie **zur Aufnahme oder Fortsetzung der Prostitution zu bestimmen**, oder sie dazu bringt, diese aufzunehmen oder fortzusetzen. (o.A., Strafgesetzbuch (StGB), in: Schönfelder: Deutsche Gesetze: Sammlung des Zivil-, Straf- und Verfahrensrechts (Ergänzungslieferung), München: Beck 1997, o.S.; Herv. v. F.K.)
   [...] gewerbsmäßig anwirbt, um sie in Kenntnis der Hilflosigkeit, die mit ihrem Aufenthalt in einem fremden Land verbunden ist, **zur Aufnahme oder Fortsetzung der Prostitution zu bestimmen** [...] (o.A., Strafgesetzbuch (StGB), in: Schönfelder: Deutsche Gesetze: Sammlung des Zivil-, Straf- und Verfahrensrechts (Ergänzungslieferung), München: Beck 1997, o.S.; Herv. v. F.K.)

Die Cosmas-Abfrage ergibt folgende wenig frequente Kombinationen:[139]

4. mit *Unterschriftsleistung*:
   [...] **zur Unterschriftsleistung bestimmt** worden sein [...] (Quelle: P94/OKT.33572 Die Presse, 07.10.1994; Liberale: „Zumutung für Demokratie"; Herv. v. F.K.)

In zwei weiteren Fällen: *zur Eingehung der Ehe bestimmt worden sein* und *zur Abgabe der Willenserklärung bestimmt worden sein* wird auf das Ehegesetz und das BGB referiert. Folglich kann bezüglich dieser Verbindungen von einem freien Gebrauch des Verbs in dieser nachweislich polysemen Lesart gesprochen werden, welche jedoch an sich wenig gebräuchlich erscheint.

---

138 Suchanfrage im DWDS am 18.03.2013.

139 Suchanfrage mittels Cosmas am 18.03.2013.

15. zuziehen

Der potentielle Kollokator *zuziehen* geht in dem vorliegenden Korpus halbkompositionelle Verbindungen mit sieben möglichen Basen ein: *Beamter*, *Beistand*, *Dolmetscher*, *Gerichtsschreiber*, *Notar*, *Vormund* und *Zeuge*. In der polnischen Übersetzung erscheint dafür stets das Äquivalent *przybrać* bzw. *przywołać* (wörtlich: ‚annehmen' bzw. ‚herbeirufen'). Aus der Perspektive des Deutschen handelt es sich aber ebenfalls um eine polyseme Bedeutungsvariante, die hier aktiviert wird, und zwar ‚hinzuziehen' (vgl. Duden 1996: 1809 und DWDS). Somit lassen sich all diese Kombinationen als frei werten, zumal sie weder im BGB noch im DWDS typisch sind. Im DWDS treten in dieser Bedeutung auch noch die Verbindungen: *Vertreter* und *Arzt* auf.

Es folgt nun eine Beschreibung des Kombinationsbereichs von Verben, die im BGB einen engen Kombinationsradius aufweisen.

16. zustellen

Der potentielle Kollokator *zustellen* kookkurriert im BGB mit den Substantiven: *Beschluss*, *Ladung*, *Willenserklärung* und *Zahlungsbefehl*. In diesen Zusammenhängen erscheint im Polnischen stets das Äquivalent *doręczyć*, was eine kontextuelle Übersetzung des deutschen Lexems *zustellen* ist. Auch hierbei handelt es sich um eine polyseme Bedeutungsvariante des Verbs, die nach Duden (1996: 1807) als amtssprachlich markiert wird und mit „(meist durch die Post) zuschicken, überbringen; durch eine Amtsperson förmlich übergeben" definiert wird. Vor diesem Hintergrund lassen sich alle hier angeführten Verbindungen als frei einstufen, zumal sie weder im BGB, noch im DWDS einen hohen Typikalitätsgrad aufweisen.

17. aufkommen

Aufkommen tritt im BGB in Verbindung mit drei Substantiven in der Funktion einer Präpositionalergänzung auf: *Fehlbetrag*, *Mindererlös* und *Kosten*. In dem polnischen Paralleltext wird dafür stets das Äquivalent *odpowiadać za* (‚für etwas verantwortlich sein') gebraucht. Es zeigt sich aber, dass dies am Sinn dieser Verbindungen vorbeigeht. So kommt es etwa bei der Kombination *für den Fehlbetrag aufkommen*, nicht darauf an, dafür Verantwortung zu tragen, wie der folgende Paragraph veranschaulicht:

> Reicht der Werth des Gesellschaftsvermögens zur Deckung der gemeinschaftlichen Schulden und der Einlagen nicht aus, so hat der Ausscheidende den übrigen Gesellschaftern **für den Fehlbetrag** nach dem Verhältnisse seines Antheils am Verlust **aufzukommen**. (§ 739 BGB aus dem Jahre 1900; Herv. v. F.K.)

Vielmehr geht es darum, den Fehlbetrag zu decken. Aktiviert wird hier also wiederum eine polyseme Bedeutungsvariante eines Verbs und zwar ‚entstehende Kosten übernehmen' (Duden 1996: 158). Diese Lesart kommt auch in Kombination mit den zwei anderen Substantiven zum Tragen. Dass es sich dabei um eine sehr produktive und somit freie Verwendung handelt, belegt der folgende Ausschnitt aus den Einträgen im DWDS, woraus sichtbar wird, wie groß der Kombinationsbereich dieses Verbs ist:[140]

> für_Abfindungen für_Abschleppkosten für_Anwaltskosten für_Arbeitslosengeld für_Arbeitslosenhilfe für_Aufenthaltskosten für_Aufwand für_Aufwendungen für_Ausgaben für_Baukosten für_Behandlungskosten für_Beiträge für_Betrag für_Betriebskosten für_Bußgeld für_Defizite für_Differenz für_Entsorgungskosten für_Erschließungskosten für_Fahrtkosten für_Fehlbeträge für_Flugkosten für_Folgekosten für_Gebühren für_Gehalt für_Geld für_Gerichtskosten für_Heizkosten für_Hotelkosten für_Investitionskosten für_Kosten für_Krankengeld für_Kredite für_Lasten für_Lebenshaltungskosten für_Lebensunterhalt für_Leistungen für_Löhne für_Materialkosten für_Mehrausgaben für_Mehrkosten für_Milliarden für_Millionen für_Nebenkosten für_Pensionslasten für_Personalkosten für_Pflegekosten für_Preisgeld für_Produktionskosten für_Prozeßkosten für_Prämien für_Reisekosten für_Reparaturkosten für_Sachkosten für_Sanierungskosten für_Schulden für_Spesen für_Steuerausfälle für_Steuerschulden für_Stornogebühren für_Studiengebühren für_Summe für_Transportkosten für_Unkosten für_Unterhalt für_Unterhaltskosten für_Verbindlichkeiten für_Verwaltungskosten für_Zahlungen für_Zinsen

Aus diesem Grund lassen sich die extrahierten Kombinationen als frei einstufen. Im BGB ist keine von ihnen auffallend frequent, lediglich *für die Kosten aufkommen* erweist sich im DWDS innerhalb des betreffenden Strukturtyps als typisch, sowohl was die Verbindungen mit dem Substantiv, als auch dem Verb anbelangt. Allenfalls wegen der Typikalität dürfte somit diese Verbindung für kollokativ erachtet werden.

18. anfallen

Im BGB kommt der potentielle Kollokator *anfallen* im Zusammenhang mit drei Substantiven vor: *Erbschaft*, *Vermächtnis* und *Vermögen*. Im Polnischen wird er mit *przechodzić* (‚übergehen') bzw. *przypadać* (‚zufallen') übersetzt. Aus der Perspektive des Deutschen wird ersichtlich, dass es sich auch hierbei um eine polyseme Bedeutungsvariante handelt, die nach DWDS eine veraltete Form für

---

140 Quelle: http://www.dwds.de/?qu=aufkommen&submit_button=Suche&view=1; Stand vom 13.03.2013.

‚zufallen' darstellt[141] und dabei ebenfalls im Sinne der Lesart „jmd. ohne sein Dazutun, durch glückliche Umstände zuteilwerden, gegeben, geschenkt, vererbt werden" (Duden 1996: 1791) verwendet wird. Da es sich bereits um eine veraltete Bedeutungsvariante handelt, erweist sich der Kombinationsbereich dieses Verbs in den übrigen Lesarten viel größer. Dennoch dürfte m.E. vor dem Hintergrund der nachweislichen Polysemie von einer freien Verwendung dieses Verbs in dieser Bedeutungsvariante die Rede sein. Somit dürfte lediglich *die Erbschaft fällt an* als kollokativ gewertet werden – sie kommt im BGB überdurchschnittlich frequent vor (17 Mal), im DWDS werden kaum gebräuchliche Substitutionsmöglichkeiten angegeben und auch das Kombinationspotential des Substantivs fällt eng aus. Die Verbindungen mit *Vermächtnis* und *Vermögen* werden hingegen auch dem Typikalitätskriterium nicht gerecht, sodass sie als frei gelten.

19. beobachten

Beobachten kommt im BGB in zwei verbal-substantivischen Verbindungen vor, und zwar mit *Sorgfalt* und *Form*. Beide Male wird das Verb im Polnischen nicht wörtlich übertragen entweder mit *dołożyć* (wörtlich: ‚hinlegen') oder *zachować* (‚einhalten'). Aus der Perspektive des Deutschen wäre allerdings zu berücksichtigen, dass es sich auch bei diesem Verbgebrauch um eine polyseme Bedeutungsvariante handelt, wie Duden (1996: 235) erklärt „(geh.) (eine Vorschrift, Abmachung o.Ä.) beachten, einhalten: die Gesetze b[eobachten]." Die Recherche im DWDS liefert äußerst sporadische Belege für den Gebrauch dieser Lesart, dabei handelt es sich eher um Textausschnitte älteren Datums. Darin verbindet sich *beobachten* in der analysierten Bedeutungsvariante mit Substantiven, wie *Verfassung* oder *Gesetz*:

> Die teutschen Stände können den Minister in den zu ihrer Competenz gehörigen Angelegenheiten an jedem Schritte behindern, der ihre Zustimmung nicht gewinnt, sie können ihn zwingen, **Verfassung und Gesetz zu beobachten**; sie haben manche Gelegenheit, sein ganzes Verfahren einer öffentlichen Kritik und Verhandlung zu unterwerfen; sie können, wenn er die Verfassung verletzt, ihn anklagen … aber Minister, schaffen und stürzen können sie nicht. (Die Zeit, 06.06.1975, Nr. 24; Herv. v. F.K.)

> Duldung und Schutz allen solchen, die sich unter die Gesetze stellen, die unsere **Gesetze beobachten** und die sich anständig aufführen. (o.A., Deutscher Reichstag, in: Vossische Zeitung (Morgen-Ausgabe) 01.03.1904, S. 4-6; Herv. v. F.K.)

Kombinationen mit *Form* drücken im DWDS nicht mehr die hier besprochene Bedeutung aus: Wie bereits bei der Analyse des Kombinationspotentials von

141 Vgl. http://www.dwds.de/?qu=anfallen&submit_button=Suche&view=1; Stand: 2.05.2013.

Form dargelegt wurde, wird da die Semantik ‚betrachten' bzw. ‚auf etw. achten' realisiert. Die Kombination *Sorgfalt beobachten* ist zwar noch in der gegenständlichen Bedeutung im DWDS nachweislich. Dabei wird allerdings entweder eine entsprechende Stelle aus dem BGB zitiert:

> Die Ersatzpflicht tritt nicht ein, wenn der Schaden durch ein Haustier verursacht wird, das dem Beruf, der Erwerbstätigkeit oder dem Unterhalt des Tierhalters zu dienen bestimmt ist, und entweder der Tierhalter bei der Beaufsichtigung des Tieres die im Verkehr erforderliche **Sorgfalt beobachtet** oder der Schaden auch bei Anwendung dieser Sorgfalt entstanden sein würde. (Berliner Zeitung, 27.07.2004; Herv. v. F.K.)[142]

oder es handelt sich um Textbelege älteren Datums:

> Als unabwendbar gilt ein Ereignis insbesondere dann, wenn es auf das Verhalten des Verletzten oder eines nicht bei dem Betrieb beschäftigten Dritten oder eines Tieres zurückzuführen ist und sowohl der Halter als der Führer des Fahrzeugs jede nach den Umständen des Falles gebotene **Sorgfalt beobachtet** hat. (Zimmermann, Theo, Der praktische Rechtsberater, Gütersloh: Bertelsmann 1957, S. 181; Herv. v. F.K.)

Somit lässt sich festhalten, dass *beobachten* zwar im interlingualen Vergleich als halbkompositionell einzustufen ist, es handelt sich dabei jedoch um eine polyseme Bedeutungsvariante, die in Verbindung mit einer Reihe von Substantiven aktiviert werden kann. Im heutigen Sprachgebrauch ist sie zwar veraltet und daher weniger gebräuchlich, doch lässt sich wegen ihrer Polysemie m.E. dennoch von einer freien Verwendung dieser Lesart sprechen. Gegen die Einstufung der hier analysierten Kombinationen als Kollokationen spricht zudem, dass sie mehrfach substituierbar sind und bereits im BGB alternative Ausdrucksmöglichkeiten verwendet werden, so dass es sich auch nicht um normativ festgelegte Kombinationen handelt.

20. vollstreckbar sein

Der potentielle Kollokator *vollstreckbar sein*, abgeleitet von dem einfachen Verb *vollstrecken* kombiniert sich im BGB mit zwei Substantiven: *Anspruch* und *Titel*. Zwar sind diese Substantive mit dem Verb *vollstrecken* im DWDS nicht nachweislich und auch im BGB treten sie nur vereinzelt auf, allerdings wird man bei einem anderen Strukturtyp fündig. Insbesondere *Titel* erweist sich nämlich als Basis im Zusammenhang mit dem Adjektiv *vollstreckbar* als typisch. Aufgrund des sehr engen Kombinationsbereichs dieses Adjektivs (DWDS gibt lediglich *Ausfertigung, Entscheidung, Rechtstitel, Schuldtitel, Titel, Urkunden* und *Urteil* an) in Verbindung damit, dass es eine spezifische juristische Bedeutung trägt:

---

142 Hierbei wird § 833 Satz 2 BGB angeführt.

> Vollstreckbarkeit [ist] die Vollstreckungsreife eines Vollstreckungstitels. Vollstreckbar sind die rechtskräftigen oder für vorläufig vollstreckbar erklärten Vollstreckungstitel. Die V. ist Voraussetzung für die Erteilung der Vollstreckungsklausel. Vorläufige V. wird im Zivilprozeß grds. bei Urteilen, die mit der Verkündung noch nicht rechtskräftig werden, gerichtlich gegen oder ohne Sicherheitsleistung angeordnet [...].[143]

lässt sich die Verbindung *der vollstreckbare Titel* als adjektivisch-substantivische Kollokation werten. Nach Konecny verhalten sich nämlich Adjektive hinsichtlich ihres Kombinationsbereiches ähnlich wie Verben: „Adjektive mit großer Intension [...] [und damit einem kleinen Kombinationsbereich – F.K.] sind immer Bestandteile von Kollokationen (sofern sie nicht restriktiv sind, d.h. die durch das Substantiv bezeichnete Klasse auf eine Subklasse einschränken)" (Konecny 2010: 626). Zwar wird in der vorliegenden Arbeit die Auffassung vertreten, dass Kollokationen gewisse Transformationen zulassen, wegen der Usualität der Form wird *vollstreckbarer Titel* jedoch nicht als verbal-substantivische Kollokation gewertet. Die Verbindung *ein Anspruch ist vollstreckbar* wird hingegen wegen ihrer Untypikalität als keine Kollokation eingestuft.

5.2. Fazit

Aus der Analyse des Kombinationspotentials potentieller Basen sowie des Kombinationsbereichs möglicher Kollokatoren dürfte klar geworden sein, dass diese sich gegenseitig ergänzen und beide zur Prüfung des Kollokationsstatus mit zu berücksichtigen sind. Während durch die Analyse des Kombinationspotentials auf einige typischere Vertreter der Kategorie Kollokation hingewiesen werden konnte, ergab die Analyse des Kombinationsradius der Verben, dass der hohe Anteil halbkompositioneller Verbindungen, der im Hinblick auf den interlingualen Vergleich auf etwa Zweidrittel festgelegt wurde, mit Vorsicht zu betrachten ist. Es zeigt sich nämlich, dass es sich bei einer Reihe von hier verwendeten Verben um polyseme Bedeutungsvarianten handelt, die zwar ins Polnische nicht wörtlich übertragen werden, allerdings oftmals relativ frei kombiniert werden. Auf diese Weise sind insbesondere diejenigen halbkompositionellen Verbindungen als Kollokationen auszuschließen, die frequenzmäßig nicht typisch und auch mehrfach substituierbar sind. Dazu zählen etwa Verbindungen wie *die Frist stellen, seinen Anspruch verfolgen, den Anspruch beeinträchtigen, das Recht verfolgen, das Eigentum fällt zu, die Leistung bestreiten* oder *Zeugen zuziehen*, die zunächst bei der Analyse des Kombinationspotentials der entsprechenden Substantive

143 http://www.rechtslexikon.net/d/vollstreckbarkeit/vollstreckbarkeit.htm; Stand: 2.05. 2013.

ihrer Halbkompositionalität wegen als Kollokationen nicht ausgeschlossen wurden, jedoch nun aufgrund der polysemen Bedeutung der Verben, wegen ihres weiten Kombinationsradius und mangels der Typikalität dieser Kombinationen als frei kategorisiert werden können.

Um bei den extrahierten Verbindungen eine Klassifizierung vornehmen zu können, erscheint es geeignet, auf den Ansatz von Aisenstadt zurückzugreifen. Ihr zufolge lassen sich Kollokationen drei Haupttypen zuordnen:

1. Kollokationen mit einer sehr engen, spezifischen Bedeutung des Kollokators, die nur wenige Substitutionsmöglichkeiten zulässt,
2. Kollokationen, deren Kollokator eine oft abstrakte oder übertragene Bedeutung aufweist,
3. Kollokationen, deren Kollokator semantisch leer ist und eine grammatikalische Bedeutung aufweist (vgl. Aisenstadt 1979: 73 und dies. 1981: 57).

Innerhalb der extrahierten 735 Verbindungen weisen die meisten Kombinationen (445 – d.h. 60,5%) ein Verb auf, das kontextspezifisch oder polysem gebraucht wird. Verbindungen mit einem potentiellen Kollokator, das eine spezifische Bedeutung trägt, machen 27,2 % der gesamten Belegsammlung aus (200 Kombinationen). Am schwächsten vertreten sind mit 12,2 % (90 Belege) Kombinationen mit einem semantisch entleerten Verb. Ohne zunächst noch auf den Kollokationsstatus einzugehen, erweist sich somit die zweite der oben genannten Gruppen als die umfangreichste. Dieses Ergebnis dürfte überraschen, da – zumindest in der traditionellen Fachsprachenforschung – die Eineindeutigkeit, Selbstdeutigkeit und Kontextunabhängigkeit als Gütemerkmale fachsprachlicher Terminologie und fachsprachlicher Texte angesehen werden (vgl. Baßler 2002: 220f.).[144] Nach Baßler springen bei der traditionellen Fachsprachenforschung insbesondere solche Wörter ins Auge, „die nicht zu dem Bestand des alltäglichen Grundwortschatzes gehören, den wir alle im Laufe unserer primären Sozialisation erlernt haben" (Baßler 2002: 214). Man nimmt an, „dass von den Fachleuten u.a. auch ein anderer Wortschatz als im Alltag geschaffen werden muss, um die Gegenstände und Sachverhalte dieser Bereiche so genau wie möglich zu erfassen und die Kommunikation der Experten über den jeweiligen Wirklichkeitsausschnitt zu gewährleisten" (Baßler 2002: 213). In dem vorliegenden Korpus findet man jedoch kaum Verben, die nicht zugleich in der Gemeinsprache vertreten

144 Roelcke zufolge sei allerdings anstelle des Postulats der „Eineindeutigkeit" das Postulat der „kommunikativen Eindeutigkeit" zu setzen (vgl. Roelcke 1991). Zur Kritik des Eineindeutigkeitspostulats siehe auch Felder (2012: 146).

wären. Hierzu ließe sich gegebenenfalls das veraltete Verb *ausantworten* zählen. Bei anderen Kandidaten, die zwar eine spezifische juristische Bedeutung tragen, wie *aberkennen*, *ersitzen*, *vermieten*, *verpachten* oder *verüben*, dürfte bereits kaum davon die Rede sein, dass sie in der Gemeinsprache nicht präsent sind. In der Regel werden somit Verben aus der Alltagssprache ins BGB übernommen und oft in einer anderen Bedeutung gebraucht.[145] Aus der gemeinsprachlichen und noch stärker aus der interlingualen Perspektive betrachtet, kann die Dominanz potentieller Kollokatoren, die in einer anderen Lesart verwendet werden, den Eindruck von der Kollokationsfreudigkeit der Gesetzessprache verstärken. Bei der Sichtung größerer Korpora – hier des gesamten BGB – in Verbindung mit der Analyse des Kombinationsbereichs der potentiellen Kollokationsbestandteile erweist sich jedoch dieser Eindruck als revisionsbedürftig, ganz im Einklang mit dem Sinclairschen Prinzip, wonach die Sprache etwas anders aussieht, wenn man sich viel von ihr auf einmal ansieht: „The language looks rather different when you look at a lot of it at once" (Sinclair 1995: 100). Viele potentielle Kollokatoren werden im untersuchten Text nämlich häufig mehrmals in einer Bedeutungsvariante verwendet, so dass sie eine reihenbildende Wirkung zeigen.

Von Bedeutung ist es hier festzustellen, dass Verbindungen, deren Verbbestandteile im BGB einen sehr engen Kombinationsbereich haben und sich auch nach der Konsultierung des DWDS als typisch und kollokativ erweisen, lediglich 63 Belege darstellen. Auch bei ein Mal aktivierter Lesart eines Verbs kann nämlich daraus nicht gleich auf die Kollokativität der entsprechenden Verbindung geschlossen werden. So ist etwa der im Polnischen nicht wörtlich wiedergegebene *(auf frischer Tat) betroffene Täter* aus heutiger Sicht keine Kollokation. Bei *betreffen* wird eine veraltende Bedeutungsvariante für ‚ertappen, antreffen' aktiviert (vgl. Duden 1996: 248). Im Gegenwartsdeutschen wäre es in dieser Kombination üblicher, das Verb *ertappen* zu gebrauchen. So gesehen, wäre hier zwar ein eventueller Wandel untersuchenswert, da auch das Grimmsche Wörterbuch bei *betreffen* die Bedeutung „einen betreffen, *treffen, betreten, ergreifen, ertappen,* auf frischer that, auf dem fahlen pferde, auf einer lüge betreffen"[146] angibt, da es jedoch heutzutage ungebräuchlich ist und auch im BGB nur ein Mal vorkommt, wird es nicht als kollokative Tripelstruktur klassifiziert. Ähnlich wird auch *Zinsen erheben*, wo das Verb einmalig eine nur aus größerem Kontext zu erschlie-

145 In neueren Arbeiten zur juristischen Sprache wird bereits auf diesen Bezug zur Gemeinsprache verwiesen: „Es ist nicht zu bestreiten, dass die juristische Sprache im Vergleich zu anderen Fachsprachen der Allgemeinsprache wohl am nächsten steht" (Grozeva 2012: 56).

146 http://www.woerterbuchnetz.de/DWB?lemma=betreffen; Stand 27.02.2013.

ßende Bedeutung aktiviert, nicht als Kollokation gewertet. Während *erheben* normalerweise in Verbindung mit *Zinsen* als ‚einfordern, einziehen' gebraucht wird, wie die unteren Beispiele aus dem DWDS veranschaulichen:

> Für ein Volumen von 1000 Euro, die innerhalb von einem halben Jahr zurückgezahlt werden müssen, **erhebt** das Geldinstitut 2,5 Prozent **Zinsen**. (Der Tagesspiegel, 01.07.2004; Herv. v. F.K.)

> Eine klare Mehrheit der Länder einschließlich der bayerischen Staatsregierung machte Front gegen sein Vorhaben, auf Studiendarlehen künftig 8,5 Prozent **Zinsen zu erheben**, um aus den Einnahmen den Hochschulausbau und die Forschung zu finanzieren. (Berliner Zeitung, 02.03.1996; Herv. v. F.K.)

erscheint es im BGB im Sinne von *abheben*:

> Eine im voraus getroffene Vereinbarung, daß fällige Zinsen wieder Zinsen tragen sollen, ist nichtig. Sparkassen, Kreditanstalten und Inhaber von Bankgeschäften können im voraus vereinbaren, daß nicht **erhobene Zinsen** von Einlagen als neue verzinsliche Einlagen gelten sollen. (§ 248 BGB)

Da diese Bedeutung in dieser Verbindung sonst ungebräuchlich ist und auch im BGB nicht wiederholt vorkommt, wird diese Kombination als frei angesehen.

Bei Mehrwortausdrücken, deren potentieller Kollokator eine semantische Weiterentwicklung erfahren hat und sich dabei durch einen größeren Kombinationsradius auszeichnet, gilt es zu prüfen, ob damit eine Terminologisierung einhergeht oder bestimmte Kombinationen besonders typisch sind. Was die erste Frage anbelangt, so ist sie nicht immer zu bejahen, da die Verben zum Teil auch Bedeutungsvarianten aktivieren, die in der Gemeinsprache vorkommen, dies betrifft etwa Verbindungen mit *eintreten*, die sich im Sinne von ‚erfolgen/sich ereignen/geschehen' mit zahlreichen Subjekten kombinieren. Gleichzeitig kann man jedoch auch nicht voraussetzen, dass bei terminologisierter Verwendung eines Verbs, jegliche Kombinationen, die dieses Verb eingeht, als Ganzes terminologisiert und kollokativ sind: So verbindet sich etwa *anordnen* im Sinne einer typischen Rechtshandlung des Gerichts mit unterschiedlichen Akkusativobjekten wie *die Vormundschaft/Maßregeln* oder *Auflagen anordnen*, die weder im BGB, noch im DWDS typisch sind und als freie Verbindungen gelten können. Ähnlich wird *anzeigen* stets im Sinne von ‚etw., jmdn. einer Behörde melden, angeben' verwendet, bei sämtlichen Verbindungen – mit: *Ablehnung, Abtretung, Erlöschen, Hinterlegung* und *Verspätung* – handelt es sich jedoch um keine typischen, assoziativen, normativ präferierten, sondern „nur" um freie Kombinationen, die im BGB vereinzelt vorkommen und im DWDS zumeist nicht nachweislich sind oder in einer anderen Bedeutung verwendet werden, etwa

Die elektronische Anschlagtafel am Hauptbahnhof von Krakau **zeigt die Verspätung an** – 300 Minuten. (Berliner Zeitung, 05.01.2002; Herv. v. F.K.)

Allerdings ist auch bei Verbindungen, die bereits im BGB einen größeren Kombinationsbereich aufweisen, differenziert vorzugehen. Zwar tritt *verletzen* in Verbindung mit mehreren potentiellen Basen auf, es handelt sich aber dabei um terminologisierte und damit vom Gesetzgeber normativ festgelegte Kombinationen, die für kollokativ zu erachten sind. Für einige dieser Verbindungen bestehen Legaldefinitionen, auch wenn sie in anderen Gesetzestexten stehen, beispielsweise für *Rechts-* oder *Körperverletzung*:

Begriff der Rechtsverletzung
Das Recht ist verletzt, wenn eine Rechtsnorm nicht oder nicht richtig angewendet worden ist. (§ 546 ZPO)

Körperverletzung
(1) Wer eine andere Person körperlich mißhandelt oder an der Gesundheit schädigt, wird mit Freiheitsstrafe bis zu fünf Jahren oder mit Geldstrafe bestraft. (§ 223 StGB)

Für andere findet man Bedeutungsfestlegungen durch Experten in Anlehnung an die Rechtsprechung, beispielsweise für *Freiheits-*, *Eigentums-* oder *Gesundheitsverletzung*:

Unter Freiheitsverletzung versteht die hM nur die Einschränkung der körperlichen Bewegungsfreiheit, nicht jedoch die Möglichkeit wirtschaftlicher Entfaltung. […] Es geht nur um die Möglichkeit, einen Ort verlassen zu können; eine Freiheitsverletzung scheidet dagegen aus, wenn nur das Betreten eines Ortes nicht möglich ist.[147]

Eigentumsverletzung, § 823 I BGB
Eine Eigentumsverletzung im Sinne des § 823I BGB liegt unstreitig vor bei einer Beeinträchtigung der Sachsubstanz, bei der Vorenthaltung oder Entziehung des Besitzes oder bei einer unberechtigten Verfügung. Der BGH bejaht eine Eigentumsverletzung auch bei einem Entzug oder einer Einschränkung der Nutzungsmöglichkeit einer Sache, dies jedoch nur bei einer gewissen Erheblichkeit und Dauer (BGHZ 55, 153 ff.).[148]

Eine Gesundheitsverletzung ist jedes Hervorrufen oder Steigern eines pathologischen Zustands.[149]

Falls bestimmte Kombinationen, die bereits im BGB einen weiteren Kombinationsradius des Verbs offenbaren, vom Gesetzgeber nicht normativ festgelegt

---

147 Staudinger / Beckmann / Martinek (2005: 828).
148 http://www.rechtswoerterbuch.de/recht/e/eigentumsverletzung/; Stand: 6.05.2013.
149 http://lehrstuhl.jura.uni-goettingen.de/gspindler/bk1/loesungen/loesung3.pdf; Stand: 6.05.2013.

sind oder nicht als Verbindungen terminologisiert sind, erscheint es legitim, sich auf das frequenzmäßige Typikalitätskriterium zu stützen. Als Kollokationen mit dem terminologisierten *ausschlagen* in der Bedeutung, dass ein zum Erben Berufener nach dem Erbfall die Erklärung abgibt, „die Erbschaft nicht anzunehmen“[150] werden somit nur die Kombinationen *die Erbschaft ausschlagen* und *das Vermächtnis ausschlagen* klassifiziert. Die erste kommt im BGB 15 Mal, die zweite acht Mal vor, während das nur zweifach belegte und auch sonst unübliche *das Zugewendete ausschlagen* als freie Verwendung des terminologisierten *ausschlagen* angesehen wird. Ähnlich wird etwa im Falle von *ablehnen* und *aufheben* vorgegangen. Während sich *den Antrag ablehnen* sowohl im BGB als auch im DWDS gegenüber anderen Verbindungen mit *ablehnen* als typischer erweist, werden Kombinationen wie *die Beseitigung des Mangels/die Haftung/die Schenkung/die Übernahme der Vormundschaft/die Übernahme des Amtes ablehnen* nicht als Kollokationen gewertet. Im Falle von *aufheben* hat man es ebenfalls mit der Terminologisierung eines gemeinsprachlichen Verbs zu tun, die jedoch abhängig vom Rechtsbereich Bedeutungsdifferenzen zeitigt:

> Aufhebung
>
> Im Verwaltungsrecht die gänzliche oder teilweise Beseitigung eines Verwaltungsakts durch die Verwaltung; sie ist entweder Rücknahme (bei rechtswidrigen Verwaltungsakten) oder Widerruf (bei rechtmäßigen Verwaltungsakten).
>
> Im Privatrecht ist ein A.-Vertrag
>
> die gänzliche Beseitigung eines Vertrages durch einen späteren Vertrag; durch einseitige Erklärung kann ein Vertrag nur aufgehoben werden, soweit dies ausdrücklich gesetzlich zugelassen ist (z.B. Rücktritt).[151]

Im privatrechtlichen Sinne werden im Korpus Verbindungen mit *Familienrat, Arbeitsverhältnis, Dienstverhältnis, Sicherheit, eheliche Gemeinschaft, Gütergemeinschaft, Vormundschaft, Testament, Vertrag, Nutznießung* und *Verpflichtung* gebraucht. So gesehen könnte man diesbezüglich bereits von einer freieren Verbindbarkeit dieses terminologisierten Verbs sprechen. Aufgrund der frequenzmäßigen Typikalität im BGB dürften lediglich *Gütergemeinschaft aufheben* (10 Mal im BGB) und *die eheliche Gemeinschaft aufheben* (26 Mal im BGB) für kollokativ angesehen werden. Allerdings wäre bei all den genannten Substantiven zu berücksichtigen, dass sie durch eine semantisch-begriffliche Verwandtschaft verbunden sind in dem Sinne, dass es sich um vertragsgemäß begründete

150 http://www.rechtslexikon.net/d/ausschlagung/ausschlagung.htm; Stand: 6.05.2013.
151 http://www.rechtslexikon.net/d/aufhebung/aufhebung.htm; Stand: 7.05.2013.

Rechte oder Pflichten handelt. So gesehen dürfte bei allen diesen Verbindungen von Kollokationen auszugehen sein. Aus der Perspektive des Gegenwartsdeutschen wären lediglich die Verbindungen mit *Familienrat* und *Nutznießung* auszuschließen, die heute keine Rechtsinstitute bilden und daher nicht mehr usuell sind. Am Rande sei nur erwähnt, dass das Institut, das heute besonders geregelt ist, *die Aufhebung der Ehe*, in der Erstfassung des BGB nicht präsent ist, darin ist lediglich geregelt, wann eine Ehe nichtig ist.[152] Die verwaltungsrechtliche Bedeutung von *aufheben* wird aktiviert in Verbindung mit *Beschluss* und *Verfügung*. Da beide Verbindungen sowohl im BGB als auch im DWDS typisch sind, werden sie als Kollokationen eingestuft.

Analog werden auch die Verbindungen mit *anfechten* als Kollokationen kategorisiert, trotz der Tatsache, dass nicht alle gleichermaßen typisch sind. Die Anfechtung erfolgt bei Willenserklärungen, die gesetzlich vorgesehene Mängel aufweisen. Durch Anfechtung wird die „Rechtsverbindlichkeit [dieser Willenserklärungen – F.K.] von Anfang an erlischt."[153] Da es sich bei den Basen, die mit *anfechten* kookkurrieren, stets um semantisch-verwandte Begriffe handelt, die unterschiedliche Willenserklärungen zum Ausdruck bringen: *(Willens-) Erklärung*, *Einspruch*, *Ausschlagung* oder aufgrund von Willenserklärungen begründete Rechtsverhältnisse: *Rechtsgeschäft*, *Ehe*, werden sie als Kollokationen eingestuft. Bei der *Ehelichkeit* bedarf es zwar zumeist keiner Willenserklärung, da die Ehelichkeit angenommen wird, allerdings kann nach § 1723, 1 BGB „Ein uneheliches Kind [...] auf Antrag seines Vaters durch eine Verfügung der Staatsgewalt für ehelich erklärt werden." Am Rande sei nur erwähnt, dass die entsprechenden Paragraphen zur Ehelichkeitserklärung in der heutigen Fassung des BGB wegen Wegfall nicht mehr präsent sind. Der Kollokator *anfechten* ist allerdings nicht nur im BGB mit *Ehelichkeit* typisch, es stellt auch im DWDS die einzige Kombination mit dem Substantiv in Akkusativobjektfunktion dar, was in Anlehnung an Worbs phraseologizitätsstiftend ist:

> Das Verhältnis von Kollokationen zur Phraseologie wird bei einer weiten Phraseologie-Konzeption davon bestimmt, wie hoch die gegenseitige Prädikabilität der Bestandteile

---

152 Die Aufhebung der Ehe kann nur durch gerichtliches Urteil erfolgen und zwar „aus Gründen, die schon bei der Eheschließung bestanden haben müssen, jedoch erst mit Wirkung für die Zukunft." http://www.rechtslexikon.net/d/aufhebung/aufhebung.htm; Stand: 7.05.2013. Zu solchen Aufhebungsgründen gehören: Bewusstlosigkeit / vorübergehende Störung der Geistestätigkeit, Unkenntnis, dass es sich um Eheschließung handelt, arglistige Täuschung, widerrechtliche Drohung und Scheinehe (vgl. § 1314 II aus dem Jahre 2012).

153 http://www.rechtslexikon.net/d/anfechtung/anfechtung.htm; Stand 23.04.2013.

> einer Wortgruppe ist: Ein hoher Grad an Voraussagbarkeit des gemeinsamen Vorkommens zweier Wörter bedeutet hohe Stabilität und bildet eine wesentliche Voraussetzung für Phraseologizität. Je weniger Kollokatoren ein Basiswort hat, desto höher die Wahrscheinlichkeit von Phraseologizität – dies gilt auch für den fachsprachlichen Bereich. (Worbs 1998: 112)

Wie aus den obigen Darlegungen hervorgeht, ist jeder extrahierte Kollokationskandidat einzeln zu analysieren. Zwar ist bei der Prüfung des Kollokationsstatus von dem im Kapitel zum Kollokationsbegriff dargelegten Kriterienkatalog Gebrauch zu machen, da jedoch nicht alle Kriterien immer gleichermaßen erfüllt werden, handelt es sich bei den als kollokativ gewerteten Verbindungen zum Teil um mehr oder weniger typische Vertreter dieser Kategorie und es offenbart sich, wie Lüger zu Recht feststellt,

> [...] die Unmöglichkeit scharfer Grenzziehungen; disjunkte Klassenbildungen lassen sich längst nicht immer mit den sprachlichen Fakten in Einklang bringen. Von daher ist das Postulat flexibler Übergänge eine naheliegende Konsequenz, dies insbesondere auch für die Verwendung in Texten und im Hinblick auf die Übersetzungsproblematik." (Lüger 2004: 55)

An den extrahierten Kombinationen zeigt sich, dass fast jedes Kriterium an seine Grenzen stoßen kann, so können etwa überdurchschnittlich frequente Verbindungen dennoch als frei gewertet werden, etwa *die Verpflichtung besteht*, *zum Schadensersatz verpflichtet* sein. Bei halbkompositionellen Verbindungen wiederum kann die nicht wörtliche Übersetzung zuweilen eher Kollokativität in der Zielsprache, denn in der Ausgangssprache zeitigen, etwa bei *Vollziehung des Aufgebots – wyjście zapowiedzi* (wörtlich: ‚Ausgang des Aufgebots'). Aufgrund der korrelativen Handhabung der Kriterien für Kollokativität werden 262 Verbindungen, d.h. ca. ein Drittel der analysierten Verbindungen als Kollokationen eingestuft, wobei mit Hartenstein (1996: 88) die Auffassung vertreten wird, „daß es gerechtfertigt ist, in strittigen Fällen der Zuweisung der [...] phraseologizitätsstiftenden Eigenschaften auf intuitive Entscheidungen zurückzugreifen."

Nicht einbezogen werden in diese Gruppe Verbindungen, die in der Erstfassung des BGB usuell waren, bei denen jedoch im Gegenwartsdeutschen eindeutig andere Kollokatoren typisch sind, etwa *Anzeige machen* und *Leistung bewirken*, an deren Stelle sich heute *Anzeige erstatten* und *Leistung erbringen* durchgesetzt haben. Verbindungen mit *zurücknehmen* (*Klage*, *Anzeige*, *Antrag*) werden dagegen als Kollokationen gewertet, da sie auch heute usuell sind, auch wenn *zurückziehen* in diesen Verbindungen neuerdings frequenzmäßig weit typischer ist. In der vorliegenden Arbeit teilt man die folgende Meinung Schneiders:

> Es wäre unverantwortlich und fachsystematisch blind, solche Entscheidungen [bei der Selektion von Fachtermini oder Kollokationen – F.K.] bei einem mehrere zehntausend und mehr Einheiten umfassenden Korpus letztlich von Häufigkeitsdifferenzen abhängig machen zu wollen, die sich im Einer-Bereich bewegen. (Schneider 1998: 47)

Bei den ermittelten Kollokationen lassen sich einige gemeinsame Kollokationsfelder feststellen. Zum Teil übereinstimmende Kollokationspotentiale weisen die Basen *Recht* und *Anspruch* aufgrund der gemeinsamen Kollokatoren *erlöschen, geltend machen, übertragen* und *zustehen* auf. Ebenso verfügen *Anspruch* und *Forderung* über ähnliche Kollokationspotentiale – sie verbinden sich mit *abtreten, aufrechnen* und *übertragen*. Da es sich beim *Eigentum* um das „unbeschränkte Herrschaftsrecht an einer Sache handelt“[154], fällt auch sein Kombinationspotential mit dem der Basis *Recht* zum Teil zusammen. Beide Substantive gehen Verbindungen mit *erwerben, übergehen* und *verletzen* ein. Auch was den Kollokationsbereich der extrahierten Kollokatoren angeht, werden einige gemeinsame Kollokationsfelder offenbar:

Kollokationsfeld	→ Kollokator
1. *Recht, Rechtsverhältnis, Schuldverhältnis, Haftung, Verpflichtung*	*begründen*
2. *Recht, Anspruch, Schaden, Hypothek*	*geltend machen*
3. *Antrag, Anzeige, Klage*	*zurücknehmen*
4. *Ehe, Gesellschaft, Verein*	*auflösen*

In den obigen Kollokationsfeldern sind nicht alle Verbindungen gleichermaßen typisch. Da die Basen eine semantisch-begriffliche Verwandtschaft zeigen, sind einige davon typischer, wobei andere als abgeleitet gelten können.

Resümierend sei noch ein Mal auf die eingangs angeführte Klassifizierung Aisenstadts zurückzugreifen. Dabei zeigt sich, dass innerhalb der als kollokativ gewerteten Kombinationen der Anteil von Verbindungen mit einem Kollokator, der kontextspezifisch oder polysem gebraucht wird, noch höherer liegt – sie machen 67,17% (176 Belege) aus. Verbindungen mit einem spezifischen Kollokator belaufen sich auf 22,9% (60 Kombinationen). Noch schwächer vertreten sind Kombinationen mit einem semantisch vagen Verb. Sie bilden lediglich 9,92% (26 Verbindungen) innerhalb der ermittelten Kollokationen.

154 http://www.rechtslexikon.net/d/eigentum/eigentum.htm; Stand: 8.05.2013.

6. Interlinguale Äquivalenz im Kollokationsbereich – im Vergleich zu der polnischen amtlichen Übersetzung des BGB

> Bei der Übersetzung von Rechtstexten ist [...] zu berücksichtigen, daß ein Rechtstext nie in ‚splendid isolation' steht, dh nie in einem Vakuum existiert, sondern daß er ein Bestandteil der Rechtsordnung eines Landes ist. Ein profundes juristisches Wissen ist somit zur Erschließung der hinter den Begriffen stehenden Konzepte, Vorstellungen und Bedeutungen erforderlich. (Pommer 2006: 25f.)

Im vorliegenden Kapitel werden die aus dem BGB-Korpus ermittelten Kollokationen kontrastiv mit ihren Entsprechungen in der polnischen amtlichen Übersetzung analysiert. Ausgehend von der Frage der Äquivalenz im Bereich der Phraseologie sollen Kollokationen als Elemente der Mikroebene untersucht sowie interlinguale Äquivalenztypen im Kollokationsbereich ermittelt werden (vgl. Gładysz 2003: 87 und Gautier 1999: 83), woraufhin die Frage nach der Usualität der eingesetzten polnischen Entsprechungen im Gegenwartspolnischen geprüft wird.

6.1. Der Begriff der Äquivalenz

In der Übersetzungsanalyse werden neben der Äquivalenz auch andere Kategorien „zur Beschreibung von übersetzerischen Abweichungen [angewandt, die] [...] in jeweils unterschiedlichen Bezugsrahmen Normen der Bewertung [implizieren], nach denen die Treue zum Original bemessen wird" (Turk 1988: 87), etwa die Kategorie der Adäquatheit, Invarianz, Imitation, Loyalität, Korrespondenz oder des kommunikativen Wertes (vgl. Turk 1988: 87, Łabno-Falęcka 1995: 46, Bernando 2010: 57f. und Albrecht 2013: 35). Dies rührt daher, dass der Begriff der Äquivalenz vielerorts umstritten ist:

> Die Vielschichtigkeit des *Äquivalenz*begriffs, die sich in der Fülle seiner Attribute manifestiert [...] wird dabei als Beweis für seine Untauglichkeit ausgelegt, um schließlich [...] die Auffassung von Äquivalenz [mehr im Sinne von Gleichheit als Gleichwertigkeit – F.K.] als Ziel einer jeden Übersetzung [...] völlig zu verwerfen. (Łabno-Falęcka 1995: 48)

Wie das obige Zitat andeutet, kann Äquivalenz zudem unterschiedliche Bedeutungen aufweisen, etwa als theoretisch-deskriptiver oder normativ-übersetzungskritischer Begriff (vgl. Koller 2002: 343). Je nach Untersuchungsrahmen wird eine „inhaltliche, textuelle, stilistische, expressive, formale, dynamische, funktionelle, kommunikative, pragmatische, wirkungsmäßige Äquivalenz" unterschieden (Koller 1992: 215). Noch anders definiert es die Aussagenlogik. In ihrem Verständnis ist dann von einer Relation der Äquivalenz die Rede, wenn zwei Ausdrücke gegenseitig ersetzbar sind, ohne dass sich dadurch der Wahrheitswert einer Aussage ändert. Man bewegt sich dabei im Bereich der einzelsprachlichen Synonymie (vgl. Turk 1988: 90). Anders verhält sich die Äquivalenz im interlingualen Vergleich:

> Nimmt man indessen an, daß [zwei Ausdrücke:] p und q ungleichartig in dem Sinn sind, daß sie verschiedenen Sprachen angehören, dann läßt sich ihre Äquivalenz, die Gleichheit ihrer Werte im System, nicht durch Substitution, wohl aber in bezug auf ein Drittes, ihnen beiden Ungleichartiges und doch mit ihnen Verbundenes feststellen. ‚Baum' und ‚arbor' sind äquivalent, nicht weil in dem Satz ‚Heinz fällt vom Baum' ‚Baum' durch ‚arbor' ersetzbar wäre, sondern weil ‚Baum' und ‚arbor' gegen annähernd dieselbe Vorstellung ausgewechselt werden können, obwohl ‚Baum' in dem Satz nicht durch ‚arbor' ersetzt werden kann. (Turk 1988: 90)

Nach Łabno-Falęcka bedeute die Aufgabe des Äquivalenzbegriffs zugunsten anderer Termini allerdings nichts anderes, „als daß man die Äquivalenz generell als *präskriptiv* ablehnt [...] und den Gegenstandsbereich der Übersetzungswissenschaft ausdehnt" (Łabno-Falęcka 1995: 46, vgl. auch Gallagher 1998: 1). Allerdings werden, so Albrecht, auch die anderen Termini „in der übersetzungswissenschaftlichen Literatur in höchst unterschiedlicher Weise gebraucht" (Albrecht 2013: 35).

Da sich der Äquivalenzbegriff in der linguistisch orientierten Übersetzungswissenschaft etabliert hat und „als einer der zentralen Begriffe (wenn nicht überhaupt als *der* zentrale Begriff) der Übersetzungswissenschaft anerkannt" wird (Łabno-Falęcka 1995: 53), wird in der vorliegenden Arbeit auf diesen zurückgegriffen:

> Die linguistisch orientierte Übersetzungswissenschaft hängt an dem Äquivalenzbegriff fest und betrachtet die Äquivalenz als Ziel der Übersetzung schlechthin, als eine Reaktion, die zwischen Original und Translat bestehen muß, wenn das letztere als Übersetzung angesehen werden soll [...] (Łabno-Falęcka 1995: 53)

Während jedoch für manche Autoren die Äquivalenz konstitutiv für das Vorliegen einer Übersetzung ist:

> Wie locker man immer den Begriff der Übersetzung fassen will, in irgendeiner Form müssen dabei die Kriterien Invarianz und/oder Äquivalenz zum Tragen kommen, sonst verliert sich dieser Begriff im Nebel. (Albrecht 2013: 34),[155]

155 Siehe auch Bernando (2010: 10), demzufolge in „der deutschsprachigen Übersetzungswissenschaft [...] eine Äquivalenzbeziehung zwischen Ausgangs- und Zieltext für die Definition von Übersetzung als konstitutiv postuliert [wurde]".

vertreten andere den Standpunkt, „daß die Äquivalenz von Ausgangstext und Zieltext nicht immer möglich und nicht immer erstrebenswert ist" (Gallagher 1998: 20). So führt Gallagher mehrere Beispiele an, in denen „die Herstellung von Äquivalenz wenig sinnvoll wäre" (Gallagher 1998: 18), etwa bei der Übersetzung von Fachtexten, die im Urtext an Experten gerichtet sind, im Zieltext dagegen an Laien adressiert werden.

Reiß und Vermeer zufolge steht Äquivalenz („eine Relation zwischen einem Ziel- und einem Ausgangstext, die in der jeweiligen Kultur auf ranggleicher Ebene die gleiche kommunikative Funktion erfüllen (können)"; Reiß/Vermeer 1984: 139f.) in einem Hyponymie-Verhältnis zur Adäquatheit („die Relation zwischen Ziel- und Ausgangstext bei konsequenter Beachtung eines Zweckes (Skopos), den man mit dem Translationsprozeß verfolgt"; Reiß/Vermeer 1984: 139). Die Äquivalenz als Sonderform der Adäquatheit liege dann vor, wenn der Ausgangs- und Zieltext bei Funktionskonstanz, d.h. bei Zusammenfall von Text- und Übersetzungsfunktion adäquat sind (vgl. Reiß/Vermeer 1984: 140 und Gallagher 1998: 19). Auf die Frage nach der Funktionskonstanz zwischen dem hier analysierten Translat und dem Transferendum wird im Folgenden eingegangen.

6.1.1. Äquivalenz bei der Übersetzung von Rechtstexten

Bekanntlich ist mit der Übersetzung juristischer Texte das Problem der Systemgebundenheit der Rechtssprache verbunden (vgl. Gautier 1999: 84, Pommer 2006: 18f., Kjær 2007: 508, Arntz/Picht/Schmitz 2014: 142):

> Das Recht verhält sich in der Tat anders als die anderen Fachsprachen, für welche die Begriffe mehr oder weniger übereinstimmen. (Grass 1999: 119; vgl. auch Arntz 2010: 17)

Während in Naturwissenschaften eine begriffliche Äquivalenz meist leichter zu finden ist, können sich juristische Begriffe bereits in einer Sprache als problematisch erweisen. Es handelt sich in diesem Bereich nicht immer um definierte Termini, sondern es treten auch unbestimmte Begriffe oder Generalklauseln auf, die Raum für Interpretationen und Auslegungen bieten und darüber hinaus auch einem Wandel unterliegen (vgl. Jopek-Bosiacka 2010: 32f.)[156]:

> [...] die juristischen Begriffe [sind] nicht nur vielschichtig [...], sondern [lassen] auch einen gewissen Freiraum für die Interpretation [...]. Diese Begriffe können sich auch im

156 Zur Einteilung der juristischen Begriffe in *natürliche Begriffe*, *unbestimmte Rechtsbegriffe*, *bestimmte Rechtsbegriffe* und *rechtswissenschaftliche Begriffe* s. Radtke (1981: 76f.) und Stolze (2013: 104-108).

Laufe der Zeit leicht verändern. Die Definition eines Begriffs ist solange gültig, bis sie durch eine andere ersetzt wird. (Grass 1999: 119; Anm. 1)[157]

Clauß (1974: 37) spricht in diesem Zusammenhang von einer Scheinpräzision in der Rechtssprache, die jedoch ohne solche auslegungsfähige Begriffe nicht zu bestehen vermag: „Wertwörter aus dem Recht zu streichen […] würde […] das Übel nur vergrößern; wir würden uns Präzision nur vorspiegeln." Auch nach Stolze (2013: 104f.; Herv. im Original) „gibt es ‚unbestimmte' oder **‚wertausfüllungsbedürftige Rechtsbegriffe'**, welche die Rechtssprache als Fachsprache unexakt machen, aber für sie notwendig sind, wie *Treu und Glauben*, *gute Sitten*, *wichtiger Grund*, *Wert*, *Schutz der Persönlichkeit*, *Sicherheit und Ordnung* […] u.a. Diese Bezeichnungen der Rechtsgüter werden im Einzelfall nach den jeweiligen örtlich und zeitlich herrschenden Anschauungen und rechtserheblichen Umständen im Rahmen der geltenden Rechtsordnung ausgelegt […]." So „schreibt [etwa das Bürgerliche Gesetzbuch] vor, dass die Normen der Gemeinsprache beachtet werden sollen. […] Das Problem ist jedoch, dass die Normen der Gemeinsprache semantisch von Gruppe zu Gruppe variieren können und sich auch fortentwickeln. Was früher noch ein Skandal war, ist heute vielleicht schon gesellschaftlich ‚normal'" (Stolze 2013: 104).

Folglich geht Grass sogar von der Unmöglichkeit einer vollständigen Äquivalenz bei juristischen Übersetzungen aus:

> Es ist nur möglich, von einer näherungsweise vollständigen Äquivalenz zu sprechen, wenn die Identität der Rechtsbegriffe mit einem hohen Grad an Lexikalisierung verbunden ist. Sie bleibt dennoch eine Teiläquivalenz, da in der Rechtssprache die totale Äquivalenz nicht existiert. (Grass 1999: 126f.)

Ähnlich stellt Gizbert-Studnicki eine prinzipielle Unübersetzbarkeit rechtsinstitutioneller Tatsachen fest (vgl. Gizbert-Studnicki 1993: 313). Gruntar Jermol bestreitet die Möglichkeit einer Totaläquivalenz bei Rechtsübersetzungen zwar nicht gänzlich, sie erachtet sie jedoch für eine sehr seltene Relation (vgl. Gruntar Jermol 2010: 32; ähnlich auch bei Paolucci 2011: 91). Analog erkennt auch Pommer diese besondere Schwierigkeit bei der Translation juristischer Begriffe:

---

157 Liebwald (2012: 341) verweist in diesem Zusammenhang auf einen Bedeutungswandel der Rechtsbegriffe: „Durch den Wandel der Zeit und insbesondere im Zuge politischer und gesellschaftlicher Umbildungen sind Rechtsordnung und Rechtssprache Veränderungen unterworfen. Variierende Wertvorstellungen und gesellschaftspolitische Zielsetzungen können hierbei selbst bei gleichbleibendem Wortlaut zu einem erheblichen Bedeutungswandel von Rechtsbegriffen und Rechtsvorschriften führen."

> Zwischen den Rechtsbegriffen einzelner Rechtssprachen besteht zT wohl formelle, ‚semantische', aber kaum jemals absolute materielle Äquivalenz, dh keine Eins-zu-Eins-Entsprechung (keine ‚one-to-one-equivalence'). (Pommer 2006: 64)

Nach Pommer wird die Übersetzung von Rechtsquellen in erster Linie an eine informative Textfunktion geknüpft, „um zu erfahren, was im anderen Land vorgeschrieben (‚rechtens') ist" (Pommer 2006: 51). Auf Grund dessen wird dafür eine semantische Übersetzung mit starker Ausrichtung auf die Ausgangssprache für angebracht erachtet. Diese Art der Übersetzungsäquivalenz wird auch als „formelle Äquivalenz" bezeichnet und steht in Opposition zur „dynamischen Äquivalenz", die durch eine zielsprachliche Gerichtetheit geprägt wird. In der einschlägigen Literatur findet man für das Gegensatzpaar formelle vs. dynamische Äquivalenz ebenso die Termini „semantic translation" (autorzentrierte Übersetzung) vs. „communicative translation" (leserzentrierte Übersetzung) (Pommer 2006: 45f.) bzw. denotative vs. konnotative Äquivalenz (vgl. Kierzkowska 2008: 104).[158] Nach Gallagher werden wiederum Übersetzer, die meist zielsprachenabgewandt übersetzen und „sich mit Vorliebe an den Strukturen des Ausgangstextes ausrichten" als Sourciers bezeichnet (Gallagher 1998: 2). Die Ciblistes „übersetzen [hingegen] meist zielsprachenzugewandt [...] [d.h. sie] deverbalisieren das inhaltlich und stilistisch Gemeinte, um sich dem Interferenzsog des Ausgangstextes zu entziehen und den Formulierungskonventionen der Zielsprache gerecht zu werden" (Gallagher 1998: 3).

Das Ziel der hier analysierten amtlichen Übersetzung des BGB ging über die informative Funktion hinaus, indem zum einen ein Beitrag zur Festlegung der polnischen Terminologie geschaffen werden sollte (vgl. Jaworski 1919: VIII und ZGB 1923: X) und zum anderen nicht lediglich darüber informiert werden sollte, was in einem anderen Staat rechtsgültig ist, sondern was in einem Teilgebiet Polens rechtens ist. Es ist mithin durchaus angebracht, von einer annähernden Funktionskonstanz des Transferendums und des Translats zu sprechen. Auch liegt hier zum Zeitpunkt der Übersetzung kein Fall vor, in dem „sich die Ausgangssprache und die Zielsprache auf unterschiedliche Rechtssysteme beziehen [...] [und in dem] es wegen der unterschiedlichen rechtlichen Einbettung also niemals eine absolute Äquivalenz der Terminologien geben [kann]" (Pommer 2006: 65). Angesichts dessen, dass das BGB als Territorialrecht im Polen der Zwischenkriegszeit in Kraft blieb und ein einheitliches polnisches Gesetz erst kodifiziert werden musste, ist hier aufgrund der entsprechenden Begriffssysteme von einer Äquivalenzrelation

158 Albrecht spricht zudem im Hinblick auf den Erwartungshorizont des Adressaten von der Dichotomie *verfremdende* vs. *einbürgernde Übersetzung* (vgl. Albrecht 2013: 40).

auszugehen (vgl. Arntz 2010: 18). Ähnlich spricht Pommer von einer größtmöglichen Äquivalenz bei Übersetzung von Rechtsbegriffen in Rechtssystemen, die durch Rezeption der Rechte eines anderen Staates entstanden sind (vgl. Pommer 2006: 65); Paolucci wiederum stellt die vollständige Äquivalenz etwa bei Bezeichnungen für Organe der Europäischen Union fest (vgl. Paolucci 2011: 91).[159]

Differenziert ist ferner die Übersetzung einzelner Bestandteile der Mikroebene zu betrachten. So erscheint es Jędrzejowska zufolge gerechtfertigt, sich bei terminologischen Fragen an der Quellenkultur zu orientieren – sprich nach denotativen Äquivalenten zu suchen, während die Bildung kollokativer Einheiten in Einklang mit der Zielsprache erfolgen sollte (vgl. Jędrzejowska 2009: 89). In diesem Zusammenhang verweist Kubacki (2012: 146) darauf, dass die amtssprachliche Sprachvarietät, so auch die Rechtsprache, spezifische kollokative Konventionen schafft, die nicht aufgrund allgemeiner Sprachkenntnis einsetzbar sind. Abhängig von der Zielgruppe einer Übersetzung kann jedoch auch ein rechtssprachliches Translat entweder stärker an der Quellen- oder an der Zielkultur orientiert sein (vgl. Jędrzejowska 2009: 90):

> So können z.B. die Bezeichnungen von Gerichten (oder technischen Systemen etc.) entweder so übersetzt werden, dass ihre interkulturell ähnliche Funktion deutlich wird (also das, was letztlich als *tertium comparationis* dient), oder so, dass bestehende Unterschiede herausgestellt werden. (Fleischmann/Schmitt 2004: 538)

Wie Koller (1992: 215) feststellt,

> [...] muß [bei der Äquivalenz] angegeben werden, auf welche Qualitäten des AS-Textes sich die normative Aussage bezieht [...] [, die Übersetzung] habe äquivalent (oder gleichwertig) zu einem bestimmten Original zu sein.

Zumeist wird diese Gleichwertigkeit auf einen Teilbereich der Sprache eingeschränkt und zwar „auf Sprache in **denotativer Funktion**“ (Koller 1992: 184f.; Herv. im Original). Bei der Analyse denotativer Äquivalenzbeziehungen bildet die Lexik – Wörter und Syntagmen – den zentralen Gegenstandsbereich der Beschreibung (vgl. Koller 1992: 228). Auch in der vorliegenden Arbeit wird in erster Linie die Äquivalenz auf denotativer Ebene untersucht, sollten jedoch innerhalb der konnotativen Dimensionen Unterschiede im Anwendungsbereich sichtbar werden, und zwar innerhalb der konnotativen Werte wie [+fachsprachlich], [+umgangssprachlich], dann wird auch darauf verwiesen (vgl. Koller 1992: 246).

159 Was die Gleichberechtigung von Rechtsakten der Europäischen Union in den jeweiligen Sprachen der Mitgliedsstaaten anbelangt, plädiert Braselmann ausdrücklich dafür, diese als Fiktion aufzugeben und anstatt dessen „zum ‚Prinzip des Vorranges der Urfassung‘ zurückzukehren“ (Braselmann 2002: 252).

6.1.2. Äquivalenztypen im Kollokationsbereich

In der kontrastiven Phraseologie unterscheidet man auf der System-Ebene in Anlehnung an Koller (2007: 605) folgende phraseologische Entsprechungstypen, „wobei denotative Äquivalenz als Grundbedingung für die Zuordnung von L2- zu L1-Phrasemen gilt“ (ebd.):

a) Totale Äquivalenz (1:1-Entsprechung). Die Kriterien dafür sind: „semantische Äquivalenz, (weitgehend) übereinstimmende lexikalische Besetzung und syntaktische Struktur, keine oder nur minimale konnotative Unterschiede“ (Koller 2007: 605), z.B.: dt. *ein Gutachten vorlegen* – pl. *przedkładać ekspertyzę*, dt. *eine Ehe auflösen* – pl. *rozwiązać małżeństwo.*
b) Substitutions-Äquivalenz (1: Substitutions-Entsprechung, Ersetzung durch ein anderes Phrasem). Die Kriterien dafür sind: „semantische Äquivalenz, unterschiedliche lexikalische Besetzung, keine oder nur geringfügige konnotative Unterschiede“ (Koller 2007: 605), z.B.: dt. *die Flinte ins Korn werfen* – pl. *dać za wygraną*, dt. *an Kindesstatt annehmen* – pl. *przysposobić.*
c) Partielle Äquivalenz (1:Teil-Entsprechung). Die Kriterien dafür sind: „semantische Äquivalenz, geringfügige Unterschiede in der lexikalischen Besetzung und/oder der syntaktischen Struktur und/oder konnotative Unterschiede“ (Koller 2007: 605), z.B.: dt. *seine Hände in Unschuld waschen* – pl. *umywać ręce*, dt. *Forderungen aufrechnen* – pl. *potrącać wierzytelności.*
d) Null-Äquivalenz (1:Null-Entsprechung) – das Fehlen eines semantischen Äquivalents in der Zielsprache. In diesem Falle muss die ausgangssprachliche Formulierung paraphrasiert werden (vgl. Koller 2007: 605f.), z.B. pl. *zbijać bąki* – dt. *nichts zu tun haben* (vgl. Gładysz 2003: 88).
e) Als eine separate Kategorie lässt sich noch die sog. Scheinäquivalenz bzw. die falschen Freunde des Übersetzers anführen. Liegt ein solches Phänomen vor, so „stimmen [die Phraseologismen] strukturell und in ihrem lexikalischen Bestand (mehr oder weniger) miteinander überein, sie unterscheiden sich aber in ihren Bedeutungen partiell oder total“ (Koller 2007: 606), z.B. pl. *rzucić okiem* (‚etw. (flüchtig) betrachten, ansehen‘) – dt. *auf jdn./etw. ein Auge werfen* (‚etw./jd. gefällt jdm.‘) oder pl. *wychodzić/wyłazić ze skóry* (‚sich sehr bemühen/außer sich vor Freude sein/ungeduldig sein‘) – dt. *aus der Haut fahren* (‚sehr zornig sein‘) (vgl. Łabno-Falęcka 1995: 256).

Wie Gładysz feststellt, können die „für Phraseologismen ermittelten Typen der interlingualen Äquivalenz […] auch in der konfrontativen Kollokationsforschung genutzt werden“ (Gładysz 2003: 88), sodass man im Folgenden die obige Typologie der Analyse zugrundelegt.

Von den fünf hier dargelegten Äquivalenztypen finden sich innerhalb der Entsprechungen für die deutschen Kollokationen lediglich Belege für die drei ersten Typen. Beispiele für Null-Äquivalenz konnten nicht nachgewiesen werden, zumal es sich hierbei um keine vollidiomatischen Wortverbindungen handelt (vgl. Gładysz 2003: 89). Eine Randerscheinung stellt wiederum die Scheinäquivalenz dar. Davon dürfte bei dem Äquivalenzpaar dt. *den Vertrag erfüllen* – pl. *wypełnić umowę* die Rede sein. Die darin eingesetzte kompositionelle Übersetzung ist zwar im Polnischen durchaus üblich, allerdings erfolgt ihre Verwendung in einem anderen Gebrauchskontext als die deutsche Entsprechung, nämlich im Sinne von ‚den Vertrag (ein Formblatt) ausfüllen'. Das inhaltliche Äquivalent zu der deutschen Übersetzungseinheit lautet hingegen *spełnić/realizować/wykonywać umowę*.

In der Gesamtzahl von 262 als kollokativ gewerteten Wortverbindungen weisen die meisten Paare eine partielle Äquivalenz auf (173 d.h. 66,03%), 59 (22,51%) entsprechen der totalen Äquivalenz, die Substitution ist mit 30 Beispielen (11,45%) im Korpus am schwächsten vertreten. Dies liegt darin begründet, dass bei typischeren Vertretern der Kategorie Kollokation – den halbkompositionellen Verbindungen – nur ein Kollokationsbestandteil, zumeist die Basis, äquivalent ist, der Kollokator hingegen erst in Verbindung mit der Basis zielsprachenspezifisch übersetzt wird (vgl. Kratochvílová 2011: 121).

Im Rahmen der totalen Äquivalenz sind Verbindungen, in denen das Substantiv als eine Akkusativergänzung fungiert, mit Zweidritteln (40 Belege, d.h. 67,79%) am häufigsten belegt, etwa:[160]

dt. *die Ehe auflösen* – pl. *rozwiązać małżeństwo*
dt. *das Eigentum übertragen* – pl. *przenieść własność*
dt. *die Abschrift beglaubigen* – pl. *uwierzytelnić odpis*

Die zweithäufigste Gruppe der Äquivalenzpaare bilden Kombinationen, in denen das Substantiv eine Nominativergänzung darstellt (11 Belege, d.h. 18,64%), z.B.:

dt. *der Anspruch erlischt* – pl. *roszczenie gaśnie*
dt. *die Sorge steht zu* – pl. *piecza przysługuje*
dt. *Ermittlungen ergeben* – pl. *dochodzenia wykażą*

160 Dieser Befund stimmt mit der Beobachtung von Stolze überein, wonach es „eine Besonderheit der Rechtssprache [ist], dass hier auch eine spezifische **Phraseologie** entstanden ist […], indem bestimmte Verben häufig in festgefügten Kollokationen mit Nomina auftreten, wobei im Deutschen vorzugsweise **Nomina im Akkusativ** erscheinen" (Stolze 2013: 295; Herv. im Original). Siehe dazu auch Stolze (2008: 363).

Nur fünf Belege für totale Äquivalenz stellen Vertreter des morphologisch-syntaktischen Strukturtyps Verb+Substantiv in der Funktion eines Präpositionalobjekts dar, beispielsweise:

dt. *von dem Vertrag zurücktreten* – pl. *odstąpić od umowy*
dt. *von der Erbfolge ausschließen* – pl. *wykluczyć od dziedziczenia*
dt. *zur Erbschaft berufen sein* – pl. *być powołanym do spadku*

Die übrigen Belege für vollständige Äquivalenz stellen sog. Tripelstrukturen, d.h. komplexe Kollokationen dar:

dt. *eine Ehe für nichtig erklären* – pl. *uznać małżeństwo za nieważne*
dt. *den Mangel arglistig verschweigen* – pl. *podstępnie zataić brak/podstępnie zmilczeć o wadzie*
dt. *den Fehler arglistig verschweigen* – pl. *podstępnie zataić brak/podstępnie zmilczeć o wadzie*

Bei der partiellen Äquivalenz ist der Anteil kollokativer Verbindungen von Verben mit Substantiven als Akkusativergänzungen noch evidenter. Sie bilden über 80% (83,23% – 144 Belege) aller Äquivalenzpaare:

dt. *den Anspruch abtreten* – pl. *przelać/odstąpić roszczenie*
dt. *Beweise aufnehmen* – pl. *przeprowadzić dowody*
dt. *den Schaden ersetzen* – pl. *wynagrodzić szkodę*

Darunter entsprechen 16 deutschen Kollokationen mit einem Substantiv in Akkusativobjektfunktion Verbindungen, in denen der nominale Teil im Polnischen eine andere syntaktische Funktion (eines Subjekts, Präpositional- oder Genitivobjekts) trägt:

dt. *den Betrag absetzen* – pl. *kwota się strąca*
dt. *eine Genehmigung einholen* – pl. *postarać się o zatwierdzenie*
dt. *Sorgfalt anwenden* – pl. *dokładać staranności*

Bei 16 Belegen handelt es sich im BGB um Verbindungen mit einem Präpositionalobjekt, denen in zehn Fällen im polnischen Translat (zumindest wahlweise) ebenfalls Kombinationen mit einem Präpositionalobjekt entsprechen:

dt. *unter (jds.) Vormundschaft stehen* – pl. *być pod opieką*
dt. *jmdm. zum Vorteil gereichen* – pl. *wychodzić komuś na korzyść/przynosić korzyść*
dt. *in die Rechte eintreten* – pl. *wstępować w prawa*

Bei den übrigen sechs Kollokationen kommen im Polnischen Verbindungen mit Akkusativ- oder Genitivobjekten vor:

dt. *außer Kraft treten* – pl. *tracić skuteczność/moc obowiązującą*
dt. *außer Kraft setzen* – pl. *pozbawić mocy/uchylić moc/cofnąć moc*
dt. *auf ein Recht verzichten* – pl. *zrzec się prawa*

Knapp sechs Prozent der teilweisen Äquivalenz (10 Belege) stellen Verbindungen eines Verbs mit einem Substantiv im Nominativ dar, etwa:

dt. *die Erbschaft fällt an* – pl. *spadek przypada/przechodzi*
dt. *die Frist ist verstrichen* – pl. *czasokres upłynął*
dt. *auf etw. ruhende Lasten → Lasten ruhen* – pl. *ciężary obciążające → ciężary obciążają*

In einem Fall aus dieser Gruppe entspricht einer deutschen Kollokation mit Substantiv in Subjektfunktion im Polnischen ein Akkusativobjekt:

dt. *der entgangene Gewinn → der Gewinn entgeht* – pl. *zysk utracony → utracić zysk*

Als Einzelbelege kommen im untersuchten Datenmaterial komplexe Kollokationen vor:

dt. *Vorschriften finden (entsprechende) Anwendung* – pl. *przepisy stosuje(ą) się (odpowiednio)/przepisy mają zastosowanie.*

Ebenso einzeln belegt sind innerhalb der partiellen Äquivalenz Verbindungen mit einem Dativobjekt im Deutschen, denen im polnischen Translat Akkusativ- oder Präpositionalobjekte entsprechen:

dt. *dem Antrag nicht stattgeben* – pl. *oddalić wniosek*
dt. *sich der Gefahr aussetzen* – pl. *narażać siebie na niebezpieczeństwo.*

Bei der Substitution dominieren Äquivalenzen, bei denen deutschen Komposita Mehrwortverbindungen im Polnischen entsprechen (23 Fälle, d.h. 76,66%). Dabei handelt es sich um folgende Arten von Verbindungen im polnischen Translat:

a) Substantiv+Adjektiv:
   dt. *ein Dienstverhältnis aufheben* – pl. *rozwiązać stosunek służbowy*
   dt. *Mündelgeld anlegen* – pl. *umieścić pieniądze pupilarne*
   dt. *eine Grundschuld bestellen* – pl. *ustanowić dług gruntowy*

b) Substantiv+Substantiv (als Genitivattribut):
   dt. *ein Arbeitsverhältnis aufheben* – pl. *rozwiązać stosunek pracy*
   dt. *eine Willenserklärung abgeben* – pl. *złożyć oświadczenie woli*
   dt. *jdn. trifft die Beweislast* – pl. *ciężar dowodzenia spada na/ciężar dowodu spada na*

c) Substantiv+Substantiv (als Präpositionalattribut):
dt. *in der Geschäftsfähigkeit beschränkt sein* – pl. *być ograniczonym w zdolności do działania*

Darüber hinaus treten Äquivalenzen auf, in denen einer Mehrwortverbindung in einer Sprache ein Einwortlexem in der anderen entspricht:

dt. *jmdm. fällt Fahrlässigkeit zur Last* – pl. *ciąży na kimś niedbalstwo/dopuścić się niedbalstwa*
dt. *den Vorsitz führen* – pl. *przewodniczyć*
dt. *der Kaufpreis ist gestundet* – pl. *udzielono zwłoki (do zapłaty/dla) ceny kupna/udzielić zwłoki (co) do zapłaty*
dt. *den Zuschlag erhalten* – pl. *otrzymać przybicie targu.*

Wie anhand der obigen Äquivalenzpaare bereits ansatzweise sichtbar geworden sein dürfte, weist das polnische Translat zuweilen eine recht starke Variabilität in den jeweiligen Pendants auf. Dies betrifft nicht nur die Basen, sondern in vielen Fällen auch die Verben, die sie diskursiv d.h. textuell einbetten. In den folgenden Belegen kommt das besonders deutlich zum Ausdruck – darin entsprechen je einem Verbkollokator im Deutschen bis zu sechs Verben im Polnischen:

Übersetzungseinheit im BGB	**Entsprechung im polnischen Translat**
eine Verfügung treffen/eine Verfügung wird getroffen	*rozporządzenie, dokonane/poczynić rozporządzenia/wydawać rozporządzenia/rozporządzenie uskutecznione/zdziałać rozporządzenie/uczynić rozporządzenie*
erforderliche Maßregeln treffen/Maßregeln zu treffen/die notwendigen Maßregeln treffen	*zarządzić środki, potrzebne/użyć środków, potrzebnych/wydać potrzebne zarządzenia/wydawać zarządzenia/poczynić konieczne zarządzenia/przedsięwziąć potrzebne środki/wydawać potrzebne zarządzenia*
Berichtigung der Schulden (der/einer Schuld)/die Schuld(en) berichtigen	*spłacenie długów/spłata długów/uiszczenie długów/uiszczenie długu/umorzenie długu/zaspokojenie długu/spłacić długi/dług został uiszczony/umorzyć dług/uiścić dług*

Nicht immer geht mit dieser Variabilität die Einhaltung inhaltlicher bzw. denotativer Äquivalenz einher. Besonders im letzten der obigen Beispiele zeigt sich, dass *umorzyć* (‚tilgen') und *spłacić* (‚bezahlen') im Verhältnis zueinander nicht äquivalent sind.

Während man in Bezug auf die *Eins-zu-viele-Entsprechung* von einer Diversifikation ausgehen kann (vgl. Koller 1992: 230), deuten die vorstehenden Belege eher darauf hin, dass zum Zeitpunkt der Übersetzung nicht nur die Terminologie festlegungsbedürftig war, sondern zum Teil auch die kollokativen Verbindungen mit diesen fachsprachlichen Basen noch wenig Stabilität aufwiesen bzw. sich erst noch normieren mussten.

Dies beweist etwa auch die variante Verwendung der Verben *oddalić* und *odrzucić* in Verbindung mit *wniosek* (Antrag):

dt. *der Antrag wird rechtskräftig abgewiesen/die Abweisung des Antrags* – pl. *wniosek zostanie prawomocnie odrzucony/oddalenie wniosku*

Demgegenüber wird in der heutigen polnischen Rechtssprache, so Jopek-Bosiacka, zwischen *oddalić* und *odrzucić* streng unterschieden:

Unterschiede zwischen Abweisung und Ablehnung eines Antrags/einer Klage im Polnischen.

oddalić (skargę, wniosek)	odmowa udzielenia przez sąd/organ żądanej ochrony prawnej ze względu na bezpodstawność zgłoszonego żądania z punktu widzenia materialnoprawnych przesłanek postępowania; rozstrzygnięcie merytoryczne – co do istoty sprawy
odrzucić	odmowa merytorycznego rozpoznania przez sąd/organ z powodu braku ustawowych przesłanek decydujących o możliwości rozpoznania i rozstrzygnięcia sprawy w drodze danego rodzaju postępowania (często z przyczyn formalnoprawnych, np. niewłaściwość sądu)

(Quelle: Jopek-Bosiacka 2010: 218f.)

Handelt es sich im heutigen Rechtspolnischen bei einer Abweisung (*oddalenie*) darum, dass einem Antrag aus materiell-rechtlichen, sachlichen Gründen nicht stattgegeben wird, so findet eine sachliche Prüfung eines Antrags bei dessen Abweisung (*odrzucenie*) aus formalrechtlichen Gründen gar nicht statt (vgl. Kalina-Prasznic 1997: 159, 166 und Jopek-Bosiacka 2010: 218f.).

Auf der anderen Seite treten im Untersuchungskorpus mehrere Belege für eine *Viele-zu-eins-Entsprechung* (Koller 1992: 231) auf.

jmdm. Schaden zufügen *Schaden anrichten*	*wyrządzić szkodę*
Einspruch erheben *Widerspruch erheben*	*wnieść sprzeciw*
die Ehe scheiden *die Ehe auflösen*	*rozwiązać małżeństwo*

Bei der letzten Gruppe der genannten Verbindungen ist zwar im Polnischen eine substantivisch-partizipiale Entsprechung von *die Ehe scheiden* üblich (*rozwiedzione małżeństwo*), in der finiten Verbform wird jedoch für beide deutsche Kombinationen *rozwiązać* (‚auflösen') gebraucht.

Im Falle von *den Mangel arglistig verschweigen* und *den Fehler arglistig verschweigen* treten im Korpus wiederum mehrere (für beide komplexen Kollokationen beinahe dieselben) Entsprechungen auf, wie aus der folgenden Gegenüberstellung ersichtlich, wohingegen in der deutschen Rechtssprache hierin ein Unterschied liegt (vgl. Erler 1896: 19):

den Mangel arglistig verschweigen	*podstępnie zataić brak (2x)/podstępnie zamilczeć o wadzie (8x)/zamilczeć podstępnie o braku (2x);*
den Fehler arglistig verschweigen	*podstępnie zamilczeć o wadzie/o wadzie podstępnie zamilczeć (3x)/o jakimś braku podstępnie zamilczeć/podstępnie zataić brak*

Im Gegenwartspolnischen ist jedoch dem Nationalkorpus der polnischen Sprache (*Narodowy Korpus Języka Polskiego*/NKJP) nach nur die eine Variante *podstępnie zataić wadę* usuell.

Bei den Übersetzungsentsprechungen im Polnischen fällt zudem auf, dass bei vereinzelten Fällen zwar in der Hinsicht eine partielle Äquivalenz vorliegt, dass die jeweiligen Substantive denotativ übereinstimmen, der Gesamtinhalt im Polnischen differiert jedoch von der ausgangssprachlichen Kollokation. Dies trifft beispielsweise auf die Übersetzung von *die (eine) verwirkte Strafe/die Verwirkung der Strafe/die (Einzel)Strafe ist verwirkt* zu. Gemäß dem Grimmschen Wörterbuch bedeutet das Verb *verwirken* im Zusammenhang mit *Strafe* „*sich ein übel durch eigene handlung zuziehen, verdienen* […].“[161] Als Veranschaulichung dienen nachstehende Beispiele:

> […] *besonders* eine strafe verwirken: dem oder denselben will ein rath sein verwürckte puss und straff begeben und nachlassen *Nürnberger polizeiordnungen* 47 *B.;* wer in meinem gantzen königreich eine straffe verwirckt hat und fliehet in den tempel, der sol da sicher sein mit leib und mit gut 1. Macc. 10, 43; die furcht vor der verwirkten strafe Ranke 4, 32 […][162]

161 Quelle: http://www.woerterbuchnetz.de/DWB?lemma=verwirken, Stand 12.06.2013; Originalschreibung und -hervorhebung wurde beibehalten.

162 Quelle: http://www.woerterbuchnetz.de/DWB?lemma=verwirken; Stand 12.06.2013; Originalschreibung und -hervorhebung wurde beibehalten.

In diesem Sinne weichen die unten gegenübergestellten polnischen Pendants *kara zapadła* (‚die Strafe erging/ergangene Strafe'), bzw. *wymierzona* (‚die verhängte Strafe'), inhaltlich von der ausganssprachlichen Übersetzungseinheit *verwirkte Strafe* im Sinne von ‚verdiente Strafe' ab.

§. 340. Hat der Schuldner die Strafe für den Fall versprochen, daß er seine Verbindlichkeit nicht erfüllt, so kann der Gläubiger *die verwirkte Strafe* statt der Erfüllung verlangen. Erklärt der Gläubiger dem Schuldner, daß er die Strafe verlange, so ist der Anspruch auf Erfüllung ausgeschlossen. Steht dem Gläubiger ein Anspruch auf Schadensersatz wegen Nichterfüllung zu, so kann er *die verwirkte Strafe* als Mindestbetrag des Schadens verlangen. Die Geltendmachung eines weiteren Schadens ist nicht ausgeschlossen.	§ 340. Jeżeli dłużnik przyrzekł karę na wypadek, gdyby zobowiązania swego nie wypełnił, wierzyciel może żądać kary zapadłej, zamiast wypełnienia. Jeżeli wierzyciel oświadczy dłużnikowi, że żąda kary, wówczas jest roszczenie o wypełnienie wykluczone. Jeżeli wierzycielowi służy roszczenie o wynagrodzenie szkody z powodu niewypełnienia, może żądać zapadłej kary jako kwoty odpowiadającej najniższej szkodzie. Dochodzenie dalszej szkody nie jest wykluczone.
§. 1680. Der Vater verwirkt die elterliche Gewalt, wenn er wegen eines an dem Kinde verübten Verbrechens oder vorsätzlich verübten Vergehens zu Zuchthausstrafe oder zu einer Gefängnißstrafe von mindestens sechs Monaten verurtheilt wird. Wird wegen des Zusammentreffens mit einer anderen strafbaren Handlung auf eine Gesammtstrafe erkannt, so entscheidet *die Einzelstrafe, welche* für das an dem Kinde verübte Verbrechen oder Vergehen *verwirkt ist.*	§ 1680. Ojciec traci władzę rodzicielską, jeżeli za zbrodnię na dziecku popełnioną, lub za rozmyślnie popełniony na niem występek zostanie skazany na karę ciężkiego więzienia albo na karę więzienia co najmniej sześciomiesięcznego. Jeżeli z powodu zbiegu z innem przestępstwem zostanie orzeczona kara łączna, rozstrzyga ta kara pojedyńcza, którą wymierzono za zbrodnię lub występek, na dziecku popełnione.

Ähnlich scheint auf den ersten Blick auch die Gesamtbedeutung der Kombination *zaliczyć koszty* als Entsprechung für *Kosten vorschießen* von der deutschen Kollokation abzuweichen. Aus heutiger Perspektive bedeutet *zaliczyć koszty* ‚die Kosten anrechnen', weshalb im Gegenwartspolnischen die Verbindung *zapłacić zaliczkę/dać zaliczkę na poczet kosztów* eher adäquat erscheint. Zieht man jedoch Wörterbücher heran, die eine ältere Entwicklungsstufe des Polnischen dokumentieren, so wird eine inhaltliche Äquivalenzrelation durchaus offensichtlich. Das Wörterbuch des Altpolnischen von Linde führt nämlich die Bedeutungsvariante *vorschießen* bei *zaliczyć* mit an: „zaliczyć pieniądze, wyliczyć z góry, Geld aufzählen, vorauszahlen, vorausgeben, vorschießen" (Linde 1814: 686). Ebenfalls wird diese ehemalige Bedeutung des Verbs *zaliczyć* an einer anderen Stelle des

Wörterbuchs verzeichnet: „Dać na rękę, zaliczyć, zadawać, dać zadatek" (Linde 1854-1861: 403). Somit wird erneut deutlich, dass bei der gegenständlichen Korpusanalyse der historische Sprachstand stets mitzureflektieren ist.

6.2. Usualität der äquivalenten Mehrwortverbindungen im Polnischen

Um die Frage zu beantworten, ob die polnischen Entsprechungen für die ermittelten deutschen Kollokationen auch im heutigen Sprachgebrauch gängig sind, wird deren Vorkommen zunächst mit Hilfe der Suchmaschine Google überprüft: Im Anschluss erfolgt die Konsultation des Nationalkorpus der polnischen Sprache.

Unter den ermittelten 262 Belegen kommen 232 (88,54%) der polnischen Entsprechungen auch im Netz vor. Davon weisen allerdings 22 polnische Äquivalente eine sehr niedrige Frequenz auf. Das Nationalkorpus der polnischen Sprache verzeichnet 159 (60,68%) der polnischen Äquivalente als Kookkurrenzpartner.

Bei den heute nicht usuellen Kombinationen handelt es sich zum Teil um Verbindungen mit einem Substantiv, das heute (in diesem Gebrauchskontext) nicht (mehr) verwendet wird und wofür entsprechend andere Mehrwortverbindungen im Gebrauch sind:

dt. Kollokation im BGB	**pl. Entsprechung in der amtlichen Übersetzung des BGB**	**übliche Kombination im Gegenwartspolnischen**
die Einhaltung der Frist/eine Frist einhalten	*dotrzymanie czasokresu/ zachować czasokres*	*dotrzymać/dochować terminu*
die Frist wird gewahrt	*zachowuje się czasokres*	*dotrzymać/dochować terminu*
gegen Treu und Glauben verstoßen	*wykraczać przeciw zasadom uczciwości i zaufania*	*naruszać zasadę dobrej wiary*
die Täuschung verüben	*dopuścić się zwiedzenia*[163]	*wprowadzić w błąd*
Beiträge leisten	*uiszczać wkładki*	*odprowadzać/uiszczać/płacić składki*
in der Geschäftsfähigkeit beschränkt sein	*w zdolności do działania być ograniczonym/być ograniczony w zdolności do działania*	*mieć/posiadać ograniczoną zdolność do czynności prawnych*

163 *Zwiedzenie* wird im Gegenwartspolnischen im Sinne von ‚Besichtigung' gebraucht.

dt. Kollokation im BGB	pl. Entsprechung in der amtlichen Übersetzung des BGB	übliche Kombination im Gegenwartspolnischen
die Sorge steht zu	*piecza przysługuje/należy do*	*opieka należy do*
die Frist ist verstrichen	*czasokres upłynął/upływ czasokresu*	*termin upłynął/upływa*
Nutzungen ziehen	*pobierać użytki*	*pobierać pożytki/czerpać pożytki*
jdn. trifft die Beweislast	*ciężar dowodzenia spada na*	*ciężar dowodu spada na/ spoczywa na*

Teilweise stellen die heute ungebräuchlichen Verbindungen wiederum direkte Übersetzungen aus dem Deutschen dar. Dies lässt jedoch nicht die Schlussfolgerung zu, dass es sich bei den bis heute usuellen Kombinationen um keine Erscheinungsformen von Entlehnungen aus dem Deutschen handeln kann:

dt. Kollokation im BGB	pl. Entsprechung in der amtlichen Übersetzung des BGB	übliche Kombination im Gegenwartspolnischen
gegen die guten Sitten verstoßen	*wykroczyć przeciw(ko) dobrym obyczajom*	*naruszać dobre obyczaje*
gegen ein Verbot verstoßen	*wykroczyć przeciw zakazowi*	*złamać zakaz*
Vornahme eines Rechtsgeschäfts/ein Rechtsgeschäft vornehmen	*przedsięwzięcie czynności prawnej/przedsiębranie czynności prawnej/ przedsiębrać czynność prawną/przedsięwziąć czynność prawną*	*dokonać czynności prawnej*
von der Erbfolge ausschließen	*wykluczyć od dziedziczenia*	*wyłączyć od dziedziczenia*
die Haftung ausschließen	*wykluczyć odpowiedzialność*	*wyłączyć odpowiedzialność*

Mit einer Abbildung der morphosyntaktischen Präferiertheit hat man im Falle der Übertragung der kollokativen Verbindung *Ermittlungen ergeben* zu tun. Die im Deutschen im Plural verwendete Basis wird in der amtlichen Übersetzung ebenfalls im Plural wiedergegeben *dochodzenia wykażą*, während es im Polnischen – zumindest den Angaben des NKJP zufolge – üblich ist, das Substantiv in dieser Kombination singularisch zu verwenden.

Bei dem Äquivalenzpaar dt. *in Kraft treten* – pl. *uzyskiwać moc* zeigt sich wiederum, dass diese polnische Kombination, die mit der deutschen zumindest partiell äquivalent ist, lediglich in Rechtsakten aus der Zwischenkriegszeit zum Tragen kommt:

§ 2. Rozporządzenie niniejsze uzyskuje moc obowiązującą z dniem ogłoszenia.[164]

§ 3. Rozporządzenie niniejsze uzyskuje moc obowiązującą z dniem 1 stycznia 1926 r.[165]

Im Gegenwartspolnischen ist es hingegen üblich, in Bezug auf Gesetzestexte die Formulierung *wchodzić w życie* zu gebrauchen.

Bei einigen Äquivalenzpaaren rührt die heutige Nicht-Usualität der polnischen Entsprechungen daher, dass im Gegenwartpolnischen anstatt der hier eingesetzten Verben andere Verben präfigiert gebraucht werden.

dt. Kollokation im BGB	**pl. Entsprechung in der amtlichen Übersetzung des BGB**	**übliche Kombination im Gegenwartspolnischen**
als Zeuge vernommen werden	*być słuchany jako świadek*	*być przesłuchiwany jako świadek*
die Anzeige zurücknehmen	*cofnąć doniesienie*	*wycofać doniesienie*
die Klage zurücknehmen	*cofnąć skargę*	*wycofać skargę*
der Anspruch erlischt	*roszczenie gaśnie*	*roszczenie wygasa*
das Recht erlischt	*prawo gaśnie*	*prawo wygasa*

Es zeigt sich dabei zudem, dass die Autoren der amtlichen Übersetzung bei der Übertragung gleicher Kollokatoren teilweise unterschiedlich vorgegangen sind. Einerseits liegen Belege vor, in denen derselbe Kollokator je nach Kontext unterschiedlich wiedergegeben wurde – und diese Entsprechungen sind auch im rezenten Polnisch üblich:

164 Rozporządzenie Ministra Skarbu z dnia 17 marca 1923 r. w przedmiocie zmiany rozporządzenia wykonawczego z dn. 30 stycznia 1920 r. do ustawy z dnia 31 lipca 1919 r. o tymczasowej organizacji władz i urzędów skarbowych. In: Dz.U. Pos. 239, Online: http://dokumenty.rcl.gov.pl/D1923036024001.pdf; Zugriff am 13.06.2013.

165 Rozporządzenie Rady Ministrów z dnia 7 października 1925 r. O zniesieniu gminy wiejskiej Wardęgówko w powiecie lubawskim w województwie Pomorskiem i wcieleniu jej terytorjum do gminy wiejskiej Rywałdzik tegoż powiatu. In: Dz.U. Pos. 740, Online: http://webcache.googleusercontent.com/search?q=cache:3jxr30hmaokJ:dziennikustaw.gov.pl/du/1925/s/106/751/D1925106075101.pdf+%22uzyskuje+moc%22&cd=9&hl=pl&ct=clnk&gl=pl; Zugriff am 13.06.2013.

dt. *den Angriff abwenden* – pl. *odpierać napaść*
dt. *den Schaden abwenden* – pl. *zapobiec szkodzie*
dt. *die Gefahr abwenden* – pl. *odwrócić niebezpieczeństwo*

Bei den folgenden Äquivalenzpaaren ist jedoch – zumindest den Angaben des NKJP zufolge – heute nur die Entsprechung der zweiten Kollokation usuell:

dt. *ein Vermächtnis anordnen* – pl. *ustanowić/uczynić zapis* (im NKJP: *dokonać zapisu*)
dt. *das Gericht ordnet an* – pl. *sąd zarządza*

Andererseits wurde vielfach für den gleichen Kollokator in derselben Bedeutungsvariante konsequent das gleiche polnische Äquivalent eingesetzt. So haben die Übersetzer für *zurücknehmen* stets *cofnąć* gebraucht, das jedoch in einigen Kombinationen aus heutiger Perspektive (wie die obigen Belege in der Tabelle zeigen) unüblich ist, in anderen hingegen keineswegs an Usualität verloren hat:

dt. die *Ermächtigung zurücknehmen* – pl. *cofnąć upoważnienie*
dt. *den Antrag zurücknehmen* – pl. *cofnąć/wycofać wniosek*

Ebenso wurde für *anfechten* in sämtlichen Kombinationen (*den Einspruch/ die Erklärung/die Ausschlagung/die Ehe/die Ehelichkeit/ein Rechtsgeschäft*) *zaczepić* eingesetzt, das in keiner dieser Verbindungen in den Usus einging. Es sei nur erwähnt, dass der Gebrauch dieses Verbs in der einschlägigen zeitgenössischen sprachpflegerischen Literatur auf besonders heftige Kritik stieß. So legte Makowski dar, dass der Ausdruck *zaczepić* wegen seiner trivialen Bedeutungskomponente in Zentralpolen lustig wirke. Er sei gebräuchlich, um auszudrücken, ein Mann hätte eine Frau angemacht oder ein Bettler einen Passanten angesprochen. Als adäquat im rechtlichen Kontext wurde hingegen *zaskarżyć* vorgeschlagen, das sich in der heutigen Rechtssprache durchgesetzt hat (vgl. Makowski 1922: 84).

Analog wurde auch *erfüllen* in den deutschen Kollokationen im polnischen Translat mit *wypełnić* wiedergegeben. Während jedoch die Kombination *wypełnić zobowiązanie* als Entsprechung für *eine Verbindlichkeit erfüllen* und *eine Verpflichtung erfüllen* auch im Gegenwartspolnischen usuell ist, haben sich für die Verbindungen *die Erfüllung eines Vermächtnisses* und *den Vertrag erfüllen* als usuelle denotative Äquivalente die Kombinationen *wypełnienie zapisu* und *wykonywać/realizować umowę* durchgesetzt.

Bei der Übertragung der Kollokationen mit dem Kollokator *eröffnen* erweisen sich die kompositionellen Übersetzungen auch heute als usuell:

dt. *Konkurs eröffnen/Eröffnung des Konkurses* – pl. *otwarcie upadłości/otwierać upadłość/ogłosić upadłość/wdrażać postępowanie upadłościowe/otwarcie postępowania upadłościowego*
dt. *das Testament eröffnen/die Eröffnung des (eines) Testaments* – pl. *otwarcie testamentu*

Besonders im Falle der Konkurseröffnung werden jedoch aus der Perspektive des Gegenwartspolnischen gewisse Umgewichtungen in der Frequenzverteilung der angegebenen Varianten sowie morphosyntaktische Präferenzen deutlich. Die Recherche im NKJP ergibt, dass die kompositionelle Übertragung *otwarcie upadłości* zwar usuell ist, allerdings nur in der substantivierten Form des Verbs *otwierać*. Weit usueller dagegen ist die nur einmal im polnischen Translat vorkommende Kombination *ogłosić upadłość*.

Darüber hinaus treten bei den Äquivalenzpaaren Fälle auf, in denen die heutige Nicht-Usualität der polnischen Entsprechungen daher rührt, dass andere Kombinationen normativ bevorzugt werden. Beispielsweise gibt es für die deutsche Kollokation *das Gesetz schreibt (ein Anderes) vor* im polnischen Translat mehrere Entsprechungen: *w ustawie nie ma innego przepisu/ustawa nie przepisuje nic innego/ustawa postanawia inaczej*. Das Nationalkorpus der polnischen Sprache führt keine dieser Kombinationen als usuell an – üblich sind darin hingegen die Kombinationen *ustawa przewiduje/reguluje/zobowiązuje/nakazuje*. Bei der Suchabfrage mit Hilfe der Google-Suchmaschine erweisen sich nur die Verbindungen *ustawa postanawia* und *ustawa przepisuje* als gebräuchlich. Bei der stärker mit dem Deutschen korrespondierenden Kombination *ustawa przepisuje* zeigt sich jedoch, dass diese Verbindung gelegentlich zwar auch in rechtlichen Kontexten vorkommt, dabei insbesondere in älteren Texten:

> Przestępstwa, za które ustawa przepisuje, jako najwyższą karę, areszt lub grzywnę, noszą miano wykroczeń […][166]

> Tymczasowe aresztowanie może nastąpić wtedy tylko […] gdy sprawa toczy się o przestępstwo, za które ustawa przepisuje karę pozbawienia wolności do jednego roku […][167]

166 N. Tagancew, *Kodeks karny (22 marca 1903)*, Warszawa 1923, S. 7–8. Zit. nach: http://www.profinfo.pl/img/401/pdf40122216_5.pdf; Stand vom 13.06.2013.

167 Rozporządzenie Prezydenta Rzeczypospolitej z dnia 19 marca 1928 r. KODEKS POSTĘPOWANIA KARNEGO, (Art. 165 Abs. b). Online unter: http://prawo.legeo.pl/prawo/rozporzadzenie-prezydenta-rzeczypospolitej-z-dnia-19-marca-1928-r-kodeks-postepowania-karnego/ksiega-4_rozdzial-i_tymczasowe-aresztowanie/?on=01.07.1929; Stand vom 13.06.2013.

Weit häufiger (15.800 Treffer) ist hingegen die Verbindung *głupia jak ustawa przepisuje* bzw. *głupszy niż ustawa przepisuje* im Sinne von ‚dumm/dümmer als die Polizei erlaubt'.[168]

Weitere Fälle normativer Festlegung veranschaulicht die nachstehende Tabelle.

dt. Kollokation im BGB	pl. Entsprechung in der amtlichen Übersetzung des BGB	übliche Kombination im Gegenwartspolnischen
den Schaden ersetzen	*wynagrodzić szkodę*	*naprawić szkodę*
eine persönliche Haftung wird nicht begründet	*nie stwarzać osobistej odpowiedzialności*	*nie powodować osobistej odpowiedzialności*
auf etw. ruhende Lasten	*ciężary obciążające*	*ciężary spoczywające*
(s)einen Wohnsitz begründen	*stwarzać (swoje) zamieszkanie/ustanawiać zamieszkanie*	*obrać miejsce zamieszkania*
die Verjährung ist (wird) gehemmt/die Hemmung der Verjährung	*przedawnienie wstrzymuje się/wstrzymanie przedawnienia*	*bieg przedawnienia przerywa się*
den Wohnsitz aufheben	*zamieszkanie utraca się/ zwijać zamieszkanie*	*zmienić miejsce zamieszkania*
das Konkursverfahren wird eingestellt	*postępowanie upadłościowe zostanie zaniechane*	*zawiesić postępowanie upadłościowe*

Darüber hinaus kommen in dem analysierten Belegmaterial Äquivalenzpaare vor, bei denen zwar die polnischen Entsprechungen – zumindest im WWW, teilweise aber auch im NKJP gebräuchlich sind – andere Kombinationen dafür jedoch typischer sind, wie aus der folgenden Auflistung zu ersehen ist.

dt. Kollokation im BGB	pl. Entsprechung in der amtlichen Übersetzung des BGB	die typischere Variante im Gegenwartspolnischen
die Einleitung des Verfahrens	*wdrożenie postępowania*	*wszczęcie postępowania*
ein Rechtsstreit ist/wird anhängig/ anhängiger Rechtsstreit	*spór zawiśnie/spór, jaki zawisł*	*spór się toczy/trwa*
die Übertragung der Forderung/ von Forderungen	*przeniesienie wierzytelności/przelew wierzytelności*	*cesja wierzytelności*

168 Suchanfrage am 13.06.2013.

Berücksichtigt man ausschließlich die im Polnischen kompositionell wiedergegebenen Kollokationen, die auch im Gegenwartspolnischen usuell sind, um auf dieser Grundlage Rückschlüsse auf einen möglichen Einfluss des Deutschen zu ziehen, so zeigt sich, dass bei den insgesamt 43 Kollokationen lediglich neun polnische Entsprechungen bereits im Wörterbuch des Altpolnischen von Linde vorkommen, etwa:

Kollokation im BGB	**Entsprechung in der polnischen amtlichen Übersetzung**	**Entsprechung im altpolnischen Wörterbuch**
einen Rechtsstreit führen	*prowadzić spór*	*spór prawny prowadząc*[169]
die Kosten tragen	*ponosić/ponieść koszty*	*koszta ponosić*[170]
die Lasten tragen	*ponosić ciężary*	*niosły ciężary*[171]
die Schuld übernehmen	*przejąć dług*	*przejąć dług*[172]
die Übertragung des Rechtes	*przeniesienie prawa*	*prawo jakie bezpłatnie przeniesione bywa*[173]

79% der kompositionell wiedergegebenen und heute usuellen Kollokationen (34 Belege) sind im altpolnischen Wörterbuch nicht verzeichnet. Dabei treten in zehn Fällen andere Wortverbindungen auf, wie die nachstehende Tabelle veranschaulicht:

169 http://poliqarp.wbl.klf.uw.edu.pl/extra/linde/index.djvu?djvuopts&page=1245&zoom=width&showposition=0.572,0.124&highlight=1307,2794,114,24; Stand 5.10.2013.

170 http://poliqarp.wbl.klf.uw.edu.pl/extra/linde/index.djvu?djvuopts&page=1286&zoom=width&showposition=0.880,0.225&highlight=2038,2458,120,32; Stand 23.09.2013.

171 http://poliqarp.wbl.klf.uw.edu.pl/extra/linde/index.djvu?djvuopts&page=315&zoom=width&showposition=0.164,0.568&highlight=341,1371,99,32; Stand 23.09.2013.

172 http://poliqarp.wbl.klf.uw.edu.pl/extra/linde/index.djvu?djvuopts&page=2695&zoom=width&showposition=0.252,0.238&highlight=570,2440,65,33; Stand 23.09.2013.

173 http://poliqarp.wbl.klf.uw.edu.pl/extra/linde/index.djvu?djvuopts&page=547&zoom=width&showposition=0.172,0.188&highlight=361,2588,94,25; Stand 23.09.2013.

Kollokation im BGB	Entsprechung in der polnischen amtlichen Übersetzung	Entsprechung im altpolnischen Wörterbuch
die Erbschaft annehmen	*przyjąć spadek*	*brać spadek*[174]
das Gericht kann anordnen	*sąd może zarządzić*	*sąd nakazuje*[175]
Verpflichtungen auferlegen	*nałożyć obowiązki*	*wkładać obowiązek na kogoś*[176]
mit einer Strafe bedroht sein	*być zagrożone karą*	*odgrażać się, pograżać, odkazywać się, straszyć karą,*[177] *obkładanie karą,*[178] *„obostrzyć co karą"*[179]
zur Erbfolge berufen sein	*być powołanym do dziedziczenia*	*„do dziedziczenia przypuszczonemi zostają"*[180]
Rechte gehen über	*prawa przechodzą*	*„prawo, jakie bezpłatnie przeniesione bywa"*[181] *„na strony, prawo przestępujące"*[182] *„Dawali im dobra swoje, przelewając na nich prawo własności […] sein Recht auf einen andern übertragen"*[183] *„prawa swego na kogo inszego wlanie"*[184] *„TRANSFUZYA prawa swego na drugiego"*[185]

174 Vgl. http://poliqarp.wbl.klf.uw.edu.pl/extra/linde/index.djvu?djvuopts&page=167&zoom=width&showposition=0.527,0.116&highlight=1206,2823,107,33; Stand 5.10.2013 und http://poliqarp.wbl.klf.uw.edu.pl/extra/linde/index.djvu?djvuopts&page=1806&zoom=width&showposition=0.847,0.722&highlight=1978,872,103,30; Stand 5.10.2013.

175 http://poliqarp.wbl.klf.uw.edu.pl/extra/linde/index.djvu?djvuopts&page=1245&zoom=width&showposition=0.543,0.610&highlight=1227,1235,136,32; Stand 5.10.2013.

176 http://poliqarp.wbl.klf.uw.edu.pl/extra/linde/index.djvu?djvuopts&page=2171&zoom=width&showposition=0.451,0.843&highlight=989,480,203,45 und http://poliqarp.wbl.klf.uw.edu.pl/extra/linde/index.djvu?djvuopts&page=2627&zoom=width&showposition=0.142,0.353&highlight=260,2064,158,32; Stand 23.09.2013.

177 http://poliqarp.wbl.klf.uw.edu.pl/extra/linde/index.djvu?djvuopts&page=954&zoom=width&showposition=0.549,0.388&highlight=1276,1942,66,29; Stand 23.09.2013.

In den verbleibenden 24 Fällen kommt die Basis in dem Wörterbuch gar nicht vor, oder sie wird nicht in Verbindung mit dem in der amtlichen Übersetzung vorkommenden Verb angeführt. Dies betrifft etwa Kombinationen mit der Basis *wierzyciel*, die nach Linde im Altpolnischen unüblich war: Dafür wurde *dłużnik* (‚Schuldner') verwendet:

> Słowo wierzyciel Polakom nie bardzo zwyczajne; przeto go dłużnikiem, t.j. komu dłużno mianują.[186]

Im Gegenwartspolnischen steht *dłużnik* allerdings nicht für eine Person, der man etwas schuldet, sondern für jemanden, der etwas schuldet. Ähnlich kommen auch Verbindungen mit *roszczenie* (‚Anspruch'), *zobowiązanie* (‚Verbindlichkeit'), *wierzytelność* (‚Forderung') oder *poręczenie* (‚Bürgschaft') in dem altpolnischen Wörterbuch nicht vor.

In Anlehnung an die Annahme Konecnys (i. Dr.), „dass sich manche Kollokationen in diachroner Hinsicht ursprünglich durch die Konventionalisierung einer häufig vorkommenden freien Wortverbindung entwickelt haben", soll nun geprüft werden, ob bei mehreren Entsprechungsvarianten für eine deutsche Kollokation auch im Gegenwartspolnischen die frequentere Variante üblicher ist. Dabei werden nur diejenigen Äquivalenzpaare berücksichtigt, bei denen eine der Varianten frequenter ist. Aus der Gesamtzahl von 262 Äquivalenzpaaren kommen für 89

---

178 http://poliqarp.wbl.klf.uw.edu.pl/extra/linde/index.djvu?djvuopts&page=1139&zoom =width&showposition=0.546,0.364&highlight=1266,2020,62,31; Stand 23.09.2013.

179 http://poliqarp.wbl.klf.uw.edu.pl/extra/linde/index.djvu?djvuopts&page=1927&zoom =width&showposition=0.166,0.671&highlight=366,1034,62,29; Stand 23.09.2013.

180 http://poliqarp.wbl.klf.uw.edu.pl/extra/linde/index.djvu?djvuopts&page=4749&zoom =width&showposition=0.696,0.220&highlight=1577,2487,202,22; Stand 23.09.2013.

181 http://poliqarp.wbl.klf.uw.edu.pl/extra/linde/index.djvu?djvuopts&page=547&zoom =width&showposition=0.172,0.188&highlight=361,2588,94,25; Stand 23.09.2013.

182 http://poliqarp.wbl.klf.uw.edu.pl/extra/linde/index.djvu?djvuopts&page=1261&zoom =width&showposition=0.409,0.325&highlight=931,2156,95,24; Stand 23.09.2013.

183 http://poliqarp.wbl.klf.uw.edu.pl/extra/linde/index.djvu?djvuopts&page=2708&zoom =width&showposition=0.773,0.767&highlight=1804,738,92,25; Stand 23.09.2013.

184 http://poliqarp.wbl.klf.uw.edu.pl/extra/linde/index.djvu?djvuopts&page=2680&zoom =width&showposition=0.316,0.633&highlight=711,1164,88,25; Stand 23.09.2013.

185 http://poliqarp.wbl.klf.uw.edu.pl/extra/linde/index.djvu?djvuopts&page=3605&zoom =width&showposition=0.808,0.272&highlight=1881,2320,89,25; Stand 23.09.2013.

186 http://poliqarp.wbl.klf.uw.edu.pl/extra/linde/index.djvu?djvuopts&page=568&zoom =width&showposition=0.181,0.803&highlight=355,613,156,34; Stand 23.09.2013. Siehe auch Brückner (2000: 618).

Kollokationen im Polnischen Übersetzungsalternativen vor. Bei 62 Belegen wird in dem Translat eine Variante mehr oder weniger stark bevorzugt.

Innerhalb dieser 62 Äquivalenzpaare zeigt sich, dass bei Entsprechungen für 27 Kollokationen (d.h. 43,5 %) die häufiger vorkommenden Alternativen auch im Gegenwartspolnischen im Verhältnis zu den darin auftretenden Varianten üblich bzw. üblicher sind. Dazu zählt etwa *zaciągnięcie zobowiązania*, das im Korpus vier Mal als Entsprechung für *Eingehung der Verpflichtung* vorkommt und somit gegenüber der ein Mal belegten Alternative *przyjęcie zobowiązania* präferiert wird. Diese frequenzmäßige Präferiertheit lässt sich auch für das Gegenwartspolnische feststellen – das NKJP liefert nämlich für *zobowiązanie* an erster Stelle den Kookkurrenzpartner *zaciągać*. Ähnlich wird auch die Kollokation *einen Beschluss aufheben* überwiegend als *uchylić uchwałę* (4 Mal) übertragen, nur ein Mal kommt dafür *zniesienie uchwały* zum Einsatz. Ebenso wird nur die frequentere Variante auch im NKJP als Kollokator bzw. Kookkurrenzpartner angegeben. Einige weitere solche Fälle, bei denen die im amtlichen Translat häufigere Variante auch im Gegenwartspolnischen usuell bzw. frequenzmäßig typischer ist, veranschaulicht die Tabelle unten.

dt. Kollokation im BGB	**pl. Entsprechung in der amtlichen Übersetzung des BGB**	**usuelle Kombination im Gegenwartspolnischen**
die Kosten ersetzen	*zwrócić koszty (3x)/zapłacić koszty (1x)*	*zwracać koszty*
die (eine) Eheschließung/ die Ehe wird geschlossen	*małżeństwo dochodzi do skutku (1x)/akt zawarcia małżeństwa (1x)/zawieranie małżeństwa (1x)/zawarcie małżeństwa (29x)/ zawierając małżeństwo (5x)/ zawieranie małżeństwa (4x)/ małżeństwo zawiera się (2x)/ zawrzeć małżeństwo (3x)*	*zawrzeć małżeństwo*
die Erhebung der Klage/ Klage erheben	*wniesienie skargi (12x)/wnieść skargę (9x)/podanie skargi (1x)/ wytoczenie skargi (1x)/skarga (1x)/ skargę podano (2x)/skarga musi być wytoczona (1x)/wytoczyć skargę (1x)*	*wnieść skargę*
Kosten fallen jmdm. zur Last	*ponosić koszty (4x)/koszty obciążają (2x)/koszty ciążą na (1x)*	*ponosić (ponieść) koszty* (65+39 Belege im NKJP)/ *obciążać (obciążyć)* in Verbindung mit *koszty* (22 Belege im NKJP)

In fünf Fällen erweisen sich sämtliche Alternativen auch heute als üblich. Dies betrifft beispielsweise folgende Äquivalenzpaare:

dt. *der Unterhalt wird bestritten/Bestreitung des Unterhalts/den Unterhalt bestreiten*	pl. *pokryć utrzymanie/opędzenie kosztów utrzymania/utrzymać się/pokryć koszty utrzymania*
dt. *ein ergangenes Urteil/ein Urteil ergeht (ist ergangen)*	pl. *wydać wyrok/wyrok zapadł*

Bei 15 Äquivalenzpaaren wird deutlich, dass hier gerade die im Translat der Frequenz nach nicht typischsten Entsprechungen in der heutigen Gebrauchspraxis usueller sind. So wird die Kollokation *den Unterhalt gewähren* 38 Mal mit *dostarczać utrzymania* wiedergegeben und nur drei Mal als *dawać utrzymanie*. Im Gegensatz zu der ersten Alternative, die im NKJP nicht angeführt wird, kommt die zweite darin allerdings vor. Ähnlich wird auch die Kollokation *den Vertrag aufheben* in der amtlichen Übersetzung vier Mal mit *uchylić umowę* übertragen, während *rozwiązać* in dieser Verbindung lediglich ein Mal vorkommt. Doch gerade diese ein Mal belegte Variante erweist sich den Angaben des NKJP zufolge als usuell. Analoge Fälle veranschaulicht die folgende Tabelle.

dt. Kollokation im BGB	**pl. Entsprechung in der amtlichen Übersetzung des BGB**	**usuelle(re) Kombination im Gegenwartspolnischen**
Einkünfte beziehen	*pobierać dochody (2x)/dochody uzyskane (1x)*	*uzyskiwać dochody*
die Ehe ist (wird) geschieden	*małżeństwo zostało rozwiązane (2x)/małżeństwo zostało rozwiedzione (6x)*	(nur:) *rozwiązać małżeństwo*
Berichtigung der Schulden (der/einer Schuld)/die Schuld(en) berichtigen	*spłacenie długów (1x)/spłata długów (1x)/spłacić długi (1x)/uiszczenie długów (2x)/ uiszczenie długu (2x)/dług został uiszczony(1x)/uiścić dług (1x)/ umorzenie długu (1x)/umorzyć dług (1x)/zaspokojenie długu (2x)*	*spłacić dług(i)*
die (eine) verwirkte Strafe/ die Verwirkung der Strafe/die (Einzel-)Strafe ist verwirkt	*kara zapadła (2x)/zapadła kara (3x)/kara zapadła (1x)/kara pojedyńcza, którą wymierzono (1x)*	*wymierzyć karę*

Bei den übrigen 15 Äquivalenzpaaren handelt es sich um Kombinationen, die sich in der Gebrauchspraxis nicht durchgesetzt haben, beispielsweise:

dt. *den Anspruch abtreten* – pl. *przelać/odstąpić roszczenie*
dt. *gegen die guten Sitten verstoßen* – pl. *sprzeciwiać się dobrym obyczajom/wykroczyć przeciw(ko) dobrym obyczajom*

6.3. Fazit

In dem vorliegenden Kapitel wurde vom Äquivalenzbegriff im linguistischen Sinne als Bezugsrahmen für die Analyse des Korrespondenzgrades zwischen BGB und seiner amtlichen polnischen Übersetzung ausgegangen. Dabei wurde die Äquivalenzrelation im Sinne von Gleichwertigkeit auf denotativer Ebene analysiert.

Entgegen der in der einschlägigen Literatur mehrfach vertretenen Ansicht, bei Übersetzungen von juristischen Texten gäbe es keine Eins-zu-Eins-Entsprechungen, werden in dem analysierten Korpusmaterial aufgrund der Funktionskonstanz zwischen dem Transferendum und dem Translat keine Belege für Nulläquivalenz festgestellt, die Scheinäquivalenz tritt wiederum nur marginal auf. Am stärksten vertreten ist die partielle Äquivalenz, was aus der Halbkompositionalität der meisten analysierten kollokativen Verbindungen resultiert. Am schwächsten belegt ist dagegen außer der Null- und der Scheinäquivalenz die Substitution.

Was die inhaltliche Äquivalenz anbelangt, so zeigt sich, dass diese trotz formeller Unterschiede überwiegend aufrechterhalten wurde – eine Ausnahme bildet etwa die Übertragung von *verwirkte Strafe* durch *kara zapadła* bzw. *kara, którą wymierzono*, worauf bereits ausführlich eingegangen wurde. Ferner ist erneut deutlich geworden, dass bei der Prüfung der Äquivalenzrelation in dem vorliegenden Untersuchungsmaterial der diachrone Aspekt mitzuberücksichtigen ist, da sich herausstellte, dass einige Bestandteile der analysierten Wortverbindungen eine Bedeutungsveränderung erfahren haben bzw. bestimmte Bedeutungskomponenten eingebüßt haben, was etw. bei der Übertragung von *Kosten vorschießen* deutlich wurde.

Was die Usualität der eingesetzten polnischen Übersetzungsäquivalente im Gegenwartspolnischen angeht, so ist der Anteil bis heute üblicher Kombinationen sowohl den Abfrageergebnissen der Google-Suchmaschine nach, als auch den Angaben des NKJP zufolge, sehr hoch.

Die Tatsache, dass zum Zeitpunkt der Übersetzung die polnische Rechtsterminologie noch vereinheitlicht und festgelegt werden musste, zeitigt allerdings eine starke Variabilität innerhalb der Entsprechungen für die aus dem BGB ermittelten Kollokationen. Die Annahme, dass bei variablen Wortverbindungen die häufiger vorkommenden Kombinationen, diachronisch betrachtet, zur Konventionalisierung tendieren würden, lässt sich für mehr als 40% der Verbindungen bestätigen. Darüber hinaus gibt es allerdings auch Fälle, bei denen sich gerade nicht die typischsten Verbindungen durchgesetzt haben (24,19%) und solche, bei denen keine der alternativen Kombinationen im Gegenwartspolnischen üblich ist – auch hierbei handelt es sich um fast jede vierte Entsprechungsgruppe.

Was den potentiellen Einfluss des Deutschen auf die polnischen rechtssprachlichen kollokativen Verbindungen anbelangt, so kann man einerseits feststellen, dass es im Untersuchungsmaterial Belege dafür gibt, dass sich einige direkte Übersetzungen aus dem Deutschen nicht durchgesetzt haben. Andererseits treten jedoch auch Verbindungen auf, die mit den deutschen Kollokationen vollständig oder partiell äquivalent sind und auch im Gegenwartpolnischen üblich sind. Bei den kompositionellen Entsprechungen, die auch im Gegenwartspolnischen usuell sind, handelt es sich sogar in 79% der Fälle um Kombinationen, die im Wörterbuch des Altpolnischen nicht verzeichnet werden, bei knapp einem Viertel dieser Verbindungen werden hingegen im Altpolnischen andere Kombinationen gebraucht. Zur Prüfung, ob es sich bei den früher unüblichen Kombinationen um Übernahmen aus dem Deutschen handelt, wäre es allerdings erforderlich, zusätzlich historische Korpora zu analysieren, was den Rahmen dieser Arbeit sprengen würde. Somit lässt sich nur festhalten, dass ca. 60% der Entsprechungen für die deutschen Kollokationen im BGB auch im NKJP als usuelle Verbindungen verzeichnet sind, und knapp 90% davon im WWW auffindbar sind, was, um es erneut zu betonen, einen sehr hohen Anteil bildet.

7. Kollokationen im Allgemeinen Bürgerlichen Gesetzbuch

> Trotz ähnlicher Entwicklung scheint die österreichische Rechts- und Amtssprache in Bezug auf Satzbau und Wortgebrauch teilweise noch etwas konservativer und gemeinsprachferner geblieben zu sein [...] (von Polenz 1999: 487).[187]

Auf dem Wege der im Kapitel zur Methodologie beschriebenen halbautomatischen Analyse wurden aus dem österreichischen Allgemeinen Bürgerlichen Gesetzbuch 787 nominal-verbale Verbindungen extrahiert, deren Kollokativität es zu prüfen galt. Analog wie bei dem Bürgerlichen Gesetzbuch wurden alle anderen Strukturtypen aus der Untersuchung ausgeblendet, etwa *körperliche Sachen, der saumselige Erbe* oder *dingliche Rechte*, ebenso wie gemeinsprachliche Wortkombinationen des Typs: *die Anstalt treffen, das Jahr zurückgelegt haben, Anstände gehoben haben, zur Richtschnur nehmen* sowie Verbindungen, die anderen Sprachregistern zuzuordnen sind, etwa *Münzen prägen.*

7.1. Unterschiede im Verhältnis zum Bürgerlichen Gesetzbuch

Die Sichtung des Analysematerials offenbart im Vergleich zum BGB deutliche terminologische Unterschiede. So erscheinen etwa im Adoptionsrecht anstelle der annehmenden Personen *Wahleltern, Wahlvater* und *Wahlmutter*, das angenommene Kind heißt wiederum *Wahlkind*:

> Personen, welche den ehelosen Stand nicht feyerlich angelobet, und keine eigenen ehelichen Kinder haben, können an Kindes Statt annehmen; die annehmende Person heißt Wahlvater oder Wahlmutter; die angenommene heißt Wahlkind. (§ 179 ABGB)

Während in der analysierten Fassung des BGB von *elterlicher Gewalt* die Rede ist, unterstanden die Kinder im ABGB der *väterlichen Gewalt*, die zwar eine Gewalt „beider Eltern, namentlich aber des Vaters über die Kinder" war.[188] Ein Vergleich des Wortschatzes des ABGB aus der Zeit vor den Teilnovellierungen von 1914-1916 mit dem Wortverzeichnis des BGB lässt, so Künssberg, erhebliche Unterschiede deutlich werden:

187 Ähnlich betrachtet es Maciąg (1993: 332): „Auch treten in Österreich häufiger als in Deutschland in der juristischen Sprache archaische Termini auf".

188 Herders Conversations-Lexikon. Freiburg i. Br. 1857, Bd. 5, S. 575. Online unter www.zeno.org/Herder-1854/A/V%C3%A4terliche+Gewalt; Stand vom 6.08.2013.

> Legt man die beiden Wortverzeichnisse nebeneinander und stellt fest, welche Wörter beiden Gesetzbüchern gemeinsam sind, und welche nur in einem von ihnen vorkommen, so gelangt man zu dem überraschenden Ergebnis, daß vom Wortschatz des ABGB rund 2000 ihm allein eigen sind. Im BGB aber sind rund 1700 Wörter verwendet, die im ABGB fehlen. Das sind im einen Fall etwa 53%, im anderen etwa 46% des ganzen Wortbestandes. Und das zwischen zwei deutschen Gesetzen, die den gleichen Rechtsstoff regeln! (Künssberg 1930: 9)

Einige dieser Differenzen veranschaulicht die folgende Gegenüberstellung, bei der mit einem Asteriskus jene Wörter markiert werden, die nach den Teilnovellierungen während des Ersten Weltkrieges auch in das österreichische Gesetzbuch Eingang gefunden haben (Quelle: Künssberg 1930: 9f.).

Ausschließlich im ABGB stehende Wörter/Termini	**Ausschließlich im BGB gebrauchte Wörter/Termini**
abfordern, Abhandlung, Abnehmer, Abschlag, absondern, Abstämmling, äußern, anerbieten, Angeber, Angeld, angeloben, Anleihe, Anleiher, anständig, anstößig, Anwärter, Arglist, Augenschein, Aussage, Ausspruch, Bauerngut, Bauernstand, begünstigen, beistimmen, Beschimpfung, Besitzrecht, bessern, Betrug, Beute, bezeugen, Bodenzins, Braut, Bräutigam, Bürger, Dachtraufe, Diener, dingen, Ehehindernis, ehelos, Eherecht, einheimisch, Einkindschaft, Einstandsrecht, einverständlich, enterben, entsagen, erbfähig, erblich, Erbpacht, Erstgeburt, Familienrecht, Faustpfand, Fensterrecht, Gatte, Gegenbeweis, Gerechtigkeit, Gesamtsache, Gewahrsam, glaubwürdig, Gutachten, Handfeste, Hausgenosse, innehaben, Kaufschilling, Klagerecht, Landessprache, Landrecht, Lehenrecht, Luftraum, Mitschuldner, Morgengabe, Mündigkeit, Noterbe, Obervormundschaft, Pflegeeltern, redlich, rügen, Sachenrecht, Schmerzensgeld, städtisch, Stillschweigen, Strandrecht, Trauung, Undankbarkeit, unmündig, Untertan, Urheber, Vaterland, Verfall, verloben, Verschweigung, Vollzieher, Vormünderin, Vorrecht, Vorsicht, Vorwand, Wahlkind, Weib, Wiederverkauf, Witwengehalt, Wohltat, Zins, Zugehör, Zusage, Zuwachs, zwingen.	*Aberkennung, Abkömmling, ablehnen**, Abnahme, absichtlich**, amtlich, Anerbenrecht, Anstifter, Antrag**, Antwort**, Anwachsung, Auflassung, Auslobung**, Ausspielung, Bannrecht, bäuerlich, beerben, Berechtigung**, Beschlagnahme, Besserung, Brautstand, Büdnerrecht, Ehefrau**, ehrlos**, Eigenmacht, Einspruch, entmündigen, Erbschein, fahrlässig, Gegenleistung**, Gegenvormundschaft, Gesamtgut, Gesinderecht, glaubhaft, Grundschuld, herrenlos, Hingabe, Hinterlist, Interesse**, irrtümlich**, Jagdrecht, Körperschaft, kraftlos, kündigen**, landsässig, Leihe, mieten**, Nebenvormund, Nichtigkeit, Notweg, offenkundig, Pfandbrief, Pflegschaft, rechtsfähig, rechtzeitig**, Rückgabe, Satzung, Sicherung**, Stockwerk, Teilleistung**, Trennungsgrund, unbillig, Unternehmer**, unzulässig**, Verein**, Verlöbnis, verzichten**, verzinsen, Voraus, Vorerbe, Wasserrecht, Werkvertrag**, Widerklage, Witwengeld, Zinssatz, Zubehör, Zuschlag, Zustimmung**.*

Da nach Künssberg das BGB bei der Gesetzgebungsarbeit an den österreichischen Teilnovellen „großenteils zum Vorbild gedient [hat,] [...] sind auch viele Wörter übernommen worden, die dem österreichischen ABGB bis dahin gefehlt hatten" (Künssberg 1930: 11; siehe auch Schauer 2012: 25). Infolgedessen könne „vom Einsetzen einer Sprachangleichung [...] als Folge der Rechtsangleichung" die Rede sein (Künssberg 1930: 11).

Zahlreiche Unterschiede zwischen dem ABGB und dem BGB resultieren allerdings auch daraus, dass es ein Bestreben der BGB-Kodifikatoren war, einen Gesetzestext ohne fremdsprachige Termini in Kraft treten zu lassen:[189]

> Es lässt sich z.B. nachweisen, dass in Fällen von Doppelterminologie, die aus Wörtern deutscher und fremder Herkunft besteht, letztere nie im BGB vorkommen. (Znamenáčková 2005: 297)

Im ABGB treten indessen vielfach lateinische Begriffe auf, häufig neben parallelen deutschsprachigen Entsprechungen,[190] etwa *Servitut* neben *Dienstbarkeit*, *Legat* neben *Vermächtnis*, *Legatar* (*Vermächtnisnehmer*), *Curatel* neben

---

189 Vgl. Simon; Funk-Baker (2009: 31). Zwar hagelte das Streben nach Ausschaltung fremdsprachiger Termini oftmals Kritik und die Übersetzungen lateinischer Termini wurden als gekünstelt kritisiert (vgl. Merk 1933: 33), gelegentlich stießen diese Bestrebungen jedoch auf Anerkennung: „Die Arbeit an der Eindeutschung der Sprache des Privatrechts war so vollkommen gelungen, daß die Juristen innerhalb eines Jahrhunderts sich der neuen Sprache des Gesetzbuches völlig anpaßten und das Bewußtsein vom Kunstwortcharakter vieler Worte des Gesetzbuches vollständig verschwand" (Hattenhauer 1987: 85). Nach Erler handle es sich bei dem Bürgerlichen Gesetzbuch um ein Werk, „das an Reinheit der Sprache alle bisherigen gesetzgeberischen Leistungen in Schatten stellt" (Erler 1896: 7). Zudem führt er zahlreiche Belege für gelungenes Ersetzen fremdsprachiger Termini an, beispielsweise: *Volljährigkeitserklärung* statt *Majorennitätserklärung*; *Wohnsitz* statt *Domizil*; *Geschäftsfähigkeit* statt *Dispositionsfähigkeit*; *Vorstand* statt *Direktion*; *Überschuldung* statt *Insuffizienz*; *Gesamtschuldner* statt *Korrealschuldner*, *Solidarschuldner*; *Zubehöreigenschaft* statt *Pertinenzeigenschaft*; *arglistige Täuschung* statt *dolose Täuschung*; *Ausschließung* statt *Präklusion*; *Streitverkündung* statt *Litisdenunziation*; *Vertragsstrafe* statt *Konventionalstrafe*; *Wandelung*, *Rückgängigmachung* statt *Redhibition*; *Gewinnanteil* statt *Dividende* oder *Gesellschaft* statt *Sozietät* usw. (vgl. Erler 1896: 7-10).

190 Dies dürfte auch damit in Verbindung stehen, dass die beiden Rechtsgelehrten Karl Anton von Martini und sein Schüler Franz von Zeiller, die das ABGB am stärksten prägten, anders als das bei den preußischen Professoren der Fall war, dem Römischen Recht eine gegenüber dem Naturrecht ebenbürtige Position einräumten (vgl. Rainer 2012: 24).

Vormundschaft, *Recurs* neben *Beschwerde*, *Substitution* (*Stellvertretung*), *Fideicommiß* (*unveräußerliches u. unteilbares Familienvermögen*), *Codicill* (*Nachtrag zum Testament*), *Ehe-Pacte* neben *Ehevertrag*, *Curator/Kurator* neben *Vormund*, *Edict* (*Erlass*) oder *Caution* neben *Sicherheit* (siehe dazu auch Künssberg 1930: 19). Nach Künssberg sollte die Nebeneinanderstellung von Fremdwort („fast ausnahmslos Ausdrücke des römischen Rechts") und deutschem Wort dazu verhelfen, ein „dem gemeinen Manne" verständliches Gesetz in die Hand zu legen (vgl. Künssberg 1930: 18f.).[191] Allerdings könnte die Folge des Wechsels zwischen Termini auch eine Unsicherheit darüber sein, ob es sich dabei um Synonyme handelt, die beabsichtigte Hilfe könnte also ins Gegenteil kehren[192]:

> [...] wenn für den ‚Ersatz des verursachten Schadens' ein Terminus technicus eingeführt wird und hierbei einmal von ‚Schadenersatz', dann vom ‚Schadensersatz' und schließlich aber auch ganz altertümlich von ‚Schadloshaltung' die Rede ist [...] [, ist dem] Nutzer [...] ohne weitere Hilfsmittel nicht klar, ob die Wörter im ABGB exakt deckungsgleich verwendet werden oder nicht. (Deutsch 2012: 402)

Der Gesetzgebungsarbeit an dem BGB und dem ABGB scheinen unterschiedliche Auffassungen bezüglich der terminologischen Synonymie zugrundegelegt worden zu sein. Im BGB zeichnet sich ein Streben nach Eindeutigkeit ab:

> Die neuesten Gesetzbücher, allen voran das Bürgerliche Gesetzbuch für das Deutsche Reich, bemühen sich, einerseits dieselbe Lebenserscheinung immer mit dem gleichen Wort zu bezeichnen, andererseits mit demselben Ausdruck immer den gleichen Sinn zu verbinden. (Merk 1933: 31)

Demgegenüber scheinen die Gesetzgeber des ABGB der stilistischen Maxime ‚variatio delectat' beizupflichten:

> Sprachliche Vorzüge und Mängel des ABGB [...] erklären sich aus der Zeit und der Art seines Entstehens. [...] Man trachtete, Klarheit und Schönheit zu verbinden [...] Der Stil ist flüssig und ruhig; auf Abwechslung im Ausdruck ist besonders Gewicht gelegt,

---

191 Zwar will Deutsch (2012: 401) in der Verwendung des Terminus Vertrag ein „gutes Beispiel für die konsequente Einführung und Beibehaltung eines Terminus technicus" sehen. Ihm zufolge „wird es ausnahmslos, also ohne verwirrende Abwechslung mit Synonymen oder Teilsynonymen verwendet" (Deutsch 2012: 401). Als Gegenbeispiel lässt sich allerdings *Ehepakt* anführen, das neben dem laut Deutsch durchgehend verwendeten *Ehevertrag* eingesetzt wird.

192 Als weitere Hilfsmittel zum Verständlichmachen des Gesetztextes, die bei dem österreichischen Zivilrecht eingesetzt wurden, können Marginalrubriken (Randschriften) und Register gelten (vgl. Brauneder 1994: 535f.).

> ja, die Verfasser haben darin selbst vor den Rechtsworten keinen Halt gemacht. Vergleiche z.B. den Wechsel von *Gewalthaber* und *Machthaber*, *Machtgeber* und *Gewaltgeber* in den §§ 10009ff; oder die verschiedenen Verdeutschungen von Capital mit *Hauptschuld* (§ 1001), *Hauptstamm* (§ 1182), *Stammgut* (§ 1239). (Künssberg 1930: 7)

Es scheint, als ob in dem österreichischen Gesetzestext ein klassisches Stilideal angestrebt würde, dem jedoch der Fachsprachenforschung zufolge nicht in Fachtexten, bei denen Eindeutigkeit und Genauigkeit als Gütemerkmale gelten, nachzueifern sei (vgl. Oksaar 1979: 105, Stein 1995: 90 und Baßler 2002: 220f.).[193] Im Gegensatz zu dem deutschen Gesetzestext[194] wird das österreichische Zivilrecht allerdings vielfach wegen der verwendeten Sprache gewürdigt, wie die ausgewählten Zitate belegen:

> [...] der österreichische Wortlaut [ist] kürzer, volkstümlicher, klarer. (Künssberg 1930: 16)

> Hervorgehoben wird die – jedenfalls damals und großteils noch heute – verständliche, ja vielfach volkstümliche – und dennoch abstrakte – Sprache des Gesetzbuchs. (Apathy 2012: 51)

---

193 Bei Fachtexten gilt wiederum: „lieber Monotonie riskierende Wiederholung anstatt Verwirrung stiftende Variation“ (Stein 1995: 90). Die Variabilität der verwendeten Begriffe im ABGB steht allerdings im Widerspruch zu Zeillers Urteil über die Bedeutung der Sprache eines Gesetzestextes, wobei Zeiller neben Martini als der Schöpfer des ABGB gilt (vgl. Welser 2012a: 205): „Eine genaue Bestimmung der Begriffe und Rechtssätze, wodurch man die Vermengung mit anderen verwandten Begriffen vermeiden soll, verbannet alle zweifelhaften, vieldeutigen und überflüssigen Ausdrücke“ (Zeiller, Franz Edler von (1806): Nothwendigkeit eines bürgerlichen, einheimischen Privat-Rechts. Grundzüge zur Geschichte des Oesterreichischen Privat-Rechts. Eigenschaften eines bürgerlichen Gesetzbuches. In: Ders: Jährlicher Beytrag zur Gesetzkunde und Rechtswissenschaft in den Oesterreichischen Erbstaaten. I. Band. Wien, S. 64; zit. nach Mohnhaupt 2012: 133)

194 In Bezug auf das deutsche Zivilrecht heißt es: „Wer zum ersten Mal einen Blick in das BGB wirft, wird enttäuscht sein. Die Sprache ist antiquiert, die Sätze sind kompliziert und die Begriffe abstrakt. Der Laie hat Schwierigkeiten, das Gemeine zu verstehen. Das BGB erhebt auch gar nicht den Anspruch, anschaulich und volkstümlich zu sein: Es spricht nicht zum Bürger, sondern zum Juristen; es ist von Juristen für Juristen gemacht“ (BGB 2012: XIII; siehe dazu auch Gierke 1889: 72f.). Im Falle des ABGB wollte man hingegen in die Adressatengruppe nicht ausschließlich Juristen einbeziehen: „Zugleich ist Zeiller aber fest davon überzeugt, ein guter Gesetzgeber dürfe sich keineswegs nur studierte Juristen zur Zielgruppe machen; ein Gesetz müsse vielmehr so formuliert sei, dass es jeder gebildete Bürger aus sich heraus verstehen könne“ (Deutsch 2012: 376).

In der rechtshistorischen Literatur wird [die Meinung – F.K.] vertreten [...], dass das ABGB den eher widerstandsfreien Empfang durch die polnische Bevölkerung seinen viel gerühmten Vorzügen, nämlich der klaren Sprache, dem einfachen Stil und dem allgemein verständlichen Aufbau, zu verdanken hat. (Mączyński 2012: 76)

Nichts aber wurde wahrscheinlich so oft gelobt wie die Sprache unseres Gesetzbuches. Und in der Tat ist das ABGB, von einigen spezifischen Regelungen abgesehen, auch heute noch von Durchschnittsmenschen lesbar. (Welser 2012: 89)[195]

Neuerdings erheben sich allerdings auch kritische Stimmen:

[...] seine Sprache wirkt mittlerweile antiquiert und wird zunehmend weniger verstanden; inhaltlich wird ihm allein aufgrund seines Alters kaum noch etwas zugetraut. (Schwartze 2012: 214, siehe auch Schauer 2012: 26)[196]

Dem BGB-Gesetzgeber wurde hingegen u.a. gesetzgeberische Eintönigkeit, ein hoher Abstraktionsgrad und mangelnde Volkstümlichkeit vorgeworfen (vgl. Deutsch 2012: 402):[197]

Sie [die Sprache] ist [...] ein abstraktes Juristendeutsch, mehr Übersetzung als Urbild, unvolkstümlich und oft für den Laien vollkommen unverständlich; sie entbehrt der Kraft und Tiefe, der sinnlichen Anschaulichkeit und der überzeugenden Beredsamkeit; sie artet vielfach ins Doktrinäre, Pedantische, Verkünstelte und dann wieder ins Triviale, Seichte, Schleppende aus. Mit Bekümmernis muß es gesagt werden, daß niemals noch ein großes Gesetzbuch so gänzlich so den Ton der Volksgesetzgebung verfehlt hat. (Gierke 1889: 28)

In diesem Zusammenhang ist jedoch zu erwähnen, dass man im Laufe der Zeit von einem gewandelten Verhältnis der Deutschen zum BGB sprechen kann. Nach Schulte-Nölke (1997: 19) söhnten sich die Deutschen nach 1945 damit aus und „dem BGB [wurde] eine ähnlich große Anerkennung zuteil, wie sie den Code civil von der Wiege an begleitet hatte“ (ebd.). Dem stark monierten Mangel an Anschaulichkeit der Sprache sowie dem hohen Abstraktionsgrad wird nun eher Lob gezollt: „Ein großer Vorzug des BGB folgt aus seiner Abstraktheit: es ist die Offenheit für Rechtsfortbildungen“ (Stürner 1996: 742).

---

195 Siehe dazu auch Deutsch (2012: 375f.).

196 Nach Schauer (2012: 26) hätte man allerdings „vor 100 Jahren ein erheblich kritischeres Verhältnis zur Sprache des Gesetzes.“ Die Unangemessenheit und Antiquiertheit dieser Sprache habe sich mittlerweile noch verstärkt, das Gesetz nehme Bezug auf eine heute nicht mehr bestehende Lebenswelt und werde den Bedürfnissen der heutigen Zeiten nicht angepasst, die Lebenskraft des ABGB ermögliche lediglich die Rechtsfortbildung (vgl. Schauer 2012: 26, 28).

197 Zur Sprache des BGB siehe auch Weigt (2010).

Im Vergleich des BGB zum ABGB werden allerdings auch einige Unterschiede in der Kombinierbarkeit der potentiellen Basen sichtbar. Während im BGB zum Ausdruck der Tatsache, dass etwas nicht mehr in Betracht kommt bzw. unterbleibt von *Wegfall* bzw. vom *Wegfallen* die Rede ist: *der Wegfall des Beschwerten, der Wegfall eines Miterben, die Unterhaltspflicht fällt weg, der Wegfall eines Rechtsgrundes, der Wegfall der Geschäftsunfähigkeit*, wird im ABGB von *Abgang* gesprochen: *Abgang eines Legatars, Abgang der Einwilligung*. Heißt es im BGB *den Nachlass ausantworten/die Ausantwortung des Nachlasses* und *das Vermögen wird ausgeantwortet*, so ist im ABGB von *Einantwortung des Nachlasses* die Rede und ebenso *von Einantwortung einer (der) Erbschaft*, es heißt *die Erbschaft einzuantworten/die Erbschaft wird eingeantwortet*. Wird im BGB *ein Gericht angerufen*, so wird es im ABGB *angegangen*. Werden im BGB Rechtsmittel wie *Beschwerde eingelegt*, treten dafür im ABGB die Formulierungen *die Beschwerde anbringen, den Recurs anbringen* auf.

7.2. (Halb)Kompositionalität der Kollokationskandidaten

Innerhalb der zu analysierenden 787 verbal-nominalen Verbindungen erscheinen in dem polnischen Transferendum 358 Belege nicht wörtlich übersetzt. Eine kontextspezifische Bedeutung tragen 205 Belege, wohingegen bei 224 Verbindungen eine wörtliche Übertragung feststellbar ist. Daraus ergibt sich, dass aus sprachkontrastiver Sicht der Anteil halbkompositioneller Belege mit 71,53% noch höher als im BGB liegt.

Analog wie im Falle der Kollokationsanalyse des BGB soll nach der Frage der semantischen Transparenz innerhalb der extrahierten Verbindungen nun auf die Substituierbarkeit bzw. Produktivität der potentiellen Kollokationsbestandteile eingegangen werden. Dazu wird zunächst das Kombinationspotential der möglichen Basen untersucht, woraufhin der Kombinationsgrad der potentiellen Kollokatoren analysiert wird.

7.3. Kollokations- bzw. Kombinationspotential der potentiellen Basen

Bei der Analyse des Kombinationspotentials der extrahierten Substantive fällt auf, dass es im Rahmen des Korpus im Vergleich zum BGB mehrmals eine größere Palette von Substitutionsmöglichkeiten innerhalb der potentiellen Verbkollokatoren gibt. Während in dem deutschen Gesetzestext die zu analysierenden Belege, wenn überhaupt, dann meistens nur eine Kommutationsmöglichkeit aufwiesen, treten hier teilweise mehrere Varianten auf, bei denen auch die potentiellen Basen zuweilen variabel sind:

Antritt eines Amtes – Übernahme des Amtes,
die Verwaltung seiner Angelegenheiten – Angelegenheiten besorgen/Besorgung der Angelegenheiten,
Anordnungen treffen – Anordnungen erlassen – die Anordnung erteilen,
in Anspruch nehmen – auf etw. Anspruch machen,
einen Aufwand machen – Bestreitung des Aufwandes,
Ersatz ihrer Auslagen – die Auslagen vergüten,
Auslagen bestreiten – gemachte Auslagen,
die Erfüllung der Bedingung/die Bedingung erfüllen/die erfüllte Bedingung – der Eintritt dieser Bedingung – die Bedingung ist eingetroffen,
Beschwerde kann geführet werden – die Beschwerde anbringen – den Recurs anbringen,
in Besitz nehmen – sich in den Besitz setzen – zum Besitze gelangen,
einen Besitz erlangen – die Erhaltung des Besitzes – einen Besitz erwerben,
den Betrag leisten – den Betrag erlegen – den Betrag zahlen – den Betrag decken,
Caution leisten – Sicherheit leisten,
Concurs-Eröffnung/ein Concurs wird eröffnet – ein Concurs wird verhängt – Ausbruch des Concurses,
ein Curator wird aufgestellt – einen Curator bestellen – ein Curator wird gesetzt – einen *(den) Curator ernennen,*
eine Grunddienstbarkeit entsteht – Grunddienstbarkeiten sind begründet worden,
eine Ehe wird getrennt – eine Ehe wird aufgelöset – die Ehe ist geschieden – eine (die) Ehe für ungültig erklären,
Eigentum erlangen – das Eigentum erwerben – das Eigentum übernehmen,
Erben berufen – ein Erbe wird eingesetzt,
Übernahme der Erbschaft – die Erbschaft annehmen/Annahme der Erbschaft – Antretung der Erbschaft/die Erbschaft angetreten haben – eine Erbschaft in Besitz nehmen – die Verlassenschaft annehmen,
die Erbschaft ausschlagen/Ausschlagung der Erbschaft – auf eine Erbschaft Verzicht thun – der Erbschaft entsagen,
zur Erbschaft berufen werden – zum Nachlass berufen sein,
Einantwortung des Nachlasses – Einantwortung einer (der) Erbschaft/die Erbschaft einzuantworten/die Erbschaft wird eingeantwortet,
Abtretung der Erbschaft – Abtretung der Verlassenschaft,
den Nachlaß verwalten – die Verlassenschaft verwalten – die Besorgung der Verlassenschaft,

die Verlassenschaft fällt zu – fällt die Erbschaft zu/die Erbschaft ist zugefallen/die Erbschaft fällt auf jdn.,
die Erklärung wird abgegeben – die eingebrachte Erklärung,
die Forderung eintreiben – die Forderung erheben,
die Frist ist abgelaufen – die verstrichene Frist – die Frist endet,
den Fruchtgenuß abtreten – die Fruchtnießung abtreten,
ein Geschäft eingehen – ein Geschäft abschließen – ein Geschäft unternehmen,
das Hindernis aufheben – das Hindernis heben,
die Klage anbringen – die Klage einreichen – Klagen werden erhoben – gestellte Klage – die Klage anhängig machen – seine Eigentumsklage anstellen – die Eigentumsklage findet statt,
die Kosten bestreiten – die Kosten tragen – die verwendeten Kosten,
der Nachlass wird verwirkt – des Nachlasses verlustig werden,
der zugedachte Nachlass – einen Nachlass zugewendet haben,
die gezogenen Nutzungen – eingehobene Nutzungen,
Rechte wahren – Rechte verwahren,
über eine Sache testieren – mit der Sache nach Belieben schalten,
ein Sachwalter wird aufgestellet – einen Sachwalter bestellen,
der entstehende Schaden/der entstandene Schaden – der erwachsene Schaden/der erwachsende Schaden,
den Schaden vergüten – (den) Schaden ersetzen,
die Schuld entrichten – seine Schuld abführen – Schulden werden abgetragen – Schulden bezahlen – die Schuld aushaften – Bedeckung der Schuld,
die Ausübung persönlicher Servituten/die Ausübung der Servitut/die Servitut ausüben – ausgeübte Dienstbarkeiten/die Ausübung der Dienstbarkeit,
Servituten erweitern – die Dienstbarkeit erweitern,
die Dienstbarkeit hört auf – Erlöschung der Dienstbarkeiten – Erlöschung der persönlichen Servituten/eine Servitut erlischt/die Servituten erlöschen,
die Verhandlung wird vorgenommen – Verhandlungen sind anhängig gemacht,
Auseinandersetzung des Vermögens – die Absonderung des Vermögens,
ein Vormund wird entlassen – den Vormund lossprechen,
Vorschriften beobachten – Vorschrift(en) befolgen – Vorschriften anwenden – nach der (den) Vorschrift(en) handeln – nach Vorschrift(en) verfahren.

Im Gegensatz zum Bürgerlichen Gesetzbuch, wo man es mit relativ eingeschränkter Substituierbarkeit der extrahierten Verbindungen zu tun hatte, dürfte die höhere Variabilität im Allgemeinen Bürgerlichen Gesetzbuch ein

Indiz dafür sein, dass der Anteil kollokativer Verbindungen hier niedriger sein dürfte.

Analog wie bei dem Analysematerial aus dem BGB werden im Folgenden zur Prüfung des Kollokationsstatus der extrahierten Kombinationen die Makrostrukturen der potentiellen Basen untersucht. Ebenso werden nicht sämtliche (256) aus dem ABGB elizitierte Substantive im Hinblick auf deren Makrostruktur detailliert beschrieben. Die Analyse beschränkt sich auf 20 Substantive, wobei die Hälfte davon die „kombinationsfreudigsten" und die andere Hälfte die „kombinationsschwächsten" potentiellen Basen bilden werden, die mit zwei bzw. drei potentiellen Kollokatoren kombiniert werden. Ähnlich wie bei der Untersuchung des BGB wird auf die Darstellung von Makrostrukturen „monokollokabiler" Substantive, die in dem Belegmaterial ebenfalls etwas mehr als die Hälfte ausmachen (131), an dieser Stelle verzichtet, da bei ihnen keine ausgebaute horizontale Ebene vorliegt. Im Übrigen wird analog wie beim BGB verfahren – zur Prüfung des Kollokationsstatus der jeweiligen Kombinationen werden umfangreichere zugängliche Korpora konsultiert (DWDS bzw. Cosmas-Datenbank), beim Fehlen entsprechender Belege im DWDS wird zusätzlich die Phrasensuche mit Hilfe der Suchmaschine Google herangezogen. Eine besondere Rolle wird der Vorkommenshäufigkeit der extrahierten Verbindungen in dem untersuchten Korpus beigemessen.

Die durchschnittliche Frequenz der zu untersuchenden Belege ist weit niedriger als im BGB und beträgt 2,03. Somit dürften bereits Verbindungen, die mindestens drei Mal auftreten, als überdurchschnittlich frequent und daher typisch für das Korpus gelten. Deren Anteil macht im analysierten Korpus 159 Kombinationen aus. Ähnlich wie bei der Kollokationsanalyse des BGB werden jedoch auch diese Verbindungen trotz der frequenzmäßigen Typikalität im Korpus nicht von vornherein für kollokativ gewertet, sondern bei der folgenden Analyse mit untersucht. Es bleibt noch darauf hinzuweisen, dass die weit niedrigere Vorkommenshäufigkeit der zu analysierenden Belege aufs Engste mit der bereits angesprochenen hohen Variabilität der Begrifflichkeiten im ABGB korrespondiert. Bei einer Analyse des Wortschatzes des ABGB im Vergleich zu dem BGB ist Künssberg zu dem Ergebnis gelangt, „daß jedes Wort im ABGB. durchschnittlich 12,8mal, im BGB. dagegen 22,9mal, also beinahe doppelt so oft, verwendet wird" (Künssberg 1930: 9). Eine logische Folge davon ist, dass wenn Einzeltermini im ABGB zwei Mal weniger häufig auftreten als im BGB, dann schlägt sich das verständlicherweise auch in der Vorkommenshäufigkeit der Mehrwortverbindungen, die sie eingehen, nieder.

1. Recht

Tab. 1a: Makrostruktur des Substantivs Recht *[Suchanfrage im DWDS am 07.08.2013]*

VERTIKALE EBENE	Abbruch thun + S_d/ Abbruch geschieht an (2/0)	zustehen + S_n (11/703)	eintreten + S_n (3/0)	verfügen über (1/137)	verlustig werden + S_g (2/0)	entziehen (1/134)	erwerben (15/943)	löschen (4/0)	geltend machen (4/34)
	kränken in (2/0)	zukommen + S_n (3/52)	entspringen (3/8)	genießen (10/203)	verlieren (3/576)	*absprechen (697)*	erlangen (2/63)	aufheben (3/24)	verfolgen (1/15)
	einschränken (310)	fallen auf + S_n (1/23)	stattfinden (2/0)	*besitzen (847)*	*verwirken (246)*	*aberkennen (41)*	eintreten in (3/43)	erlassen (1/0)	
	beschneiden (234)	*gehören (420)*					erhalten (4/1920)	*abschaffen (53)*	
	beschränken (103)	*gebühren* + S_n *(23)*					treten in (1/0)		
	antasten (31)						ersitzen (4/0)		
	beeinträchtigen (61)						*bekommen (803)*		
	begrenzen (25)								
	HORIZONTALE EBENE								

Tab. 1b: Makrostruktur des Substantivs Recht *(Fortsetzung) [Suchanfrage im DWDS am 07.08.2013]*

VERTIKALE EBENE	ausschließen + S_n (2)	haften auf (4/0)	zurücktreten + S_n (5/15)	einräumen (6/895)	anmaßen sich (1/69)	absondern (1/0)	übertragen (6/162)	begründen (2/113)	befestigen (4/0)
			zurückfallen + S_n *(34)*	erteilen (2/41)	*beanspruchen (405)*	*teilen (31)*	abtreten (1/161)	bestellen (1/0)	*stärken (643)*
				verleihen (1/137)	*usurpieren (10)*			gründen (1/0)	
				zuerkennen (1/96)				*schaffen (186)*	
				zudenken (4/0)					
				zusprechen (265)					
				zugestehen (672)					
	HORIZONTALE EBENE								

Tab. 1c: Makrostruktur des Substantivs Recht *(Fortsetzung) [Suchanfrage im DWDS am 07.08.2013]*

VERTIKALE EBENE	belasten (2/0)	vortreten + S_n (5/0)	verjähren (3/0)	wahren (2/311)	ausüben (12/301)	begeben + S_g (1/0)	eintragen (5/0)	aufhören + S_n (1/18)
			verfallen (15)	verwahren (1/0)	*anwenden (149)*	*verzichten auf (461)*		erlöschen + S_n 5/89)
				verteidigen (696)		*aufgeben (126)*		*enden* + S_n *(31)*
				schützen (412)				*auslaufen* + S_n *(15)*
	HORIZONTALE EBENE							

Ähnlich wie im BGB bildet das Substantiv *Recht* mit seinen 50 verbalen Verbindungen auch in dem hier untersuchten Korpus die kombinationsfreudigste potentielle Basis. Auch wenn die Zahl potentieller Kollokatoren, mit denen *Recht* im ABGB eine Verbindung eingeht, beinahe doppelt so hoch ist wie im BGB, lassen sich diese Kombinationen fast ebenso vielen Szenen auf der horizontalen Ebene zuordnen (hier 26 und im BGB 22). Die Variabilität unterschiedlicher Verben, die zur Versprachlichung bestimmter Sachverhalte gebraucht werden, ist somit deutlich höher als im BGB, worauf bereits eingangs hingewiesen wurde.

Innerhalb der einzelnen Paradigmata zeigt sich, dass die potentiellen Kollokatoren zum Teil mit den Kombinationen im BGB übereinstimmen. In beiden Korpora kommen etwa Verbindungen vor wie: *des Rechtes verlustig werden, sich des Rechtes anmaßen* (im ABGB) bzw. *sich ein Recht anmaßen* (im BGB), *ein Recht ausüben, ein Recht bestellen, Rechte begründen, das Recht wird eingeräumt, Rechte erlangen, Rechte erwerben, das Recht erlischt, über ein Recht verfügen, in die Rechte eintreten, ein Recht geltend machen, das Recht wird gelöscht, Rechte übertragen, die Verfolgung der Rechte, Rechte stehen zu* oder *Rechte wahren.*

Innerhalb der kompositionellen Verbindungen mit *erteilen, begründen, erlöschen, verfügen, ersitzen, belasten, eintragen, übertragen, zustehen, verlieren* und *verjähren* lassen sich in erster Linie die Kombinationen mit *erlöschen, übertragen* und *zustehen* als kollokativ einstufen. Alle drei kommen im Korpus überdurchschnittlich häufig vor, es handelt sich bei ihnen um typische Verbindungen mit *Recht* und sie sind auch weit usueller als die entsprechenden Substitutionsmöglichkeiten – bzw. sind beschränkt kommutierbar – ferner wurden sie auch bei der Kollokationsanalyse des BGB als Kollokationen kategorisiert. Für kollokativ wären auch die Verbindungen mit *begründen* und *ersitzen* zu erachten. *Rechte zu begründen* stellt eine typische Verbindung dar, die innerhalb des entsprechenden Paradigmas durch ihre Vorkommenshäufigkeit im DWDS auffällt. Darüber hinaus zeigt sich, dass die kompositionelle Übertragung hierbei nicht adäquat ist, angemessen wäre nämlich die halbkompositionelle Entsprechung *ustanawiać, powstawać* ‚bestimmen, entstehen'. Bei *ersitzen* liefert das DWDS zwar keine Werte zu den entsprechenden syntaktischen Relationen, *Rechte ersessen zu haben* steht jedoch in keiner vollen Synonymierelation zu den oben angeführten Substitutionsmöglichkeiten, es geht dabei nicht nur darum, Rechte erworben zu haben, entscheidend ist vielmehr die Art des Erwerbs, nämlich durch langjährigen, gutgläubigen Besitz. Von der Kollokativität dieser Kombination zeugt auch die Tatsache, dass die Kookkurrenzanalyse mithilfe von Cosmas, das *Bleiberecht* als einen der wenigsten Kookkurrenzpartner von *ersitzen* liefert. *Recht* erscheint wiederum als die häufigste Kombinationsmöglichkeit mit *ersessen*. Die übrigen kompositionell wiedergegebenen Verbindungen erweisen sich hingegen als frei. Die Verben *belasten, verjähren* und *eintragen* weisen zwar eine rechtssprachliche Bedeutung auf, wie aus der obigen Makrostruktur zu ersehen ist, sie stellen jedoch keine typischen Kombinationen mit *Recht* dar – sie sind im DWDS nicht nachweislich. *Verfügen, verlieren* und *erteilen* treten wiederum in Kombination mit *Recht* auch im DWDS auf, es handelt sich dabei jedoch nicht um die typischsten Verbindungen mit *Recht*, vor dem Hintergrund des weiten Kombinationsgrades dieser Verben wird dabei von freien Kombinationen ausgegangen. Innerhalb der halbkompositionell wiedergegebenen Verbindungen lassen sich ähnlich wie im BGB die Kombinationen mit den Verben *einräumen, erwerben, bestellen, anmaßen, geltend machen, wahren, ausüben, in die Rechte eintreten* als Kollokationen einstufen. Auf eine detaillierte Begründung dieser Kategorisierung wird an dieser Stelle verzichtet, da sie bereits im Kapitel zu Kollokationen im BGB vorgebracht wurde. Von den übrigen nicht wörtlich im polnischen Transferendum übersetzten Verbindungen lassen sich *des Rechtes verlustig werden, das Recht schließt aus, ein Abbruch an Rechten geschieht/Rechten Abbruch thun, in seinem Rechte kränken, ein Recht befestigen, das Recht tritt ein, ein Recht absondern, Rechte entspringen, Rechte finden statt, ein Recht wird gelöscht, in das Recht treten, sich seines Rechtes begeben, das zugedachte Recht, ein Recht haftet auf etw., das Recht hört auf, Rechte werden gegründet* und *Rechte verwahren* als Kollokationen ausschließen, da sie weder im ABGB noch im DWDS auffallend typisch sind bzw. im Letzteren gar nicht vorkommen und überwiegend mehrfache Kommutationsmöglichkeiten zulassen. Bei einigen dieser Kombinationen handelt es sich um veraltete Gebrauchsformen: *Rechte verwahren* weist eine heute ungebräuchliche Bedeutungsvariante von *verwahren* im Sinne von

‚schützen, behüten, sichern‘[198] auf, aus dem Gebrauch geraten ist neuerdings ebenfalls die Kombination *des Rechtes verlustig werden*. Alternativ treten dafür bereits im ABGB andere Ausdrucksmöglichkeiten auf.

Die ebenso nicht wörtlich wiedergegebenen Kombinationen *das zurücktretende Recht, das Recht erhalten, zukommende Rechte, das zuerkannte Recht, Rechte werden aufgehoben, das Recht fällt auf jdn., das vortretende Recht, das Recht erlassen, Rechte erlangen, Verfolgung der Rechte, das verliehene Recht, Rechte entziehen* unterscheiden sich von den gerade als Kollokationen ausgeschlossenen Verbindungen dadurch, dass sie entweder im ABGB oder im DWDS mehrfach belegt sind. Besonders auffallend ist hier *das Recht erhalten*, das insbesondere im DWDS eine hohe Vorkommenshäufigkeit aufweist. Es zeigt sich aber, dass die halbkompositionelle Wiedergabe in diesem Falle trügerisch ist, möglich wäre auch eine wörtliche Übersetzung, die eingesetzte Übertragung hingegen ein Äquivalent von dem ebenfalls im Korpus gebrauchten *erwerben* ist. Wegen der eigentlichen Kompositionalität der Kombination als auch aufgrund des weiten Kombinationsgrades des Verbs *erhalten* wird hierbei von keiner Kollokation ausgegangen. Analog lassen sich auch *Rechte erlangen* als Kollokation ausschließen. Auch hierbei wurde als Entsprechung *nabywać* ‚erwerben‘ eingesetzt, da das Verb innerhalb des betreffenden Strukturtyps keine typische Verbindung mit *Recht* eingeht und darüber hinaus einen großen Kombinationsgrad aufweist, kann hierbei von keiner Kollokation die Rede sein. Der mangelnden Typikalität halber, teilweise einhergehend mit nicht eingeschränkter Substituierbarkeit, kommen auch die anderen oben angeführten Kombinationen als potentielle Kollokationen nicht in Frage.

Kollokationsstatus wäre indes den Verbindungen *Rechte abtreten* und *Rechte genießen* zuzuerkennen. Zwar tritt *abtreten* im ABBG nicht so häufig wie die Alternative mit *übertragen* auf, im DWDS kommen jedoch beide Varianten fast genauso frequent vor, so dass beide auch angesichts ihrer eingeschränkten Substituierbarkeit und der Tatsache, dass sie im betreffenden Strukturtyp zu den typischsten Verbindungen zählen, als Kollokationen einzustufen sind. Bei der Kombination mit *genießen* fällt auf, dass sie in erster Linie aufgrund ihrer überdurchschnittlichen Vorkommenshäufigkeit im ABGB als kollokativ gewertet werden dürfte, ferner stellt sie auch eine typische Verbindung mit *Recht* dar. Als Kollokation wäre auch die Kombination *Rechte werden aufgehoben/Aufhebung der Rechte* einzustufen und zwar vor dem Hintergrund dessen, dass es sich dabei um eine halbkompositionelle, wenn nicht typischste, so doch usuelle Verbindung handelt, die auch beschränkt substituierbar ist.

198 Quelle: http://www.woerterbuchnetz.de/DWB?lemma=verwahren; Stand 7.08.2013.

2. Forderung

Tab. 2a: Makrostruktur des Substantivs Forderung *[Suchanfrage im DWDS am 8.08.2013]*

VERTIKALE EBENE	abtreten (2/66)	sichern (1/0)	berichtigen (3/0)	ausstehen + S_n (1/12)	anmelden (2/249)	erlöschen + S_n (2/12)	übergehen + S_n (1/0)
	vermachen (2/0)	bedecken (1/0)	*begleichen (118)*	*nicht eingetroffen sein +S_n (0)*	ausführen (1/0)	verfallen (1/6)	*zukommen auf +S_n (128)*
	übergeben (22)	*absichern (22)*	*bezahlen (38)*		*aufstellen (487)*	verjähren (3/81)	
	übertragen (7)		*befriedigen (88)*				
	HORIZONTALE EBENE						

Tab. 2b: Makrostruktur des Substantivs Forderung *(Fortsetzung) [Suchanfrage im DWDS am 8.08.2013]*

VERTIKALE EBENE	vortreten + S_n (1/0)	darthun (1/0)	einlösen (1/40)	eintragen (2/0)	zustehen (1/18)	erheben (2/1496)
		vorstellen (55)	*aufkaufen (32)*	einverleiben (2/0)	*gehören (307)*	eintreiben (2/131)
						beziehen (1/0)
						einziehen (26)
						beitreiben (0)
	HORIZONTALE EBENE					

Das Substantiv *Forderung* weist nach *Recht* mit seinen 21 verbalen Verbindungen das zweitgrößte Kombinationspotential auf. Mit dem BGB teilt das ABGB folgende Kombinationen: *eine Forderung abtreten, die Forderung berichtigen, die Forderung steht aus, Forderungen erlöschen* und *die zustehenden Forderungen.* Eine kompositionelle Übertragung erfahren in dem polnischen Transferendum die Verbindungen: *die Forderungen verjähren, gesicherte Forderung, vermachte Forderungen, die Forderung wird eingetragen, die zustehenden Forderungen, Forderungen erlöschen, Forderungen anmelden* und *Forderungen übergehen.* Aufgrund der mangelnden Typikalität, als auch hinsichtlich mehrerer Substitutionsmöglichkeiten lassen sich *vermachen, sichern, erlöschen, übergehen, eintragen, anmelden* und *zustehen* als Kollokatoren ausschließen. Lediglich bei *verjähren,* das innerhalb dieser Gruppe im ABGB am häufigsten in Verbindung mit *Forderung* tritt und auch im DWDS eine typische Kombination damit darstellt, kann von einer Kollokation die Rede sein.

Unterschiede bezüglich des Typikalitätsgrades zeichnen sich auch bei den halbkompositionellen Kombinationen ab. Im Rahmen des Paradigmas mit *abtreten* erweist sich *abtreten* der Präferiertheit halber als kollokativ, wohingegen *vermachen* in der hier aktivierten Bedeutung mit *Forderung* nicht typisch und somit als frei gelten darf.

Auf die Tatsache, dass die Kombination *die Forderung berichtigen* im heutigen Sprachgebrauch nicht mehr usuell ist, wie die Angaben im DWDS und die Phrasensuche mit Hilfe der Suchmaschine Google bezeugen, wurde bereits bei der Kollokationsanalyse des BGB aufmerksam gemacht. Da diese Verbindung allerdings auch in der heutigen Fassung des ABGB vorkommt (vgl. § 725 ABGB), erscheint sie weiterhin als disponibel und wird auch vor dem Hintergrund ihrer Halbkompositionalität als kollokativ gewertet.[199] Im Gegensatz dazu ist die Kombination mit *bedecken* auch im ABGB nicht mehr disponibel, da § 235 samt Überschrift aufgehoben wurde. Daher wird sie nicht (mehr) als Kollokation eingestuft. Als keine Kollokation gilt auch *eine Forderung steht aus*, was bereits bei der Kollokationsanalyse des BGB dargelegt wurde.

Keine Kollokationen stellen auch die Kombinationen mit den Verben *ausführen*, *verfallen*, *vortreten*, *darthun* und *beziehen* dar. Es handelt sich dabei weder im analysierten Korpus, noch im heutigen Sprachgebrauch um usuelle Kombinationen, dafür kommen hingegen andere alternative Ausdrucksmöglichkeiten zum Einsatz. Trotz ihrer Halbkompositionalität handelt es sich dabei häufig um Verben, die in den hier aktivierten Bedeutungsvarianten in Verbindung mit anderen Substantiven weit typischer sind – so ist etwa *beziehen* im Sinne von ‚erhalten' typischer mit *Einkünften* oder *Gehalt*, *verfallen* in der Bedeutung ‚ungültig werden' zeigt wiederum eine stärkere Assoziativität etwa zu *Anspruch*. Als Kollokationen lassen sich innerhalb der halbkompositionellen Verbindungen die Kombinationen mit den Verben *einlösen*, *erheben* und *eintreiben* einstufen, da sie alle gegenüber den Substitutionsmöglichkeiten präferierter erscheinen und innerhalb des betreffenden Strukturtyps auch im DWDS zu den typischsten Kombinationen zählen. Für kollokativ dürfte auch die Kombination mit *einverleiben* erachtet werden. In der hier aktivierten Bedeutung tritt zwar das Verb im DWDS nicht auf, es handelt sich dabei jedoch um einen österreichischen Terminus. Mit Einverleibung ist die „Eintragung von Rechten in das Grundbuch [gemeint – F.K.], wodurch Rechtserwerb oder Rechtsverlust erfolgt."[200] Da *Forderung* eine semantisch-begriffliche Verwandtschaft zu *Rechten* zeigt, dürfte hier von einer Kollokation auszugehen sein.

199 Die zwei weiteren Paragraphen (§ 47 und § 194), in denen die Kombination in dem hier analysierten Korpus vorkommen, sind allerdings in der heutigen Fassung außer Kraft getreten bzw. aufgehoben worden (vgl. ABGB, Stand BGBl. Nr. 118/2002. Online unter: http://www.ibiblio.org/ais/abgb2.htm#i).

200 Quelle: http://www.rechtsanwaelte.at/www/getFile.php?id=1118&key=e&keyWordId=344&keyWordName=Einverleibung&search=true; Stand: 8.08.2013.

3. Erbschaft

Tab. 3: Makrostruktur des Substantivs Erbschaft *[Suchanfrage im DWDS am 08.08.2013]*

VERTIKALE EBENE	antreten (9/88)	ausschlagen (6/50)	anfallen + S_n (2/7)	einantworten (4/0)	berufen zu + S_d (1/0)	erwerben (1/0)	teilen (3/0)	zuwachsen +S_d (1/0)
	annehmen (9/30)	Verzicht thun auf (1/0)	kommen auf jdn. +S_n (1/0)	übergeben (1/0)		in Besitz nehmen (2/0)		
	übernehmen (1/19)	entsagen +S_g (2/0)	zufallen +S_n (5/0)	abtreten (1/0)				
	HORIZONTALE EBENE							

Das drittgrößte Kombinationspotential weist in dem untersuchten Korpus das Substantiv *Erbschaft* mit seinen 17 verbalen Verbindungen auf. Sowohl in dem deutschen, als auch dem österreichischen Gesetzestext treten die Kombinationen *die Erbschaft ausschlagen, die Erbschaft fällt an, zur Erbschaft berufen werden* und *die Erbschaft annehmen* auf. Im BGB wurde allen diesen Kombinationen Kollokationsstatus eingeräumt. Die gleichen Gründe sprechen auch an dieser Stelle für die Kollokativität dieser Verbindungen, so dass auf eine Wiederholung dieser Beweisführung in dem vorliegenden Kapitel verzichtet wird. Was die übrigen Kombinationen mit *Erbschaft* anbelangt, so werden in der polnischen Übersetzung die Verben *entsagen, teilen* und *zuwachsen* wörtlich wiedergegeben. Wie der obigen Makrostruktur zu entnehmen ist, handelt es sich bei keiner dieser Verbindungen um eine typische Kombination im DWDS. Für *entsagen* treten darüber hinaus bereits im analysierten Korpus mehrere alternative Ausdrucksmöglichkeiten auf. Aufgrund der Untypikalität als auch der Kompositionalität halber lassen sich diese Verbindungen als Kollokationen ausschließen.

Bei den halbkompositionell wiedergegebenen Verbindungen mit *antreten, übernehmen, Verzicht thun, kommen, zufallen, einantworten, übergeben, abtreten, erwerben* und *in Besitz nehmen* fällt lediglich *antreten* durch frequenzmäßige Typikalität *sowohl* im Korpus, als auch innerhalb des entsprechenden Paradigmas auf, so dass hierbei von einer Kollokation ausgegangen werden kann. Als eine kollokative Verbindung wird auch die Kombination mit *einantworten* gewertet. Zwar wird das Verb im DWDS gar nicht aufgeführt, allerdings handelt es sich bei der Einantwortung um einen Terminus des österreichischen Zivilrechts. Gemeint ist damit die „[g]erichtliche Übergabe des Nachlasses eines Verstorbenen in den rechtlichen Besitz des Erben.“[201] Folglich kann man hierbei von einer

201 Quelle: http://www.rechtsanwaelte.at/www/getFile.php?id=1118&key=e&keyWordId=193&keyWordName=Einantwortung&search=true; Stand 8.08.2013.

normativen Festlegung sprechen, die Verbindung für beschränkt substituierbar und somit kollokativ halten. Für *zufallen*, das in dem untersuchten Korpus typischer als die im DWDS usuelle Alternative *anfallen* erscheint, findet man allerdings Belege bei der Cosmas-Recherche, etwa:[202]

> Sind Sie der einzige Legatar, könnten Sie somit nicht nur das Haus und das Segelboot beanspruchen, sondern würde Ihnen die ganze Erbschaft zufallen. (N96/NOV.49949 Salzburger Nachrichten, 30.11.1996; FRAGEN SIE DEN NOTAR)

> Nur wenn diesem Jungen etwas zustoßen sollte, würde Torsten Barring die Erbschaft zufallen. (WPD11/D32.40302: Die Frau mit der Narbe, In: Wikipedia - URL:http://de.wikipedia.org/wiki/Die_Frau_mit_der_Narbe: Wikipedia, 2011)

> Der armen, verlassenen Christine mit ihrem unehelichen Kind lässt er eine stattliche Erbschaft zufallen [...] (NUN01/FEB.01064 Nürnberger Nachrichten, 12.02.2001, S. 27; Die Verlogenheit der Männer - Roberto Ciulli inszenierte am Münchner Residenztheater Ödön von Horvaths *Zur schönen Aussicht*)

Folglich wird auch die Verbindung *die Erbschaft fällt zu* als eine Kollokation eingestuft. Bei den übrigen angeführten Kombinationen mit *übernehmen*, *Verzicht thun*, *kommen*, *übergeben*, *abtreten*, *erwerben* und *in Besitz nehmen* zeigt sich, dass die hier aktivierten Bedeutungsvarianten *auch* in Verbindungen mit anderen Substantiven zum Vorschein kommen, mit *Erbschaft* indes untypisch sind, weshalb bei ihnen von keinen Kollokationen ausgegangen wird.

4. Vorschrift

Tab. 4: Makrostruktur des Substantivs Vorschrift *[Suchanfrage im DWDS am 09.08.2013]*

VERTIKALE EBENE	anwenden (3/*81*)	finden Anwendung + S_n (1/*239*)	handeln nach + S_d (3/0)	aufstellen (2/*18*)	bestimmen (3/0)	ausdehnen (1/*14*)
	befolgen (2/*89*)	bestehen + S_n (3/*98*)	verfahren nach + S_d (2/*7*)	erlassen (1/*320*)	dienen (2/*67*)	*erweitern (5)*
	beobachten (6/0)	gelten + S_n (2/*643*)	*machen nach + S_d (177)*	erteilen (1/0)	*besagen (46)*	
	beachten (162)	zur Anwendung kommen + S_n (1/0)		*festlegen (14)*	*regeln (76)*	
	einhalten (188)	*existieren + S_n (61)*		*einführen (40)*		
	respektieren (8)					
	HORIZONTALE EBENE					

Wie aus der obigen Tabelle ersichtlich ist, geht *Vorschrift* in dem analysierten Korpus fünfzehn verbale Verbindungen ein. Zur Veranschaulichung beinahe

202 Suchabfrage im Cosmas am 8.08.2013.

sämtlicher Sachverhalte werden bereits im ABGB alternative Ausdrucksmöglichkeiten verwendet. Mit dem BGB teilt das ABGB folgende verbale Kombinationen mit *Vorschrift*: *Vorschriften befolgen*, *Vorschriften finden Anwendung*, *Vorschriften erlassen* und *die Vorschrift gilt*. Kompositionell wurden in dem polnischen Transferendum die Kombinationen mit folgenden Verben übertragen: *gelten*, *verfahren*, *anwenden*, *ausdehnen* und *befolgen*. Während die Kombinationen mit *gelten*, *anwenden* und *befolgen* zu den typischsten Kombinationen innerhalb des betreffenden Strukturtyps gehören, lassen sich *verfahren* und *ausdehnen* als Kollokationspartner von *Vorschrift* aufgrund ihrer Untypikalität ausschließen.

Auch innerhalb der halbkompositionell wiedergegebenen Verbindungen tritt deren Kollokativität unterschiedlich stark hervor. Aufgrund der frequenzmäßigen Typikalität (im DWDS), des hohen Assoziationsgrades sowie deren Präferiertheit dürften insbesondere die Kombinationen *Vorschriften finden Anwendung* und *Vorschriften erlassen* als kollokativ gewertet werden. Bei den übrigen Kombinationen zeigt sich, dass sie entweder veraltete, heute nicht geläufige Bedeutungsvarianten aktivieren (*Vorschriften beobachten*) oder die Übersetzung trotz möglicher wörtlicher Wiedergabe freier ausgefallen ist (etwa *bestehende Vorschriften* als *przepisy wydane* ‚erlassene Vorschriften' oder *Vorschriften dienen* als *stosować przepisy* bzw. *przepisy stanowią* ‚die Vorschriften anwenden' bzw. ‚die Vorschriften besagen'). Die entsprechenden Kombinationen erweisen sich als untypisch und werden somit nicht als Kollokationen eingestuft.

5. Verbindlichkeit

Tab. 5: Makrostruktur des Substantivs Verbindlichkeit *[Suchanfrage im DWDS am 09.08.2013]*

VERTIKALE EBENE	auferlegen (1/0)	begründen (1/15)	eintreten + S_n (1/0)	obliegen + S_n (1/0)	aufheben (6/0)	erfüllen (4/43)	eingehen (1/30)	befestigen (2/0)	umändern (2/0)
		gründen (2/0)	entstehen + S_n (1/24)	fallen auf + S_n (1/0)	löschen (2/0)	*begleichen (78)*	überneh-men (1/164)	*sichern (12)*	*umwandeln (15)*
		schaffen (35)	*auftau-chen (7)*	*belasten (27)*	*tilgen (75)*	*decken (43)*	sich unterziehen + S_d (1/0)		
				bestehen (43)		*ablösen (25)*			
						abtragen (13)			
	HORIZONTALE EBENE								

Ähnlich wie die Basis *Vorschrift* verbindet sich auch *Verbindlichkeit* mit 15 potentiellen Kollokatoren. Gemeinsam mit dem BGB-Korpus sind lediglich die

Kombinationen Verbindlichkeiten *erfüllen, übernehmen* und *eingehen*. Kompositionell werden im analysierten Korpus die Kombinationen mit *auferlegen, erfüllen, übernehmen* und *umändern* wiedergegeben. Davon lässt sich lediglich *erfüllen* als typisch in Verbindung mit *Verbindlichkeit* werten. Wie der obigen Tabelle entnommen werden kann, bildet sie auch eine der wenigsten Kombinationen, die in dem Korpus überdurchschnittlich häufig vorkommt, folglich wird ihr Kollokationsstatus eingeräumt. Dagegen kommt *übernehmen* zwar relativ häufig im DWDS vor, aufgrund seiner Kompositionalität als auch seines weiten Kombinationsgrades, sowie der Tatsache, dass es nicht zu den typischsten Kombinationen von *Verbindlichkeiten* im Rahmen des betreffenden Strukturtyps zählt, wird es als frei gewertet.

Für kollokativ lassen sich auch nicht sämtliche halbkompositionelle Verbindungen erachten. Während dies bei *eingehen* legitim erscheint, erweisen sich die meisten anderen Kombinationen als untypisch mit *Verbindlichkeit*, ferner kommen die hier realisierten Bedeutungen auch mit anderen Substantiven vor. Eine Ausnahme bilden in dieser Hinsicht zwar *begründen* und *entstehen*, die im DWDS nachweislich sind, es bedarf bei ihnen jedoch einer Differenzierung. Während *begründen* aufgrund seiner übertragenen Lesart als Kollokation gewertet werden kann, ließe sich *entstehen* durchaus kompositionell übertragen. Da es keine besonders typische Kombination mit dem analysierten Substantiv bildet und zudem einen hohen Kombinationsgrad aufweist, kann man bei *Verbindlichkeiten entstehen* von einer freien Verbindung ausgehen. *Verbindlichkeiten aufheben* ließen sich dagegen lediglich wegen Halbkompositionalität sowie der Vorkommenshäufigkeit im analysierten Gesetzestext als kollokativ werten.

6. Besitz

Tab. 6: Makrostruktur des Substantivs Besitz *[Suchanfrage im DWDS am 09.08.2013]*

VERTIKALE EBENE	erlangen (1/17)	nehmen in + S_a (12/1672)	erhalten (1/34)	ergreifen (2/566)	anfangen + S_n (1/0)	abtreten (1/8)	ableugnen (1/0)	erlöschen (1/0)	stören (2/0)
	erwerben (4/76)	gelangen in + S_a (4/1106)	*halten (37)*	*übernehmen (51)*	gründen + S_n (1/0)	*übergeben (14)*	*bestreiten (25)*		
		sich setzen in + S_a (1/177)				*übertragen (28)*			
		eindringen in + S_a (1/0)							
		einschleichen in +S_a (1/0)							
		kommen in+S_a (939)							
	HORIZONTALE EBENE								

Innerhalb der Verbindungen mit dem Substantiv *Besitz* treten die Kombinationen mit *erlangen, nehmen, gelangen* und *ergreifen* ebenfalls im BGB auf. In dem vorliegenden Korpus erscheinen die Verben *anfangen, nehmen, sich einschleichen, erlöschen* und *gründen* in Kombination mit *Besitz* wörtlich übertragen. Wie der obigen Tabelle entnommen werden kann, treten all diese Kombinationen mit Ausnahme von *in Besitz nehmen* im ABGB lediglich unikal auf, auch sind sie im DWDS nicht nachweislich, weshalb sie als freie Kombinationen klassifiziert werden. Zwar erweist sich *in Besitz nehmen* der Frequenz nach sowohl im ABGB, als auch innerhalb des aufgestellten Paradigmas als die typischste Verbindung mit *Besitz,* wie jedoch bereits bei der Kollokationsanalyse des BGB ausgeführt wurde, hat man es hier mit einer vielfachen Substituierbarkeit zu tun, ferner drücken die Kombinationen *in Besitz nehmen, in den Besitz gelangen,* aber auch den gleichen Sachverhalt versprachlichende *den Besitz ergreifen* v.a. die Aktionsart aus. Wegen des variablen Gebrauchs bereits im ABGB und der damit einhergehenden fehlenden normativen Festlegung sowie aufgrund der Tatsache, dass die hier eingesetzten Verben auch in Verbindungen mit anderen Substantiven zum Ausdruck der Aktionsart hochproduktiv sind, werden sie analog wie im BGB nicht als kollokativ eingestuft.

Bei den halbkompositionell wiedergegebenen Kombinationen zeigt sich, dass einige davon auch wörtlich übertragen werden dürften. Dies ist der Fall bei *erlangen*, das aufgrund seiner Untypikalität als frei angesehen wird. Bei den übrigen Verbindungen mit *erwerben, erhalten, abtreten, ableugnen, sich setzen, eindringen* und *stören* scheint zunächst nur *erwerben* aufgrund der beschränkten Substituierbarkeit und der Präferiertheit Kollokationspartner von *Besitz* zu sein. Die anderen Kombinationsmöglichkeiten fallen frequenzmäßig nicht auf, lassen sich mehrfach ersetzen und/oder sind in umfangreicheren Korpora nicht nachweislich. Lediglich die Verbindung mit *stören* kann trotz fehlender Belege im DWDS als kollokativ gewertet werden. Die Phrasensuche *Störung des Be*sitzes lieferte am 8.08.2013 53900 Treffer, darüber hinaus handelt es sich dabei um eine terminologisierte Kombination – das Österreichische Rechtswörterbuch definiert *Besitzstörung* als „eigenmächtige[...][n], tatsächliche[...][n] Eingriff in den → Besitz einer anderen Person.“ (Russwurm/Schoeller 1997: 36)[203] Aufgrund dessen, dass die Kombination mit *stören* normativ festgelegt

203 Der Wirtschaftskammer Österreich zufolge liege eine „Besitzstörung [...] nur dann vor, wenn es dem Störer möglich gewesen ist, den rechtswidrigen Eingriff in fremde Besitzrechte zu erkennen. [...] Die Störungshandlung muss den Besitz einer Sache entweder eigenmächtig beeinträchtigen bzw. verletzen oder ganz entziehen.“ (http://portal.

und somit nicht frei austauschbar ist, kann sie als Kollokation eingestuft werden.

7. Sache

Tab. 7: Makrostruktur des Substantivs Sache *[Suchanfrage im DWDS am 09.08.2013]*

VERTIKALE EBENE	testieren über + S_a (2/0)	vermachen (3/0)	sich begeben + S_g (1/0)	erhalten (6/0)	überweisen + S_g (3/0)	freistehen +S_n (5/0)	verpfänden (5/0)	zurück-stellen (1/0)	finden (6/318)
	schalten mit + S_d (4/0)	zudenken (1/0)	fahren lassen (1/0)	ersitzen (2/0)					
		verabfolgen (1/0)	*aufgeben (57)*						
		übergeben (94)							
	HORIZONTALE EBENE								

Das Substantiv *Sache* verbindet sich in dem analysierten Korpus mit vierzehn potentiellen Verbkollokatoren. Gemeinsam mit dem BGB hat das ABGB die Kombinationen mit *vermachen* und *ersitzen*. In dem vorliegenden Korpus erscheinen die Verbindungen mit *finden*, *ersitzen*, *vermachen*, *zudenken* und *verpfänden* wörtlich übertragen. Mit Ausnahme von *finden* ist keine dieser Kombinationen in umfangreicheren Korpora nachweisbar. Allerdings kann auch *finden* nicht zu den typischsten Verbindungen mit *Sache* gezählt werden, da es ferner über einen weiten Kombinationsgrad verfügt, in dem andere Substantive weit üblicher sind als *Sache*, etwa *Arbeit* (4381), *Platz* (5771), *Lösung* (10002) oder *Weg* (14725). Daher kann im vorliegenden Falle von einer freien Verbindung die Rede sein. Innerhalb der halbkompositionell wiedergegebenen Kombinationen lassen sich ebenfalls keine Kollokationen ausfindig machen. Im DWDS sind keine dieser Verbindungen nachweisbar, auch die Recherche mit Hilfe der Suchmaschine Google wirft kein anderes Licht darauf. Vielmehr zeigt sich, dass es sich dabei zum Teil um polyseme Bedeutungsvarianten handelt, etwa bei *sich begeben* ‚sich um etw. bringen, auf etw. verzichten' oder um veralteten Sprachgebrauch. Dieser liegt beispielsweise bei *verabfolgen* oder *mit etw. schalten* vor. *Verabfolgen* wird in den einschlägigen Wörterbüchern als veraltend, papierdeutsch markiert. Bei *schalten* notiert noch das Grimmsche Wörterbuch die hier eingesetzte Bedeutungsvariante:

---

wko.at/wk/format_detail.wk?angid=1&stid=611808&dstid=681&titel=Besitzst%C3%B6rung%2C-%2Callgemeiner%2C%C3%9Cberblick; Stand 23.08.2013).

> [...] *mit näherer bestimmung, die oft einen tadel ausspricht, ähnlich wie bei ‚wirtschaften'; mit bezeichnung des gegenstandes und der art des* schaltens [...].[204]

Im ABGB heißt es wiederum *mit der gemeinschaftlichen Sache nach Belieben schalten*. Analog finden wir auch bei *überweisen* im Grimmschen Wörterbuch einen Hinweis auf die im ABGB aktivierte Bedeutung:

> [...] *mit sachgen.* einen ... einer sache überführen oder überweisen RÄDLEIN (1711) 902[b]; herr pfarrherr, ir schelten mich einen lugner, desz müszt ir mich überweyssen WICKRAM w. 3, 63 *B.*; (*die katholiken*) sind der begangenen falschheit endlich überwisen SLEIDANUS reden 157 *B.*; und beut ihnen trotz über trotz, dass sie ihn der geringsten sünde ... zeihen und überweisen sollen POMARIUS grosse postilla (1590) 1, 380[a]; ARTOMEDES christl. auszlegung (1609) 1, 308; herr Klotz soll mich eines unverzeihlichen fehlers ... überwiesen haben LESSING 10, 232 *M.*; eine kurze erfahrung überwies mich meines irrthums WIELAND 2, 27; Z. WERNER M. Luther (1807) 228.[205]

Vor diesem Hintergrund können diese heute ungeläufigen Kombinationen als Kollokationen ausgeschlossen werden.

8. Vormundschaft

Tab. 8: Makrostruktur des Substantivs Vormundschaft *[Suchanfrage im DWDS am 10.08.2013]*

VERTIKALE EBENE	antreten (3/0)	endigen + S_n (6/0)	besorgen (1/0)	abtreten (1/0)	auftragen (2/0)	ausschließen von + S_d (3/0)	austreten von + S_d (1/0)	berufen zu+S_d (1/0)	bestellen (1/0)	bleiben unter + S_d (1/0)
	übernehmen (9/63)	erlöschen + S_n (1/0)	führen (2/0)		*übertragen (9)*		*befreien von + S_d (30)*			*stehen unter + S_d (1/48)*
	HORIZONTALE EBENE									

Die potentielle Basis *Vormundschaft* verbindet sich in dem analysierten Korpus mit dreizehn Verben. Gemeinsam mit dem BGB sind die Kombinationen mit *endigen, berufen, übernehmen* und *führen*. Wörtlich wiedergegeben erscheinen in dem polnischen Transferendum die Verbindungen mit *endigen, ausschließen, bleiben, berufen* und *erlöschen*, wobei auch im Falle von *übernehmen* eine kompositionelle Übertragung möglich wäre. Wie aus der obigen Makrostruktur zu ersehen ist, erweist sich innerhalb dieser Gruppe lediglich *übernehmen*

204 Quelle: http://www.woerterbuchnetz.de/DWB?lemma=schalten; Stand 9.08.2013.

205 Quelle: http://www.woerterbuchnetz.de/DWB?lemma=ueberweisen; Stand 9.08.2013.

sowohl im ABGB als überdurchschnittlich frequent, als auch im DWDS als usuell. Wegen des sehr weiten Kombinationsgrades des Verbs und aufgrund der Tatsache, dass *Vormundschaft* darin nicht als Kookkurrenzpartner angeführt wird, wertet man es jedoch ähnlich wie bei der Kollokationsanalyse des BGB nicht als kollokativ. Ebenso wird die bereits veraltete Verbform *endigen* nicht als Kollokationspartner von *Vormundschaft* angesehen. Sie tritt zwar im ABGB überdurchschnittlich häufig auf, ist aber im DWDS in dieser Kombination nicht nachweisbar, die gegenwärtige Entsprechung *enden* weist hingegen einen hohen Kombinationsbereich auf, innerhalb dessen *Vormundschaft* nicht vorkommt. Bei den halbkompositionellen Verbindungen mit *Vormundschaft* zeichnet sich kaum eine Kombination durch Kollokativität aus. All diese Kombinationen fallen im ABGB der Frequenz nach nicht auf, im DWDS findet man dafür keine Belege. Da es sich dabei um polyseme Bedeutungsvarianten handelt, die auch mit anderen Substantiven vorkommen, lassen sie sich als frei einstufen.

9. Vermächtnis

Tab. 9: Makrostruktur des Substantivs Vermächtnis *[Suchanfrage im DWDS am 10.08.2013]*

VERTIKALE EBENE	aussetzen (1/0)	empfangen (2/0)	entrichten (1/0)	fallen + S_n (1/0)	errichten (1/0)	fallen zur Last + S_n (1/0)
	vorausbestimmen (1/0)	erhalten (1/18)	erfüllen (1/83)	zufallen + S_n (4/0)	*niederschreiben (6)*	
			erledigen (2/0)	*anfallen + S_n (0)*		
			berichtigen (2/0)			
			abführen (1/0)			
			einlösen (8)			
	HORIZONTALE EBENE					

Die potentielle Basis *Vermächtnis* geht im ABGB dreizehn verbale Verbindungen ein, zwei davon – mit *erhalten* und *erfüllen* – kommen auch im BGB vor. Eine kompositionelle Wiedergabe weisen im polnischen Paralleltext die Kombinationen mit *entrichten*, *erhalten*, *erfüllen* und *empfangen* auf. Für das ABGB ist keine dieser Verbindungen auffallend typisch, insbesondere anstelle *erfüllen* treten in dem Gesetzestext mehrere Alternativen auf. Lediglich also aufgrund der Tatsache, dass *erfüllen* sowohl im Rahmen des Strukturtyps, als auch im

DWDS die frequenzmäßig typischste Kombination mit *Vermächtnis* bildet, dürfte es als Kollokation eingestuft werden, dagegen sprechen allerdings die Kompositionalität und der weite Kombinationsbereich dieses Verbs. Was die halbkompositionell wiedergegebenen Verbindungen anbelangt, so fällt keine davon im ABGB der Frequenz nach auf, im DWDS sind sie alle nicht nachweislich. Zwar listet das Wörterbuch bei *aussetzen* als Bedeutungsvariante ‚etw. zur Verfügung stellen' auf und führt dafür den Beleg an „der Verstorbene hatte in seinem Testament zahlreiche Legate ausgesetzt"[206], bei der Belegsammlung für Kookkurrenzpartner von *aussetzen* treten jedoch weder *Legate* noch *Vermächtnisse* auf. Etwas anders fällt die Recherche mithilfe der Google-Suchmaschine aus. Die Phrasensuche *Vermächtnis aussetzen* lieferte darin 2.520 Einträge vorwiegend auf Seiten zu erbrechtlicher Problematik, weshalb die Kombination dennoch als kollokativ gewertet wird.[207] Die Verbindung mit *vorausbestimmen* erweist sich demgegenüber auch im WWW als nichtusuell – geliefert werden lediglich fünf Treffer. Aufgrund der Tatsache, dass hierbei in der Tat auch keine übertragene Lesart vorliegt, sondern im Polnischen nur eine umschreibende Übersetzung möglich ist, kann es als frei kategorisiert werden. Ähnlich wie die Kombination *die Forderung berichtigen* erweist sich auch *Vermächtnisse berichtigen* im heutigen Sprachgebrauch als nicht mehr usuell, wie die Angaben im DWDS und die Phrasensuche mit Hilfe der Suchmaschine Google bezeugen. Da diese Verbindung allerdings auch in der heutigen Fassung des ABGB vorkommt (vgl. § 692 ABGB), erscheint sie weiterhin als disponibel und wird auch vor dem Hintergrund ihrer Halbkompositionalität und des beschränkten Kombinationspotentials des Verbs in dieser semantischen Spezifizität als kollokativ gewertet. Bei den übrigen halbkompositionell übertragenen Verbindungen handelt es sich ähnlich auch im Web um nichtusuelle Kombinationen, die jedoch in ihren Bedeutungsvarianten mit anderen erbrechtlichen Termini typisch sind. Trotz der begrifflichen Verwandtschaft zwischen *Vermächtnis* und etwa *Erbschaft*, werden die entsprechenden Kombinationen, die zwar mit *Erbschaft* usuell, mit *Vermächtnis* hingegen nicht üblich sind, aufgrund ihrer Untypikalität sowohl im DWDS, Cosmas, als auch im Internet nicht als Kollokationen eingestuft.

206 Quelle: http://www.dwds.de/?qu=aussetzen&submit_button=Suche&view=1; Stand 10.08.2013.

207 Suchanfrage am 10.08.2013.

10. Schuld

Tab. 10: Makrostruktur des Substantivs Schuld *[Suchanfrage im DWDS am 10.08.2013]*

VERTIKALE EBENE	bedecken (1/0)	haften + S_n (1/0)	erlassen (2/501)	befreien von + S_d (1/193)	tragen (1/2811)	sich verwickeln in + S_a (1/8)
	bezahlen (5/967)	aushaften + S_n (1/0)	tilgen (4/759)	*freisprechen von* + S_d *(259)*	*verantworten (6)*	*stürzen in* + S_a *(144)*
	entrichten (1/0)	*lasten (106)*	*streichen (53)*	*entlasten von* + S_d *(50)*		*sich verstricken in in* + S_a *(64)*
	abtragen (1/379)	*liegen (911)*				
	abführen (1/0)	*treffen (875)*				
	begleichen (939)					
	HORIZONTALE EBENE					

Zu den kombinationsfreudigsten Substantiven im ABGB zählt mit seinen zwölf verbalen Verbindungen auch die potentielle Basis *Schuld*. Wie aus der obigen Makrostruktur ersichtlich, treten insbesondere im Rahmen des Paradigmas *bedecken* bereits im analysierten Korpus mehrere alternative Ausdrucksmöglichkeiten auf. Mit dem BGB teilt der österreichische Gesetzestext die Verbindungen mit *erlassen* und *tilgen*. Wörtlich übersetzt wurden in dem polnischen Paralleltext die Kombinationen mit *befreien*, *tragen*, *bezahlen* und *bedecken*. Wie aus der obigen Tabelle ersehen werden kann, erweisen sich insbesondere *bezahlen* und *tragen* innerhalb der jeweiligen Paradigmen der Frequenz nach als typisch. Während *tragen* kaum Substitutionsmöglichkeiten aufweist und zu den typischsten Verbindungen mit *Schuld* innerhalb des betreffenden Strukturtyps zählt, fällt *bezahlen* als überdurchschnittlich frequent bereits im ABGB auf; zwar ist der Kombinationsbereich des Verbs hoch, doch zählt *Schuld* zu den typischsten Kombinationen damit, weshalb in beiden Fällen trotz ihrer Kompositionalität von Kollokationen die Rede sein dürfte. *Bedecken* und *befreien* lassen sich hingegen als nicht-kollokativ werten. Im DWDS wird *bedecken* in Kombination mit *Schuld* nicht angeführt, die Phrasensuche *Schuld bedecken* liefert zwar mithilfe von Google 265 Ergebnisse,[208] es handelt sich dabei jedoch entweder um Seiten zu religiöser Thematik oder um veraltete Belege, so dass man die Kombination als rechtssprachliche Kollokation ausschließen kann. Im Falle von *befreien* hat man es zwar im DWDS mit einer usuellen Verbindung zu

208 Suchanfrage am 10.08.2013.

tun, aufgrund ihrer Kompositionalität sowie der Tatsache, dass das Verb einen weiten Kombinationsbereich aufweist, innerhalb dessen *Schuld* nicht zu den typischsten Kookkurrenzpartnern gehört, wird die Verbindung dennoch als frei angesehen.

Bei den halbkompositionell übertragenen Kombinationen kommt die Kollokativität am stärksten bei *tilgen* zum Vorschein, das sowohl in dem Gesetzestext, als auch im DWDS frequenzmäßig auffällt, in dem obigen Paradigma als präferiert gelten kann und daher als Kollokation einzustufen ist. Ebenso dürfte allerdings auch *erlassen* in Kombination mit *Schuld* aufgrund der Typikalität dieser Kombination, verbunden mit einer sehr hohen gegenseitigen Evozierbarkeit[209] als kollokativ gewertet werden.

Darüber hinaus lässt sich lediglich der Kombination *Schulden abtragen* Kollokationsstatus einräumen. Dafür spricht insbesondere die Halbkompositionalität, als auch die Typikalität dieser Verbindung. Bei den übrigen Kombinationen ist indessen wegen ihrer Untypikaltität und mehrfacher Kommutierbarkeit von freien Verbindungen auszugehen. Es stellt sich heraus, dass dabei z.T. auch eine kompositionelle Übertragung möglich wäre, nur sind die Übersetzer freier an die Vorlage herangegangen, so wäre etwa *entrichten* durchaus mit ‚uiszczać' übersetzbar. In anderen Fällen wird eine Bedeutungsvariante aktiviert, die in Verbindung mit anderen Substantiven typischer ist, etwa bei *haften*, im Sinne von ‚hängen bleiben, behaftet sein mit etw., etw. tragen' oder bei *sich verwickeln* im Sinne von „jmdn. gegen seinen Willen (mit) in etw. hineinziehen, an etw. teilhaben, beteiligt sein lassen"[210]. Da es sich dabei im DWDS und auch im WWW um untypische Kombinationen handelt, die auch im ABGB lediglich unikal vorkommen, werden sie nicht als kollokativ gewertet. Der Genauigkeit halber sei zwar angemerkt, dass die Kombination *Schuld haftet* bei der Suchabfrage mit Hilfe der Suchmaschine Google 6.280 Ergebnisse lieferte,[211] doch handelt es sich dabei um syntaktisch nichtzusammengehörige Einträge, wie:

---

209 Das Assoziationsmaß logDice im DWDS beträgt bei *Schulden erlassen* 8,5, wohingegen die Assoziation bei anderen Substantiven, mit denen das Verb die gleiche Bedeutung aktiviert, niedriger ausfällt, etwa: *Strafe* (6,64), *Zinsen* (3,54), *Darlehen* (3,79). (Stand vom 10.08.2013)

210 http://www.dwds.de/?qu=verwickeln&submit_button=Suche&view=1; Stand 10.08. 2013.

211 Suchanfrage am 11.08.2013.

Ein Ölfahrer verursacht einen ölschaden, wer ist Schuld? Haftet die Firma?[212]

Bei leichter Fahrlässigkeit (=geringe Schuld) haftet der Arbeitnehmer gar nicht. Bei mittlerer Fahrlässigkeit (=mittlere Schuld) haftet der Arbeitnehmer anteilig.[213]

Nach den kombinationsfreudigsten Substantiven werden im Folgenden zehn potentielle Basen analysiert, die eine schwächere Verbindbarkeit im ABGB aufweisen und analog wie bei BGB in zwei bzw. drei verbalen Kombinationen auftreten.

11. Beschwerde

Tab. 11: Makrostruktur des Substantivs Beschwerde *[Suchanfrage im DWDS am 11.08.2013]*

VERTIKALE EBENE	führen (1/*143*)
	anbringen (2/9)
	einlegen (1344)
	einreichen (438)
	erheben (119)
	vorbringen (93)
	HORIZONTALE EBENE

Das Substantiv *Beschwerde* geht in dem untersuchten Korpus zwei verbale Verbindungen ein, die in der polnischen Übersetzung nicht wörtlich übertragen werden. Wie aus der obigen Tabelle ersichtlich, dienen beide Verbindungen annähernd zur Versprachlichung eines Sachverhalts – im polnischen Parallelkorpus findet man als Entsprechung beider Verben *wnieść*, d.h. ‚einlegen', auch wenn die Verben, gründlich betrachtet, in der Aktionsart differieren. Sowohl die Kombination *die Beschwerde führen* als auch *die Beschwerde anbringen* lassen sich auch im DWDS nachweisen. Insbesondere bei *Beschwerde anbringen* sind die angeführten Belege jedoch älteren Datums, etwa:

Auch ich bedauere, daß der Bischof seine **Beschwerden** bei der Kultusverwaltung nicht **angebracht** hat; weshalb er es unterlassen hat, weiß ich nicht; es müssen schwerwiegende Gründe sein. (o.A., Landtagsverhandlungen, in: Vossische Zeitung (Morgenausgabe), 03.03.1903, S. 3-4; Herv. v. F.K.)

---

212 Online unter http://www.gutefrage.net/frage/ein-oelfahrer-verursacht-einen-oelschaden-wer-ist-schuld-haftet-die-firma; Stand 11.08.2013.

213 Online unter http://www.arbeitsrecht-ratgeber.de/arbeitsrecht/abwicklung/content_04.html; Stand 11.08.2013.

Aber er muß einräumen, daß die regelmäßigen Inspektionsreisen des Königs vielleicht doch heilsam gewirkt haben und dem Untertanen vielleicht die Möglichkeit oder das Gefühl gaben, seine **Beschwerden anbringen** zu können. (Die Zeit, 20.09.1968, Nr. 38; Herv. v. F.K.)

Wetekamp (fr. Vp.) **führt Beschwerde** über die Maßregelung von Steuerbeamtenvereinen. (o.A., Haus der Abgeordneten, in: Berliner Tageblatt (Morgen-Ausgabe), 13.02.1902, S. 13; Herv. v. F.K.)

Mit dem Urteil werde nicht entschieden, ob die Organisationen, welche jetzt **Beschwerde führten**, subversiv sind, sondern nur festgestellt, daß diese das Recht haben, diese Frage durch einen Gerichtsbeschluß entscheiden zu lassen. (o.A., Innenpolitik. Justizwesen [01.05.51], in: Archiv der Gegenwart 21 (1951), S. 2923; Herv. v. F.K.)

Genau wie heute **führte** man damals schon **Beschwerde** über einen Diebstahl, und in einer sechs Meter langen Schriftrolle fanden wir eine beängstigende Parallele zu Umfang und Langsamkeit heutiger Aktenführung. (Die Zeit, 23.07.2008, Nr. 38; Herv. v. F.K.)

Zwar führt das DWDS für die analysierten Kombinationen mehrere alternative Ausdrucksmöglichkeiten an, die der Frequenz nach typischer sind, allerdings ergibt die Phrasensuche mithilfe von Google, dass „Beschwerde führen" ebenfalls usuell ist. Der rechtlich relevante Kontext, in dem die Verbindung auftritt, etwa:

Das Gericht verurteilte Barlach nun, der gegen das Urteil Beschwerde führen wird, zur Millionenstrafe.[214]

Ein solcher Anspruch müsste vielmehr aus der Norm des Falles ableitbar sein und damit erst könnte (im Sinne des § 28 Abs 1 Z 4 VwGG 1965) die Bezeichnung jenes Rechtes ermöglicht werden, in dem verletzt zu sein der Beschwerdeführer behaupten muss, um berechtigtermaßen vor dem Verwaltungsgerichtshof nach Art 131 B-VG Beschwerde führen zu können.[215]

lässt somit darauf schließen, diese Kombination als kollokativ zu werten, zumal *führen* und *einlegen* in keiner vollen Synonymierelation miteinander stehen. Darüber hinaus leiten sich von dieser Kombination terminologisierte Komposita wie *Beschwerdeführer* oder *Beschwerdeführung* ab. Was *Beschwerde anbringen* angeht, so ist diese Kombination der Frequenz nach auch auf Seiten aus Österreich weit weniger typisch als *Beschwerde einlegen* – angezeigt werden dafür nur 34 Treffer, wobei die Belege z.T. syntaktisch nichtzusammengehörig sind, etwa:[216]

214 Online unter http://www.profil.at/articles/1324/560/360117/suhrkamp-suhrkamp-streit-drama-a-shakespeare; Stand 24.08.2013.

215 Online unter http://www.ris.bka.gv.at/VwghRechtssatzkette.wxe?Abfrage=Vwgh&Dokumentnummer=JWR_1968000218_19680327X02; Stand 24.08.2013.

216 Suchanfrage im Google am 24.08.2013.

Das Zurückziehen eines Antrags auf internationalen Schutz im Verfahren vor dem Bundesverwaltungsgericht gilt als Zurückziehung der Beschwerde. Anbringen, mit denen Anträge auf internationalen Schutz zurückgezogen werden sollen, sind nach Belehrung des Asylwerbers über die Rechtsfolgen als gegenstandslos abzulegen, wenn das Anbringen nicht als Zurückziehen der Beschwerde gilt.[217]

Andere Tips, die ich in der VwGH/VfGH-Beschwerde anbringen könnte?[218]

Aufgrund der mehrfachen Substituierbarkeit, der niedrigen Typikalität, als auch der Tatsache, dass im gegenwärtigen Sprachgebrauch eindeutig *einlegen* in Verbindung mit *Beschwerde* präferiert wird, wird *Beschwerde anbringen* nicht als kollokativ gewertet.

12. Verfahren

Tab. 12: Makrostruktur des Substantivs Verfahren *[Suchanfrage im DWDS am 11.08.2013]*

VERTIKALE EBENE		
	einleiten (1/*1905*)	anhängig sein + S_n (1/*760*)
	einführen (133)	*laufen +* S_n *(1499)*
	eröffnen (712)	*stattfinden +* S_n *(138)*
	beginnen (110)	*dauern +* S_n *(745)*
	HORIZONTALE EBENE	

Das Kombinationspotential des Substantivs *Verfahren* umfasst in dem analysierten Belegmaterial zwei verbale Verbindungen, von denen *einleiten* auch im BGB vorkommt. Während *anhängig sein* halbkompositionell wiedergegeben wird, findet man für *einleiten* die wörtliche Übertragung *wprowadzić*, wobei adäquater die kontextuelle Wiedergabe *wszczynać* erscheint. Wie aus der obigen Tabelle ersehen werden kann, lassen sich beide dem ABGB entnommene Verbindungen als Kollokationen einstufen. *Einleiten* geht mit *Verfahren* die typischste und am meisten präferierte Kombination ein. Bei dem Paradigma mit *anhängig sein* lassen sich zwar Verbindungen anführen, die vergleichsweise oft oder sogar häufiger vorkommen, im Gegensatz zu der analysierten Wendung weisen sie jedoch einen weiten, auf Rechtsbegriffe nicht eingeschränkten Kombinationsbereich auf, in dem *Verfahren* nicht immer zu den typischsten Kookkurrenzpartnern gehört.

217 Online unter http://www.ris.bka.gv.at/Dokument.wxe?Abfrage=Bundesnormen&Dokumentnummer=NOR40141084; Stand 24.08.2013.

218 Online unter http://www.cbk.at/forum/archive/index.php/t-6339.html; Stand 24.08.2013.

13. Verpflichtung

Tab. 13: Makrostruktur des Substantivs Verpflichtung *[Suchanfrage im DWDS am 11.08.2013]*

VERTIKALE EBENE	eingehen (1/*583*)
	auf sich nehmen (1/*125*)
	übernehmen (708)
	aufnehmen (27)
	HORIZONTALE EBENE

Während das Substantiv *Verpflichtung* im BGB mit seinen 15 verbalen Kombinationen zu den kombinationsfreudigsten Basen gehört, erscheint es im ABGB kombinationsschwach. In dem österreichischen Gesetzestext geht *Verpflichtung* lediglich mit zwei Verben eine Verbindung ein, die auf der horizontalen Ebene einem Paradigma zuzuordnen sind. In beiden Fällen handelt es sich aus kontrastiver Sicht um halbkompositionelle Kombinationen. Wie sich aus der obigen Makrostruktur herleiten lässt, kann nur die Verbindung mit *eingehen* als kollokativ gewertet werden. Im Gegensatz zu *auf sich nehmen* erweist sie sich als typisch, präferiert, auch weisen die Kollokationspartner *eingehen* und *Verpflichtung* einen hohen Grad an gegenseitiger Assoziativität auf. Dagegen wäre bei dem weit weniger typischen *auf sich nehmen* auch eine wörtliche Wiedergabe möglich (*brać na siebie zobowiązanie*), obwohl hier ebenfalls die für das Polnische typische Kombination *zaciągać zobowiązanie* eingesetzt wurde.

14. Verschulden

Tab. 14: Makrostruktur des Substantivs Verschulden *[Suchanfrage im DWDS am 11.08.2013]*

VERTIKALE EBENE	beimessen (1/*0*)	haften für + S_a (3/*12*)
	zuweisen (0)	
	zuschreiben (0)	
	vorwerfen (16)	
	HORIZONTALE EBENE	

Ähnlich wie im BGB verbindet sich *Verschulden* auch im ABGB lediglich mit zwei Verben, wobei keines davon in beiden Korpora vorkommt. Eine gewisse Parallele lässt sich nur in der Hinsicht ziehen, dass in beiden Korpora in Verbindung mit *Verschulden* Verben gebraucht werden, die einen gemeinsamen Sachverhalt versprachlichen. Während es im BGB heißt, *ein Verschulden fällt jmdm. zur Last* und *ein Verschulden zu vertreten haben*, kommt im ABGB die

Kombination *für sein Verschulden haften* vor, wohlbemerkt repräsentieren jedoch diese Verben unterschiedliche syntaktisch-morphologische Strukturtypen. Trotzdem es sich in beiden im österreichischen Gesetzestext vorkommenden Fällen um kontextuelle Übertragungen der potentiellen Verbkollokatoren handelt, weist keine dieser Verbindungen einen hohen Typikalitätsgrad auf. Vielmehr hat man es hierbei mit polysemen Bedeutungsvarianten zu tun, die hier aktiviert werden und die in Kombinationen mit anderen Substantiven typischer sind. Vor diesem Hintergrund wird den analysierten Verbindungen kein Kollokationsstatus eingeräumt.

15. Zeugnis

Tab. 15: Makrostruktur des Substantivs Zeugnis *[Suchanfrage im DWDS am 11.08.2013]*

VERTIKALE EBENE	ausstellen (1/1725)	beibringen (2/14)
	ausgeben (6)	*beilegen (5)*
	erteilen (14)	*vorweisen (21)*
		ablegen (1887)
	HORIZONTALE EBENE	

Zu kombinationsschwachen Substantiven zählt im ABGB auch das Nomen *Zeugnis*. Beide verbalen Verbindungen mit dieser potentiellen Basis werden in dem polnischen Transferendum nicht kompositionell übertragen. Auch wenn bei diesen Verben ebenfalls polyseme Lesarten aktiviert werden, die ebenso in Kombination mit anderen Substantiven zum Einsatz kommen, lässt sich *ausstellen* aufgrund der Präferiertheit, Typikalität und der hohen gegenseitigen Evozierbarkeit der Kookkurrenzpartner als Kollokation einstufen. *Beibringen* im Sinne von ‚anführen' ist hingegen mehrfach auch durch frequenzmäßig typischere Verben substituierbar, weshalb es als frei angesehen werden kann.

16. Beweis

Tab. 16: Makrostruktur des Substantivs Beweis *[Suchanfrage im DWDS am 12.08.2013]*

VERTIKALE EBENE	führen (2/532)	erleichtern (2/0)	obliegen +S_n (2/0)
	erbringen (1698)	*lockern (0)*	
	beibringen (64)		
	antreten (1134)		
	liefern (2572)		
	HORIZONTALE EBENE		

Ein niedriges Kombinationspotential weist mit drei verbalen Verbindungen auch das Substantiv *Beweis* auf. Kompositionell wird dabei nur die Verbindung mit *erleichtern* übertragen, die sich aufgrund ihrer Untypikalität als frei werten lässt. Bei der Kombination *jmdm. liegt der Beweis ob* kommt zwar eine nichtwörtliche Übersetzung zum Einsatz *(po)winien to udowodnić* ‚er sollte das beweisen', doch hat man es hier mit keiner Bedeutungsspezifität des Verbs zu tun, weshalb diese Kombination angesichts ihrer Untypikalität ebenfalls als Kollokation ausgeschlossen werden kann. Im Gegensatz dazu erweist sich *den Beweis führen* auch im DWDS als typisch. Zwar treten darin mehrere alternative Ausdrucksmöglichkeiten auf, die z.T. eine höhere Vorkommenshäufigkeit aufweisen, doch kann die Kombination mit *führen* wegen ihrer Usualität und Halbkompositionalität als eine Kollokation eingestuft werden. Mit Cedillo lässt sich nämlich beobachten, dass bei einigen Kollokationen „mehrere Varianten gleichzeitig usuell in demselben Bereich verwendet werden" (Cedillo 2004: 94).

17. Concurs

Tab. 17: Makrostruktur des Substantivs Concurs *[Suchanfrage im DWDS am 12.08.2013]*

VERTIKALE EBENE	eröffnen (2/*17*)
	verhängen (1/*0*)
	ausbrechen +S_n (1/*0*)
	einleiten (10)
	anmelden (2048)
	HORIZONTALE EBENE

Das Substantiv *Concurs* verbindet sich in dem österreichischen Gesetzestext kompositionell mit dem Verb *eröffnen* und zweifach halbkompositionell – mit *verhängen* und *ausbrechen*. Alle drei Kombinationen wurden auf der horizontalen Ebene einem Paradigma zugeordnet: Obwohl nämlich *ausbrechen* einen anderen syntaktisch-morphologischen Strukturtyp vertritt, versprachlichen all diese Kombinationen mehr oder weniger den gleichen Sachverhalt. Dies spiegelt sich auch darin wider, dass in der polnischen Übersetzung sämtliche dieser Verben mit *otworzyć* ‚eröffnen' wiedergegeben werden. Wie aus der obigen Tabelle ersehen werden kann, erweist sich gerade die kompositionelle Verbindung mit *eröffnen* als typisch mit *Concurs*. Bei *verhängen* und *ausbrechen* hat man es hingegen mit polysemen Bedeutungsvarianten zu tun, die hier aktiviert werden: beim ersten Verb im Sinne von ‚anordnen, bestimmen', beim zweiten im Sinne von ‚beginnen, einsetzen'. Wegen der Untypikalität dieser Kombinationen lassen sie sich als frei werten. Zwar liefert die Phrasensuche *Konkurs verhängen* mithilfe der Suchmaschine Google 1.570 Treffer, darin treten neben Wörterbüchern jedoch insbesondere schweizerische Seiten auf, etwa:

> Kommt es zu keiner Einigung, kann das Gericht auf Ersuchen eines Gläubigers den **Konkurs verhängen.**[219]

> Im August 2004 liess die EBK über die Luganeser Firma den **Konkurs verhängen** [...][220]

Dieser Befund korrespondiert mit den Angaben des Variantenwörterbuchs des Deutschen, worin die Wendung *(über jdn./etw.) den Konkurs verhängen* als schweizerische Variante markiert wird (vgl. Ammon 2004: 429).

18. Gläubiger

Tab. 18: Makrostruktur des Substantivs Gläubiger *[Suchanfrage im DWDS am 12.08.2013]*

VERTIKALE EBENE	befriedigen (5/90)	sicherstellen (2/0)	einberufen (1/0)
		sichern (0)	*versammeln (7)*
		absichern (0)	*zusammenrufen (6)*
	HORIZONTALE EBENE		

Das Substantiv *Gläubiger* geht im ABGB drei verbale Verbindungen ein, die im polnischen Paralleltext stets wörtlich übertragen werden. Aus der obigen Makrostruktur geht hervor, dass lediglich der Verbindung mit *befriedigen*, die bereits im analysierten Korpus überdurchschnittlich frequent vorkommt, Kollokationsstatus eingeräumt werden kann. Diese hebt sich nämlich durch einen hohen Typikalitäts- und Assoziationsgrad ab und lässt sich auch kaum substituieren. Die anderen Kombinationen treten im DWDS nicht auf, insbesondere bei *einberufen* sind jedoch alternative Ausdrucksmöglichkeiten nachweislich. Ein etwas anderes Licht wirft auf die Usualitätsfrage die Recherche im Internet. Daraus ergibt sich, dass die *Sicherstellung der Gläubiger* mit 60.700 Treffern[221] einen hohen Usualitätsgrad aufweist, da die Kombination zudem vorwiegend in rechtlichen Kontexten vorkommt, kann sie zu den rechtsprachlichen Kollokationen mitgerechnet werden.

---

219 Quelle: http://www.derbund.ch/bern/region/Hohe-Forderungen-an-Baumag--Nachlassverfahren-verlaengert/story/31302313; Stand 12.08.2013.

220 Quelle: http://www.nzz.ch/aktuell/schweiz/schweiz-tessin-staatsanwaltschaft-konkurs-finanzdienstleister-sogevalor-1.16293088; Stand 12.08.2013; Herv. v. F.K.

221 Suchanfrage am 12.08.2013.

19. Gutachten

Tab. 19: Makrostruktur des Substantivs Gutachten *[Suchanfrage im DWDS am 12.08.2013]*

VERTIKALE EBENE		
	geben (1/*827*)	einholen (1/*350*)
	erstatten (1/*98*)	*erhalten (70)*
	erstellen (690)	*bekommen (40)*
	vorlegen (698)	
	ausstellen (29)	
	HORIZONTALE EBENE	

In seinem Kombinationspotential geht *Gutachten*, aus kontrastiver Perspektive betrachtet, stets halbkompositionelle Verbindungen ein. Zwei dieser Kombinationen – mit *geben* und *erstatten* – lassen sich einem Paradigma zuordnen. Wie aus der obigen Tabelle ersichtlich, handelt es sich bei all diesen Verbindungen auch im DWDS um usuelle Kombinationen. Am stärksten tritt die Kollokativität jedoch bei *einholen* hervor: Innerhalb der möglichen Substitutionsmöglichkeiten wird es eindeutig präferiert, zudem weist diese Verbindung einen hohen Typikalitäts- und Assoziationsgrad auf. Die Kombination *Gutachten geben* ist im DWDS nicht nachweislich, lediglich für das Verb in Attributfunktion liefert das Wörterbuch eine relativ hohe Belegzahl. Dabei stellt sich allerdings heraus, dass die Belege ein erweitertes Attribut veranschaulichen – *in Auftrag gegebenes Gutachten*, etwa:

> Ein Sprecher Guttenbergs jedenfalls bestätigte einen Bericht der Bild-Zeitung, demzufolge das Guttenberg-Ministerium erst nach Fertigstellung eines vom Kanzleramt **in Auftrag gegebenen** juristischen **Gutachtens** von diesem erfahren habe. (Die Zeit, 11.06.2010, Nr. 24; Herv. v. F.K.)

> Um mehr als 20 Prozent liegt das Preisniveau in München über dem Landesdurchschnitt, ergab ein vom Bundesverfassungsgericht **in Auftrag gegebenes Gutachten**. (Die Zeit, 06.03.2007, Nr. 09; Herv. v. F.K.)

Somit erweist sich die im ABGB vorkommende Verbindung als untypisch und sie wird daher nicht als Kollokation gewertet. Bei *Gutachten erstatten* lassen sich wiederum mehrere typischere Alternativen anführen, aufgrund der gegenseitigen Evozierbarkeit der Kookkurrenzpartner, der Typikalität der Verbindung und ihrer Halbkompositionalität kann sie jedoch als Kollokation eingestuft werden.

20. Unterhalt

Tab. 20: Makrostruktur des Substantivs Unterhalt *[Suchanfrage im DWDS am 12.08.2013]*

VERTIKALE EBENE	genießen (1/0)	gewähren (1/37)
	beziehen (5)	verschaffen (3/5)
		bestreiten (151)
		bezahlen (100)
		zahlen (648)
		finanzieren (96)
	HORIZONTALE EBENE	

Alle verbalen Verbindungen mit dem Substantiv *Unterhalt* werden im polnischen Paralleltext halbkompositionell übertragen. Was die Vorkommenshäufigkeit im ABGB und DWDS anbelangt, hebt sich keine dieser Wendungen besonders ab. Bei *gewähren* und *verschaffen* lassen sich mehrere frequentere Alternativen anführen. In Verbindung mit *Unterhalt* erlangt das Verb *verschaffen* auch keine semantische Spezifizität, so dass die Kombination aufgrund ihrer Untypikalität als frei gelten kann. Ähnlich ist zwar auch *Unterhalt gewähren* mehrfach substituierbar, allerdings zählt *gewähren* (noch) zu den typischsten Kombinationen mit *Unterhalt*, so dass man es für kollokativ erachten kann. Den *Unterhalt genießen* erweist sich dagegen als untypisch. Zwar weist *Unterhalt* als Anspruchsart eine semantisch-begriffliche Verwandtschaft mit *Recht* auf, welches mit *genießen* eine kollokative Verbindung eingeht. Mangels der Usualität von *Unterhalt genießen* wird die Kombination jedoch als frei betrachtet.

7.4. Zwischenergebnis

Bei der Prüfung des Kollokationsstatus der dem ABGB entnommenen Mehrwortverbindungen wird deutlich, dass:

> [...] keine deutsche Rechtsterminologie [existiert], sondern im einzelnen die Terminologie der deutschen Rechtsordnung, die Terminologie der österreichischen Rechtsordnung und die Terminologie der schweizerischen Rechtsordnung. (Sandrini 1999: 30; siehe auch de Groot 1999: 17 und de Groot 2002: 225f.)

Daraus folgt, dass sich bei der Kollokationsanalyse des ABGB im Vergleich zu BGB zusätzliche Probleme einstellen. So sind einige der im ABGB vorkommenden potentiellen Verbkollokatoren (z.B. *einantworten*), sowie potentielle Basen (z.B. *Afterpfand*, *Verlassenschaft*, *Ehe-Pact*, *Legatar* oder *Servitut*) im DWDS nicht auffindbar, weshalb deren Kollokabilität nicht im DWDS geprüft werden konnte, sondern dabei auf die Phrasensuche im Internet, bestenfalls auf Seiten aus Österreich, zurückgegriffen werden musste.

Im Vergleich zu dem BGB weisen die im ABGB auftretenden Kombinationen eine stärkere Variabilität auf, was zum einen darin begründet ist, dass neben deutschsprachigen Termini auch Begriffe lateinischen Ursprungs verwendet werden, worauf bereits hingewiesen wurde, und zum anderen darin, dass neben Formulierungen, die in der deutschen Rechtsordnung vorkommen, auch österreichische Varianten vorkommen, etwa *die Forderung eintragen* neben *die Forderung einverleiben* oder *Nutzungen beziehen* neben *Nutzungen einheben.*

Bei den analysierten Makrostrukturen fällt auf, dass sich die aus dem ABGB extrahierten Kombinationen in vielen Fällen als untypisch erweisen. Ähnlich wie beim BGB treten auch hier Verbindungen mit wenig spezifischen Verben auf, an deren Stelle im Gegenwartsdeutschen spezifischere Prädikate gebräuchlich sind, etwa: *Anzeige machen → Anzeige erstatten, die Klage hat nicht statt → die Klage ist nicht zulässig, die gestellte Klage → die eingereichte/erhobene Klage* oder *auf etw. Anspruch machen → auf etw. Anspruch erheben.* Des Weiteren rührt diese festgestellte Untypikalität daher, dass es sich bei den extrahierten Verbindungen mehrmals um freie Kombinationen handelt, etwa im Falle von: *Sachen finden, die Sache erhalten, die Vormundschaft wird aufgetragen* oder *Vorschriften bestehen.* Vor dem Hintergrund der Tatsache, dass das ABGB fast ein Jahrhundert früher als das BGB erlassen worden (1. Juli 1811) und in Kraft getreten ist (1. Januar 1812), nimmt es zudem nicht wunder, dass darin zahlreiche veraltete Wendungen und Formulierungen auftreten. Wie Kathrein (2012: 70) feststellt, hat „der österreichische Gesetzgeber [...] in den vergangenen zwei Jahrhunderten eine eigenartige Zurückhaltung gegenüber Eingriffen in dieses Werk walten lassen". Apathy (2012: 47) zufolge haben „871 Paragraphen – also fast 58% – seit dem Urtext keine Änderung erfahren". Neuerdings habe sich jedoch in „der österreichischen Zivilrechtswissenschaft [...] ein weitgehendes Einvernehmen darüber herauskristallisiert, dass es im Privatrecht im Allgemeinen und im Allgemeinen Bürgerlichen Gesetzbuch im Besonderen erheblichen Reformbedarf gibt" (Kathrein 2012: 71).[222] Kein Konsens besteht jedoch u.a. darüber, „ob die

222 Die Folge davon ist, dass es seit „2000 [...] bereits mehr Novellierungen als zwischen 1812 und 1945 [gibt]" (Apathy 2012: 54). Die parallele Entwicklung, dass „mehr und mehr Materien in Sondergesetzen geregelt" werden, weckt bei einigen Rechtshistorikern die Frage, „ob das ABGB vom Zentrum an die Peripherie der Privatrechtsordnung gerückt sei" (Apathy 2012: 54f.). Es wird von „laufende[r] Erosion des Gesetzwerkes" (Schauer 2012: 25) bzw. „‚Genaralüberholung' des Gesetzes" (Welser 2012a: 209) gesprochen.

bisweilen veralteten Formulierungen des Gesetzes erneuert werden sollen“ (Kathrein 2012: 71).

Zu veralteten Verbindungen, denen aufgrund der Tatsache, dass sie im heutigen Sprachgebrauch nicht usuell sind, kein Kollokationsstatus gebührt, lassen sich ähnlich wie im BGB die Kombinationen mit *endigen* zählen, hier in Verbindung mit den Substantiven *Fruchtnießung* und *Vormundschaft*. Als weitere heute veraltete Kombinationen können ferner gelten:

a) *ein Heiratsgut abreichen* – *abreichen* wird in den Wörterbüchern des Gegenwartsdeutschen nicht angeführt, lediglich im Grimmschen Wörterbuch findet man bei *abreichen* noch die Bedeutungen *erreichen* und *verabreichen* aufgelistet,[223]
b) *Rechte verwahren*,
c) *des Rechtes* bzw. *des Nachlasses verlustig werden* – auf beide Kombinationen (mit *verwahren* und *verlustig werden*) wurde bereits bei der Analyse des Kombinationspotentials des Substantivs *Recht* eingegangen,
d) *das Aufgebot kann nachgesehen werden* – auch hierbei wird eine polyseme Bedeutungsvariante des Verbs eingesetzt, die ausdrücklich im Grimmschen Wörterbuch genannt wird: „*nachsicht haben mit, duldend geschehen, ungerügt hingehn lassen, erlassen, zu gute halten, verzeihen.*“[224]
e) Als veraltet sind ebenso die Verbindungen mit *ansprechen* einzustufen: *keinen Erbtheil ansprechen*, *den Genuß des Heirathsgutes anzusprechen*, *die gesetzliche Erbfolge nicht ansprechen*, *einen Antheil an einer gemeinschaftlichen Sache ansprechen* oder *das Eigenthum einer unbeweglichen Sache ansprechen*. Dabei aktiviert das Verb die heute nicht mehr übliche Bedeutungsvariante *beanspruchen* bzw. *Anspruch haben auf etw.*, die noch das Grimmsche Wörterbuch verzeichnet: „*steht jedoch der angesprochne gegenstand im bloszen acc. ohne* um, *so ist kein bitten gemeint, sondern berechtigtes fordern und verlangen, postulare, vindicare.* der arme spricht die unterstützung an, *die ihm gebührt* […].“[225] Zwar treten alle diese Kombinationen auch in der heutigen ABGB-Fassung auf, wegen des weiten Kombinationsbereichs dieses polysemen, wenn auch in dieser Bedeutungsvariante veralteten Verbs im ABGB werden diese untypischen Kombinationen jedoch als Kollokationen ausgeschlossen.

---

223 Vgl. http://www.woerterbuchnetz.de/DWB?lemma=abreichen; Stand 19.08.2013.

224 Quelle: http://www.woerterbuchnetz.de/DWB?lemma=nachsehen; Stand 19.08.2013.

225 Quelle: http://www.woerterbuchnetz.de/DWB?lemma=ansprechen; Stand 24.07.2013

f) Ebenfalls als veraltet und nicht mehr usuell sind die Kombinationen mit *beobachten* zu werten: *Fristen beobachten*, *Vorschriften beobachten*, *Vorsichtsmittel beobachten*, *die Anordnung beobachten*, *Erfordernisse nicht beobachten* und *Beobachtung der vorgeschriebenen Förmlichkeiten/Förmlichkeiten beobachten*. Auch hierbei wird eine polyseme, heute obsolete Bedeutungsvariante aktiviert und zwar ‚erfüllen, bewahren'[226]. Da anstelle von *beobachten* gegenwärtig andere Verben üblich sind, sowie aufgrund dessen, dass das Verb allein im ABGB einen relativ weiten Kombinationsgrad aufweist – außer den angeführten Kombinationen tritt es noch in der gemeinsprachlichen Verbindung *ein beobachtetes Stillschweigen* auf – werden diese Verbindungen nicht als kollokativ aufgefasst, obwohl die entsprechenden Verbindungen auch im heutigen ABGB vorkommen.

g) *Das (Ehe-)Hinderniss wird gehoben* – analog kommt auch in dieser Kombination eine heute ungebräuchliche Bedeutungsvariante des Verbs *heben* vor – ‚beheben'[227]. Im ABGB tritt dieses Verb noch in der gemeinsprachlichen Verbindung *Anstände gehoben haben/Anstände sind gehoben worden* auf. Ähnlich wie bei den Kombinationen mit *ansprechen* und *beobachten* sprechen auch in diesem Falle mehrere Gründe für die Einstufung als Kollokation. Erstens ist es die Halbkompositionalität, zweitens die Verfügbarkeit im Gesetzestext (trotz Unüblichkeit in einschlägigen Korpora): Zwar wurden einige Paragraphen, in denen diese Kombination auftritt, bereits aufgehoben (§ 159a, § 160, § 249), erhalten hat sich jedoch diese Verbindung in §1494, 2 ABGB:

> Die einmal angefangene Ersitzungs- oder Verjährungszeit läuft zwar fort; sie kann aber nie früher als binnen zwei Jahren nach den gehobenen Hindernissen vollendet werden.

Zuletzt wäre noch die Enge des Kombinationsgrades des Verbs (im ABGB) anzuführen. Gegen eine Kategorisierung als Kollokation spricht allerdings die Tatsache, dass die Verbindung bereits im ABGB durch *Aufhebung des Hindernisses* substituierbar ist, obwohl die Kombination mit *heben* eine etwas höhere Vorkommenshäufigkeit zeigt. Ein Gegenargument bildet auch die Tatsache, dass es sich dabei um eine veraltete polyseme Bedeutungsvariante handelt und das Substantiv heute eine typische Verbindung mit *beseitigen* eingeht.

h) Mit einer veralteten und heute ungebräuchlichen Wortkombination hat man es auch bei *die Einwilligung fälschlich vorgewendet haben* zu tun. Der potentielle Verbkollokator *vorwenden* wird in den einschlägigen Wörterbüchern des

---

226 Vgl. http://www.woerterbuchnetz.de/DWB?lemma=beobachten; Stand 19.08.2013.
227 Vgl. http://www.woerterbuchnetz.de/DWB?lemma=heben; Stand 19.08.2013.

Gegenwartsdeutschen nicht angeführt. Das Grimmsche Wörterbuch liefert als Bedeutungsvarianten u.a.:

> [...] *häufig in älterer sprache im sinne von zeigen, erweisen, anwenden. zur anwendung bringen u. ä.*

bzw.

> [...] *in allgemeiner anwendung von ‚vorbringen', besonders, wenn es in worten geschieht,* [...] *dann in eingeschränktem sinne, etwas vorbringen, um es entgegenzuhalten, etwas einwenden.*[228]

Zwar weicht die polnische Übersetzung *fałszywie zmyślić zezwolenie* ‚die Einwilligung fälschlich erfinden/ausdenken' von den obigen Bedeutungen ab. Es handelt sich jedoch um eine freiere und zudem keineswegs geglückte Übersetzung. Nicht nur das Verb wird nicht adäquat wiedergegeben, auch ist die Kombination von *fałszywie* mit *zmyślić* semantisch unverträglich. Da selbst im ABGB mehrere Substitutionsmöglichkeiten für die Kombination *die Einwilligung vorwenden* vorkommen, etwa: *die Einwilligung beibringen*, *die Einwilligung erklären*, die analysierte Kombination darin lediglich unikal auftritt und vom Gesetzgeber nicht festgelegt ist, kann sie als Kollokation ausgeschlossen werden.

Aufgrund der Tatsache, dass es sich beim ABGB um einen über zwei Jahrhunderte alten Gesetzestext handelt, sind auch eventuelle morphosyntaktische Irregularitäten d.h. Verstöße gegen die heute üblichen morphosyntaktischen Regularitäten nicht vorbehaltlos als Indizien für Kollokativität zu betrachten. Beispielsweise tritt das Verb *testieren* im Sinne von ‚ein Testament errichten' im Gegenwartsdeutschen ohne Ergänzungen oder mit einem Akkusativobjekt auf, wie die folgenden Belege aus Cosmas veranschaulichen:[229]

> Der 2. Senat des OLG Hamburg entschied nun, dass Axel Springer seinen letzten Willen tatsächlich so testieren wollte, wie es die Erben nach Springers Tod vereinbarten. Er wies damit die Berufung des Enkels gegen eine Entscheidung des Landgerichts zurück. (HAZ08/JAN.04175 Hannoversche Allgemeine, 23.01.2008, S. 13; Aufatmen bei Springer)

> Deshalb bevorzugen viele Partner die in einer Lebensgemeinschaft zusammenleben, einen notariellen Erbvertrag. Es wäre sicher zweckmäßig, wenn Sie zusammen mit Ihrem Lebensgefährten rechtskundigen Rat einholen würden, ehe Sie erneut testieren. (M95/507.10293 Mannheimer Morgen, 29.07.1995; Erbvertrag)

---

228 Online unter http://www.woerterbuchnetz.de/DWB?lemma=vorwenden; Stand 21.08.2013.

229 Suchanfrage im Cosmas am 20.08.2013.

Im analysierten Korpus weist das Verb eine davon abweichende Valenz auf. Es heißt *über den Nachlaß zu testiren, darüber zu testiren* und *über eine Sache testiren.* Dies rührt womöglich daher, dass als eine Bedeutungsvariante von *testieren* früher auch „*letztwillig verfügen, vermachen*"[230] angegeben wurde, weshalb auch die Rektion der von *verfügen* entsprach.

Ähnlich erscheint auch das Verb *anmaßen* in dem analysierten Korpus in Verbindung mit dem Genitivobjekt *sich des Strandrechtes anmaßen, die Anmaßung einer (der) Servitut, sich eines Titels anzumaßen, sich der Verlassenschaft anmaßen, sich einer Art von Gerichtsbarkeit anzumaßen,* während es im Gegenwartsdeutschen eine Akkusativergänzung fordert. Wie es sich herausstellt, handelt es sich dabei um eine früher übliche Verwendung:

> *Zugleich erscheint aber auch ein* sich anmaszen *mit gen. der sache, und dem sinn von sich annehmen, unterfangen, sich wenden an etwas:* die frommen bischof zu Rom haben sich keiner gewalt angemaszt, sondern unrecht gelitten.[231]

Analog offenbaren auch Verbindungen mit *sorgen* eine von dem heutigen Sprachgebrauch abweichende Rektion. Heißt es im Gegenwartsdeutschen *für etw./jmdn. sorgen,* so regiert das Verb im analysierten Korpus die Präposition *über*: *über die Person sorgen* und *über das Vermögen sorgen.* Da beide Kombinationen in dem österreichischen Gesetzestext lediglich unikal vorkommen und das Grimmsche Wörterbuch nur Belege aus dem Frühneuhochdeutschen für *sorgen* in Verbindung mit *über* angibt:

> **ε**) darüber sorgen, *frühnhd.*: lasz den herrn haus bauen und haushalten, greif ihm nicht in sein werk, ihm gebühret darüber zu sorgen, dir aber nicht. LUTHER br. 2, 600.[232]

lassen sich diese Formulierungen als veraltet klassifizieren.[233]

Wie bereits angedeutet wurde, unterlag das ABGB bislang relativ wenigen Neuerungen – gewisse Novellierungen erfolgten mitten im Ersten Weltkrieg – „1914-1916 kam es zur umfassenden Reform durch die drei Teilnovellen"

---

230 Online unter http://www.woerterbuchnetz.de/DWB?lemma=testieren; Stand 20.08.2013.

231 Online unter http://www.woerterbuchnetz.de/DWB?lemma=anmaszen; Stand 20.08.2013.

232 Online unter http://www.woerterbuchnetz.de/DWB?lemma=sorgen; Stand 26.08.2013.

233 Nach Künssberg sei „die deutsche Rechtssprache selbst im Hinblick auf Präpositionen, also anscheinend recht nebensächliche Bestandteile der Rede, noch weit entfernt [...] von einer Einheitlichkeit" (Künssberg 1930: 11).

(Apathy 2012: 54) – später fand die „Rechtsentwicklung weiterhin außerhalb des Gesetzbuches statt“ (Kathrein 2012: 70). Nach Kathrein sollte das

> [...] erst in den Siebzigerjahren des 20. Jahrhunderts anders werden, als im Familien- und Erbrecht die überkommenen Regelungen über das Patriarchat, die Rechtsstellung der Frau, den Rechtszustand des unehelichen Kindes und den Umgang mit geistig beeinträchtigten Menschen über Bord geworfen bzw. modernisiert wurden. Diese Rechtsbereiche sind seither nicht mehr zur Ruhe gekommen. Ansonsten blieb das Allgemeine Bürgerliche Gesetzbuch aber unangetastet. (Kathrein 2012: 70f.)

Infolge dieser Änderungen sind auch einige Termini weggefallen oder ersetzt worden, sodass entsprechende verbale Verbindungen damit ebenfalls nicht mehr usuell sind. Das betrifft die Kombinationen mit:

a) *väterliche Gewalt* – die entsprechenden Paragraphen, in denen das Rechtsinstitut im hier analysierten Korpus vorkam, sind entweder aufgehoben worden (§ 171, § 173, § 174, § 207, § 249, § 269) oder es trat an dessen Stelle das Rechtsinstitut der *Obsorge (beider Eltern)* – beispielsweise im § 172, § 176 oder § 211) – gründlich betrachtet war jedoch der Terminus bereits in der hier analysierten Fassung des ABGB präsent (vgl. § 195, § 217, § 222, § 268). Demzufolge scheiden auch die Verbindungen *die väterliche Gewalt stand zu, die väterliche Gewalt hört auf, die väterliche Gewalt verlieren, Erlöschung der väterlichen Gewalt, die Ausübung der väterlichen Gewalt, die väterliche Gewalt übernehmen, unter der väterlichen Gewalt stehen* und *aus der väterlichen Gewalt treten* als Kollokationen aus.
b) *Vormund* – zwar kommt weiterhin *Vormundschaft* in dem aktuellen ABGB vor, allerdings tritt *Vormund* darin nicht mehr auf, ein Mal wurde es durch *gesetzlicher Vertreter* ersetzt (vgl. § 1219), anderswo traten größere Änderungen ein oder es wurden einige Paragraphen aufgehoben.[234] Die Kombinationen mit *Vormund* sind allerdings auch deshalb als Kollokationen auszuschließen, weil sie untypisch sind und bereits im ABGB eine Variabilität aufweisen: Den gleichen Sachverhalt veranschaulichen *Berufung eines Vormunds, einen (den) Vormund bestellen* und *einen Vormund ernennen*; gegenseitig austauschbar sind auch *den Vormund entlassen* und *den Vormund lossprechen.*
c) *Trauung* – außer Kraft getreten oder aufgehoben worden sind auch sämtliche Paragraphen, in denen der Terminus *Trauung* vorkommt. Dies rührt daher, dass die hier untersuchte Fassung des ABGB hinsichtlich des Eherechts noch

234 Nach Piska und Frohner (2009) wurde der Begriff Vormund „durch das Kindschaftsrechtsänderungsgesetz 2001 durch den Begriff der »Obsorge einer anderen Person ersetzt.“ (Piska / Frohner 2009: 185).

einen Mischtypus zwischen konfessionellem und weltlichem Typus repräsentierte (vgl. Makiłła 2008: 508). Seit 1938 vertritt jedoch das österreichische Eherecht den weltlichen Typus – es herrscht „das Prinzip der obligatorischen Zivilehe" (Teschner o.J.: 6).[235]

d) *Gelübde, Weihe, Eheband, Aufgebot* und *Dispensation* – aus dem gleichen Grund treten auch diese Begriffe im heutigen ABGB nicht mehr auf.[236] Während nämlich „die Rechtsentwicklung zwischen Inkrafttreten des ABGB und dem Ausbruch der Revolution von 1848 tendenziell zugunsten der Katholischen Kirche verlief" (Schima 2012: 323), was „in gewisser Weise als Bevorzugung der damals dominanten Kirche aufgefasst werden [darf]" (Schima 2012: 312), machten sich in der Zeit zwischen der Erlassung der Verfassung von 1867 und dem Ende dem Monarchie 1918 einige Säkularisierungsansätze bemerkbar (vgl. Schima 2012: 334, 337) und es wird im „Zusammenhang mit dem Anschluss an das deutsche Reich im Jahr 1938 [...] gemeinhin von einer ‚Entkonfessionalisierung' gesprochen" (Schima 2012: 346), sodass zahlreiche Paragraphen „seiner religionsrechtlichen Bedeutung entkleidet" wurden (Schima 2012: 351).

Abgesehen von den dargestellten Kombinationen lassen sich ferner bereits anhand der Analyse des Kombinationsbereichs potentieller Basen diejenigen kompositionellen Wortverbindungen als nicht kollokativ einstufen, die gegenüber den alternativen Ausdrucksmöglichkeiten einen niedrigeren Typikalitätsgrad aufweisen, mehrfach substituierbar sind, als solche nicht gebräuchlich sind, nicht zu den typischsten Kombinationen innerhalb der betreffenden Strukturtypen gehören und auch vom Gesetzgeber normativ nicht festgelegt sind, etwa: *Anordnungen vollziehen, sich in den Besitz einschleichen, Erleichterung eines (des) Beweises, eine Grunddienstbarkeit entsteht, der Erbschaft zuwachsen, der Erbschaft entsagen* oder *Eigentum erlangen.* Vor diesem Hintergrund wurden 147

235 Nach Schwartze handelte es sich bei diesem Ehegesetz um eine „aufgezwungene Rezeption [...] [des BGB] infolge des Anschlusses an Deutschland 1938" (Schwartze 2012: 203). Siehe dazu auch Haferkamp (2012: 160).

236 Nach Apathy „wurde der grundsätzlich liberale Charakter des Gesetzgebers im religiösen Bereich und gegenüber Verbrechern wenig ausgeprägt" (Apathy 2012: 53). Mit anderen Worten genoss das Christentum gegenüber anderen Konfessionen eine privilegierte Stellung: „wenn etwa Juden zur gültigen Eheschließung eine Bewilligung des Kreisamtes benötigten (§ 124; aufgehoben 1859), [...] auch konnte bis 1860 kein Testamentszeuge sein, wer sich nicht zur christlichen Religion bekennt (§ 593) und bis 1867 konnte ein Kind enterbt werden, wenn es vom Christenthume abfällt (§ 768 Z 1)" (Apathy 2012: 53).

kompositionelle Verbindungen nicht als Kollokationen eingestuft. Was die kompositionellen Wortkombinationen anbelangt, bestätigt sich also die Ausgangshypothese, dass der Anteil kollokativer Verbindungen hier im Verhältnis zum BGB aufgrund der höheren Variabilität niedriger sein dürfte. Während im BGB ca. die Hälfte der kompositionellen Verbindungen nach der Analyse des Kombinationspotentials der extrahierten Substantive als Kollokationen ausgeschlossen wurde (51,96 %), sind es hier knapp Zweidrittel, die auf dieser Grundlage ausscheiden (65,62 %). Allerdings geht das auch damit einher, dass das ABGB fast ein ganzes Jahrhundert älter als das BGB ist und somit der Anteil veralteter Ausdrücke höher liegt.

In der vorliegenden Arbeit wurde bereits an mehreren Stellen betont, dass die Einstufung als Kollokation nicht ohne eine Prüfung des Kombinationsradius potentieller Kollokatoren vorgenommen werden kann. Nichtsdestotrotz kann man nach der Prüfung des Kombinationspotentials der extrahierten Substantive feststellen, dass 100 der ermittelten Wortverbindungen sowohl dem Kriterium der Halbkompositionalität als auch dem der Typikalität gerecht werden, indem sie gegenüber den Substitutionsmöglichkeiten eine höhere Vorkommenshäufigkeit aufweisen und auch im DWDS im Rahmen der entsprechenden Strukturtypen zu den typischsten Kombinationen zählen, die die analysierten Substantive eingehen. Somit dürfte bei diesen Wortkombinationen womöglich bereits jetzt von typischen Vertretern der Kategorie Kollokation gesprochen werden, auch sie werden jedoch noch hinsichtlich des Kombinationsbereichs der jeweiligen Kollokatoren untersucht. Zu dieser Gruppe gehören Verbindungen wie *die angefallene Erbschaft*, *Anträge stellen*, *die Erklärung abgeben*, *den Gesetzen unterworfen sein*, *die Klage einreichen*, *(den) Schaden ersetzen*, *mit einer Strafe belegen* oder *Tilgung der Schuld(en)*. Ähnlich wie im BGB fällt bei dieser Gruppe auf, dass hierzu sowohl Verbindungen zählen, die im ABGB überdurchschnittlich häufig vorkommen, wie: *eine Ehe wird geschlossen* (28 Mal), *das Eigentum erwerben* (13 Mal), *Rechte erwerben* (15 Mal), *Rechte werden ausgeübt* (12 Mal), als auch solche, die in dem untersuchten Korpus unikal auftreten: *das Verfahren ist anhängig*, *seinen Pflichten nachkommen*, *Streitigkeiten beilegen* oder *die Klage einreichen*.

Als Kollokationen lassen sich darüber hinaus jene kompositionelle Wortkombinationen einstufen, bei denen vom System her zwar mehrere Kommutationsmöglichkeiten bereitgestellt werden, eine Variante dagegen normativ festgelegt ist und als lexikalisch präferiert gelten kann. Hierbei kommt neben dem Frequenzkriterium im DWDS auch der Vorkommenshäufigkeit in dem analysierten Korpus eine besondere Rolle zu. Als typisch und somit kollokativ lassen sich etwa folgende der insgesamt 19 Verbindungen zählen: *die Bedingung erfüllen* (im ABGB-Korpus 5 Mal verzeichnet), *die Ehe auflösen* (im ABGB-Korpus 11 Mal verzeichnet), *Rechte stehen zu* (11) oder *die Befriedigung der Gläubiger* (5).

Analog wie bei der Kollokationsanalyse des BGB wird im Folgenden der Kombinationsgrad der potentiellen Kollokatoren untersucht.

7.5. Kollokations- bzw. Kombinationsbereich der Kollokatoren

Bei den extrahierten Wortkombinationen kommen 330 potentielle Verbkollokatoren vor, 170 davon (51,5%) treten nur in Verbindung mit einem Substantiv auf. Der durchschnittliche Kombinationsbereich beträgt somit etwas mehr als zwei Substantive. Verben, die im ABGB fünf und mehr Verbindungen mit Substantiven eingehen, stellen vergleichbar wie im BGB lediglich 14,24% dar (47 Fälle). Lediglich neun potentielle Verbkollokatoren (2,7%) weisen einen Kombinationsradius von mehr als zehn Substantiven auf, wie der folgenden Übersicht, in der die potentiellen Kollokatoren absteigend nach ihrem Kombinationsgrad angeführt werden, zu entnehmen ist.

aufheben (13); eintreten (12); erlangen (12); erlöschen (12); übernehmen (12); abtreten (11); bestellen (11); entrichten (11); leisten (11); treffen (9); zustehen (9); errichten (8); berufen (7); erfüllen (7); erteilen (7); erwerben (7); führen (7); machen (7); vornehmen (7); annehmen (6); begründen (6); beobachten (6); bestreiten (6); eingehen (6); erhalten (6); erlassen (6); nehmen (6); übergeben (6); anbringen (5); anmaßen (5); ansprechen (5); anzeigen (5); aufnehmen (5); ausüben (5); erheben (5); ernennen (5); ersetzen (5); fallen (5); genießen (5); haften (5); löschen (5); schuldigmachen (5); setzen (5); stehen (5); verlieren (5); widerrufen (5); zurückstellen (5); abführen (4); auferlegen (4); aufhören (4); ausschließen (4); aussetzen (4); berichtigen (4); besorgen (4); einräumen (4); erreichen (4); gründen (4); schließen (4); tragen (4); übertragen (4); verfügen (4); verwalten (4); zudenken (4); absondern (3); anfangen (3); antreten (3); auflösen (3); aufstellen (3); ausstellen (3); bedecken (3); bedenken (3); befolgen (3); begeben (3); beglaubigen (3); bestimmen (3); beziehen (3); einholen (3); entsagen (3); entstehen (3); fahren lassen (3); fortsetzen (3); hemmen (3); lösen (3); obliegen (3); obwalten (3); treten (3); vergüten (3); verjähren (3); vermachen (3); verpfänden (3); vollziehen (3); widerstreiten (3); zufallen (3); abgehen (2); ablegen (2); abziehen (2); anerkennen (2); anhalten (2); anhängig machen (2); anlegen (2); anwenden (2); auftragen (2); befestigen (2); befriedigen (2); begehen (2); beginnen (2); benützen (2); beibringen (2); bezahlen (2); bringen (2); decken (2); einantworten (2); einheben (2); einlösen (2); einreichen (2); eintragen (2); einverleiben (2); empfangen (2); endigen (2); entscheiden (2); entziehen (2); erkennen (2); erklären (2); erledigen (2); ersitzen (2); erstatten (2); erweitern (2); fordern (2); für schuldig erklärt werden (2); gedenken (2); gelangen (2); gelten (2); hinterlassen (2); kommen (2); laufen (2); nachstellen (2); schalten (2); schreiten (2); sicherstellen (2); sorgen (2); stattfinden (2); stellen (2); testieren (2); übergehen (2); übersteigen (2); übertreten (2); unterlaufen (2); unternehmen (2); unterwerfen (2); verfolgen (2); verkürzen (2); verlustig werden (2); verordnen (2); verwickeln (2); vortreten (2); wahren (2); zuerkennen (2); zukommen (2);

zuwenden (2); Abbruch thun (1); abgeben (1); abgewinnen (1); ablaufen (1); ableugnen (1); abreichen (1); abschließen (1); abstehen (1); abtragen (1); abtreiben (1); abwarten (1); achten (1); anfallen (1); angehen (1); anhängig sein (1); anmelden (1); anordnen (1); anrufen (1); anstellen (1); anvertrauen (1); Anwendung finden (1); aufkündigen (1); aufleben (1); auflegen (1); ausbrechen (1); ausdehnen (1); auseinandersetzen (1); ausführen (1); aushaften (1); ausschlagen (1); ausschreiben (1); äußern (1); aussprechen (1); ausstehen (1); austreten (1); bedingen (1); befreien (1); behalten ihre Kraft (1); beibehalten (1); beigeben (1); beilegen (1); beimessen (1); beisetzen (1); belasten (1); belegen (1); benennen (1); berechnen (1); bestehen (1); betreiben (1); bleiben (1); beziehen (1); darthun (1); dienen (1); durchbringen (1); einberufen (1); einbringen (1); eindringen (1); einleiten (1); einrechnen (1); einrücken (1); einsammeln (1); einschleichen (1); einsetzen (1); eintreffen (1); eintreiben (1); enden (1); entgegenstehen (1); entgehen (1); entlassen (1); entspringen (1); ergehen (1); ergreifen (1); erheischen (1); erlegen (1); erleichtern (1); erleiden (1); eröffnen (1); erschöpfen (1); erwachsen (1); erwirken (1); erzeugen (1); erzielen (1); fällen (1); feilbieten (1); finden (1); finden Anwendung (1); freistehen (1); für ungültig erklären (1); geben (1); geltend machen (1); gereichen (1); geschehen (1); gewähren (1); greifen Platz (1); handeln (1); heben (1); hervorleuchten (1); hinterlegen (1); in Anschlag bringen (1); in Besitz nehmen (1); kommen zur Anwendung (1); kränken (1); kundmachen (1); legen (1); leiden (1); leiten (1); lossprechen (1); missbrauchen (1); nachberufen (1); nachkommen (1); nachsehen (1); pflegen (1); schätzen (1); scheiden (1); schöpfen lassen (1); sichern (1); statthaben (1); stattgeben (1); stören (1); teilen (1); tilgen (1); trennen (1); überlassen (1); überweisen (1); umändern (1); umstoßen (1); unterbrechen (1); untersuchen (1); unterziehen (1); verabfolgen (1); verfahren (1); verfallen (1); vergeben (1); vergleichen (1); verhandeln (1); verhängen (1); verkündigen (1); verlaufen (1); verleihen (1); verlieren ihre Kraft (1); vernehmen (1); versagen (1); verschaffen (1); verschreiben (1); versorgen (1); verstreichen (1); verteidigen (1); vertilgen (1); verursachen (1); verurteilen (1); verwahren (1); verwenden (1); verwirken (1); Verzicht thun (1); Verzicht leisten (1); vollenden (1); vor sich gehen (1); vorausbestimmen (1); vorfallen (1); vorkommen (1); vorschreiben (1); vorwenden (1); zahlen (1); zerfallen (1); ziehen (1); zufügen (1); zur Last fallen (1); zurücktreten (1); zustellen (1); zuwachsen (1).

Analog wie bei der Kollokationsanalyse des BGB wird im Folgenden ebenso nicht die Analyse sämtlicher 330 aus dem ABGB-Korpus extrahierten potentiellen Verbkollokatoren detailliert beschrieben. Ähnlich wie bei der Prüfung des Kombinationspotentials der extrahierten Substantive sollen zehn „kombinationsfreudigste“ Verben untersucht werden, woraufhin fünf potentielle Kollokatoren behandelt werden, die im Korpus einen mittleren Kombinationsbereich aufweisen und schließlich fünf Verben, die mit zwei bzw. drei potentiellen Basen eine Verbindung eingehen. In besonderer Weise gilt das Augenmerk denjenigen Verbindungen, die in der polnischen Übersetzung nicht wörtlich übertragen wurden. Bei halbkompositionellen Verbindungen, die lexikalisch und morphosyntaktisch nicht präferiert werden, kommt es nämlich darauf an, ob die semantische Spezifität des potentiellen Kollokators eingeschränkt ist oder reihenbildend wirkt und man bereits von einer polysemen Bedeutungsvariante ausgehen kann.

1. aufheben

Der kombinationsfreudigste potentielle Kollokator *aufheben* tritt in Verbindungen mit folgenden dreizehn Substantiven auf: *Hindernis, Recht, Verbindlichkeit, die eheliche Verbindung, Anordnung, Ehe-Pacte, die (eheliche) Gemeinschaft, Gesetz, Hypothek, Testament, Vertrag, Verwaltung* und *der letzte Wille*. Ähnlich wie im BGB, kann man davon ausgehen, dass auch hier zwei Bedeutungen dieses rechtssprachlichen Terminus realisiert werden: eine privat- und eine verwaltungsrechtliche:

> **Aufhebung** ist im Verwaltungsrecht die gänzliche oder teilweise Beseitigung eines →Verwaltungsaktes durch die Verwaltung. Sie ist entweder →Rücknahme oder →Widerruf. Im Privatrecht ist die A. eines →Vertrages die grundsätzlich zulässige Beseitigung des Vertrages durch einen gegenläufigen Aufhebungsvertrag (→actus contrarius). (Köbler 1999: 30)

Die privatrechtliche Bedeutung wird im Korpus in Kombination mit den Substantiven *Hindernis, Recht, Verbindlichkeit, die eheliche Verbindung, Ehe-Pacte, die (eheliche) Gemeinschaft, Hypothek, Testament, Vertrag, Verwaltung* und *der letzte Wille* aktiviert. Diese vergleichsweise hohe Verbindbarkeit dürfte zu dem Schluss verleiten, man habe es hier bereits mit einer freieren Verbindbarkeit dieses terminologisierten Verbs zu tun. Überdurchschnittlich frequent erscheint im ABGB lediglich die Kombination mit *Verbindlichkeit* (6 Mal). Zu berücksichtigen bei den genannten Substantiven wäre jedoch, dass sie mit Ausnahme von *Hindernis* eine semantisch-begriffliche Verwandtschaft zeigen – es handelt sich bei ihnen um vertragsgemäß begründete Rechte oder Pflichten. So gesehen dürfte bei allen diesen Verbindungen (außer bei *Aufhebung des Hindernisses*, das bereits im ABGB kommutierbar ist) von Kollokationen auszugehen sein. Für diese Einstufung spricht auch die Tatsache, dass in den einschlägigen Rechtswörterbüchern die Verbindungen als Einheiten terminologisiert werden, etwa *Aufhebung der Ehe, Aufhebung der ehelichen Gemeinschaft, Eheaufhebung, Aufhebungstestament* (vgl. Reifferscheid/Böckel/Benseler 1968: IV/48-IV/50 und Weber 2007: 91).

Die verwaltungsrechtliche Bedeutung von *aufheben* kommt bei *Anordnung* und *Gesetz* zum Tragen. Da es sich dabei auch im DWDS um typische, kaum substituierbare Kombinationen handelt, werden sie als kollokativ gewertet.

2. eintreten

Ähnlich wie im BGB gehört *eintreten* auch im ABGB zu den kombinationsfreudigsten potentiellen Kollokatoren. In dem analysierten Korpus geht es eine Verbindung mit folgenden zehn Substantiven ein, die dem Strukturtyp Verb+Substantiv (Subjekt) entsprechen: *Bedingung, Erbfall, Erbanfall, Gefahr, die Ordnung der gesetzlichen Erbfolge, Recht, Rechtskraft, Bestimmung, Substitutionsfall* und *Volljährigkeit*. Zwei Mal – mit den Substantiven *Recht* und *Verbindlichkeit* – handelt es sich um Kombinationen, die dem Strukturtyp Verb+Präpositionalergänzung zuzuordnen sind (*in die Verbindlichkeiten eintreten* bzw. *in die Rechte eintreten*). Ähnlich wie im BGB erscheinen all diese Verbindungen im interlingualen Vergleich mit dem polnischen Transferendum nicht kompositionell übersetzt. Zusätzlich geht mit der Übertragung eine hohe Variabilität der Äquivalente einher. Wie es sich zeigt, werden dabei v.a. was die Verbindung des Verbs mit einem Aktivsubjekt anbelangt, nicht etwa unterschiedliche Bedeutungen des Verbs realisiert, vielmehr erfolgt die Übertragung der einzelnen Übersetzungseinheiten freier:

der Eintritt der Rechtskraft – urośnie w moc prawną ‚zur Rechtskraft heranwachsen',
das Recht tritt ein – prawo powstaje ‚das Recht entsteht/wird begründet',
die Ordnung der gesetzlichen Erbfolge würde eintreten – mógłby służyć porządek ustawowego dziedziczenia ‚die Ordnung der gesetzlichen Erbfolge würde zustehen/dienen',
der Erbfall ist eingetreten – przypadnięcie sukcesji nastąpiło/spadek przypadł/otwarcie sukcesji nastąpiło/spadek otwarto ‚Anfall der Erbschaft erfolgte/das Erbe fiel an/die Eröffnung der Erbschaft erfolgte/die Erbschaft wurde eröffnet'.

Aktiviert wird dabei allerdings die polyseme Bedeutung des Verbs *eintreten* ‚erfolgen/sich ereignen/geschehen'. Auf Grund der Tatsache, dass diese Semantik auch in nicht terminologischen Verbindungen häufig zum Einsatz kommt (siehe das Kapitel zu Kollokationen im BGB), die analysierten Kombinationen indes zumeist mehrfach durch frequenzmäßig typischere Alternativen kommutierbar sind, beispielsweise *Erfüllung der Bedingung* anstatt *Eintritt der Bedingung*, werden sie als frei kategorisiert.

Die Verbindungen *in die Verbindlichkeiten eintreten* bzw. *in die Rechte eintreten* werden dagegen als Kollokationen eingestuft, da der Kombinationsradius des Verbs im Sinne von ‚übernehmen' in diesem Strukturtyp eng ist, die Kombinationen an sich wiederum usuell sind.

3. erlangen

Der potentielle Kollokator *erlangen* verbindet sich im ABGB ebenfalls mit zwölf Substantiven: *Erbfähigkeit, Befriedigung, Kraft, Rechtskraft, Vorteile, Besitz, Name, Recht, Vermögen, Eigentum, Nachsicht von den Verkündigungen* und *Rechtswirksamkeit.* Zwar wird eine wörtliche Übersetzung mit Hilfe von *uzyskać* nur in drei Fällen eingesetzt, in der Tat wäre sie jedoch in sämtlichen dieser Fälle möglich, nur wurde jeweils eine freiere Wiedergabe gewählt. Die hohe Produktivität dieses Verbs im ABGB sowie in den einschlägigen umfangreicheren Korpora in Verbindung mit der Kompositionalität sowie damit, dass keine dieser Kombinationen im untersuchten Korpus auffallend frequent auftritt, lässt die analysierten Verbindungen als frei werten.

4. erlöschen

Ähnlich wie im BGB gehört *erlöschen* auch im ABGB zu den kombinationsfreudigsten potentiellen Verbkollokatoren. Auch hierbei handelt es sich um ein terminologisiertes Verb:

> Erlöschen ist die vollständige Beendigung eines Rechtsverhältnisses (z.B. Schuldverhältnis) oder einer Rechtsmacht (z.B. Vertretungsmacht). (Köbler 1999: 124)

Im ABGB kommt das Verb im Strukturtyp Verb+Substantiv(Subjekt) mit zwölf potentiellen Basen vor: *Besitz, Dienstbarkeiten, Fideicommis, Forderung, Fruchtnießung, väterliche Gewalt, die dritte Linie, Recht, Rechtsverhältnis, Servitut* und *Vormundschaft.* All diese Kombinationen werden kompositionell ins Polnische übertragen durch das Verb *gasnąć/wygasnąć/zgasnąć.* Als Kollokation lässt sich zunächst die Verbindung mit *väterliche Gewalt* ausschließen, da dieses Rechtsinstitut nicht mehr besteht. Überdurchschnittlich frequent kommt damit im ABGB lediglich das Substantiv *Recht* (5 Mal) vor. Zwar sind die anderen Begriffe mit *Recht* semantisch verwandt, da es sich dabei jedoch um kompositionelle Kombinationen handelt und nur *Recht* sowohl im ABGB, als auch in umfangreicheren Korpora eine typische Verbindung mit *erlöschen* eingeht, wird nur *Recht* Kollokationsstatus eingeräumt.

5. übernehmen

Einen hohen Kombinationsgrad weist in dem untersuchten Korpus mit seinen zwölf substantivischen Kookkurrenzpartnern auch das Verb *übernehmen* auf. Drei dieser Verbindungen – mit *Auftrag, Lasten* und *Verbindlichkeiten* werden dabei wörtlich mit *przejmować* übertragen, die restlichen Kombinationen – mit *Amt, Curatel, Eigentum, Erbschaft, väterliche Gewalt, Pflichten, Vermögen,*

Verwaltung und *Vormundschaft* erfahren eine kontextspezifische Übersetzung. Mit Ausnahme der Verbindung mit *Pflichten*, die mit *przyjmować* ‚annehmen' übersetzt wird, auch wenn eine wörtliche Übertragung ebenfalls möglich wäre, werden die anderen kontextuell übertragenen Kombinationen mit *obejmować* ‚antreten' wiedergegeben. Da hier eine polyseme Bedeutungsvariante des Verbs vorliegt, hat die Einstufung als Kollokationen nach den gleichen Kriterien wie bei kompositionellen Verbindungen zu erfolgen, d.h. nach ihrer Stabilität, Assoziativität und Konventionalität. In diesem Sinne sticht lediglich *Amt* in Verbindung mit *übernehmen* durch Typikalität, lexikalische Präferiertheit und eine starke gegenseitige Evozierbarkeit heraus und kann als Kollokation aufgefasst werden. Die anderen Kombinationen erweisen sich in dieser Hinsicht als untypisch.

6. abtreten

Während im BGB *abtreten* zu kombinationsschwachen Verben zählte, handelt es sich im ABGB um eines der kombinationsfreudigsten potentiellen Verbkollokatoren. Ähnlich wie bei Aufhebung und Erlöschen hat man es auch hierbei mit einer terminologisierten Verwendung des Verbs in dem analysierten Gesetzestext zu tun:

> **Abtretung** (Zession […]) ist die grundsätzlich zulässige – Übertragung einer →Forderung von einem (bisherigen) →Gläubiger (Zedenten) auf einen anderen (Gläubiger) (Zessionar). Die A. ist ein Fall der Parteienänderung im Schulrecht. (Köbler 1999: 5)

Im ABGB kommt *abtreten* in Verbindung mit elf Substantiven vor: *Gewerbe, Besitz, Curatel, Eigentum, Erbschaft, Forderung, Fruchtgenuss, Fruchtnießung, Recht, Verlassenschaft* und *Vormundschaft*. In sämtlichen Fällen wird es kontextuell übertragen. Mit Ausnahme der Kombination mit *Gewerbe* erfolgt die Wiedergabe im polnischen Transferendum stets mit *odstąpić*, so dass man bereits von einer freieren Verbindbarkeit dieses Verbs sprechen könnte. Als typisch erweist sich das Verb in der besprochenen Bedeutung lediglich mit *Recht* und *Forderung*, die bereits in der Definition des Terminus impliziert wird. Die anderen Kombinationen treten im ABGB lediglich unikal auf, sind auch im DWDS nicht (oder nur vereinzelt) belegt, lediglich kleine Treffererergebnisse liefern auch entsprechende Phrasensuchen mit Hilfe der Suchmaschine Google, sodass man nur bei *Recht* und *Forderung* von Kollokationen sprechen kann. Bei *Abtretung von ihrem Gewerbe* wurde eine scheinbar freiere Übertragung vorgenommen: *porzucenie zatrudnienia* ‚Verlassen des Gewerbes'. Da diese Bedeutung im Duden (1996: 73) sogar als die erste Bedeutungsvariante des Verbs angeführt wird („1. *[auf Befehl hin] eine bestimmte Stelle verlassen*"), im analysierten Korpus nur ein Mal belegt ist, im heutigen ABGB indes fehlt (§ 236 wurde aufgehoben) und auch sonst unüblich ist, wird sie als frei eingestuft.

7. bestellen

Ähnlich wie im BGB weist das Verb *bestellen* auch im ABGB einen weiten Kombinationsgrad auf, indem es sich mit folgenden elf Substantiven verbindet: *Curatel, Kurator, Heiratsgut, eine Person öffentlich, Pfandrecht, Sachwalter, Servitut, gesetzlicher Vertreter, Verwalter, Vormund* und *Vormundschaft*. Sämtliche Verbindungen vertreten den Strukturtyp Verb+Substantiv(Objekt), allerdings treten *Kurator* und *Vormund* variabel auch in dem Strukturtyp Verb+Präpositionalergänzung auf: *zum Kurator bestellt werden* und *zum Vormund bestellen*. Von der Vorkommenshäufigkeit dominiert der erste Strukturtyp, ein Bedeutungsunterschied zwischen beiden Varianten ist jedoch nicht feststellbar. Bei der Übertragung der Verbindungen mit *bestellen* greift man im polnischen Transferendum stets auf die nicht kompositionelle Wiedergabe mit Hilfe des Äquivalents *ustanowić* ‚bestimmen/festlegen' zurück.

Bei den substantivischen Kookkurrenzpartnern von *bestellen* fällt auf, dass sie zwei Gruppen zugeordnet werden könnten. Zum einen sind es Personen, Träger von bestimmten Funktionen, und zum anderen spezielle Rechte oder Rechtsverhältnisse. Zu der ersten Gruppe gehören die Substantive *Kurator, eine Person öffentlich, Sachwalter, gesetzlicher Vertreter, Verwalter* und *Vormund*. Bei diesen Kombinationen fällt auf, dass im Zusammenhang damit eine polyseme Lesart des Verbs *bestellen* realisiert wird – nach DWDS „jmdn. einsetzen, ernennen"[237]. Die hohe Produktivität dieser Bedeutungsvariante spricht dafür, diese Verbindungen als freie Kombinationen zu werten. Lediglich aufgrund der Tatsache, dass die Kombination *einen Vormund bestellen* bereits im ABGB auffallend frequent vorkommt (19 Mal) und auch lexikalisch präferiert wird (*einen Vormund ernennen* kommt im ABGB nur 5 Mal vor), ließe sie sich als Kollokationen einstufen. Dagegen spricht allerdings – worauf bereits hingewiesen wurde –, dass *Vormund* in der aktuellen ABGB-Fassung nicht mehr auftritt, obgleich *Vormundschaft* darin weiterhin vorkommt. Überdurchschnittlich frequent tritt im ABGB zwar auch *einen Kurator bestellen* auf (8 Mal), die Kombination weist jedoch bereits im analysierten Korpus mehrere Kommutationsmöglichkeiten auf, unter denen sie nicht deutlich als bevorzugt erscheint (*ein Kurator wird aufgestellt* – fünf Mal;

237 Quelle: http://www.dwds.de/?qu=bestellen&submit_button=Suche&view=1; Stand 22.08.2013.

einen Kurator ernennen – fünf Mal; *ein Curator wird gesetzt* – ein Mal). Folglich kann man diese Verbindung als frei werten.

Zu der zweiten oben erwähnten Gruppe gehören die potentiellen Basen: *Curatel, Heiratsgut, Pfandrecht, Servitut* und *Vormundschaft*. Hierbei wird deutlich, dass in diesem Zusammenhang keine der in Wörterbüchern einschlägigen polysemen Bedeutungsvarianten des Verbs *bestellen* aktiviert wird:

Tab. 21: Bedeutungsvarianten des Verbs bestellen *nach DWDS*[238]

1)	**etw. in Auftrag geben**
	a) sich etw. liefern lassen
	b) sich etw. geben, bringen lassen
	c) sich etw. reservieren lassen
	d) einen Anzug bestellen (arbeiten lassen)
	e) das Aufgebot bestellen (beantragen)
	f) umgangssprachlich, übertragen
	sie hat sich etwas (Kleines) bestellt (erwartet ein Kind)
2)	**jmdn. an einen bestimmten Ort kommen lassen**
	jmdn. zu sich bestellen
3)	**jmdn. einsetzen, ernennen**
4)	**jmdm. etw. überbringen**
a)	jmdm. etw. ausrichten
b)	etw. zustellen
5)	**etw. auf etw. stellen**
6)	**den Boden bearbeiten**
	übertragen **etw. ordnen**
	sein Haus bestellen (vor langer Abwesenheit, besonders vor dem Tode, in Ordnung bringen)
	Hier [im Zimmer] war nun alles gar sauber und reinlich bestellt- Mörike 3,42
7)	umgangssprachlich **etw. ausrichten, erreichen**

Wie das bereits bei der Kollokationsanalyse des BGB deutlich wurde, drückt das Verb in diesen Verbindungen eine semantische Spezifität aus – es bringt zum Ausdruck, dass ein Sachverhalt bzw. Rechtsverhältnis begründet wird, mit dem eine Belastung einhergeht: Bei *Vormundschaft* und auch *Kuratel* handelt es sich um „ein gesetzliches Dauerschuldverhältnis eigener Art mit geschäftsbesorgungsrechtlicher Ausrichtung“ (Köbler 1999: 471); das *Servitut* bzw. die *Dienstbarkeit* stellt ein „[...][b]eschränktes dingliches Nutzungsrecht an einer fremden

238 Quelle: http://www.dwds.de/?qu=bestellen&submit_button=Suche&view=1; Stand 22.08.2013.

Sache [dar], wodurch deren Eigentümer zum Vorteil des Berechtigten verpflichtet ist, etwas zu dulden oder zu unterlassen."[239]

Aufgrund dieser semantischen Spezifizität, sowie aufgrund des beschränkten Kombinationsradius des Verbs in dieser Bedeutung werden die genannten Kombinationen als Kollokationen eingestuft. Was die Substituierbarkeit angeht, so liefert zwar das ABGB zumindest für Kombinationen mit *Heiratsgut* Alternativen (*ein angemessenes Heirathsgut bestimmen/ein Heirathsgut auszusetzen*), die hier analysierte wird jedoch der Frequenz nach präferiert.[240]

8. entrichten

Entrichten verbindet sich im ABGB mit folgenden potentiellen Kollokatoren: *Finderlohn, Legat, Schuld, Zahlung, Abgaben, Beiträge, Erbteil, Witwengehalt, Pflichtteil, Vermächtnis* und *Wert*. Etwa zur Hälfte werden dafür im polnischen Text wörtliche Entsprechungen eingesetzt (*uiścić*) und zwar bei *Abgaben, Beiträge, Pflichtteil, Witwengehalt, Erbteil, Vermächtnis* und *Wert*. Bei den übrigen Kombinationen bedient man sich halbkompositioneller Übertragungen. Bei genauer Betrachtung wird jedoch offenbar, dass bei den nicht kompositionell übersetzten Wortverbindungen von keiner Bedeutungsspezifizierung des Verbs auszugehen sei, ähnlich wie in anderen Fällen wird hier die einzige Semantik realisiert „etw. an jmdn. zahlen"[241]. Die nicht wörtliche Wiedergabe könnte somit durchaus kompositionell erfolgen, wie die folgenden Belege zeigen:

ein Legat entrichten – dać legat ‚ein Legat geben',
die Zahlung entrichten – czynić zapłatę ‚die Zahlung tun'.

Lediglich bei *die Schuld entrichten* handelt es sich im Polnischen bei der Übertragung mit *zapłacić dług* um eine typische Kombination. Dies indiziert jedoch nicht die Kollokativiät der deutschen Verbindung, sondern eher der polnischen Entsprechung.

Daraus folgt, dass man bei der hohen Produktivität des Verbs von seiner freien Verbindbarkeit sprechen kann. Im ABGB fällt keine dieser Kombinationen frequenzmäßig auf. Aufgrund der hohen Typikalität und hohen gegenseitigen

239 Quelle: http://www.rechtsanwaelte.at/www/getFile.php?id=1118&key=d&keyWordId=30&keyWordName=Dienstbarkeit+&search=true; Stand 22.08.2013.

240 Anders als im BGB, wo *bestellen* in diesen Verbindungen auch nicht durch *begründen* substituierbar ist, weist das ABGB auch in diesem Zusammenhang eine Variabilität auf. Darin wird das *Servitut bestellt*, aber die *Dienstbarkeit begründet*.

241 Quelle: http://www.dwds.de/?qu=entrichten; Stand 22.08.2013.

Assoziativität im DWDS ließen sich lediglich *Abgaben* und *Beiträge entrichten* als kollokativ werten.

9. leisten

Ebenfalls mit elf Substantiven verbindet sich der potentielle Kollokator *leisten*. Sämtliche dieser Verbindungen – mit *Betrag*, *Beistand*, *Caution*, *Entschädigung*, *Ersatz*, *die eheliche Pflicht*, *Schadloshaltung*, *Schuldigkeiten*, *Sicherheit*, *Sicherstellung* und *Zahlung* – werden im polnischen Transferendum kontextuell wiedergegeben. Dem DWDS zufolge diene *leisten* in Verbindung mit einem abhängigen Substantiv „häufig zur Umschreibung eines Verbalbegriffes".[242] Innerhalb der aufgelisteten Substantive treten zwar einige Verbalabstrakta auf, es handelt sich dabei jedoch oft um Rechtstermini (beispielsweise bei *Entschädigung* oder *Sicherstellung*). Analysiert man die Verbindungen im Verhältnis zu den polnischen Entsprechungen, so wird deutlich, dass hier stets spezifischere Verben eingesetzt wurden, die mit den jeweiligen Termini typische Kombinationen eingehen, etwa:

Schadloshaltung wird geleistet – wynagradza się szkodę ‚der Schaden wird ersetzt', *eine angemessene Sicherheit leisten – złożyć odpowiednie zabezpieczenie* ‚eine angemessene Sicherheit abgeben',

die eheliche Pflicht leisten – (do)pełnienie powinności małżeńskiej ‚die eheliche Pflicht erfüllen'.

Wegen der hohen Produktivität des Verbs in Verbindung damit, dass es in den einzelnen Kombinationen durch spezifischere Verben ersetzbar ist, die typischere Kombinationen mit den entsprechenden Substantiven eingehen, etwa:

Pflicht leisten (2 Treffer im DWDS) – *Pflicht erfüllen* (1947 Belege im DWDS), *Entschädigung leisten* (152 Treffer im DWDS) – *Entschädigung zahlen* (1216 Belege im DWDS),

lassen sich diese Verbindungen als frei werten.

10. zustehen

Der Kombinationsgrad des potentiellen Kollokators *zustehen* umfasst im ABGB neun Substantive: *die Ernennung eines Vormundes*, *Fruchtnießung*, *Gebrauch*, *Trauung*, *Anspruch*, *Richteramt*, *väterliche Gewalt*, *Forderungen* und

242 Online unter http://www.dwds.de/?qu=leisten&submit_button=Suche&view=1; Stand 22.08.2013.

Recht. Im interlingualen Vergleich mit dem polnischen Text erscheinen diese Kombinationen zum Teil als halbkompositionell, ein Drittel wird jedoch kompositionell mit *przysługiwać* übertragen. Ähnlich wie bei *entrichten* zeigt sich, dass auch hier mit der nicht wörtlichen Übertragung keine semantische Spezifizität einhergeht. Realisiert wird nämlich stets eine der zwei Bedeutungsvarianten des Verbs „1. *etw. sein, worauf jmd. einen [rechtmäßigen] Anspruch hat, was jmd. zu bekommen hat* [...] [bzw.] 2. *zukommen*" (Duden 1996: 437). Vor diesem Hintergrund lässt sich die eventuelle Kollokativität der analysierten Kombinationen lediglich anhand ihrer Stabilität und Assoziativität prüfen. In dieser Hinsicht lassen sich nur *Recht* und *Anspruch* in Verbindung mit *zustehen* als Kollokationen einstufen. Im DWDS erscheinen beide Kombinationen als typisch, lexikalisch präferiert, *Rechte zustehen* ist zudem die einzige Kombination mit dem Verb, die bereits im ABGB auffallend frequent auftritt (11 Mal).

11. anbringen

Der potentielle Kollokator *anbringen* eröffnet die Liste von Verben, die im Korpus mit fünf substantivischen Kookkurrenzpartnern einen mittleren Kombinationsgrad aufweisen. Er tritt in Verbindung mit den Nomen: *Ansprüche*, *Beschwerde*, *Gesuch*, *Klage* und *Recurs* auf. In sämtlichen Fällen hat man es hier im Polnischen mit halbkompositionellen Übertragungen mit Hilfe des Äquivalents *wnieść* (wörtlich ‚hineintragen', kontextuell ‚einbringen') zu tun. Im DWDS sind diese Verbindungen (mit Ausnahme *von Beschwerde anbringen*) nicht nachweislich. Entsprechende Phrasensuchen mit Hilfe der Suchmaschine Google liefern zwischen fünf Ergebnissen (bei *Rekurs anbringen*) und 19.900 Treffern (bei *Beschwerde anbringen*).[243] Dabei stellt sich heraus, dass die entsprechenden Belege zum Teil syntaktisch nicht zusammengehörig sind:

> Der am erstinstanzlichen Verfahren nicht beteiligte Antragsgegner kann seine Einwendungen gegen die Vollstreckbarerklärung ohnehin im Rekurs anbringen.[244]

Zum Teil liegen dabei ältere Belege vor:

> Das Recurs-Anbringen aber erhält den Bescheid [...] (Füger 1812: 223)

243 Suchanfragen am 22.08.2013.

244 Online unter http://www.parlament.gv.at/PAKT/VHG/XXI/I/I_00296/daten_000000.doc; Stand 22.08.2013.

(1) Ist eine Sache in den Sprengeln mehrerer Gerichte gelegen, so hat in allen Fällen, in welchen die Lage der Sache für die Bestimmung des Gerichtsstandes maßgebend ist, der Kläger die Wahl, bei welchem dieser Gerichte er die Klage anbringen wolle.[245]

Zwar sind auch Belege neueren Datums auf österreichischen juristischen Seiten auffindbar, etwa:

Der Rekurs des mj. Gernot U***** gegen den angefochtenen Beschluß des Erstgerichtes ist daher zulässig; er ist aber auch rechtzeitig: Wer zur **Anbringung eines Rekurses** berechtigt ist, braucht, wenn ihm - wie hier - die anzufechtende Entscheidung nicht zugestellt wurde, deren Zustellung nicht zu verlangen, sondern er kann **den Rekurs anbringen**, ohne daß dieser als verspätet zurückgewiesen werden könnte (SZ 28/34; JBl. 1977, 99; RZ 1990/37).[246]

Wollte man eine Änderung des Klagegrundes im Berufungsverfahren nicht zulassen, so könnte der Kläger, der das Scheidungsbegehren ausdrücklich nur auf Verschulden des anderen Ehegatten gestützt hat, die Klage nicht mehr auf § 50 Ehegesetz gründen, wenn in der zweiten Instanz eine geistige Störung der Beklagten hervorkommt; er müßte **eine** neue **Klage anbringen.**[247]

Vielfach handelt es sich dabei jedoch um Verweise auf entsprechende (ältere) Gesetzestexte, wobei alternativ andere Ausdrucksmöglichkeiten verwendet werden, beispielsweise:

Der von mir erhobenen Unzuständigkeitseinrede hat sich das Bezirksgericht für Zivilrechtssachen Graz zu 29 C 34/99s angeschlossen, sich für unzuständig erklärt und die Klage zurückgewiesen. In der Begründung wurde ausgeführt: „Wenn der § 66 Abs. 3 JN nämlich davon spricht dass dem Kläger die Wahl frei steht, bei welchem der verschiedenen Gerichte er **die Klage anbringen** will, wenn der Beklagte in dem Sprengel mehrerer Gerichte einen Wohnsitz oder gewöhnlichen Aufenthalt hat, so meint der Gesetzgeber natürlich (unausgesprochen), dass es sich um mehrere Sprengel im Jurisdiktionsbereich dieses Gesetzes handelt. […] Da der Beklagte im vorliegenden Fall erwiesenermaßen seinen Lebensmittelpunkt und ordentlichen Wohnsitz in Österreich und zwar im Sprengel des Bezirksgerichtes Innsbruck hat, erfolgte **die Einbringung der Klage**

245 Die Jurisdiktionsnorm, der das Zitat entnommen ist, ist 1898 in Kraft getreten. Quelle: http://www.ris.bka.gv.at/Dokumente/Bundesnormen/NOR12020869/NOR12020869.html; Stand 22.08.2013.

246 Quelle: http://www.ris.bka.gv.at/Dokument.wxe?Abfrage=Justiz&Dokumentnummer=JJT_19910307_OGH0002_0080OB00508_9100000_000; Stand 22.08.2013, Herv. v. F.K.

247 Online unter http://www.ratg.at/recht/Urteile/tabid/82/EntryId/3112/Entscheidung-Ehegesetz-Scheidung-Verschulden.aspx; Stand 22.08.2013, Herv. v. F.K.

beim BG für ZRS Graz als dem örtlich unzuständigen Gericht. Daher war die Klage zurückzuweisen."[248]

Wer zur **Anbringung eines Rekurses** berechtigt ist, braucht, wenn ihm die anzufechtende Entscheidung nicht zugestellt wurde, deren Zustellung nicht zu verlangen, sondern kann **den Rekurs einbringen**, ohne dass er als verspätet zurückgewiesen werden kann (ähnlich EvBl 1948/175).[249]

Da anstelle von *anbringen* in den analysierten Kombinationen auch auf Seiten aus Österreich frequenter andere alternative Ausdrucksmöglichkeiten vorkommen, etwa *einbringen, erheben* oder *einreichen*, lassen sich die Verbindungen aus dem ABGB lediglich als veraltete Wortkombinationen werten, an deren Stelle neuerdings andere Mehrworteinheiten präferiert werden.

12. anmaßen

Ebenfalls mit fünf substantivischen Kookkurrenzpartnern (*Servitut, Titel, eine Art von Gerichtsbarkeit, Recht* und *Verlassenschaft*) erscheint das Verb *anmaßen*. Wie bereits in dem vorliegenden Kapitel erwähnt wurde, weist es eine vom heutigen Sprachgebrauch abweichende Valenz auf: Anstelle eines Akkusativobjekts regiert es das Genitivobjekt. Dies indiziert jedoch nicht die Kollokativität der entsprechenden Verbindungen, sondern ist ein Zeichen historischer Sprachentwicklung. Am Rande sei erwähnt, dass sich die Verbindungen mit *Verlassenschaft*, *Servitut* und *Titel* auch in der heutigen ABGB-Fassung (von 2002) aufrecht erhalten haben und Genitivergänzungen beinhalten (vgl. § 319, § 523 und § 532). In Relation zum polnischen Transferendum erweisen sich alle diese Kombinationen als halbkompositionell, indem etwa folgende Entsprechungen eingesetzt werden:

sich der Verlassenschaft anmaßen – przypisywać sobie prawo do spuścizny (wörtlich: ‚sich das Recht auf eine Verlassenschaft zuschreiben'),

die Anmaßung einer (der) Servitut – przywłaszczanie sobie służebności/ przywłaszczyć sobie służebność (wörtlich: ‚Zueignung einer (der) Servitut/sich eine Servitut zueignen').

Wie bei einigen anderen potentiellen Verbkollokatoren deutlich wurde, zeigt sich jedoch auch hier, dass mit der nicht wörtlichen Wiedergabe keine semantische Spezifizität des Verbs im Deutschen einhergeht, stets wird nämlich dabei die eine

248 http://www.fuchshuber.co.at/info/europarecht.htm; Stand 22.08.2013, Herv. v. F.K.

249 Quelle: http://www.ris.bka.gv.at/JustizEntscheidung.wxe?Abfrage=Justiz&Dokumentnummer=JJT_19910307_OGH0002_0080OB00508_9100000_000&IncludeSelf=False; Stand 22.08.2013, Herv. v. F.K.

Bedeutung realisiert „*ohne Berechtigung für sich in Anspruch nehmen*" (Duden 1996: 116). Im ABGB tritt keine dieser Kombinationen überdurchschnittlich frequent auf – alle sind ein- bzw. zweimal belegt. Lediglich vor dem Hintergrund der Typikalität im DWDS und der beschränkten Substituierbarkeit wegen dürfte *sich ein Recht anmaßen* – allerdings mit *Recht* in Akkusativobjektfunktion – als Kollokation gewertet werden.

13. anzeigen

Das Verb *anzeigen* verbindet sich im ABGB ebenfalls mit fünf potentiellen Verbkollokatoren: *Titel seines Besitzes*, *Abschließung der Ehe*, *Entdeckung eines Schatzes*, *Hindernis der Ehe* und *üble Verwaltung*. All die Verbindungen werden nicht kompositionell übertragen. Mit Ausnahme von *Titel seines Besitzes*, wo als Verbäquivalent *wykazać* ‚nachweisen' eingesetzt wird, kommt dafür *donieść* zum Tragen, als eine kontextuelle Übersetzung des untersuchten Verbs. Im analysierten Korpus wird *anzeigen* stets im rechtssprachlichen Sinne gebraucht als „Mitteilung eines rechtlich erheblichen Vorganges oder Zustandes" (Köbler 1999: 22). Da die analysierten Kombinationen im ABGB nur unikal auftreten, im DWDS (mit Ausnahme von *Hindernis*, womit dort allerdings eine andere Bedeutung aktualisiert wird) nicht nachweislich sind und auch Google sehr niedrige bzw. keine Trefferzahlen liefert, lassen sie sich als freie Verbindungen auffassen. Die Substantive stellen zwar juristisch erhebliche Vorgänge oder Zustände dar, allerdings sind sie als solche nicht typisch und werden von dem Verb nicht evoziert.

14. erheben

Nicht kompositionell werden auch die Verbindungen des Verbs *erheben* mit den potentiellen Basen: *Betrag*, *Kapital*, *Wert*, *Forderung* und *Klage* übertragen. Bei den Wiedergaben im Polnischen zeigt sich, dass das Verb dabei mehrere Bedeutungen aufweist, wie die folgende Tabelle veranschaulicht:

1. Bedeutung	**2. Bedeutung**	**3. Bedeutung**	**4. Bedeutung**
einen Betrag erheben – podjąć sumę (kontextuell ‚einen Betrag abheben'), *Erhebung des Kapitals – podjęcie kapitału* (kontextuell ‚Abhebung des Kapitals'),	*Erhebung des wahren Wertes – wykrycie prawdziwej wartości* (kontextuell ‚Feststellung des wahren Wertes'),	*die Forderung erheben – ściągnąć wierzytelność* (kontextuell ‚*die Forderung einziehen*'),	*Klagen werden erhoben – wnosić pozwy* (kontextuell ‚*Klagen werden eingereicht/geltend gemacht*'),

Mit Ausnahme der ersten Bedeutung werden alle anderen oben präsentierten Bedeutungsvarianten auch in den einschlägigen Wörterbüchern angeführt (vgl. DWDS oder Duden 1996: 450), sodass man bereits von einer freieren Verbindbarkeit ausgehen kann. ‚Abheben' kommt zwar darin nicht vor, allerdings treten die entsprechenden Kombinationen auch im heutigen ABGB nicht mehr auf (§ 639 wurde aufgehoben, § 234 – geändert). Folglich lassen sich diese Verbindungen auch aufgrund ihrer Untypikalität – wie im Weiteren ausgeführt wird – als Kollokationen ausschließen. Was die Typikalität, Assoziativität und normative Präferiertheit anbelangt, lässt sich feststellen, dass im ABGB lediglich die Kombinationen mit *Forderung* und *Klage* zweifach belegt sind, während die anderen Verbindungen lediglich ein Mal auftreten. In diesem Falle deckt sich dies mit den Angaben des DWDS. Darin erscheinen diese beiden Verbindungen ebenfalls als typisch, während die anderen Kombinationen entweder gar nicht (*Wert* und *Kapital*) oder sehr schwach belegt sind (*Betrag* hat 16 Kookkurrenzen mit *erheben*). Kann man die Verbindungen mit *Forderung* und *Klage* als Kollokationen einstufen, so erweisen sich die übrigen Kombinationen als frei, zumal in der zweiten Bedeutungsvariante des Verbs andere Substantive weit typischer sind, etwa *Daten erheben* (227 Treffer im DWDS) oder *Zahlen erheben* (50 Treffer im DWDS).[250]

15. zurückstellen

Keine wörtliche Wiedergabe erfahren auch die Verbindungen mit *zurückstellen* (*bezogene Früchte*, *Heiratsgut*, *Nutzungen*, *Pfand* und *Sache zurückstellen*). In sämtlichen Fällen wird dafür *zwrócić* bzw. *zwrot* eingesetzt (‚zurückgeben/erstatten' bzw. ‚Rückgabe/Rückerstattung'). Diese Bedeutung findet man im DWDS mit der Markierung ‚österreichisch': „jmdm. etw. zurückgeben, zurückschicken"[251]. Im ABGB kommen diese Verbindungen lediglich unikal vor, im DWDS sind sie nicht belegt, selbst Internetseiten aus Österreich liefern nur vereinzelte Belege dafür, wohingegen Kombinationen mit *zurückgeben* frequenter erscheinen. Vor diesem Hintergrund sind auch diese Kombinationen als nicht kollokativ zu werten.

16. auflösen

Mit dem potentiellen Kollokator *auflösen* setzt die Liste kombinationsschwacher Verben im ABGB ein. *Auflösen* verbindet sich nur mit den Substantiven

---

250 Suchanfrage im DWDS am 23.08.2013.

251 Online unter http://www.dwds.de/?qu=zur%C3%BCckstellen&submit_button=Suche&view=1; Stand 23.08.2013.

Ehe, *Gelübde* und *Fideikommiss*. Die *Auflösung von den Gelübden*, das als einzige in dieser Reihe nicht wörtlich mit *zwolnienie od ślubów* ‚Befreiung von den Gelübden' wiedergegeben wird, wurde bereits als rechtssprachliche Kollokation ausgeschlossen, da dieser Begriff (christlicher Provenienz) in der heutigen ABGB-Fassung nicht mehr auftaucht. Die übrigen Kombinationen werden kompositionell mit Hilfe von *rozwiązanie* wiedergegeben. Trotz der Kompositionalität ist *eine Ehe auflösen* aus mehreren Gründen als Kollokation einzustufen. Erstens ist diese Verbindung bereits im ABGB überdurchschnittlich frequent (sie tritt dort 11 Mal auf). Zweitens ist sie auch im DWDS typisch und drittens ist das Verb trotz der vom System her verfügbaren Substitutionsmöglichkeiten in der Tat im Verhältnis zu den Hyponymen *scheiden*, *aufheben*, *für ungültig erklären* oder auch *trennen* im rechtlichen Sinne nur beschränkt substituierbar (vgl. Księżyk 2014: 338-340)[252]. Wohlgemerkt unterscheiden sich einige Verbindungen mit *Ehe* im ABGB trotz der übereinstimmenden Ausdrucksseite in ihrem Inhalt von entsprechenden Kombinationen in anderen deutschsprachigen Rechtsordnungen, wie das folgende Zitat verdeutlicht:

> [...] das ABGB [...] [nennt] die Aufhebung der ehelichen Gemeinschaft unter Beibehaltung des Ehebandes *Scheidung von Tisch und Bett*, die Lösung des Ehebandes [bezeichnet es] aber mit *Trennung* [...], während im reichsdeutschen BGB. und schweizerischen ZGB. gerade umgekehrt eine getrennte Ehe eine solche ist, deren Eheband noch besteht, Scheidung einer Ehe aber das Eheband löst. (Künssberg 1930: 14)[253]

Was die Verbindung mit *Fideikommiss* angeht, so liefert das DWDS dafür keine Belege. Sie ist weder im ABGB auffallend typisch, noch im WWW – auf Seiten aus Österreich kommt sie nur vereinzelt vor,[254] weshalb sie auch unter Berücksichtigung des weiten Kombinationsgrades des Verbs als frei gewertet wird.

---

252 Im österreichischen juristischen Fachwörterbuch findet man folgende Definition der Eheauflösung: „Auflösung der Ehe geschieht durch Tod eines Ehepartners, »Scheidung, »Nichtigerklärung der Ehe sowie »Aufhebung der Ehe." (Piska / Frohner 2009: 23).

253 Zudem war die Scheidung und Trennung einer Ehe für unterschiedliche Zielgruppen vorgesehen: „Wenn katholischen Eheleuten die Eheauflösung bei Lebzeiten nicht gestattet war und ihnen bloß die in den §§ 103 bis 110 geregelte so genannte ‚Scheidung von Tisch und Bett' als Mittel der Aufhebung der Ehegemeinschaft bei Lebzeiten zur Verfügung stand, so kam nichtkatholischen Christen gemäß § 115 aus bestimmten Gründen das Recht zu, die Trennung ihrer Ehen zu fordern, was für Katholiken gemäß dem bereits erwähnten § 111 nicht möglich war" (Schima 2012: 310f.).

254 Suchanfrage im Google am 23.08.2013.

17. bedenken

Bedenken verbindet sich im ABGB mit den Substantiven *Erbe*, *Legatar* und *Dritter*. Die Übertragung ins Polnische erfolgt dabei stets halbkompositionell mithilfe des Verbs *obdarzyć* ‚schenken'. Es stellt sich jedoch heraus, dass damit wiederum eine Bedeutungsvariante des Verbs aktiviert wird *„mit etw. beschenken; jmdm., einer Sache etw. zuteil werden lassen"* (Duden 1996: 215), die auch in Verbindung mit anderen Verben realisiert wird. Da die im ABGB vorkommenden Kombinationen weder im Korpus selbst, noch in den einschlägigen umfangreicheren Korpora typisch sind, werden sie als frei kategorisiert.

18. fahren lassen

Nicht wörtlich werden in dem untersuchten Korpus auch die Kombinationen mit *fahren lassen* übertragen. Mit den Substantiven *Eigentum*, *Pfand* und *Sache* wird der potentielle Kollokator entweder als *zrzec się* ‚verzichten auf' oder *porzucić* (kontextuell ‚aufgeben') übersetzt. Folgt man dem DWDS, so handelt es sich bei „etw. aufgeben, auf etw. verzichten" um eine übertragene Bedeutungsvariante des Verbs *fahrenlassen*,[255] was von einer freieren Verbindbarkeit zeugen dürfte. Im ABGB treten die genannten drei Kombinationen lediglich ein Mal auf. Das DWDS führt lediglich *Hoffnung* als Kookkurrenzpartner von *fahrenlassen* an, niedrige Trefferergebnisse liefert auch die Phrasensuche mittels der Suchmaschine Google. Ähnlich ergibt die Cosmas-Recherche, dass *Hoffnung* der einzige signifikante Kookkurrenzpartner von *fahrenlassen* ist, wobei in den Quellenbelegen vereinzelt auch andere Substantive auftreten, was die freie Verbindbarkeit stützen würde, etwa: *Vertrauen*, *Lieblingsthema*, *weltliche Ehren*, *Gedanke*, *Noblesse*, *Moral*, *Ziel*, *Ansprüche* oder *Einfluss*. Vor dem Hintergrund der Untypikalität der analysierten Kombinationen, als auch ihrer Substituierbarkeit beispielsweise durch *verzichten auf*, *entsagen*, *sich begeben* oder *aufgeben* kann man hier von freien Verbindungen ausgehen.[256]

19. anhängig machen

Mit nur zwei Substantiven (*Klage* und *Verhandlungen*) verbindet sich im AGBG *anhängig machen*. Beide Kombinationen erscheinen im polnischen Transferendum nicht wörtlich übertragen als *wnieść pozew* ‚die Klage einreichen' und *postępowanie zostało wdrożone* ‚das Verfahren wurde eingeleitet'. Verbindungen

---

255 Vgl. http://www.dwds.de/?qu=fahrenlassen&submit_button=Suche&view=1; Stand. 23.08.2013.

256 Suchanfrage im Cosmas am 23.08.2013.

mit *anhängig* sind typisch für die Rechtssprache, da es sich bei *Anhängigkeit* um einen juristischen Terminus handelt:

> Anhängigkeit […] Man spricht davon, dass ein Verfahren vor einem Gericht oder einer Verwaltungsbehörde ‚anhängig ist', dh das Verfahren ist gerade im Gange; eingeleitet wird das Verfahren entweder von Amts wegen oder auf Antrag; abgeschlossen wird es mit der jeweiligen Entscheidung (Urteil, Bescheid). (Piska/Frohner 2009: 19)

Was die Kombinationen mit *anhängig machen* anbelangt, so erweist sich allerdings nur *Klage* in dieser Konstellation als usuell, typisch und somit kollokativ – sowohl das DWDS, als auch Cosmas führt nur *Klagen*, *Verfahren* und *Prozesse* in Verbindung mit *anhängig machen* mehrfach an, etwa:[257]

> […] parallel dazu haben wir vor Zivilgerichten in den USA Klagen anhängig gemacht auf Zugang zu einem Anwalt, auf Überprüfung der weiteren Haft und auf Akteneinsicht. (Die Zeit, 01.09.2004, Nr. 35)

> […] in den USA seien drei Klagen gegen Firmen anhängig gemacht worden, die sich vor Zeiten an der Sklaverei bereichert hatten […] (Die Zeit, 27.03.2002, Nr. 14)

Indessen tritt „Verhandlungen anhängig machen" noch nicht mal im Internet auf.

20. stattfinden

Der potentielle Verbkollokator *stattfinden* geht in dem analysierten Korpus ebenfalls nur zwei Verbindungen ein und zwar mit den Substantiven *Eigentumsklage* und *Recht*. Die Kombinationen werden zwar nicht wörtlich übertragen, ohne dass damit jedoch eine semantische Spezifizität des Verbs zum Ausdruck gebracht würde: *Die Klage findet nicht statt* wird als *nie ma pozwu o własność* ‚es gibt keine Eigentumsklage' wiedergegeben, *ein Recht findet statt* bzw. *Rechte finden statt* wird mit *prawo istnieje* bzw. *prawa powstają* ‚das Recht besteht' bzw. ‚Rechte entstehen' übersetzt. Im DWDS zählt keines dieser Substantive zu Kookkurrenzpartnern von *stattfinden* und auch umgekehrt kommt *stattfinden* weder gemeinsam mit *Klage*, noch mit *Recht* vor. Die Phrasensuche mithilfe von Google liefert nur für *Klage findet statt* 75 Treffer,[258] allerdings handelt es sich dabei vorwiegend um ältere Belege (aus dem 19. Jh.), was den Schluss erlaubt, dass es sich dabei um veraltete Ausdrucksformen handelt, an deren Stelle heute spezifischere Kombinationen üblich sind.

257 Suchergebnisse aus dem DWDS; Stand 23.08.2013.

258 Suchanfrage im Google am 23.08.2013.

7.6. Fazit

Bei der Analyse des Kombinationspotentials potentieller Basen sowie des Kombinationsbereichs möglicher Kollokatoren stellte sich ähnlich wie im BGB heraus, dass das Kriterium der Halbkompositionalität als „Markenzeichen“ prototypischer Kollokationen, welches hier im sprachkontrastiven Vergleich als nicht wörtliche Wiedergabe gehandhabt wurde, nicht automatisch als hinreichendes Indiz für Kollokativität zu verstehen ist. Vielmehr wurde deutlich, dass der hohe Anteil halbkompositioneller Verbindungen zum Teil daraus resultiert, dass freier an die Übersetzungsvorlage herangegangen wurde, ohne dass damit eine semantische Spezifizität zum Ausdruck gebracht worden wäre. Darüber hinaus zeigte sich, dass ähnlich wie beim BGB auch in dem österreichischen Gesetzestext bei einer Reihe der analysierten Verben polyseme Bedeutungsvarianten aktiviert werden, die zwar ins Polnische nicht wörtlich zu übertragen sind, allerdings oftmals relativ frei kombiniert werden. Diejenigen Kombinationen darunter, die keine frequenzmäßige Typikalität, keine beschränkte Substituierbarkeit und keine Stabilität/lexikalische Präferiertheit aufwiesen, wurden auf diese Weise als Kollokationen ausgeschlossen, etwa *seine Schuld abführen*, *vom Gebrauche abstehen*, *Abzug der Auslagen* oder *das Gericht angehen*.

Zur Kategorisierung der exzerpierten Mehrwortverbindungen lässt sich erneut, ähnlich wie beim BGB, auf den Ansatz von Aisenstadt (1979: 73 und dies. 1981: 57) zurückgreifen, wonach sich die extrahierten Kombinationen drei Haupttypen zuordnen lassen. Den zahlenmäßig am stärksten repräsentierten Typus (mit 567 Verbindungen – d.h. 72,04%) bilden innerhalb der extrahierten 787 Kombinationen Verbindungen, die ein Verb aufweisen, das kontextspezifisch oder polysem gebraucht wird. Verbindungen mit einem potentiellen Kollokator, das eine spezifische Bedeutung trägt, repräsentieren 159 Kombinationen (20,2% der gesamten Belegsammlung). Am schwächsten vertreten sind mit 7,75% (61 Belege) Kombinationen mit einem semantisch vagen Verb. Im Vergleich zum BGB stimmt zwar diese Verteilung, was den Stellenwert anbelangt, mit dem österreichischen Gesetzestext überein, allerdings verschieben sich die Proportionen im ABGB noch stärker zugunsten der ersten hier genannten Gruppe. Ähnlich wie im BGB sind im ABGB ebenfalls kaum Verben im Gebrauch, die nicht zugleich in der Gemeinsprache usuell wären. Eine Ausnahme davon bildet das österreichische *einantworten* zum Ausdruck einer (gerichtlichen) Übergabe oder die bereits aus dem Gebrauch geratenen *abreichen* oder *vorwenden*[259]. Zumeist werden indes Verben verwendet, die auch in der Alltagssprache vorkommen, in dem Gesetzestext jedoch in einer anderen Lesart bzw. terminologisiert gebraucht werden, wie die folgende Gegenüberstellung ansatzweise veranschaulicht:

Tab. 22: Semantische Weiterentwicklung potentieller rechtssprachlicher Verbkollokatoren (vgl. Księżyk 2013: 134)

Gemeinsprache	**Rechtssprache**
den Ball aufheben ‚vom Boden aufnehmen'	*Gesetze aufheben* ‚außer Kraft setzen'
die Tür fällt zu ‚sich schließen'	*die Erbschaft fällt zu* ‚zuteil werden/vererbt werden'
einen Zahn ausschlagen ‚etw. herausschlagen/durch Schlagen entfernen'	*die Erbschaft ausschlagen* ‚entsagen/ verzichten auf'
Schuhe abtreten ‚abnutzen', *den Stammplatz abtreten* ‚überlassen',	*Forderungen abtreten* ‚zedieren/übertragen'
ein Denkmal errichten ‚erbauen'	*ein Testament errichten* ‚urkundlich niederlegen'
das Licht erlischt ‚aufhören zu brennen'	*das Recht erlischt* ‚aufhören zu bestehen'
die Tür zustellen ‚versperren/verstellen'	*die Klage zustellen* ‚einer Person Gelegenheit zu Kenntnisnahme eines Schriftstücks verschaffen'[260]
den Schlüssel abgeben ‚übergeben/ aushändigen'	*eine Erbserklärung abgeben* ‚einreichen'
ein Geräusch vernehmen ‚hören'	*Curatoren vernehmen* ‚jmdn. über verfahrensrechtlich bedeutsame Umstände befragen'[261]
Preise vergleichen ‚gegeneinander abwägen'	*einen Rechtsstreit vergleichen* ‚einen Streifall oder Ungewissheit der Parteien gütlich, durch gegenseitiges Nachgeben beseitigen'[262]
Ausstellungsstücke (neu) anordnen ‚in einer bestimmten Weise ordnen/aufstellen'	*die Substitution anordnen* ‚zu einem Verhalten bestimmen/befehlen'[263]

259 Duden (1996: 1699) führt das Verb zwar noch mit der Markierung „selten" an, im DWDS kommt es jedoch nicht mehr vor.

260 Vgl. Köbler (1999: 497).

261 Vgl. Köbler (1999: 448).

262 Vgl. Köbler (1999: 442).

263 Vgl. Köbler (1999: 18).

264 Vgl. Köbler (1999: 49).

Erwartungen befriedigen ‚zufrieden stellen‘	*Gläubiger befriedigen* ‚Ansprüche erfüllen‘[264]
ein Kind einholen ‚erreichen‘	*ein Gutachten einholen* ‚sich geben lassen‘
ein Geschenk annehmen ‚entgegennehmen‘	*ein Kind annehmen* ‚adoptieren‘
das Vieh eintreiben ‚in den Stall treiben‘	*die Forderung eintreiben* ‚einziehen‘
Gebiete einverleiben ‚zuschlagen/ eingliedern‘	*Forderungen einverleiben* ‚in ein amtliches Verzeichnis/das Grundbuch eintragen‘[265]

Eine ähnliche Beobachtung macht diesbezüglich auch Znamenáčková:

> Die Rechtssprache macht tatsächlich häufiger von Wörtern Gebrauch, die in der Gemeinsprache bekannt sind, dort aber in einer anderen Bedeutung existieren und in anderen Zusammenhängen verwendet werden. (Znamenáčková 2005: 31)

Einem gemeinsprachlichen Wort oder einer gemeinsprachlichen Wortgruppe kann nämlich auf dem Wege der Terminologisierung eine fachsprachliche Bedeutung zugeordnet werden:

> Von der (definierten oder nichtdefinierten) Terminologisierung können entweder einzelne Wörter wie ‚Sache‘, ‚Besitz‘, d.h. Simplizia als Einworttermini […], oder mehrgliedrige Ausdrücke wie ‚positives Interesse‘, sog. Mehrworttermini […], betroffen sein. Im letzteren Fall handelt es sich dann um eine Terminologisierung, wenn ein gemeinsprachliches Wort erst durch Verbindung mit einem weiteren sprachlichen Mittel (abgesehen von der Einbettung in einen juristischen Kontext) in einen juristischen Terminus umgedeutet wird. Sein lexikalischer Partner kann dabei entweder der Rechtssprache oder der Gemeinsprache entstammen. (Znamenáčková 2005: 31f.)

Für die vorliegende Arbeit wäre es aufschlussreich, entscheiden zu können, ob bei den untersuchten Verbindungen „zwei gemeinsprachliche Lexeme zu einer fachsprachlichen Wortgruppe verbunden und so terminologisiert werden, oder ob nicht das eine, durch das Vorkommen in einem Fachkontext bereits terminologisierte Wort eine neue fachliche Verbindung eingeht“ (Znamenáčková 2005: 32). Nach Znamenáčková ist jedoch diese Entscheidung schwierig zu treffen (vgl. ebd.). Nichtsdestotrotz dürfte bei einigen in der obigen Tabelle aufgeführten Verben wie *erlöschen*, *anordnen*, *vernehmen* oder *zustellen*, die in Form von Substantivierungen in den einschlägigen Rechtswörterbüchern als Simplizia definierte Terminologisierungen bilden, womöglich davon ausgegangen werden, dass sie nicht „erst durch Verbindung mit einem weiteren sprachlichen Mittel

265 Vgl. http://www.rechtsanwaelte.at/www/getFile.php?id=1118&key=e&keyWordId=344&keyWordName=Einverleibung&search=true; Stand 26.08.2013.

[…] in einen juristischen Terminus umgedeutet" werden (Znamenáčková 2005: 31f.). Demzufolge wären dann Kombinationen wie *Anwärter vernehmen* oder *Substitution anordnen*, die an sich untypisch sind, als frei einzustufen, da die Verben bereits über eine terminologisierte Bedeutung verfügen und nicht erst in Kombination mit den entsprechenden Substantiven semantisch umgedeutet werden.

Von Belang ist es hier festzustellen, dass Kombinationen, deren Verbbestandteile im ABGB einen sehr engen Kombinationsbereich haben (d.h. eine bis zwei verbale Verbindungen eingehen) und sich auch nach der Konsultierung des DWDS als typisch und kollokativ erweisen, lediglich 85 Belege (10,8% der extrahierten Kombinationen) bilden – im BGB lag dieser Anteil mit 8,57% noch etwas niedriger. Auch bei ein Mal aktivierter Lesart eines Verbs kann nämlich daraus nicht automatisch auf die Kollokativität der entsprechenden Verbindung geschlossen werden, wie die folgenden Beispiele belegen:

a) *Vom Gebrauche abstehen* – in dieser Verbindung wird das Verb in einer polysemen Bedeutungsvariante realisiert („*von etw. ablassen, etw. aufgeben*" (Duden 1996: 71)), die in Verbindung mit *Gebrauch* untypisch ist, was auch die einmalige Verwendung im ABGB bekräftigt;
b) *Gewalt abtreiben* – in dieser Kombination wird *abtreiben* semantisch umgedeutet im Sinne vom *abwenden/abwehren*. Da sie jedoch ebenfalls einmalig im ABGB vorkommt und auch in den einschlägigen Korpora nicht verzeichnet ist, kann man ebenfalls von einer freien Verwendung ausgehen;
c) Der Status einer freien Verbindung gebührt auch der Kombination *ein Edict einrücken*. Aktiviert wird hierbei die polyseme Lesart „*(einen Text od. eine Anzeige) in der Zeitung veröffentlichen*" (Duden 1996: 407), die in Kombination mit *Edikt* den Kriterien der Typikalität und Assoziativität nicht gerecht wird;
d) Nicht als kollokativ zu werten ist auch die untypische Kombination *Abzug leiden*, bei der das Verb zum Ausdruck der Aktionsart dient und die Kombination als Funktionsverbgefüge anzusehen ist;
e) *Eine Erklärung umstoßen* – auch hierbei handelt es sich bei der aktivierten Lesart um eine polyseme Bedeutungsvariante des Verbs „*rückgängig machen, fallen lassen*" (Duden 1996: 1594), die in Verbindung mit *Erklärung* untypisch ist.

Wie das bereits bei der Kollokationsanalyse des BGB deutlich geworden ist, muss auch hier jeder extrahierte Kollokationskandidat einzeln analysiert werden. Zudem ist noch darauf Bedacht zu nehmen, dass trotz der gewissen Sprachangleichung zwischen dem deutschen und dem österreichischen Gesetzestext, die Künssberg (1930: 11) konstatierte, weiterhin Differenzen, auch innerhalb der kollokativen Verbindungen, bestehen. Aus diesem Grunde ist beispielsweise die kompositionelle Kombination *die Ehelichkeit bestreiten*, die im ABGB überdurchschnittlich häufig vorkommt, im DWDS jedoch nicht nachweislich ist, nicht gleich als frei zu werten. Obwohl das DWDS lediglich die für die deutsche Rechtsordnung typische Verbindung *die Ehelichkeit anfechten* angibt, erweist sich die Kombination mit *bestreiten* für den österreichischen Sprachgebrauch als typisch, denn diese Verbindung ist es, die auf Seiten aus Österreich präferiert vorkommt, wie die folgenden Belege veranschaulichen:[266]

> Wenn der Staatsanwalt die eheliche Geburt eines Kindes bestreitet, so ist dem Gericht die Überprüfung der Frage verwehrt, ob die Anfechtung im öffentlichen Interesse oder im Interesse des Kindes gelegen ist.
>
> Notwendige Streitgenossenschaft nach § 14 ZPO., wenn der Ehemann und der Staatsanwalt die Ehelichkeit bestreiten.[267]
>
> Bekommt eine Ehefrau ein Kind, so gilt der Ehemann als der Vater. Hat der Ehemann Zweifel, ob das Kind von ihm stammt, so kann er bei Gericht die Ehelichkeit bestreiten.[268]

Ferner handelt es sich dabei um eine terminologisierte Verbindung, wie der Eintrag in einem österreichischen Rechtslexikon belegt:

> Ehelichkeitsbestreitung
>
> Ein Kind, das während aufrechter Ehe seiner Mutter geboren wird, gilt als ehelich. Der Ehemann der Mutter kann die Vaterschaft und sohin Ehelichkeit bei sonstiger Verfristung jedoch binnen Jahresfrist gerichtlich bestreiten.[269]

Als weitere für das ABGB typische Verbindung kann *ein Gesetz wird kundgemacht* angeführt werden. Während im Standarddeutschen Gesetze verkündet werden, erweist sich die im Korpus überdurchschnittlich häufige Kombination auch auf Seiten aus Österreich als typisch. Feststellbar sind auch einige weitere Unterschiede: Wird *der Nachlass* in der deutschen Gesetzordnung *ausgeantwortet*, ist im ABGB von seiner *Einantwortung* die Rede. Erfolgt im deutschen

266 Die Phrasensuche *Ehelichkeit anfechten* lieferte am 28.08.2013 auf Seiten aus Österreich lediglich drei Treffer.

267 Online unter https://www.ris.bka.gv.at/Dokument.wxe?Abfrage=Justiz&Dokumentnummer=JJT_19480428_OGH0002_0010OB00089_4800000_000; Stand 23.08.2013.

268 Online unter http://www.femail.at/fileadmin/user_upload/Dokumente/Infomappe/Infomappe-2008-Alleinerzieherinnen.pdf; Stand 23.08.2013.

269 Online unter http://www.rechtsanwaelte.at/www/getFile.php?id=1118&key=e&keyWordId=75&keyWordName=Ehelichkeitsbestreitung%0D%0A&search=true; Stand 28.08.2013.

Sprachgebrauch *ein Eintrag ins Grundbuch*, heißt es im ABGB *den öffentlichen Büchern einverleibt werden*. Zwar tritt in beiden Gesetztexten die Kollokation *die Ehe scheiden* auf, inhaltlich entspricht jedoch der *Ehescheidung* im BGB die *Ehetrennung* im ABGB. Heißt es im BGB *jmdm. nach dem Leben trachten*, so tritt dafür im ABGB die Kombination mit *nachstellen* auf: *dem Leben oder der Gesundheit gefährliche Nachstellungen*. Diese heute ungebräuchliche semantische Spezifizität des Verbs lässt sich erneut im Grimmschen Wörterbuch nachweisen:

> 3) *intransitiv (doch nur scheinbar, weil das object* falle, netz *und dgl. verschwiegen ist), zunächst vom vogelsteller und jäger, der die fallen, schlingen, netze nach einem vogel oder wilde stellt, sodann übertragen: nachtrachten, zu erreichen suchen in guter oder feindlicher absicht; mhd.* stellen nâch *nur mit präpositionaler fügung, die auch heute neben der adverbialen fortdauert, aber noch den persönlichen dativ erfordert:* er stellt meinem leben nach *oder* er stellt mir nach dem leben; *mhd.* der stellet nâch zerganclîchen dingen.[270]

Weitere Abweichungen sind dann darauf zurückzuführen, dass die jeweiligen Basen im BGB nicht auftreten, etwa *eine Erbserklärung*[271] *abgeben*, *die Verlassenschaft annehmen* oder *die Servitut bestellen*.

Zur Prüfung des Kollokationsstatus der extrahierten Kombinationen wurde ähnlich wie beim BGB korrelativ von einem Kriterienkatalog Gebrauch gemacht, auf dessen Grundlage 221 Verbindungen als kollokativ gewertet werden können. Dabei muss betont werden, dass nicht alle auf diesem Wege ermittelten Kollokationen die zugrunde gelegten Kriterien gleichermaßen erfüllen, wie das auch Reder beobachtet:

> Eine Schwierigkeit besteht jedoch bei […] Kollokationen darin, dass nicht nur prototypische Kollokationen existieren. So ist es nicht in jedem Einzelfall unumstritten, ob man der jeweiligen Wortverbindung den Kollokationsstatus anerkennen sollte. (Reder 2011: 137)[272]

In Relation zum BGB liegt der Anteil der ermittelten Kollokationen im Falle des ABGB etwas niedriger. Wurde dort ca. ein Drittel der extrahierten

---

270 Online unter http://www.woerterbuchnetz.de/DWB?lemma=nachstellen; 22.07.2013]

271 Darunter wird seit 2005 die Erbantrittserklärung verstanden. Vgl. Art. IV § 10 des Familien- und Erbrechts-Änderungsgesetzes 2004.

272 Vor diesem Hintergrund schlägt Stein vor, die Kriterien als komplementär zu betrachten: „Zwar kann man sagen, daß ein großer Teil des idiomatischen bzw. formelhaften Inventars die Kriterien erfüllt, aber die gegenläufigen Fälle sind so zahlreich, daß sie nicht als Ausnahmen abgetan werden können. Sinnvoller scheint es m.E. zu sein, von ‚komplementären Kategorien' auszugehen und die […] Merkmale jeweils als Endpole von Skalen aufzufassen, deren Anfangspole von den skizzierten ‚Ausnahmen' gebildet werden" (Stein 1995: 41).

Kombinationen für kollokativ erachtet (35,5%), sind es hier lediglich 28%. Dieses Ergebnis bestätigt somit die Ausgangshypothese, dass im Zusammenhang mit der höheren Variabilität im ABGB der Anteil kollokativer Verbindungen niedriger ausfallen dürfte. Mehrfach zeigt sich nämlich, dass die im Gesetzestext verwendeten Kombinationen und der usuelle Sprachgebrauch auseinanderklaffen, wie das auch Znamenáčková feststellt:

> Obwohl der Gesetzeswortlaut allgemein als maßgebend gilt, handelt es sich bei einigen Ausdrücken um eine gesetzesspezifische Konvention, der die fachlich akzeptable Variabilität im Sprachgebrauch anderer Textsorten gegenübersteht [...] (Znamenáčková 2005: 303)

So wird etwa *anbringen* in Verbindung mit Rechtsmitteln zwar beim Verweis auf entsprechende Stellen in dem Gesetzestext verwendet, usuell sind jedoch andere Verbkollokatoren. Daneben gibt es jedoch auch Fälle, in denen die Kodifikation eine festigende Funktion hat – etwa bei *Ehelichkeit/Vaterschaft bestreiten*.

Bei den ermittelten Kollokationen lassen sich ähnlich wie beim BGB auch in dem österreichischen Gesetzestext einige gemeinsame Kollokationsfelder feststellen. Über zum Teil übereinstimmende Kollokationspotentiale verfügen die Basen *Pflicht* und *Bedingung* aufgrund der gemeinsamen Kollokatoren *auferlegen* und *erfüllen*, im Gegensatz dazu werden *Verbindlichkeiten* zwar ebenfalls *erfüllt*, aber nicht mehr *auferlegt*, sondern *begründet*. Ähnliche Kollokationspotentiale weisen ebenso *Verbrechen* und *Ehebruch* auf, die *begangen* werden bzw. deren man *sich schuldig machen* kann. Allerdings tritt die Kombination *sich eines Ehebruches schuldig machen* im Gegenwartsdeutschen kaum auf, was damit korrelieren mag, dass Ehebrüche nicht mehr pönalisiert sind. Da es sich bei der *Dienstbarkeit* bzw. *Servitut* um das beschränkte dingliche Nutzungsrecht an einer fremden Sache handelt,[273] fällt auch deren Kombinationspotential mit dem der Basis *Recht* zum Teil zusammen. *Servitute*, *Dienstbarkeiten* und *Rechte* (spezieller Art) gehen nämlich Verbindungen mit *ausüben* und *bestellen* ein. Gemeinsam bei *Verbindlichkeiten* und *Verträgen* ist, dass sie *eingegangen* und *aufgehoben* werden können, wobei *eingegangen* auch andere Vertragsgeschäfte werden (etwa *Geschäft* oder *Verpflichtung*). Wegen der begrifflich-semantischen Verwandtschaft zwischen *Eigentum* und *Recht*, weisen auch diese Substantive ein ähnliches Kollokationspotential mit *erwerben* und *übertragen* auf. Auch was den Kollokationsbereich der extrahierten Kollokatoren angeht, werden einige gemeinsame Kollokationsfelder offenbar:

---

273 Vgl. http://www.rechtsanwaelte.at/www/getFile.php?id=1118&key=d&keyWordId=30&keyWordName=Dienstbarkeit+&search=true; Stand 29.08.2013.

Kollokationsfeld	→ Kollokator
1. *Schuld, Kosten, Sorge, Lasten*	*tragen*
2. *Urkunden, Pfandscheine, Zeugnisse*	*ausstellen*
3. *(zu) Erben, Erbschaft, Erbfolge*	*berufen*
4. *Erbschaft, Nachlass*	*einantworten*
5. *Verlassenschaft, Erbschaft*	*annehmen*
6. *Forderung, Recht*	*abtreten*
7. *Testament, (letztwillige) Anordnung*	*errichten, aufheben*
8. *Vorschrift, Anordnung*	*erlassen, aufheben*
9. *Genehmigung, Gutachten*	*einholen*
10. *Anspruch, Recht*	*zustehen*

Abschließend sei noch ein Mal auf die bereits angeführte Klassifizierung Aisenstadts angeknüpft. Analog wie im BGB stellt sich dabei heraus, dass innerhalb der als Kollokationen eingestuften Kombinationen der Anteil von Verbindungen mit einem Kollokator, der kontextspezifisch oder polysem gebraucht wird, noch höherer liegt – er beläuft sich auf 76,92% (170 Belege – es sind also fast 10% mehr als im BGB). Verbindungen mit einem spezifischen Kollokator machen 16,28% aus (36 Kombinationen). Am schwächsten vertreten sind Kombinationen mit einem semantisch vagen Verb. Sie bilden lediglich 6,78 % (15 Verbindungen) innerhalb der ermittelten Kollokationen.

8. Interlinguale Äquivalenz im Kollokationsbereich – im Vergleich zur polnischen Übersetzung des ABGB

> Within the translation of legal texts, equivalence (especially terminological equivalence, or equivalence at the terminological level) is one of the most common translation processes and a subject of continuous debate. Because of its recurrence and relevance, it merits examination. (Paolucci 2011: 90)

Im vorliegenden Kapitel werden die aus dem österreichischen Gesetzestext ermittelten Kollokationen analog zur Kollokationsanalyse des BGB kontrastiv mit ihren Entsprechungen in der polnischen Übersetzung analysiert. Zunächst wird auf interlinguale Äquivalenztypen im Kollokationsbereich eingegangen, woraufhin die Frage der Usualität der eingesetzten polnischen Entsprechungen im Gegenwartspolnischen geprüft wird.

Ebenso wie im Falle der amtlichen Übersetzung des BGB wird auch bei der hier analysierten Übersetzung des ABGB von der Möglichkeit einer vollständigen Äquivalenz ausgegangen. Zwar wird diese mehrfach in Zweifel gezogen. So schreibt etwa de Groot:

> Wegen der Systemgebundenheit juristischer Begriffe ist eine völlige Äquivalenz logischerweise nur dann möglich, wenn sich die Ausgangssprache und die Zielsprache auf dasselbe Rechtssystem beziehen. Dies ist im Prinzip nur der Fall, wenn innerhalb eines zwei- oder mehrsprachigen Rechtssystems übersetzt wird (wie z.B. in Belgien, Finnland, der Schweiz und – in gewisser Weise – in Kanada). [...] Sobald die Ausgangssprache und die Zielsprache sich auf unterschiedliche Rechtssysteme beziehen, scheint (nahezu) völlige Äquivalenz jedoch problematisch zu sein. Trotzdem werden bestimmte sich auf unterschiedliche Rechtssysteme beziehende Begriffe in der (Übersetzungs-) Praxis gewöhnlich allgemein als Äquivalenten betrachtet. (de Groot 1999: 20f.; vgl. auch de Groot 2002: 229)

Allerdings kann man bei der vorliegenden Übersetzung davon ausgehen, dass wir es hier mit einem ähnlichen Fall, wie oben beschrieben, zu tun haben. Denn die in der Übersetzung verwendeten Begriffe bezogen sich auf denselben Sachverhalt wie die Termini im ABGB (vgl. Ciola 2001: 742). Ähnlich wie bei der amtlichen Übersetzung des BGB ging auch das Ziel der hier analysierten Übersetzung des ABGB über die informative Funktion hinaus, indem nicht lediglich darüber informiert werden sollte, was in einem anderen Staat rechtsgültig ist, sondern was in einem Teilgebiet Polens rechtens ist, es handelte sich also um eine Übersetzung innerhalb einer Rechtsordnung (vgl. Sandrini 1999: 18). Hier liegt somit eine annähernde Funktionskonstanz des Transferendums und des Translats vor, auch wenn Künssberg in Bezug auf das ABGB schreibt:

> Selbstverständlich sind die Übersetzungen keineswegs fehlerfrei. Wenn Unstimmigkeiten zwischen dem deutschen und dem fremden Text vorkommen, so geht der deutsche Urtext vor. (Künssberg 1930: 24)

Was eventuelle Streitigkeiten anbelangt, die aus den genannten Übersetzungsfehlern erwachsen sein konnten, fügt Künssberg hinzu:

> Es wäre interessant gewesen, die Akten des K. K. Obersten Gerichtshofes daraufhin durchzuarbeiten, was für Übersetzungsfehler und Auffassungsfehler immer noch vorkamen bei Gerichten, deren Sprache nicht deutsch war. Diese Akten sind jedoch beim Brande des Wiener Justizpalastes am 15. Juli 1927 völlig vernichtet worden. (Künssberg 1930: 24)

8.1. Äquivalenztypen im Kollokationsbereich

Bei den Entsprechungen für die Kollokationen im ABGB handelt es sich beinahe ausschließlich um Vertreter der Total-, Teil- und Substitutionsäquivalenz. Ähnlich wie bei den Entsprechungen für kollokative Verbindungen aus dem deutschen Gesetzestext sind Belege für die Null-Äquivalenz nicht nachweislich und Fälle von Scheinäquivalenz treten nur marginal auf. Von Scheinäquivalenz bzw. falschen Freunden des Übersetzers dürfte bei dem Äquivalenzpaar dt. *Begründung eines Rechtes* – pl. *uzasadnienie prawa* die Rede sein. Dabei zeigt sich, dass die kompositionelle Übersetzung im Polnischen durchaus üblich ist, allerdings in einem anderen Gebrauchskontext als die deutsche Entsprechung verwendet wird, nämlich im Sinne von ‚Gründe für das Recht angeben'. Das inhaltliche Äquivalent zu der deutschen Übersetzungseinheit lautet hingegen *ustanowienie prawa* ‚ein Recht festlegen/entstehen lassen'. Mit Fällen potentieller Scheinäquivalenz dürfte man auch bei den Verbindungen *die Ehe scheiden* und *die Ehe trennen* zu tun haben, die bei kompositioneller Übertragung ins Polnische von ihren Bedeutungen in dem österreichischen Gesetzestext abweichen würden. In der analysierten Übersetzung werden diese Kollokationen allerdings inhaltlich angemessen wiedergegeben: dt. *die Ehe scheiden* – pl. *rozdzielić/separować małżeństwo* und dt. *die Ehe trennen* – pl. *rozwieść/rozwiązać małżeństwo* – die kompositionelle Wiedergabe wäre bei diesen zwei Kombinationen gerade umgekehrt. Es wird somit deutlich, dass bei der Rechtsübersetzung „eine Fülle von Divergenzen auftreten [...], deren Analyse wiederum sowohl sprachliches als auch rechtliches Wissen erfordert" (Arntz 1999: 190).

Was den Anteil der unterschiedenen Äquivalenztypen innerhalb der analysierten Äquivalenzpaare anbelangt, so ist er weitgehend vergleichbar mit den Ergebnissen der Untersuchung des BGB. In der Gesamtzahl von 221 als kollokativ gewerteten Wortverbindungen weisen die meisten Paare die partielle Äquivalenz auf (150, d.h. 67,87%), 48 (21,71%) entsprechen der Totaläquivalenz, am schwächsten ist in dem Korpus die Substitution mit 22 Beispielen (9,95%) belegt.

Im Rahmen der vollständigen Äquivalenz sind Verbindungen, in denen das Substantiv in der Funktion als Akkusativobjekt auftritt, mit 81,25% (39 Belege) am häufigsten belegt, etwa:

dt. *die Vaterschaft anerkennen* – pl. *uznać ojcostwo*,
dt. *die Erbschaft annehmen* – pl. *przyjąć spadek*,
dt. *die Gläubiger befriedigen* – pl. *zaspokoić wierzycieli*.

Etwa ein Siebtel der Äquivalenzpaare (7 Belege) bilden Kombinationen, in denen das Substantiv als Subjekt fungiert:

dt. *das Recht erlischt* – pl. *prawo gaśnie*,
dt. *die Forderung verjährt* – pl. *wierzytelność przedawnia się*,
dt. *Rechte stehen zu* – pl. *prawa służą/prawa przysługują*.

Je ein Mal handelt es sich bei den Belegen für totale Äquivalenz um eine Tripelstruktur oder eine Kombination, bei der das Substantiv in der Funktion eines Präpositionalobjekts steht:

dt. *eine Ehe für nichtig erklären* – pl. *uznać małżeństwo za nieważne*,
dt. *zur Erbschaft berufen werden* – pl. *być powołanym do spadku*.

Auch bei der Teiläquivalenz überwiegen Vertreter des morphosyntaktischen Strukturtyps Verb+Substantiv in der Funktion eines Akkusativobjekts. Sie bilden 75,33% der partiell äquivalenten Paare (113 Belege):

dt. *den Eid ablegen* – pl. *złożyć przysięgę*,
dt. *Schulden abtragen* – pl. *zapłacić długi*,
dt. *die Erbschaft antreten* – pl. *przyjąć spadek*.

Darunter entsprechen vier deutschen Kollokationen mit einem Substantiv in Akkusativobjektfunktion, Verbindungen, in denen der nominale Teil im Polnischen eine andere syntaktische Funktion (eines Subjekts, Präpositional- oder Dativobjekts) trägt:

dt. *ein Verbrechen begehen* – pl. *dopuścić się zbrodni*,
dt. *Verbindlichkeiten begründen* – pl. *zobowiązania powstają*,
dt. *Unterhalt gewähren* – pl. *dać na utrzymanie*.

Bei jedem fünfzehnten Vertreter der partiellen Äquivalenz handelt es sich um Verbindungen eines Verbs mit einem Substantiv im Nominativ, denen auch im Polnischen eine Kombination mit einem Subjekt entspricht:

dt. *die Frist läuft ab* – pl. *czasokres/termin upływa*,
dt. *ein Kapital geht ein* – pl. *kapitał wpływa*,
dt. *ein Irrtum unterläuft* – pl. *błąd zachodzi*.

Nur zweifach handelt es sich bei den polnischen Äquivalenten um Verbindungen mit einem Akkusativobjekt:

dt. *die ergangenen Verfügungen → die Verfügungen ergehen* – pl. *zarządzenia wydane → wydać zarządzenia*,
dt. *der entgangene Nutzen → der Nutzen entgeht* – pl. *utracone korzyści → utracić korzyści*.

Vergleichsweise häufig kommen bei der partiellen Äquivalenz auch sog. Tripelstrukturen vor (11 Belege):

dt. *die eheliche Verbindung aufheben* – pl. *rozerwać związek małżeński*,
dt. *Vorschriften finden Anwendung* – pl. *przepisy mają zastosowanie*,
dt. *letztwillige Anordnungen errichten* – pl. *sporządzić rozporządzenie ostatniej woli*.

Knapp fünf Prozent der teilweisen Äquivalenz (7 Belege) stellen Verbindungen eines Verbs mit einem Substantiv in der Funktion eines Dativobjekts dar, denen im Polnischen allerdings (mit Ausnahme des ersten unten angeführten Beispiels) zumeist Verbindungen mit Akkusativ- oder Präpositionalergänzungen entsprechen:

dt. *den Gesetzen unterworfen sein* – pl. *podlegać ustawom*,
dt. *der Klage stattgeben* – pl. *uwzględnić skargę*,
dt. *einer Gefahr ausgesetzt werden* – pl. *być narażonym na niebezpieczeństwo*.

Ebenfalls ca. fünf Prozent der partiellen Äquivalenz (8 Belege) stellen Kombinationen eines Verbs mit einem Substantiv in der Funktion eines Präpositionalobjekts dar, denen im Polnischen ebenfalls Verbindungen entweder mit Präpositionalergänzungen oder aber mit Akkusativ- (3 Mal) oder Instrumentalergänzungen (1 Mal) entsprechen:

dt. *zu einer Strafe verurteilen* – pl. *skazać na karę*,
dt. *zu Protokoll bringen* – pl. *spisać protokół*,
dt. *zum Stellvertreter ernennen* – pl. *ustanowić zastępcą*.

In einem Fall der Teiläquivalenz entspricht einer deutschen Kollokation mit Substantiv in Genitivobjektfunktion im Polnischen ein Akkusativobjekt:

dt. *sich des Rechts anmaßen* – pl. *rościć sobie prawo*.

Bei der Substitution dominieren Äquivalenzen, bei denen beide Kollokationsbestandteile im Polnischen nicht wörtlich übertragen werden (11 Belege, d.h. 50%):

dt. *zu seinem Stellvertreter benennen* – pl. *w miejsce swoje upoważnić*,
dt. *zu Nacherben berufen* – pl. *być sobie wzajemnie podstawieni*,
dt. *ihre Rechtskraft erlangen* – pl. *stać się prawomocne*.

Die zweithäufigste Gruppe bilden Äquivalenzen, in denen einer Mehrwortverbindung im Deutschen ein Einzelwort im Polnischen entspricht (6 Belege, d.h. 27,27%):

dt. *ein Kind annehmen/an Kindesstatt annehmen* – pl. *przysposobić*,
dt. *Sorge tragen* – pl. *troszczyć się/starać się*,
dt. *in Beschlag nehmen* – pl. *zająć*.

Etwa bei jedem fünften Äquivalenzpaar handelt es sich um Komposita im Deutschen, denen im Polnischen Mehrwortverbindungen entsprechen (5 Fälle, d.h. 22,72%). Dabei kommen folgende Arten von Verbindungen in der polnischen Übersetzung vor:

d) Substantiv+Adjektiv:
   dt. *einen Pfandschein ausstellen* – pl. *dać kwit zastawniczy*,
   dt. *kein Witwengehalt beziehen* – pl. *nie pobierać pensji wdowiej*,

e) Substantiv+Substantiv (als Präpositionalattribut):
   dt. *das eingereichte Vormerkungsgesuch* – pl. *wniesienie podania o prenotację*,
   dt. *keinen Rechtsstreit vergleichen* – pl. *nie zawierać ugód w sporach*,

f) Substantiv+Substantiv (als Genitivattribut):
   dt. *das (ein) Pfandrecht einräumen* – pl. *ustanowić/przyznać prawo zastawu/udzielać prawa zastawu*.

Aufgrund der Tatsache, dass die Frequenz von Einzeltermini im ABGB niedriger ausfällt als im BGB, ist die Variabilität der polnischen Pendants weniger stark ausgeprägt als bei dem deutschen Gesetzestext. Wie die folgende Tabelle veranschaulicht, entsprechen im ABGB in einigen Fällen je einem Verbkollokator im Deutschen maximal bis zu drei Verben im Polnischen, während die Variabilität bei der Übersetzung des BGB bis zu sechs Verben reichte.

Übersetzungseinheit im ABGB	**Entsprechung im polnischen Translat**
die Erbschaft ausschlagen/Ausschlagung der Erbschaft	*zrzec się spadku/spadek odrzucić/odrzucenie spadku/nieprzyjęcie dziedzictwa*
die Forderung berichtigen/unberichtigte Forderung	*uiścić wierzytelność/zaspokoić wierzytelność/wierzytelności, których jeszcze nie wyrównano*

Übersetzungseinheit im ABGB	Entsprechung im polnischen Translat
Angelegenheiten besorgen/Besorgung der Angelegenheiten	*troszczyć się o interesy/załatwiać sprawy/ załatwianie spraw/zawiadywać sprawami/ zawiadywanie sprawami*
Rechte genießen/der Genuss der Rechte	*używać praw/mieć prawa/używanie praw/ korzystać z prawa*
Antretung der Erbschaft/die Erbschaft angetreten haben/die angetretene Erbschaft	*przyjęcie spadku/przyjąć dziedzictwo/ przyjąć spadek/przyjęcie spadku/ dziedzictwo objęte*

Ähnlich wie das bereits bei der Analyse der amtlichen Übersetzung des BGB deutlich wurde, ist auch in den hier angeführten Fällen von „Eins-zu-viele-Entsprechung" nicht von einer Diversifikation auszugehen (vgl. Koller 1992: 230), vielmehr deuten die obigen Belege darauf hin, dass zum Zeitpunkt der Übersetzung die Terminologie noch festlegungsbedürftig war, und ebenso die kollokativen Verbindungen noch wenig stabil waren bzw. sich erst noch normieren mussten.

Dies beweist etwa die oben angeführte variante Verwendung der Verben *zrzec się* und *odrzucić* in Verbindung mit *spadek* als Entsprechungen für *die Erbschaft ausschlagen.* In der heutigen polnischen Rechtssprache wird nämlich ein deutlicher Unterschied zwischen den beiden Rechtshandlungen gemacht, die mit den Verben ausgedrückt werden:

Unterschiede zwischen dem Verzicht auf die Erbschaft und der Ausschlagung der Erbschaft im Polnischen.

zrzeczenie się (Verzicht)	Zrzeczenie się dziedziczenia jest umową (w formie aktu notarialnego), jaką przyszły spadkodawca za życia zawiera ze spadkobiercą ustawowym. Strony umawiają się, że dana osoba nie będzie dziedziczyła po spadkodawcy. W praktyce taka umowa jest zawierana wówczas, gdy np. rodzic za życia obdarował jedno dziecko znacznym majątkiem i pragnie, żeby po jego śmierci wyłącznie drugie dziecko odziedziczyło pozostały majątek. Zrzeczenie się dziedziczenia obejmuje również zstępnych (dzieci, wnuki) zrzekającego się, chyba że umówiono się inaczej. Zrzekający się oraz jego zstępni (dzieci, wnuki), których obejmuje zrzeczenie się dziedziczenia, zostają wyłączeni od dziedziczenia, tak jakby nie dożyli otwarcia spadku. Oznacza to, że spadek dziedziczą pozostali spadkobiercy.

odrzucenie (Ausschlagung)	Odrzucenie spadku następuje natomiast już po śmierci spadkodawcy. Jest to jednostronne oświadczenie woli potencjalnego spadkobiercy, składane przed notariuszem bądź sądem w ciągu 6 miesięcy od dowiedzenia się o dziedziczeniu (najczęściej – od chwili dowiedzenia się o śmierci spadkodawcy). Oznacza odmowę przyjęcia zarówno majątku, jak i długów spadkowych. Instytucja ta stanowi jedną z trzech możliwości (obok przyjęcia spadku wprost bądź przyjęcia spadku z dobrodziejstwem inwentarza), jaką ma do dyspozycji spadkobierca, podejmując decyzję w zakresie spadku. Skutkiem odrzucenia spadku jest wyłączenie od dziedziczenia, co traktowane jest przez przepisy w ten sposób, jakby osoba taka nie dożyła otwarcia spadku. W przypadku odrzucenia spadku, do dziedziczenia powołani zostaną zstępni odrzucającego spadek np. wnuki spadkodawcy, ewentualnie kolejne osoby zgodnie z zasadami dotyczącymi dziedziczenia ustawowego.

Quelle: http://www.brpo.gov.pl/pl/content/jaka-jest-r%C3%B3%C5%BCnica-mi%C4%99dzy-zrzeczeniem-si%C4%99-dziedziczenia-odrzuceniem-spadku; Stand 13.09.2013.

Gleichzeitig kommen im Untersuchungskorpus mehrere Belege für eine „Viele-zu-eins-Entsprechung" (Koller 1992: 231) vor.

Antritt des Amtes *Übernahme des Amtes*	*objęcie urzędu*
Anordnungen erlassen *Anordnungen treffen* *die ergangenen Verfügungen* *eine Vorkehrung treffen*	*wydać zarządzenia* *zarządzenia wydane*
die Ehe trennen *die Ehe auflösen*	*rozwiązać małżeństwo*
die Erbschaft annehmen *die Erbschaft antreten* *die Verlassenschaft annehmen*	*przyjąć spadek*
die Forderung eintreiben *die Forderung erheben*	*ściągnąć wierzytelność*
Ablauf der Frist *verstrichene Frist*	*upływ terminu*

die Klage erheben *die Klage einreichen* *die Klage anhängig machen*	*wnieść pozew*
die Kosten bestreiten *die Kosten tragen*	*ponieść koszta*
die Pflichten erfüllen *seinen Pflichten nachkommen*	*spełniać (swe) obowiązki*
ein Protokoll aufnehmen *zu Protokoll bringen*	*spisać protokół*
Schulden abtragen *Bezahlung der Schuld(en)*	*zapłata długów*
die Servitut ausüben *die Dienstbarkeit ausüben*	*wykonywać służebność*
eine Verbindlichkeit eingehen *eine Verpflichtung eingehen*	*zaciągnąć zobowiązania*

8.2. Usualität der äquivalenten Mehrwortverbindungen im Polnischen

Ähnlich wie bei der Übersetzung des deutschen Gesetzestextes wird auch bei der Prüfung, ob die polnischen Entsprechungen für die im ABGB ermittelten Kollokationen auch im Gegenwartspolnischen üblich sind, zunächst deren Vorkommen im Internet mittels der Suchmaschine Google überprüft, woraufhin das Nationalkorpus der polnischen Sprache konsultiert wird.

Innerhalb der ermittelten 221 Belege kommen 200 (90,49%) der polnischen Entsprechungen auch im Internet vor. Davon weisen allerdings 16 polnische Äquivalente eine sehr niedrige Frequenz auf (zwischen 20-100 Treffern). Dieses Ergebnis ist vergleichbar mit dem Usualitätsgrad der polnischen Entsprechungen für die BGB-Kollokationen im Internet.

Das Nationalkorpus der polnischen Sprache verzeichnet 136 (61,53%) der polnischen Äquivalenzen als Kookkurrenzpartner, was also in etwa dem Ergebnis im BGB entspricht.

Bei den im Gegenwartspolnischen nicht usuellen Kombinationen handelt es sich zum Teil um Verbindungen mit einem Substantiv, das heute (in diesem Gebrauchskontext) nicht (mehr) verwendet wird und wofür dementsprechend andere Mehrwortverbindungen in Gebrauch sind:

dt. Kollokation im ABGB	pl. Entsprechung in der analysierten Übersetzung des ABGB	übliche Kombination im Gegenwartspolnischen
Ablauf der Frist	*upływ czasokresu*	*upływ terminu*
Aufhebung der Ehe-Pacte	*uchylenie układów małżeńskich*	*rozwiązanie umów majątkowych małżeńskich*
einen Erben einsetzen	*ustanowić dziedzicem*	*ustanowić spadkobiercą*
sein Gutachten erstatten	*podać swoje zapatrywanie*	*wydać opinię/sporządzić ekspertyzę*
ein Gutachten einholen	*zasięgnięcie zdania*	*zasięgać opinii*
die gezogenen Nutzungen	*użytki pobierane*	*czerpać pożytki*
Zwangsmittel anwenden	*zastosować przymusowe środki*	*zastosować środki przymusu*
die Erbschaft fällt zu	*dziedzictwo przypada*	*spadek przypada*

Häufiger rührt die heutige Nicht-Usualität der polnischen Entsprechungen daher, dass im Gegenwartspolnischen bei den jeweiligen Äquivalenzpaaren anstatt der hier eingesetzten Verben andere Verben auftreten.

dt. Kollokation im ABGB	pl. Entsprechung in der analysierten Übersetzung des ABGB	übliche Kombination im Gegenwartspolnischen
den Beistand des Gerichtes anrufen	*zawezwać pomocy sądowej*	*skorzystać z pomocy sądowej*
Kosten auferlegen	*nałożyć koszta*	*obciążyć kosztami*
die eheliche Verbindung aufheben	*rozerwać związek małżeński*	*unieważnić związek małżeński*
die Bedingung auferlegen	*nałożyć warunek*	*postawić warunek*
einen Vertrag aufheben	*uchylić kontrakt*	*rozwiązać kontrakt*
Verbindlichkeiten aufheben	*zobowiązanie gaśnie*	*zobowiązanie wygasa*
Ausübung der Gerichtsbarkeit	*wykonywanie sądownictwa*	*sprawowanie sądownictwa*
Streitigkeiten beilegen	*załatwienie sporów*	*załagodzić spory*
Scheidung der Ehe	*rozdział małżeństwa*	*separacja*
ein Geschäft eingehen	*zawierać czynność*	*dokonać czynności prawnej*

Ähnlich wie bei der amtlichen Übersetzung des BGB wurde auch bei der Übersetzung des österreichischen Gesetzestextes bei der Übertragung gleicher Kollokatoren unterschiedlich vorgegangen. Einerseits liegen Belege vor, in denen derselbe Verbkollokator je nach Kontext unterschiedlich wiedergegeben wurde – und diese Entsprechungen sind auch im Gegenwartspolnischen usuell, beispielsweise:

dt. *das aufgenommene Verzeichnis* – pl. *sporządzony wykaz*
dt. *ein Protokoll aufnehmen* – pl. *spisać protokół*
dt. *ein Zeugnis ausstellen* – pl. *wydać poświadczenie*
dt. *die ausgestellten Urkunden* – pl. *wystawione dokumenty*

Bei den folgenden Äquivalenzpaaren ist jedoch – zumindest den Angaben den NKJP zufolge – heute nur die erste hier genannte Ensprechung usuell:

dt. *Gesetze werden aufgehoben* – pl. *uchylić ustawy*
dt. *die Aufhebung der ehelichen Gemeinschaft* – pl. *zerwanie spólności małżeńskiej* (im NKJP ist zwar *nierozerwalność związku małżeńskiego* belegt, in diesem Zusammenhang wird jedoch üblicherweise von *unieważnienie związku małżeńskiego* gesprochen)
dt. *einen Vertrag aufheben* – pl. *uchylenie kontraktu* (im NKJP: *rozwiązanie kontraktu*)
dt. *Verbindlichkeiten aufheben* – pl. *zobowiązanie gaśnie* (im NKJP: *zobowiązanie wygasa*)

Andererseits wurde vielfach für den gleichen Kollokator in derselben Bedeutungsvariante konsequent das gleiche polnische Äquivalent eingesetzt. So wurde für *auferlegen* stets *nałożyć* eingesetzt, das jedoch in einigen Kombinationen aus heutiger Perspektive unüblich ist, wie die folgenden Belege veranschaulichen:

dt. *auferlegte Pflicht* – pl. *nałożony obowiązek*
dt. *Kosten auferlegen* – pl. *nałożyć koszta* (im NKJP: *obciążyć kosztami*)
dt. *eine Bedingung auferlegen* – pl. *nałożyć warunek* (im NKJP: *postawić warunek*)

Darüber hinaus kommen in dem analysierten Belegmaterial Äquivalenzpaare vor, bei denen zwar die polnischen Pendants – zumindest im Internet, teilweise aber auch im NKJP –gebräuchlich sind, andere Kombinationen dafür jedoch typischer sind, wie aus der folgenden Auflistung zu ersehen ist.

dt. Kollokation im ABGB	pl. Entsprechung in der analysierten Übersetzung des ABGB	die typischere Variante im Gegenwartspolnischen
die Schuld erlassen	*zwolnienie od długu*	*zwolnienie z długu/ umorzenie długu*
Maßregeln treffen	*przedsiębrać środki*	*przedsięwziąć środki*
den Konkurs eröffnen	*otwarcie upadłości/otwarcie konkursu*	*ogłoszenie upadłości/ otwarcie upadłości*[274]
den Wert übersteigen	*przenosić wartość*	*przewyższać wartość*

In den zwei letzten Belegen hat man es bei den analysierten polnischen Entsprechungen mit veralteten Bedeutungsvarianten zu tun. *Konkurs* wird im Gegenwartspolnischen nur im Sinne von ‚Wettbewerb' bzw. ‚Ausschreibung' gebraucht. Im Wörterbuch der polnischen Sprache von Linde, einer bewährten Quelle des Altpolnischen,[275] kommt jedoch auch die Bedeutungsvariante ‚Insolvenz' vor: „Kupcy długów narobiwszy konkurs podnoszą, i w nogi za granicę."[276] Ähnlich wie bei *Konkurs* handelt es sich auch bei *przenosić* um eine veraltete Bedeutungsvariante des Verbs. Während es heute zumeist im Sinne von ‚durch Tragen an eine andere Stelle versetzen' gebraucht wird, führt Linde auch noch die hier aktivierte Bedeutung auf: „przechodzić kogo w czym, albo czym, przewyższać, przesięgać, przenosić, celować; einen worin übertreffen, ihm den Rang ablaufen […]."[277]

Nimmt man nur die im Polnischen kompositionell wiedergegebenen Kollokationen ins Visier, die auch im Gegenwartspolnischen usuell sind, um eventuelle Rückschlüsse auf einen Einfluss des Deutschen zu ziehen, so stellt sich heraus, dass von den insgesamt 38 kompositionellen Kollokationen lediglich elf bis heute gängige polnische Entsprechungen bereits im Wörterbuch von Linde vorkommen, etwa:

274 Zu Umgewichtungen in der Frequenzverteilung dieser zwei Wortkombinationen im Gegenwartspolnischen siehe das Kapitel zur Frage der Äquivalenz im BGB.

275 Vgl. http://poliqarp.wbl.klf.uw.edu.pl/extra/linde/index.djvu; Stand 8.10.2013.

276 Online unter: http://poliqarp.wbl.klf.uw.edu.pl/extra/linde/index.djvu?djvuopts&page=1255&zoom=width&showposition=0.140,0.560&highlight=273,1401,124,25; Stand 16.09.2013.

277 Online unter: http://poliqarp.wbl.klf.uw.edu.pl/extra/linde/index.djvu?djvuopts&page=2700&zoom=width&showposition=0.462,0.744&highlight=1032,805,148,33; Stand 16.09.2013.

Kollokation im ABGB	Entsprechung in der analysierten polnischen Übersetzung	Entsprechung im altpolnischen Wörterbuch
Schulden bezahlen	*zapłata długów*	*zapłacić dług*[278]
der Streit wird entschieden	*spór będzie rozstrzygnięty*	*rozstrzygnąć spór*[279]
ihre Kraft verlieren	*tracić swoją moc*	*prawo dawniejsze moc swoje traci*[280]
zur Strafe verurteilen	*skazać na karę*	*skazać na karę jaką*[281]

71% der kompositionell wiedergegebenen und heute usuellen Kollokationen (27 Belege) werden im altpolnischen Wörterbuch nicht angeführt. Bei neun dieser Fälle treten hingegen andere Wortverbindungen auf, wie die folgende Tabelle veranschaulicht:

Kollokation im ABGB	Entsprechung in der analysierten polnischen Übersetzung	Entsprechung im altpolnischen Wörterbuch
die Verlassenschaft annehmen	*przyjąć spadek*	*brać spadek*[282]
auferlegte Pflicht	*nałożony obowiązek*	*wkładać obowiązek na kogoś*[283]

278 Online unter: http://poliqarp.wbl.klf.uw.edu.pl/extra/linde/index.djvu?djvuopts&page=596&zoom=width&showposition=0.656,0.468&highlight=1536,1685,68,32; Stand 24.09.2013.

279 Online unter: http://poliqarp.wbl.klf.uw.edu.pl/extra/linde/index.djvu?djvuopts&page=3006&zoom=width&showposition=0.390,0.841&highlight=909,493,66,32; Stand 24.09.2013.

280 Online unter: http://poliqarp.wbl.klf.uw.edu.pl/extra/linde/index.djvu?djvuopts&page=135&zoom=width&showposition=0.161,0.254&highlight=349,2378,63,17; Stand 24.09.2013.

281 Online unter: http://poliqarp.wbl.klf.uw.edu.pl/extra/linde/index.djvu?djvuopts&page=2702&zoom=width&showposition=0.377,0.824&highlight=851,551,96,26; Stand 24.09.2013.

282 Vgl. http://poliqarp.wbl.klf.uw.edu.pl/extra/linde/index.djvu?djvuopts&page=167&zoom=width&showposition=0.527,0.116&highlight=1206,2823,107,33; Stand 5.10.2013 und http://poliqarp.wbl.klf.uw.edu.pl/extra/linde/index.djvu?djvuopts&page=1806&zoom=width&showposition=0.847,0.722&highlight=1978,872,103,30; Stand 5.10.2013.

283 Online unter: http://poliqarp.wbl.klf.uw.edu.pl/extra/linde/index.djvu?djvuopts&page=2627&zoom=width&showposition=0.142,0.353&highlight=260,2064,158,32; Stand 23.09.2013.

die Schuld tragen	*ponosić winę*	*popadać winę*[284] *przepadać winę*[285] *przepadać winę, podpadać winie*[286]
(die) Rechnung legen	*składać rachunki*	*zdawać rachunek*[287] *dawać rachunek*[288]
das Recht steht zu	*prawo przysługuje*	*prawo służy*[289]

In den verbleibenden 27 Fällen kommt entweder die Basis im altpolnischen Wörterbuch gar nicht vor, oder sie wird nicht in Verbindung mit dem in der analysierten Übersetzung vorkommenden Verb angeführt.

Im Folgenden soll analog zur Analyse der Übersetzung des BGB geprüft werden, ob bei mehreren Entsprechungsvarianten für eine deutsche Kollokation auch im heutigen Sprachgebrauch die frequentere Variante im Gegenwartspolnischen üblicher ist, ob also von eventueller Konventionalisierung einer häufig vorkommenden Wortverbindung ausgegangen werden kann. Dabei werden nur diejenigen Äquivalenzpaare berücksichtigt, bei denen eine Variante frequenter ist. Aus den insgesamt 221 Äquivalenzpaaren kommen für 53 Kollokationen im Polnischen Übersetzungsalternativen vor. Bei 30 Belegen wird im Translat eine Variante mehr oder weniger stark bevorzugt. Bei knapp der Hälfte dieser Äquivalenzpaare (14 Belege) zeigt sich, dass die häufiger vorkommenden Alternativen

284 Online unter: http://poliqarp.wbl.klf.uw.edu.pl/extra/linde/index.djvu?djvuopts&page=2503&zoom=width&showposition=0.647,0.733&highlight=1513,842,69,31; Stand 24.09.2013.

285 Online unter: http://poliqarp.wbl.klf.uw.edu.pl/extra/linde/index.djvu?djvuopts&page=2771&zoom=width&showposition=0.855,0.178&highlight=2017,2638,66,29; Stand 24.09.2013.

286 Online unter: http://poliqarp.wbl.klf.uw.edu.pl/extra/linde/index.djvu?djvuopts&page=2728&zoom=width&showposition=0.680,0.614&highlight=1601,1228,71,32; Stand 24.09.2013.

287 Online unter: http://poliqarp.wbl.klf.uw.edu.pl/extra/linde/index.djvu?djvuopts&page=527&zoom=width&showposition=0.340,0.451&highlight=740,1748,141,31; Stand 24.09.2013.

288 Online unter: http://poliqarp.wbl.klf.uw.edu.pl/extra/linde/index.djvu?djvuopts&page=2587&zoom=width&showposition=0.193,0.157&highlight=394,2702,139,26; Stand 24.09.2013.

289 Online unter: http://poliqarp.wbl.klf.uw.edu.pl/extra/linde/index.djvu?djvuopts&page=4860&zoom=width&showposition=0.169,0.457&highlight=361,1719,93,22; Stand 24.09.2013.

auch im Gegenwartspolnischen im Verhältnis zu den darin auftretenden Varianten üblich bzw. üblicher sind.

Als Beispiel sei *przyjęcie spadku* angeführt, das im Korpus sieben Mal als Entsprechung für *Antretung der Erbschaft* bzw. *die Erbschaft antreten* belegt ist und somit gegenüber der einmal verzeichneten Alternative *przyjąć dziedzictwo* und der ebenfalls unikal vorkommenden Variante *dziedzictwo objęte* deutlich präferiert wird. Diese frequentielle Bevorzugung lässt sich ebenso für das Gegenwartspolnische feststellen – das NKJP liefert lediglich die Variante *przyjąć spadek*. Bei der Suche nach Phrasemen mit Hilfe der Suchmaschine Google erweist sich ebenfalls nur die Kombination *przyjąć spadek* als usuell, die anderen Ausdrucksmöglichkeiten treten verhältnismäßig seltener auf.[290] Ähnlich wird auch die Kollokation *Angelegenheiten besorgen* überwiegend mit *załatwiać sprawy* (5 Mal) wiedergegeben, zweimal kommt *zawiadywać sprawami* zum Einsatz. Ebenso wird nur die frequentere Variante im NKJP als Kollokator bzw. Kookkurrenzpartner von *sprawy* angegeben. Als eine morphosyntaktische Präferenz kann bei der polnischen usuellen Entsprechung gelten, dass im NKJP in Verbindung mit *sprawy* nur das substantivierte Verb angeführt wird (*załatwianie spraw*). Einige weitere Fälle, bei denen die in der analysierten Übersetzung häufigere Variante auch im Gegenwartspolnischen usuell bzw. hinsichtlich ihrer Frequenz typischer ist, veranschaulicht die nachstehende Tabelle.

dt. Kollokation im ABGB	**pl. Entsprechung in der analysierten Übersetzung des ABGB**	**usuelle Kombination im Gegenwartspolnischen**
Ablauf der Frist	*upływ terminu (2x)/ termin upłynął (1x)/upływ czasokresu (1x)*	*termin upływa*
beglaubigte Urkunde	*dokument uwierzytelniony (2x)/wierzytelny dokument (1x)*	*dokument uwierzytelniony*
eine Ehe wird geschlossen/eine geschlossene Ehe/abgeschlossene Ehe/Abschließung der Ehe/ eine Ehe schließen/Schließung der (einer) Ehe	*zawrzeć małżeństwo (2x)/ zawarcie małżeństwa (16x)/ małżeństwo przyszło do skutku (1x)*	*zawrzeć małżeństwo/ zawarcie małżeństwa*

290 Die Phrasensuche am 16.09.2013 ergab für ‚przyjąć spadek' 10.600 Treffer, für ‚objąć dziedzictwo' 1.430 und für ‚przyjąć dziedzictwo' 933 Treffer.

den Wert übersteigen	*przewyższać wartość (3x)/ przenosić wartość (1x)*	*przewyższać wartość*
die Erbschaft fällt zu	*dziedzictwo przypada (1x)/ spadek przypada (3x)/spadek przypadł (1x)*	*spadek przypada*

In neun Fällen erweisen sich sämtliche Alternativen auch heute als üblich. Dies betrifft beispielsweise folgende Äquivalenzpaare:

dt. *mit einer Strafe belegen/mit einer Geld- oder Leibesstrafe belegen*	pl. *nałożyć karę/być ukarani grzywną, lub karą cielesną*
dt. *die Kosten bestreiten/Bestreitung dieser Kosten/die Unterhaltskosten bestreiten/ die Erziehungskosten zu bestreiten/die Verpflegungkosten bestreiten*	pl. *ponosić koszta/pokrycie kosztów/ ponosić koszta utrzymania/pokrywać koszty wychowania*
dt. *eine (die) Ehe für ungültig erklären/die Ehe als ungültig erklären*	pl. *uznanie małżeństwa za nieważne/uznać małżeństwo za nieważne/unieważnienie małżeństwa/unieważnić małżeństwo*

Bei drei Äquivalenzpaaren wird deutlich, dass hier gerade die im Translat der Frequenz nach nicht typischsten Entsprechungen im Gegenwartspolnischen usuell(er) sind, wie die Tabelle unten veranschaulicht.

dt. Kollokation im ABGB	**pl. Entsprechung in der analysierten Übersetzung des ABGB**	**usuelle Kombination im Gegenwartspolnischen**
Rechte, welche zustehen/ zustehende(s) Recht(e)/Recht steht zu/dieses Recht steht zu/ das Vorrecht der Zueignung steht zu/das Besitzrecht steht zu	*prawa, które służą (1x)/ prawa służące (2x)/prawo przysługujące (1x)/ mieć prawo (2x)/prawo służy (3x)/służy pierwszeństwo zawłaszczenia (1x)/prawo posiadania służy (1x)*	*prawo przysługuje*
zur Erbfolge berufen sein	*są powołani do następstwa w dziedziczeniu (2x)/są powołani do dziedziczenia (1x)*	*są powołani do dziedziczenia*

Bei den verbleibenden Äquivalenzpaaren handelt es sich um Wortverbindungen, die im heutigen Sprachgebrauch nicht usuell sind, beispielsweise:

dt. *Verbindlichkeiten werden aufgehoben/Aufhebung der Verbindlichkeiten/ Verbindlichkeiten aufheben* – pl. *gasną obowiązki/zgaśnięcie zobowiązań/ zobowiązanie gaśnie*,
dt. *das Pfandrecht erlischt/Erlöschung des Eigentumsrechtes/das Klagerecht erlischt* – pl. *prawo zastawu gaśnie/zgaśnięcie prawa własności/prawo skargi gaśnie*.

8.3. Fazit

Aufgrund der Tatsache, dass es sich bei der hier analysierten Übersetzung des ABGB zum Zeitpunkt ihrer Entstehung um eine Übersetzung innerhalb einer Rechtsordnung handelt, wurde in dem vorliegenden Kapitel von der Möglichkeit einer vollständigen Äquivalenz ausgegangen. Unter dieser Prämisse erfolgte eine Untersuchung polnischer Entsprechungen für die kollokativen Verbindungen im ABGB im Hinblick auf deren Zugehörigkeit zu unterschiedlichen Äquivalenztypen, woraufhin deren Usualität im Gegenwartspolnischen einer Analyse unterlag.

Was die Repräsentanz der polnischen Entsprechungen an den ausgesonderten fünf Äquivalenztypen anbelangt, so ist sie weitgehend übereinstimmend mit den Ergebnissen im Rahmen der Analyse des BGB, indem ebenfalls folgende quantitative Rangordnung feststellbar ist:

1. Partielle Äquivalenz
2. Totaläquivalenz
3. Substitution
4. Scheinäquivalenz (marginal)
5. Nulläquivalenz (nicht nachgewiesen)

Hinsichtlich der inhaltlichen Äquivalenz lässt sich festhalten, dass diese trotz formeller Unterschiede aufrechterhalten wurde. Fälle, die aus der Perspektive des Gegenwartspolnischen zunächst als nicht deckungsgleich erschienen, erwiesen sich nämlich nach der Konsultierung von Wörterbüchern, die eine ältere Entwicklungsstufe des Polnischen dokumentieren, doch als äquivalent, beispielsweise *otwarcie konkursu* oder *przenosić wartość*. Dabei ist erneut die Relevanz der Berücksichtigung des diachronen Aspekts bei der Untersuchung deutlich geworden.

Was die Usualität der eingesetzten polnischen Übersetzungsäquivalente im Gegenwartspolnischen anbelangt, so ist der Anteil bis heute üblicher Verbindungen sowohl den Abfrageergebnissen der Google-Suchmaschine nach als auch den Angaben des NKJP zufolge mit den Ergebnissen der Analyse des BGB weitgehend vergleichbar, d.h. ebenfalls sehr hoch.

Im Vergleich zu den polnischen Entsprechungen für die kollokativen Verbindungen im BGB ist allerdings die Variabilität innerhalb der Entsprechungen für die aus dem ABGB ermittelten Kollokationen erheblich niedriger: Traten dort bis zu sechs Verben als Entsprechungen für die deutschen Verbkollokatoren innerhalb einer Kollokation auf, so kommen hier maximal drei unterschiedliche Verben zum Ausdruck eines Kollokators vor. Dies steht erneut in engem Zusammenhang mit der niedrigeren Vorkommenshäufigkeit der Benennungen im ABGB, worauf bereits im Kapitel zu Kollokationen im ABGB eingegangen wurde (s. Kap. 7). Daran knüpft sich auch die Tatsache, dass im Vergleich zur Übersetzung des BGB der Anteil von Äquivalenzpaaren, bei denen im Polnischen Übersetzungsalternativen für die Kollokationen im ABGB vorkommen, ebenfalls niedriger ausfällt: Bei der amtlichen Übersetzung des BGB ist es fast ein Drittel (33,71%), bei der Übersetzung des österreichischen Gesetzestextes knapp ein Viertel (23,98%). Entsprechend niedriger gestaltet sich ferner der Anteil von Äquivalenzpaaren, bei denen eine Variante mehr oder weniger stark präferiert wird: Bei der Übersetzung des ABGB ist es knapp ein Siebtel (13,5%), bei der Übersetzung des BGB knapp ein Viertel (23,75). Die Annahme, dass bei variablen Wortverbindungen die häufiger vorkommenden Kombinationen, diachronisch betrachtet, zur Konventionalisierung tendierten, lässt sich für knapp die Hälfte der Verbindungen bestätigen, was im Verhältnis zum BGB höher ist. Niedriger ist hingegen der Anteil von Fällen, bei denen sich gerade die nicht typischsten Verbindungen durchgesetzt haben (10% – d.h. 3 Fälle, wohingegen es im BGB 24,19% waren). Ebenfalls weniger zahlreich sind Fälle, bei denen keine der alternativen Kombinationen im Gegenwartspolnischen üblich ist (13,33%), während es sich hierbei im BGB um fast jede vierte Entsprechungsgruppe handelte.

Es sei noch darauf verwiesen, dass bei den analysierten Äquivalenzpaaren zuweilen innerhalb der konnotativen Dimensionen Unterschiede im Anwendungsbereich sichtbar werden. Beispielsweise ist die Verbindung *wypełnić wolę* durchaus üblich, sie tritt jedoch nicht in rechtssprachlichen Kontexten, sondern eher in religiösen Zusammenhängen auf:[291]

291 Quelle: http://nkjp.uni.lodz.pl/index_adv.jsp?query=wype%C5%82ni%C4%87___wol%C4%99&offset=0&limit=200&span=0&sort=title_mono&second_sort=srodek&groupBy=---&groupByLimit=1&preserve_order=true&dummystring=%C4%85%C4%84%C4%87%C4%86%C4%99%C4%98%C5%82%C5%81%C5%84%C5%83%C3%B3%C3%93%C5%9B%C5%9A%C5%BA%C5%B9%C5%BC%C5%BB; Stand 17.09.2013.

ale pozwolił	**wypełnić wolę**	Bożą, są także źródłem szczęścia dla innych.
przyjęła słowa anioła i zgodziła się bez większego wahania	**wypełnić wolę**	Boga?
w Nowym Testamencie: „Tedy rzekłem: Oto przychodzę, aby	**wypełnić wolę**	twoją, o Boże, jak napisano o mnie w zwoju księgi.

Hinsichtlich eines eventuellen Einflusses des Deutschen auf die kollokativen Verbindungen in der polnischen Rechtssprache lässt sich feststellen, dass es sich bei den kompositionellen Entsprechungen, die auch im Gegenwartspolnischen usuell sind, in 71% der Fälle um Kombinationen handelt, die im Wörterbuch des Altpolnischen nicht verzeichnet werden, bei knapp einem Viertel dieser Verbindungen werden hingegen im Altpolnischen andere Kombinationen gebraucht. Ähnlich wie bei der Äquivalenzanalyse des BGB ist allerdings festzuhalten, dass die Prüfung, ob es sich bei kompositionellen Übersetzungen der ABGB-Kollokationen tatsächlich um Übernahmen aus dem Deutschen handelt, erfordern würde, zusätzlich historische Korpora zu analysieren, was den Rahmen dieser Arbeit sprengen würde. Es bleibt somit nur festzuhalten, dass ca. 60% der Entsprechungen für die aus dem ABGB ermittelten Kollokationen auch im NKJP als usuelle Verbindungen verzeichnet sind, und ca. 90% davon im Internet auffindbar sind, was im Vergleich zu BGB einen beinahe gleich hohen Anteil bildet.

9. Usualität der substantivisch-verbalen Mehrwortverbindungen im französisch-polnischen Zivilrecht

> Die Sprachnorm ist ein Mittelwert, ein Durchschnitt für einen bestimmten Raum und eine bestimmte Zeit, sie ändert sich also, ist das Ergebnis des Aufeinanderstoßens des differenzierenden individuellen Elements und des sozialen Elements, das die Unterschiede ausgleicht [...] (Rencki 1925: 302; übers. v. F.K.)

Nach der Wiedererlangung der Unabhängigkeit Polens nach dem Ersten Weltkrieg wurde nicht nur der Mangel an einheitlichen Rechtsvorschriften, sondern auch der Mangel an einer einheitlichen Sprache zum Problem. Behauptet wurde, die Teilungen Polens hätten die Entstehung mehrerer polnischer Rechtssprachen nach sich gezogen (vgl. Glass 1922: 252f. und Rencki 1925: 301). Dabei pochten die Vertreter der einzelnen ehemaligen Teilungsgebiete darauf, bei ihnen habe sich die vollkommenste Form der polnischen Sprache aufrechterhalten. Besonders stark insistierte darauf das ehemalige Kongresspolen als Zentrum des Staates (vgl. Rencki 1925: 301). Der allgemein vertretene Standpunkt, dass die polnische Sprachtradition durch die Teilungen Polens verkommen sei, wie bereits in Kap. 2.4 dargelegt, wurde in der Hinsicht relativiert, dass zwischen den einzelnen Teilungsgebieten stark differenziert wurde: Während die Sprache in Kleinpolen vielfach als verdorben durch die deutschen Einflüsse charakterisiert wurde, verwies man bei der polnischen Rechtssprache im ehemaligen Kongresspolen auf die unmittelbare Verbindung mit der Sprache vor der Teilung Polens und nur oberflächliche Einflüsse des Russischen (vgl. Makowski 1922: 77 und Posner 1925: 214). Nach Rencki dürfte dem Zentrum des polnischen Staates somit eine bedeutsame Einflussnahme auf die Herausbildung einer einheitlichen polnischen Rechtssprache gebühren, gleichzeitig räumte er jedoch ein, die Rechtssprache des ehemaligen Kongresspolens habe bereits zum damaligen Zeitpunkt vielfach archaisch gewirkt (vgl. Rencki 1925: 303).

In dem analysierten Korpus kommt der angesprochene archaische Charakter der Rechtssprache in zentralen Gebieten Polens mehrfach zum Vorschein. Dies drückt sich insbesondere in den heute unüblichen Termini aus:

1) *bez obowiązku opłaty stempla* vs. heute: *bez obowiązku opłaty skarbowej* ‚ohne Stempelgebührenpflicht'
2) *gotowizna* vs. heute: *gotówka* ‚Bargeld'

3) *sąd karzący* vs. heute: *sąd karny* ‚Strafgericht'
4) *kreskować* vs. heute: *głosować* ‚stimmen für jdn./etw.'
5) *dom zdrowia* vs. heute: *ośrodek zdrowia* ‚Krankenstation'
6) *urządzenia ogólne* vs. heute: *przepisy ogólne* ‚allgemeine Vorschriften'
7) *rozporządzenia przechodnie* vs. heute: *rozporządzenia przejściowe* ‚Übergangsverordnungen'
8) *dojść do lat zupełnych* vs. heute: *uzyskać pełnoletność* ‚die Volljährigkeit erlangen'
9) *prawo wglądania* vs. heute: *prawo wglądu* ‚Recht auf Einsicht'
10) *powołanie* vs. heute *zawód* ‚Beruf'
11) *zlewki*. Während der Begriff heute als ‚Essensreste' bzw. ‚Küchenabfälle' verstanden wird, handelte es sich dabei im Hypothekenrecht des 19. Jh. um einen Rechtsterminus. Die Hypothekenbücher enthielten mehrere Rubriken und Kolumnen. Die Rubrik *zlewki* erfasste „die übergegangenen Rechte, welche in der Hauptrubrik eingetragen waren, sowie sämtliche Belastungen dieser Rechte – sog. Subintabulate d.h. Hypotheken an Hypothekarforderungen." (Kubicki 2008: 145 – übers. v. F.K.)
12) *dzieci naturalne* vs. heute: *dzieci nieślubne* ‚uneheliche Kinder'.

Teilweise lässt sich in den analysierten Gesetzestexten eine heute ungebräuchliche Valenz beobachten:

1) *żądać u sądu* vs. heute: *żądać w sądzie* ‚bei Gericht verlangen'
2) *nie ma obowiązku powrócenia*[292] *daru ojcu* vs. heute: *nie ma obowiązku zwrotu daru ojcu* ‚es besteht keine Pflicht, dem Vater das Geschenk zurückzugeben'.

Zudem treten darin vielfach Kombinationen auf, die in der heutigen polnischen Sprache obsolet sind, etwa:

1) *w przytomności*[293] *świadków* (wörtlich heute: ‚in Bewusstsein von Zeugen'), parallel dazu kommt aber doppelt so häufig die heute übliche Formulierung *w obecności świadków* vor ‚in Anwesenheit von Zeugen'

292 *Powrócić* im heutigen Sinne von ‚zurückkehren' verbindet sich nicht mit einem Akkusativobjekt.

293 Die frühere Bedeutung des Wortes, wie sie Linde anführt „teraz będący, teraźniejszy, aktualny [...] sich gegenwärtig", wird im Gegenwartspolnischen lediglich spezifischer gebraucht im Sinne ‚geistesgegenwärtig' (vgl. Linde 1811: 1250).

2) *z obrazą ustaw/zakazów/rozporządzeń* (wörtlich: ‚mit Beleidigung von Gesetzen/Verboten/Verordnungen')[294], vs. heute: *z naruszeniem ustaw/zakazów/rozporządzeń* ‚gegen das Gesetz/Verbot/die Verordnungen verstoßend'
3) *pod zagrożeniem kar(y)* vs. heute: *być zagrożone karą/karami* ‚unter Strafandrohung'
4) *podatki/składki/należności biegnące* vs. heute: *podatki/składki/należności bieżące* ‚laufende Steuern/Beiträge/Forderungen'
5) *pod powagą praw(a)* vs. heute: *zgodnie z prawem* ‚rechtsmäßig'

Ferner lassen sich mehrfach aus heutiger Sicht unübliche gemeinsprachliche Kombinationen beobachten:

1) *obelgi ciężkie, domierzone* bzw. *wyrządzenie obelgi*, wohingegen im Gegenwartspolnischen *obrzucać kogoś obelgami* ‚jmdn. mit Schimpfwörtern überschütten, jmdn. beschimpfen' bzw. *wykrzykiwać obelgi* ‚schimpfen' normativ festgelegt sind
2) *własność przytyka do wody bieżącej* vs. heute: *własność sąsiaduje/graniczy z wodą bieżącą* ‚das Eigentum grenzt an fließendes Wasser'
3) *postępowanie wzniecające obawę* vs. heute: *rodzące/budzące/wzbudzające obawę* ‚die Befürchtung wecken/auslösen'
4) *podlegać chorobie* vs. heute: *(za)chorować* ‚erkranken' bzw. ‚krank sein'
5) *upaść w sporze/sprawie* vs. heute: *przegrać spór/sprawę* ‚im Streit/in der Sache unterliegen'
6) *strony interesowane* vs. heute: *strony zainteresowane/zainteresowani* ‚die betroffenen Parteien'
7) *doznany przymus* vs. heute: *wywierany przymus* bzw. *zostać przymuszonym* ‚gezwungen werden'
8) *kary […] nie mogą przechodzić zwykłych kar porządkowych* vs. heute: *kary […] nie mogą przekraczać/być wyższe od zwykłych kar porządkowych* ‚die Strafen können nicht höher als gewöhnliche Ordnungsstrafen sein'

In dem vorliegenden Kapitel wird ähnlich wie bei der Analyse des BGB und ABGB der Fokus auf die substantivisch-verbalen Verbindungen gerichtet, die wiederholt in dem französisch-polnischen Zivilrecht vorkommen, das in Zentralpolen in Kraft war. Aufgrund dessen, dass einige im Korpus miterfasste Gesetze auf Polnisch verabschiedet wurden, als in den ersten fünfzehn Jahren des

294 Diese Kombination kommt allerdings noch im Gegenwartspolnischen in der Verbindung *obraza uczuć religijnych* (‚Verletzung religiöser Gefühle') und vereinzelt in *obraza prawa* (‚Rechtsverletzung') vor.

Bestehens des Königreichs Polen die Legislative dem Sejm des Königreichs Polen oblag, weshalb eben vom französisch-polnischen Recht die Rede sein kann, liegt nicht für sämtliche hier analysierte Teile des Zivilrechts ein fremdsprachiger Paralleltext vor. Daher wird bei der Analyse in diesem Kapitel direkt von den ermittelten polnischen Kombinationen ausgegangen, ohne dass diese als Entsprechungen fremdsprachiger Kollokationen analysiert werden, wie das bei BGB und ABGB der Fall war.

Für die Analyse wurden auf halbautomatischem Wege 367 wiederholt vorkommende Substantiv-Verb-Verbindungen extrahiert. Einmal belegte Kombinationen wurden nur dann ins Visier gefasst, wenn eines ihrer Bestandteile eine kontextgebundene Bedeutung aufweist. Ähnlich wie bei den polnischen Entsprechungen der deutschen Kollokationen wird in dem vorliegenden Kapitel von der Prüfung der Kollokativität der polnischen Kombinationen abgesehen, zumal die Texte, denen sie entnommen wurden, im Gegensatz zu den deutschsprachigen Gesetzestexten, heutzutage eine vorwiegend historische Bedeutung haben. Das Analysekorpus soll daher im Hinblick auf die Kombinierbarkeit der Belege und deren Usualität im Gegenwartspolnischen untersucht werden.

9.1. Kombinationspotential der Bestandteile der extrahierten Mehrwortverbindungen

Das Korpus umfasst 149 Substantive (potentielle substantivische Basen), die sich durchschnittlich mit 2,46 Verben kombinieren. Zu den kombinationsfreudigsten Substantiven gehören: *prawo* ‚Recht' (26 Verben), *opieka* ‚Vormundschaft/Sorge' (16), *spadek* ‚Nachlass/Erbe' (10), *przepis* ‚Vorschrift' (9), *służebność* ‚Dienstbarkeit' (8), *dług* ‚Schuld' (7), *kara* ‚Strafe' (7), *sprawa* ‚Sache' (7), *użytkowanie* ‚Nießbrauch' (7), *akt* ‚Urkunde' (6), *czynność* ‚Rechtsgeschäft' (6), *małżeństwo* ‚Ehe' (6), *wyrok* ‚Urteil' (6), *koszty* ‚Kosten' (5), *majątek* ‚Vermögen' (5), *obowiązek* ‚Pflicht' (5), *skarga* ‚Klage' (5) und *testament* ‚Testament' (5). Bei etwa der Hälfte der potentiellen Basen (75) handelt es sich um monokollokabile Substantive.

Die Zahl potentieller Verbkollokatoren liegt in dem Korpus bei 187. Das bedeutet, dass deren durchschnittliche Kombinationsfreudigkeit niedriger als bei den Substantiven ist und sich auf 1,96 beläuft. Höher ist ebenfalls der Anteil monokollokabiler Verben, der bei 55,6% (104 Verben) liegt. Zu den kombinationsfreudigsten Verben, die sich mindestens mit fünf Substantiven verbinden, gehören: *służyć* ‚zustehen' (8 Substantive), *uczynić* ‚tun/machen' (7), *wykonać* ‚ausführen' (7), *zawierać* ‚schließen/eingehen' (7), *usta(wa)ć*

‚enden‘ (6), *uznać* ‚anerkennen/erklären für/entscheiden‘ (6), *zachodzić* ‚bestehen/eintreten‘ (6), *zachow(yw)ać* ‚einhalten‘ (6), *złożyć* ‚einlegen/legen/einreichen/eintragen‘ (6), *dopełniać* ‚erfüllen/vollziehen/Genüge tun‘ (5), *przechodzić* ‚übergehen‘ (5), *przyjąć* ‚annehmen‘ (5), *urządzać* ‚regeln/begründen‘ (5), *wytoczyć* ‚erheben/einleiten‘ (5) und *zaspokoić* ‚befriedigen/begleichen/abtragen/vollziehen‘ (5).

Bei den ermittelten Substantiv-Verb-Kombinationen lassen sich einige gemeinsame Kombinationsfelder feststellen. Zum Teil übereinstimmende Kombinationspotentiale weisen die Substantive *prawo* ‚Recht‘ und *przepis* ‚Vorschrift‘ aufgrund der gemeinsamen Verbindungen mit: *służyć* ‚zustehen‘, *wykonać* ‚ausüben‘, *zachowywać* ‚einhalten/wahren‘, *zastosować* ‚anwenden‘ und *ubliżać* ‚verletzen‘ auf. Ähnlich kombinieren sich auch *prawo* (‘Recht‘) und *spadek* (‘Nachlass/Erbe‘) mit *przechodzić* (‘übergehen‘), *otworzyć* (‘eröffnen‘) und *zrzec się* (‘verzichten‘). Die Substantive *prawo* (‘Recht‘) und *służebność* (‘Dienstbarkeit‘) verbinden sich wiederum mit *wykonać* (‘ausüben‘), *używać* (‘nutzen) und *wzruszać* (‘anfechten‘). Einige weitere Kombinationsfelder veranschaulicht die folgende Tabelle:

Kombinationsfeld	**→ Verben**
1. *prawo* ‚Recht‘, *opieka* ‚Vormundschaft/Sorge‘,	*urządzać* ‚begründen‘, *odjąć* ‚entziehen‘, *nadać* ‚verleihen‘,
2. *dług* ‚Schuld‘, *zapis* ‚Vermächtnis‘	*zaspokoić* ‚befriedigen‘, *uiścić* ‚entrichten‘
3. *koszty* ‚Kosten‘, *strata* ‚Verlust‘	*ponosić* ‚tragen‘, *wynagrodzić* ‚aufkommen für‘
4. *rozporządzenie* ‚Verfügung‘, *darowizna* ‚Schenkung‘	*uczynić* ‚tun‘, *upadać* ‚verfallen‘
5. *własność* ‚Eigentum‘, *prawo* ‚Recht‘	*przechodzić* ‚übergehen‘, *nabyć* ‚erwerben‘, *przenieść* ‚übertragen‘
6. *ciężar* ‚Last‘, *dług* ‚Schuld‘	*zaspokoić* ‚befriedigen‘, *przykładać się do* ‚sich bei etw. Mühe geben‘
7. *kurator* ‚Vormund‘, *doradca* ‚Berater‘	*przydać* ‚gewähren‘, *wyznaczyć* ‚bestimmen‘,
8. *dług* ‚Schuld‘, *wierzytelność* ‚Forderung‘	*zapłacić* ‚bezahlen‘, *zaspokoić* ‚befriedigen‘
9. *prawo* ‚Recht‘, *władza rodzicielska* ‚elterliche Sorge‘	*odjąć* ‚entziehen‘, *ścieśnić* ‚einschränken‘
10. *dzierżawa* ‚Pacht‘, *najem* ‚Miete‘	*brać w* ‚nehmen‘, *wypuszczać* ‚lassen/herausgeben‘ bzw. ‚pachten, mieten/verpachten, vermieten‘
11. *akt* ‚Urkunde‘, *inwentarz* ‚Inventar‘	*spisać* ‚niederschreiben‘, *sporządzić* ‚errichten‘

Kombinationsfeld	**→ Verben**
12. *morderstwo* ‚Mord', *przestępstwo* ‚Straftat'	*popełnić* ‚begehen', *dopuścić się* ‚verüben'
13. *kaucja* ‚Kaution', *poręczyciel* ‚Bürge', *rękojmia* ‚Bürgschaft'	*stawić* ‚stellen'
14. *skarga* ‚Klage', *żądanie* ‚Forderung'	*zanosić* ‚hinbringen/einreichen'
15. *ciężar* ‚Last', *dług* ‚Schuld', *kara* ‚Strafe', *wierzytelność* ‚Forderung', *zapis* ‚Vermächtnis'	*zaspokoić* ‚befriedigen'

Bei der Untersuchung des Kombinationspotentials der extrahierten Substantive fällt auf, dass es im Rahmen des Korpus ähnlich wie bei ABGB und im Unterschied zu BGB mehrfache Substitutionsmöglichkeiten gibt. Auffallend sind beispielsweise folgende Kommutationsmöglichkeiten:

sporządzić akt ‚die Urkunde errichten' – *spisać akt* ‚die Urkunde niederschreiben' – *wciągnąć akt do ksiąg* ‚die Urkunde in die Bücher eintragen'
umocować do czynności ‚zu den Rechtsgeschäften ermächtigen' – *upoważnić do czynności* ‚zu den Rechtsgeschäften bevollmächtigen'
darowizny upadną ‚Schenkungen verfallen' – *darowizny są odwołane* ‚Schenkungen sind widerrufen'
uiszczenie długu ‚Entrichtung der Schuld' – *zaspokojenie długu* ‚Befriedigung der Schuld' – *zapłata długu* ‚Bezahlung der Schuld'
ulegać karze ‚strafbar sein' – *podpadać karze* ‚unter Strafe stehen' – *pociągać za sobą karę* ‚eine Strafe nach sich ziehen'
wyłożyć koszty ‚für die Kosten aufkommen' – *ponosić koszty* ‚Kosten tragen'
pełnić obowiązek ‚die Pflicht erfüllen' – *dopełnić obowiązku* ‚die Pflicht erfüllen' – *piastować obowiązek* ‚die Pflicht ausüben'
nadać opiekę ‚die Vormundschaft zuteilen' – *poruczyć opiekę* ‚die Vormundschaft anvertrauen'
odjąć opiekę ‚die Sorge entziehen' – *utracić opiekę* ‚die Sorge verwirken' – *wyłączyć od opieki* ‚von der Sorge ausschließen' – *złożyć z opieki* ‚jdn. von der Sorge absetzen'[295]
mianować opiekuna ‚einen Vormund bestellen' – *przydać opiekuna* ‚einen Vormund gewähren' – *obierać opiekuna* ‚einen Vormund ernennen'
zanieść ostrzeżenie ‚eine Warnung hinbrigen' – *podać ostrzeżenie* ‚eine Warnung bringen' – *uczynić ostrzeżenie* ‚eine Warnung tun'

295 Vgl. Linde (1814: 960).

używać praw ‚Rechte nutzen' – *wykonywać prawa* ‚Rechte ausüben' – *zastosowanie prawa* ‚Anwendung eines Rechts'
nadwerężać prawa ‚das Recht schwächen/wankend machen'[296] – *naruszać prawa* ‚Rechte verletzen' – *ubliżać prawom* ‚Rechte verletzen/gegen Rechte verstoßen'
dopełnić przepisu ‚die Vorschrift erfüllen' – *stosować przepis* ‚die Vorschrift anwenden' – *wykonywać przepis* ‚die Vorschrift anwenden' – *zachować przepis* ‚die Vorschrift einhalten' – *zastosować przepis* ‚die Vorschrift anwenden'
przestąpić przepis ‚die Vorschrift übertreten' – *ubliżać przepisom* ‚gegen die Vorschrift verstoßen' – *uchybiać przepisom* ‚gegen die Vorschrift verstoßen'
złożyć rękojmię ‚eine Bürgschaft stellen' – *stawić rękojmię* ‚eine Bürgschaft stellen'
podać skargę ‚eine Klage bringen' – *zanosić skargę* ‚eine Klage hinbringen/einreichen' – *wytaczać skargę* ‚eine Klage erheben'
osądzać sprawę ‚eine Sache beurteilen' – *rozpoznawać sprawę* ‚eine Sache entscheiden' – *rozsądzać sprawę* ‚eine Sache entscheiden'
rozpocząć sprawę ‚eine Sache anfangen' – *wprowadzić sprawę* ‚eine Sache einführen' – *wszczynać sprawę* ‚eine Sache einleiten' – *wytoczyć sprawę* ‚gerichtlich vorgehen bei einer Sache'
ustawy określają ‚Gesetze bestimmen' – *ustawy urządzają* ‚Gesetze regeln/ordnen'[297]
zaspokoić zapis ‚das Vermächtnis befriedigen' – *uiścić zapis* ‚das Vermächtnis entrichten'

9.2 Usualität der ermittelten Mehrwortverbindungen

Um Aussagen zur Usualität der ermittelten Belege in der rezenten Sprache machen zu können, wurde deren Vorkommen erneut im Internet sowie im Nationalkorpus der polnischen Sprache überprüft. Nach Steyer (2013: 31f.) heißt es nämlich:

> Will man dem usualisierten Gebrauch von Wortverbindungen auf die Spur kommen, ist eine Validierung anhand von Korpora oder mittels anderer empirischer Verfahren unabdingbar (z.B. frequentes Vorkommen im Web, Ergebnisse von breit angelegten Umfragen oder dergleichen). Allein kompetenzbasiert oder introspektiv oder daraus, dass sie in irgendeiner Form kodifiziert ist (sei es in Wörterbüchern oder Lehrwerken oder dergleichen) sollte diese Usualität in keinem Fall abgeleitet werden.

296 Vgl. Linde (1809: 206).
297 Vgl. *Ustawa urządzająca* in Linde (1814: 85).

Aus der durchgeführten Validierung geht hervor, dass innerhalb der ermittelten Belege 158 (43,05%) auch im NKJP vorkommen. Die Suchabfragen mit Hilfe der Suchmaschine Google ergaben,[298] dass 241 Kombinationen (d.h. 65,67%) im WWW üblich sind, wobei die im NKJP nicht angeführten, im Internet aber vorkommenden Verbindungen eine vergleichsweise niedrige Trefferzahl aufweisen und vielfach in Quellen älteren Datums vorkommen.

Beispielsweise verzeichnet das NKJP die Kombinationen *podpadać karze* oder *ulegać karze* ‚strafbar sein/unter Strafe stehen' nicht – heute ist es konventionell festgelegt, dafür die Wendung *podlegać karze* zu gebrauchen. Die Suchergebnisse im Internet liefern allerdings Belege in Gesetzestexten aus dem Anfang des 20. Jh.:

> Urzędnik, który w związku ze swojem urzędowaniem przy głosowaniu tajnem zapoznaje się w sposób bezprawny z treścią ludzkiego głosu – ulega karze aresztu do jednego roku. (Dz.U. aus dem Jahre 1930, Nr. 17, Pos. 123, Art.6)[299]

> Jeśli sprawca dopuścił się czynu, określonego w § 3, w czasie wojny ulega karze śmierci lub ciężkiego więzienia dożywotniego. (Dz.U. aus dem Jahre 1928, Nr. 18, Pos. 160, Art.1, § 5)[300]

> Jeżeli sprawca dopuszcza się złośliwości, albo ciężkiego niedbalstwa lub też ponownie podpada karze, natenczas można zamiast lub obok grzywny orzec areszt do dni czternastu. (Dz. U. aus dem Jahre 1928, Nr. 62, Pos. 574, Art. 247, 4)[301]

Im Falle von *podpadać karze* findet man jedoch vereinzelte Treffer auch auf aktuellen Internetseiten:

> Stworzenie umowy zlecenia miast umowy o pracę jest wykroczeniem przeciwko prawom pracownika i podpada karze pieniężnej.[302]

Ähnlich verhält es sich mit Kombinationen mit dem Verb *zaprowadzić* im Sinne von ‚einführen' bzw. ‚in Kraft setzen'. Im analysierten Gesetzestext kommt dieses Verb in dieser Bedeutung mehrfach vor: *kodeks zaprowadzonym będzie* ‚das Gesetzbuch wird eingeführt', *zaprowadzenie Kodeksu Napoleona* ‚die Einführung des Code Napoléon', *zaprowadzenie praw konstytucyjnych* ‚die Einführung von Verfassungsvorschriften', *zaprowadzenie nowego porządku hypotecznego* ‚die

298 Die Suchabfragen wurden am 4.07. und 5.07.2014 durcheführt.

299 Ustawa z dnia 12 lutego 1930 r. o ochronie swobody wyborów przed nadużyciem władzy urzędników.

300 Rozporządzenie Prezydenta Rzeczypospolitej z dnia 16 lutego 1928 r. o karach za szpiegostwo i niektóre inne przestępstwa przeciw Państwu.

301 Załącznik do rozporządzenia Ministra Robót Publicznych z dnia 13 kwietnia 1928 r. (poz. 574). USTAWA WODNA.

302 Quelle: http://kpir.net.pl/umowa-o-prace-a-umowa-zlecenie/ (Stand 5.07.2014).

Einführung einer neuen Hypothekenordnung'. Das NKJP führt in solchen Zusammenhängen hingegen das Verb *wprowadzić* an. Im WWW kommt das Verb *zaprowadzić* erneut lediglich in älteren Belegen vor:

> Osłabia ona rząd, stojący na zawadzie zaprowadzeniu reform [...] (Jodko-Narkiewicz 1909: 6)[303]

> Zwróciliśmy na to uwagę, że przedłożony obecnie projekt i uzupełnienia do prawa z r. 1886, z lat 1898 i 1902 stoją w sprzeczności z art. 62 ordynacyi, regulującej zaprowadzenie kodeksu cywilnego.[304]

Ebenso erweisen sich die Kombinationen *przestąpić zakaz* ‚ein Verbot übertreten' und *przestąpienie przepisu* ‚die Übertretung einer Vorschrift' im Gegenwartsdeutschen als nicht usuell. Dafür führt das NKJP *złamać* ‚verletzen' bzw. *naruszać zakaz/przepis* ‚gegen ein Verbot/eine Vorschrift verstoßen' an. Vereinzelte Belege aus dem 19. und Anfang des 20. Jh. für *przestąpienie zakazu* bzw. *przepisu* liefert lediglich das Internet:

> Każdy starozakonny, któryby się poważył przestąpić zakaz art. 3 ninieyszego postanowienia objęty, [...] ulegnie karze [...][305]

> Ponawiaiąc tylokrotne zakazy o nieprzyimowanie osób bez zaświadczeń, ostrzegam Publiczność, iż nie tylko za przestąpienie zakazu tego, każdy do odpowiedzialności pociągnięty będzie, lecz nadto, gdyby kto przyiął, lub utrzymywał dezertera z woyska Polskiego, podpadnie karze [...][306]

> Aliści związek ów żąda od P. Fournier, w myśl ustawy, 6000 fr. kary za przestąpienie przepisu.[307]

Die heutige Nicht-Usualität einiger Belege rührt daher, dass ähnlich wie das bei den Entsprechungen für die Kollokationen im BGB und ABGB der Fall war,

---

303 Quelle: Jodko-Narkiewicz, Witold (pseud. Polonus Viator) (1909): Kwestya polska wobec zbliżającego się konfliktu Austryi z Rosyą. Kraków.

304 Quelle: Gazeta Toruńska 1904, Jg. 40, Nr. 65, S. 1. (19.03.1904). Online unter: http://kpbc.ukw.edu.pl/dlibra/plain-content?id=62854 (Stand: 5.07.2014).

305 Quelle: Dziennik Urzędowy Województwa Augustowskiego Nr. 9 (26.02.1931), S. 79, Art. 12. Online unter: http://pbc.biaman.pl/Content/15390/Dziennik_urz%C4%99dowy_wojew%C3%B3dztwa_augustowskiego_1831.02.26_nr_09.pdf (Stand: 5.07.2014).

306 Quelle: Gazeta Poznańska Nr. 9 (1.02.1815), S. 1. Online unter: http://www.wbc.poznan.pl/dlibra/plain-content?id=256395 (Stand: 5.07.2014).

307 Quelle: Gazeta Wielkiego Xięstwa Poznańskiego 1842, Nr. 236, S. 1459 (10.10.1842). Online unter: http://www.wbc.poznan.pl/dlibra/plain-content?id=176490 (Stand: 5.07.2014).

auch hier einige Termini in der Gegenwartssprache nicht mehr vorkommen. Dies betrifft etwa die Kombination *usamowolnienie dzieci prawych* ‚Befreiung ehelicher Kinder von der Vormundschaft', bei der sowohl das Verb *usamowolnić* ‚befreien/freistellen' als auch *dzieci prawe* (wörtlich: ‚rechte Kinder') in der heutigen Rechtssprache nicht mehr vorkommen. Analog wie im Deutschen werden *dzieci prawe*, d.h. Kinder rechter/legaler/ehelicher Abstammung, im Gegenwartspolnischen ebenfalls als *dzieci ślubne* ‚eheliche Kinder' bezeichnet. Ähnlich sind auch die Verbindungen mit *rada familijna* ‚Familienrat' – z.B. *zwołać radę familijną* ‚den Familienrat einberufen' – aufgrund dessen, dass dieses Institut des Vormundschaftsrechts im heutigen polnischen Zivilrecht nicht vorkommt, auch nicht mehr usuell. Ebenso ist der Begriff *pensja alimentarna* ‚Unterhaltsgehalt' im gegenwärtigen Rechtspolnisch nicht vertreten, weshalb es heute anstelle der Verbindung *płacić pensję alimentarną* ‚Unterhaltsgehalt zahlen' *płacić alimenty* ‚Unterhalt zahlen' heißt.

Eine Bedeutungsveränderung lässt sich in Bezug auf den Begriff *konkurs* feststellen. Im Vergleich zum Altpolnischen hat das Wort die Bedeutung *upadłość* ‚Konkurs' im Gegenwartspolnischen eingebüßt und es wird neuerdings lediglich im Sinne von ‚Wettbewerb/Ausschreibung' gebraucht. Daher kommen auch die Verbindungen *wytoczyć konkurs* ‚Konkurs einleiten' bzw. *wytoczyć proces konkursowy* ‚ein Konkursverfahren einleiten' im rezenten Rechtspolnisch nicht mehr vor.

Was Verbindungen mit *dziedzic* ‚der Erbe' anbelangt, so kann der Begriff zwar neben der Bedeutung ‚Gutsherr' weiterhin die Bedeutung ‚jd., der etw. nach jdm. übernimmt' tragen, allerdings hat sich in juristischen Texten dafür der Terminus *spadkobierca* ‚der Erbe' durchgesetzt.[308] Aufgrund dessen ist auch die Kombination *ustanowić dziedzica* ‚einen Erben einsetzen' nicht usuell, zumal bereits in dem analysierten Korpus *dziedzic* lediglich fünf Mal belegt ist, *spadkobiercy* dagegen 49 Mal.

Ähnlich kommt zwar auch der Begriff *spadkobranie* ‚die Erbnahme' vereinzelt im NKJP vor, ohne dass sich jedoch dabei usuelle Verbindungen feststellen lassen. Durchgesetzt hat sich allerdings an dieser Stelle im Gegenwartspolnischen *dziedziczenie* ‚das Erben'.

Nicht usuell im Gegenwartspolnischen ist ebenfalls die Kombination *uznać kogoś za znikłego* ‚jdn. für verschwunden erklären', anstelle deren im rezenten Polnisch *uznać kogoś za zaginionego* ‚jdn. für verschollen erklären' gebraucht wird.

308 Vgl. beispielsweise Art. 43 § 2, Art. 51 § 1 und § 2; Art. 139; Art. 171 sowie Art. 174 des polnischen Familien- und Vormundschaftsgesetzbuches.

Zugleich treten in dem Korpus Verbindungen auf, deren heutige Nicht-Usualität daraus resultiert, dass anstelle der hier üblichen Verben heute andere eingesetzt werden. Diese Fälle veranschaulicht die nachstehende Tabelle.

Ermittelte Kombinationen im Korpus	**Usuelle Kombinationen im Gegenwartspolnischen**
roztrząsać akta ‚sich mit Akten auseinandersetzen‘	*przeglądać/przeanalizować akta/szperać w aktach* ‚Akten durchsehen/erforschen/in den Akten stöbern‘
zastępować w czynnościach ‚in Rechtsgeschäften vertreten‘	*reprezentować w czynnościach* ‚in Rechtsgeschäften vertreten‘
darowizna upada ‚die Schenkung geht verloren/verfällt‘[309]	*darowizna przepada/staje się nieważna* ‚die Schenkung geht verfällt/wird nichtig‘
upadek testamentów ‚Verfall von Testamenten‘	*nieważność testamentów* ‚Nichtigkeit von Testamenten‘
rozporządzenie testamentowe upada ‚die testamentarische Verfügung geht verloren/verfällt‘	*rozporządzenie testamentowe staje się nieważne* ‚die testamentarische Verfügung wird nichtig‘
przydać doradcę ‚einen Berater gewähren‘	*powołać doradcę* ‚einen Berater bestellen‘
wyrzec karę ‚zu einer Strafe verurteilen‘	*orzec karę* ‚zu einer Strafe verurteilen‘
wyrzeczenie nieważności małżeństwa ‚die Nichtigerklärung einer Ehe‘	*orzec nieważność małżeństwa* ‚die Nichtigerklärung einer Ehe‘
wyrzec rozwiązanie małżeństwa ‚die Auflösung der Ehe aussprechen‘	*orzec rozwiązanie małżeństwa* ‚die Auflösung der Ehe aussprechen‘
wyrzec rozwód ‚die Scheidung aussprechen‘	*orzec rozwód* ‚die Scheidung aussprechen‘
ulegać karze/podpadać karze ‚strafbar sein/unter Strafe stehen‘	*podlegać karze* ‚strafbar sein/unter Strafe stehen‘
wycierpieć karę (wörtlich: ‚die Strafe erdulden/erleiden/verschmerzen‘)	*ponieść/odbyć karę* ‚die Strafe verbüßen/abbüßen‘
zaspokoić karę (wörtlich: ‚die Strafe befriedigen‘)	*zapłacić karę* ‚die Strafe bezahlen/begleichen‘
zaspokoić dług (wörtlich: ‚die Schuld befriedigen‘)	*spłacić dług* ‚die Schuld zurückzahlen/begleichen‘
zaspokoić zapis (wörtlich: ‚das Vermächtnis befriedigen‘)	*wykonać zapis* ‚das Vermächtnis einlösen‘
wypuszczać w najem ‚vermieten‘	*oddać w najem* ‚vermieten‘
wypuszczać w dzierżawę ‚verpachten‘	*puścić/oddać w dzierżawę* ‚verpachten‘

309 Vgl. Linde (1814: 65).

ścieśnić prawo (wörtlich: ,das Recht verengen')	*ograniczyć prawo* ,das Recht einschränken'
ścieśnić władzę rodzicielską (wörtlich: ,die elterliche Sorge/Gewalt verengen')	*ograniczyć władzę rodzicielską* ,die elterliche Sorge/Gewalt einschränken'
tamowanie związku małżeńskiego/ przeszkoda, tamująca związek małżeński (wörtlich: ,Versperrung/Behinderung der Ehe/des Ehebundes/ein Hindernis, das den Ehebund behindert')	*przeszkody do zawarcia związku małżeńskiego* ,Ehehindernisse'
odjąć opiekę (wörtlich: ,die Sorge abziehen/ abnehmen')	*pozbawić opieki* ,die Sorge entziehen'
odjąć prawa (wörtlich: ,die Rechte abziehen/ abnehmen')	*pozbawić praw* ,die Rechte entziehen'
odjąć władzę (wörtlich: ,die (elterliche) Sorge/Gewalt abziehen/abnehmen')	*pozbawić władzy* ,die (elterliche) Sorge/ Gewalt entziehen'
poszukiwanie ojcostwa[310] (wörtlich: ,die Suche nach der Vaterschaft)	*dochodzenie ojcostwa* ,die Feststellung/ Klärung der Vaterschaft'
poruczyć opiekę ,die Sorge anvertrauen'	*powierzyć/oddać/przekazać opiekę* ,die Sorge anvertrauen/übergeben'
złożyć kogoś z opieki ,jdn. von der Sorge absetzen'	*pozbawić kogoś opieki* ,jdm. die Sorge entziehen'
wzruszać prawa (wörtlich: ,die Rechte rühren')	*zaskarżać* bzw. *podważać prawa*[311] ,die Rechte anfechten'
urządzenie opieki/opieka urządza się (wörtlich: ,Einrichtung/Ordnung der Vormundschaft/die Vormundschaft einrichten')[312]	*ustanowienie opieki/ustanowić opiekę* ,Begründung der Vormundschaft'
urządzić obowiązek ,die Pflicht bestimmen/ einführen'	*ustanowić obowiązek* ,die Pflicht einführen'
zanieść skargę (wörtlich: ,die Klage hinbringen')	*wnieść/złożyć skargę* ,die Klage erheben/ einreichen'
nie ubliżać prawom (wörtlich: ,die Rechte nicht beleidigen')	*nie naruszać praw/nie uchybiać prawom* ,die Rechte nicht verletzen/gegen die Rechte nicht verstoßen'

310 Aus dem Französischen ,la recherche de la paternité'.

311 *Zaskarżenie* bezieht sich auf die Zivilprozessordnung, *podważenie* hingegen auf das materielle Zivilrecht (vgl. ZGD 1923: VII).

312 Vgl. Linde (1814: 85).

nie ubliżać przepisom (wörtlich: ,die Vorschriften nicht beleidigen')	*nie naruszać przepisów/nie uchybiać przepisom* ,die Vorschriften nicht verletzen/ gegen die Vorschriften nicht verstoßen'
nie nadwerężać umów ,die Verträge nicht schwächen/wankend machen' im Sinne von ,verletzen'	*nie naruszać/złamać umów* ,die Verträge nicht verletzen/brechen'
nie nadwerężać praw ,die Rechte nicht schwächen/wankend machen' im Sinne von ,verletzen'	*nie naruszać/łamać praw* ,die Rechte nicht verletzen'
zrządzić szkodę ,Schaden bereiten/ anrichten'[313]	*wyrządzić szkodę* ,Schaden anrichten'
stawić kaucję ,eine Kaution stellen'	*wpłacić/wnieść/złożyć kaucję* ,eine Kaution zahlen/stellen/hinterlegen'
stawić rękojmię ,eine Bürgschaft stellen'	*złożyć rękojmię* ,eine Bürgschaft leisten'

Die Nicht-Usualität einiger der ermittelten Belege ist gelegentlich auch darin begründet, dass bestimmte Kombinationen heute eher in anderen Sprachregistern gebraucht werden, nicht aber in der Rechtssprache. So wird das Verb *wyjednać* in den Verbindungen *wyjednać postanowienie* ,den Beschluss erwirken' und *wyjednać upoważnienie* ,die Vollmacht erwirken' in der heutigen juristischen Sprache durch *uzyskiwać* ,erlangen/erzielen' ersetzt, während *wyjednać* eher im religiösen Kontext verwendet wird. Das NKJP liefert als Kookkurrenzpartner dieses Verbs *przebaczenie* ,Vergebung' und *łaski* ,Gnaden'.

Ähnlich erweist sich auch die Kombination *objawić pozwolenie* (wörtlich: ,die Erlaubnis/Genehmigung offenbaren') als nicht usuell. Vielmehr wird an dieser Stelle *wydać pozwolenie* ,die Erlaubnis/Genehmigung erteilen' verwendet, wohingegen *objawić* erneut entweder im Zusammenhang mit der Kirchensprache oder Krankheitssymptomen verwendet wird. Auch bei der bereits früher als nicht usuell eingestuften Verbindung *zanieść skargę* (wörtlich: ,die Klage hinbringen') zeigt sich, dass deren vereinzelter Gebrauch ebenfalls auf außerrechtliche Bereiche eingeschränkt ist, wie die Belege aus dem NKJP veranschaulichen:

> Ofiarował mi Izaaka, a teraz chce, żebym go zarżnął jak zwierzę. Dlaczego? Przecież całe życie wypełniałem przykazania, byłem posłuszny, modliłem się i pościłem – zanosił swą skargę.[314]

313 Vgl. Linde (1814: 1017).

314 http://nkjp.uni.lodz.pl/ParagraphMetadata?pid=ee31ca098c8bd0eea5abfb68c673bee4&match_start=201&match_end=219&wynik=1#the_match (Stand: 11.07.2014).

Czwórka bohaterów ustawiona na wysokich prostopadłościanach, pooddzielana od siebie przepaściami, zawieszona między niebem a ziemią, życiem a śmiercią, zanosiła skargi układające się we wspólny lament: „Życie nie jest warte życia“[315]

Ungewöhnlich und nicht usuell im gegenwärtigen Rechtspolnischen wirkt auch die Formulierung *tytuł ich posiadania uległ przeistoczeniu* ‚deren Besitzrecht unterlag einer Umwandlung‘, zumal *przeistoczenie* häufig im religiösen Sinne als ‚Transsubstantiation‘ verwendet wird.

9.3. Fazit

Setzt man die hier erzielten Ergebnisse zur Usualität der Substantiv-Verb-Verbindungen im Zivilrecht Zentralpolens in Relation zu den entsprechenden Resultaten bei Äquivalenten für Kollokationen im BGB und ABGB, so zeigt sich, dass der Anteil der bis heute üblichen Verbindungen sowohl den Abfrageergebnissen der Google-Suchmaschine nach, als auch den Angaben des NKJP zufolge, im vorliegenden Teilkorpus deutlich niedriger ist als bei den Entsprechungen der deutschsprachigen Gesetzestexte (im NKJP um ca. 17,63 bzw. 18,5 %, im Internet um 22,87 bzw. 24,8%[316]).

Die durchschnittliche Frequenz der hier untersuchten Belege liegt mit 4,12 beinahe in der Mitte zwischen der durchschnittlichen Vorkommenshäufigkeit im BGB und ABGB. Fasst man die überdurchschnittlich frequent vorkommenden Kombinationen ins Visier (d.h. Kombinationen, die mindestens 5 Mal belegt sind), dann stellt sich heraus, dass 55,43% dieser Belege auch im Gegenwartspolnischen (im NKJP) vorkommen. Verglichen mit den weniger frequenten Verbindungen, die lediglich zu 40% darin belegt sind, erscheint der Schluss legitim, dass in dem untersuchten Teilkorpus die überdurchschnittliche Vorkommenshäufigkeit in bestimmtem Grade die Konventionalisierung durchaus zeitigt. Noch markanter zeigt sich nämlich der Unterschied bei der Heranziehung der Usualitätsergebnisse im WWW. Darin sind 82,6% der überdurchschnittlich frequenten Kombinationen usuellt, während dies für Verbindungen mit niedriger Vorkommenshäufigkeit lediglich zu 56% im Web zutrifft.

Nichtsdestotrotz ist das Frequenzkriterium allein aber noch kein Garant dafür, dass eine Verbindung sich bis heute durchgesetzt hat. Beispielsweise sind die Kombinationen *ulegać karze* bzw. *podpadać karze* im Sinne von ‚strafbar sein‘/‚unter Strafe stehen‘ jeweils 9 Mal im Korpus belegt, keine von ihnen ist

315 http://nkjp.uni.lodz.pl/ParagraphMetadata?pid=fb35978ee320e3eed04727d860227b47&match_start=274&match_end=289&wynik=1#the_match (Stand : 11.07.2014)

316 Die erste Zahl bezieht sich auf das BGB, die zweite auf das ABGB.

jedoch heute usuell. Das Gleiche betrifft etwa die Kombinationen: *nie ubliżać prawom* ‚die Rechte nicht verletzen', *ścieśnić prawo* ‚das Recht einschränken', *wyrzec rozwód* ‚die Scheidung aussprechen', *zanieść skargę* ‚die Klage erheben/einreichen' oder *zaspokoić dług* wörtlich: ‚die Schuld befriedigen' im Sinne von ‚begleichen'. Deren heutige Nicht-Usualität dürfte zum einen darin begründet sein, dass man hier mit Verben zu tun hat, die „in serieller Verknüpfung" vorkommen, d.h. „stark reihenbildend wirken" (Kratochvílová 2011:125f.): *nie ubliżać prawom/przepisom, ścieśnić prawo/władzę, wyrzec rozwód/karę/nieważność małżeństwa/rozwiązanie małżeństwa.* Dadurch, dass an Stelle hier eingesetzter Verben heute andere Prädikate gebraucht werden, sind auch die entsprechenden Kombinationsfelder nicht usuell geworden. Zum anderen erweisen sich vielfach auch diejenigen Kombinationen heute als unüblich, bei denen das Korpus mehrere alternative Ausdruckmöglichkeiten zur Verfügung stellt und nicht alle sich durchgesetzt haben. Bei *zanieść skargę* waren es *podać* resp. *wytoczyć skargę* und obwohl die erste Kombination im Korpus am häufigsten belegt war (12 Mal gegenüber 2 bzw. 8 Mal), hat sie sich in der heutigen Rechtssprache nicht eingebürgert. Ähnlich funktioniert *zaspokoić dług* im Korpus parallel zu *uiścić* und *zapłacić dług*. In diesem Falle hat sich allerdings die frequenteste Kombination mit *zapłacić* (11 Belege) durchgesetzt. Schließlich resultiert die heutige Nicht-Usualität einiger Belege daraus, dass sich auch hier eine Entwicklung abzeichnet, die Burger (2012: 12f.) für das Deutsche festgestellt hat, dass nämlich in den heutigen Kollokationen anstelle der sehr allgemeinen Verben spezifischere eintreten. So wird anstelle des recht verbreiteten Verbs *uczynić* bzw. *czynić* im Gegenwartspolnischen oftmals auf spezifischere Formulierungen zurückgegriffen, wie die unteren Beispiele veranschaulichen, obwohl von dieser Entwicklung nicht alle ermittelten Belege ausnahmslos betroffen sind.

Ermittelte Kombinationen im Korpus	**Usuelle Kombinationen im Gegenwartspolnischen**
uczynić przyrzeczenie ‚ein Versprechen tun'	*złożyć przyrzeczenie* ‚ein Versprechen abgeben'
(u)czynić rozporządzenie ‚eine Verfügung tun'	*wydać rozporządzenie* ‚eine Verfügung erlassen/treffen'

10. Fazit und Ausblick

> Jedes Volk hat seine Rechtssprache. Jede Rechtssprache hat ihre charakteristische Eigenart, ihre besondere Geschichte und verdient wissenschaftliche Erforschung. (Künssberg 1930: 380)

10.1. Fazit

Nach der Wiedererlangung der Unabhängigkeit Polens setzte sich zur Lösung der problematischen Rechtslage ein Konzept durch, welches voraussah, die geerbten Rechtsordnungen vorerst in Geltung zu lassen, um sie dann durch ein modernes einheitliches polnisches Recht zu ersetzen. Obwohl es sich bei den polnischen Kodifizierungen um keine einfache Kompilation und keine Direktübernahmen, sondern um originelle polnische Gesetzeswerke handelt, die jedoch ausländische Vorbilder berücksichtigten und sich daran anlehnten, war die vorliegende Arbeit von der Annahme geleitet, dass die jahrzehntelange Geltung unterschiedlicher Zivilgesetzbücher in Teilen des heutigen Staatsterritoriums Polens, sowie die Nutzung polnischer Ausgaben dieser angestammten Gesetzestexte nicht einflusslos auf die polnische Rechtssprache blieb. Zentrale Zielsetzung der vorliegenden Arbeit war es somit, zu untersuchen, welches der großen Gesetzeswerke, die in der Zweiten Polnischen Republik in Kraft waren, am prägendsten für die polnische Rechtssprache gewesen ist, was vermittels der Fragestellung geprüft werden sollte, inwiefern die analysierten polnischen Texte mit der heutigen polnischen Sprache übereinstimmen. Im Zentrum des Interesses standen dabei Kollokationen, bei deren Übertragung man sich nach Pieńkos (1999: 40f.) eines breiteren Sprachmaterials bedienen könne.

Die Ergebnisse lassen sich wie folgt rekapitulieren:

1. Kollokationen sind ein komplexes Phänomen und lassen sich lediglich in Anlehnung an ein Kriterienbündel aus Polylexikalität, Stabilität, Assoziativität, Konventionalität und (Halb-)Kompositionalität bestimmen.
2. Die (Halb-)Kompositionalität als wesentliches Merkmal von Kollokationen indiziert nicht zwangsläufig die Kollokativität der untersuchten Mehrwortverbindungen – vielfach werden nämlich dabei polyseme Bedeutungsvarianten aktiviert, die relativ frei kombiniert werden.
3. Bei den als kollokativ gewerteten Verbindungen werden nicht immer alle Kriterien gleichermaßen erfüllt, es handelt sich dabei zum Teil um mehr oder weniger typische Vertreter dieser Kategorie. Daraus resultiert die Unmöglichkeit

diskreter Grenzziehungen und die Notwendigkeit flexibler Übergänge. Jede Kollokation bedarf einer Einzelanalyse (s. Kap. 5.2.).

4. In den einschlägigen Publikationen, welche die Rechtssprache in Relation zur Umgangs- bzw. Gemeinsprache setzen, wird die juristische Sprache nicht nur als sehr abstrakt, präzise, weitschweifig und redundant charakterisiert, u.a. werden ihr auch Merkmale wie Freiheit von Synonymen, Eindeutigkeit sowie Konservativität bzw. Archaismus zugesprochen (vgl. Szép 2011: 182). Die analysierten Gesetzeswerke werden nicht allen diesen Gütemerkmalen (gleichermaßen) gerecht. Während im BGB Doppelterminologie aufs Strengste vermieden wird, so legt das ABGB besonderes Gewicht auf Abwechslung im Ausdruck. In diesem Sinne ist auch das Streben nach Eindeutigkeit im BGB viel stärker ausgeprägt als im ABGB. Dies ist allerdings nicht damit gleichzusetzen, dass die darin verwendeten Benennungen nicht gleichzeitig auch in der Gemeinsprache vorkommen würden. Was den konservativen, archaischen Charakter der Rechtssprache anbelangt, zog die sehr lange Geltungsdauer der analysierten Gesetzbücher, verbunden damit, dass deren Sprache als eine Richtschnur für Juristen sowie alle davon betroffenen Sprachteilhaber gilt, die Entstehung einer spezifischen Phraseologie in der Rechtssprache nach sich, die es zu beachten gilt und die rekurrent verwendet wird (vgl. Stolze 2013: 295). Trotz der weitgehenden Formelhaftigkeit dieser Sprache zeigt sich allerdings, dass auch im Rahmen dieses Sprachreservoirs durchaus Raum für Veränderung und Variation besteht. Beispielsweise zeichnet sich im Rahmen der juristischen Kollokationen ebenso wie bei der Gemeinsprache eine Tendenz dazu ab, dass anstelle einiger heute nicht usueller Kollokationen semantisch spezifischere Verben treten, etwa *Anzeige machen → Anzeige erstatten, die gestellte Klage → die eingereichte/erhobene Klage* (s. Kap. 5.1.5.2. und 7.4.). Feststellbar ist auch eine stärkere Tendenz zur Auflösung von schwächer normierten Kollokationen (vgl. Kjær 1992: 53f.) – so erscheint beispielsweise anstelle von *Leistung(en) bewirken* in den novellierten Paragraphen des BGB *Leistungen erbringen*, wobei die in der Erstfassung des Gesetzbuches durchgängig verwendete Kombination in der heutigen Fassung des BGB neben der gegenwärtigen Kollokation weiterlebt.
5. Trotz der gewissen sprachlichen Angleichung des österreichischen Gesetzestextes an das BGB im Rahmen der Teilnovellen von 1914-1916 bestehen dazwischen weiterhin sprachliche Differenzen, auch innerhalb der kollokativen Verbindungen, etwa *die Ehelichkeit bestreiten* (ABGB) vs. *die Ehelichkeit anfechten* (BGB)

6. Aufgrund der jahrzente- bzw. jahrhundertealten Geltung der analysierten Gesetzeswerke zeigt sich mehrfach, dass die Sprache der Gesetzbücher und der heutige Sprachgebrauch auseinanderklaffen, etwa *Beschwerde/Klage anbringen* (ABGB) vs. *Beschwerde/Klage einlegen* (heutiger Sprachgebrauch).
7. Die polnischen Entsprechungen für die im BGB und ABGB ermittelten Kollokationen weisen im Gegenwartspolnischen einen vergleichbaren Usualitätsgrad auf. Im Vergleich dazu ist der Anteil bis heute usueller Kombinationen, die in dem französisch-polnischen Recht vorkommen, sowohl im NKJP als auch im Internet um je ca. 20% niedriger. Zur Veranschaulichung der Usualitätsverhältnisse der polnischen Entsprechungen für die deutschsprachigen Kollokationen sowie die Verbindungen im französich-polnischen Recht sollen nachstehende Diagramme dienen. Dabei werden nicht-usuelle Entsprechungen bei den zwei ersten Diagrammen mit (-) gekennzeichnet.

Abbildung 1: Kollokationen mit der Basis Recht(e) im BGB mit Entsprechungen im polnischen Translat

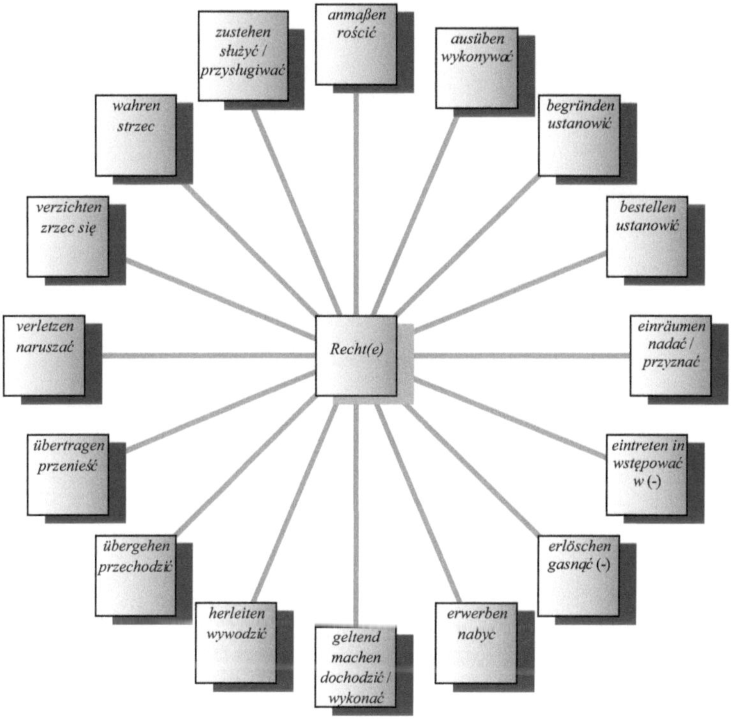

Abbildung 2: Kollokationen mit der Basis Recht(e) im ABGB mit Entsprechungen im polnischen Translat

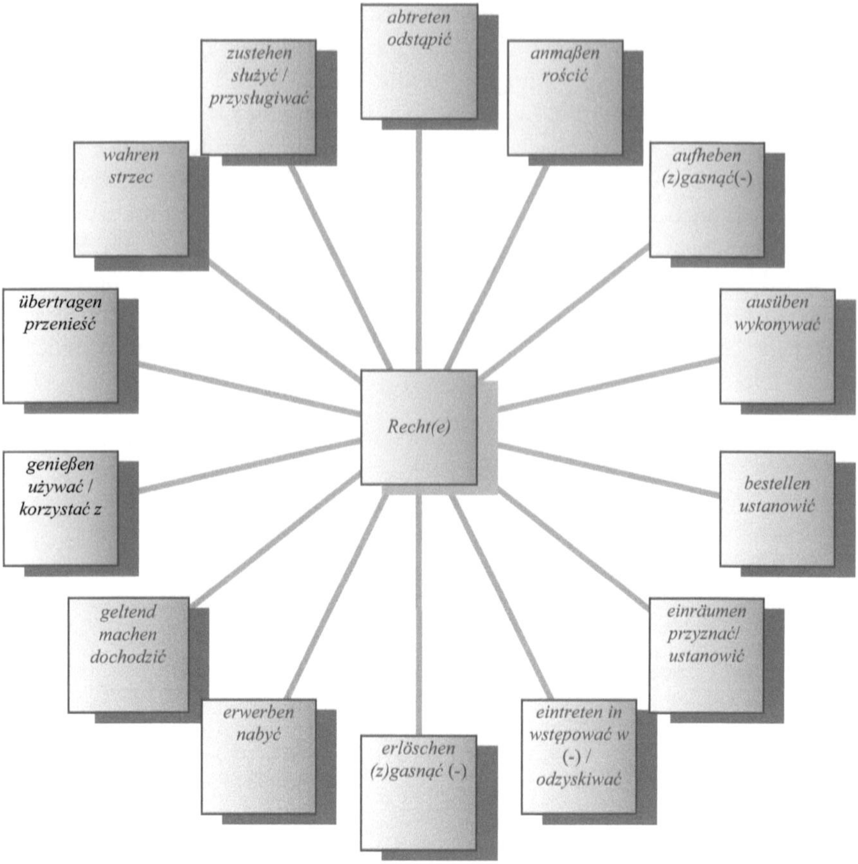

Abbildung 3: Verbindungen mit dem Substantiv prawo/a im französisch-polnischen Zivilrecht

Verbindungen mit dem Substantiv *prawo/a* im französisch-polnischen Zivilrecht

Auch im Gegenwartspolnischen usuelle Verbindungen

- *nabywać prawa*
- *nadać prawo*
- *naruszyć prawo*
- *prawa obowiązują*
- *pozbawić prawa*
- *prawo przechodzi*
- *prawo przewiduje*
- *prawa służą*
- *używać praw*
- *wykonywać prawa*
- *zachowywać prawo*
- *zastosować prawo*
- *zawiesić prawo*
- *zrzec się prawa*

Im Gegenwartspolnischen nicht usuelle Verbindungen

- *nadwerężać prawo*
- *odjąć prawo*
- *prawa otwierają się*
- *pokonać prawem*
- *ubliżać prawom*
- *prawa urządzają się*
- *wzruszać prawa*
- *zaprowadzić prawo*
- *ścieśnić prawo*

8. Die Erhaltung bzw. Nicht-Erhaltung der polnischen Kombinationen in der Gegenwartsprache steht im Zusammenhang mit ihrer Vorkommenshäufigkeit in den analysierten Texten. Von den Äquivalenten für die BGB- sowie die ABGB-Kollokationen ist fast jede zweite Entsprechung, die in den Translaten präferierter vorkommt, auch im Gegenwartspolnischen usuell. Eine ähnliche Tendenz ist auch für das französisch-polnische Recht feststellbar. Kommen mehrfache alternative Ausdrucksmöglichkeiten in den polnischen Texten vor, so sind selten alle davon auch im Gegenwartspolnischen präsent.

9. Die kompositionellen Entsprechungen für die deutschsprachigen Kollokationen sind überwiegend (zu ca. 80% in Bezug auf BGB und zu ca. 70% bezogen auf ABGB) in dem Altpolnischen Wörterbuch von Linde nicht verzeichnet, für jede vierte Kombination nennt das Nachschlagewerk andere Ausdrücke.

10. Die Analyse der aus vergleichbarer Zeit stammenden polnischen Texte machte deutlich, dass Übertragungen der deutschsprachigen Texte in einem wesentlich höherem Grad mit der polnischen Gegenwartssprache konform sind als das französisch-polnische Recht. Somit kann der nach Płaza dominierenden galizischen Abspaltung der polnischen Rechtssprache in der Zwischenkriegszeit (vgl. Płaza 2001: 27) tatsächlich ein stärkerer Einfluss auf die polnische Rechtssprache zugesprochen werden.

10.2. Ausblick

Die vorliegende Arbeit setzt sich lediglich mit einem Teil der Gesetzeswerke auseinander, die in Polen nach dem Ersten Weltkrieg in Geltung waren. Somit bildet sie einen Mosaikstein zur Ergänzung der Rechtsbezüge auf sprachlicher Ebene, die bereits für andere Zeiträume untersucht wurden, etwa im Rahmen des Projekts der Sächsischen Akademie der Wissenschaften zu Leipzig zu dem Thema *Das sächsisch-magdeburgische Recht als kulturelles Bindeglied zwischen den Rechtsordnungen Ost- und Mitteleuropas* (vgl. Bily/Carls/Gönczi 2012). Insofern könnte die Einbeziehung weiterer Gesetzeswerke, welche im damaligen Polen in Kraft waren, samt den im Umlauf befindlichen Übertragungen (vgl. ZGB 1923: III), aufschlussreiche Erkenntnisse über das Wechselverhältnis von Sprache und Recht sowie Norm und Variation liefern. In dieser Hinsicht wäre auch die Analyse des historischen Rechtsdiskurses von Belang. Wichtige Forschungsfragen, die sich dabei stellen, betreffen beispielsweise die Entwicklung der polnischen Rechtsterminologie, allerdings dürfte eine Kollokationsforschung, die der diachronischen Betrachtung stärker Rechnung trägt, insbesondere auch in der Rechtssprache ebenso interessante Ergebnisse für andere Sprachen offenbaren.

Literaturverzeichnis

Agricola, Erhard (1972): Semantische Relationen im Text und im System. The Hague; Paris.

Aisenstadt, Ester (1979): Collocability Restrictions in Dictionaries. In: ITL Review of Applied Linguistics 45, S. 71-74.

Aisenstadt, Ester (1981): Restricted Collocations in English Lexicology and Lexicography. In: ITL Review of Applied Linguistics 53, S. 53-61.

Albrecht, Jörn (2013): Übersetzung und Linguistik. 2., überarbeitete Auflage. Tübingen.

Ammon, Ulrich (2004): Variantenwörterbuch des Deutschen: Die Standardsprache in Österreich, der Schweiz und Deutschland sowie in Liechtenstein, Luxemburg, Ostbelgien und Südtirol. Berlin u.a.

Anusiewicz, Janusz (1978): Konstrukcje analityczne we współczesnym języku polskim. Wrocław.

Apathy, Peter (2012): 200 Jahre ABGB – ein Rückblick. In: Fenyves, Attila; Kerschner, Ferdinand; Vonkilch, Andreas [Hg.]: 200 Jahre ABGB. Evolution einer Kodifikation. Rückblick - Ausblick - Methode. Wien, S. 47-58.

Arntz, Reiner (1999): Rechtsvergleichung und Kontrastive Terminologiearbeit: Möglichkeiten und Grenzen interdisziplinären Arbeitens. In: Sandrini, Peter [Hg.]: Übersetzen von Rechtstexten: Fachkommunikation im Spannungsfeld zwischen Rechtsordnung und Sprache. Tübingen, S. 185-201.

Arntz, Reiner (2010): Juristisches Übersetzen zwischen Sprachvergleich und Rechtsvergleich. In: Lebende Sprachen 1/2010, S. 17-30.

Arntz, Reiner; Picht, Heribert; Schmitz Klaus-Dirk (2014): Einführung in die Terminologiearbeit. 7., vollständig überarbeitete und aktualisierte Auflage. Hildesheim; Zürich; New York.

Bahns, Jens (1996): Kollokationen als lexikographisches Problem. Eine Analyse allgemeiner und spezieller Lernwörterbücher des Englischen. Tübingen: Niemeyer. (=Lexikographica: Series Maior; 74).

Bardach, Juliusz; Leśnodorski, Bogusław; Pietrzak, Michał (2005): Historia ustroju i państwa polskiego. 5. Ausgabe. Warszawa.

Baßler, Harald (2002): Definierte Wörter. Fachsprachliche Terminologie. In: Dittman, Jürgen; Schmidt, Claudia [Hg.]: Über Wörter. Grundkurs Linguistik. Freiburg i. Br., S. 211-231.

Bentkowski, Władysław (1858): Sprawa polszczyzny w urzędowych ogłoszeniach W. Księstwa Poznańskiego pod sąd filologów oddana. Poznań.

Bergenholtz, Henning; Tarp, Sven (1994): Mehrworttermini und Kollokationen in Fachwörterbüchern. In: Schaeder, Burkhard; Bergenholtz, Henning [Hg.]: Fachlexikographie. Fachwissen und seine Repräsentation in Wörterbüchern. Tübingen, S. 385-419.

Bergerová, Hana (2012): Emotionswortschatz im Lichte der Kollokationsforschung. In: Brünner Beiträge zur Germanistik und Nordistik 26; 1–2, S. 67-80.

Bernando, Ana Maria Garcia (2010): Zu aktuellen Grundfragen der Übersetzungswissenschaft. Frankfurt am Main u.a. (=Studien zur romanischen Sprachwissenschaft und interkulturellen Kommunikation; Bd. 68).

BGB (2012) = Bürgerliches Gesetzbuch mit Allgemeinem Gleichbehandlungsgesetz, BeurkundungsG, BGB-Informationspflichten-Verordnung, Einführungsgesetz, Erbbaurechtsgesetz, Lebenspartnerschaftsgesetz, Produkthaftungsgesetz, Unterlassungsklagengesetz und Wohnungseigentumsgesetz. Textausgabe mit ausführlichem Sachverzeichnis und einer Einführung von Universitätsprofessor Dr. Helmut Köhler. 70., überarbeitete Auflage. München: dtv.

Białek, Ewa (2009): Kolokacja w przekładzie. Studium rosyjsko-polskie. Lublin.

Bien, Florian (2012): Grundkurs Bürgerliches Recht I. Kursbegleitendes Skript. Würzburg.

Bily, Inge; Carls, Wieland; Gönczi, Katalin (2012): Sächsisch-magdeburgisches Recht in Polen. Untersuchungen zur Geschichte des Rechts und seiner Sprache. Berlin. (=Ius saxonico-maideburgense in Oriente; 2).

Bischof, Beatrice-Barbara (2007): Französische Kollokationen diachron. Eine korpusbasierte Analyse. Online unter: http://elib.uni-stuttgart.de/opus/volltexte/2008/3418/pdf/Franzoesische_Kollokationen.pdf

Braselmann, Petra (2002): Gleiches Recht für alle – in allen Sprachen? In: Haß-Zumkehr, Ulrike [Hg.]: Sprache und Recht. Berlin; New York, S. 240-254.

Brauneder, Wilhelm (1994): Studien I. Entwicklung des öffentlichen Rechts. Frankfurt am Main u.a.

Brauneder, Wilhelm (2011): Dwieście lat austriackiej kodyfikacji prawa cywilnego (ABGB). In: Czasopismo Prawno-Historyczne. Bd. LXIII, Heft 2, S. 9-22.

Brückner, Aleksander (2000): Słownik etymologiczny języka polskiego. Warszawa. (Przedruk z pierwszego wydania Kraków 1927).

Bürki, Andreas (2012): Korpusgeleitete Extraktion von Mehrwortsequenzen aus (diachronen) Korpora. Vorgehenswege für deutschsprachige Daten. In: Filatkina, Natalia; Kleine-Engel, Ane; Dräger, Marcel; Burger, Harald [Hg.]: Aspekte der historischen Phraseologie und Phraseographie. Heidelberg. (=Germanistische Bibliothek; Bd. 46), S. 263-292.

Burger, Harald ([2]2003), Phraseologie. Eine Einführung am Beispiel des Deutschen. Berlin.

Burger, Harald (2004): Phraseologie – Kräuter und Rüben? Traditionen und Perspektiven der Forschung. In: Steyer, Kathrin [Hg.]: Den Nagel auf den Kopf treffen. Wortverbindungen – mehr oder weniger fest. Berlin; New York, S. 19-40.

Burger, Harald u.a. (2007): Einführung/Subject area, terminology and research topics. In: Burger, Harald u.a. [Hg.]: Phraseologie. Ein internationales Handbuch der zeitgenössischen Forschung. 1. Halbband. Berlin; New York, S. 1-10.

Burger, Harald (2012): Alte und neue Fragen, alte und neue Methoden der historischen Phraseologie. In: Filatkina, Natalia; Kleine-Engel, Ane; Dräger, Marcel; Burger, Harald [Hg.]: Aspekte der historischen Phraseologie und Phraseographie. Heidelberg. (=Germanistische Bibliothek; Bd. 46), S. 1-20.

Busse, Dietrich (2002): Wortkombinationen. In: Cruse, Alan D.; Hundsnurscher, Franz; Job, Michael; Lutzeier, Peter Rolf [Hg.]: Lexikologie. Ein internationales Handbuch zur Natur und Struktur von Wörtern und Wortschätzen. 1. Halbband. Berlin; New York, S. 408-415.

Bußmann, Hadumod [Hg.] (2008): Lexikon der Sprachwissenschaft. 4., durchgesehene und bibliographisch ergänzte Auflage unter Mitarbeit von Hartmut Lauffer. Stuttgart.

Buttler, Danuta (1982): Zagadnienia poprawności leksykalno-semantycznej. In: Buttler, Danuta; Kurkowska, Halina; Satkiewicz, Halina [Hg.]: Kultura języka polskiego. Zagadnienia poprawności leksykalnej (Słownictwo rodzime). Warszawa, S. 44-228.

Cedillo, Ana Caro (2004): Fachsprachliche Kollokationen. Ein übersetzungorientiertes Datenbankmodell Deutsch-Spanisch. Tübingen. (=Forum für Fachsprachenforschung; Band 63).

Chlebda, Wojciech (2001): Frazematyka. In: Bartmiński, Jerzy [Hg.]: Współczesny język polski. Lublin, S. 335-342.

Chlebda, Wojciech (2010): Reprodukty na warsztacie (I). In: Chlebda, Wojciech [Hg.]: Na tropach reproduktów. W poszukiwaniu wielowyrazowych jednostek języka. Opole, S. 7-13.

Chlebda, Wojciech (2010a): Autorski glosariusz ważniejszych terminów. In: Chlebda, Wojciech [Hg.]: Na tropach reproduktów. W poszukiwaniu wielowyrazowych jednostek języka. Opole, S. 137-140.

Chlebda, Wojciech (2010b): Nieautomatyczne drogi dochodzenia do reproduktów wielowyrazowych. In: Chlebda, Wojciech [Hg.]: Na tropach reproduktów. W poszukiwaniu wielowyrazowych jednostek języka. Opole, S. 15-35.

Chlebda, Wojciech (2011): Poszukiwanie odpowiedników przekładowych: punkty wyjścia. In: Chlebda, Wojciech [Hg.]: Na tropach translatów. W poszukiwaniu odpowiedników przekładowych. Opole, S. 7-17.

Ciola, Bruno (2001): Darstellung von Äquivalenzbeziehungen in der übersetzungsorientierten Terminologiearbeit im Recht. In: Mayer, Felix [Hg.]: Language for special purposes: perspectives for the new millennium. Vol. 2: LSP in academic discourse and in the fields of law, business and medicine. Tübingen, S. 742-752.

Clauß, Karl (1974): Scheinpräzision in der Rechtssprache. In: Muttersprache. Jg. 84, H. 3-4, S. 21-38.

Coseriu, Eugenio (1967): Lexikalische Solidaritäten. In: Poetica. Zeitschrift für Sprach- und Literaturwissenschaft. Band 1, S. 293-303.

Coseriu, Eugenio (1970): Einführung in die strukturelle Betrachtung des Wortschatzes. Tübingen. (=Tübinger Beiträge zur Linguistik; Bd. 14).

Coseriu, Eugenio (1973): Probleme der strukturellen Semantik. Vorlesung gehalten im Wintersemester 1965/66 an der Universität Tübingen. Autorisierte und bearbeitete Nachschrift von Kastovsky. Tübingen. (=Tübinger Beiträge zur Linguistik; Bd. 40).

Crystal, David (1966): Specification and English tenses. In: Journal of Linguistics. Volume 2, Number I, S. 1-34. Online unter: http://www.davidcrystal.com/DC_articles/English111.pdf.

Czochralski, Jan (2000): Deutsche und polnische Vergleichswendungen. Ein Versuch. In: Kramer, Undine [Hg.]: Lexikologisch-lexikographische Aspekte der deutschen Gegenwartssprache. Tübingen, S. 151-156.

Dąbkowski, Przemysław (1910): Prawo prywatne polskie. Bd. 1. Lwów.

De Groot, Gerard-René (1999): Das Übersetzen juristischer Terminologie. In: De Groot, Gerard-René; Schulze, Reiner [Hg.]: Recht und Übersetzen. Baden-Baden, S. 11-46.

De Groot, Gerard-René (2002): Rechtsvergleichung als Kerntätigkeit bei der Übersetzung juristischer Terminologie. In: Haß-Zumkehr [Hg.]: Sprache und Recht. Berlin; New York, S. 222-239.

Deutsch, Andreas (2012): „Billig streitet die Vermuthung, daß ein Gesetz bedachtsam abgefaßt" – Zu Wortwahl und Gesetzessprache im ABGB. In: Dölemeyer, Barbara; Mohnhaupt, Heinz [Hg.]: 200 Jahre ABGB (1811 – 2011). Die österreichische Kodifikation im internationalen Kontext. Frankfurt am Main. (=Studien zur europäischen Rechtsgeschichte; Bd. 267), S. 375-407.

Donalies, Elke (2005): Was genau Phraseme sind… In: Deutsche Sprache. Zeitschrift für Theorie und Praxis. Dokumentation 33, S. 338-354.

Dörr, Simone (2005): Vom WWW zur Kollokation: Praxisorientiertes Verfahren zur Kollokations- und Terminologieakquisition für Übersetzer und Dolmetscher. Trier.

Duden (1996) = Deutsches Universalwörterbuch A – Z; hrsg. vom Wissenschaftlichen Rat und den Mitarbeitern der Dudenredaktion. 3., völlig neu bearb. und erw. Aufl. Mannheim u.a.

Duhme, Michael (1991): Phraseologie der deutschen Wirtschaftssprache: eine empirische Untersuchung zur Verwendung von Phraseologismen in journalistischen Fachtexten. Essen.

Ďurčo, Peter; Banášová, Monika; Hanzlíčková, Astrid (2010): Feste Wortverbindungen im Kontrast. Trnava.

Dziadzio, Andrzej (2001): Austriacki kodeks cywilny ABGB na ziemiach polskich w XX wieku. In: Malec, Jerzy; Uruszczak, Wacław [Hg.]: Ustrój i prawo w przeszłości dalszej i bliższej. Studia historyczne o prawie dedykowane Prof. Stanisławowi Grodziskiemu w pięćdziesiątą rocznicę pracy naukowej. Kraków, S. 501-514.

Dziadzio, Andrzej (2010): Beurteilung der tschechoslowakischen Gesetzgebung in der polnischen Rechtslehre vor dem Hintergrund juristischer Zusammenarbeit slawischer Länder (1918-1939). In: Maly, Karel; Soukup, Ladislav [Hg.]: Československé právo a právní véda v meziválečném období (1918-1939) a jejich místo ve střední Evropě. Prag. Svazek 2, S. 1167-1173.

Eberharter-Aksu, Margit (2012): Anmerkungen zur sprachlichen Situation in Galizien unter der Herrschaft der Habsburger. In: Grotek, Edyta [Hg.]: Deutsche und Polen im Kontakt. Sprache als Indikator gegenseitiger Beziehungen. Frankfurt am Main u.a. (=Schriften zur diachronen und synchronen Linguistik; Bd. 5), S. 67-82.

Engberg, Jan (2008): Das Grundmerkmal der Dynamik in der juristischen Fachkommunikation. In: Krings, Hans P.; Mayer, Felix [Hg.]: Sprachenvielfalt im Kontext von Fachkommunikation, Übersetzung und Fremdsprachenunterricht. Berlin, S. 335-345.

Erler, Julius (1896): Die Sprache des neuen Bürgerlichen Gesetzbuchs. Berlin.

Evert, Stefan; Heid, Ulrich; Lezius, Wolfgang (2000): Methoden zum qualitativen Vergleich von Signifikanzmaßen zur Kollokationsidentifikation. Stuttgart. Online unter: http://www.stefan-evert.de/PUB/EvertHeidLezius2000.pdf

Fastus, Lisa (2009): Kollokationen als Problemgrößen des Simultandolmetschens. Trier.

Feilke, Helmuth (2004): Kontext – Zeichen – Kompetenz. Wortverbindungen unter sprachtheoretischem Aspekt. In: Steyer, Kathrin [Hg.]: Den Nagel auf den Kopf treffen. Wortverbindungen – mehr oder weniger fest. Berlin; New York, S. 41-64.

Felder, Ekkehard (2012): Unendliche Semiose im Recht als Garant der Rechtssicherheit. In: Bäcker, Carsten; Klatt, Matthias; Zucca-Soest, Sabrina [Hg.]: Sprache – Recht – Gesellschaft. Tübingen, S. 141-162.

Fiedoruszkow, Jurij (2010): Metody automatyzacji ekscerpcji konstrukcji atrybutywnych języka rosyjskiego. In: Chlebda, Wojciech [Hg.]: Na tropach reproduktów. W poszukiwaniu wielowyrazowych jednostek języka. Opole, S. 59-85.

Filatkina, Natalia; Kleine-Engel, Ane; Dräger, Marcel; Burger, Harald [Hg.] (2012): Aspekte der historischen Phraseologie und Phraseographie. Heidelberg. (=Germanistische Bibliothek; Bd. 46).

Firth, John Rupert (1951): Modes of Meaning. In: Papers in Linguistics 1934-1951. London u.a. 1957, S. 190-215.

Firth, John Rupert (1930-1955): A Synopsis of Linguistic Theory. In: F.R. Palmer [Hg.] (1968): Selected Papers of J. R. Firth 1952-59. London; Harlow, S. 168-205.

Fleischer, Wolfgang (1982): Phraseologie der deutschen Gegenwartssprache. Leipzig.

Fleischer, Wolfgang (1997): Phraseologie der deutschen Gegenwartssprache. 2., durchgesehene und ergänzte Auflage. Tübingen.

Fleischmann, Eberhard; Schmitt, Peter A. (2004): Fachsprachen und Übersetzung. In: Kittel, Harald u.a. [Hg.]: Übersetzung. Ein internationales Handbuch zur Übersetzungsforschung. Berlin, S. 531-542.

Forkl, Yves (2010): Zur digitalen Zukunft der Kollokationslexikographie. Perspektiven der Präsentation von Wissen über usuelle französische und deutsche Wortverbindungen in gedruckten und elektronischen Wörterbüchern. Diss. Münster. Online unter: http://www.opus.ub.uni-erlangen.de/opus/volltexte/2010/2169/pdf/YvesForklDissertation.pdf; Stand: 14.12.2012.

Freund, Heinrich (1932/1933): 15 Jahre polnischer Rechtsentwicklung. In: Osteuropa. Zeitschrift für die gesamten Fragen des europäischen Ostens. 8. Jahrgang, S. 530-541.

Füger, Joachim (1812): Das adeliche Richteramt oder das gerichtliche Verfahren außer Streitsachen in den deutschen Erbländern der österreichischen Monarchie. Wien.

Gajda, Stanisław (1990): Wprowadzenie do teorii terminu. Opole. (=Studia i Monografie; Nr. 162).

Gallagher, John D. (1998): Möglichkeiten und Grenzen der Übersetzungsäquivalenz. In: Börner, Wolfgang; Vogel, Klaus [Hg.]: Kontrast und Äquivalenz. Beiträge zu Sprachvergleich und Übersetzung. Tübingen. (=Tübinger Beiträge zur Linguistik; 442), S. 1-29.

Gautier, Laurent (1999): Zur Phraseologie des Verfassungsrechts: Ansatz einer kontrastiven Analyse Französisch – Deutsch. In: Sabban, Annette [Hg.]: Phraseologie und Übersetzen. Phrasemata II. Bielefeld, S. 81-98.

Geilke, Georg (1963): Zur polnischen Rechtgeographie. In: Jahrbuch für Ostrecht IV (2), S. 105-175.

Giaro, Tomasz (2003): Westen im Osten: Modernisierung osteuropäischer Rechte bis zum Zweiten Weltkrieg. In: Rechtsgeschichte 2, S. 123-139.

Giaro, Tomasz (2006): Modernisierung durch Transfer – Schwund osteuropäischer Rechtstraditionen. In: Giaro, Tomasz [Hg.]: Modernisierung durch Transfer im 19. und frühen 20. Jahrhundert. Frankfurt am Main. (=Studien zur europäischen Rechtsgeschichte. Veröffentlichungen des Max-Planck-Instituts für europäische Rechtsgeschichte. Bd. 205; Rechtskulturen des modernen Osteuropa. Traditionen und Transfers. Bd. I), S. 275-344.

Gierke, Otto von (1889): Der Entwurf eines bürgerlichen Gesetzbuchs und das deutsche Recht. Leipzig. Online unter: http://dlib-pr.mpier.mpg.de/m/kleioc/0010/exec/bigpage/%22139686_00000003.gif%22.

Gizbert-Studnicki, Tomasz (1993): Das Problem des Übersetzens und das juristische Weltbild. In: Frank, Armin Paul u.a. [Hg.]: Übersetzen, verstehen, Brücken bauen. Geisteswissenschaftliches und literarisches Übersetzen im internationalen Kulturaustausch. Teil 1. Berlin, S: 305-313.

Glass, Jakub (1916): Współczesna polszczyzna sądowa. In: Gazeta Sądowa Warszawska Nr. 30, S. 353-355.

Glass, Jakób (1922): O języku prawniczym polskim. In: Gazeta Sądowa Warszawska, Nr. 29/30, S. 250-253 und Nr. 31-32., S. 261-264.

Gładysz, Marek (2003): Lexikalische Kollokationen in deutsch-polnischer Konfrontation. Frankfurt am Main.

Gmür, Rudolf (2011): Grundriss der deutschen Rechtsgeschichte. 13., überarbeitete Auflage. München.

Gołąb, Zbigniew; Heinz, Adam; Polański (1970): Słownik terminologii językoznawczej. Warszawa.

Górnicki, Leonard (2000): Prawo cywilne w pracach Komisji Kodyfikacyjnej Rzeczypospolitej Polskiej w latach 1919-1939. Wrocław.

Górnicki, Leonard (2005): Wpływ obcych ustawodawstw i doktryny prawa na polską kodyfikację prawa prywatnego w Drugiej Rzeczypospolitej. In: Zeszyty Prawnicze TBSP UJ, Heft 13, S. 57-80.

Grass, Thierry (1998): Phraseme des Zivilrechts in einem zweisprachigen elektronischen Wörterbuch Französisch-Deutsch. In: Sabban, Annette [Hg.]: Phraseologie und Übersetzen. Phrasemata II. Bielefeld, S. 119-130.

Gréciano, Gertrud (1999): Sprachfertigteile, ihre kognitive und kommunikative Performanz. Online unter: http://www.inst.at/studies/s_0103_d.htm.

Grodziski, Stanisław (1985): Z dziejów unifikacji polskiego prawa cywilnego. In: Czasopismo Prawno-Historyczne. Bd. XXXVII, Heft 2, S. 291-300.

Grodziski, Stanisław (2000): W osiemdziesięciolecie Komisji Kodyfikacyjnej (geneza i struktura). In: Tworzenie prawa w Polsce. Tradycja i współczesność. Warszawa. (=Studia i materiały, Bd. XII), S. 19-32.

Grodziski, Stanisław (2011): Uwagi z okazji jubileuszu austriackiego kodeksu cywilnego z roku 1811. In: Czasopismo Prawno-Historyczne. Bd. LXIII, Heft 2, S. 23-30.

Grotek, Edyta (2012): Soziolinguistische Situation im Thorn des 19. Jahrhunderts. Ausgewählte Aspekte. In: Grotek, Edyta [Hg.]: Deutsche und Polen im Kontakt. Sprache als Indikator gegenseitiger Beziehungen. Frankfurt am Main u.a. (=Schriften zur diachronen und synchronen Linguistik; Bd. 5), S. 83-100.

Grozeva, Maria (2012): Probleme bei der Übersetzung juristischer Texte. In: Zybatow, Lew N.; Petrova, Alena; Ustaszewski, Michael [Hg.]: Translationswissenschaft: Alte und neue Arten der Translation in Theorie und Praxis. Frankfurt am Main u.a. (=Forum Translationswissenschaft; Bd. 16), S. 55-61.

Grucza, Sambor (2012): Fachsprachenlinguistik. Frankfurt am Main u.a. (=Warschauer Studien zur Germanistik und zur Angewandten Linguistik; Bd. 1).

Gruntar, Jermol (2010): Recht für Juristen, Recht für Laien? – Oder: (Wie) Lässt sich das Recht dem juristischen Laien näher bringen? In: Lebende Sprachen 1/2010, S. 31-49.

Habermann, Mechthild (2010): Kollokationen und ihre Funktion in der mittelhochdeutschen Syntax. In: Schmid, Hans Ulrich [Hg.]: Perspektiven der Germanistischen Sprachgeschichtsforschung. Berlin; New York. (=Jahrbuch für Germanistische Sprachgeschichte Bd. 1), S. 104-122.

Häcki Buhofer (2006): Vorwort. In: Häcki Buhofer, Annelies; Burger, Harald [Hg.]: Phraseologie in Motion I. Methoden und Kritik. Akten der Internationalen Tagung zur Phraseologie (Basel, 2004). Hohengehren, S. I-XVI.

Häcki Buhofer, Annelies (2010): Die lexikographische Erfassung von Kollokationen in Dialektwörterbüchern. In: Ďurčo, Peter [Hg.]: Feste Wortverbindungen und Lexikographie. Kolloquium zur Lexikographie und Wörterbuchforschung. Berlin; New York. (=Lexicographica Series Maior; 138), S. 65-76.

Häcki Buhofer, Annelies (2011): Lexikographie der Kollokationen zwischen Anforderungen der Theorie und der Praxis. In: Engelberg, Stefan; Hollter, Anke; Proost, Kristel [Hg.]: Sprachliches Wissen zwischen Lexikon und Grammatik. Berlin; Boston, S. 505-531.

Haferkamp, Hans-Peter (2012): „Österreichisches“, „Deutsches“ und „Nationalsozialistisches“ in der Rechtsprechung des Reichsgerichts zum ABGB zwischen 1939 und 1945. In: Dölemeyer, Barbara; Mohnhaupt, Heinz [Hg.]: 200 Jahre ABGB (1811 - 2011). Die österreichische Kodifikation im internationalen Kontext. Frankfurt am Main. (=Studien zur europäischen Rechtsgeschichte; Bd. 267), S. 159-175

Halliday, Michael, A. K. (1970): Lexis as a Linguistic Level. In: Bazell, Charles u.a. [Hg.]: In Memory of J. R. Firth. 2. Auflage, London, S. 148-162.

Hartenstein, Klaus (1996): Faustregeln als Lernhilfen für Lexemkollokationen (vorgeführt am Beispiel des Deutschen, Englischen, Französischen und Russischen). In: Hartenstein, Klaus [Hg.]: Aktuelle Probleme des universitären Fremdsprachenunterrichts. (=ZFI-Arbeitsberichte; Bd. 11), S. 83-134.

Hattenhauer, Hans (1987): Zur Geschichte der deutschen Rechts- und Gesetzessprache. Göttingen.

Hausmann, Franz Josef (1984): Wortschatzlernen ist Kollokationslernen. Zum Lehren und Lernen französischer Wortverbindungen. In: Praxis des neusprachlichen Unterrichts. 31. Jahrgang, Nr. 4, S. 395-406.

Hausmann, Franz Josef (1985): Kollokationen im deutschen Wörterbuch. Ein Beitrag zur Theorie des lexikographischen Beispiels. In: Bergenholtz, Henning; Mugdan, Joachim [Hg.]: Lexikographie und Grammatik. Akten des Essener Kolloquiums zur Grammatik im Wörterbuch 28.-30.6.1984. Tübingen, S. 118-129.

Hausmann, Franz Josef (1988): Grundprobleme des zweisprachigen Wörterbuchs. In: Hyldgaard-Jensen, Karl; Zettersten, Arne [Hg.]: Symposium on Lexikography III. Tübingen, S. 137-154.

Hausmann, Franz Josef (2003): Kollokationen in der Fachsprache: Schwerpunkt Französisch. In: Jung, Udo O.H.; Kolesnikova, Angelina [Hg.]: Fachsprachen und Hochschule. Forschung-Didaktik-Methodik. Frankfurt a. Main. (=Bayreuther Beiträge zur Glottodidaktik. Bd. 9), S. 84-92.

Hausmann, Franz Josef (2004): Was sind eigentlich Kollokationen? In: Steyer, Kathrin [Hg.]: Den Nagel auf den Kopf treffen. Wortverbindungen – mehr oder weniger fest. Berlin; New York, S. 309-334.

Hausmann, Franz Josef (2007): Die Kollokationen im Rahmen der Phraseologie – Systematische und historische Darstellung. In: Zeitschrift für Anglistik und Amerikanistik. Jg. 55, Heft 3, S. 217-234.

Heid, Ulrich (2005): Corpusbasierte Gewinnung von Daten zur Interaktion von Lexik und Grammatik: Kollokation – Distribution – Valenz. In: Lenz, Friedrich; Schierholz, Stefan J. [Hg.]: Corpuslinguistik in Lexik und Grammatik. Tübingen, S. 97-122.

Heid, Ulrich (2008): Computational phraseology. An overview. In: Granger, Sylviane; Meunier, Fanny [Hg.]: Phraseology. An interdisciplinary perspective. Amsterdam u.a., S. 337-360.

Heid, Ulrich (2011): Korpusbasierte Beschreibung der Variation bei Kollokationen: Deutschland – Österreich – Schweiz – Südtirol. In: Engelberg, Stefan; Hollter, Anke; Proost, Kristel [Hg.]: Sprachliches Wissen zwischen Lexikon und Grammatik. Berlin; Boston, S. 533-557.

Helbig, Gerhard (2006): Funktionsverbgefüge – Kollokationen – Phraseologismen. Anmerkungen zu ihrer Abgrenzung – im Lichte der gegenwärtigen Forschung. In: Breuer, Ulrich; Hyvärinen, Irma [Hg.]: Wörter – Verbindungen. Festschrift für Jarmo Korhonen zum 60. Geburtstag. Frankfurt/M., S. 165-174.

Herbst, Thomas; Götz-Votteler, Katrin (2007): Introduction: The Mystery of Collocation. In: Zeitschrift für Anglistik und Amerikanistik. Jg. 55, Heft 3, S. 211-215.

Herders Conversations-Lexikon. Freiburg im Breisgau 1857, Band 5.

Höhmann, Doris (2010): Zum Vorkommen von Stütz- bzw. Funktionsverbgefügen in deutschen und italienischen Rechtstexten. Oder: Vom Umgang mit komplex belassenen Sprachdaten in der empirischen Forschung. In: Hahn, Walther von; Vertan, Cristina [Hg.]: Fachsprachen in der weltweiten Kommunikation. Akten des XVI. Europäischen Fachsprachensymposiums. Frankfurt am Main u.a. (=Sprache in der Gesellschaft. Beiträge zur Sprach- und Medienwissenschaft; 30), S. 323-334.

Holós, Zita (2010): Auf dem schmalen Grad zwischen Kollokationen und festen Wortverbindungen. In: Ďurčo, Peter [Hg.]: Feste Wortverbindungen und Lexikographie. Kolloquium zur Lexikographie und Wörterbuchforschung. Berlin; New York. (=Lexicographica Series Maior; 138), S. 85-96.

Homolová, Jana (2010): Vergleich der Kookkurrenzprofile von ausgewählten Wörtern. In: Ďurčo, Peter [Hg.]: Feste Wortverbindungen und Lexikographie. Kolloquium zur Lexikographie und Wörterbuchforschung. Berlin; New York. (=Lexicographica Series Maior; 138), S. 97-104.

Hundt, Markus (2005): Grammatikalität – Akzeptabilität – Sprachnorm. Zum Verhältnis von Korpuslinguistik und Grammatikalitätsurteilen. In: Lenz, Friedrich; Schierholz, Stefan J. [Hg.]: Corpuslinguistik in Lexik und Grammatik. Tübingen, S. 15-40.

Iluk, Jan (2012): Deutsche und polnische Rechtsterminologie aus translatorischer Sicht. In: Chmiel, Peter [Hg.]: Verba docent, exempla trahunt! Zum 80. Geburtstag von Norbert Morciniec. Wrocław, S. 97-101.

Iluk, Jan (2014): Aspekte interlingualer Analysen der Rechtsterminologie für translatorische Zwecke. In: Iluk, Jan [Hg.]: Beiträge zur Linguistik. Grammatik, Pragmatik, Lexikologie, Rechtssprache. Katowice, S. 111-127.

Irsula Peña, Jesús (1994): Substantiv-Verb-Kollokationen. Kontrastive Untersuchungen Deutsch-Spanisch. Frankfurt am Main u.a.

Jaworski, Władysław Leopold (1919): Prawo cywilne na ziemiach polskich. Tom I. Źródła. Prawo małżeńskie osobowe i majątkowe. Warszawa.

Jędrzejko, Ewa (1998): „Stary" problem – nowe (?) możliwości. Uwagi o analityczności w słowniku i wariancji mechanizmów znakotwórczych. In: Jędrzejko, Ewa [Hg.]: Nowe czasy, nowe języki, nowe (i stare) problemy. Katowice, S. 146-161.

Jędrzejko, Ewa (1998a): Konstrukcje analityczne w historii polszczyzny – zarys problematyki. In: Gajda, Stanisław; Pietryga, Anna [Hg.]: Słowo i czas. Opole, S. 37-47.

Jędrzejowska, Izabela (2009): Tłumaczenie specjalistyczne. Specyfika przekładu tekstów prawnych a wybory tłumacza na przykładzie angielskich tłumaczeń tekstów ustaw. In: Kopczyński, Andrzej; Kizeweter, Magdalena [Hg.]: Jakość i ocena tłumaczenia. Warszawa, S. 87-94.

Jopek-Bosiacka, Anna (2010): Przekład prawny i sądowy. Warszawa.

Kalina-Prasznic, Urszula [Hg.] (1997): Leksykon prawniczy. Wrocław.

Kathrein, Georg (2012): Reformen im ABGB. In: Welser, Rudolf [Hg.]: Vom ABGB zum Europäischen Privatrecht. 200 Jahre Allgemeines bürgerliches Gesetzbuch in Europa. Wien, S. 69-73.

Kierzkowska, Danuta (2008): Tłumaczenie prawnicze. 3. Auflage. Warszawa.

Kjær, Anne Lise (1992): Normbedingte Wortverbindungen in der juristischen Fachsprache (Deutsch als Fremdsprache). In: Fremdsprache Lehren und Lernen. Jg. 21, S. 46-64.

Kjær, Anne Lise (1994): Zur kontrastiven Analyse von Nominationsstereotypen der Rechtssprache deutsch – dänisch. In: Sandig, Barbara [Hg.]: Studien zur Phraseologie und Parömiologie. EUROPHRAS 92. Tendenzen der Phraseologieforschung. Bochum, S. 317-348.

Kjær, Anne Lise (2007): Phrasemes in legal texts. In: Burger, Harald u.a. [Hg.]: Phraseologie: ein internationales Handbuch zeitgenössischer Forschung. Berlin; New York. (=Handbücher zur Sprach- und Kommunikationswissenschaft; 28.2), S. 506-516.

KKRP (1929) = Komisja Kodyfikacyjna Rzeczypospolitej Polskiej. Dział Ogólny. Bd. I, Heft 12.

KKRP (1930) = Komisja Kodyfikacyjna Rzeczypospolitej Polskiej. Dział Ogólny. Bd. I, Heft 13, S. 15-19.

Klein, Wolfgang (2000): Was uns die Sprache des Rechts über die Sprache sagt? In: Zeitschrift für Literaturwissenschaft und Linguistik. Jg. 30, Heft 118, S. 115-148.

KN (2008) = Kodeks Napoleona. Kodeks cywilny Królestwa Polskiego. Kodeks zobowiązań i inne przepisy obowiązujące w województwach centralnych. Wstępem opatrzył Andrzej Mączyński. Warszawa: LexisNexis.

Koller, Werner (1992): Einführung in die Übersetzungswissenschaft. 4., völlig neu bearbeitete Auflage. Heidelberg; Wiesbaden.

Koller, Werner (2002): Der Begriff der Äquivalenz in der Übersetzungswissenschaft. In: Kittel, Harald u.a. [Hg.]: Übersetzung. Translation. Traduction. Ein internationales Handbuch zur Übersetzungsforschung. Bd. 1. Berlin; New York. (= HSK; Vol. 26:1), S. 343-354.

Koller, Werner (2007): Probleme der Übersetzung von Phrasemen. In: Burger, Harald u.a. [Hg.]: Phraseologie. Ein internationales Handbuch der zeitgenössischen Forschung. 1. Halbband: Berlin; New York, S. 605-613.

Konecny, Christine (2010): Kollokationen. Versuch einer semantisch-begrifflichen Annäherung und Klassifizierung anhand italienischer Beispiele. München. (=Forum Sprachwissenschaften; 8).

Konecny, Christine (2010a): Lexikalische Kollokationen und der Beitrag der Internet-Suchmaschine *Google* zu ihrer Erschließung und Beschreibung. In: Ptashnyk, Stefanija; Hallsteinsdóttir, Erla; Bubenhofer, Noah [Hg.]: Korpora, Web und Datenbanken. Computergestützte Methoden in der modernen Phraseologie und Lexikographie. Hohengehren, S. 77-94.

Konecny, Christine (i. Dr.): Frequenz: ein zuverlässiges Kriterium zur Erschließung von fachsprachlichen Kollokationen? In: Gautier, Laurent [Hg.]: Les collocations en discours spécialisés. Berlin: Franck & Timme. (=FFF/Forum für Fachsprachen-Forschung; 107).

Koniuszaniec, Gabriela (1997): Kollokationen im Bereich der Tautonymie. In: Studia Germanica Posnaniensia XXIII, S. 97-103.

Korkisch, Friedrich (1939): Das Privatrecht im ehemals polnischen Staatsgebiet. In: Zeitschrift für Ausländisches und Internationales Privatrecht. Jg. 12, 1938/1939, S. 850-879.

Korkisch, Friedrich (1940): Der deutsche Einfluß auf die polnische Gesetzgebung in den Jahren 1919-1939. In: Korkisch, Friedrich [Hg.] (1979): Fragen des ostmitteldeutschen Rechts. Tübingen, S. 127-148.

Kraft, Claudia (2002): Europa im Blick der polnischen Juristen. Rechtsordnung und juristische Profession im Spannungsfeld zwischen Nation und Europa 1918-1939. Frankfurt am Main. (=Studien zu Europäischen Rechtsgeschichte 156 des Max-Planck-Instituts für Europäische Rechtsgeschichte).

Kratochvílová, Iva (2006): Kollokationen: Mehr oder weniger feste Wortverbindungen in Lexikon und Text. Überlegungen zu einer begrifflichen Abgrenzung der Mehrwortlexik. In: Brunner Beiträge zur Germanistik und

Nordistik. Sborník prací Filozofické fakulty Brněnské univerzity R 11/2006, S. 23-35.

Kratochvílova, Iva; Wolf, Norbert Richard (2010): Statt eines Vorworts: Ansätze zu einer sprachwissenschaftlichen Quellenkunde. In: Kratochvílova, Iva; Wolf, Norbert Richard [Hg.]: Kompendium Korpuslingusitik. Eine Bestandsaufnahme aus deutsch-tschechischer Perspektive. Heidelberg, S. 9-15.

Kratochvílová, Iva (2011): Kollokationen im Lexikon und im Text. Mehrwortverbindungen im Deutschen und Tschechischen. Berlin. (=Studien und Quellen zur Sprachwissenschaft Bd. 2).

Kren, Jolanta (1983): Polnisches Recht und preußisches Recht. In: Zeitschrift für Neuere Rechtsgeschichte. 5. Jg., S. 147-162.

Kryński, Adam Antoni (1920): Jak nie należy mówić i pisać po polsku. Część I. Warszawa.

Kryński, Adam Antoni (1931): O języku urzędowym doby dzisiejszej zwłaszcza w sądownictwie. (Odczyt publiczny, wygłoszony 6 marca 1925 r. w auli Uniw. Warszawskiego). In: Ders. [Hg.]: Jak nie należy mówić i pisać po polsku. Część II. Warszawa.

Krzyżanowski, Lech (2011): Sędziowie w II Rzeczypospolitej. Okręgi apelacyjne: krakowski i katowicki. Katowice.

Księżyk, Felicja (2012): Zur Bedeutung fachsprachlicher Anteile im Auslandsgermanistikstudium. In: Tinnefeld, Thomas u.a. [Hg.]: Hochschulischer Fremdsprachenunterricht. Anforderungen, Ausrichtung, Spezifik. Saarbrücken, S. 383-397.

Księżyk, Felicja (2013): Rechtssprachliche Kollokationen im deutsch-polnischen Vergleich und deren Stellenwert im Auslandsgermanistikstudium. In: Gruntar Jermol, Ada [Hg.]: (ZWISCHEN) Sprache und Recht = (Entre) la langue et le droit. Ljubljana: Znanstvena založba Filozofske fakultete. (=Linguistica LIII/2), S. 127-139.

Księżyk, Felicja (2014): Zur Prüfung des Kollokationsstatus bei juristischen Wortkombinationen. In: Lebende Sprachen 59/2, S. 331-342.

Kubacki, Artur Dariusz (2012): Tłumaczenie poświadczone. Status, kształcenie, warsztat i odpowiedzialność tłumacza przysięgłego. Warszawa.

Kubicki, Tomasz (2008): Księgi hipoteczne w prawie dziewiętnastowiecznego Królestwa Polskiego. Zasady konstrukcji – forma wewnętrzna i zewnętrzna. In: Studia z Dziejów Państwa i Prawa Polskiego 11, S. 139-149. Online unter: http://www.google.de/url?sa=t&rct=j&q=&esrc=s&source=web&cd=2&cad=rja&uact=8&ved=0CCcQFjAB&url=http%3A%2F%2Fyadda.icm.edu.pl%2Fyadda%2Felement%2Fbwmeta1.element.dl-catalog-09570691-f2ce-4882-810f-07286f298886%2Fc%2FTomasz_Kubicki_-_ksiegi_hipotecz_

139-149.pdf&ei=Pb63U77lHbSc0wXj1IEo&usg=AFQjCNHJqBHtTQh3rB2AxmAOBncsVzklJA&bvm=bv.70138588,d.d2k.

Künssberg, Eberhard (1930): Der Wortschatz des österreichischen Allgemeinen Bürgerlichen Gesetzbuches. Heidelberg.

Kühtz, Stefan (2007): Phraseologie und Formulierungsmuster in medizinischen Texten. Tübingen. (=Forum für Fachsprachenforschung; Bd. 74).

Küpper, Herbert (2005): Einführung in die Rechtsgeschichte Osteuropas. Frankfurt am Main. (=Studien des Instituts für Ostrecht München, Bd. 54).

Lehr, Andrea (1996): Kollokationen und maschinenlesbare Korpora. Ein operationales Analysemodell zum Aufbau lexikalischer Netze. Tübingen.

Lehr, Andrea (1998): Kollokationen in Langenscheidts Großwörterbuch Deutsch als Fremdsprache. In: Wiegand, Herbert Ernst [Hg.]: Perspektiven der pädagogischen Lexikographie des Deutschen. Untersuchungen anhand von „Langenscheidts Großwörterbuch Deutsch als Fremdsprache". Tübingen, S. 256-281.

Lemnitzer, Lothar; Zinsmeister, Heike (2006): Korpuslinguistik. Eine Einführung. Tübingen.

Lewicki, Andrzej Maria (1988): Frazeologia stylu naukowego. In: Basaj, Mieczysław; Rytel, Danuta [Hg.]: Z problemów frazeologii polskiej i słowiańskiej V. Wrocław, S. 7-37.

Lewicki, Andrzej Maria; Pajdzińska, Anna (2001): Frazeologia. In: Bartmiński, Jerzy [Hg.]: Współczesny język polski. Lublin, S. 315-333.

Liebwald, Doris (2012): Rechtsetzung im Spannungsfeld von politischem Willen und sprachlicher Divergenz. Über die Verhältnisse zwischen Recht, Sprache und Kultur am Beispiel der Richtlinie zur Vorratsdatenspeicherung 2006/24/EG und der Dienstleistungsrichtlinie 2006/123/EG. In: Bäcker, Carsten; Klatt, Matthias; Zucca-Soest, Sabrina: Sprache – Recht – Gesellschaft. Tübingen, S. 341-360

Linde, Samuel Bogumił M. (1809): Słownik języka polskiego. Warszawa. Bd. II. Teil 1 M-O.

Linde, Samuel Bogumił M. (1811): Słownik języka polskiego. Warszawa. Bd. II. Teil 2 P.

Linde, Samuel Bogumił (1814): Słownik języka polskiego. Warszawa. Bd. VI. U-Z. (Online unter: http://kpbc.umk.pl/publication/8173).

Linde, Samuel Bogumił (1854-1861): Słownik języka polskiego. 2. Ausgabe. Lwów. (Online unter: http://poliqarp.wbl.klf.uw.edu.pl/pl/slownik-lindego/).

Lityński, Adam (2000): Na drodze do kodyfikacji prawa cywilnego w Polsce Ludowej. W: Bałtruszajtys, Grażyna [Hg.]: Prawo wczoraj i dziś. Warszawa, S. 135-153.

Lityński, Adam (2001): Pół wieku kodyfikacji prawa w Polsce (1919-1969). Wybrane zagadnienia. Tychy.

Loewe, Iwona (2000): Konstrukcje analityczne w poezji Młodej Polski. Katowice.

Lombardi, Alessandra (2007): „Rechtswidrige Taten fördern". Usuelle Wortverbindungen in strafrechtlichen Texten (deutsch vs. italienisch). In: Heller, Dorothee; Ehlich, Konrad [Hg.]: Studien zur Rechtskommunikation. Bern u.a. (=Linguistic Insights; Vol. 56), S. 115-151.

Luder, Marc (2011): Konstruktionen im Lexikon – Konstruktionen in der Erzählanalyse. Online unter: http://www.zora.uzh.ch/60813/1/Dissertation_Luder.pdf.

Ludewig, Petra (2005): Korpusbasiertes Kollokationslernen. Computer-Assisted Language Learning als prototypisches Anwendungsszenario der Computerlinguistik. Frankfurt am Main.

Lück, Heiner (2008): Einführung: Das sächsisch-magdeburgische Recht als kulturelles Bindeglied zwischen den Rechtsordnungen Ost- und Mitteleuropas. In: Eichler, Ernst; Lück, Heiner [Hg.]: Rechts- und Sprachtransfer in Mittel- und Osteuropa. Sachsenspiegel und Magdeburger Recht. Internationale und interdisziplinäre Konferenz in Leipzig vom 31. Oktober bis 2. November 2003. Berlin. (=Ius saxonico-maideburgense in Oriente; Bd. 1), S. 1-28.

Lüger, Heinz-Helmut (2004): Kollokationen – zwischen Arbitrarität und Kompositionalität. In: Pohl, Inge; Konerding, Klaus-Peter [Hg.]: Stabilität und Flexibilität in der Semantik: Strukturelle, kognitive, pragmatische und historische Perspektiven. Frankfurt am Main u.a., S. 45- 66.

Lutzeier, Peter Rolf (2007): Lexikologie. Ein Arbeitsbuch. Tübingen.

Łabno-Falęcka, Ewa (1995): Phraseologie und Übersetzen. Eine Untersuchung der Übersetzbarkeit kreativ-innovativ gebrauchter wiederholter Rede anhand von Beispielen aus der polnischen und deutschen Gegenwartsliteratur. Frankfurt am Main u.a.

Maciąg, Zbigniew (1993): Probleme bei der Übersetzung von Rechtsakten und rechtswissenschaftlicher Literatur aus der deutschen in die polnische Sprache. In: Frank, Armin Paul u.a. [Hg.]: Übersetzen, verstehen, Brücken bauen. Geisteswissenschaftliches und literarisches Übersetzen im internationalen Kulturaustausch. Teil 1. Berlin, S: 321-334.

Majnusz-Stadnik, Mariola (2014): Andere Länder, andere Werbestrategien. Phraseologismen und deren Modifikationen in den polnischen und deutschen Werbeanzeigen. Opole.

Makiłła, Dariusz (2008): Historia prawa w Polsce. Warszawa.

Makowski, Wacław (1922): Język prawniczo-sądowy w Polsce odrodzonej. In: Gazeta Sądowa Warszawska 9, S. 76-77 und Gazeta Sądowa Warszawska 10, S. 84-85.

Malec, Dorota (2011): ABGB w pracach Komisji Kodyfikacyjnej (1919-1939). Wzorzec pozytywny czy negatywny? In: Czasopismo Prawno-Historyczne. Bd. LXIII, Heft 2, S. 31-48.

Malec, Dorota (2012): Das ABGB in den Arbeiten der polnischen Kodifizierungskommission 1919-1939. Ein positives oder negatives Modell? In: Dölemeyer, Barbara; Mohnhaupt, Heinz [Hg.]: 200 Jahre ABGB (1811-2011). Die österreichische Kodifikation im internationalen Kontext. Frankfurt am Main. (=Studien zur europäischen Rechtsgeschichte; Bd. 267), S. 235-253.

Mazur, Jan (1993): Geschichte der polnischen Sprache. Frankfurt am Main u.a. (=Europäische Hochschulschriften: Reihe 16, Slawische Sprachen und Literaturen; Bd. 44).

Mączyński, Andrzej (2012): Der Einfluss des ABGB auf nationale Kodifikationen und Reformperspektiven auf nationaler und internationaler Ebene. In: Welser, Rudolf [Hg.]: Vom ABGB zum Europäischen Privatrecht. 200 Jahre Allgemeines bürgerliches Gesetzbuch in Europa. Wien, S. 75-81.

Merk, Walther (1933): Werdegang und Wandlungen der deutschen Rechtssprache. Marburg. (=Marburger Akademische Reden Nr. 54).

Mertens, Bernd (2004): Gesetzgebungskunst im Zeitalter der Kodifikationen. Tübingen. (=Tübinger Rechtswissenschaftliche Abhandlungen 98).

Metzler (=) Metzler Lexikon Sprache. Herausgegeben von Helmut Glück. 4., aktualisierte und überarbeitete Auflage. Stuttgart; Weimar.

Mindt, Ilka (2010): Methoden der Korpuslinguistik: Der korpus-basierte und der korpus-geleitete Ansatz. In: Kratochvílova, Iva; Wolf, Norbert Richard [Hg.]: Kompendium Korpuslingusitik. Eine Bestandsaufnahme aus deutsch-tschechischer Perspektive. Heidelberg, S. 53-65.

Mohnhaupt, Heinz (2012): Zum Verhältnis zwischen Kodifikation und Rechtsprechung am Beispiel von Kommentaren und Rechtssprechungssammlungen zum ABGB. In: Dölemeyer, Barbara; Mohnhaupt, Heinz [Hg.]: 200 Jahre ABGB (1811 – 2011). Die österreichische Kodifikation im internationalen Kontext. Frankfurt am Main. (=Studien zur europäischen Rechtsgeschichte; Bd. 267), S. 121-157.

Nagórko, Alicja (2007): Lexikologie des Polnischen. Hildesheim; Zürich; New York.

Nowakowska, Beata (2005): Nowe połączenia wyrazowe we współczesnej polszczyźnie. Kraków.

Nord, Christiane (2008): „Der Käufer verpflichtet sich…" Deklarative Sprechakte im Kulturvergleich. In: Krings, Hans P.; Mayer, Felix [Hg.]: Sprachenvielfalt im Kontext von Fachkommunikation, Übersetzung und Fremdsprachenunterricht. Berlin. (=Forum für Fachsprachen-Forschung; 83), S. 13-22.

Oksaar, Els (1979): Sprachliche Mittel in der Kommunikation zwischen Fachleuten und zwischen Fachleuten und Laien im Bereich des Rechtswesens. In: Mentrup, Wolfgang [Hg.]: Fachsprachen und Gemeinsprache. Düsseldorf. (=Jahrbuch des Instituts für Deutsche Sprache; 1978), S. 100-113.

Olechowski, Thomas (2010): Rechtsgeschichte. Einführung in die historischen Grundlagen des Rechts. 3., überarbeitete und erweiterte Auflage. Wien.

Orliac, Brigitte (2008): Extracting specialized collocations using lexical functions. In: Granger, Sylviane; Meunier, Fanny [Hg.]: Phraseology. An interdisciplinary perspective. Amsterdam u.a., S. 377-390.

Paolucci, Sandro (2011): The problem of equivalence in translating legal texts. In: Lebende Sprachen 1/2011, S. 87-99.

Parczewski, Alfons (1925): Uwagi nad kodyfikacją prawa cywilnego w Polsce. In: Rocznik Prawniczy Wileński, Jahrgang 1, S. 1-69.

Pauli, Lesław (1981): Auf dem Wege zur Synthese des altpolnischen Privatrechts. In: Vorträge zur Geschichte des Privatrechts in Europa. Frankfurt am Main. (=Ius Commune. Veröffentlichungen des Max-Planck-Instituts für Europäische Rechtsgeschichte. Sonderhefte Texte und Monographien 15), S. 207-221.

Pauli, Lesław (1982): Polen. In: Coing, Helmut [Hg.]: Handbuch der Quellen und Literatur der neueren Europäischen Privatrechtsgeschichte. Dritter Band. Das 19. Jahrhundert. Zweiter Teilband. Gesetzgebung zum Allgemeinen Privatrecht und zum Verfahrensrecht. München, S. 2099-2140.

Pauli, Lesław (1984): Polnisches Recht. In: Erler, Adalbert; Kaufmann, Ekkehard [Hg.] (1984): Handwörterbuch zur deutschen Rechtsgeschichte. Berlin. III. Band, S. 1808-1813.

Perkuhn, Rainer; Keibel, Holger; Kupietz, Marc (2012): Korpuslinguistik. Paderborn.

Petkova-Kessanlis (2010): Fachsprachliche Kollokationen im linguistischen Diskurs. In: Ďurčo, Peter [Hg.]: Feste Wortverbindungen und Lexikographie. Kolloquium zur Lexikographie und Wörterbuchforschung. Berlin; New York. (=Lexicographica Series Maior; 138), S. 115-126.

Picht, Heribert (1988): Fachsprachliche Phraseologie. In: Arntz, Reiner [Hg.]: Textlinguistik und Fachsprache. Akten des Internationalen übersetzungswissenschaftlichen AILA-Symposions, Hildesheim, 13.-16. April 1987. Hildesheim; Zürich; New York. (=Studien zur Sprache und Technik; Bd. 1), S. 187-196.

Pieńkos, Jerzy (1999): Podstawy juryslingwistyki. Język w prawie – Prawo w języku. Warszawa.

Pindel, Dariusz (2003): Niesubtelne różnice – kolokacje jako źródło błędów w tłumaczeniach. In: Hejwowski, Krzysztof [Hg.]: Teoria i dydaktyka przekładu. Olecko, S. 49-60.

Piska, Christian M.; Frohner, Jutta (2009) [Hg.]: Fachwörterbuch. Einführung in die Rechtswissenschaften. Wien.

Płaza, Stanisław (2001): Historia prawa w Polsce na tle porównawczym. Część 3. Okres międzywojenny. Kraków.

Płomińska, Małgorzata (2010): Routineformeln in deutschen und polnischen juristischen Texten. In: Duś, Magdalena; Zenderowska-Korpus, Grażyna [Hg.]: Fachsprachenpropädeutik im Germanistikstudium. Częstochowa, S. 149-161.

Płomińska, Małgorzata (2014): Nomen/Verb-Kollokationen der deutschen und polnischen Rechtssprache als Übersetzungsproblem. In: Iluk, Jan [Hg.]: Beiträge zur Linguistik. Grammatik, Pragmatik, Lexikologie, Rechtssprache. Katowice, S. 143-161.

Poczobut, Jerzy (1993): Beitrag zur Übersetzung von IPR-Texten am Beispiel der Übersetzung aus dem Deutschen ins Polnische. In: Frank, Armin Paul [Hg.]: Übersetzen, verstehen, Brücken bauen: geisteswissenschaftliches und literarisches Übersetzen im internationalen Kulturaustausch. Berlin. (=Göttinger Beiträge zur internationalen Übersetzungsforschung. Bd. 8), S. 343-365.

Poczobut, Jerzy (1999): Zur Reform des polnischen Zivilrechts (mit einigen rechtsvergleichenden Bemerkungen). In: Zeitschrift für Europäisches Privatrecht. 7. Jahrgang, S. 75-90.

Pöll, Bernhard (2002): Spanische Lexikologie. Eine Einführung. Tübingen.

Polański, Kazimierz (1999): Encyklopedia językoznawstwa ogólnego. 2., korrigierte und ergänzte Ausgabe. Kraków.

Polenz, Peter von (1999): Deutsche Sprachgeschichte vom Spätmittelalter bis zur Gegenwart. Band III. 19. und 20. Jahrhundert. Berlin; New York.

Pommer, Sieglinde (2006): Rechtsübersetzung und Rechtsvergleichung. Translatorische Fragen zur Interdisziplinarität. Frankfurt am Main: Peter Lang. Diss. (=Eur. Hochschulschriften, Reihe XXI Linguistik; Bd./Vol. 290).

Porzig, Walter (1934): Wesenhafte Bedeutungsbeziehungen. In: Beiträge zur Geschichte der deutschen Sprache und Literatur 58, S. 70-97.

Posner, Stanisław (1925): O język [sic] ustaw i urzędów. In: Gazeta Sądowa Warszawska, Nr. 14, S. 213-215.

Proost, Kristel (2004): Einfache und komplexe Lexikalisierungen in Paradigmen kommunikativer Ausdrücke. In: Steyer, Kathrin [Hg.]: Den Nagel auf den Kopf treffen. Wortverbindungen – mehr oder weniger fest. Berlin; New York, S. 289-306.

Pyziak, Szafnicka u.a. (2006): Wpływ prawa niemieckiego na polskie prawo prywatne. In: Liszewska, Agnieszka; Skotnicki, Krzysztof [Hg.]: Związki prawa polskiego z prawem niemieckim. Łódź, S. 41-54.

Quasthoff, Uwe; Schmidt, Fabian (2010): Die korpusbasierte Identifikation fester Wortverbindungen. In: Ďurčo, Peter [Hg.]: Feste Wortverbindungen und Lexikographie. Kolloquium zur Lexikographie und Wörterbuchforschung. Berlin; New York. (=Lexicographica Series Maior; 138), S. 127-138.

Quasthoff, Uwe (2011): Wörterbuch der Kollokationen im Deutschen. Berlin; New York.

Radtke, Ingulf (1981): Amt und Sprache. In: Deutsche Akademie für Sprache und Dichtung [Hg.]: Der öffentliche Sprachgebrauch. Band II. Die Sprache des Rechts und der Verwaltung. Stuttgart. S. 70-82.

Radwański, Zbigniew (1970): Die Entwicklung Zivilrechts in Polen (1918-1965). In: Csizmadia, Andor; Kovács, Kálmán [Hg.]: Entwicklung des Zivilrechts in Mitteleuropa 1848-1965. Budapest, S. 121-138.

Rainer, Johannes Michael (2012): Die Entstehung des ABGB. In: Welser, Rudolf [Hg.]: Vom ABGB zum Europäischen Privatrecht. 200 Jahre Allgemeines bürgerliches Gesetzbuch in Europa. Wien, S. 23-30.

Reder, Anna (2006): Kollokationen in der Wortschatzarbeit. Wien.

Reder, Anna (2011): Kommen Kollokationen in Mode? Kollokationskonzepte und ihre mögliche Umsetzung in der Didaktik. In: Linguistik online 47, 3/2011, 131-140. (Online unter: http://www.linguistik-online.de/47_11/reder.pdf).

Reifferscheid, Adolf; Böckel, Eberhard; Benseler, Frank (1968): Lexikon des Rechts 2. Familienrecht, Erbrecht, Arbeitsrecht. Darmstadt.

Reiß, Katharina; Vermeer Hans J. (1984): Grundlegung einer allgemeinen Translationstheorie. Tübingen. (=Linguistische Arbeiten 147).

Rencki, Juliusz (1925): Jeszcze o języku prawniczym. In: Gazeta Sądowa Warszawska, Nr. 19, S. 300-303.

Roelcke, Thorsten (1991): Das Eineindeutigkeitspostulat der lexikalischen Fachphrasensemantik. In: Zeitschrift für Germanistische Linguistik. Bd. 19, Heft 2, S. 194-208.

Rothkegel, Annely (2001): Zu neuen Ufern – eine Reise durch die Phraseologie(forschung). In: Häcki Buhofer, Annelies; Burger, Harald; Gautier, Harald [Hg.]: Phraseologiae Amor. Aspekte europäischer Phraseologie. Festschrift für Gertrud Gréciano zum 60. Geburtstag. Hohengehren, S. 211-220.

Różne wiadomości. In: Gazeta Sądowa Warszawska 1921, Nr. 45-46, S. 367.

Ruiz Yepes, Guadalupe (2013): Kollokationen in der Übersetzerausbildung: ein korpuslinguistischer Ansatz. In: Lebende Sprachen 58/2, S. 295-309.

Russwurm, Heinz G.; Schoeller, Alexander P. (1997): Österreichisches Rechtswörterbuch: 1600 Rechtsbegriffe praxisnahe erläutert. 2., neubearb. Aufl., Wien.

Sailer, Manfred (2003): Distributionsidiosynkrasien: Korpuslinguistische Erfassung und grammatiktheoretische Deutung. In: Steyer, Kathrin [Hg.]: Wortverbindungen – mehr oder weniger fest. Berlin; New York, S. 194-221.

Sandrini, Peter (1999): Translation zwischen Kultur und Kommunikation: Der Sonderfall Recht. In: Sandrini, Peter [Hg.]: Übersetzen von Rechtstexten: Fachkommunikation im Spannungsfeld zwischen Rechtsordnung und Sprache. Tübingen. (=Forum für Fachsprachen-Forschung; Bd. 54), S. 9-43.

Sawczuk, Mieczysław (1991): Das deutsche und das polnische Zivilprozeßrecht in der Zeit von der ersten polnischen ZPO bis zur Gegenwart. In: Habscheid, Walther J. [Hg.]: Das deutsche Zivilprozeßrecht und seine Ausstrahlung auf andere Rechtsordnungen: Grundlagen- und Landesberichte anlässlich der Wissenschaftlichen Vereinigung für Internationales Verfahrensrecht e.V. vom 11. bis 15. Oktober 1989 in Passau. Bielefeld: Gieseking, S. 282-292.

Schauer, Martin (2012): 200 Jahre und immer noch weise? – Von der Lebenskraft des ABGB heute. In: Juristische Blätter Jg. 134, Heft 1, S. 23-28.

Scherer, Carmen (2006): Korpuslinguistik. Heidelberg.

Scherfer, Peter (2001): Zu einigen wesentlichen Merkmalen lexikalischer Kollokationen. In: Lorenz-Bourjot, Martine; Lüger, Heinz-Helmut [Hg.]: Phraseologie und Phraseodidaktik. Wien. (=Beiträge zur Fremdsprachenvermittlung; Sonderheft 4), S. 3-19.

Scherfer, Peter (2002): Lexikalische Kollokationen. In: Kollboom, Ingo; Kotschi, Thomas; Reichel, Edward [Hg.]: Handbuch Französisch. Sprache – Literatur – Kultur – Gesellschaft. Für Studium, Lehre, Praxis. Berlin, S. 230-237.

Schima, Stefan (2012): Die religionsrechtliche Dimension des ABGB von 1811 bis heute. In: Dölemeyer, Barbara; Mohnhaupt, Heinz [Hg.]: 200 Jahre ABGB (1811 - 2011). Die österreichische Kodifikation im internationalen Kontext. Frankfurt am Main. (=Studien zur europäischen Rechtsgeschichte; Bd. 267), S. 299-352.

Schmidt-König, Christine (2005): Die Problematik der Übersetzung juristischer Terminologie. Eine systematische Darstellung am Beispiel der deutschen und französischen Rechtssprache. Münster. (=Rechtslinguistik. Studien zu Text und Kommunikation. Bd. 8).

Schneider, Franz (1998): Studien zur kontextuellen Fachlexikographie. Das deutsch-französische Wörterbuch der Rechnungslegung. Tübingen. (=Lexikographica: Series maior; 83).

Schneider, Franz (2003): Erarbeitung von Kollokationen für die Sprachproduktion in einer fachlichen Domäne (Vertragsverhandlungen). In: Bleich, Susanne [Hg.]: Kommunikation in der globalen Wirtschaft. Frankfurt am Main u.a., S. 47-66.

Schnur, Roman (1985): Einflüsse des deutschen und österreichischen Rechts in Polen. Berlin, New York: de Gruyter. (=Schriftenreihe der Juristischen Gesellschaft zu Berlin; H. 95).

Schützeichel, Rainer (2004): Soziologische Kommunikationstheorien. Konstanz.

Schulte-Nölke (1997): Die späte Aussöhnung mit dem Bürgerlichen Gesetzbuch. Wandlungen im Verhältnis der Deutschen zu ihrer Zivilrechtskodifikation seit 1896. In: Willingmann, Armin u.a. [Hg.]: Das deutsche Zivilrecht 100 Jahre nach der Verkündung des BGB: Erreichtes, Verfehltes, Übersehenes. Stuttgart u.a., S. 9-21.

Schwalm, Gisela (1991): Zum Problem der Kollokation in Gemein- und Fachsprache im Kontext der Übersetzung. In: TEXTconTEXT 6, S. 163-182.

Schwartze, Andreas (2012): Das ABGB und das deutsche Zivilrecht. In: Barta, Heinz u.a. [Hg.]: Kontinuität im Wandel. 200 Jahre ABGB (1811-2011). Innsbruck, S. 201-215.

Sharoff, Serge; Babych, Bogdan; Hartley, Anthony (2006): Using collocations from comparable corpora to find translation equivalents. In: Proceedings of the International Conference on Language Resources and Evaluation in Genua (Italy) 2006, Genua. Online unter: http://corpus.leeds.ac.uk/serge/publications/lrec2006-assist.pdf; Stand: 5.12.2012

Simon, Heike; Funk-Baker, Gisela (2009): Einführung in das deutsche Recht und die deutsche Rechtssprache. 4., neubearbeitete Aufl. München u.a.

Sinclair, John McHardy (1970): Beginning the Study of Lexis. In: Bazell, Charles u.a. [Hg.]: In Memory of J. R. Firth. 2. Auflage, London, S. 410-430.

Sinclair, John McHardy (1987): Collocation: a progress report. In: Steele, Ross; Threadgold, Terry [Hg.]: Language Topics. Essays in honour of Michael Halliday. Volume II. Amsterdam; Philadelphia, S. 319-331.

Sinclair, John McHardy (1995): Corpus, Concordance, Collocation. 3. Auflage, Oxford.

Skobel, Fryderyk Kazimierz (1872): O skażeniu języka polskiego w dziennikach i mowie potocznej, osobliwie w Galicyi. Wydanie trzecie powiększone. Kraków.

Skorupka, Stanisław (1985): Słownik frazeologiczny języka polskiego. Warszawa.

Slapnicka, Helmut (1973): Österreichs Recht außerhalb Österreichs. Der Untergang des österreichischen Rechtsraums. München.

Slapnicka, Helmut (1986): Roman Schnur, Einflüsse des deutschen und österreichischen Rechts in Polen (=Schriftenreihe der juristischen Gesellschaft zu Berlin 95) De Gruyter, Berlin 1985. 25 S. In: Zeitschrift der Savigny-Stiftung für Rechtsgeschichte. Germanistische Abteilung, Bd. 103, S. 470f.

Sójka-Zielińska, Katarzyna (2000): Z doświadczeń kodyfikacji prawa cywilnego w II Rzeczypospolitej. In: Tworzenie prawa w Polsce. Tradycja i współczesność. Warszawa. (=Studia i materiały, Bd. XII), S. 33-43.

Staudinger, Julius von; Beckmann, Roland Michael; Martinek, Michael [Hg.] (2005): J. von Staudingers Kommentar zum Bürgerlichen Gesetzbuch mit Einführungsgesetz und Nebengesetzen: Eckpfeiler des Zivilrechts. Berlin.

Stein, Stephan (1995): Formelhafte Sprache. Untersuchungen zu ihren pragmatischen und kognitiven Funktionen im gegenwärtigen Deutsch. Frankfurt am Main u.a. (=Sprache in der Gesellschaft; Bd. 22).

Steiner, Erich (1983): Die Entwicklung des Britischen Kontextualismus. Heidelberg.

Steyer, Kathrin; Teubert, Wolfgang (1997): Deutsch-französische Übersetzungsplattform. Ansätze, Methoden, empirische Möglichkeiten. In: Deutsche Sprache. Zeitschrift für Theorie, Praxis, Dokumentation. 25. Jahrgang, 1. Quartal, S. 343-359.

Steyer, Kathrin (1998): Kollokationen als zentrales Übersetzungsproblem – Vorschläge für eine Kollokationsdatenbank Deutsch-Französisch auf der Basis paralleler und vergleichbarer Korpora. In: Bresson, Daniel [Hg.]: Lexikologie und Lexikographie Deutsch-Französisch. Aix-en-Provence. (=Cahiers d'Études Germaniques 35), S. 95-113.

Steyer, Kathrin (2000): Usuelle Wortverbindungen des Deutschen. Linguistisches Konzept und lexikografische Möglichkeiten. In: Deutsche Sprache. Jg. 28, Heft 2, S. 101-125.

Steyer, Kathrin (2004): Kookkurrenz. Korpusmethodik, linguistisches Modell, lexikographische Perspektiven. In: Steyer, Kathrin [Hg.]: Wortverbindungen – mehr oder weniger fest. Berlin; New York, S. 87-116.

Steyer, Kathrin (2009): Zwischen theoretischer Modellierung und praxisnaher Anwendung. Zur korpusgesteuerten Beschreibung usueller Wortverbindungen. In: Mellado Blanco, Carmen [Hg.]: Theorie und Praxis der idiomatischen Wörterbücher. Berlin; New York. (=Lexicographica Series maior 135), S. 119-148.

Steyer, Kathrin (2013): Usuelle Wortverbindungen. Zentrale Muster des Sprachgebrauchs aus korpusanalytischer Sicht. Tübingen. (=Studien zur Deutschen Sprache; 65).

Stolze, Radegundis (2008): Sprechakte in der Rechtsübersetzung. In: Krings, Hans P.; Mayer, Felix [Hg.]: Sprachenvielfalt im Kontext von Fachkommunikation, Übersetzung und Fremdsprachenunterricht. Für Reiner Arntz zum 65. Geburtstag. Berlin. (=Forum für Fachsprachen-Forschung 83), S. 359-368.

Stolze, Radegundis (2013): Fachübersetzen – Ein Lehrbuch für Theorie und Praxis. 3., korrigierte Auflage. Berlin. (=Forum für Fachsprachen-Forschung 89).

Storjohann, Petra (2011): Kollokationen. Tübingen. (=Studienbibliografien Sprachwissenschaft; Band 38).

Stubbs, Michael (1997): „Eine Sprache idiomatisch sprechen": Computer, Korpora, kommunikative Kompetenz und Kultur. In: Mattheiter, Klaus J. [Hg.]: Norm und Variation. Frankfurt am Main u.a. (=Forum angewandte Linguistik; Bd. 32), S. 151-167.

Stürner, Rolf (1996): Der hundertste Geburtstag des BGB – nationale Kodifikation im Greisenalter? In: Juristen Zeitung. 51. Jg., H. 15-16, S. 741-752.

Szép, Beáta (2011): Gibt es eine Rechtssprache? Über die Rechtsdiskurse. In: Germanistische Studien VIII, S. 175-197. Online unter: http://www.academia.edu/2079392/Gibt_es_eine_Rechtssprache_-Uber_die_Rechtsdiskurse.

Szober, Stanisław (1933): Człowiek współczesny w zwierciadle języka. In: Kultura i wychowanie, Jg. 1, Heft 1, S. 81-92.

Szulc, Aleksander (1971): Lingwistyczne podstawy programowania języka. Warszawa.

Szulc, Aleksander (1985): Kontrastive Analyse und Interferenz. In: Studien zum polnisch-deutschen Sprachvergleich 2. (=Zeszyty Naukowe Uniwersytetu Jagiellońskiego DCCLXXXII, Prace Językoznawcze 80), S. 7-14.

Śląski, B. (1925): Z zagadnień terminologicznych. In: Ruch Prawniczy, Ekonomiczny i Socjologiczny. 5. Jg., S. 597-600.

Teschner, Wolfgang (o.J.): Nationale Eherechte im Vergleich – das österreichische Eherecht. Online unter: http://www.standesbeamte-saarland.de/joomla/index2.php?option=com_docman&task=doc_view&gid=16&Itemid=33.

Teubert, Wolfgang (1998): Übersetzung und Korpus. In: Bresson, Daniel [Hg.]: Lexikologie und Lexikographie Deutsch-Französisch. Aix-en-Provence. (=Cahiers d'Études Germaniques 35), S. 127-141.

Thurmair, Maria (1995): Doppelterminologie im Text oder: hydrophob ist wasserscheu. In: Kretzenbacher, Heinz L.; Weinrich, Harald [Hg.]: Linguistik der Wissenschaftssprache. Berlin; New York. (=Akademie der Wissenschaften zu Berlin; Forschungsbericht 10), S. 247-280.

Towarzystwo (o.J.) = Towarzystwo Poprawności Języka Polskiego. Komisja Języka Urzędowego Spis Nr. 1. o. J., 1-15.

Turk, Horst (1988): Adäquatheit, Äquivalenz, Korrespondenz. Der kategoriale Rahmen der Übersetzungsanalyse. In: Arntz, Reiner [Hg.]: Textlinguistik und Fachsprache. Akten des Internationalen übersetzungswissenschaftlichen AILA-Symposions. Hildesheim, 13.-16. April 1987. Hildesheim; Zürich; New York, S. 87-99.

Uruszczak, Wacław (2001): Dziedzictwo prawne XX wieku oczami historyka prawa. Prawo obce, własne, prawe i haniebne. In: Dziedzictwo prawne XX wieku.

Księga pamiątkowa z okazji 150-lecia Towarzystwa Biblioteki Słuchaczów Prawa Uniwersytetu Jagiellońskiego. Zakamycze, S. 85-106.

Ustawa z dnia 25 lutego 1964 r. Kodeks rodzinny i opiekuńczy. *[Familien- und Vormundschaftsgesetzbuch]*. (Dz.U./GBl. aus dem Jahre 2010, Nr. 125, Pos. 842.)

Vetulani, Grażyna (2011): Kolokacje werbo-nominalne jako samodzielne jednostki języka. Syntaktyczny słownik kolokacji werbo-nominalnych języka polskiego na potrzeby zastosowań informatycznych. Część I. Poznań.

Viehweger, Dieter (1982): Die Darstellung semantischer Vereinbarkeitsbeziehungen zwischen lexikalischen Elementen im einsprachigen Wörterbuch des Deutschen. In: Agricola, Erhard u.a. [Hg.]: Wortschatzforschung heute. Aktuelle Probleme der Lexikologie und Lexikographie. Leipzig, S. 23-41.

Viehweger, Dieter (1988): Kollokationen im Lexikon und deren Darstellung im Wörterbuch. In: Hyldgaard-Jensen, Karl; Zettersten, Arne [Hg.]: Symposium on Lexikography III. Tübingen, S. 107-135.

Viehweger, Dieter (1989): Probleme der Beschreibung semantischer Vereinbarkeitsbeziehungen im allgemeinen einsprachigen Wörterbuch. In: Wörterbücher. Ein internationales Handbuch zur Lexikographie. Berlin; New York, S. 888-893.

Wallner, Franziska (2010): Kollokationen in Wissenschaftssprachen: Zur lernerlexikographischen Relevanz der Textarten- und Diskursspezifik von Kollokationen. In: Ptashnyk, Stefanija; Hallsteinsdóttir, Erla; Bubenhofer, Noah [Hg.]: Korpora, Web und Datenbanken. Computergestützte Methoden in der modernen Phraseologie und Lexikographie. Hohengehren, S. 197-214.

Weber, Klaus (2007): Creifelds Rechtswörterbuch. 19., neubearbeitete Auflage, München.

Weigt, Zenon (2010): Bürgerliches Gesetzbuch – Einblick in den Fachtext des Rechts. In: Bąk, Paweł; Sieradzka, Małgorzata; Wawrzyniak, Zdzisław [Hg.]: Texte und Translation. Frankfurt am Main. (=Danziger Beiträge zur Germanistik; Bd. 29), S. 211-228.

Welser, Rudolf (2012): Das ABGB als kodifikatorisches Meisterwerk. In: Welser, Rudolf [Hg.]: Vom ABGB zum Europäischen Privatrecht. 200 Jahre Allgemeines bürgerliches Gesetzbuch in Europa. Wien, S. 85-91.

Welser, Rudolf (2012a): Verdienste und Stärken des ABGB. Juristische Blätter Jg. 134, Heft 4, S. 205-209.

Wierzchoń, Piotr (2010): Pięć bardzo skutecznych (sprawdzonych) sposobów na masowe wyodrębnianie wielowyrazowych segmentów podejrzanych o frazematyczność (czyli reproduktów). In: Chlebda, Wojciech [Hg.]: Na tropach reproduktów. W poszukiwaniu wielowyrazowych jednostek języka. Opole, S. 87-125.

Wilss, Wolfram (1997): Adjektiv/Substantiv-Kollokationen. Ein Beitrag zum Verständnis von Textbausteinen. In: Grbić, Nadja; Wolf, Michaela [Hg.]: Text – Kultur – Kommunikation. Translation als Forschungsaufgabe. Festschrift aus Anlaß des 50jährigen Bestehens des Instituts für Übersetzer- und Dolmetscherausbildung an der Universität Graz. Tübingen. (=Studien zur Translation; Bd. 4), S. 67-82.

Witkowski, Wojciech; Wrzyszcz, Andrzej (2006): Modernisierung des Rechts auf polnischem Boden vom 19. bis Anfang des 20. Jahrhunderts. In: Giaro, Tomasz [Hg.]: Modernisierung durch Transfer im 19. und frühen 20. Jahrhundert. Frankfurt am Main. (=Studien zur europäischen Rechtsgeschichte. Veröffentlichungen des Max-Planck-Instituts für europäische Rechtsgeschichte. Bd. 205; Rechtskulturen des modernen Osteuropa. Traditionen und Transfers. Bd. 1), S. 249-274.

Witkowski, Wojciech; Wrzyszcz, Andrzej (2007): Modernisierung des Rechts im unabhängigen Polen. In: Giaro, Tomasz [Hg.]: Modernisierung durch Transfer zwischen den Weltkriegen. Frankfurt am Main. (=Studien zur europäischen Rechtsgeschichte. Veröffentlichungen des Max-Planck-Instituts für europäische Rechtsgeschichte. Bd. 215; Rechtskulturen des modernen Osteuropa. Traditionen und Transfers. Bd. 2), S. 249-271.

Wolf, Norbert Richard (1987): Zum grammatischen Status von Funktionsverbgefügen. In: Kienpoitner, Manfred; Schmeja, Hans [Hg.]: Sprache, Sprachen, Sprechen. Festschrift für Hermann M. Ölberg zum 65. Geburtstag am 14. Oktober 1987. Innsbruck. (=Innsbrucker Beiträge zur Kulturwissenschaft; Germanistische Reihe Bd, 34), S. 217-227.

Worbs, Erika (1998): Was ist fachsprachliche Phraseologie? Überlegungen am Beispiel der deutschen und polnischen Börsensprache. In: Rothe, Hans; Peter Thiergen [Hg.]: Polen unter Nachbarn. Polonistische und komparatistische Beiträge zur Literatur und Sprache. Köln; Weimar; Wien; S. 99-127.

Wotjak, Barbara; Heine, Antje (2005): Zur Abgrenzung und Beschreibung verbnominaler Wortverbindungen (Wortidiome, Funktionsverbgefüge, Kollokationen). In: Deutsch als Fremdsprache. Zeitschrift zur Theorie und Praxis des Deutschunterrichts 3/2005. S. 143-153.

Wróblewski, Jan Tadeusz (1926): 2000 błędów językowych, barbaryzmów, dziwolągów i nowotworów, ze wszystkich dzielnic Polski zebranych, wraz ze słowniczkiem, jako też wzorki stylu urzędowego. Warszawa.

Zabrocki, Ludwik (1970/1980): Grundfragen der konfrontativen Grammatik. In: Zabrocki, Ludwik [Hg.]: U podstaw struktury i rozwoju języka. At the Foundation of Language Structure and Development. Warszawa, Poznań, S. 254-270.

Zabrocki, Ludwik (1975/1980): O tak zwanych „studiach kontrastywnych". Problem językoznawstwa konfrontatywnego. At the Foundation of Language

Structure and Development. In: Zabrocki, Ludwik [Hg.]: U podstaw struktury i rozwoju języka. Warszawa; Poznań, S. 271-292.

Zajda, Aleksander (2008): Deutsche Einflüsse in der altpolnischen juristischen Terminologie als Widerspiegelung der Rezeption des Magdeburger Rechts. In: Eichler, Ernst; Lück, Heiner [Hg.]: Rechts- und Sprachtransfer in Mittel- und Osteuropa. Sachsenspiegel und Magdeburger Recht. Internationale und interdisziplinäre Konferenz in Leipzig vom 31. Oktober bis 2. November 2003. Berlin. (=Ius saxonico-maideburgense in Oriente; Bd. 1), S. 289-304.

Zasady (1939) = Zasady techniki prawodawczej. Warszawa 1939. Prezydium Rady Ministrów. Załącznik Nr 1: Spis wyrażeń niewłaściwych, S. 29-39.

Zatley, Adam (1992): Nasz język prawniczy. In: Gazeta Sądowa Warszawska, Nr. 23, S. 197-199.

Zenderowska-Korpus, Grażyna (2010): Kollokationen in den Fachsprachen. In: Duś, Magdalena; Zenderowska-Korpus, Grażyna [Hg.]: Fachsprachenpropädeutik im Germanistikstudium. Częstochowa, S. 163-176.

ZGB (1923) = Kodeks cywilny obowiązujący na ziemiach zachodnich Rzeczypospolitej Polskiej (przekład urzędowy). Warszawa; Poznań 1923.

Zimmermann, Małgorzata (1981): Zum Begriff der Kollokation in der Sprachwissenschaft und der Glottodidaktik. In: Glottodidactica. An International Journal of Applied Linguistics. Volume XIV, S. 61-68.

Znamenáčková, Katarína (2005): Fachsprachliche Wortgruppen in Textsorten des deutschen Zivilrecht. Frankfurt am Main u.a. (=Regensburger Beiträge zur deutschen Sprach- und Literaturwissenschaft; Reihe B/Untersuchungen Bd. 93).

Żmudzki, Jerzy (2000): Disparität von Attribuierungen in polnischen und deutschen Adjektiv-Substantiv-Kollokationen als Translationsproblem. In: Glottodidactica. Volume XXVII (1999), S. 107-119.

Żmigrodzki, Piotr (2000): Właściwości składniowe analitycznych konstrukcji werbo-nominalnych w języku polskim. Katowice.

http://www.presse.uni-erlangen.de/infocenter/presse/pressemitteilungen/2007/nachrichten_2007/10_07/240sinclair.shtml

http://www2.wpia.uw.edu.pl/160,Historia.html

http://www.ris.bka.gv.at/GeltendeFassung/Bundesnormen/10001622/ABGB%2c%20Fassung%20vom%2023.08.2013.pdf

http://www.christianlehmann.eu/ling/lg_system/sem/index.html?http://www.christianlehmann.eu/ling/lg_system/sem/grundbedeutung_gesamtbedeutung.php

http://www.rechtslexikon.net/

http://drw-www.adw.uni-heidelberg.de/drw/

Forum für Sprach- und Kulturwissenschaft

Herausgegeben von Prof. Maria Katarzyna Lasatowicz und Dr. habil. Daniela Pelka

Band 1 Ryszard Ziaja: Paul Gerhardts Kirchenlieder. Eine kognitiv-linguistische Studie. 2015.

Band 2 Felicja Maria Księżyk: Kollokationen im Zivilrecht Polens in den Jahren 1918-1945 mit besonderer Berücksichtigung der deutschsprachigen Zivilgesetzbücher. Eine kontrastive Studie 2015.

www.peterlang.com

www.ingramcontent.com/pod-product-compliance
Ingram Content Group UK Ltd.
Pitfield, Milton Keynes, MK11 3LW, UK
UKHW041827290926
8980IPUK00002B/116